EBERHARD CYRAN

Trenck

EBERHARD CYRAN

Des Friedrich Freiherrn von der Trenck merkwürdige Lebensgeschichte

Memoiren und Historie

arani

Die Deutsche Bibliothek – CIP-Einheitsaufnahme

Cyran, Eberhard:
Des Friedrich Freiherrn von der Trenck merkwürdige
Lebensgeschichte : Memoiren und Historie / Eberhard Cyran. –
Berlin : arani, 1996
ISBN 3-7605-8666-X

© arani-Verlag GmbH Berlin 1996
Printed in Germany
Druck und Bindearbeiten: Ebner Ulm
ISBN 3-7605-8666-X

INHALTSVERZEICHNIS

Zueignung
dieses Buches
an den Geist
Friedrichs des Einzigen
Königs in Preußen
in den elysäischen Gefilden

Des Friedrich Freiherrn von der Trenck merkwürdige Lebensgeschichte

*

Von ihm selbst als ein
Lehrbuch für Menschen geschrieben,
die wirklich unglücklich sind,
oder noch gute Vorbilder für alle Fälle,
zur Nachfolge bedürfen.

*

1787

Des Friedrich
Freiherrn von der Trenck
merkwürdige Lebensgeschichte

ERSTER BAND

Monarch!

Dieses merkwürdige, eigentlich für die Erdenbürger geschriebene Buch sollte erst nach meinem Tode in der sichtbaren Welt sichtbar erscheinen, wo der Schriftsteller nichts mehr zu fürchten hat.

Ich lebe aber zu lange; die Welt ist vorwitzig, neue Romane zu lesen. Sie bezahlt sie am besten, wenn wirkliche Geschichten in Romangestalt vorgetragen werden; und ich brauche das Geld für meine treue Arbeit notwendiger im Leben, als wenn ich bereits begraben bin.

Überdies wäre dieses Werk sicher in Gefahr, unter die Legenden der Heiligen gerechnet zu werden, wo der Schriftsteller willkürlich lügen kann, weil kein Augenzeuge der erzählten Vorfälle mehr lebt, welcher die Wahrheit besiegeln könnte.

Zweiundvierzig Jahre sind ohnedem bereits verstrichen, seitdem mein hartes Schicksal im Vaterland aufkeimte, welches unter Ew. Majestät berühmter Regierung, in meinem Fall allein, bis zu dem Grade anwuchs, zu welchem nur Erzbösewichte und wirkliche Verräter gelangen können. Glück, Zufriedenheit, väterliches Erbteil, verdiente Ehrenstellen und Freiheit raubten mir ein Machtspruch, ohne daß ich gegen meine Pflichten gefehlt hätte oder nach Gesetz und Recht gerichtet wurde. Mehr konnte mir keine Fürstenmacht nehmen; sonst hätte ich sicher auch die Ehre verloren, falls mein starker Gliederbau nicht den ungeheuren Martern standgehalten und meine vorwurfsfreie Seele mich nicht bis auf diesen Tag erhielt, an welchem ich noch wirklich reden, schreiben und diese beleidigte Ehre verteidigen kann.

Es ist mir demnach wohl auch eine kleine Genugtuung, wenn in meiner Geschichte ohne Widerspruch erwiesen wird, daß der mit vollem Recht in tausend Vorfällen groß gepriesene Friedrich an mir, dem wehrlosen Trenck, *nicht* groß gehandelt hat. Ich hingegen trete mit stolz erhabener Stirn vor das Gericht der klugen Welt, für welche Ew. Majestät so viel getan haben, und erwarte unser Urteil, wenn wir beide begraben sein werden.

13

Zum Schweigen hat man mich bisher gezwungen, aber nie ersucht, noch durch Vergütung gereizt; und da ohnedies für mich nichts mehr zu hoffen, die Furcht hingegen eine Schwachheit ist, die ich als wirklicher Weltweiser in Ew. Majestät Schule allezeit verachten gelernt habe, die ich auch nicht vor des Königs Grimm, noch aller Kriegsherde Feuerschlünden, empfunden habe: so fordert mich allein die Vaterpflicht auf, um meinen acht Kindern nicht etwa den Vorwurf zu hinterlassen, daß ihr Vater ein wirklicher Übeltäter war, der Fesseln durch Schandtaten verdient. Nein, Monarch! Das war ich nie. Und trotz aller Dero Macht, Kerker, Fesseln und Mißhandlungen, haben sie mir dennoch nie meine Tugend kränken, meine Ehre entreißen, meine Standhaftigkeit erschüttern noch meine erarbeiteten Wissenschaften vernichten können, in welchen ich Trost, Zeitvertreib im dunklen Gefängnis und Schild, Panzer und Waffen gegen Fürstengewalt und Verleumdung gefunden habe.

Vielleicht wird dieses Buch noch mit Achtung und Mitleiden gelesen, wenn man die schlesischen Schlachten und Siege schon unter die der Nachwelt gleichgültigen Mordtage bei Arbala, bei Cannae oder auf den marathonischen Feldern rechnet. *Ich* hatte keine Armee, mein Recht zu behaupten. Ew. Majestät wissen, daß ich sie vielleicht anzuführen verstanden hätte. Um Gnade zu betteln, wo ich mein Recht, meinen Wert empfand, war ich zu stolz.

Sollte man wohl glauben können, daß ein verleumderisches Bubenstück den klügsten der Könige 42 Jahre hindurch blenden und sogar bis zur Unversöhnlichkeit zwingen könne?

Oder soll auch die Christenwelt glauben, daß Monarchen niemals irren, niemals hintergangen werden können? Oder war ich, wie Paulus in der Epistel an die Römer lehrt, das Opfer, welches der grimmige Zebaoth zum Gefäß des Zornes und der Rache von Ewigkeit her bestimmt hat?

In diesem Falle bin ich kein Christ, weil ich mir edlere Begriffe von der göttlichen Gerechtigkeit denke. Ich kannte auch den großen König zu gut, um ihn einer Grausamkeit zu beschuldigen.

Mein widriges Schicksal allein hat es so gefügt, daß ich durch übertriebenes Jugendfeuer und eine gewisse Art von Widerstand, welche den Mächtigen beleidigt und nur subordinierten Untertanen Gnade widerfahren läßt, den rechten Weg verfehlt habe, um dieselbe durch mein Recht zu verdienen. Alles mußte sich zu meinem Unglück so fügen, daß ich allezeit verdächtig blieb und Ew. Majestät nie anders mit mir verfahren konnten, als wirklich geschehen ist.

Noch weniger Hoffnung blieb mir übrig, sobald die Staatsklugheit forderte, einen Mann ewig schweigen und in ganz Europa untätig zu machen, von dessen Fähigkeit und Entschlossenheit man überzeugt ist, daß er schaden kann, falls er zu niedriger Rache Gelegenheit suchen wollte.

In diesem Rätsel steckt vielleicht die ganze Auflösung meines Schicksals.

Wie wenig aber haben Ew. Majestät mein Herz gekannt!

Ich liebte Sie noch im Kerker als den Schutzgott der Wissenschaften; ich verehrte Sie als meinen Wohltäter und Vater, der sich wirklich Mühe gab, aus mir einen besonders brauchbaren Staatsbürger zu bilden. Ich habe Ihnen viele Einsichten zu danken, die mich klüger machten; und ich wünsche mir nur eine Unterredung jenseits des Grabes mit Ihnen, um Sie zu überzeugen, daß Sie den besten Patrioten verkannten, der lieber alles leiden, als Dero Verachtung verdienen wollte.

Hier auf Erden ist dieser Wunsch vergeblich; vermutlich werden wir aber bald beide an eben dem Orte zusammenkommen, wo nur die Titus, die Trajane, Aurelien, Sokraten, gute Könige, echte Weise und wahre Märtyrer gemeinsam über die Vorurteile und irdischen Gaukelspiele lachen werden.

Ew. Majestät verurteilten mich als einen Untreuen; alle Dero Untertanen schätzen mich, von der Wahrheit öffentlich überzeugt, als Ihren redlichsten Patrioten.

Zwei große Monarchen haben meine Güter geteilt, noch ehe ich starb oder ein Testament zum Vorteil des Fiskus gemacht habe. Und ob meine Kinder, als rechtmäßige Erben dieser Güter, jemals Advokaten und Richter finden werden, um ihre Rechte gegen einen Gegner zu behaupten, welcher mit dreimal hunderttausend Mann beim Termin erscheinen kann, – dieses habe ich begründete Ursache, auf ewig in Zweifel zu stellen.

Findet man übrigens Unwahrheiten oder Vermäntelung in dieser meiner Lebensgeschichte, die ich nicht zum frevelnden Angriff, sondern zur behutsamen Verteidigung meiner Ehre geschrieben habe, so treffe meine Kinder der Lohn und das Schicksal der Kinder eines Verräters, und der Scharfrichter haue mir die Hand vom Arme, mit welcher ich dieses schrieb!

Ja, Herr! Von Vorwurf bin ich wirklich frei. Die Zeugen, auf die ich mich berufe, leben noch. Und obwohl mich Ew. Majestät in allen

Winkeln der Erde verfolgten, wo ich Zuflucht suchte; obgleich dieselben an mir erwiesen, daß Könige lange Hände haben: so habe ich dennoch nie erweisen wollen, was ein gereizter Mann meiner Gattung tun könnte, wenn er diesen langen Händen glücklich ausgewichen ist und sein Menschenrecht empfindet.

Schon längst bin ich im Vaterlande unter die Toten gerechnet worden. Mein Leichenstein, worauf mein Name TRENCK ausgehauen wurde, und auf dem ich zehn Jahre hindurch mein Kommisbrot gegessen habe, liegt im Trenck-Keller zu Magdeburg. Diesen hatten mir Ew. Majestät bestimmt, wenn ich zu schwach gewesen wäre, alle Martern zu überstehen. Ich bin also dem Vaterlande tot, aber mein Aas soll diesem Vaterlande niemals stinken. Ich lebe keinem Monarchen mehr auf Erden, wo Undank der Lohn meines Diensteifers war. Und da mir mein Arzt unlängst bei einer schweren Krankheit versicherte, ich würde bald sterben, da die Zeitung zugleich Ew. Majestät bereits tot ankündigte, schrieb ich in Eile diese Zueignungsschrift, um meiner Lebensgeschichte einen Schutzherrn in der anderen Welt zu suchen. Ich übergab sie eilfertigst dem Druck; und da ich wider Vermuten gesund wurde, war das Buch schon fertig, und Ew. Majestät sind jetzt nicht mehr.

Es kann also nicht mehr in Dero Hände geraten. Vielleicht hätten Sie, gerechter König! alles, was ich geschrieben habe, noch von ehrlichen Männern untersuchen lassen; vielleicht würde die aufgedeckte Wahrheit in der bescheidensten Verteidigung Dero Menschenherz gerührt haben: und noch wäre es Zeit gewesen, Ihnen selbst Ehre, mir hingegen einige kurze Freuden, nach so langen Drangsalen, zu verursachen. In diesem Falle hätten Sie nie Ursache gehabt, dem Schatten des geopferten Trenck in einer besseren Welt auszuweichen, wo ich den Ihrigen mit Ehrfurcht begierig suchen werde, um Sie zu überzeugen, daß ich allezeit war

Euer Majestät
treuer aber nie kriechender Untertan
Trenck.

Vorbericht

Ich schreibe meine Lebensgeschichte am Rande des Grabes, und meine grauen Haare sollen nicht mit heuchlerischen Schandflecken besudelt werden. Ich will nicht anders schreiben, als ich denke; nicht anders lehren, als ich zu handeln gewohnt bin; auch so sterben, wie ich gelebt habe.

Einige Hauptvorfälle in meiner Geschichte müssen mit mir begraben werden und ewiges Geheimnis bleiben. Die Personen leben noch, welche durch Entdeckung der Sache beleidigt oder gar wohl unglücklich werden könnten. Gott behüte mich vor Verräterei an meinen Wohltätern und Freundinnen!

Auch meine Berliner Stützen im Unglück empfangen hiermit meinen lauten Dank. Nennen, oder mit dem Finger zeigen werde ich die aber gewiß nicht, denen ich Ehrfurcht und die Erhaltung meines Lebens schuldig bin. Der Leser rate bei dergleichen nur dunkel angebrachten Stellen, was er will. Ich will lieber den Vedacht einer Unwahrscheinlichkeit an meinen Schriften haften lassen, als die Quelle entdecken, aus welcher die Hilfe floß, die sogar die Wächter meines Gefängnisses für meine Rettung aufmunterte und mich in allen Begebenheiten unterstützte. Punktum! Mehr darf ich nicht sagen.

Menschenfreunden, die mich bedauern, empfehle ich meine Kinder. Für mich selbst bedarf ich nichts mehr auf Erden. Ich werde zu leiden aufhören, wenn ich nicht länger leiden will. In allen Fällen wird der Tod den gewiß nicht schrecken, der ihn so wie ich kennen und verachten gelernt hat.

Geschrieben im Schloß Ziperbach
im Jahr 1786
im 60ten Lebensjahr.

Ich wurde geboren am 16. Februar 1726 in Königsberg in Preußen. Mein Vater starb daselbst im Jahre 1740 als königlich preußischer Generalmajor der Kavallerie, Ritter des Militärordens, Landeshauptmann und Erbherr auf Groß-Scharlack, Schakulack und Meicken, welches seit 300 Jahren Trenck'sche Stamm- und Lehnsgüter sind. Er nahm 18 Narben mit ins Grab, die er für das Vaterland aufzuweisen hatte, und der große Friedrich ließ ihn mit dem Ehrenzeichen eines Generallieutenants begraben.

Meine Mutter war eine Tochter des Königsbergischen Hofgerichtspräsidenten von Derschau. Einer ihrer Brüder war der königlich preußische Etatminister und Generalpostmeister der königlichen Staaten in Berlin. Zwei andere Derschau waren Generale der Infanterie.

Sowohl von Vaters wie Mutters Seite sind meine Ahnen in den preußischen Chroniken unter den alten deutschen Ordensrittern bekannt, welche ehemals Kurland, Preußen und Livland eroberten und unter sich in Ämter und Balleien verteilten. Eigentlich stammen die Trenck aus dem fränkischen Kreise.

Ich habe hier deshalb etwas von meinem Stammbaum sagen müssen, weil mich einige geadelte Hanswürste ihres sogenannten Herrenstandes unwürdig glaubten und ausgesprengt hatten, die Trenck'-schen Ahnen wären nur slavonische Räuber gewesen und niemals in Wien mit Wappen und Prädikaten begnadigt worden. Gern gestatte ich dem Nationalstolz diese Freude ...

Von meinen Kinderjahren sage ich nichts; dieses Buch soll kein Kinderroman werden. Mein Temperament war sanguinisch-cholerisch; erst im 54sten Jahre wurde das cholerische vorherrschend.

Trieb nach Freuden und Leichtsinn waren folglich die angeborenen Fehler, welche meine Lehrer zu bekämpfen hatten. Das Herz war biegsam; aber eine edle Wißbegierde, ein Nacheiferungsgeist, eine unruhige Arbeitsamkeit, ein bei allen Gelegenheiten angefächelter Ehrgeiz waren die Triebfedern, welche nach dem Entwurfe meines aufgeklärten Vaters einen brauchbaren Mann aus mir bilden sollten. Kaum war ich noch Jüngling, so keimte schon eine Art von Stolz in meiner Seele, welcher in dem Gefühl des inneren Wertes wurzelt. Ein einsichtsvoller Lehrmeister, welcher mich vom 6ten bis in das 13te Jahr leitete, arbeitete aber unausgesetzt, um diesen empörenden Stolz in eine gemäßigte Eigenliebe zu verwandeln. Durch Gewohnheit, ständig mit Schulbüchern beschäftigt zu sein, durch Auffrischung, Erquickungsstunden und Lob, ward mir die Arbeit ein Zeitvertreib, das Lernen eine Gewohnheit und die strengste Erziehung eine ungefühlte Bürde. Meine natürlichen Talente wurden demnach richtig angewandt und durch tägliche Übung mein Gedächtnis so stark, daß ich innerhalb von 2 Stunden ein ganzes lateinisches Programma von einem Bogen auswendig lernen konnte. Die meisten Schulbücher, den Cicero, Cornelius, Virgil, die ich ins Deutsche und wieder zurück ins Lateinische übersetzen mußte, die ganze heilige Schrift, konnte ich mit vollständigen Kapiteln herunterplappern.

Wenn ein Jüngling einen geduldigen und wirklich gelehrten Instruktor hat, der ihn zugleich liebt und Freude in seiner Unterrichtung findet; wenn dieser Jüngling vom 6ten bis in das 13te Jahr täglich von früh um 5 bis 7 Uhr abends zur Arbeit angehalten wird und zugleich einen leichten Begriff, einen gesunden Körper, einen forschenden Verstand und ein großes Gedächtnis besitzt; wenn seine Lehrer ihn zu lenken und sein Feuer so anzufächeln wissen, daß es keine Funken in wachsende Leidenschaften aussprühen kann: dann allein ist es möglich, daß der Schüler, so wie ich, schon im 13ten Jahr alle Schulstudia gründlich absolvieren und zu den höheren Wissenschaften auf Universitäten schreiten kann.

Die ganze Historie hatte ich nicht nur nach dem Buchstaben, sondern mit aufgeklärter Anwendung im Kopf – so gut, daß ich noch heute, in meinem 60ten Lebensjahr, fast alle römischen Regenten und Kaiser, alle großen Männer und Gelehrten nennen, auch das Säkulum bestimmen kann, in welchem sie lebten. In Geographie und Zeichnen hatte ich ebenso viel getan; noch gegenwärtig will ich jedes Land, ohne die Landkarte anzusehen, mit seinen Grenzen, Flüssen und Hauptstädten auf das Papier malen.

Mein Vater schonte kein Geld, wo Gelegenheit war, etwas zu lernen. Mit Fechten, Tanzen und Voltigieren wurde ich in meinen Erholungsstunden beschäftigt. Und wenn ich irgendwo müde wurde, oder Ekel merken ließ, dann durfte man mir nur versprechen, daß ich nach vollbrachter Lektion ein paar Stunden Vögel schießen, Fische fangen oder spazierenreiten durfte; so war im Augenblick alles memoriert, und Wonne und Freude vertreiteten sich bei der strengsten Kopfarbeit in meine ganze Seele. Man blieb aber nicht allein bei den toten Büchern, die allein den Kopf anfüllen und den Gelehrten bilden. Man arbeitete zugleich auf das Herz, auf das Sittliche, und auf die moralischen Empfindungen des Jünglings hin.

Vom Katechismus war mein Instruktor kein Liebhaber. Ich hatte schon zu viel die Bibel gelesen und machte ihm Einwürfe, die er meistens mit Schweigen und Lächeln widerlegte. Hingegen wurden mir Tugend, Bescheidenheit, Mäßigung, Bemeisterung meiner Leidenschaften, Großmut, Menschenliebe, Patriotismus, Ehrgeiz, Bürgerpflicht und Redlichkeit bei jeder günstigen Gelegenheit eingeprägt.

Ewigen Lohn, ewigen Segen wünsche ich für diese wohltätige Erziehungsart dem Schatten meines erleuchteten Vaters, und dem Manne, welcher mich zu bilden gewählt wurde.

Wer einmal an Wissenschaften Geschmack findet und immer in denselben mutig fortzuschreiten entschlossen ist, dem scheint nichts unübersteiglich, der klagt auch im Kerker nicht über Langeweile, der weiß die echten Glücksgüter von Scheingütern zu unterscheiden und bleibt in allen Schicksalsstürmen unbewegt.

Erbauungsstunden durfte man mir wenige gestatten; überall waren Händel, wo ich mich einmischte. Und wo lustige Streiche gespielt wurden, wo man mit verkleideten Gespenstern das Gesinde schreckte, oder wo Zucker und Obst genascht wurden, da war Fritze gewiß der Urheber, allezeit aber sicher im Verdacht. Hierdurch übte ich mich in listigen Ausflüchten, und geriet durch Notlügen in den Verdacht, anderen Leuten eine Nase zu drehen oder die Wahrheit listig zu bemänteln. Denn gegen Gewalt hilft am sichersten der Betrug.

Meine Lebhaftigkeit war unbegrenzt. Durch liebreiche Worte war aber alles von mir zu erhalten, wogegen mich Schläge und niedrige Handlungen empörten und halsstarrig machten. Die ganze Grundlage meiner Erziehung war demnach auf Ehrgeiz, Lob und Tadel gegründet. Und weil geschwinde Begriffe und unausgesetzte Arbeit mich früher klüger machten als alle Jünglinge, die ich zum Umgang fand; weil ich mich von allen Menschen gelobt und von vielen bewundert sah, so geriet ich unbemerkt aus der Eigenliebe in einen Stolz, in eine gewisse Menschenverachtung oder Tadelsucht, die mir bis zum grauen Haare anhaftete, mir viel Händel in der Welt verursachte und meiner Feder mitunter auch den beißenden satirischen Ton einflößt, der mir bei denen, die mich nicht persönlich kennen, das Urteil eines gefährlichen, unruhigen Mannes eingebracht haben, was doch in der Tat das Gegenteil meines ganzen Charakters ist.

Mein Vater war durch und durch Soldat. Tapfer und Ehrgeizig sollten alle seine drei Söhne werden. Wenn demnach einer den anderen schimpfte oder beleidigte, so durften wir nicht mit den Haaren raufen. Es geschah eine förmliche Aufforderung mit hölzernen Säbeln, die mit Leder überzogen waren; und der Alte sah lächelnd zu, wenn wir uns herumsäbelten, eben hierdurch aber in den Fehler gerieten, Händel zu suchen, um bei jedem Siege gepriesen zu werden. Diese Nachsicht hat mir und meinen Brüdern große Widerwärtigkeiten verursacht.

Nichts konnte mich mehr aufbringen, als wenn ich einen anderen Jüngling loben hörte. Ich wollte mehr wissen als jeder andere; und gleich waren Händel da, wo wir zusammenkamen. Dieser nicht beizeiten gedämpfte Fehler, und die Gewohnheit, daß ich bei allen öffentlichen Prüfungen allezeit der Erste blieb, haben einen so nachteiligen Eindruck in meinen Begriffen von mir selbst verursacht, daß ich in allen Begebenheiten meines Lebens lieber brechen als biegen, keinem stolzen und gebieterischen Menschen nachgeben noch ausweichen wollte; immer einen jeden angriff und beleidigte, welcher mich zu verachten schien; und daß ich mich viel zu früh als ein vorwitziger Jüngling schon in die Klasse der großen Männer aufschwingen wollte.

Hieraus erwuchsen der Neid und alle Verfolgungen, die ich mir bei vielen Gelegenheiten durch Enthaltsamkeit und Mäßigung hätte vom Halse rücken können. War aber einmal der Angriff geschehen und die Bürde aufgeladen, dann gestattete der Ehrgeiz nicht mehr nachzugeben. Verschiedene Versuche glückten, und eben hieraus erwuchs der Fehler, daß ich mit dem besten Menschenherzen, welches niemals jemand meinesgleichen beleidigen konnte, allezeit Freude im Wohltun fühlte, und Wehrlose, oder die, welche von meinen Befehlen abhingen, nicht einmal zu strafen oder gar zu mißhandeln fähig war; dennoch alle die verachtete, auch wohl angriff, welche mit gebieterischem Tone auftraten oder mir als Vorgesetzte unumschränkte Gewalt in Herrschergestalt zeigen wollten.

Das Amt hatte ich nie vom Manne zu unterscheiden gelernt. Ich wollte überall Gerechtigkeit, Großmut und Gelehrsamkeit finden. Alles sollte nach meinen Schulbüchern angeordnet sein. Ich fing an mit Tadeln, dann folgten Spott und satirische Angriffe; hieraus entstanden Feinde, diese wachten arglistig, wenn ich in meiner inneren Tugend wehrlos schlummerte; und allezeit blieb ich das sichere Opfer der Mißgunst oder der gereizten Rache.

Bei der edelsten und besten Fürsorge für meine Erziehung, um einen glücklichen Mann aus mir zu machen, entstand so durch Nachsicht oder Versäumnisse in solchen Grundsätzen, die in despotischen Staaten unentbehrlich sind, eben das Gegenteil des Zweckes. Ein republikanischer, nach erhabenen Grundsätzen zur edelsten Freiheit und Menschenliebe gebildeter Kopf sollte in Friedrichs Staaten mit großen Talenten zu großen Ehren gelangen? Welcher Widerspruch! Man erzog mich für den Dienst eines durch Eigenmacht beherrschten Vaterlandes mit den Grundsätzen, mit dem ganzen Enthusiasmus eines freigeborenen Menschen. Man lehrte mich die Sklavenpeitsche weder kennen, noch ihr ausweichen, sondern verachten.

Das gewöhnliche Jugend- und Kinderglück habe ich nie genossen. Der ganze Tag war mit Anstrengung und Lernen ausgefüllt. Sogar der Schlaf wurde mir deswegen abgekürzt; besonders weil mein Instruktor ein alter Mann war, welcher, weil er selbst wenig schlief, mir auch wenig Ruhe gestattete.

Die Jünglingsfreuden genoß ich noch weniger: denn im 18ten Jahre war ich schon unglücklich und schmachtete im Gefängnis zu Glatz.

Als Mann hatte ich mit tausend Widerwärtigkeiten zu ringen, erlebte zweimal die Konfiskation meines Vermögens und saß vom 27ten Lebensjahr bis zum 37ten im Kerker zu Magdeburg, ohne Tageslicht, gefesselt.

Seit meiner erhaltenen Freiheit hatte ich beständig Drangsale und Verfolgungen zu bekämpfen. Nun bin ich ein Greis; des Alters Schwächen brechen hervor und fordern eine neue Art von Geduld, die mir bisher unbekannt war ... Meine Kinder wachsen heran. Ich mache mir Vorwürfe, ihre Rechte durch meine Unbiegsamkeit verkürzt zu sehen. Ich fühle, daß ich genug gelebt habe und sehne mich nach Ruhe, die für Männer meiner Gattung erst jenseits des Todes zu hoffen ist. Glücklich, wer angesichts dessen mit Seneca sagen kann:
»Wenn mir ein Gott gestattete, daß ich von neuem ein Kind würde, so wäre Nein mein Entschluß, weil ich nach vollendetem Laufe nicht wieder in die Schranken zurückkehren will. Es gefällt mir auch nicht, zu bedauern, daß ich lebe. Noch weniger reut mich, daß ich gelebt habe, weil ich so lebte, daß ich überzeugt bin, ich sei nicht ohne Ursache geboren worden.«

Wenn in einem despotischen Lande ein Jüngling von großen Talenten zur Vaterlandsliebe, zu erhabenen Handlungen, zur Tugend und zum edlen Ehrgeiz angeführt wird; wenn alle seine Begriffe aufgeklärt, gegen Vorurteile kämpfen; wenn Gerechtigkeit und Rechtschaffenheit allein das Augenmerk seiner Wünsche sind ... dann wird er gewiß kein Hofliebling, kein Wesir, viel weniger ein Polizeidirektor noch Referent, sondern ein sicherer Widersprecher, ein verworfener, ein unglücklicher Mann, wenn nicht gar ein Aufwiegler. In solchen Staaten ist der Pfaff der sicherste, der beste Lehrer in allen Schulen, Universitäten und Beichtstühlen. Hingegen wird auch in diesen ewig kein großer Mann, kein Scipio noch Newton noch Leibniz hervorkommen. Cicero wird verstummen, Cato den Tod wählen und Sokrates den Giftbecher trinken müssen.

Mein Hauptfehler war allezeit eine übertriebene Freigiebigkeit und Offenherzigkeit. Ich gab mehr, als ich geben sollte, und vergaß mich selbst. Der Grund dazu steckte vielleicht in dem Stolze, welcher die Selbsterhaltung übertraf. Ich verließ mich zu viel auf mich selbst, geriet in Mangel, hierdurch in allerlei Verdrießlichkeiten und war ein wirklicher Verschwender im Wohltun. Warum? Weil ich in meiner Kindheit den Wert des Geldes zu wenig kennen lernte, in Jünglings-jahren hingegen in so günstige Umstände durch die angeborenen Vorteile geriet, daß es mir niemals an Geld fehlte, wovon man in verdeckter Erzählung den Schlüssel in diesem Buche finden wird ...

Nun endlich weiter zur Geschichte selbst.

Im Jahre 1739, also in meinem 13ten Lebensjahre, fand mein Vater es schon notwendig, daß ich die Universitätsstudien anfing und wirk-lich immatrikuliert wurde. Man übergab mich dem berühmten Pro-fessor Kowalewsky, der dem Vaterland viele große Männer herange-bildet hat. Bei ihm war ich nebst 14 anderen Edelleuten aus den besten Familien des Reiches in Kost und Wohnung. Der Zwang, die Ord-nung, die Strenge in diesem Lehrhause gefiel zwar dem neugebacke-nen Studenten nicht. Ich war unter mehr als 3500 der Jüngste und wußte mehr als ein 24jähriger Akademiker. Jedermann bewunderte meine Jugend und Fähigkeiten, weil es fast ohne Beispiel ist, daß ein Jüngling von 13 Jahren schon auf lutherischen Universitäten Student wird und alle erhabenen Lehrstühle zu besuchen imstande ist. All dieses steigerte meine Wißbegierde, aber auch meine Selbstschät-zung.

Im Jahre 1740 im März starb mein rechtschaffener Vater, und meine Mutter heiratete in zweiter Ehe den Grafen Lostange, Obrist-lieutenant des Kiow'schen Kürassierregiments, verließ Preußen und folgte ihrem Manne nach Breslau. Meine Schwester heiratete den einzigen Sohn des alten Generals der Kavallerie von Waldow, wel-cher den Dienst quittierte und mit ihr auf seine Güter nach Hamme in das Brandenburgische reiste. Ich verlor also alles, was ich liebte, und mein zweiter Bruder trat als Fahnenjunker in das Kiow'sche Regiment; den jüngsten hingegen nahm meine Mutter mit nach Schlesien.

Ich war also allein und mir selbst überlassen. Mein Vormund war der Hofgerichtspräsident von Derschau, mein Großvater, einer der gelehrtesten Männer im Lande. Dieser liebte mich grenzenlos; ich mußte ganze Tage bei ihm zubringen, er fand Freude in meiner Belehrung, und ich habe ihm viele Kenntnisse zu verdanken. Er war stolz auf seinen Enkel, gestattete mir liebreich alle kleinen Ausschweifungen und gab mir mehr Geld, als ich brauchte.

In meinen Studien versäumte ich nichts, hörte die Collegia Juridica, Physica, Methaphysica und Philosophica zugleich, repetierte sie alle in Privatstunden bei meinem Professor zu Hause und war wegen meines geübten und außerordentlichen Gedächtnisses der Liebling und die Bewunderung aller meiner Lehrer. Auch in der Ingenieurkunst war ich bald einer der Geschicktesten im Zeichnen. Die italienische und französische Sprache hatte ich zu Hause gelernt.

Zu Ende des Jahres 1740 geriet ich in Händel mit einem gewissen Herrn von Wallenrodt, der mit mir zusammen studierte. Als baumstarker Mann verachtete er meine Jugend und gab mir eine Ohrfeige. Ich forderte ihn als Student auf die Klinge. Er erschien nicht, und spottete meiner. Deshalb wählte ich meinen Sekundanten und griff ihn auf der Straße mit dem Degen an. Wir schlugen uns, und ich hatte das Glück, ihn im Arm und zuletzt in der Hand zu verwunden.

Herr Doktor Kowalewsky, mein Hausherr, verklagte mich bei der Universität. Ich wurde mit drei Stunden Arrest beim Pedell bestraft. Mein Großvater aber, welchem mein Feuer gefiel, nahm mich sogleich aus diesem Hause und übergab mich dem Professor Christiani im von der Graben'schen Stipendienkollegio.

Hier genoß ich nun vollkommenste Freiheit; und diesem Manne habe ich alle meine physischen Kenntnisse und viele Wissenschaften zu danken. Er liebte mich väterlich, unterhielt sich zuweilen bis Mitternacht mit mir in gelehrten Unterredungen und brachte mir den wahren Geschmack für Literatur und die erhabensten Wissenschaften bei. Er brachte mir die ersten Grundsätze der Menschenkenntnis bei, von der Physiognomie und Anatomie. Unter seiner Führung hielt ich im Jahre 1742 eine Rede und zwei Disputationen im Universitätsoratorio mit allgemeinen Beifall. Denn im 16ten Lebensjahre hatte vor mir noch keiner diese Ehre genossen, diese Proben abgelegt.

24

Drei Tage nach der letzten Dissertation wurde ich von einem gewissen Händelmacher und Renommisten gereizt und fast gezwungen, mich mit ihm zu duellieren. Ich brachte ihm eine Verwundung in der Hüfte bei, und gleich darauf erschien ich mit Stolz auf der Universität mit einem großen Degen und Renommisten-Handschuhen.

Kaum vierzehn Tage nach dieser Geschichte beleidigte ein Lieutenant von der Garnison meinen Freund, der ein verzagtes Herz im Busen trug. Ich übernahm seine Sache, suchte Gelegenheit, fand sie; wir schlugen uns unweit des Schloßplatzes, und mein Gegner ging mit zwei Wunden nach Hause.

Hier muß ich zur Aufklärung nur dieses anmerken, daß damals die Universität noch große Privilegien genoß; das Raufen war noch eine Ehre und erlaubt, auch fast nicht zu hindern, weil allein in Königsberg gegen 500 liv- und kurländische, schwedische, dänische und polnische feurige Edelleute studierten. Seitdem ist alle Unordnung eingeschränkt worden, hingegen die Universität in Verfall geraten, bis endlich gegenwärtig verfeinerte Sitten die studierende Jugend überzeugt haben, daß man auf Universitäten wetteifernd lernen, aber nicht raufen und sich die Glieder verstümmeln müsse, die allein für das Vaterland und mit Ehre bluten dürfen.

*

Im November 1742 schickte der König seinen Generaladjutanten, den Baron Willich von Lottum, in Geschäften nach Königsberg. Er war ein Verwandter meiner Mutter. Ich aß mit ihm zu Mittag bei meinem Großvater, er ließ sich mit mir in Unterredung ein, prüfte mich durch verschiedene Fragen. Endlich brachte er scherzend vor, ob ich nicht mit ihm nach Berlin reisen und für das Vaterland den Degen wie alle meine Vorfahren führen wolle? Bei der Armee sei bessere und ehrwürdigere Gelegenheit zum Raufen als auf der Universität. Soldatenblut rollte in meinen Adern; gleich sagte ich Ja und reiste in wenigen Tagen mit ihm nach Potsdam.

Den Tag nach unserer Ankunft wurde ich dem Könige vorgestellt, welcher mich schon vom Jahr 1740 her kannte, da ich ihm von der Universität als einer der Geschicktesten vorgestellt wurde. Gnädig, liebreich wurde ich empfangen. Einige richtige Antworten auf Friedrichs erleuchtete Fragen, und mein vorzüglicher Wuchs, mein ganz freies, unerschrockenes Wesen gefiel ihm, und sogleich erhielt ich die

Uniform der Garde du Corps als Kadett, mit der Versicherung meines künftigen, meinem Verhalten angemessenen Glücks.

Die Garde du Corps war damals die Pflanz- und Lehrschule der preußischen Kavallerie. Sie bestand nur aus einer Eskadron auserlesener Leute von der ganzen Armee. Die Uniform war die prächtigste in ganz Europa, und die Equipage eines Offiziers kostete 2000 Reichstaler, weil sogar der Kürass mit massivem Silber überzogen war und mit seinen Beschlägen und Reitzeug allein 700 Reichstaler kostete. Die Eskadron bestand zwar nur aus 6 Offizieren und 144 Mann; wir hatten aber allezeit 50 bis 60 überzählige Reiter, auch ebenso viele Pferde; denn alles, was der König schön fand, wurde zur Garde geschickt.

Die Offiziere dieses Korps sind die ausgesuchtesten Talente im ganzen Staate. Der König selbst bildet sie; dann werden sie gebraucht, um die ganze Kavallerie die Manöver zu lehren, und sie sind entweder in kurzer Zeit glücklich, oder durch den mindesten Fehler kassiert, oder in die Garnisionregimenter gesteckt. Sie müssen alle Mittel von Hause haben, damit sie sowohl bei Hofe wie in der Armee zu brauchen sind.

Kein Soldat auf Erden ist wohl mehr geplagt als ein Garde du Corps; in Friedenszeiten habe ich oft in 8 Tagen nicht so viele Stunden zur Ruhe übrig gehabt. Früh um 4 Uhr schon geht das Exerzieren an. Alle Versuche, die der König mit der Kavallerie machen will, geschehen hier; man springt über Gräben von 3, dann 4, dann 5 und 6 Fuß, dann weiter, bis einige im Probieren die Hälse brechen. Man setzt über Zäune, macht Karriereattacken von einer halben Meile, und oft kamen wir mit einigen toten und invaliden Menschen, auch Pferden, zurück. Öfters nachmittags, wieder mit frischen Pferden heraus.

In Potsdam wurde zuweilen in einer Nacht zweimal Alarm geblasen. Die Pferde standen in den königlichen Reitställen, und wer nicht binnen 8 Minuten gesattelt und bewaffnet vor dem Schloß erschien, der mußte 14 Tage in Arrest. Kaum war man zu Hause im Bett, so wurde wieder geblasen, um die Wachsamkeit der Jugend zu üben. In einem Jahr habe ich im Frieden 3 Pferde verloren, die beim Exerzieren und Grabenspringen die Beine brachen oder überritten wurden. Kurz gesagt: die Garde du Corps verlor damals im Friedensjahr mehr Menschen und Pferde als vor dem Feinde in folgenden Kiegsjahr in zwei Bataillen.

Wir hatten damals dreierlei Quartiere; im Winter bei den Hoffe-
sten und Opern in Berlin, im Frühling zur Exerzierzeit in Charlottenburg und den Sommer hindurch in Potsdam, oder dort, wo der König
war. Alle sechs Offiziere hatten die Tafel mit dem König, an Galatagen bei der Königin einzunehmen. Folglich kann wohl keine bessere
Lehrschule für den Soldaten oder für den Weltmann sein als diese.

∗

Nun war ich kaum drei Wochen Kadett, als mich der König nach der
Kirchenparade auf die Seite rief und mich wohl eine halbe Stunde
lang in allen Fächern examinierte. Er befahl mir, am folgenden Tag
zu ihm zu kommen.

Er stellte mein ihm als so wunderbar gerühmtes Gedächtnis auf die
Probe. Er legte mir 50 Soldatennamen vor, und innerhalb von 5
Minuten waren sie memoriert. Er gab mir Stoff zu zwei Briefen, die
ich in französischer und lateinischer Sprache zugleich verfertigte,
einen selbst schrieb, den anderen in die Feder diktierte. Und in
derselben Geschwindigkeit mußte ich mit dem Bleistift eine Gegend
aufnehmen.

Auf der Stelle ernannte er mich zum Kornett der Garde du Corps;
und jeder Ausdruck seiner königlichen Beredsamkeit war ein Feuer-
funken, der meine ganze Seele für ihn, für seinen Dienst und für das
Vaterland in hellen Flammen brennen machte. Er sprach als König,
als Vater und zugleich als Kenner und Schätzer großer Talente. Er
sprach und empfand, was von mir zu erwarten war; und von diesem
Augenblick an war er selbst mein Lehrer, mein Freund, und mein
Monarch. Mein Kadettenstand hatte also kaum drei Wochen gedauert; und wenige können sich rühmen, in meinem Vaterlande unter
des weisen Friedrichs Szepter ein solches Glück erlebt zu haben.

Nun war ich Offizier von der ersten Garde. Der König schenkte mir
zwei Pferde aus seinem Stall, auch 1000 Reichstaler als Beitrag zu der
kostbaren Equipage. Von jetzt an war ich ein Hofmann, ein Gelehrter
und ein Offizier bei der schönsten, ehrwürdigsten und lehrreichsten
Soldatenschule in Europa. Meine Anstrengung im Dienst kannte
keine Grenzen, so daß mich der König schon im August 1743 dazu
erwählte, die schlesische Kavallerie in den neuen Manövern zu unterrichten, welche Ehre noch keinem Jüngling im 18ten Jahre vor mir
widerfahren war.

Wir hatten im Winter unsere Garnison in Berlin, wo die Offiziere die Tafel bei Hofe genossen. Und da der Ruf meines außerordentlichen Gedächtnisses mich bald beliebt und bekannt machte, so lebte niemand auf Erden angenehmer als ich.

Der Monarch empfahl mich selbst seiner gelehrten Gesellschaft. Voltaire, Maupertuis, Jordan, La Mettrie, Pöllnitz wurden meine Freunde. Ich arbeitete bei Tage in der Soldatenschule und in der Nacht an der Erweiterung meiner Kenntnisse in den Wissenschaften. Pöllnitz war mein Führer und Busenfreund und überhaupt mein Glück beneidenswürdig.

Im Jahre 1743 war ich bis auf 5 Schuh 11 Zoll herangewachsen. Die Natur hatte mir keine Vorteile versagt, wodurch man gefallen und die Herzen der Menschen gewinnen kann. Ich lebte ohne Feind, ohne Neider, und meine Wollust bestand in der edelsten Art von Ruhmsucht.

Im Winter 1743 war das Beilager der Schwester des Königs, der gegenwärtigen verwitweten Monarchin in Schweden und Mutter des regierenden Gustavs. Ich hatte als Offizier der Garde dabei die Ehrenwache und das Glück, die königliche Braut bis nach Stettin zu eskortieren. Bei diesem Beilager, wo das Gedränge im Saal zum Erstaunen war, und ich die Inspektion hatte, wurde mir selbst, als wachhabendem Offizier, der hintere Teil der rotsamtenen Überweste mit der reichen Stickereiarbeit von einem Spitzbuben weggeschnitten und zugleich die Uhr gestohlen.

Dieses verursachte ein scherzendes Gespött mit dem gestutzten wachhabenden Offizier, und eine große Dame sagte mir bei vorteilhafter Gelegenheit: Sie würde mich über meinen Verlust beruhigen ...

Der Ausdruck war von einem Blick begleitet, den ich gern verstand; und innerhalb von wenigen Tagen war ich der glücklichste Mann in Berlin.

Es war unsere beiderseitige erste Liebe. Und da sie meinerseits mit der tiefsten Ehrfurcht verbunden war ... so reut mich ewig kein Unglück, welches aus so edler Quelle sich in mein ganzes Schicksal verbreitete – das Geheimnis folgt mir sicher bis zum Grabe.

Und ob gleich dieses Schweigen einen leeren Raum in dem wichtigsten Vorfall meiner Lebensgeschichte verursacht, und einige Haupträtsel dem Leser hierdurch unauflöslich bleiben, so würden mich zwar einige alte noch lebende Preußen allein verstehen; und diese lesen meine Schriften gewiß nicht mehr.

Für die jetzige, auch für die Nachwelt, will ich lieber einige Vorwürfe untreuer Erzählung dulden, lieber hin und wieder in meinem Roman undeutlich erscheinen, als an einer Freundin und Wohltäterin undankbar handeln. Sie lebt noch, und denkt für mich noch ebenso wie vor 43 Jahren. Ihrem Umgange habe ich die Politur meiner sittlichen und persönlichen Eigenschaften zu danken. Auch im Unglück hat sie mich nie verachtet, nie verlassen; und meinen Kindern allein werde ich sagen, wem sie für meine Erhaltung Dank schuldig sind.

$$*$$

Nun war ich also in Berlin auf allen Seiten glücklich. Ich war geachtet, mein König zeigte mir Gnade bei allen Gelegenheiten, meine Freundin gab mir mehr Geld, als ich brauchte, und bald war meine Equipage die prächtigste bei der Garde.

Mein Aufwand fiel in die Augen, denn von meinem Vater hatte ich nur das Stammgut Groß-Scharlack geerbt, welches etwa 1000 Taler eintrug; ich brauchte aber manchen Monat mehr. Man fing an zu raten, zu mutmaßen – wir waren aber beiderseits so vorsichtig, daß sicher niemand etwas entdecken konnte, außer dem Monarchen selbst, der mir, wie ich hernach erfuhr, nachspähen ließ, wenn ich aus Potsdam oder Charlottenburg heimlich ohne Urlaub nach Berlin sprengte, bei der Wachtparade aber wieder gegenwärtig war. Ein paar Mal wurde meine Abwesenheit verraten. Mir gebührte Arrest; der König war aber mit der Entschuldigung zufrieden, ich sei auf der Jagd gewesen, und lächelte gnädig bei dem Pardon.

Angenehmer, glücklicher und wirklich blühender und auch nützlicher hat wohl kein Mensch in der Welt die feurigsten Jugendjahre zugebracht wie ich in Berlin. Einen ganzen Band von Vorfällen und Nebengeschichten hätte ich hier zu schreiben, auch solchen, die in die Politik hineinspielen. Meine eigene fordert aber zu viel Raum, und in diese meine tragische Lebensgeschichte gehören keine verliebten Abenteuer.

Im Anfang des Septembers 1744 brach das Kriegsfeuer zwischen Österreich und Preußen von neuem aus, und wir marschierten eilfertigst und ungehindert durch Sachsen nach Prag. Was der große Friedrich uns an eben dem Morgen, da wir sämtliche Offiziere vor dem Abmarsch bei ihm in Potsdam erschienen, mit wirklich rührender Wehmut sagte – dieses darf ich in diese Blätter nicht rücken. –

Wer jemals seine und Theresiens Biographie redlich und ohne Furcht noch Schmeichelei schreiben darf, der melde sich bei mir wegen einiger bewunderungswerter Anmerkungen, die ohne mich der Nachwelt nie bekannt würden, auch unter meinem Namen nie bekannt werden sollen. Jeder Monarch hat recht, wenn er Krieg anfängt, und in beiderseitigen Kirchen wird um den Segen der Waffen und der gerechten Sache gebeten.

Genug gesagt! Diesmal ergriff Friedrich die Waffen ungern, und hiervon bin ich Augenzeuge. Wenn ich nicht irre, so stand die Armee des Königs am 14. September vor Prag; und die Schwerin'sche, welche aus Schlesien kam, traf einen Tag später jenseits der Moldau ein.

In diesem Feldzuge sahen wir den Feind nur allezeit von weitem; seine leichten Truppen, die den unsrigen in der Zahl dreifach überlegen waren, hinderten uns aber an jeder Fouragierung. Mangel und Hunger zwangen uns zum Rückmarsch, weil hinter uns im Durchmarsch alles verzehrt oder zugrundegerichtet war. Die rauhe Witterung im November machte den Soldaten unwillig, und innerhalb von 6 Wochen verloren wir 42 000 Mann durch Krankheit, hauptsächlich aber durch Desertion.

Das Trenck'sche Pandurenkorps saß uns überall im Nacken, verursachte große Unruhen und Schaden, ohne daß sie jemals auch nur in Kanonenschuß-Nähe kamen. Endlich überschritt Trenck die Elbe und verbrannte alle unsere Magazine zu Pardubitz.

Es wurde also der Rückzug beschlossen.

Die ganze Kavallerie war durch Fouragemangel zugrundegerichtet. Die rauhe Witterung und die Beschwerden schlechter Wege, täglicher Marsch, Beunruhigung durch leichte Truppen machten zugleich den Soldaten unwillig; ein Drittel der Armee lief davon.

Wäre uns in diesem Zustande Prinz Karl gefolgt, wir hätten ihn gewiß nicht im darauffolgenden Juni bei Striegau total geschlagen.

Prag mußte mit großen Verlusten aufgegeben werden, und Tabor, Budweis und Frauenberg eroberte der Trenck, wo er die Regimenter Walrabe und Kreutz gefangennahm.

Diesen ganzen Feldzug könnte niemand besser, noch aufrichtiger schildern als ich, weil ich Adjutantendienste beim König verrichtete, zum Lagerabstecken und Rekognisizeren gebraucht wurde und über 6 Wochen hindurch die Fouragierung für das Hauptquartier zu besorgen hatte, weshalb ich ständig mit berittenen Jägern und Husaren im Lande herumschwärmte, die ich nach Gutbefinden anfordern konnte, weil der König mir nur 6 Mann Freiwillige von der Garde mitzunehmen gestattete.

Hingegen habe ich im ganzen Feldzuge wenige Nächte im Zelte geschlafen, und mein unermüdlicher Diensteifer brachte mir die vollkommenste Gnade des Monarchen und sein ganzes Zutrauen ein. Öffentliches Lob erhitzte mich bis zum Enthusiasmus, wenn ich zufällig das Glück hatte, an solchen Tagen mit 60 und 80 Fouragewagen im Hauptquartier einzutreffen, wogegen alle unsere anderen Fouragiere versprengt, verlaufen und mit leeren Händen nach Hause kamen, wo Mangel und Hunger einzureißen begannen und niemand, wegen der umherwimmelnden Panduren und Husaren, einen Schritt vor die Fronten wagen durfte. Sobald wir in Schlesien eingerückt waren, marschierte unsere Garde nach Berlin in die Winterquartiere.

Ich schildere hier nicht den böhmischen Krieg, muß aber, da ich über mich selbst schreibe, alles das anmerken, was Einfluß auf mein Schicksal hatte, nämlich:

Bei Groß-Benneschau ritt ich mit 30 Husaren und 20 Jägern auf Fouragierung, kommandierte die Husaren in ein Kloster und rückte selbst mit den Jägern in ein herrschaftliches Schloß, wo wir Wagen zusammentrieben und im Meierhofe Heu und Stroh aufzuladen begannen.

Ein österreichischer Husarenlieutenant mit 36 Pferden hatte mich und meine Schwäche aus einem verdeckten Gebüsch beobachtet. Meine Leute waren alle im Aufladen begriffen, meine unvorsichtigen Posten wurden überrumpelt, und auf einmal war der Feind im Meierhofe. Alle meine Leute wurden gefangen. Ich selbst aber saß ruhig im Schloß bei der jungen gnädigen Frau und sah mit Schrecken, aber wehrlos, aus dem Fenster dem Spektakel zu. Unentschlossen und schamrot über meine Unvorsichtigkeit wollte mich eben die gute Frau verstecken, als ich auf einmal im Hofe feuern hörte. – Kurz gesagt, meine Husaren, die ich in das Kloster detachiert hatte, erhielten von einem Bauern Nachricht, daß ein österreichisches Kommando im Busche lauere. Sie sahen sie von weitem auf meinen Meierhof schleichen, sprengten mit verhängtem Zügel nach und überfielen sie kaum zwei Minuten, nachdem sie mich überfallen hatten.

Wie schnell, wie freudig sprang ich hinunter! Etliche Husaren entwischten zum Hintertor hinaus; wir machten aber 22 Gefangene, nebst einem Lieutenant vom Kalnockischen Regiment; zwei waren erschossen, fünf verwundet. Von meinen Leuten hingegen waren zwei Jäger, die wehrlos im Heustall arbeiteten, niedergehauen worden. Gleich wurde die Fouragierung mit mehr Vorsicht weitergeführt. Die erbeuteten Pferde dienten als Vorgespanne, und nachdem ich im benachbarten Kloster 150 Dukaten abgeholt und diese unter meine Leute verteilt hatte, um ihnen das Maul zu stopfen, marschierte ich zur Armee, von der ich etwa zwei Meilen entfernt war. Auf allen Seiten um mich herum hörte ich schießen, überall wurden Fouragiere aufgegriffen, ein versprengter Lieutenant mit 40 Pferden schloß sich mir an; dies stärkte meine Bedeckung, hinderte mich aber, in das Lager zu kommen, da ich Nachricht erhielt, daß mehr als 800 Husaren und Panduren vor mir herumschwärmten. Ich zog mich seitwärts, nahm einen Umweg und kam mit meinen Gefangenen und 25 beladenen Wagen glücklich im Hauptquartier an.

Der König saß eben bei der Tafel, als ich ins Zelt eintrat. Und weil ich die Nacht ausgeblieben war, hatte jedermann geglaubt, ich sei gefangen worden, was an diesem Tage verschiedenen anderen geschehen war.

Gleich nach dem Eintritt fragte der König:

Kommt Er allein?

Nein, Ihro Majestät! Ich bringe 25 beladene Wagen und 22 Gefangene mit ihren Pferden und Offizieren!

Gleich mußte ich mich zu ihm zu Tische setzen; er wandte sich zu dem neben ihm sitzenden englischen Gesandten und sagte, indem er mir auf die Schulter schlug:

C'est un matador de ma jeunesse!

Die Pferde warteten schon vor dem Zelt; er wollte zum Rekognoszieren ausreiten. Er stellte wenig Fragen, wobei ich bei jeder einzelnen zitterte und mich mit großer Müdigkeit entschuldigte. Nach etlichen Minuten stand er vom Tisch auf, besah sich die Gefangenen, hing mir eigenhändig den Orden Pour le merite um den Hals, hieß mich ruhen, und ritt davon.

Wie mir dabei zu Mute war, ist leicht zu erraten. Ich hatte wegen grober Unvorsichtigkeit bei dieser Begebenheit die Kassation verdient – und wurde belohnt. Ist dies nicht ein sichtbares Vorbild unserer gewöhnlichsten Weltbegebenheiten? Wie mancher General hat durch einen Fehler eine Schlacht gewonnen, die man später seiner Weisheit zuschrieb! Der rechtschaffene Unteroffizier verdiente eigentlich, was *ich* erhielt.

Bei vielen Vorfällen meines Lebens, wo ich Ruhm und allgemeinen Beifall, Ehre und Achtung erwarten sollte, waren Schmach und Fesseln mein Lohn. Der Monarch, welchem ich mit Herz und Seele diente, wurde durch Verleumdung und falschen Schein hintergangen, übereilte sich im Urteil und strafte mich wie einen treulosen Übeltäter.

Indessen war die Furcht, daß die Wahrheit, wobei so viele Zeugen reden konnten, bekannt werden und man mich öffentlich beschimpfen würde, eine Folter, die mir alle Ruhe und Freude raubte. An Geld fehlte es mir nicht. Ich gab jedem Unteroffizier 20 und jedem Gemeinen einen Dukaten, um Verschwiegenheit zu erwirken. Die Leute liebten mich und versprachen alles. Indessen nahm ich mir vor, bei der ersten Gelegenheit dem König die Wahrheit zu sagen.

Diese ergab sich binnen zwei Tagen. Wir marschierten; ich führte als Kornett den ersten Zug, und der König ritt neben der Paukenwache. Er winkte mir und redete mich an:

Jetzt erzähl Er mir, Trenck! Wie hat Er Seinen letzten Coup gemacht?

Ich glaubte sicher, daß ich bereits verraten wäre. Der Monarch machte aber bei der Frage eine so gnädige Miene, daß ich frischen Mut faßte und ihm alles trocken erzählte, wie es wirklich zugegangen war. Ich bemerkte Verwunderung in seinen mir bereits vertrauten Gesichtszügen, aber ebenso, daß ihm meine Offenheit gefiel. Diesen Augenblick benutzte ich dergestalt zu einem reueerfüllten Vortrag, daß er mir nicht einmal einen Verweis gab. Er sprach eine halbe Stunde lang nicht als König, sondern als Lehrer und Vater, lobte meine Offenherzigkeit und schloß mit den Worten, die ich ewig nicht vergessen werde:

Folg Er meinem Rate – vertrau Er sich mir ganz – ich will aus Ihm einen Mann machen!

Von diesem Augenblick an war mein ganzer Wunsch, meine Zielscheibe die Ehre, für meinen König zu arbeiten, für mein Vaterland zu bluten. Das ganze Vertrauen dieses scharfsinnigen Monarchen war von diesem Augenblick an für mich gewonnen, und ich empfand den ganzen Winter hindurch täglich Merkmale desselben in Berlin, wurde meistens mit in seine gelehrten Gesellschaften gezogen und meine Aussichten waren beneidenswürdig.

Überdies erhielt ich in diesem Winter mehr als 500 Dukaten an Geschenken, und der Neid fing zugleich an, seine Tücke an mir auszuüben, weil ich zum Hofmanne eine zu redliche, zu offenherzige Seele besaß.

Noch einen Vorfall muß ich aus diesem Feldzuge bekannt machen, der in der Geschichte Friedrichs merkwürdig ist.

Bei der Retirade aus Böhmen war der König selbst nebst der Garde zu Pferde, zu Fuß, den Pikets der Kavallerie, mit dem ganzen Hauptquartier und dem zweiten und dritten Bataillon Garde in Kolin; wir hatten nur vier Feldstücke bei uns, unsere Eskadron lag in der Vorstadt. Gegen Abend wurden unsere Vorposten in die Stadt getrieben, die Husaren sprengten einzeln hinein – die ganze Gegend wimmelte von feindlichen leichten Truppen, und mein Kommandeur schickte mich zum König, um Befehl zu holen. Nach vielem Suchen fand ich den König auf dem Kirchturm mit dem Perspektiv in der Hand. Nie habe ich ihn so unruhig, so unentschieden gesehen wie an diesem Tage. – Der Befehl war:

Wir sollten sogleich retirieren, durch die Stadt marschieren und in der anderen Vorstadt gesattelt und gezäumt bereitstehen.

Kaum waren wir in derselben angelangt, als es zu regnen begann und die dickste Finsternis hereinbrach. Gegen 9 Uhr abends erschien der Trenck mit seinen Panduren und Janitscharenmusik, zündete etliche Häuser an – die Stadt war so hell, daß man uns gewahr wurde, und fing an, aus den Fenstern zu feuern. Die Verwirrung wurde allgemein – die Stadt war so voll, daß wir nicht hinein konnten; das Tor war gesperrt, und über demselben feuerten unsere kleinen Feldstücke. Der Trenck hatte das Wasser abgraben lassen, und um Mitternacht standen wir mit den Pferden bis an den Bauch in der Flut, wirklich wehrlos. Wir verloren sieben Mann, und mein Pferd wurde am Halse blessiert.

Sicher ist, daß der König in dieser Nacht mit uns allen gefangen worden wäre, wenn mein Vetter seinen beabsichtigten Sturm (wie er mir in der Folge selbst erzählte), hätte ausführen können. Es wurde ihm aber mit einer Kanonenkugel der Fuß zerschmettert. Man trug ihn zurück, und das Pandurenfeuer hatte ein Ende. Tags darauf erschien das Nassauische Corps zu unserer Hilfe. Wir verließen Kolin, und während des Marsches sagte der König zu mir:

Sein sauberer Herr Vetter hätte uns heute nacht einen garstigen Streich versetzen können! Er ist aber laut Deserteur-Bericht erschossen worden.

Der König fragte mich, wie nahe ich mit ihm verwandt sei – und hierbei blieb es.

34

In der Mitte des Dezembers trafen wir in Berlin ein. Hier war ich nun wieder der glücklichste Mensch und mit offenen Armen empfangen. Ich war aber weniger vorsichtig als im vorigen Jahr, vielleicht auch mehr beobachtet.

Ein Lieutenant von der Fuß-Garde, der zugleich ein öffentlicher Ganymed war (und gegen den ich ohnedies schon einen natürlichen Haß, wie gegen alle solche Schufte, im Herzen trug), griff mich wegen meiner geheimen Liebe mit Sticheleien an. Ich hieß ihn einen et cetera – wir griffen zum Degen, und ich brachte ihm einen Hieb ins Gesicht an. Bei der Kirchenparade am darauffolgenden Sonntag nach dieser Begebenheit, sagte mir der König im Vorbeigehen:

Herr! Der Donner und das Wetter wird Ihm aufs Herz fahren – – nehm Er sich in acht! – –

Wenige Zeit danach kam ich einige Augenblicke zu spät auf die Parade. Der König, welcher mich schon beobachtet und vermißt hatte, schickte mich nach Potsdam zur Garde zu Fuß in Arrest, wo ich auf der Langen Brücke mein Zimmer erhielt.

Nachdem ich 14 Tage gesessen, kam der Obrist Graf Wartensleben zu mir und riet mir, ich sollte um Gnade bitten – ich war noch zu unerfahren in Hofränken und merkte nicht, daß ich mit einem Kundschafter sprach. Ich stellte mich unwillig über den langen Arrest für einen Fehler, der gewöhnlich mit drei, höchstens sechs Tagen abgebüßt wird, und blieb also sitzen.

Abermals verflossen acht Tage – der König kam nach Potsdam – ich wurde von General Borck, Generaladjutanten des Königs, ohne den Monarchen zu sehen, mit Briefen nach Dresden geschickt.

Bei meiner Zurückkunft meldete ich mich bei dem Monarchen auf der Parade – und da die Eskadron in Berlin stand, fragte ich:

Befehlen Euer Majestät, daß ich zur Eskadron nach Berlin reite?

Die Antwort war:

Wo kommt Er her?

Aus Dresden.

Wo war Er, ehe Er nach Dresden ritt?

Im Arrest.

So gehe Er wieder hin, wo Er gewesen ist!

Und hiermit war ich wieder Arrestant und blieb es wirklich bis auf drei Tage vor dem Abmarsch, da wir im Anfang Mai aufbrachen und nach Schlesien mit schnellen Schritten zum zweiten Feldzuge marschierten.

Nun muß ich einen Hauptvorfall umständlich erzählen, woraus in eben diesem Winter die eigentliche Quelle aller meiner in der Welt erlittenen Drangsale entsprang. Ich bitte meine Leser, sich diese Stelle zu merken, und mich im Voraus zu bedauern, weil aus der unschuldigsten Ursache der rechtschaffenste Mann, der beste Patriot des Königs verdächtig und in ein solches Gewebe von ineinanderfließenden Folgen verwickelt wurde, aus welchem ich mich vom 19ten bis in das 60ste Lebensjahr noch nicht habe befreien können. Hier ist die treue und längst öffentlich bestätigte Erzählung, die mir und meinem Schicksal Ehre macht.

Franz Freiherr von der Trenck*, welcher die Panduren in kaiserlichen Diensten kommandierte, war 1743 in Bayern schwer blessiert worden. Er hatte meiner Mutter nach Preußen geschrieben und ihr gemeldet, daß er ihren ältesten Sohn zum Universalerben ernannt habe. Diesen Brief schickte mir meine Mutter sogleich nach Potsdam. Ich ließ ihn aber unbeantwortet, weil ich damals mit meinem Zustand, mit meinem Monarchen so zufrieden war, so zufrieden zu sein Ursache hatte, daß ich mein Glück nicht mit den Schätzen der Mogulen vertauscht hätte.

Nun war ich am 12. Februar 1744 in Berlin bei meinem Garde du Corps-Kommandanten, dem Rittmeister von Jaschinsky, welcher in der Armee Oberstenrang hatte, nebst dem Lieutenant von Studnitz, und meinem damaligen Zeltkameraden, dem Kornett von Wagnitz, in Gesellschaft. Letzterer lebt noch und ist kommandierender General der Hessen-Kassel'schen Kavallerie.

Hier kam nun die Rede auf den österreichischen Trenck, und Jaschinsky fragte mich, ob ich mit ihm verwandt sei. Die Antwort war Ja; und zugleich erzählte ich, daß er mich zum Universalerben eingesetzt habe. – Er fragte: Was ich ihm geantwortet habe?

Gar nichts.

Hierauf munterte mich die ganze Gesellschaft auf, ich sollte bei einem so wichtigen Glücke weder gleichgültig noch undankbar sein und wenigstens danken, und die gute Gesinnung für die Zukunft zu erhalten suchen.

Mein Chef setzte hinzu:

Schreiben Sie ihm, er soll Ihnen gute ungarische Pferde zur Equipage schicken! Geben Sie mir den Brief, ich will ihn durch den schlesi-

* Dieses Trenck Vater und mein Vater waren leibliche Brüder. Ich werde in diesem Bande auch sein merkwürdiges Schicksal treu und so erzählen, wie es mir gründlich bekannt ist.

schen Legationsrat von Bossart bestellen lassen unter der Bedingung, daß ich auch ein ungarisches Pferd erhalte. Es handelt sich nicht um eine Staats-, sondern um eine private Familienkorrespondenz. Die Verantwortung nehme ich auf mich – und so weiter . . .

Sogleich setzte ich mich nieder, schrieb, folgte dem Rate meines Vorgesetzten. Und wäre mir jemals ein Verhör über diesen Vorfall gestattet worden, so hätten die 4 gegenwärtigen Zeugen, die den Inhalt des Briefes kannten, meine reine Unschuld sonnenklar gerechtfertigt. Jaschinsky übernahm also diesen Brief offen, versiegelte ihn selbst und hat ihn auch wirklich zu meinem Unglück befördert.

Ich muß von diesem Brief umständlich berichten, weil er die einzige Quelle aller meiner bis zum grauen Haar erlittenen Drangsale wurde, – vorläufig aber noch eine zufällige Begebenheit erwähnen, die eigentlich hierher gehört und mir den ersten Verdacht unschuldig zugezogen hat.

In der Kampagne 1744 wurde unter vielen anderen auch mein Reitknecht mit 2 Handpferden von den Trenck'schen leichten Truppen gefangen. Ich sollte an eben dem Tage, da wir in das Lager rückten, mit dem König rekognoszieren reiten. Mein Pferd war müde, ich meldete mein Unglück, und sogleich schenkte er mir einen Engländer. Einige Tage nachher kam mein gefangener Reitknecht nebst meinen Pferden und einem feindlichen Trompeter zurück, mit einem Billet, ungefähr dieses Inhalts:

»Der österreichische Trenck hat keinen Krieg mit dem preußischen Trenck, seinem Vetter. Es ist ihm ein Vergnügen, daß er zufällig von seinen Husaren die ihm weggenommenen Pferde zurückerhalten konnte, welche er ihm hiermit überschickt etc. etc.«

Da ich mich noch an eben dem Tage bei dem Monarchen meldete, machte er nur eine finstere Miene und sagte:

Da Sein Vetter Ihm Seine Pferde zurückgeschickt hat, so braucht Er das meinige nicht! –

An Neidern meines Glückes fehlte es mir damals nicht. Es gab allerlei Stichelreden, bis ich endlich einen gewissen Lieutenant P. vor die Klinge nahm, ihn wohlgezeichnet abfertigte und durch mein Betragen erwies, daß ich ein preußisches Herz hatte.

Überhaupt hat aber dieser Vorfall mit den zurückgeschickten Pferden viel zur Anfachung des im Jahr danach erfolgten Argwohns bei dem Monarchen beigetragen und mein Unglück beschleunigt. Eben deshalb melde ich hier das Verfahren des großen, sonst scharfsichtigen und gerechten Friedrich, um es soviel wie möglich, sogar in meinem Falle, zu rechtfertigen.

Zeugen bedarf ich in dieser ganzen Sache nicht. Man nenne den Trenck in Berlin und in allen preußischen Staaten, so heiße ich einstimmig der Märtyrer meiner Rechtschaffenheit, das schmählichste Opfer der Verleumdung, der beste Patriot und das Muster eines großen Mannes im Unglück.

Nun weiter in unserer abgebrochenen Geschichte.

Wir marschierten also zum zweiten Feldzuge nach Schlesien, welcher ebenso blutig wie siegreich für uns war. Im Kloster Kamenz war des Königs Hauptquartier; daselbst standen wir 14 Tage in Ruhe. Da aber Prinz Karl die Torheit beging, daß er, anstatt uns in Böhmen zu erwarten, in die Ebene von Striegau mit seiner Armee einrückte, war er auch sicher geschlagen. Denn wer die preußischen großen Manöver und die wahrhafte, Schlachten entscheidende Taktik kennt, der kann ohne Brille, ohne Algebra berechnen, wer auch mit ganz ungleicher Zahl im offenen Felde geschlagen werden muß.

Eilfertig brach also unsere Armee auf. Binnen 24 Stunden stand alles in Schlachtordnung. Am 4ten Juni lagen schon auf dem Schlachtfelde bei Striegau 18 000 Tote, und die kaiserliche Armee nebst den alliierten Sachsen war total geschlagen.

Wir hielten mit der Garde du Corps den rechten Flügel. Ehe wir angriffen, rief der König der Eskadron zu:

Kinder! Zeigt heute, daß ihr meine Garde du Corps seid und gebt keinem Sachsen Pardon!

Wir hieben dreimal in die Kavallerie und zweimal in die Infanterie hinein. Nichts widerstand einer solchen Eskadron, die gewiß in Leuten, Pferden, Mut, Geschicklichkeit und Ehrgeiz die erste auf Erden war. Wir allein hatten 7 Standarten und 5 Fahnen erbeutet, und in weniger als einer Stunde war alles entschieden.

Ich bekam einen Pistolenschuß durch die rechte Hand. Mein Pferd war stark blessiert, und beim dritten Angriff mußte mir mein Reitknecht ein anderes geben. Am Tage nach der Bataille erhielten alle Offiziere den Orden Pour le merite; ich aber blieb 4 Wochen unter den Blessierten in Schweidnitz, wo gegen 16 000 Menschen auf der Folterbank von Feldschern gemartert und viele erst am dritten Tage verbunden wurden.

Meine Hand konnte ich zwar in 3 Monaten nicht brauchen, dennoch kehrte ich zur Eskadron zurück und tat in allen Vorfällen meine

Schuldigkeit, war täglich bei dem Monarchen und bei allen Rekognoszierungen mit ihm zusammen. Seine besondere Gnade und vorzügliche Achtung vermehrte sich täglich, und mein Enthusiasmus für ihn, mein Diensteifer stieg bis zur Ausschweifung. Ich verrichtete die ganze Kampagne hindurch Adjutantendienste, und niemand könnte die Geschichte derselben wahrheitsgetreuer als der beschreiben, welcher wie ich Augenzeuge bei allen Begebenheiten – und zugleich ein Schüler des ersten Meisters in der Kriegskunst war, welcher mich für würdig hielt, von ihm selbst unterrichtet zu werden. Diese Blätter gestatten aber kaum, alles zu erzählen, was von Einfluß auf mein persönliches Schicksal war.

Hierher gehört auch eine Begebenheit, welche des großen Friedrichs Charakter und besondere Art, Jünglinge für seinen Dienst zu bilden und sie sich ganz zu eigen zu machen, schildert. Ich liebte besonders die Jagd; und ungeachtet dessen, daß sie aufs schärfste verboten war, wagte ich es dennoch, mich ohne Erlaubnis von der Armee zu entfernen. Mit Fasanen beladen kam ich zurück; wie erschrak ich aber, als die Armee indessen aufgebrochen war und ich kaum noch die Nachhut erreichte!

Wie mir dabei zu Mute war, ist leicht zu erraten. Kurz, ein Husarenoffizier lieh mir ein Pferd, und so kam ich zu meiner Eskadron, welche allezeit den Vortrab machte, setzte mich auf mein Pferd und ritt zitternd vor meinen Zug, den ich führen mußte. Der König hatte mich aber schon vermißt – oder vielmehr, mein mir seit einiger Zeit feindseliger Kommandeur hatte mich bereits gemeldet.

Eben, als wir in das Lager rücken wollten, ritt der König heran, erblickte mich und winkte mich zu sich. Er sah meine Verwirrung und fragte mit lächelnder Miene:

War Er schon wieder auf der Jagd?

Ja, Eure Majestät! Ich bitte . . .

Er ließ mich aber nicht ausreden, sondern sagte:

Diesmal halte ich es Ihm noch zugute, wegen Potsdam. Nehm Er sich aber künftig in acht und denk Er besser an Seine Schuldigkeit!

Hiermit war alles vorbei – wo ich Kassation verdient hatte. Ich muß aber daran erinnern, daß der König hiermit eigentlich sagen wollte: Er habe mich im letzten Winter in Potsdam zu hart für ein kleines Versehen gestraft und sähe deshalb jetzt durch seine Finger.

Kann ein König größer denken, größer handeln? Ist das nicht die erhabenste Art, Gemüter zu gewinnen, Fehler zu bessern und große

Männer zu bilden? Er kannte meine gefühlvolle Seele und erwirkte durch diese zu rechter Zeit angebrachte Gnade gewiß mehr, als wenn ein kommandierender General fünfzig junge Offiziere bei Temperamentsfehlern mit Ketten und Profossen bedroht oder grob nach Kriegsartikeln, ohne Unterschied des Gegenstandes, mißhandelt.

So verfährt der wirklich große König zuweilen bei großen Fehlern großer Genies, hingegen straft er mechanische Seelen, die nur zum Kriechen geboren sind, auch nach trockenen Kriegsartikeln, nur mechanisch buchstäblich. Eben deshalb hat er allein die wahre Pflanzschule für große Generale, weshalb er auch Männer findet, die seines Umgangs, seiner Wahl, seines unbeschränkten Vertrauens würdig sind. Vielleicht ist er deshalb auch nur der einzige Monarch auf Erden, welcher sagen kann: Ich habe nicht allein Sklaven und Untertanen, ich habe auch Patrioten und echte Freunde!

Nun bemerkte ich seit diesem Vorfall keine Ungnade, außer zuweilen bei dem Mittagessen (weil die Offiziere der Garde allezeit die Tafel bei dem Könige haben) und bei guter Laune, einen feinen Stich auf die Jagdliebhaber, oder auf die hitzigen Köpfe, die bei jeder Gelegenheit aufbrausen und gleich mit dem Degen bei der Hand sind.

＊

Der Feldzug verging mit beständigen Manövern und Märschen; wobei wir die Unruhigsten waren, weil die Garde, die bei dem Zelt des Königs in der Mitte beider Treffen kampiert, im Marsche der Armee aber allezeit die Avantgarde macht, auch um 2 Stunden früher aufstehen und marschieren muß, um den Vortrab zu erreichen, dann bei allen Rekognoszierungen mit dem König zugegen sein, zuweilen das Lager abstechen, die Pferdetränke suchen und ein Offizier bei der Inspektion im Hauptquartier als Ordonnanz beim König sein muß. Dieses gestattete selten etliche Stunden Ruhe, da wir nur 6 Offiziere im ganzen für so viele Verrichtungen waren. Überdies hatten wir noch viele Kurier-Ritte auszuführen, auch öfter wichtige mündliche Befehle an die verschiedenen Corps zu überbringen. Überhaupt sorgt der König dafür, daß seine Garde-Offiziere keine Schlafmützen werden können. In seiner Schule muß man viel wachen, um zu lernen. Arbeit, Wachsamkeit und Unruhe, Beispiel und Vaterlandsliebe bilden unter des Königs Auge die Befehlshaber seines Kriegsheeres.

Dies ist die Schule, wo ich lernte; wo ich schon unter diejenigen gerechnet wurde, welche man auswählt, andere zu belehren.

Doch weiter. Wenn ich nicht irre, so war der 14te September der Tag, an welchem die merkwürdige Bataille bei Soor oder Sorau stattfand. Der König hatte so viele Korps nach Sachsen, auch hin und wieder nach Schlesien und Böhmen beordert, daß wirklich nicht mehr als 26000 bei seiner Hauptarmee blieben. Prinz Karl, welcher trotz aller Erfahrung dennoch allezeit seinen Feind nur materiell nach der Zahl abwog und den Kern der preußischen Macht nicht kannte, hatte den kleinen Haufen der pommerschen und brandenburgischen Regimenter mit einer Macht von 86000 Mann eingeschlossen. Er wollte dieses Häuflein überfallen und uns alle gefangennehmen.

Nun merke man aus meiner treuen Erzählung, wie geheim dieser beabsichtigte Überfall entworfen und ausgeführt werden sollte. Denn gegen Mitternacht kam der König persönlich in mein Zelt und weckte so alle Offiziere aus dem Schlafe; er befahl, sogleich in aller Stille zu satteln, alle Bagage zurückzulassen und sich beim ersten Wink zur Bataille zu richten. Indessen blieben alle Pferde an ihren Plätzen und die Mannschaft, fertig zum Aufsitzen, in ihren Zelten. Ich und Lieutenant von Pannewitz mußten mit dem König reiten. Der Monarch selbst brachte seine Befehle durch die ganze Armee, und so erwartete man den Anbruch des Tages mit Sehnsucht.

Gegen die Stelle, wo der König im Voraus wußte, daß der feindliche Angriff geschehen sollte, wurden in möglichster Stille 8 Feldstücke hinter einem kleinen Hügel verborgen; folglich muß er ja den ganzen österreichischen Plan im voraus gewußt haben. Sogar die Vorposten gegen das Gebirge wurden zurückgezogen, um den Feind in seiner Mutmaßung zu stärken, daß er uns alle im Schlaf wehrlos fangen würde.

Kaum brach der Tag an, so begann auch schon das Artilleriefeuer von allen besetzten Höhen ringsum, beschoß das ganze Lager, und die feindliche Kavallerie stürzte durch das Defilee herein – –

Im Augenblick standen wir in Schlachtordnung, und in kaum zehn Minuten sprengten wir schon mit unseren wenigen Eskadronen (wir hatten nur 5 Regimenter Kavallerie bei der Armee), mit verhängtem Zügel in den Feind hinein, der sich erst vor dem Defilee ganz gravitätisch zu formieren anfing und keine Gegenwehr, viel weniger einen so überraschenden Angriff vermutet hatte. Wir warfen ihn in das vollgestopfte Defilee zurück; sogleich war der König selbst mit den 8 Feldstücken bei der Hand und richtete in diesem gedrängten Haufen, wo niemand mehr vorwärts konnte, ein Blutbad an. – Hiermit war in

41

einer halben Stunde der feindliche Plan vereitelt und die Bataille gewonnen. Nadasti, Trenck und die leichten Truppen, welche uns im Rücken angreifen sollten, hielten sich im Lager mit Plündern auf. Niemand konnte die raubsüchtigen Kroaten abhalten, dagegen wir aber unterdessen den Feind schlugen. Merkwürdig ist hierbei folgendes:

Man brachte dem König Nachricht, daß der Feind in das Lager eingefallen sei und plündere.

Desto besser, gab er zur Antwort. So haben sie was zu tun und hindern mich in der Hauptsache nicht!

Wir behielten also den vollkommensten Sieg, hatten aber alle unsere Bagage verloren. Das ganze Hauptquartier, welches ohne alle Bedeckung zurückblieb, war gefangen, geplündert, und der Trenck hatte des Königs Zelt und silbernes Tafelservice davongeführt.

Diese Begebenheit habe ich deshalb hier eingerückt, weil im Jahr 1746 eben der Trenck, mein Vetter, in Wien der Gewalt seiner ärgsten Feinde überlassen und in einen sogenannten Kriminalprozeß verwickelt war. Einige nichtswürdige Bösewichte hatten ihn beschuldigt: Er habe bei der Bataille zu Sorau (Soor) den König selbst im Bette gefangengenommen und durch Bestechung wieder freigelassen. – Noch ärger! Eine mit Geld bestochene öffentliche Hure aus Brünn gab sich für die Tochter des Feldmarschalls Schwerin aus und zeugte vor dem Wiener Kriegsgericht:

Sie hätte eben bei dem König im Bette geschlafen, da der Trenck in das Zelt eingetreten, den König gefangen, auch sie nebst ihm wieder freigelassen habe.

Was nun das erstere betrifft, so bin ich Augenzeuge, daß der wachsame König nicht überfallen werden konnte, besonders da er wußte, daß man ihn fangen wollte. Ich selbst bin von Mitternacht bis gegen 4 Uhr früh mit ihm in dem Lager herumgaloppiert, wo die Anstalten, den Feind zu empfangen, gemacht wurden; um 5 Uhr sprengten wir schon zum Einhauen heran. Der Trenck konnte folglich den König nicht im Bette fangen. Die Bataille war bereits entschieden, da er erst mit seinen Panduren in das Lager einfiel und des Königs Equipage erbeutete.

Was das andere mit dem feinen Fräulein Schwerin betrifft, so kann das nur in Dorfschulen von Katechismusstudenten erzählt, nur in Lissabon geglaubt und in Wien allein gegen einen ehrlichen Mann zu Protokoll genommen werden.

Es ist aber der ganze Vorfall so lesenswürdig, daß ich in diesem Bande eine besondere Erzählung von dem schrecklichen Schicksal eben dieses Trenck und von seinem sogenannten Kriminalprozeß anhängen werde, worüber die aufgeklärte Welt erstaunen muß. Seine Geschichte hat mit der meinen so viel Verbindung, daß ich dazu berechtigt bin. Besonders, da noch viele Ignoranten oder Tugendfeinde in Wien wirklich glauben und erzählen, der Trenck habe den König von Preußen gefangen gehabt.

Noch bis jetzt war aber kein Trenck ein Schurke, noch ein Verräter. Ich will gründlich erweisen, und weiß es auch überzeugt, daß er seiner Monarchin ebenso treu diente wie ich meinem König. – Die in seinem Fall hintergangene große Maria Theresia sagte mir selbst nach seinem Tode:

Sein Vetter ist besser gestorben, als seine Ankläger und Richter sterben werden! –

Genug hiervon, bis an seinen gehörigen Ort.

*

Ich will nun auf die erste Szene meines Trauerspiels zurückkommen, welche den Grund zu allen Folgen bestimmte, die mich bis zum grauen Haare zum wirklichen Märtyrer machten.

Wenige Tage nach der Bataille zu Soor kam der Feldpostbriefträger in mein Zelt und brachte mir einen Brief. Dieser war von meinem Vetter, dem Pandurenobersten Baron Trenck, in Essek datiert und vier Monate alt. Der Inhalt war in Kürze dieser:

»Aus Dero Schreiben de dato Berlin den 12ten Februar ersehe ich, daß Sie gerne ungarische Pferde von mir haben möchten, um sich gegen meine Husaren und Panduren herum zu tummeln. Ich habe bereits in voriger Kampagne mit Vergnügen erfahren, daß der preußische Trenck auch ein guter Soldat ist. Zur Bezeigung, daß ich Sie schätze, habe ich Ihnen Ihre von meinen Leuten gefangenen Pferde zurückgeschickt. Wollen Sie aber ungarische reiten, so nehmen Sie mir im nächsten Feldzuge die meinigen im offenen Felde ab, oder kommen Sie zu Ihrem Vetter, der Sie mit offenen Armen empfangen, und als seinen Sohn und Freund, Ihnen alle Zufriedenheit verursachen wird etc.«

Ich erschrak, und lachte bei Durchlesung dieses Briefes. Kornett von Wagnitz, gegenwärtiger General en Chef der Hessen-Kassel'-schen Armee, und Lieutenant von Grotthausen, die beide noch leben, waren meine Zeltkameraden. Ich gab ihnen den Brief zu lesen,

43

wir lachten über den Inhalt, und gleich wurde beschlossen, ihn dem Eskadronskommandeur von Jaschinsky bei der Parole zu lesen zu geben. Dies geschah auch kaum eine Stunde nach dem Empfang.

Der Leser wird sich zu erinnern wissen, wie ich oben erzählt habe, daß eben dieser Oberst Jaschinsky am 12ten Februar mich in Berlin zum Schreiben bewog und meinen Brief offen empfangen und an den Trenck bestellt hatte, worin ich scherzend ungarische Pferde zur Equipage forderte und ihm, Jaschinsky, eins davon versprach, wenn sie ankommen würden. Kaum hatte er den Brief mit einer gewissen Art von Verwunderung gelesen, so entstand ein Gelächter unter uns allen. Und, da das Gerücht eben bei der Armee umlief, wir würden nach dieser gewonnenen Bataille mit einem Korps in Ungarn einbrechen, so sagte Jaschinsky:

So wollen wir jetzt die ungarischen Pferde selbst in Ungarn holen! Und hiermit ging ich mit ruhigem Gewissen in mein Zelt.

Nun muß ich hierbei folgende Beobachtungen einrücken:

1. Ich hatte das Datum des erhaltenen Briefes nicht beachtet. Mein Oberst bemerkte es aber sogleich, daß er über 4 Monate alt war.

2. Vermutlich war es also eine Falle, die der in seiner Art böse und falsche Mann mir gelegt hatte. Die Zurückschickung meiner Pferde in der vorigen Kampagne hatte Aufsehen erregt. Vielleicht hatte er Befehl vom König, mich zu beobachten. Vielleicht überredete er mich zum Schreiben, um mir durch eine falsche untergeschobene Antwort eine Fallgrube zu bereiten. Denn sicher ist es, daß der Trenck in Wien bis zu seinem Tode standhaft beteuerte, daß er nie einen Brief von mir empfangen, auch niemals einen beantwortet habe. Ich glaube also noch, daß es ein Uriasbrief war.

Jaschinsky war damals ein Liebling des Monarchen, ein armeekundig falscher, boshafter Mann, ein Kundschafter und heimlicher Zuträger auf Rechnung akkreditierter Verleumdung. Wie er denn auch einige Jahre nach dieser Begebenheit deshalb vom König kassiert und aus seinem Lande gejagt wurde. Er war damals der Liebhaber der schönen sächsischen Residentin von Bossart in Berlin, und durch sie kann der falsche Trenck'sche Brief in Sachsen oder Österreich auf die Post und auf meine Adresse befördert worden sein. Indessen hatte er alle Tage Gelegenheit, mich bei dem König verdächtig zu schildern und seinen Entwurf gegen meine Unschuld auszuführen.

Hierzu kam noch, daß er mir 400 Dukaten schuldig war, die ich ihm bar geliehen hatte, weil mir niemals Geld fehlte. Dieses Geld war seine Beute, da ich ohne Verhör arrestiert und in ein Gefängnis gesperrt wurde; und von meiner Equipage hat er sich auch den größten Teil angeeignet. Wir gerieten schon in der ersten Kampagne in Händel, da er meinen Packknecht prügelte und waren bereits mit Pallaschen übereinander her, da der Oberst Winterfeldt zufällig dazu kam, uns ohne Blut voneinander brachte und Frieden stiftete. Der hartnäckige Litauer-Kopf ist aber allezeit rachgierig und unversöhnlich, und hat vielleicht von diesem Tage an nur mein Unglück geschmiedet.

Gott weiß, was Jaschinsky dem Monarchen bei allen Gelegenheiten für Stoff zum Argwohn gegen mich eingeflößt hat. Denn sicher ist es unglaublich, wie derselbe mich bei seiner weltbekannten Gerechtigkeitsliebe, ohne alle Untersuchung, ohne Verhör noch Kriegsrecht, verdammen konnte.

Hier steckt demnach der Knoten, den ich nie auflösen konnte.

Unbegreiflich aber bleibt es allezeit, wie der scharfsichtige Monarch, welcher mich täglich um sich sah, welcher mich als Menschenkenner ganz kannte, welcher wußte, daß mir gar nichts fehlte, weder Ehre noch Geld, noch Hoffnung in die Zukunft – daß er, sag ich, jemals sich einen Argwohn auf meine Treue konnte einflößen lassen.

Gewiß ist es, und ich nehme noch heute Gott und alle Menschen zu Zeugen, die mich im Glück und Unglück gekannt haben, daß ich nie einen untreuen Gedanken gegen mein Vaterland empfunden habe. Ich war meinem König ebenso mit Herz und Seele ergeben, wie mein Vetter, der Pandurenchef, seiner Kaiserin; und beide waren wir dennoch die schmählichsten Opfer der Verleumdung und Mißgunst.

Wie war es auch möglich, mich damals zu beargwöhnen? Im 18ten Lebensjahr war ich schon Kornett der Garde du Corps mit Rittmeisterrang, tat Adjutantendienste bei dem König und besaß seine Achtung, Gnade und Vertrauen im höchsten Grade. In einem Jahr hat er mir mehr als 1500 Reichstaler geschenkt. In Berlin hatte ich eine Freundin, die ich verehrend liebte, die ich für keine Krone, viel weniger für eines Pandurenführers Versprechen verlassen hätte, und die mir gewiß mehr gab, mehr geben konnte als alle Panduren der Erde, die ich im Herzen verabscheute.

Sollte mir wohl in meiner Lage ein vernünftiger Mensch einen solchen verfluchten und niederträchtigen Gedanken zumuten wollen, daß ich die brillanteste Aussicht bei dem König der Weisen, die Ehre, in seiner Schule ein Meister zu werden, einem Panduren aufopfern sollte, der mir etliche ungarische Pferde antrug?

45

Ich hatte 7 Engländer in meinem Stalle zu Berlin und 6 Leute in der Livree, war geliebt, geschätzt und distinguiert; im Ministerium wie in der Armee besaßen meine Blutsfreunde die wichtigsten Ehrenstellen. Mein ganzes Herz war lauter bis zum Fanatismus getriebene Vaterlands- und Königsliebe, und mir fehlte gar nichts, was der junge Mensch auf Erden wünschen oder von Gott erbitten kann. Wie war es denn möglich, daß ich beargwöhnt werden konnte? Ich war ja weder rasend noch verrückt.

Dennoch aber ist es geschehen, und mein Beispiel zeigt, daß gegen sicher schlummernde Tugend der wachenden Verleumdung alles möglich ist, daß der erleuchtetste Monarch von bösen Menschen, oder wohl gar durch vorgegaukelten Argwohn könne betrogen werden; weil er aus dem Mittelpunkt seines Thrones als Mensch unmöglich alles in seinem Staate übersehen kann und sich folglich auf Berichte solcher Menschen verlassen muß, die sein Vertrauen entweder verdienen oder erschlichen haben. Überhaupt ist mein ganzes Schicksal von solcher Art, daß der König wirklich nicht anders mit mir verfahren konnte, als in der Folge geschehen ist.

Monarchen begnadigen lieber einen Übeltäter, als daß sie einen unschuldig Verdammten belohnen. Ich rate gegenwärtig einem jeden treulich, mich nicht zum Vorbilde zu erwählen. Die Ehre, durch männlichen Trotz ein rühmlicher Märtyrer zu heißen, der Ruhm eines standhaften Mannes in Widerwärtigkeiten, ist ein unwirksamer Lohn für den, welcher 40 Lebensjahre hindurch gegen Foltern, Schicksalsstürme, böse Menschen, Verleumdung und Fürstenmacht zu kämpfen, auch endlich, aber zu spät, zu siegen die Ehre hatte.

*

Meinen obengenannten verhängnisvollen Brief betreffend, so ist auch nicht einmal wahrscheinlich, daß ich durch denselben hätte unglücklich werden können. Denn:

War ich wirklich in verdächtiger Korrespondenz mit einem Verwandten in feindlichen Diensten, so hätte er mir gewiß nicht auf der ordinären Feldkriegspost geschrieben, wo, wie bekannt, alle Briefe geöffnet werden. War es aber nur Privatfamilienkorrespondenz, so konnte ich nie mehr tun, als geschehen ist; denn mein Chef und Kommandeur wußte von dem Inhalt meines Briefes, hatte ihn selbst gelesen und selbst befördert! Und aus der erhaltenen Antwort habe ich auch keine Minute ein Geheimnis gemacht.

46

Das mindeste Verhör hätte also meine Unschuld sonnenklar ent-
wickelt. Das Meisterstück meines Feindes, mich zu stürzen, bestand
demnach allein in der Kunst, die Rolle bei dem Monarchen so zu
spielen, daß ich jede Gelegenheit verlor, mich zu rechtfertigen. Und
dies geschah wirklich.

Denn am folgenden Tage nach Empfang dieses Briefes wurde ich
ohne Verhör, ohne Kriegsrecht, ohne daß mir jemand ein Verbrechen
vorhielt, arrestiert und mit einer Bedeckung von 50 Husaren wie ein
richtiger Delinquent aus der Armee entfernt und nach Glatz auf die
Festung gebracht. Drei Pferde und meine Bedienten durfte ich mitnehmen; meine ganze Equipage blieb aber zurück, die ich nicht
wiedergesehen habe und die Beute des Herrn von Jaschinsky wurde.
Meine Stelle wurde sogleich durch den Fahnenjunker, Herrn von
Schätzel, jetzigen General der Kavallerie, ersetzt und ich kassiert,
ohne zu wissen warum.

Wenig Beispiele meiner Art findet man in des großen Friedrichs
Geschichte; und dieses geschah im Anfang seiner kriegerischen Re-
gierung, ehe er die Menschen so gut kannte wie nach einer 40jährigen
Erfahrung. Kriegerische, nie erlebte Vorfälle machten ihn auf allen
Seiten unruhig und mißtrauisch . . .

Kurz gesagt, ich war unglücklich und wurde als ein wirklicher
Übeltäter nach Glatz auf die Zitadelle gebracht.

Hier saß ich zwar in keinem Kerker, sondern bei dem wachthabenden Offizier im Zimmer, durfte auch in der Festung herumspazieren
und behielt meine Leute zur Bedienung. Weil es mir an Geld nicht
fehlte und in Glatz auf der Zitadelle nur ein Kommando vom
Mitschewal'schen Garnisonsregiment Dienst tat, wo die Offiziere
alle arme Ritter waren, so hatte ich bald Freunde und Freiheit genug;
und alle Tage war offene Tafel bei dem reichen Arrestanten.

Was aber mein Herz dabei empfand, kann nur der entscheiden,
welcher mich im Jugendfeuer auf der Ehrenbahn gekannt, mich in
Berlin in Glückszuständen gesehen und jemals empfunden hat, was
ein ehrgeiziges Herz in meiner damaligen Lage empören kann.

Ich schrieb an den König und bat trotzig um Verhör und Kriegsrecht, ohne Nachsicht noch Gnade, wenn ich als schuldig erkannt
würde. Dieser pochende Ton eines beleidigten feurigen Jünglings
gefiel dem Monarchen nicht; ich erhielt also keine Antwort. Und dies
war genug, mich zu allen verzweifelten Entschlüssen zu treiben,
nachdem ich mich nunmehr mir selbst überlassen glaubte.

Durch einen Offizier war die Korrespondenz mit dem Gegenstand meines Herzens bald in Sicherheit gebracht. Dort war man überzeugt, daß ich nie einen untreuen Gedanken gegen mein Vaterland gehegt hatte noch zu verbergen imstande war. Man tadelte die Übereilung, den Argwohn des Königs, versprach mir sichere Hilfe und schickte mir 1000 Dukaten, damit es mir im Arrest nicht an Geld fehle . . .

Hätte ich in diesen kritischen Umständen einen aufgeklärten und redlichen Freund gefunden, welcher mein aufloderndes Feuer dämpfen konnte, so wäre nichts leichter gewesen, als den Monarchen durch gelassene Demut und begründete Vorstellungen von meiner Unschuld zu überzeugen und meiner Feinde Anschläge zu vereiteln. Die Offiziere der damaligen Glatzer Garnison gossen aber alle Öl in meine Glut. Sie glaubten, mein Geld, das ich unter sie so freigiebig verteilte, käme alles aus Ungarn von der Pandurenkasse, und jeder munterte mich auf, nicht lange im Arrest zu warten und mir, dem Könige zum Trotz, meine Freiheit eigenmächtig zu verschaffen.

Nichts war leichter, als dieses einem Menschen einzuflößen, welcher noch nie unglücklich war und folglich das erste Übel schon für unübersteiglich hielt. Noch war gar nichts meinerseits entschieden oder beschlossen, weil ich mich nicht entschließen konnte, mein Vaterland, besonders aber Berlin, zu verlassen.

Endlich, nachdem ich ungefähr 5 Monate im Arrest zugebracht hatte, der Frieden erfolgte, der König in Berlin und meine Stelle bei der Garde besetzt war, erbot sich ein gewisser Leutnant von Piaschky vom Fouqué'schen Regiment und der Fähnrich Reitz, welcher oft bei mir die Wache hatte, sie wollten die Anstalten machen, daß ich aus Glatz entweichen und sie beide mitnehmen könnte. Alles wurde abgeredet und beschlossen.

Es saß aber eben damals ein gewisser Rittmeister von Manger vom Natzmer'schen Husarenregiment, ein geborener Schweizer, mit mir in den Glatzer Gefängnissen. Er war kassiert, auf 10 Jahre zum Arrest verurteilt und hatte monatlich nur 4 Reichstaler zu verzehren. Diesem Manne hatte ich viel Gutes getan; aus Mitleid wollte ich ihn mit mir befreien. Es wurde abgeredet, beschlossen, und ihm vorgetragen. Gleich waren wir durch diesen Schurken verraten, welcher dadurch Gnade und Freiheit erhielt.

Piaschky erhielt rechtzeitig Wind, daß Reitz schon im Arrest war, und rettete sich durch Desertion.

Ich leugnete, wurde aber mit Manger konfrontiert; weil ich den Vernehmungsoffizier mit 100 Dukaten gewinnen konnte, kam Reitz mit Kassation und einem Jahr Arrest davon. Ich hingegen wurde nun als ein Verführer der Offiziere des Königs in ein enges Gelaß eingeschlossen und scharf bewacht.

Mein Schicksal war nun in Glatz unendlich verschlimmert und der Monarch in seinem Argwohn bestärkt; auch war er äußerst gegen mich aufgebracht, weil ich zu entfliehen gesucht hatte.

Ich war also mir selbst überlassen, betrachtete mein Schicksal nur von den unübersteiglichen Seiten und sann auf Mittel zur Flucht, oder zu sterben, weil das enge Gefängnis meinem feurigen Temperament auf die Dauer unerträglich schwer fiel. Die Garnison hatte ich immer auf meiner Seite, folglich war es unmöglich, mir Freunde und Beistand zu verhindern. Man wußte, daß ich Geld hatte; und bei einem armen preußischen Garnisonsregiment, wo ohnedem die Offiziere alle unzufrieden leben und meistens zur Strafe von den Feldregimentern dorthin versetzt werden, war mir alles zu unternehmen möglich.

Der erste Anschlag war folgender:

Mein Fenster war an der Lärmschanze an die 15 Klafter hoch nach der Stadtseite hin gelegen. Ich konnte also nicht aus der Zitadelle entkommen und mußte zuvor in der Stadt einen Zufluchtsort suchen. Dieser wurde zuvor durch einen Offizier bei einem ehrlichen Seifensieder versichert; dann schnitt ich zuerst mit einem Federmesser, welches schartig gemacht war, drei eiserne Stangen durch, die von ungeheurer Dicke waren. Da aber dieses zu lange aufhielt, und acht Stangen durchgearbeitet werden mußten, ehe ich zum Fenster hinauskonnte, so steckte mir ein Offizier eine Feile zu, mit der ich sehr vorsichtig arbeiten mußte, um nicht von den Schildwachen gehört zu werden.

Sobald dieses fertig war, schnitt ich mein ledernes Felleisen in Riemen, nähte sie zusammen, wozu ich einen aufgelösten Zwirnstrumpf benutzte; nahm meine Bettlaken zu Hilfe und ließ mich aus dieser erstaunlichen Höhe glücklich hinunter.

Es regnete, die Nacht war finster, und alles ging glücklich. Ich mußte aber die Senkgrube der öffentlichen Kloake durchwaten, ehe ich die Stadt erreichen konnte; das hatte ich nicht vorhergesehen. Ich sank nur bis über die Knie hinein, war aber nicht imstande, mich herauszuarbeiten. Alles, was möglich war, geschah, ich stak aber so fest, daß ich zuletzt alle Kräfte verlor und der Schildwache auf der Lärmschanze zurief:

Melde dem Kommandanten, daß der Trenck hier im Dreck steckt!

Nun war zur Vergrößerung meines Unglücks damals der General Fouqué Kommandant in Glatz. Dieser war ein weltbekannter Menschenfeind, hatte sich mit meinem Vater als Hauptmann duelliert, war von ihm verwundet worden, und der österreichische Trenck hatte ihm seine Bagage im Jahre 1744 weggenommen, auch die Grafschaft Glatz in Kontribution gesetzt.

Er war also ein Hauptfeind des Trenck'schen Namens, ließ mich dieses bei allen Gelegenheiten spüren und bei dieser bis gegen Mittag zum öffentlichen Schauspiel der Garnison im Unrat stecken, dann aber erst herausziehen, wieder in mein Gefängnis einsperren und mir den ganzen Tag kein Wasser geben, um mich zu reinigen. Niemand kann sich vorstellen, wie ich aussah. Meine langen Haare waren bei der Arbeit gleichfalls in die Pfütze geraten und mein Zustand wirklich erbarmenswürdig, ehe man mir ein paar Arrestanten gestattete, die micht reinigten.

Nun wurde mein Arrest auf alle mögliche Art verschärft. 80 Louisdors aber hatte ich bei mir, die mir bei der schmutzigen neuen Einlieferung in einen anderen Kerker nicht abgenommen wurden; und diese taten mir in der Folge gute Dienste.

Nun stürmten auf einmal alle Leidenschaften auf mich ein, das jugendliche Blut empörte sich gegen alle Vernunftsschlüsse. Ich sah schon jede Hoffnung scheitern; betrachtete mich selbst als das unglücklichste Geschöpf der Erde, meinen Monarchen aber als einen unversöhnlichen und nunmehr durch meine eigenmächtigen Unternehmungen beleidigten, auch in seinem Argwohn bestärkten Richter. Die Nächte wurden schlaflos und die Tage unerträglich. Ruhmbegierde folterte meine Seele, und das Bewußtsein meiner Unschuld war im wehrlosen Kerker ein aufreizender Trieb, diesem mich nur quälenden Zustand ein Ende zu machen. Den Tod selbst hatte ich allzeit nach den Grundsätzen meiner Erziehung verachten gelernt, – und La Mettrie, mein Freund und der berühmte Verfasser der Schriften »L'Homme machine«, »L'Homme plante«, hatte meine Überzeugung bestätigt.

Bücher zum Zeitvertreib wurden mir allezeit gestattet. Im Glatzer Arrest habe ich demnach sehr viel gelesen und meine Kenntnisse im gelehrten Fach erweitert. Die Zeit wurde mir auch nicht lang; wenn aber der Freiheitstrieb erwachte, wenn mich Liebe und Sehnsucht nach Berlin riefen, und mein Ehrgeiz meinen schimpflichen Zustand mit verächtlichen Farben schilderte; wenn ich betrachtete, daß mich mein geliebtes Vaterland nunmehr wirklich als einen niederträchtigen Verräter der Wahrscheinlichkeit gemäß beurteilen müßte: dann war ich in jeder Minute bereit, mich in tausend Säbel und Bajonette meiner Wächter zu stürzen, die ich nunmehr als meine Feinde betrachtete, weil sie mir den Weg zur Freiheit verriegelten.

Mit solchen Gedanken schwanger, waren nicht acht Tage seit der letzten fehlgeschlagenen Unternehmung zur Flucht verflossen, da sich schon ein Vorfall ereignete, welcher in den Geschichtsbüchern unwahrscheinlich wäre, wenn ich ihn nicht selbst öffentlich zu einer Zeit schriebe und bekanntmachte, wo ich, als der Hauptakteur, noch wirklich lebe und ganz Glatz, die ganze preußische Armee, als Augen-, Ohren- und Lokalzeugen auffordern kann.

Der Platzmajor Doo kam in mein Gefängnis, von dem Adjutanten und wachhabenden Offizier begleitet, visitierte in allen Winkeln und ließ sich mit mir in eine Unterredung ein, wobei er meine Unternehmungen zur Flucht doppelte Verbrechen hieß, die des Monarchen Ungnade gegen mich anfachen müßten. Das Wort »Verbrechen« brachte schon mein Blut in Wallung, er sprach von Geduld; ich fragte: Auf wie lange mich der König verurteilt habe? Er antwortete: Ein Verräter seines Vaterlandes, der mit dem Feinde korrespondiert, habe keine bestimmte Zeit, als die Gnade des Königs!

In eben dem Augenblick riß ich ihm den Degen von der Seite, auf den ich schon lange mein Augenmerk gerichtet hatte, sprang zur Tür hinaus, warf die erschrockene Schildwache die Stiege hinunter – fand am Stockhaustore die Wache unter Gewehr, die eben zufällig zur Ablösung herausgerufen hatte, und lief ihnen mit dem Degen in der Faust auf den Leib:

Alles erschrak, war überrumpelt, machte Platz, ich hieb rechts und links, blessierte vier Mann; lief mitten hindurch, sprang auf die Brustwehr des Hauptwalles und geradenwegs von der erstaunlichen Höhe hinunter, ohne Schaden und behielt sogar den Degen in der Faust. Auch den zweiten, niedrigen Wall sprang ich ebenso glücklich hinunter. Niemand hatte ein Gewehr geladen, niemand wollte nachspringen; und um mich zu verfolgen, mußte man zuvor durch Umwege in die Stadt, dann aber erst zum Tor hinaus; folglich hatte ich fast eine halbe Stunde Vorsprung, ehe mir jemand folgen konnte.

Bei einer engen Passage an einem Außenwerk lief mir eine Schildwache entgegen und widersetzte sich meiner Flucht. Bald war sein

Gewehr mit dem Bajonett auspariert, und er hielt einen Hieb über das Gesicht. Die andere Schildwache vom Außenwerk kam mir von hinten auf den Leib – ich sprang schleunigst über die Palisaden, blieb aber mit dem Fuß zwischen denselben stecken, wurde durch einen Bajonettstoß in die Oberlefze verwundet, dann aber am Fuß festgehalten: bis andere zu Hilfe kamen, die mich, mit den Kolben zerstoßen und übel zugerichtet, in mein Gefängnis trugen, weil ich mich wie ein Verzweifelter verteidigte.

Sicher aber ist es, daß, wenn ich vorsichtiger über die Palisaden gesprungen wäre, und lieber zuvor die auf mich zulaufende Schildwache auch in die andere Welt expediert hätte, mir dann Zeit genug übrig blieb, mit schnellen Füßen das Gebirge zu erreichen, ehe mir jemand folgen konnte; – so wäre ich am hellen Tage, um 12 Uhr mittags, mitten aus der Festung Glatz, durch alle Wachen und Werke entsprungen, auch unfehlbar glücklich nach Böhmen gekommen. Einzelne Verfolger hätte ich mit dem Degen in der Faust nicht gescheut, und ich konnte damals so schnell wie der beste Läufer vorwärts kommen.

Das Glück allein, welches mir wirklich mit Wundern bis an die äußersten Palisaden durchhalf, war mir aber bei der Ausführung des verwegensten Unternehmens nicht günstig – und hiermit hatte alle Hoffnung ein Ende.

Mein Arrest wurde verschärft, und man gab mir einen Unteroffizier mit zwei Mann in das Zimmer, die mit mir eingeschlossen und von draußen wieder bewacht wurden. Ich war elend von den Kolbenstößen zugerichtet, mein rechter Fuß war verrenkt, ich spie Blut, und meine Wunde war erst nach 4 Wochen geheilt.

Nun habe ich aber erst in der Folge erfahren, daß mich der König nur auf ein Jahr auf die Festung geschickt hatte, um mich auf die Probe zu stellen, ob sein Argwohn begründet war. Meine Mutter hatte für mich gebeten und zur Antwort erhalten:»Euer Sohn muß sein Jahr als eine Strafe für seine unvorsichtige Korrespondenz aushalten!«

Dieses wußte ich aber nicht; in Glatz hieß es, ich sei auf Lebenszeit verurteilt. – Ich hatte also nur noch 3 Wochen zu warten, um meine Freiheit in Ehren zu erhalten, als diese verzweifelte Unternehmung ausführte.

Was mußte der Monarch von mir denken?

War er nicht gezwungen, auf diese Art mit mir zu verfahren? Und welcher vernünftige Mensch kann wohl mutmaßen, daß ich wegen 3

Wochen Arrest so viel würde gewagt und alles Meinige der Konfiszierung überlassen haben? Wo ich in Ehre meiner nahen Freiheit, folglich meiner Rechtfertigung versichert war?

Mein widriges Schicksal lenkte aber alles zu meinem Nachteil – und eine Wahrscheinlichkeit türmte sich in solcher Verbindung auf die andere, daß ich endlich mit der reinsten Seele einem Übeltäter vollkommen gleich erscheinen mußte.

*

Nun war ich also wieder im Kerker – und fand, da ich suchte, auch bald neue Gelegenheit zu einer neuen Unternehmung.

Ich lernte die Soldaten kennen, welche mich bewachten. An Geld fehlte es mir nicht, und mit diesem, auch durch erregtes Mitleid, kann man bei den mißvergnügten preußischen Soldaten alles ausrichten.

Bald hatte ich also ein Komplott von 32 Mann auf meiner Seite, die auf meinen Wink bereit waren, alles zu unternehmen. Keiner wußte vom anderen, außer zweien oder dreien; folglich konnten sie alle zusammen nie verraten werden. Der Unteroffizier Nikolai war mein gewählter Anführer.

Die Zitadell-Garnison bestand damals nur aus 120 Köpfen vom Garnisonregiment, welches in der Grafschaft Glatz verteilt war, und 4 Offiziere wechselten die Hauptwache ab, wovon 3 mit mir im Einverständnis waren.

Alles war vorbereitet, und die scharfen Patronen lagen bereits mit Pistolen und Degen für mich in einem Ofenloch bei meinem Kerker versteckt. Wir wollten alle Arrestanten befreien und mit klingendem Spiel nach Böhmen marschieren.

Ein österreichischer Deserteur, dem sich Nikolai auch anvertraut hatte, verriet aber die ganze Sache. Der Gouverneur schickte seinen Adjutanten auf die Zitadelle mit dem Befehl, der wachthabende Unteroffizier sollte den Unteroffizier Nikolai arrestieren und die Kasematte mit seiner Kameradschaft bewachen.

Dieser war eben auf der Hauptwache, und der Lieutenant, welcher mein Freund war und das Geheimnis kannte, gab ihm ein Zeichen, daß alles verraten sei. Er allein kannte das ganze Komplott, einige davon waren mit ihm auf Wache. Im Augenblick war dieses braven Mannes Entschluß gefaßt. Er sprang in die Kasematte, rief:

Brüder, zum Gewehr! Wir sind verraten! Alles folgte ihm nach der Wache im Stockhause. Der wachthabende Offizier behielt nur 8 Mann bei sich, die kein geladenes Gewehr hatten. Meine Anhänger nahmen die scharfen Patronen, drohten alles niederzuschießen, sprengten an meine eiserne Tür, die zu stark, die Zeit aber zu karz war, um länger zu arbeiten; er rief mir zu: Ich sollte mir selbst heraushelfen!

Es war unmöglich. Und so marschierte der beherzte Mann nebst 19 Köpfen, die ihm folgten, mit geschultertem Gewehr zum Feldtor. Der daselbst mit 6 Mann wachthabende Unteroffizier wurde gezwungen, sich mit ihm zu vereinigen. Und auf diese fast unglaubliche Art kam er glücklich bis nach Braunau in Böhmen. Denn ehe in der Stadt Lärm geschlagen wurde und ein starkes Kommando zu seiner Verfolgung ausrücken konnte, hatte er sicher schon den halben Weg gewonnen.

Diesen seltsamen Mann habe ich zwei Jahre nach diesem Vorfall als Schreiber in Ofen mit unbeschreiblicher Freude wiedergefunden. Er trat sogleich zu mir in Dienst, war mein Freund zugleich, starb aber nach etlichen Monaten in Ungarn an einer hitzigen Krankheit in meinem Quartier. Ich habe ihn beweint und sein Andenken ist mir noch so schätzbar als empfindlich.

*

Nunmehr schlugen alle Wetter über meinem Kopf zusammen.

Man wollte mir als einem Komplotteur und Verführer der Königlichen Soldaten und Offiziere den Kriminalprozeß machen. Ich sollte die Zurückgebliebenen nennen, gab aber auf alle Fragen keine Antwort, sondern erklärte standhaft:

Ich sei ein ohne Verhör, noch Kriegrecht verurteilter unschuldiger Arrestant, ein kassierter Offizier, dem keine Pflichten ferner für das Vaterland abgefordert werden könnten. Das Naturgesetz gebe mir das Recht, meine beleidigte Ehre zu retten und meine Freiheit auf jede mögliche Art zu suchen. Dies sei der einzige Gegenstand aller meiner verzweifelten Unternehmungen, und ich wolle entweder meinen edlen Zweck erreichen – oder in der Ausführung desselben bei allen möglichen Gefahren und Hindernissen sterben!

Hierbei bleib es; alle nur möglichen Arrestverschärfungen erfolgten; nur allein wurden mir keine Eisen angelegt, weil in Preußen ein Kavalier und Offizier nicht geschlossen werden kann, bis er wegen

infamer Verbrechen schon wirklich dem Scharfrichter übergeben ist;
und dies war mein Fall nicht.

Die Wache wurde mir wieder aus dem Zimmer genommen. Das
größte Übel aber blieb, daß mein Geld verteilt war und mir meine
Freundin aus Berlin, mit welcher mir die geheime Korrespondenz nie
gehindert werden konnte, schrieb:

»Ich trauere mit Ihnen, Ihr Übel ist aber ohne Hilfe. Dies ist mein
letzter Brief, ich darf für Sie weiter nichts mehr wagen. Retten Sie
sich, wo möglich! Ich bin für Sie allezeit, und in allen Vorfällen, die
alte Freundin, wo es nur möglich ist, Ihnen nützlich zu sein. Leben Sie
wohl, unglücklicher Freund! Sie verdienen ein ganz anderes Schicksal ...«

Dies war der härteste Schlag, der mich noch treffen konnte. Noch
dieses blieb mein Trost, daß man gar keinen Verdacht auf die Offiziere hatte; und da diese laut ihrer Instruktion täglich etliche Male zu
mir gehen mußten, um zu visitieren, ob ich ruhig sei – so verlor ich die
Hoffnung nicht, mich selbst zu retten.

Da nun alles unmöglich schien, ereignete sich folgender Zufall, welcher wirklich unter die alten Abenteuer sollte gerechnet werden.

Ein gewisser Lieutenant von Bach, ein geborener Däne, welcher
alle 4 Tage die Wache bei mir hatte, war der Schrecken der ganzen
Garnison und ein Erzhändelmacher, der mit allen Kameraden raufen
mußte und sie alle zeichnete; weshalb er auch bereits zweimal das
Regiment gewechselt hatte und zuletzt an das Garnisonbataillon
nach Glatz strafversetzt wurde.

Dieser saß bei mir auf dem Bette und erzählte mir, daß er tags zuvor
einen gewissen Lieutenant von Schell in den Arm gehauen habe.
Scherzend gab ich ihm zur Antwort:

Wenn ich frei wäre, würdest du mich doch schwerlich blessieren;
ich verstehe meinen Degen auch zu benutzen!

Gleich stieg ihm das Blut in die Höhe; wir machten ein paar
Rapiere, in der Geschwindigkeit von einer alten Tür gespalten, und
ich stieß ihn auf die Brust.

Hier geriet er in Wut, lief hinaus, – wie erstaunte ich aber, da er mit
zwei Musketiersäbeln unter dem Rock in mein Gefängnis trat, mir
einen davon gab und zu mir sprach:

Jetzt zeige, was du kannst, Großsprecher!

Ich protestierte, wollte ihm seine Gefahr vorstellen, – er ging mir
auf den Leib, und ich verwundete ihn in den rechten Arm.

Gleich warf er den Säbel weg, fiel mir um den Hals, küßte mich und blieb weinend an mir hängen.

Endlich, nach einigen recht konvulsivisch fröhlichen Blicken, sagte er:

Freund! Du bist mein Meister! Und du sollst, du mußt durch mich deine Freiheit erhalten, so wahr ich Bach heiße!

Wir verbanden den Hieb im Arme, der ziemlich tief war. Er schlich hinaus, ließ heimlich einen Feldscher holen, der ihn odentlich verband, und abends war er wieder bei mir.

Hier machte er mir nun den Vorschlag:

Es sei kein anderes Mittel in der Welt, mich zu retten, als wenn der wachthabende Offizier mit mir ginge. Er selbst wolle gern sein Leben für mich aufopfern, aber einen Schelmenstreich könne er nicht für mich auf sich nehmen und von der Wache desertieren. Inzwischen gab er mir sein Ehrenwort, mir in wenigen Tagen einen Mann zu verschaffen, auch zu allem behilflich zu sein. –

Abends kam er schon wieder zu mir und brachte den Lieutenant von Schell mit. – Das erste Wort war:

Hier ist dein Mann!

Schell umarmte mich, gab mir sein Wort; der Handel war also geschlossen, und hiermit war ich meiner Freiheit versichert.

Nun kam es nur auf Abrede und Anstalten an.

Schell war erst aus der Garnison von Habelschwerdt nach Glatz gekommen und sollte in ein paar Tagen die erste Wache bei mir auf der Zitadelle verrichten. Bis dahin wurde alles verschoben.

Weil ich aber, wie oben erwähnt, kein Geld mehr von meiner Freundin erhielt, und meine heimliche Kasse nur noch in etwa 6 Pistolen bestand; so wurde beschlossen, daß Bach nach Schweidnitz fahren und mir daselbst von einem sicheren Freund etwas bringen sollte.

Hier muß ich den Leser unterrichten, daß ich eben damals mit allen Offizieren der Garnison in Einverständnis war. Der einzige Hauptmann von Roeder war streng und ernsthaft und schikanierte, wo er konnte.

Major von Quaadt war mein Verwandter mütterlicherseits, ein lieber, menschenfreundlicher Mann, und wünschte mir nur Gelegenheit zur glücklichen Flucht, nachdem das Übel einmal so verwickelt, so hoch gestiegen war.

Die vier Lieutenants, die mich wechselweise bewachten, waren

Bach, von Schröder, von Lunitz und von Schell. Der erste machte alle Anstalten und Entwürfe, Schell entfloh mit mir von der Hauptwache, und Schröder und Lunitz folgten uns innerhalb dreier Tage.

Zu verwundern ist es nicht, wenn Offiziere von den Garnisonregimentern so leicht zur Desertion zu verleiten sind. Meistens sind es geschickte, lebhafte Leute, Schulden- oder Händelmacher, oder untauglich zum Dienst. Diese werden zur Strafe zu solchen Regimentern geschickt, die der Ausschuß der Armee heißen. Mißvergnügt mit ihrem Zustand, mit weit geringeren Gagen als die anderen, bei der Armee verachtet, sind solche Leute zu allem zu verleiten, sobald sie nur einen Vorteil sehen. Den Abschied kann keiner erhalten, arm und dürftig sind sie ohnedies. Jeder glaubte sein Glück durch mich zu machen. Ich hatte allezeit Geld – was war leichter, als da Freunde zu finden, wo ein jeder mit seinem Zustand unzufrieden war und nur Gelegenheit wünschte, sich vom Sklavenjoche loszureißen?

Schell war ein Mensch von ganz außerordentlichen Talenten, sprach und schrieb sechs Sprachen und besaß den Kern aller schönen Wissenschaften. Er hatte bei dem Fouqué'schen Regiment gestanden; sein Obrist, der ein Pommer war, hatte ihn schikaniert; Fouqué konnte keinen gelehrten Offizier leiden und hatte ihn zum Garnisonregiment abgeschoben. Er forderte zweimal den Abschied; und der König drohte ihm mit Festungsarrest. Deshalb allein beschloß er zu desertieren und sich zu rächen, wenn er mich, dem Fouqué zum Trotze, aus dem Gefängnis befreite.

Wir redeten ab, daß bei seiner nächsten Wache alles veranstaltet werden sollte, um sodann bei der folgenden den Anschlag auszuführen. Alle vier Tage zog er auf Wache; folglich sollte die Flucht binnen 8 Tagen bewerkstelligt werden.

Nun war inzwischen wegen des einen oder anderen Verdachts, daß die Offiziere zu vertraulich mit mir umgingen, ein Befehl ergangen, nach welchem meine Tür allezeit verschlossen blieb und mir das Essen durch ein Fenster in der Mitte derselben herein gereicht wurde. Den Schlüssel hatte der Major, und bei Kassation war verboten, mit mir zu essen. Die Offiziere hatten aber einen Nachschlüssel machen lassen und saßen halbe Tage und Nächte bei mir.

Gegenüber von dem meinen war das Gefängnis eines gewissen Kapitäns von Damnitz. Dieser war mit Kompaniegeldern aus preußischen Diensten desertiert, wurde Hauptmann bei seines Vetters Regiment in Österreich, und da er sich im Feldzug 1744 als Spion von ihm benutzen ließ, mitten in der preußischen Armee im Bauernkittel gefangen, erkannt und zum wohlverdienten Galgen verurteilt. Durch Fürbitte der schwedischen Volontäre, die damals bei der Armee waren, erhielt er Pardon und saß in Glatz auf Zeitleben cum infamia.

Dieser schlechte Mensch, welcher dennoch durch Protektion nach zweijährigem Arrest nicht nur die Freiheit erhielt, sondern sogar bei seines Vetters Regiment Obristlieutenant wurde, war nun damals der vom Platzmajor aufgestellte heimliche Kundschafter über die Arrestanten und hatte berichtet, daß, unerachtet des scharfen Verbots, die wachthabenden Offiziere die meiste Zeit bei mir zubrächten. Nun zog Schell am 24. Dezember auf Wache, kam gleich zu mir herein, blieb lange bei mir, und alles sollte an diesem Tage verabredet werden, wie wir bei seiner nächsten Wache entfliehen wollten.

Der Lieutenant von Schröder war an eben diesem Tage bei dem Kommandanten zum Essen eingeladen und hörte zufällig von dessen Adjutanten, er habe Ordre, den Lieutenant Schell von der Wache ablösen zu lassen und sogleich zu arretieren.

Schröder, der von unserem Geheimnis wußte, glaubte nichts anderes, als daß wir verraten seien – ungeachtet dessen, daß es nichts anderes war, wie ich nachher erfahren habe, als daß der Spion Damnitz gemeldet hatte, daß Schell eben bei mir im Zimmer sitze.

Schröder läuft voller Schrecken auf die Zitadelle zum Schell und sagt:

Rette dich, alles ist verraten, du wirst sogleich arretiert!

Schell hätte sich allein ohne Gefahr in Sicherheit bringen können, denn Schröder trug ihm an, sogleich mit ihm Pferde zu nehmen und nach Böhmen zu reiten.

Was tut der rechtschaffene Mann aber in diesem Falle für seinen Freund?

Auf einmal tritt er in mein Gefängnis, zieht einen Unteroffizierssäbel unter seinem Rock hervor und sagt:

Freund! Wir sind verraten. Folge mir und laß mich nur nicht lebendig in die Hände meiner Feinde fallen!

Ich wollte mit ihm sprechen, er nahm mich eilfertig bei der Hand und sagte:

Folge! Es ist keine Minute zu verlieren!

Gleich warf ich meinen Rock über die Schulter, zog die Stiefel an und hatte nicht einmal Zeit, mein weniges noch verborgenes Geld mitzunehmen.

Wir gingen hinaus und er sagte der Schildwache:
Dein Arrestant geht mit mir in die Offiziersstube. Bleib hier stehen!
Wir gingen auch wirklich hinein, gleich aber wieder zur Seite
hinaus; mein Freund war willens, mit mir unter dem Zeughause
vorbei bis an die letzten Außenwerke zu gehen, dann über die Palisaden zu steigen und uns weiter zu retten, wie wir könnten.
Kaum hatten wir 100 Schritte gemacht, als uns der Major Quaade
nebst dem Adjutanten begegneten. Schell erschrak, – stieg auf die
Brustwehr und sprang vom Wall hinunter, der daselbst eben nicht so
sehr hoch ist.
Ich folgte – sprang nach und kam glücklich hinunter, außer daß ich
mir die Schulter an der Abdachung zerschunden hatte. Mein Freund
hatte aber das Unglück, beim Sturz das Knöchelgelenk zu verrenken.
Sogleich zog er seinen Degen und bat mich, ich sollte ihn durchboh-
ren, und mir helfen, wie ich könnte. Er war ein kleiner schwacher
Mensch; ich nahm ihn auf, half ihm über die Palisaden, dann auf
meinen Rücken und lief geradezu mit ihm davon, ohne zu wissen,
wohin.

✳

Die Sonne war eben untergegangen, da wir entflohen, dabei die Luft
neblig, und außerdem war Glatteis. Niemand wollte nachspringen –
der Lärm hinter uns her war gewaltig – jedermann kannte uns. Ehe
aber jemand aus der Zitadelle die Stadt, und von da das Tor erreichen
und uns verfolgen konnte, hatten wir eine gute halbe Stunde voraus.
Die Alarmkanonen wurden, wie bei Deserteuren gewöhnlich,
schon abgefeuert, ehe wir 100 Schritte entfernt waren. Dieses schreckte meinen Freund noch mehr, weil er wußte, daß bisher aus Glatz
noch kein Gemeiner glücklich entkommen war, der nicht wenigstens
zwei Stunden Vorsprung hatte, ehe die Kanonen brummten, weil die
sogleich alle möglichen Fluchtwege besetzenden Bauern und Husaren viel zu geübt und wachsam waren. Denn sobald ein Mann vermißt
wird, läuft sogleich der Kanonier von der Hauptwache und brennt
von drei Seiten der Festung die hierzu Tag und Nacht geladenen
Kanonen ab.
Wir waren hingegen noch nicht 500 Schritte von den Wällen entfernt, da schon alles in Bewegung hinter uns vorwärts stürmte. Wir
entsprangen am hellen Tage und kamen dennoch glücklich und wun-

59

derbar davon; welches ich einesteils meiner Geistesgegenwart, auch dem bereits erworbenen Rufe zu danken hatte, daß mich weder zwei noch drei Verfolger so leicht aufhalten würden.

Überdies vermutete jedermann, daß wir eine so wichtige Unternehmung gewiß nicht ohne ausreichende Verteidigungswaffen auf so desperate Weise gewagt hätten. Niemand wußte, wie übereilt wir uns entschlossen– noch, daß Schell seinen Degen, ich aber einen elenden Unteroffizierssäbel zur Notwehr hatten.

Unter den zum Nachsetzen kommandierten Offizieren war der Lieutenant Bart mein Freund; und dem Hauptmann von Zerbst vom Fouqué'schen Regiment, der mich allezeit brüderlich liebte, begegneten wir unweit der böhmischen Grenze, wo er mir zurief:

Bruder, mach, daß du besser links zu dem dort liegenden einzelnen Haus kommst. Dort ist die Grenze – die Husaren sind eben nach rechts geritten!

Er ritt seitwärts, als ob er uns nicht gesehen hätte. Von den Offizieren hatten wir demnach nichts zu befürchten. Ein jeder half gewiß durch, wie er konnte; denn damals war im preußischen Dienst die Bruder- oder Kameradenliebe noch so groß und das Ehrenwort galt noch so viel, daß ich wirklich im Glatzer Gefängnis, nebst zwei Offizieren, zu Neurode bei dem Baron Stilfried auf der Jagd und 36 Stunden abwesend war. Lieutenant von Lunitz war indessen an meiner Stelle im Bett Arrestant, und der Major wußte auch davon. So verließ sich damals einer auf des anderen Ehrenwort, und so gut kannte man den Trenck in Glatz, daß man ihn aus dem Kerker an der Böhmischen Grenze mit auf die Jagd nahm ...

Diese wahre kleine Geschichte zeigt den damaligen Nationalcharakter; und mit solchen verbrüderten Offizieren, die so viel auf ein Ehrenwort bauen, konnte der große Friedrich leicht seine Feinde schlagen.

Ich hatte meinen Freund kaum 300 Schritte getragen, so setzte ich ihn auf die Erde, sah mich um und konnte Stadt und Zitadelle nicht mehr sehen. Die Luft war zu trübe, folglich konnten wir auch nicht mehr gesehen werden. Meine Geistesgegenwart verließ mich keinen Augenblick; Tod oder Freiheit waren entscheidend beschlossen. Ich fragte also meinen Freund:

Wo sind wir, Schell? Wo liegt Böhmen? Wo fließt die Neiße?

Der gute Mann konnte sich nicht fassen, wußte sich nicht zu besinnen und verzweifelte an jeder Möglichkeit zur Rettung. Er bat nur, ich solle ihn nicht lebendig zurücklassen – zur Flucht sei keine Möglichkeit.

Nachdem ich ihm heiligst versprochen hatte, ihn vom schimpflichen Tode am Galgen zu retten, falls kein anderes Mittel übrigbliebe, und ihn durch meinen Mut aufmunterte, sah er sich um und erkannte, daß wir unweit des Feldtores waren. Nun fragte ich:

Wo ist die Neiße?

Er wies nach seitwärts.

Freund, sagte ich. Alles hat uns gegen das Böhmische Gebirge zulaufen sehen. Dort ist es unmöglich, durchzukommen. Dort ist der Kordon besetzt, und alles von den nachsetzenden Husaren und Feinden folgt dorthin!

Ich nahm ihn wieder auf den Rücken und trug ihn zurück bis an die Neiße. Hier hörten wir schon in allen Dörfern Sturm läuten und die Bauern, welche den Desertionskordon besetzten, von allen Seiten herbeilaufen und Alarm schlagen. Und da nicht jedermann bekannt ist, wie man in Preußen in solchen Fällen verfährt, so will ich hiervon einen kurzen Begriff geben:

Sobald die Lärmkanone in der Stadt donnert, sind in derselben schon die Offiziere alle Tage bei der Parole bestimmt, welche zum Nachsetzen fertig sein müssen. In jedem Dorfe sind täglich gleichfalls die Bauern benannt, welche die Posten um die Stadt herum zu besetzen haben.

Die Offiziere sprengen sogleich hinaus und visitieren, ob alle diese Posten besetzt sind und ob die Bauern ihre Schuldigkeit tun. Auf diese Art ist es wunderselten möglich, daß ein Soldat von seinem Posten desertieren kann, falls er nicht bereits eine Stunde unterwegs ist, ehe die drei Kanonenschüsse geschehen.

Ich kam also an die Neiße; diese war nur wenig gefroren. Ich nahm meinen Freund und führte ihn hindurch, so weit wie ich waten konnte. Bei der Untiefe, die nicht ganz 3 Klafter breit war, mußte er sich an meinem Haarzopf festhalten, und so kamen wir glücklich an das andere Ufer.

Mein Vater hatte uns alle das Schwimmen lernen lassen, und ihm habe ich zu danken, daß diese Kunst, die man als Kind leicht lernt, mir verschiedene Male das Leben gerettet und mich oft entschlossener in großen Gefahren gemacht hat.

Man urteile, wie sanft es tat, am 24. Dezember zu schwimmen, und dann noch 18 Stunden unter freiem Himmel zu bleiben! Nebel und

Glatteis hörten gegen 7 Uhr abends auf, dann folgten Mondlicht und Frost. Ich hatte an meinem Freunde zu tragen und wurde warm, aber müde. Er hingegen litt alles, was ein Mensch leiden kann – Kälte, Schmerzen am verrenkten Fuß, an dem ich viel vergebens arbeitete, um ihn in die richtige Lage zu bringen, und dabei Gefahr und Tod bei jedem Schritt vor Augen hatte.

Sobald wir das andere Ufer der Neiße erreichten, waren wir außer Gefahr, weil uns niemand auf dem Wege nach Schlesien suchte. Ich ging also eine gute halbe Stunde neben dem Ufer fort; sobald ich aber die ersten Dörfer im Rücken hatte, wo der Alarmkordon gezogen ist, und den Schell aus Erfahrung genau kannte, fanden wir zufällig einen Schifferkahn am Ufer, sprengten das Schloß los, fuhren hinüber und gewannen in kurzer Zeit das Gebirge.

Hier setzten wir uns in den Schnee. Der Mut wuchs, wir hielten Rat, was weiter zu tun wäre und schnitten einen Stock zurecht, womit sich Schell zuweilen, um mich rasten zu lassen, auf einem Fuß weiterhalf; was aber der tiefe Gebirgsschnee mit seiner harten, einbrechenden Rinde um so beschwerlicher machte.

So verfloß die Nacht, wo wir im Schnee bis an den Bauch herumwühlten, ohne viel vorwärts zu kommen. Das unwegsame Gebirge erschien mir unübersteiglich. – Der Tag brach heran, wir glaubten schon nahe an der Grenze zu sein, die vier Meilen von Glatz entfernt ist, und hörten mit größtem Schrecken noch die Glatzer Turmuhr schlagen.

Müdigkeit und Kälte waren bei mir, und bei meinem Freunde die Schmerzen unerträglich. Den Tag hindurch war es nicht möglich auszuhalten, der Hunger nagte auch schon gewaltig. – Nach einiger Überlegung und einem etwa halbstündigen Vorwärtsarbeiten kamen wir an ein Dorf, welches am Fuße des Berges lag. Etwa 300 Schritte diesseits des Dorfes sahen wir aber zwei abgesonderte Häuser.

Die Hüte hatten wir beide beim Sprung vom Wall in Glatz verloren, Schell trug aber noch seine Schärpe und den Ringkragen als wachthabender Offizier, welches ihm bei den Bauern einiges Ansehen geben konnte. Nun schnitt ich mich in den Finger, bestrich Gesicht, Hemd und Rock mit Blut, wie ein Schwerverwundeter, und verband mir den Kopf. So trug ich den Schell bis an das Ende des Gesträuches unweit der Häuser.

Hier band er mir die Hände auf den Rücken, aber so, daß ich sie gleich frei machen konnte, tat sich Gewalt an, hüpfte mit seinem Stock hinter mir her und schrie um Hilfe.

Zwei alte Bauern kamen herausgelaufen.

Gleich, rief Schell, lauft in das Dorf, der Richter soll im Augenblick einen Wagen anspannen – ich habe den Spitzbuben eingeholt – er hat mir das Pferd erstochen, wobei ich ein Bein verrenkte – ich hab ihn dennoch zusammengehauen und gefangen. Geschwind einen Wagen, damit er noch gehenkt werde, ehe er krepiert!

So ließ ich mich halb tot in das Zimmer schleppen. Ein Bauer lief in das Dorf; – ein altes Mütterchen und ein hübsches Mädchen hatten großes Mitleid mit mir, gaben uns Milch und Brot.

Wie erstaunten wir aber, als der alte Bauer den Schell bei Namen nannte und versicherte, daß er wüßte, wir wären selbst die Deserteure, weil schon am Abend vorher ein nachsetzender Offizier im Wirtshause gewesen, uns genannt, unsere Kleidung beschrieben und die ganze Fluchtgeschichte erzählt hätte. – Dieser Bauer kannte den Schell, weil sein Sohn bei der Kompanie diente und er öfters mit ihm in Habelschwerdt, wo er in Quartier lag, gesprochen hatte. Hier blieb also nichts anderes übrig, als schleuniger Entschluß und Geistesgegenwart. Gleich sprang ich hinaus, lief in den Stall, und Schell hielt den alten Bauern im Zimmer zurück, der aber ein ehrlicher Mann war und ihm indessen sogar den Weg sagte, den wir zu nehmen hatten, um Böhmen zu erreichen. Wir befanden uns nur ein und eine halbe Meile von Glatz entfernt und waren vielleicht 6 Meilen im Gebirge herumgeirrt.

Das Mädchen folgte mir, ich fand drei Pferde im Stall, aber keinen Zaum. – Ich bat sie beweglich, mir zu helfen; sie war gerührt, und wäre mir vielleicht auf der Stelle gefolgt. Gleich gab sie mir zwei Zäume; ich führte die Pferde hinaus – rief den Schell, er erschien mit seinem lahmen Fuß, ich half ihm hinauf.

Der alte Bauer weinte und bat um seine Pferde, hatte zum Glück aber keinen Mut, vielleicht auch keinen Willen, uns zu hindern, denn mit einer Mistgabel hätte er uns, die wir fast wehrlos waren, wenigstens so lange aufhalten können, bis das Dorf herzugeeilt wäre.

So ritten wir ohne Sattel, noch Hut auf dem Kopfe, davon; Schell in Uniform mit Schärpe und Ringkragen, ich aber in meinem roten Garde du Corps-Rock. Beinahe war alle Hoffnung vereitelt, da mein Pferd nicht von der Stelle gehen wollte. Als guter Reiter fand ich aber Mittel; Schell ritt vor, und kaum waren wir etliche hundert Schritte entfernt, so sahen wir die Bauern schon aus dem Dorfe herbeieilen. Unser Glück war der Feiertag. – Alles war in der Kirche, und der von uns abgeschickte Bauer hatte sie daselbst erst rufen müssen. Es war etwa 9 Uhr früh, denn wenn die Leute zu Hause gewesen wären, so waren wir ohne Rettung verloren. Ich war müde und Schell lahm, wir hätten also auch nicht davonlaufen können.

Unser Weg ging gerade nach Wünschelburg. Hier gab es keine andere Möglichkeit, als durch die Stadt zu reiten. Schell hatte noch 4 Wochen vorher daselbst in Quartier gelegen, jedermann kannte ihn; nach unserer Equipage stellten wir ohne Hut und Sattel nichts anderes vor als Deserteure. Die Pferde liefen aber ziemlich gut und wir kamen glücklich durch, obgleich in der Stadt 80 Mann Infanterie und 12 Husaren zur Verfolgung von Deserteuren in Garnison lagen.

Schell kannte aber daselbst alles, folglich ritten wir um die Stadt herum durch die Vorstadt. Und da er von dort den Weg nach Bummern kannte, so kamen wir daselbst gegen 10 Uhr vormittags glücklich an.

Welche Wonne unsere Seele an diesem Tage empfand, kann nur der denken, aber nicht schildern, der sie wirklich empfunden hat. Ein ehrlicher Mann, welcher im unverdienten Kerker leidet und durch eigene Kraft die Sklavenkette zersprengt, der sich wirklich die verlorene Freiheit trotz aller Fürsten- und Menschenmacht wiederzugeben wußte – der fühlt bei einem solchen Vorfall so viel Abscheu gegen alle Eigenmacht, daß ich selbst noch nicht begreifen kann, wie ich mich jemals wieder entschließen konnte, in einem despotischen Staate zu leben, wo Freiheit, Ehre, Glück, Zufriedenheit und Güter von der Willkür eines Gebieters abhängen, welcher auch mit dem besten Willen das Ganze eines ausgedehnten Staates nicht übersehen kann.

Niemals bin ich auch wohl bei all meiner in der Welt unternommenen Arbeit so rühmlich, noch mit solcher Herzensfreude und reiner Wollust müde geworden, als da ich den Freund, welcher für meine Freiheit einen so schändlichen Tod wagte, wenigstens 12 Stunden auf meinen Schultern getragen und ihn mit mir gerettet habe. Lebendig hätte uns gewiß niemand nach Glatz zurückgebracht. Ich war also, da diese unmöglich geglaubte Flucht so glücklich gelang, von der Vorsehung bestimmt, noch weit traurigere Rollen in der Welt zu spielen, als die erste, aus welcher alle übrigen hervorbrachen.

✳

Wäre damals mein künftiges grausames Schicksal, wäre eine vierzigjährige Kette trauriger Zukunft meinen Augen aufgedeckt gewesen, ich hätte die Flucht aus Glatz gewiß nicht als Glück angesehen. Ein Jahr Geduld würde den aufgebrachten König besänftigt haben; und wenn ich alles mit gegenwärtig aufgeklärter Einsicht betrachte, so wäre es besser für mich und für den ehrlichen Schell gewesen, wenn wir uns nie gekannt hätten. Denn er geriet hierdurch in ein Labyrinth von Widerwärtigkeiten, die er allein durch seinen Tod beenden konnte. Was mir aber seitdem noch widerfahren ist, wird man in dieser Geschichte mit Mitleid und Erstaunen lesen.

Indessen ist es mein Trost, daß die edelste Gattung von Ehrgeiz und das Naturgesetz selbst meine Unternehmung rechtfertigen. Denn:

Wer in das Wasser fällt, der schwimmt ja an Land;
Wenn Mast und Ruder bricht, so sucht der Schiffer Strand.
Ein Vogel, wenn es glückt, wird aus dem Käfig fliegen:
Und wer entfliehen kann, soll nicht in Fesseln liegen.

Ich war also nunmehr in Freiheit, in Braunau an der böhmischen Grenze, und schickte sogleich die 2 Pferde nebst dem mitgenommenen Unteroffizierssäbel an den General Fouqué nach Glatz zurück. Mein beigefügter Brief traf ihn so empfindlich, daß er alle Schildwachen, die vor meiner Tür unter Gewehr, auch an den Wällen, wo wir vorbeigingen, gestanden hatten, Spießruten laufen ließ – weil er am Tage vor meiner Flucht noch versichert hatte, daß es nunmehr unmöglich sei, etwas zu unternehmen, und sich dennoch betrogen sah.

So rächt sich der Niederträchtige an den Wehrlosen und der Tyrann an der Unschuld. Nun sah ich zum ersten Mal mein Vaterland mit dem Rücken an – ich flüchtete wie ein Joseph aus seiner Mördergrube, den seine Brüder verstoßen und verkauft hatten; und alles, was ich damals verlor, schien mir im ersten Augenblick der Betäubung noch Gewinn für mich zu sein.

Mein Vermögen wurde sogleich konfisziert. Ich schrieb an den König, trug ihm den eigentlichen Verlauf der ganzen Sache vor, erwies ihm meine Unschuld ohne Widerspruch und bat um Gerechtigkeit, erhielt aber keine Antwort.

In meinen Augen ist der Monarch hierin entschuldigt. Ein böser Mensch, welcher sein Vertrauen erschlichen, der Oberst Jaschinsky, hatte ihm einmal einen Verdacht gegen meine Treue eingeflößt; in meinem Herzen konnte er nicht lesen.

Um Gnade bitten wollte ich nicht, weil ich kein Missetäter war – und der König konnte und wollte nicht öffentlich zeigen, daß er sich in einem so wichtigen Falle hatte hintergehen lassen. Mein Eigensinn reizte folglich den seinigen; und mir fehlte Fürstenmacht, um den Prozeß zu gewinnen.

Der Monarch, welcher mich wirklich liebte, hatte mich im Anfang nicht ganz verstoßen. Ich erfuhr, aber leider zu spät! daß mein Arrest nur auf ein Jahr bestimmt war, um meine Treue zu prüfen. Dieses wurde mir aber nicht gesagt; auch dies ist ein Rätsel, welches ich in der Folge erst gelöst habe. Nämlich:

Der Platzmajor Doo war ein Liebling des Generals Fouqué, ein gewinnsüchtiger Mann. Er wußte, daß ich Geld hatte und wollte den Protektor spielen. Mir sagte er allezeit, ich sei auf Lebenszeit verurteilt und lenkte die Unterredung auf den großen Kredit des Generals bei dem König, auch den seinigen bei dem General. Für das Geschenk eines Pferdes, auf dem ich nach Glatz geritten war, erhielt ich die Erlaubnis, in der Festung spazieren zu gehen; und für ein anderes von 100 Dukaten rettete ich den Fähnrich Reitz, welcher mit mir entfliehen wollte und verraten wurde. Man versicherte mir, er sei an eben dem Tage, da ich ihm den Degen von der Seite riß und von den Glatzer Wällen als ein Verzweifelter herabsprang, wirklich in meinen Kerker gekommen, um mir erst nach vielen drohenden Vorbereitungen die freudige Nachricht zu überbringen, daß ich durch seine Bemühungen und des Generals Fürbitte nur ein Jahr in Arrest zu bleiben, folglich binnen weniger Wochen meine Freiheit zu erhoffen hätte.

Welche verfluchte Schandtat eines eigennützigen Menschen, um Geld zu erschnappen! Nachdem ich nun die erste ganz rasende Art zur Flucht wählte – wurde gewiß dem König die Intrige des Platzmajors nicht gemeldet. Man schrieb ihm nur, ich hätte etliche Tage vor Ablauf der mir zum Arrest bestimmten Zeit eine so verzweifelte Art erwählt, um zu entfliehen und zum Feinde überzulaufen.

Mußte der Monarch, hierdurch betrogen und in seinem Argwohn bestärkt, nicht glauben, daß meine Sehnsucht, das Vaterland zu verlassen, unbegrenzt sei? Was konnte er anderes tun als befehlen, den festzuhalten, welcher ihm trotzen und seinen Feinden dienen wollte?

Auf diese Art und durch solche Ränke böser Menschen hat sich mein Schicksal immer mehr und mehr verwickelt, und endlich den allezeit hintergangenen Monarchen unempfindlich und sogar grausam gegen mich gemacht. Eins folgte aus dem anderen, bis sich mein Schicksalsberg bis zur Unübersteigbarkeit auftürmte.

Ich war nun einmal in Böhmen als ein Fremdling, ohne Geld, ohne Schutz noch Freund; auch blieb ich schon im 20sten Lebensjahre meiner eigenen Führung überlassen.

Im Jahre 1744 hatte ich in Braunau bei einem Leineweber in Quartier gelegen, und diesem Manne selbst Rat gegeben und mitgeholfen, seine besten Habseligkeiten zu vergraben und vor der Plünderung zu retten. Dankbar und freudig empfing uns der ehrliche Mann in seinem Hause. Zwei Jahre vorher war ich in demselben unumschränkter Gebieter gewesen, mit 9 Pferden und 5 Bedienten, voller Hoffnung und mit der günstigsten Aussicht in die Zukunft. Jetzt hingegen erschien ich bei ihm als ein Flüchtling, der Schutz sucht, der alles auf einmal verloren hat, was ein junger Mensch auf Erden verlieren kann.

Ich hatte nur einen Louisdor in meinem Besitz, mein Freund Schell 40 Kreuzer; und jetzt sollte er zuerst seinen ausgekugelten Fuß heilen lassen, dann aber in der Fremde Schutz, Brot und Ehre verdienen.

Meine Lage war nicht besser. Zum Trenck nach Wien wollte ich absolut nicht gehen und lieber in Ostindien mein Glück suchen, um nicht in meinem Vaterland den Argwohn zu bestärken, als ob ich wirklich untreue Gedanken gehegt hätte. Hierzu war mein Ehrgeiz zu neu, zu erhaben, und eben hierdurch mein Zustand um so hilfloser.

Ich schrieb nach Berlin an meine Freundin, erhielt aber keine Antwort; vermutlich, weil ich keinen sicheren Weg, um dieselbe zu erhalten, angeben konnte.

Meine Mutter war vom allgemeinen Ruf eingenommen und hätte mir keine Hilfe geschickt. Meine Brüder aber standen noch unter Vormundschaft, und mein Freund in Schweidnitz konnte mir nicht antworten, weil er gerade nach Königsberg gereist war.

Innerhalb der drei Wochen, die wir in Braunau zubrachten, war der Fuß meines Freundes geheilt, hingegen meine Uhr, seine Schärpe und Ringkragen verkauft; unsere ganze Kasse bestand in weniger als 4 fl. Die Zeitung meldete damals, daß der berühmte Pandurenkommandant Trenck in Wien in einen schweren Kriminalprozeß verwickelt und scharf bewacht sei. Man urteile, wie einem Menschen meiner Gattung damals zu Mute war!

Noch nie hatte ich Mangel am Notwendigsten erlitten; überall war ich unter den Ersten im Vaterlande, geachtet, geliebt, auch bewundert; auf einmal aber in einem fremden Lande, hilf-, rat- und schutzlos, unentschlossen, welchen Weg ich wählen sollte, um Ehre und Brot durch mich selbst zu erwerben.

Ich beschloß also, den Weg bis nach Preußen zu meiner Mutter zu Fuß zu unternehmen, um von ihr Hilfe zu erhalten, dann aber russische Dienste zu suchen. Schell, dessen Schicksal von dem meinen abhing, wollte mich nicht verlassen.

Wir nahmen demnach Pässe als gemeine preußische Deserteure, mit umgekehrten Namen. Ich hieß Knert, und Schell hieß Lesch. So verließen wir am 21. Januar abends, ohne gesehen zu werden, Braunau und machten uns nach Bielitz in Polen auf den Weg. Ein Freund aus Neurode gab uns ein Paar Taschenpistolen, mir eine Flinte und drei Dukaten, die noch in Braunau zurückblieben. Wohlgemerkt: ich hatte eben diesem Freunde zuvor in der Not 100 Dukaten geliehen, die er mir noch heute schuldig ist; da ich sie damals forderte, schickte er mir drei Dukaten als ein Almosen.

Die umständliche Beschreibung dieser Reise könnte mit allen ihren Begebenheiten einen ganzen Band füllen. Ich werde aber nur einige davon erzählen, zugleich aber unser Reise-Journal hier einrücken, welches mein Freund Schell noch aufbewahrt und mir nach dreißigjähriger Trennung, da er mich im Jahre 1776 in Aachen besuchte, im Original hinterlassen hat.

Hier erscheint es getreu kopiert, und damit fängt der eigentliche erste Auftritt an, wo ich als Abenteurer auf der Weltbühne erscheinen mußte.

Vielleicht hatte ich in meinem abenteuerlichen Leben noch mehr Glück als Unglück, mich aus Vorfällen und Schlingen zu reißen, in die sich tausend andere auf ewig verwickelt hätten? Gewiß war ich mehr als dreißigmal in Lebensgefahr, in solchen Gefahren, wo die Waage der Wahrscheinlichkeit in hundertpfündigem Gewicht für den Tod, gegen ein Lot Hoffnung, ausschlug. Gewiß unternahm ich Dinge, die meiner Verwegenheit glückten, wo viele andere, die das Gleiche mit gleichem Mut auf sich nahmen, ihr Grab fanden, oder wenigstens außerstande gesetzt wurden, ihre Geschichte der Welt noch, so wie ich, öffentlich vorzulegen.

Journal

Meine Reise zu Fuß von Braunau in Böhmen, über Bielitz durch Polen nach Merenitz, und von da über Thorn nach Elbing, von 169 Meilen, ohne zu betteln noch zu stehlen.

Den 18. Januar 1747 gingen wir von Braunau über Politz bis Nachod 3 Meilen. Die Kasse bestand in 3 Florin, 45 Kreuzer.

Den 19. nach Neustädtl. Hier vertauschte Schell seine Uniform gegen einen grauen Handwerksburschenrock und erhielt von einem Juden noch 2 Florin, 15 Kreuzer heraus. Von da kamen wir nach Reichenau, in allem 3 Meilen.

Den 20. auf Leutomischel 5 Meilen, wo ich ein warmes Brot, das erst aus dem Ofen kam, begierig aß und beinahe an Magenkrampf gestorben wäre. Wir mußten hier einen Tag liegen bleiben, und der Wirt ließ uns durch eine gottlose Rechnung wenig Geld übrig.

Den 22. über Tribau nach Zwittau in Mähren, 4 Meilen.

Den 23. bis Sternberg, 6 Meilen. – Dieser Marsch war dem armen Schell wegen seines noch schwachen Fußes zu viel, – dennoch mußte er am folgenden Tag,

Den 24. bis nach Leipnick, 4 Meilen, im tiefen Schnee und mit leerem Magen aushalten. Hier verkaufte ich meine Halsschnalle um 4 fl.

Den 25. bis nach Freiberg über Weiskirch nach Drachornsch, 5 Meilen. Auf diesem Wege fanden wir früh morgens eine Violine mit Futeral, die jemand verloren hatte. Der Wirt in Weiskirch gab uns 2 fl. dafür und versprach, sie dem, der sich melden würde, zurückzugeben, weil sie wohl 20 fl. wert war.

Den 26. nach Frideck in Oberschlesien, 2 Meilen.

Den 27. auf ein hannakisch Dorf, $4^1/_2$ Meilen, und

Den 28. über Scotscha nach Bielitz, 3 Meilen.

Da dieses die Grenzstadt zwischen Polen und den österreichischen Staaten ist, so forderte uns der daselbst in Garnison liegende Hauptmann Capi vom Marschall'schen Regiment den Paß ab. Wir hatten in den Pässen andere Namen und waren gemeine preußische Deserteure. Ein aus Glatz desertierter Tambour kannte uns aber und sagte es dem Hauptmann. Dieser Dummkopf und grobe Menschenfeind ließ uns sogleich arrestieren und uns mit despotischer Verweigerung jedes Gehörs nach Teschen zurück –, und dazu noch zu Fuß mit Verachtung führen. Dieses betrug 4 Meilen.

Dort kamen wir zum Obristlieutenant Baron Schwarzer, der ein rechtschaffener Mann war, uns bedauerte und das grobe Verfahren des Hauptmanns Capi, bei so sonnenklarer Rechtfertigung, tadelte.

Ich erzählte ihm mein ganzes Schicksal offenherzig. Er tat alles, um mich von der polnischen Reise abzuhalten, und redete mir den Weg nach Wien ein. Umsonst, mein guter Genius hielt mich damals noch von Wien zurück, und wollte Gott! daß ich mich ewig davon ferngehalten hätte. Wie manche Drangsale würde ich weniger erlitten haben, und wie glücklich wäre ich den mächtigen Buhlern nach Trenck'schen Gütern ausgewichen, die mich verfolgten und mich bisher dem Staate unbrauchbar machten.

Ich kehrte also nach Bielitz zurück, abermals 4 Meilen. Schwarzer gab uns bis dahin seine eigenen Pferde und 4 Dukaten auf den Weg, die ich ihm dankbar in der Folge bezahlt habe und ewig nicht vergessen werde, weil sie mir ein Paar neue Stiefel beschafften.

Indessen war mein ganzes Blut gegen den Capi empört. Wir gingen sogleich durch Bielitz nach Biala, auf die polnische Grenze zu. Von da schickte ich ihm ein Kartell und forderte ihn auf Degen oder Pistolen, erhielt aber keine Antwort. Er erschien nicht und bleibt in meinen Augen ein Schurke in Ewigkeit.

Was nutzen Ehrgeiz, Wissen, Tugend und Tapferkeit, wenn das Nötigste fehlt, um in Gesellschaft unter unseresgleichen mit erhobener Stirn aufzutreten!

Ich war in meinen ersten Lebensjahren allezeit unter den Größten; die größten Männer bildeten mein Herz und waren mein Umgang. Am Hofe des großen Friedrich rechnete man mich zu den Lieblingen – und auf einmal stand ich in einem fremden Lande, ungekannt, ungeachtet, verächtlich da und mußte bei großer Kälte, Mangel, Hunger und schweren Schritten zu Fuß alles mögliche Ungemach des Leibes und der Seele ertragen, mich von da entfernen, wohin das Herz schmachtete, und vorwärts in die Welt gehen, ohne eigentlich zu wissen, wohin?

Zu stolz war ich, um mich irgend jemandem anzuvertrauen. Mein Name hätte mir vielleicht genutzt; aber eben in Österreich, wo dieser Name bekannt war, wollte ich nicht bleiben, kein Glück suchen und jede Gelegenheit meiden, die den Argwohn der Untreue gegen mein Vaterland vermehren konnte. Und mein treuer Freund Schell, dem alles, auch Hunger oder Überfluß, Ehre oder Schande gleichgültig waren, tat alles, was ich wollte.

Den 1. Februar gingen wir von Biala 4 Meilen nach Oswinzin, weil ich beschlossen hatte, Zuflucht bei meiner Schwester zu suchen, welche den Herrn von Waldow geheiratet hatte und zu Hammer im Brandenburgischen, zwischen Landsberg an der Warte und Meseritz an der polnischen Grenze auf ihren Gütern im Wohlstande lebte. Deshalb ging unser Weg neben der schlesischen Grenze auf Meseritz zu.

Den 2. nach Bobrek und Elkusch, 5 Meilen. Auf diesem Wege, wo wir viel vom tiefen Schnee in unserer leichten Kleidung auszustehen hatten, verlor Schell aus Nachlässigkeit unsere noch aus 9 fl. bestehende Kasse; mir aber blieben noch 19 Groschen.

Den 3. nach Crumlew 3 und den 4. nach Wladowiegud Joreck abermals 3 Meilen. Von da den 5. nach Czenstochowa, wo das berühmte reiche Kloster prangt, von welchem ich recht viel Merkwürdiges zur Schmach seiner Bewohner bekanntzumachen hätte, was aber mein Raum nicht gestattet.

Wir kehrten am Fuß des Klosterberges im Wirtshause bei einem wahren Biedermanne namens Lazar ein. Dieser hatte als Lieutenant in kaiserlichen Diensten gestanden, viele Schicksale erlitten und war endlich ein armer Gastwirt in Polen. Wir hatten in unserer Kasse keinen Kreuzer und forderten trockenes Brot. Der rechtschaffene Mann ließ uns dennoch an seinem Tische essen. Ich vertraute ihm die reine Wahrheit unserer Umstände an, auch die Absicht dieser Reise. Kaum hatten wir gegessen, so kehrte ein Wagen ein, und drei Herren, die Kaufleuten ähnlich sahen, kamen in das Zimmer. Sie hatten eigene Pferde, einen Bedienten und einen Kutscher.

Diese Geschichte ist merkwürdig für den Leser; ich muß sie folglich so kurz wie möglich, umständlich vortragen. Diesen Wagen hatten wir schon in Elkusch angetroffen. Einer der Herren hatte den Schell gefragt, wohin unsere Reise ginge; er hatte ihm Czenstochowa genannt. Wir waren aber ohne jeden Argwohn bei einem Vorfall, der uns doch alles mögliche Unglück bescheren sollte.

Die Herren blieben über Nacht in unserem Wirtshause, sahen uns ganz gleichgültig an und sprachen wenig. Wir gingen schlafen.

In der Nacht weckte uns aber der rechtschaffene Wirt und erzählte mit Erstaunen: Diese Herren wären verkleidete, uns nachgeschickte Preußen und hätten gegen ein ihm angetragenes Geschenk von 50, dann gar von 100 Dukaten von ihm die Einwilligung verlangt, uns in seinem Hause zu überfallen, zu binden und nach Schlesien zu führen. Er hatte es aber standhaft und großmütig verweigert, obgleich ihm noch überdies eine große Belohnung versprochen wurde, – dann aber heilige Verschwiegenheit gegen uns versprechen müssen, wofür man ihm 6 Dukaten in die Hand drückte.

Hieraus sahen wir deutlich, daß es Offiziere und Unteroffiziere waren, welche uns der General Fouqué auf dem Fuße nachgeschickt hatte. Wir dachten nach, wer das Geheimnis unserer Reise verraten haben könnte und fanden, daß es kein anderer als ein gewisser Lieutenant von Mollinie gewesen sein konnte, welcher uns in Braunau, als ein Freund von Schell, aus der Garnison zu Habelschwerdt besuchte, zwei Tage bei uns blieb und besonders nach dem Wege forschte, auf welchem wir Zuflucht suchten. Er allein wußte es, folglich war er der Kundschafter des Fouqué.

In der ersten Erregung wollte ich sogleich mit dem Gewehr in der Faust in das Zimmer der Verräter einbrechen, Lazar und Schell hielten mich aber zurück; und der erstere trug mir sogar an, so lange bei ihm zu bleiben, bis ich Geld von meiner Mutter erhalten könnte, um weniger Gefahr und Ungemach zu dulden. Nichts half – ich hatte einmal beschlossen, sie selbst zu sprechen. Überdem war ich nicht gewiß, was mein Brief allein für Wirkung haben würde. Lazar versicherte, wir würden durch diese Herren gewiß angegriffen werden, und sollte es auch auf der Straße geschehen.

Desto besser! sagte ich. So habe ich Gelegenheit, sie in die andere Welt zu schicken und Straßenräuber zu bestrafen!

Früh mit Anbruch des Tages fuhren diese feinen Herren fort und nahmen den Weg nach Warschau.

Wir wollten auch gehen, doch Lazar hielt uns zwei Tage fast mit Gewalt auf und gab uns die von den Preußen erhaltenen 6 Dukaten. Wir kauften uns jeder ein Hemd, auch ein Paar Taschenpistolen,

Strümpfe und Wegzehrung und gingen nach Umarmung des redlichen Wirtes, der uns die besten Lehren zur Vorsicht auf diesem Wege gab.

Den 6. Februar von Czenstochowa nach Dankow, 2 Meilen. Unsere Vorbereitungen hatten wir auf alle Fälle für einen Angriff auf der Straße getroffen. Wir wußten durch Lazar, daß unsere Verfolger nur eine Flinte im Wagen hatten. Ich besaß auch eine Flinte, einen guten Säbel und jeder von uns ein Paar Pistolen unter dem Rock. Dieses verborgene Gewehr war ihnen unbekannt und bei dem erfolgten Angriff sicher die Ursache ihrer Bestürzung.

Den 7. gingen wir den Weg nach Parsemechi. Kaum waren wir aber eine Stunde gegangen, so sahen wir von weitem einen Wagen auf der Straße. Wir kamen näher und erkannten den Wagen unserer Verfolger, der im Schnee zu stecken schien, und die Herren alle herum.

Sobald wir uns näherten, riefen sie um Hilfe. Der Anschlag muß darin bestanden haben, uns heranzulocken. Schell war ein schwacher Mensch, mir hingegen wäre man in die Arme gefallen und hätte uns so leicht in den Wagen geworfen; denn der Zweck war, uns lebendig zu fangen.

Sogleich verließen wir die Straße und gingen etwa 30 Schritte seitwärts vorbei, mit der Antwort:

Wir haben keine Zeit, euch zu helfen, ihr Herren!

Gleich sprangen sie alle vier nach dem Wagen, rissen Pistolen heraus und liefen uns auf den Leib, mit Geschrei:

Halt! Steht! Spitzbuben!

Wir begannen, unserer Verabredung gemäß, zu laufen. Auf einmal wandte ich mich kurz um und schoß den ersten, der mir ganz nahe kam, mit der Flinte ins Herz. Er fiel; Schell gab Pistolenfeuer. Ein paar Schüsse wurden von den letzten auf uns abgefeuert, wodurch Schell einen Streifschuß am Halse abbekam. Ich griff den anderen an, schoß mit beiden Pistolen – er lief davon – ich verfolgte ihn in der Wut auf 300 Schritte, holte ihn ein, und da er sich mit dem Degen in der Faust umwandte, sah ich, daß er voll Blut war, fand wenig Gegenwehr und hieb ihn nieder. Gleich wandte ich mich zurück und sah den Schell in der Gewalt der beiden anderen, die ihn nach dem Wagen schleppten.

Rasend stürzte ich auf sie los. Kaum erblickten sie mich, da ich ihnen schon fast am Leibe war, so liefen beide in das Feld. Der Kutscher sah das Scharmützel, schwang sich auf den Wagen und fuhr davon.

Schell war also gerettet, hatte aber einen Streifschuß am Halse und einen Hieb in die rechte Hand erhalten, wodurch er den Degen verlor, mir aber versicherte, daß einer seiner Gegner einen Stoß in den Leib davongetragen habe.

Was war nunmehr zu tun?

Der erste, welcher auf der Wahlstatt lag, hatte eine silberne Uhr bei sich; diese riß ich heraus, wollte Geld suchen, – Schell rief mir aber etwas zu und zeigte mir einen Wagen, der mit 6 Pferden von der Höhe herunter kam. Sollten wir ihn abwarten? Und vielleicht gar als Straßenräuber arrestiert werden? Die zwei Entsprungenen hätten gewiß gegen uns gezeugt.

Ich erhaschte noch die Flinte des ersten Toten und seinen Hut; damit eilten wir zu dem nahen Gesträuch und von da dem Walde zu, nahmen einen Umweg mit tausend Sorgen und kamen abends nach Parsemechi.

Schell hatte viel Blut verloren; ich verband ihn, so gut ich konnte. In polnischen Dörfern ist kein Feldscher; es wurde ihm also sehr hart, das Städtchen zu erreichen. Hier fanden wir nun zwei sächsische Unteroffiziere, die für die Garde in Dresden auf Werbung standen. Meine Größe von sechs Schuh und meine Person fielen ihnen in die Augen; gleich wurde Bekanntschaft und Antrag gemacht. Ich fand in beiden vernünftige Leute, – vertraute ihnen also ohne Rückhalt an, wer wir waren, auch unsere Geschichte mit den straßenräuberischen Preußen, und fand in ihnen redliche Männer. Schell wurde verbunden, und wir blieben sieben Tage mit diesen guten Sachsen in vertrauter Gesellschaft.

In der Folge habe ich erfahren, daß von denen, die uns angriffen, nur einer nebst dem Kutscher lebendig nach Glatz zurückgekommen ist. Der Offizier, der sich zu solcher Schandtat brauchen ließ, hieß Gersdorft, und soll 150 Dukaten bei sich getragen haben, da man ihn tot wegtrug. Welche herrliche und gerechte Beute wären diese für unsere Wegzehrung gewesen, wenn der verfluchte Wagen mit 6 Pferden uns nicht von der Walstatt vertrieben hätte!

Das Glück war dem Gerechten diesmal wieder nicht günstig. Ich war der verräterisch Angegriffene und mußte wie ein Straßenräuber davonlaufen. Die erbeutete Uhr verkauften wir einem Juden um 4 Dukaten, den Hut um fünf oder ungefähr $3^1/_2$ fl. und die Flinte, weil der Schell keine tragen konnte, um einen Dukaten. Das meiste Geld blieb in Parsemechi. Der Chirurgus, ein Jude, gab uns teure Pflaster auf den Weg mit, und wir gingen

Den 15. Februar über Bielun nach Biala, 4 Meilen.

Den 16. über Jerischow auf Micorsen, $4^1/_2$ Meilen.

Den 17. auf Osterkow und Schwarzwald, 3 Meilen.

Den 18. nach Sdune, 4 und

Den 19. 2 Meilen nach Goblin.

Hier hatten wir kein Geld, kein Brot. Ich verkaufte einem Juden meinen Rock und erhielt einen grauen Kittel dafür, nebst 4 fl. bares Geld. Da wir uns dem vorgenommenen Ziel, meiner Schwester, näherten, legte ich auf meinen Rock keinen Wert, in der Hoffnung, bald neu equipiert zu sein.

Schell aber wurde täglich elender. Seine Wunden heilten langsam und kosteten überall Geld. Die Kälte war ihm auch schädlich, und weil er ohnedem kein Liebhaber der Reinlichkeit war, so blieb sein Leib eine wirkliche fruchtbare Pflanzschule aller möglichen Gattungen polnischer Läuse. Oft kamen wir naß und müde in die Rauchstuben, mußten die ganze Reise hindurch in eben den Kleidern auf dem Stroh, öfters auch auf der Bank liegen. Man kann sich folglich kaum denken, was für Ungemach und Elend wir ausstehen mußten. Im Winter durch das unwegsame Polen herumirren, wo Menschenliebe nicht einmal dem Namen nach bekannt ist, wo nur unbarmherzige Juden dem armen Reisenden das Nachtlager weigern, und dabei Mangel an Brot, an Erquickung und Kleidung leiden – dies sind Beschwerden, die sich nur der in vollem Gewicht denken kann, der sie wirklich gespürt hat. –

Meine Flinte verschaffte uns dann und wann einen Braten, auch einigemale zahme Gänse und Hühner, wo etwas zu erhaschen war; sonst haben wir nichts gestohlen. Hin und wieder fanden wir sächsische oder preußische Werber. Alles lief mir nach, weil ich bei 6 Fuß groß und in blühender Jugend war. Dieses verursachte mir manchen Zeitvertreib, wenn mir ein Werber das Glück vorstellte, ich könne dereinst noch ein Korporal werden, oder wenn sie alles taten, um mich zu berauschen und mit Met, Bier oder Branntwein herausrückten. Indessen hatten wir hierdurch manche Gefahr auf der Straße zu befürchten, aber auch manche gute Mahlzeit umsonst.

Den 21. gingen wir von Goblin $3^1/_4$ Meile nach Pugnitz.

Den 22. 4 Meilen durch Storchnest nach Schmiegel.

Hier traf mich ein wunderbares Los. Die Bauern tanzten bei einer elenden Violine; ich nahm sie dem Fiedler aus der Hand und geigte ihnen einen Tanz vor – dies gefiel; da ich aber aufhören wollte, wurde ich gewaltsam, und zuletzt gar mit Drohungen gezwungen, ihnen die ganze Nacht bis zum hellen Tage vorzugeigen, so daß ich aus Müdigkeit fast ohnmächtig wurde. Endlich kam es unter ihnen zu Schlägereien. Schell schlief auf der Bank; sie fielen ihm auf die blessierte Hand, er fuhr rasend auf; ich griff im Zorn zum Gewehr, und da alles durcheinander lag, eilten wir beide zur Tür hinaus und kamen ohne Schläge davon.

Was hatte ich in dieser Nacht für Gelegenheit, Betrachtungen über mein Schicksal anzustellen! Noch vor zwei Jahren tanzte ich in Berlin mit den Prinzessinnen und Schwestern eines Monarchen und jetzt saß ich in einer polnischen Hütte als Musikant für nackte, und dazu noch für polnisch nackte Bauern, mit denen ich mich zuletzt noch herumschlagen mußte.

War ich nicht selbst schuld an diesem Auftritt?

Warum wollte ich den Bauern zeigen, daß ich etwas von der Musik verstand? Ohne diesen Ehrgeiz hätte ich ruhig schlafen können. Und wenn ich überhaupt in meiner ganzen Lebensgeschichte nicht hätte zeigen wollen, daß ich mehr als viele andere Menschen gelernt habe, würde ich wohl ein Opfer des Neides und der Verleumdung geworden sein? Oder wäre ich mit einem unbedeutenden oder mangelhaften Körper geboren, man hätte mich weniger beobachtet, weniger hervorgesucht, folglich würden mir weniger Abenteuer, weniger Gelegenheiten zu Weltvorfällen begegnet sein.

> Weil der Bär schön tanzen kann,
> Muß er in den Fesseln sterben:
> So dient dem geschickten Mann
> Sein Verdienst oft zum Verderben.

Wie mancher Widerwärtigkeit wäre ich in der Welt ausgewichen, wenn mich Ehrgeiz, Begierde, zu gefallen, und Vorwitz nicht gereizt hätten! Hingegen habe ich mich aber auch aus Schlingen zu befreien gewußt, in welche tausend andere hilflos gefesselt bleiben.

Nun ging den 23. Februar die Reise von Schmiegel weiter fort auf Rakonitz und von da nach Karger Holland, $4^1/_2$ Meile. Hier verkauften wir ein Hemd, und Schell sein Kamisol um 18 Groschen oder 9 Schostack, um nicht zu verhungern. Tags zuvor schoß ich ein Haselhuhn, welches wir aus Hunger roh verzehrten; und weil es gut schmeckte, folgte eine Krähe darauf, wobei Schell aber nicht anbeißen wollte. Junge Leute, die stark gehen müssen, fressen viel; folglich waren unsere Groschen geschwind verzehrt.

Den 24. Februar kamen wir über Benzen nach Lettel, 4 Meilen, wo wir uns einen Tag aufhielten, um uns in das Brandenburgische nach Hammer zu meiner Schwester zu wagen. Wir fanden ein preußisches Soldatenweib, die in Lettel wohnte und eine Untertanin meines Schwagers aus dem Dorfe Kölschen war. Dieser vertraute ich mich in der Not ohne Mißtrauen an, und sie führte uns

Den 26. Februar nach Kurschen und Falkenwalde,

Den 27. aber durch Neuendorf über Ost, und dann durch einen unwegsamen Wald $5^1/_2$ Meile in das Brandenburgische nach Hammer zu meiner geliebten Schwester, wo wir abends um 9 Uhr an der Tür klopften.

Ein Mädchen machte auf, und just war diese eine Bekannte, die Maria hieß und in unserem Hause aufgewachsen war. Sie erschrak, einen baumstarken Kerl in Bettlerkleidung vor sich zu sehen. Ich redete sie aber gleich an:

Mitsche, kennst du mich nicht?

Sie sagte: Nein, – ich gab mich zu erkennen, fragte, ob mein Schwager zu Hause sei?

Ja, aber er ist krank im Bett.

Sage meiner Schwester heimlich, daß ich hier bin!

Sie führte mich in ein Seitenzimmer, und gleich war meine Schwester bei uns.

Sie erschrak über meinen Aufzug und wußte noch nicht einmal, daß ich aus Glatz entflohen war; sie eilte zu ihrem Manne – – und kam nicht zurück.

Nach einer Viertelstunde kam die ehrliche Maria zu uns, weinte und sagte, – der gnädige Herr ließe uns sagen, wir sollten sogleich das Haus verlassen, sonst wäre er gezwungen, uns zu arrestieren und auszuliefern!

Meine Schwester aber sah ich nicht wieder; ihr Mann hielt sie mit Gewalt zurück.

Nun urteile man, was ich in diesem Augenblick empfand. Ich war zu stolz, zu aufgebracht, um Geldhilfe zu fordern und eilte wie ein rasender Mensch unter tausend Drohungen aus dem Hause. Das gute mitleidige Mädchen drückte mir weinend drei Dukaten in die Hand; – und so waren wir hungrig, müde, matt und verzweifelt wieder in dem Walde, welcher nicht hundert Schritte vom Schloß entfernt war. Wir durften in kein Haus gehen, weil wir im Brandenburgischen waren, und mußten in dunkler Nacht bei Regen und Schnee herumsteigen, bis uns unsere Führerin gegen Anbruch des Tages erst wieder nach Lettel brachte. Sie weinte selbst über unser Schicksal; für ihre und ausgestandene Gefahr erhielt sie von mir nur zwei Dukaten. Ich vertröstete sie auf die Zukunft; – ließ sie auch im Jahr 1751 zu mir nach Wien kommen und habe sie gut gepflegt und versorgt. Sie war etwa 50 Jahre alt und starb bei mir in Ungarn einige Wochen, bevor ich die unglückliche Reise nach Danzig antrat, wo ich in die zehnjährige Magdeburger Gefangenschaft geriet . . .

Kaum waren wir aber vor dem Schlosse meiner Schwester im elendsten Zustande im Walde, so sagte ich im ersten Eifer zu Schell:

Bruder! Verdient eine solche Schwester nicht, daß ich ihr das Haus über dem Kopf anstecke?

Er aber antwortete mir:

Freund! Deine Schwester kann unschuldig sein; ihr Mann wird sie zurückgehalten haben. Denk nach! Wenn der König erführe, daß wir in seinem Hause gewesen wären, und daß er uns durchgeholfen hätte, so wäre ja deine Schwester ebenso unglücklich wie du. Faß dich! Denk größer! Und handeln sie unrecht, so kommt vielleicht eine Zeit, da ihre Kinder noch deiner Hilfe bedürfen und du ihnen Böses mit Gutem vergelten kannst. Welche Freude fühlt hierbei nicht eine gutartige Seele?

Ewig denke ich an diesen treuen Rat; es war eine wirkliche Weissagung. Mein reicher Schwager starb bald darauf; im russischen Kriege wurden meiner Schwester Güter alle in einen Steinhaufen verwandelt, und nach meiner Befreiung aus Magdeburg, also 19 Jahre nach diesem Vorfall, ereignete es sich wirklich, daß ich den Kindern eben dieser Schwester habe Dienste leisten können.

Nun weiter zum Tagebuch dieser unglücklichen Reise. Ich mußte nunmehr meinen Entwurf ändern, weil ich keine Hilfe am ersten Zufluchtsort fand, und entschloß mich, zu meiner Mutter nach Preußen zu fliehen, die 9 Meilen hinter Königsberg auf ihrem Gut lebte.

Den 28. blieben wir ermüdet und bestürzt in Lettel.

Den 1. März gingen wir 3 Meilen bis Pleese, und von da den 2. März nach Meseritz, $1^1/_2$ Meile.

Den 3. über Wersebaum nach Birnbaum, 3 Meilen.

Den 4. aber bis nach Zirke, Wruneck, Obestschow bis Stubnitz, folglich 7 Meilen in einem Tage, wovon wir 3 Meilen zu fahren Gelegenheit fanden.

Den 5. kamen wir 3 Meilen bis Rogosen, hatten keinen Heller, um das Nachtquartier zu bezahlen. Der Jude trieb uns hinaus, und wir gingen die Nacht hindurch mit wütendem Hunger irrend herum, so daß wir bei Anbruch des Tages uns 2 Meilen außerhalb der Straße fanden.

Wir gingen in ein Bauernhaus, wo ein altes Weib eben Brot aus dem Ofen zog. Bezahlen konnten wir keins; und eben in diesem Augenblick empfand ich wirklich, daß es möglich sei, eine Mordtat um eines Stückes Brot willen zu begehen. Bei dem Gedanken, wovor ich zurückschauderte, gingen wir eilig zur Tür hinaus und noch zwei Stunden weiter, bis nach Wongrofze. Hier verkaufte ich in äußerster Not meine Flinte, die uns manchen Braten verschafft hatte, um einen Dukaten. Wir aßen uns satt, nachdem wir 40 Stunden keinen Bissen genossen und ohne Schlaf gegen 10 Meilen in Kot und Schnee herumgestiegen waren, rasteten den 6. daselbst und kamen den 7. durch Genin zu einem Dorf, 4 Meilen im Walde.

Hier gerieten wir unter eine Bande von Zigeunern, die an die 400 Mann stark war, und die mich mit in ihr Lager schleppten. Die meisten von ihnen waren preußische und französische Deserteure. Man sah mich als ihresgleichen an; ich sollte bei ihnen bleiben. Nachdem ich aber mit ihrem Anführer aufrichtig gesprochen hatte, schenkte er mir noch einen Laubtaler, gab uns Fleisch und Brot und ließ uns in Frieden weiterziehen, nachdem wir an die 24 Stunden in ihrer Gesellschaft zugebracht hatten.

Den 9. gingen wir bis Lapuschin, $3^1/_2$ Meile, und den 10. 4 Meilen bis Thorn.

Es war eben Jahrmarkt in Thorn, da wir durch die Stadt gingen. Man stelle sich einen jungen baumstarken Menschen von meiner Größe vor, in elender Kleidung, mit einem großen Pallasch an der Seite, mit ein Paar Pistolen im Gürtel, und begleitet von einem Kameraden, welcher Hals und Hand verbunden hat und mehr einem Gespenst als einem lebenden Menschen ähnlich sieht, gleichfalls mit Pistolen im Gürtel.

Wir gingen in ein Wirtshaus, wo man uns nicht einmal aufnehmen wollte. Ich erkundigte mich nach dem Jesuitenkollegium, ging hinein und verlangte den Pater Rector zu sprechen. Anfangs sah man mich für einen Dieb an, welcher Freistatt sucht; nach langem Warten und ernsthaftem Gebaren erschien ich endlich vor Seiner Jesuitenmajestät, der mich wie ein Mogul seinen Sklaven empfing. Mein Vortrag war gewiß rührend; ich erzählte ihm mein ganzes Schicksal, auch die Absicht dieser Reise, und bat, er möchte meinen Retter, den Schell, welcher nicht mehr weiter gehen konnte, und dessen Wunden bei solchem Elend nicht heilen wollten, indessen versorgen, und in Thorn behalten, bis ich den Weg zu meiner Mutter gefunden, Hilfe geholt hätte und ihn mit dankbarer Zahlung aller Unkosten wieder in Thorn abholen könnte.

Ewig denke ich mit Schmach und Verachtung an diesen hochmütigen, unempfindlichen Pfaffen. Er wollte meinen Vortrag nicht einmal mit Geduld anhören, hieß mich Er und sagte mir öfters:

Mach Er's kurz, ich habe notwendigere Geschäfte!

Kurz gesagt, ich wurde ohne jede Hilfe abgewiesen und habe die Großmut der gepriesenen Jesuiten durch Erfahrung kennengelernt. Gott tröste den ehrlichen Mann, welcher im Unglück ihres Beistandes bedarf!

Spitzbuben und Mörder finden bei ihnen alles – um ihre Macht gegen die Landesgesetze bei dem Pöbel und liederlichen Gesindel zu vergöttern und geltend zu machen. Der bedrängte und tugendsame Bedürftige flieht aber vergebens zu ihnen.

Nun weiter zum Zusammenhange.

Ich ging traurig und aufgebracht aus diesem Jesuitenkloster in mein Gasthaus zurück; dort fand ich einen preußischen Werbeoffizier, der auf mich wartete und mich mit allen möglichen Künsten als Rekrut haben wollte. Er trug mir sogar 500 Taler Handgeld und den Korporalstock an, falls ich schreiben gelernt hätte. Ich gab mich als geborener Livländer aus, welcher aus österreichischen Ländern desertiert sei, um nach Hause zu gehen und eine Erbschaft anzutreten. Nach langen Überredungen kam er endlich mit dem Geheimnis hervor, – ich sei ja ein Dieb und würde in wenigen Augenblicken vom Magistrat arrestiert werden. Sobald ich aber sein Rekrut wäre, könnte mich niemand mehr strafen.

Diese Sprache verstand ich gar nicht; – in diesem Augenblick war ich der Trenck, gab ihm eine Ohrfeige und zog den Säbel. Statt einer Gegenwehr lief er aber zur Tür hinaus und befahl dem Wirt, mich nicht herauszulassen. Weil ich nun wußte, daß die Stadt Thorn Kartell hatte und dem König in Preußen Deserteure heimlich auslieferte, wurde mir bange. Ich stellte mich ans Fenster und sah gleich darauf zwei preußische Unteroffiziere in das Haus treten; – im Augenblick waren Pistole und Säbel in der Hand, Schell folgte, und wir begegneten den Preußen in der Zimmertür. Ich rief mit gespannter Pistole: – Platz! – die Preußen erschraken, zogen die Säbel und sprangen zurück. Vor der Tür rückte gerade der preußische Lieutenant, von der Stadtwache begleitet, heran. Ich fand überall Raum; Pistole in der einen, Säbel in der anderen Faust schreckten jeden zurück. Alles schrie: Dieb! Dieb! Halt auf!

Der Pöbel lief nach, ich kam aber glücklich in das Jesuitenkloster. Mein Freund Schell wurde übermannt, gefangen und als ein Dieb und Räuber in das Stadtgefängnis geschleppt.

Ich war fast außer Fassung, weil ich ihn nicht retten konnte und bildete mir schon ein, man würde ihn ausliefern. Im Jesuitenkloster wurde ich jetzt weit besser empfangen als das erste Mal, weil man mich wirklich für einen Räuber hielt, der Schutz suchte. Ich sprach sogleich mit einem Pater, welcher ein freundlicher Mann war, sagte ihm in Kürze alles, was mich rechtfertigte, und bat, mir nur die Ursache dieser Arrestierung zu entdecken. Er ging fort, kam nach einer Stunde zurück und brachte mir die Antwort:

Daß uns niemand kenne, wer wir wären; es sei aber tags zuvor ein großer Diebstahl durch gewaltsamen Einbruch in die Kaufmannsläden auf dem Jahrmarkt geschehen. Man arrestiere alle verdächtigen Leute; wir wären in der Stadt in solcher Gestalt mit Pistolen im Gürtel gesehen worden. Der Wirt, wo wir eingekehrt waren, sei ein preußischer Werber und habe uns als verdächtige Leute denunziert. Der preußische Lieutenant sei mit Klagen dazugekommen – deshalb allein sei unsere Arrestierung beschlossen worden.

Wer war froher als ich? Unseren mährischen Paß und unser Reise-Diarium hatte ich in der Tasche, welche uns bei diesem Verdacht rechtfertigen konnten. Ich sagte, man solle dort nachfragen, wo wir tags vorher auf unserer Reise durchgekommen und übernachtet hätten. Kurz, ich überzeugte den Jesuiten, daß ich die Wahrheit sagte; er ging fort und kam mit einem Stadtsyndicus zurück, mit dem ich gründlich sprach. Er examinierte auch den Schell im Arrest, fand alles in Übereinstimmung. Unsere Schriften, deren man sich im Wirtshause bemächtigt hatte, erwiesen, wer wir waren. Ich blieb die Nacht hindurch im Kloster, schloß aber kein Auge bei immerwährenden Betrachtungen, wie tief mich das Schicksal hatte fallenlassen. Schell bekümmerte mich noch mehr, denn er wußte nicht, wo ich geblieben war und hatte sich fest vorgestellt, wir würden beide nach Berlin ausgeliefert werden und war für diesen Fall entschlossen, sich zu erdrosseln.

Früh um 10 Uhr war meine freudige Überraschung aber ohne Schranken, da mein braver Jesuit bei mir eintrat, den Schell mitbrachte und meldete, wir wären im Verdacht unschuldig befunden worden und könnten frei hingehen, wohin wir wollten; wir sollten uns aber von den preußischen Werbern hüten, die uns nachstellten. Ihr Lieutenant hatte gehofft, durch meine Arrestierung als Räuber würde ich als Rekrut in seine Hände geraten; dies sei der Schlüssel der gestrigen Begebenheit.

Ich umarmte den Schell, welcher bei der Arrestierung erstaunliche Stöße gelitten hatte, weil er sich nur mit seiner linken Hand verteidigen und mir folgen wollte. Der Pöbel bewarf ihn mit Kot, und im Arrest hieß ihn jeder einen Spitzbuben, der wegen Einbruchs an den Galgen gehöre. Kurz gesagt, der arme Mensch war außerstande, weiter zu gehen. Seine Wunde am Hals war vernarbt, aber die Hand noch gar nicht. Der Pater Rektor schickte uns einen Dukaten, ließ sich aber nicht sehen; und der regierende Bürgermeister gab uns für die unschuldige Arrestierung jedem einen Laubtaler. Hiermit waren wir expediert, gingen in unser Wirtshaus, nahmen unsere Sachen und wollten aus Thorn eilen.

Mir fiel aber ein, daß wir, um nach Elbing zu kommen, preußische Dörfer am Wege hatten. Wir erkundigten uns also in einem Laden, wo Landkarten zu finden wären?

Ein altes buckeliges Mütterchen stand gegenüber an der Tür; der Ladendiener wies uns an sie und sie sagte, sie hätte Landkarten genug, weil ihr Sohn studiere, und wir könnten sie uns ansehen. Wir redeten sie an, mein Vortrag gefiel, da ich sagte, wir wären unglückliche Reisende, die auf der Karte den Weg nach Rußland suchen wollten.

Sie führte uns in das Zimmer, trug einen Atlas auf den Tisch, stellte sich vor mich, da ich ihn studierte, während ich bemüht war, meine schmutzigen Manschetten vor ihrem forschenden Auge zu verbergen. Sie betrachtete mich mit durchdringender Aufmerksamkeit, hub endlich mit weinender Stimme an:

Ach Gott! Wer weiß, wie es meinem lieben einzigen Sohn in der Welt geht! Ich sehe dem Herrn wohl an, daß er auch von guten Eltern ist. Mein Sohn ging mir auch in die Fremde, nun habe ich seit acht Jahren keine Nachricht. Er soll bei den Österreichern Reiter geworden sein.

Ich fragte: Bei welchem Regimente?

Bei Hohenems, er sieht dem Herrn natürlich gleich.

Ich fragte: Ist er nicht beinahe von meiner Größe?

Ja, wohl ebenso groß.

Hat er nicht blonde Haare?

Ja, ebenso, wie der Herr!

Wie heißt er denn?

Willi.

O liebes Mütterchen! rief ich aus. Will ist nicht tot, er lebt und ist mein bester Kamerad bei dem Regiment gewesen!

Nun erstaunte mein Mütterchen, fiel mir um den Hals, hieß mich einen Engel Gottes und stellte tausend Fragen, die ich leicht beantworten konnte, weil ihre voreilige Freude sie mir allezeit in den Mund legte. Ich war also diesmal ein Betrüger in der Not, und zwar durch besonderen Zufall.

Mein Vorteil war dieser: Ich sagte, ich sei gleichfalls Soldat bei Hohenems und reise nur mit Urlaub nach dem Ermländischen zu meiner Mutter, würde aber binnen 4 Wochen zurückkommen, ihre Briefe mitzunehmen und ihr den lieben Sohn nach Hause befördern, falls sie ihn loskaufen wollte. Nun erzählte sie, der Stiefvater habe ihn vom Hause verdrängt und wünsche ihm nur den Tod, um ihrem kleinen Sohne, den er mit ihr gezeugt, alles Vermögen zuzuwenden. Er sei just nach Marienburg verreist – etc. etc.

Hier ergriff ich nun den Vorteil und bat sie beweglichst, sie möge meinen kranken, unterwegs von preußischen Werbern verwundeten Kameraden, der nicht weitergehen könnte, bei sich behalten und versorgen, bis ich ihm sogleich Geld zum Nachfolgen geschickt habe oder ihn selbst mit Dankbarkeit auslösen könne.

Das Jawort folgte freudig; sogleich sorgte sie dafür, daß Schell bei einem Bürger und Freunde in der Nachbarschaft verpflegt wurde, damit ihr Mann nichts davon erführe. Wir mußten bei ihr essen, sie gab mir ein neues Hemd, Strümpfe und Verpflegung für drei Tage, auch sechs Lüneburger Gulden mit auf den Weg, segnete, küßte mich – und so schied ich abends von Thorn und meinem lieben Schell, der nunmehr versorgt war und sich in allem auf meine Hilfe ruhig verlassen konnte. Wir schieden mit Wehmut und in Bruderliebe; ich ging also den 13. noch 2 Meilen bis nach Burglow.

Niemals kann ich aber die Unruhe, die Empfindungen, den sinkenden Mut lebhaft genug schildern, die ich fühlte, die meine ganze Seele aus ihrer Fassung brachten, da ich ganz allein, ohne Freund, vorwärts wanderte. Diese waren gewiß unter die bittersten Stunden zu rechnen, welche von meinen Lebenstagen zurückgeblieben sind. Ich war sogar schon auf dem Wege, zurückzukehren und ihn mit mir zu schleppen; die Vernunft war aber Meister im Kampfe der Leidenschaft. Ich war schon nah am Ziele, und die Hoffnung trieb mich vorwärts.

Den 14. ging ich bis Schwetz.

Den 15. bis Neuburg und Möwe, folglich in zwei Tagen 13 Meilen.

In Möwe lag ich auf dem Stroh unter vielen Fuhrleuten; da ich aber aufstand, waren meine Pistolen und mein ganzes Geld bis auf den letzten Heller aus dem Sacke gestohlen; die Herren Schlafkameraden waren aber schon alle auf der Reise. Was war zu tun? Vielleicht hatte mich auch der Wirt beraubt. Ich hatte für 18 polnische Groschen verzehrt und mußte bezahlen; der Wirt war noch grob und stellte sich, als ob glaube, ich habe gar kein Geld in sein Haus gebracht; ich mußte ihm also mein vorhandenes Hemd und ein halbseidenes Tuch geben, welches mir die alte Frau in Thorn geschenkt hatte, und ohne einen Heller weiterziehen.

Den 16. kam ich nach Marienburg.

Auf dem Wege dahin war es aber unmöglich, sicher in die Stadt zu gelangen, ohne in preußische Hände zu fallen, wenn ich die Weichsel passierte. Ich hatte kein Geld, die Überfuhr zu bezahlen, welche nur zwei polnische Schillinge kostete.

Betrübt nachdenkend, wie ichs machen sollte, um hinüber zu kommen, erblickte ich zwei Fischer in einem Kahne. Ich trat hinzu, zog den Säbel und zwang sie, mich umsonst hinüber zu fahren. Am anderen Ufer nahm ich den furchtsamen Leuten das Ruder weg, stieg aus, stieß den Kahn in das Wasser zurück und ließ sie schwimmen.

Man betrachte hier, daß zwei polnische Schillinge, die mir damals fehlten, und die nur einen halben Kreuzer betragen, hätten Ursache sein können, daß ich bei etwaiger Gegenwehr dieser Fischer mein Leben verloren oder in Verteidigung desselben unschuldige Menschen umgebracht hätte! Da ich zwei Jahre vorher im Wohlstand lebte, dachte ich gewiß nicht, daß es für mich möglich sei, binnen so kurzer Zeit in eine Not zu geraten, wo ich wegen zwei Pfennigen eine verzweifelte Unternehmung ausführen müßte ...

In Marienburg fand ich dann sächsische und auch preußische Werber. Ich hatte kein Geld, aß und trank mit ihnen, hörte mir ihre Vorträge an, machte Hoffnung auf morgen, und ehe der Tag anbrach, war ich zur Tür hinaus und ging.

Den 17. März 4 Meilen nach Elbing.

Hier fand ich meinen früheren lieben Instrukteur Brodowsky als Hauptmann und Auditeur bei der polnischen Kronarmee, unter dem Golz'schen Regiment, der mir eben, da ich in die Stadt ging, entgegenkam. Ich erkannte ihn, er mich auch, – im Triumph folgte ich ihm in sein Quartier, und hier hatte meine gefahrvolle mühselige Reise ein Ende. Dieser ehrliche Mann behielt mich bei sich, verschaffte mir sogleich alles Notwendige und schrieb zugleich mit mir meiner Mutter in solchem Tone, daß sie nach ungefähr acht Tagen schon wirklich selbst bei mir in Elbing eintraf und mir als eine wahre Mutter Trost und Hilfe brachte.

Man kann sich die Empfindungen bei einer solchen Zusammenkunft denken. Meine Mutter besaß einen durchdringenden Verstand, aber eine gefühlvolle, dankbare Seele. Sie verschaffte mir auch gleich einen Weg zur sicheren Korrespondenz mit meiner Freundin in Berlin. Diese schickte mir einen Wechsel auf Danzig von 400 Dukaten, und meine Mutter gab mir 1000 Taler und ein diamantenes Halskreuz für den Notfall, von etwa 500 Talern im Wert. Sie blieb 14 Tage bei mir und zwang mich, aller Gegenvorstellungen unerachtet, daß ich nach Wien reisen mußte, um dort mein Glück zu suchen. Ich selbst wollte unbedingt nach Petersburg, und alle meine Ahnungen waren gegen die Wien-Reise, welche wirklich all mein folgendes Unglück verursacht hat.

Meine Mutter riet anders, und sie versprach mir nur in diesem Falle ihre Unterstützung. Ich mußte gehorchen, sie verließ mich, reiste nach Hause, und ich habe sie seitdem nicht wiedergesehen. Sie starb im Jahre 1751 und ihr Andenken erregt meine ganze Ehrfurcht. Glück für eine so wahrhafte Mutter, daß sie mein großes Unglück im Jahre 1754 nicht erlebte!

In Elbing widerfuhr mir beinahe die Geschichte des keuschen Josephs in Ägypten. Meines redlichen Hauswirts Brodowsky Frau, ein anbetungswürdiges Weibchen, verliebte sich in mich – undankbar wollte ich an meinem Wohltäter nicht sein – der Reiz war zu groß, sie trug sich sogar an, mir heimlich nach Wien zu folgen. Ich fühlte, daß ich nicht widerstehen konnte, – Madame Pothiphar muß nicht so schön gewesen sein wie Madame Brodowsky, sonst wäre Joseph unfehlbar bei seinem Mantel geblieben. Mich aber hielt eine wahre Ehrfurcht für diese Frau zurück, die mich ihrem alten garstigen Mann natürlich vorzog, die aber nach wenigen Tagen Genuß eine lange Reue desto bitterer, ebenso wie ich, empfunden hätte, weil wir uns doch trennen mußten.

Nachdem ich mich neu ausgestattet und meinen Wirt beschenkt hatte, reiste ich eilends nach Thorn. Wie entzückend war meine Zusammenkunft mit dem ehrlichen Schell! Das alte Mütterchen hatte ihn mütterlich versorgt. Wie erschrak aber die gute Frau, da ich bei ihr als Offizier und von zwei Bedienten begleitet eintrat! – Ich küßte ihr im wärmsten Dank die Hand, bezahlte alles reichlich, was der Schell genossen, welcher sich indessen wie ein Kind im Hause bei ihr eingeschmeichelt hatte. Ich erzählte ihr nun, wer ich eigentlich war, sagte ihr aufrichtig, wie ich sie mit der Geschichte ihres Sohnes hintergangen hätte und versprach, sogleich nach meiner Ankunft in Wien ihr positive Nachricht von diesem verlorenen Sohn zu geben. Der Vater war ein Goldarbeiter. Binnen 3 Tagen war der Schell equipiert, und so reisten wir von Thorn ab und kamen nach Warschau, und von da über Krakau nach Wien.

In Bielitz suchte ich den Hauptmann Capi, welcher uns so grob mißhandelt und damals meine Herausforderung ausgeschlagen hatte. Er war aber nicht mehr da, und erst nach etlichen Jahren begegnete ich ihm, da der feine Italiener mir die demütigsten Entschuldigungen machte.

So gehts! Von meiner Rückreise aus Danzig bis nach Wien wüßte ich nicht eine Seite in dieser Erzählung zu füllen – hingegen von der Reise hinauf und zu Fuß hätte ich dreimal so viel vorzutragen, als geschehen ist, wenn ich den Leser mit Kleinigkeiten beschäftigen wollte.

Im Elend und Unglück folgt eine Begebenheit der anderen; man sieht auch die Welt und lernt sie besser kennen, wenn man sie zu Fuß durchwandert und damit allen Gattungen von Menschen umgehen muß, als wenn der gnädige Herr in einer bequemen Kutsche wollüstig eingewiegt schlummert, da indessen sein Kammerdiener die Postillons bezahlt, damit sie recht geschwind ein ganzes Königreich durcheilen, wo der Herr im Wagen nur etliche Gasthöfe gesehen hat!

Bisher hatte ich weder gebettelt noch gestohlen, aber desto mehr Ungemach und Hunger überstanden und weit mehr gelitten, als ich in diesen Blättern bekannt machte. Ich war ein wahrhafter Robinson, wo das Schicksal schon alle mögliche Tücke an mir zu versuchen anfing, um mich durch wiederholte kleine Angriffe abzuhärten und stark genug zu bilden, wodurch ich die folgende ungeheure Bürde aller möglichen Unglücksfälle standhaft zu ertragen vorbereitet wurde und gegenwärtig als ein wahrer praktischer Lehrmeister in der hohen Schule aller Leidenden, mit allgemeinem Beifall aller echten Weltweisen, Schicksalskenner und Verdienstschätzer auftreten kann.

Nun folgt also ein neuer Aufzug in meinem Trauerspiele.

Die erste Ankunft in Wien,
im Jahr 1747 im Monat April

Nach Abzug der Reisekosten und Equipierung für mich und meinen Freund Schell blieben mir noch ungefähr 300 Dukaten im Beutel; ich teilte dieselben mit ihm redlich. – Er blieb nur vier Wochen in Wien und reiste nach Italien, wo er bei dem Palavicini'schen Regiment als Oberlieutenant angestellt wurde.

Ich fand meinen Vetter, den berühmten Pandurenobrist, Franz Freiherrn von der Trenck, in Wien im Arsenalarrest, und eben im schwersten Prozeß verwickelt. Sein Vater (meines Vaters Bruder) war Obrist und Kommandant in Leitschau, besaß auch in Slavonien die Herrschaften Pletern, Prestowacz und Pakraz und hatte seit der Belagerung Wiens die brandenburgischen Dienste verlassen und dem Hause Österreich 60 Jahre gedient.

Die Ehre meines Familiennamens fordert mich auf, auch von meinem Vetter etwas zu sagen; und was ich sagen werde, ist so wahr, daß mir gewiß niemand auf Erden das Schweigen gebieten soll.

Mein Vetter stand eben im Revisionsprozeß. Kaum war ich in Wien angelangt, so führte mich sein Agent, Herr von Leber, an den Hof und zu seiner Majestät dem Kaiser und dem Prinzen Karl. Beide kannten seine Verdienste wie die boshaften Ränke seiner niederträchtigen Feinde. Sogleich erhielt ich offene Erlaubnis, ihn im Arrest zu besuchen, und die Aufmunterung, ihm auf jede mögliche Weise beizustehen.

Bei der zweiten Audienz sprach der Monarch mit mir auf eine Art, die mich ganz in das Interesse meines bedrängten Blutsfreundes verwebte, und befahl mir, in allen Vorfällen Zuflucht bei ihm zu suchen. Er selbst nannte seinen Kriegsrichter einen boshaften Mann; dieser war der Graf Löwenwalde, der ärgste Feind der Trencks, welchen man, ebenso wie seinen Beisitzer, gewählt hatte, um als Männer ohne Verdienste den besten Patrioten zu mißhandeln.

Gleich gewann die Sache eine andere Gestalt, die hintergangene Monarchin wurde aufgeklärt, Trencks Unschuld schien im Revisionsprozeß im vollen Licht. Man wies nach, daß sein angeordnetes Kriegsgericht, welches 27000 fl. gekostet hatte, parteiisch und ungerecht verfahren war und daß 16 Offiziere, die er zumeist wegen schlechter Handlungen von seinem Regiment kassiert hatte, falsche Eide abgelegt hatten.

Merkwürdig ist, daß man in der Wiener Zeitung ankündigte:
»Alle diejenigen, welche wider den Trenck etwas zu klagen hätten, sollten sich melden, und täglich, so lange der Prozeß dauerte, einen Dukaten Diäten empfangen.«

Man kann sich hieraus leicht vorstellen, wie groß die Zahl der Kläger anwuchs und aus was für Leuten sie bestanden. Diese Diäten haben 17000 fl. gekostet.

Nun fing ich aber an, mit dem Doktor Gerhauer im Revisionsprozeß zu arbeiten; bald gewann die Sache ein anderes Aussehen. Da es aber fast so weit kam, daß man das ganze Gericht nebst dem damals allgewaltigen Hofkriegsrat von Weber hätte kassieren müssen, mischte sich leider die Staatsklugheit in den Prozeß. Die Monarchin ließ dem Trenck antragen, er solle um Gnade bitten; in diesem Falle sollte alles beglichen sein und er sogleich seine Freiheit erhalten. Prinz Karl, der Wien kannte, riet mir, ich solle meinen Vetter zu diesem Schritt bewegen. – Umsonst! Er fühlte seinen Wert und seine Unschuld zu gut und forderte trocken weg Recht. Und gerade das erzwang sein Unglück.

Bald wurde ich gewahr, daß mein Vetter das Opfer sein würde. Er war reich; seine Feinde hatten bereits über 80000 fl. ausgeteilt, das ganze Vermögen war in ihren Händen, man hatte ihn bereits zu grob mißhandelt und kannte ihn zu gut, um nicht alles von seiner Rache zu fürchten, sobald er seine Freiheit erhalten würde.

Mein Herz war über sein Schicksal gerührt, und da er bereits, seinem feurigen Temperamente gemäß, bei herannahendem Siege öffentliche Drohungen andeutete, seine Gegner hingegen den Hofbeichtvater auf ihrer Seite hatten, Hofränke zu spielen wußten und alles für sich fürchten mußten, so machte ich ihm bei guter Laune den brüderlich gemeinten Vorschlag, er solle aus dem Arrest entfliehen und dann in Freiheit sein Recht der Monarchin erweisen. – Ich machte ihm den ganzen Plan dazu, welcher mir leicht auszuführen möglich war, und er schien vollkommen entschlossen.

Etliche Tage nach dieser Unterredung wurde ich zu dem Feldmarschall Graf Königseck, Gouverneur in Wien, gerufen. Dieser ehrwürdige Greis, dessen Asche ich noch verehre, sprach und handelte in diesem Falle als Vater und Menschenfreund. Er riet mir, meinen Vetter zu verlassen und gab mir deutlich genug zu verstehen, daß mein eigener Vetter mich selbst verraten, den ganzen Anschlag gemeldet habe und mich seinem Ehrgeiz opfern wollte, um hierdurch sein reines Gewissen zu rechtfertigen und zu zeigen, daß er nicht entweichen, sondern sein Schicksal und sein Recht abwarten wollte.

Bestürzt über diese Handlung eines Blutsverwandten, für den ich mein Leben freudig gewagt hätte und den ich mit dem redlichsten Herzen von seinem Untergange zu retten suchte, beschloß ich, ihn zu verlassen. Glücklich war ich noch, daß der rechtschaffene Feldmarschall die Sache mit einer väterlichen Vermahnung unterdrückte. Ich erzählte diesen schwarzen Undank Ihro K. Hoh. dem Prinzen Karl von Lothringen, der mich aber bewog, neuerdings zu meinem Vetter zu gehen, mir nichts merken zu lassen und mich seiner Sache nach Möglichkeit anzunehmen.

Hier muß ich meinen Lesern eine kurze Schilderung vom eigentlichen Charakter dieses Trenck beibringen. Er war ein Mann von außerordentlichen Talenten; seine Ruhmsucht war unbegrenzt, sein Diensteifer für die Monarchin sogar fanatisch, seine Kühnheit bei allen Unternehmungen unnachahmlich, sein Verstand arglistig, sein Herz böse, rachgierig und unempfindlich, sein Geiz aber bis zum höchsten Gipfel glaubbarer Möglichkeit schon im 33sten Lebensjahre, da er starb, herangewachsen. Verbindlichkeit wollte er niemand auf Erden schuldig sein; und wirklich war er fähig, seinen besten Freund in die Ewigkeit zu befördern, wenn er sich ihm verpflichtet glaubte oder sich seines Gutes bemächtigen konnte.

Nun wußte er, daß ich ihm tätige Dienste geleistet hatte; seinen Prozeß glaubte er bereits gewonnen, weil er mit den Revisionsrichtern einen Kontrakt über 30000 fl. geschlossen hatte, wohin ich die vom Baron Lopresti, seinem Freunde, empfangenen Gelder hingetragen hatte. Ich kannte alle seine Geheimnisse: folglich war in seinem mißtrauischen, bösen Herzen mein Untergang beschlossen.

*

Kaum 14 Tage nach diesem mir gespielten Verräterstreich geschah folgende merkwürdige Begebenheit. Ich ging abends von ihm aus dem Arsenal nach Hause und trug einen Stoß Prozeßakten unter dem

Rock, die ich für ihn ausgearbeitet hatte. Gegen 25 Offiziere, die gegen ihn klagten, waren damals in Wien, die mich alle als ihren ärgsten Feind ansahen, weil ich ihn zu verteidigen arbeitete; folglich mußte ich in allen Winkeln auf meiner Hut sein. Man hatte ohnedies in ganz Wien ausgesprengt, ich sei heimlich vom König in Preußen geschickt, um meinen Vetter aus dem Arrest zu befreien. Er hingegen hat bis zu seinem Tode standhaft behauptet, daß er niemals in seinem Leben an mich nach Berlin geschrieben habe; folglich war der Brief, der mich dort unglücklich machte, unfehlbar untergeschoben und von meinem Feinde Jaschinsky geschmiedet worden ... Nun ging ich aus dem Arsenal über den Hof spazieren; bald folgten mir zwei Leute in grauen Kapuzen-Röcken auf dem Fuße, sie traten mir vorsätzlich auf den Fuß, sprachen laut und schimpflich von dem hergelaufenen preußischen Trenck. Ich merkte deutlich genug, daß sie Händel suchten, wozu ich damals leicht zu bewegen war; denn niemals ist man mehr zum Raufen aufgelegt, als wenn man nichts zu verlieren hat und mit seinem Zustande unzufrieden lebt. Ich hielt sie beide für kassierte Trenck'sche Offiziere aus dem Kreise seiner Kläger, suchte aber dennoch auszuweichen und ging auf den Judenplatz zu.

Kaum war ich in der Straße, so folgten sie mir mit starken Schritten nach; ich wandte mich um – und in diesem Augenblick empfing ich einen Degenstoß gegen die linke Brustseite, wo die Prozeßakten, die ich unter dem Rock trug, mir allein das Leben retteten. Der Stich ging durch das Papier und hatte nur etwas mehr als die Haut durchstochen. Gleich sprang ich zurück, zog den Degen; die beiden Herren aber liefen davon. Ich folgte, einer strauchelte und fiel; ich packte ihn beim Kragen, die Wache kam herzu. Er sagte, daß er Offizier beim Kollowrat'schen Regiment sei und wies auf seine Uniform. Ich hingegen mußte in Arrest.

Anderntags kam der Platzmajor zu mir und hielt mir vor, ich hätte mutwillig Händel mit zwei Offizieren, dem Lieutenant von F...g und dem Lieutenant K...n gesucht. Freilich hatten die feinen Herren nicht gesagt, daß sie mich meuchelmörderisch in die andere Welt schicken wollten. Ich war allein, hatte keine Zeugen gegen zwei, mußte also Unrecht haben und blieb sechs Tage im Arrest.

Kaum war ich zu Hause, so ließen sich zwei Offiziere bei mir melden und forderten Satisfaktion für die ihnen zugefügte Beleidigung. Gleich war ich bereit und versprach, binnen einer Stunde vor dem bestimmten Schottentor zu erscheinen.

Da man mir nun die Namen nannte, erkannte ich zwei starke Fechter, die oft zum Trenck ins Arsenal kamen, wo fast täglich mit Rapieren gefochten wurde. Ich ging also zu meinem Vetter, um Hilfe zu suchen, erzählte ihm den Vorgang, und weil ich meine Gegner kannte, so bat ich ihn, mir 100 Dukaten zu geben, damit ich allenfalls entfliehen könnte, falls einer auf dem Platz bliebe.

Bis dahin hatte ich mein eigenes Geld für ihn verwandt und keinen Groschen von ihm erhalten oder verzehrt. Wie erstaunte ich daher, als der böse Mann mir höhnisch lächelnd zur Antwort gab:

Haben Sie Händel ohne mich angefangen, mein lieber Vetter, so führen Sie sie auch ohne mich aus!

Im Hinausgehen rief er mir noch nach: – Den Nasendrücker will ich noch für Sie bezahlen!

Weil er sicher glaubte, ich würde nicht vom Platze zurückkommen.

Nun lief ich bald verzweifelt zum Baron Lopresti; dieser gab mir 50 Dukaten und ein Paar Pistolen. Hiermit eilte ich fröhlich zum bestimmten Kampfplatz.

Ich traf daselbst ein halbes Dutzend Offiziere von der Garnison an. Weil ich in Wien wenig Bekannte hatte, folgte mir ein 80jähriger Spanier, ein Invalidenhauptmann namens Pereira, als Sekundant nach, dem ich bei dem eiligen Hinauslaufen zufällig begegnete, auf Befragen die Ursache sagte, und der nicht von meiner Seite gehen wollte. Der Lieutenant K...n war der erste und wurde in wenigen Augenblicken stark verwundet. Hierauf bat ich die Augenzeugen, weitere Folgen zu verhüten – ich hätte Satisfaktion genug. Herr Lieutenant F...g trat aber mit Drohungen hervor und wurde mit einem Stoß in den Unterleib expediert. Hierauf sagte des ersten Sekundant, der Lieutenant M...f:

Ich würde Sie anders empfangen, wenn Sie es mit mir zu tun hätten!

Gleich sprang mein 80jähriger Sekundant mit spanischen Augenbrauen, die ihm bis über die halbe Nase hingen, mit braunem Rock und Strümpfen, mit bebendem Kopf und Händen hervor und rief mit drohender Stimme:

Halt! Der Trenck hat gezeigt, daß er ein braver Kerl ist. Wer ihn ferner angreift, der hat es mit mir zu tun!

Alles lachte über den drohenden Ohnmächtigen, der kaum den Degen in der erstorbenen Hand eines zum Grabe taumelnden Greises halten konnte. Ich sagte:

Freund! Noch bin ich gesund und kann mich selbst verteidigen. Bin ich hierzu unfähig gemacht, dann tritt du an meine Stelle. So lange ich noch den Degen führen kann, werde ich mit Vergnügen alle diese Herren, einen nach dem anderen, nach Möglichkeit bedienen! Ich wollte einige Augenblicke rasten, aber der stolze und durch die Niederlage seines Freundes erbitterte M . . . f griff mich an und ging mir so wütend auf den Leib, nachdem er bereits an der Hand verwundet war, daß ich ihm noch einen Stoß in den Unterleib beibrachte. Und da er gegen mich anrannte, um mit mir zu sterben, schlug ich ihm die Klinge aus der Hand und warf ihn mit der Hand auf die Erde. Nun hatte niemand mehr Lust zu raufen. Meine drei Feinde fuhren blutig in die Stadt zurück, und da M . . . f tödlich verwundet schien und mir die Jesuiten und Kapuziner die Freistatt versagten, flüchtete ich mich auf den Kahlen Berg in das Kloster. Hier schrieb ich sogleich an den Obrist Baron Lopresti; dieser kam zu mir, ich erzählte ihm den Vorgang, und durch seine Vermittlung durfte ich binnen acht Tagen frei in Wien erscheinen.

Der Lieutenant F . . . g hatte venerisch Blut im Leibe, seine nicht eben gefährliche Wunde wurde hierdurch bedenklich, und er ließ mich bitten, ihn zu besuchen. Er bat mich um Verzeihung und gab mir deutlich genug zu verstehen, ich solle mich künftig vor meinem Vetter hüten.

In der Folge habe ich erfahren, daß dieser böse Mann ihm eine Kompanie und 100 Dukaten versprochen hatte, wenn er mit mir Händel suchen und mich in die Ewigkeit schicken wollte. Der Mensch stak in Schulden, suchte sich einen Gehilfen in dem Lieutenant K . . . n, und wenn mich nicht zufällig die Trenck'schen Prozeßakten geschützt hätten, so wäre ich durch den ersten Verräterstoß in die Ewigkeit befördert worden. Freilich hatten also diese beiden feinen Herrn Ursache, die Schandtat zu leugnen und vorzugeben, ich hätte sie in der Straße angegriffen, und mich erst nach fehlgeschlagenem Meuchelmord vor die Klinge zu fordern.

*

Nun konnte ich mich nicht mehr entschließen, meinen undankbaren und gefährlichen Vetter wiederzusehen, welcher meinen Tod beschlossen hatte, weil ich alle seine Geheimnisse kannte, da er sich schon im Triumphe seines Prozesses, den *ich* geführt hatte, frei glaubte und mir keine Verbindlichkeit schuldig sein wollte. Dies war eigentlich bei allen seinen großen Eigenschaften sein Charakter: Alles seinen Privatabsichten, besonders seinem Geiz aufzuopfern, der bereits im 33sten Lebensjahre, da er starb, so hoch gestiegen war, daß er bei einem Vermögen von $1^1/_2$ Millionen täglich nur 30 Kr. verzehrte. Kaum wurde nun in der Stadt bekannt, daß ich ihn verlassen hatte, so suchte der General Löwenwalde, sein ärgster Feind und Präsident seines ersten Inquisitionskriegsgerichts, mich zu sprechen; er versprach mir alles Glück und alle Protektion, wenn ich ihm die Geheimnisse aufdecken wollte, welche im Revisionsprozeß vorgefallen wären.

Hier lernte ich nun den akkreditierten Bösewicht und schändlichen Blutrichter in Wien kennen, fertigte ihn aber mit Verachtung ab, deckte Verrätereien und Spitzbubenstreiche boshafter Richter und böser Menschen auf in diesem so arglistig verwickelten Prozeß, und beschloß, lieber in Indien mein Brot zu suchen als in einem Lande zu bleiben, wo unter dem Szepter der besten Monarchin die rechtschaffensten Männer, die besten Soldaten und Patrioten von eigennützigen oder mißgünstigen Bösewichtern unglücklich gemacht werden konnten. Denn sicher ist es, und ich kann es noch gegenwärtig erweisen, daß eben der Trenck, welcher wirklich mein ärgster Feind war, dessen ganze Gemütsanlage meine ewige Verachtung verdiente, in sich selbst der beste Soldat in der kaiserlichen Armee gewesen ist, der Gut und Blut mit dem standhaftesten Diensteifer für seine Monarchin aufgeopfert hatte, der mehr als seine Pflicht für sie erfüllt und wirklich bis zum schmählichsten Tode dem Staat große Dienste geleistet hat, auch unverrückt würde geleistet haben, wenn sein Reichtum und seine Verachtung gegen den H.K.R.v.W...r und Löwenwalde ihn nicht in die Klauen solcher Leute gestürzt hätten, die ihr Ansehen, ihre Habsucht nur durch Ränke bei Hofe zu erhalten wußten. Hätte mein Vetter diesen einen Teil seiner Beute geteilt und der Arglist besser auszuweichen gewußt, er wäre gewiß nicht auf dem Spielberge gestorben. Seine Kläger waren meistens schlechte und bestochene oder halb verzweifelte Leute; und die Klagen selbst, die man gegen ihn anbrachte, waren nie von solcher Art, daß man einen so brauchbaren Mann auch nur eine Stunde mit Arrest hätte bestrafen sollen. Seinen ganzen Prozeß habe ich geführt, sein ganzes Herz, alle seine Handlungen lagen offen vor meinen Augen; folglich darf ich diese Versicherung meinen Lesern öffentlich in meinen Schriften mitteilen, wo Ehre und Wahrheit gegen alle Parteilichkeit Bürgschaft leisten.

Nun war ich aber einmal entschlossen, Wien auf ewig zu entfliehen. Alle Freunde meines Vetters mißtrauten und verließen ihn wegen des mir erzeigten Undankes. Ihro königl. Hoheit der Prinz Karl wollte mich zur Aussöhnung überreden: Er gab mir ein Empfehlungsschreiben an den General Brown, welcher damals die Armee bei Genua kommandierte. Ich wollte aber in Indien mein Glück suchen und reiste im August 1748 von Wien nach Holland.

Nun hatten inzwischen die Feinde meines Vetters keinen Widerstand zum Siege; er wurde verurteilt und auf den Spielberg gebracht, wo er zu spät bereute, daß er den treuen Rat eines scharfsichtigen Freundes verachtet und verraten hatte. Ich habe ihn bedauert; sicher ist es auch, daß viel mehr seine Richter und Feinde ein so verächtliches Schicksal verdient hatten. Er selbst hat aber auch noch in der letzten Todesstunde mir seinen ewigen Haß gezeigt und noch jenseits des Grabes durch sein Testament mein Unglück zu besiegeln gesucht, welches die Folge meiner Begebenheiten aufdecken wird.

Ich floh Wien, und wollte Gott, ich hätte es auf ewig geflohen! Mein Schicksal führte mich aber durch Umwege wieder dahin, wo ich schon von der Vorsehung zum Gefäß des Zornes, der Ungerechtigkeit und der Verfolgung bestimmt war. Meine Rolle sollte in Europa und nicht in Asien gespielt werden; deshalb traf ich auf meiner Reise in Nürnberg das russische Corps an, welches damals nach Holland marschieren und auf deutschem Boden Frieden machen sollte. Graf Liewen, ein Verwandter meiner Mutter, war der Kommandierende General. Major Butschkow, den ich in Wien als russischen Residenten kennengelernt hatte, überredete mich, ihm meine Aufwartung zu machen, und ich präsentierte mich. Mein Vortrag gewann sein Herz. Von diesem Augenblick an war er mein Freund und Vater. Er überredete mich, in russische Dienste zu gehen und ernannte mich zum Hauptmann im Tobolsk'schen Dragoner-Regiment. Ich mußte aber bei ihm bleiben, in seiner Kanzlei arbeiten, und sein Vertrauen, seine Achtung für mich waren unbegrenzt.

Der Frieden erfolgte. Wir marschierten ohne Schwertstreich nach Rußland zurück und blieben mit dem Hauptquartier zu Prosnitz in Mähren.

In Krakau schickte mich der Kommandierende General Liewen, mein besonderer Beschützer, mit 140 Kranken auf der Weichsel nach Danzig, von wo wir mit russischen Schiffen nach Riga transportiert wurden. Ich bat ihn um diese Gnade, weil ich gern mit meiner Mutter und meinen Geschwistern in Preußen sprechen wollte.

Bei unserer Ankunft in Elbing übergab ich mein Kommando dem Lieutenant von Platen und ritt nebst einem Bedienten in das Bistum

Ermland, wo ich in einem Grenzdorf die Zusammenkunft bestimmt hatte.

Inzwischen kam mein Bruder in Ressel zu mir; meine rechtschaffene Mutter hingegen hatte das Unglück, auf der Reise zu mir, unweit ihres Gutes, umgeworfen zu werden, brach den Arm, kehrte mit meiner Schwester zurück, und ich habe sie in der Welt nicht wiedergesehen.

So verfolgte mich das Schicksal in allen Unternehmungen, und in diesem Jahre 1749 begegneten mir allein so viele Zufälle, so viel Glücksveränderungen, die für einen Robinson schon Stoff genug zum weitläufigsten Roman abgeben würden.

Nun war ich in Danzig, und hier ereignete sich eine Begebenheit, die zu den merkwürdigsten meines Lebens zählt und die mir noch Freude macht, so oft ich an diese Szene denke. Ich machte daselbst Bekanntschaft mit einem preußischen Offizier, der ein geborener Preuße war, dessen Namen ich hier aber wegen seiner Familie nicht nennen will, die ich verehre. Dieser besuchte mich täglich, und wir ritten bei schönem Wetter oft in die Vorstädte spazieren.

Mein treuer Bedienter hatte Freundschaft mit dem seinigen geschlossen. Wie erstaunte ich aber, da derselbe mir eines Tages mit Freude und Verwirrung sagte:

Herr! Hüten Sie sich vor der Falle, die Ihnen gelegt wird! Der Lieutenant N... will Sie vor das Tor locken, sodann fangen, in einen Wagen werfen und in preußische Hände liefern!

Ich fragte, woher er das wisse? Er gab zur Antwort, der Bediente des Offiziers habe ihn davon benachrichtigt, weil er mich lieb habe und mich vor Unglück warnen wolle. Nun kam ich bald hinter das Geheimnis. Ein paar Dukaten entdeckten mir den ganzen Anschlag, für den bereits Tag und Stunde bestimmt waren. Nämlich: Der preußische Resident Reimer hatte den Lieutenant überredet, das größte Schelmenstück an mir, seinem Freunde und Wohltäter, auszuüben. Er sollte mich in die Vorstadt, Langfuhr genannt, hinauslocken. Daselbst liegt an der Straße ein Wirtshaus auf preußischem Boden; hier sollten 8 Werbeunteroffiziere im Hof auf mich lauern. Sobald ich in das Haus treten würde, sollte ich überfallen, in einen Wagen geworfen und nach Lauenburg in Pommern gebracht werden. Zwei Unteroffiziere waren beritten, um den Wagen bis an die Grenze zu begleiten, und die anderen hätten mich geknebelt, damit ich im Danziger Territorium nicht um Hilfe rufen könne.

Durch meinen treuen Bedienten erfuhr ich nun alle Vorkehrungen genau; ich wußte auch, daß meine Feinde nur mit ihren Säbeln bewaffnet, ohne Schießgewehr hinter dem Tor des Wirtshauses auf mich warten würden, um mir sogleich in die Arme zu fallen und jede Gegenwehr zu verhindern. Die berittenen zwei Offiziere sollten sich aber meines Bedienten bemächtigen, falls er mit den Pferden davonsprengen und Lärm schlagen wollte. Nun hätte ich alle diese Anstalten leicht vereiteln können und brauchte nur den Spaziergang abzuschlagen, wenn er mir angetragen würde. Mein Ehrgeiz reizte mich aber zu tun, was wirklich geschah, um mir zugleich selbst an Verrätern eine entzückende Genugtuung zu verschaffen.

Gegen Mittag erschien nun Herr Lieutenant N . . ., speiste bei mir wie gewöhnlich und war tiefsinnig, auch ernsthafter als gewöhnlich; er ging gegen 4 Uhr weg, nachdem ich ihm vorher versprechen mußte, am folgenden Tage früh nach Langfuhr zu reiten. Meine Zusage machte seine Gesichtszüge fröhlich, während ich den Verräter genau beobachtete, dessen Schicksal schon in meinem Herzen beschlossen war.

Kaum war er fort, so ging ich sogleich zum russischen Residenten, Herrn von Scheerer, einem redlichen Schweizer; ich meldete ihm, was vorging und fragte an, ob ich zu meiner persönlichen Verteidigung 6 Mann von meinem Kommando brauchen dürfe, entdeckte ihm auch zugleich meinen ganzen Entwurf. Er riet mir ab; da ich aber nicht zu überzeugen war, sagte er:

Tu, was du willst, ich weiß nichts davon und will nichts verantworten!

Gleich eilte ich zu meinen Leuten, wählte 6 Mann und führte sie im Dunkeln zu dem preußischen Wirtshaus, wo sie sich gegenüber im Korn versteckten und Befehl erhielten, auf den ersten Schuß hin mir mit gespanntem Gewehr zu Hilfe zu eilen (diese Gewehre brachte ich ihnen heimlich im Wagen hinaus); dann sollten sie alles fangen, was sie könnten, bei Gegenwehr aber Feuer geben.

Indessen war ich in allem auf meiner Hut, um nicht etwa durch falsche Nachricht ins Garn gelockt zu werden. Durch aufgestellte Kundschafter erfuhr ich früh um 4 Uhr schon alles; auch, daß der preußische Resident Reimer mit Postpferden hinausgefahren sei. Ich selbst hatte meine und meines Bedienten Pistolen sicher geladen, meine Terzerolen im Sacke und meinen türkischen Säbel bereit. Den Bedienten des Lieutenants hatte ich zur Dankbarkeit in meine Livree aufzunehmen versprochen, und ich war seiner Redlichkeit versichert.

Gegen 6 Uhr früh trat nun der Herr Lieutenant mit fröhlichen Blikken in mein Zimmer, lobte das schöne Wetter und versicherte mir viel Vergnügen bei einer schönen Wirtin in Langfuhr. Ich war gleich fertig, wir setzten uns zu Pferde und ritten jeder mit seinem Bedienten zum Tor hinaus. Wir waren noch etwa 300 Schritte von dem Wirtshaus entfernt, wo man auf mich lauerte, als mein edler Freund mich aufmunterte, bei so schönem Wetter zu Fuß zu gehen und die Pferde führen zu lassen – vermutlich, damit ich sicherer zu fangen wäre. Gleich war ich bereit, stieg vom Pferde und sah des Verräters Auge angesichts der sicheren Beute vor Freude funkeln.

So gingen wir vorwärts. Im Wirtshaus lag der Herr Resident von Reimer im Fenster und rief mir zu:

Guten Morgen, Herr Hauptmann! Herein, herein da! Soeben ist das Frühstück fertig!

Ich lachte ihn hönisch an und antwortete:

Ich habe keine Zeit!

Und ging vorwärts. Mein Führer wollte mich nötigen, nahm mich beim Arm, um mich hineinzuführen. Nun verließ mich die Geduld, und ich gab ihm eine Ohrfeige, daß er fast zur Erde sank, sprang hierauf zu meinen Pferden zurück und wollte aufsitzen.

Gleich prellten die Preußen aus dem Tor heraus und liefen mit Geschrei auf mich los; ich schoß aber den ersten, der sich mir näherte, auf die Haut. Im selben Augenblick brachen meine Russen hervor und schrien mit gespanntem Gewehr:

Stuy, stuy! Jebionnamat!

Der Schrecken der wehrlosen Preußen, die unerwartet überfallen wurden, ist leicht zu erraten. Alles lief davon, ich bemächtigte mich in der ersten Bestürzung des Anführers, sprang in das Haus, um den Residenten zu fangen; dieser entwischte aber zur Hintertür und ließ mir nur seine weiße Perücke zurück.

Meine Russen hatten indessen 4 Gefangene gemacht; gleich ließ ich durch meine Mannschaft die Straße besetzen und einem jeden 50 Prügel geben. Ein Fahnenjunker namens Casseburg gab sich zu erkennen und sagte, daß er mit meinem Bruder studiert habe und bat um Gnade, weil er zu diesem Straßenraub beordert war. Sein Vortrag rührte mich und ich ließ ihn gehen. Hierauf zog ich den Degen und rief dem Lieutenant zu, er solle sein Leben verteidigen. Der Mensch war aber so bestürzt, daß er den Degen zog, aber nur um Verzeihung bat, alles auf den Residenten schob und sich gar nicht verteidigen konnte. Zweimal warf ich ihm den Degen aus der Faust; endlich nahm ich den russischen Korporalsstock und prügelte ihn, solange ich konnte, ohne daß er an Gegenwehr dachte. So ist der Verräter allezeit zaghaft, wenn sein Anschlag fehl geht. Übel zugerichtet, verließ ich ihn kniend auf der Erde zu meinen Füßen und rief ihm zuletzt zu:

Schurke! Jetzt erzähle deinen Kameraden, wie der Trenck Straßenräuber zu züchtigen weiß!

Das Volk war inzwischen zusammengelaufen. Ich sagte ihnen kurz den Vorfall, denn der Angriff war wirklich auf Danziger Gebiet geschehen. Die elenden Menschen wären beinahe vom Pöbel gesteinigt worden, ich hingegen marschierte mit meinen Russen siegreich vom Schlachtfelde, aber gleich in den Hafen. Wir gingen zu Schiffe, die bereits auf uns warteten, und 3 oder 4 Tage hernach mit meinem ganzen Kommando unter Segel nach Riga.

Zu verwundern ist, daß dieser so wichtige Vorfall sowohl von den Danzigern wie von den Preußen verschwiegen gehalten wurde. Keine Zeitung sprach davon; keine Satisfaktion ist gefordert worden, und vermutlich war man schamrot über einen so schimpflich ausgeschlagenen Angriff. Unter der Hand habe ich erfahren, daß der große Friedrich durch den unfehlbar falschen Bericht des Residenten Reimer gewaltig gegen mich aufgebracht war. Und die Folge hat gezeigt, daß mich sein Zorn in allen Winkeln der Erde suchte, bis ich endlich, 5 Jahre nach dieser Begebenheit, dennoch in Danzig in seine Gewalt geriet und mit allen möglichen Martern bestraft wurde, die eine gerechte Notwehr gewiß nie verdiente.

Es hat zwar damals gleich der preußische Minister Herr von Goltz bei dem Kanzler Graf Bestuchew Klage über dieses Scharmützel geführt, aber keine Satisfaktion erhalten, weil mein Verhalten in Rußland gebilligt wurde, da ich mich als Russischer Hauptmann gegen Räuber verteidigte.

Übrigens wird mich bei Durchlesung dieser Geschichte mancher vernünftige Leser tadeln, weil ich der Fallgrube des Lieutenants von N... hätte stillschweigend ausweichen und ihn mit dem Degen zur Verantwortung zwingen können. Ich habe aber in allen Fällen viel lieber die Gefahr gesucht, als daß ich ihr ausgewichen wäre. Mein Ehrgeiz war dabei gekitzelt; ich wollte mich dabei zugleich an treulosen Freunden rächen, und da ich überall von Preußen verfolgt wurde, auch zeigen, daß ich keinen fürchte und mich zu verteidigen weiß.

Den Bedienten des Verräters nahm ich in meine Dienste; er war ein rechtschaffener Mensch. Ich verschaffte ihm im Jahre 1753 eine gute

Heirat in Wien; fand ihn nach meinem 10jährigen Magdeburger Gefängnis im Elend; nahm ihn wieder zu mir, und er ist im Jahre 1779 bei mir in Zwerbach gestorben.

*

Nun war ich in offener See auf der Reise nach Riga; ich hatte viel gegessen, ehe ich auf das Schiff ging. Wir waren kaum von der Danziger Reede abgesegelt, so stieg ein Wetter auf, es stürmte gewaltig; ich arbeitete die halbe Nacht mit, wurde seekrank, legte mich auf mein Lager, war aber kaum eingeschlummert, als mich der Schiffer weckte und die vergnügte Botschaft brachte, daß wir sogleich in den Hafen von Pillau einlaufen würden.

Wie erschrak ich über diese Nachricht! Ich lief auf das Verdeck, sah die Festung vor mir und die Lotsen bereits nahe vor unserem Schiffe. Hier war nun kein anderes Mittel, als uns im Sturm mit Gefahr auf See zu halten oder in preußische Hände zu geraten, weil mich die ganze Garnison in Pillau persönlich kannte.

Ich redete dem Schiffer zu, er solle das Schiff in die hohe See wenden und nicht einlaufen. Er wollte absolut nicht; – ich eilte in das Schiffszimmer, ergriff meine Pistolen, trat an das Steuerruder und zwang ihn mit Todesdrohung, auf See zu bleiben. Meine Russen fingen an zu murren, keiner wollte im Sturm der Gefahr entgegengehen, aber keiner wagte mich anzugreifen; die Pistolen schreckten, und meine beiden Bedienten standen mir redlich bei.

Kaum hatten wir eine halbe Stunde mit dem Sturme gekämpft, so legte sich derselbe, und wir liefen am folgenden Tage glücklich in den Hafen von Riga ein.

Der Schiffer aber war unversöhnlich und verklagte mich bei dem damaligen Gouverneur, dem alten ehrwürdigen Feldmarschall Lacy. Ich mußte erscheinen und verantwortete mich mit der trockenen Wahrheit; worauf der Gouverneur erwiderte, ich hätte aber durch meine Tollkühnheit Ursache sein können, daß 160 Russen ersoffen wären. Ich antwortete lächelnd:

Ew. Exzellenz, ich habe sie alle lebendig hierher gebracht; und für mich war es ratsamer, in die Hände Gottes als in die Gewalt meiner Feinde zu geraten. Überdies dachte ich in diesem Augenblick, da es um meine Selbsterhaltung ging, gar nicht an die Gesellschaft, die bei mir war. Und ich wußte auch, daß sie alle Soldaten sind, die den Tod so wenig fürchten wie ich!

Die Antwort gefiel; ich war absolviert, und der edle Greis gab mir selbst eine Rekommandation nach Moskau an den Kanzler mit.

General Liewen war indessen bereits mit der Armee in Rußland eingerückt und eben in Riga. Ich ging zu ihm, er empfing mich liebreich, nahm mich mit sich auf sein Gut 4 Meilen von Riga, Annaburg genannt. Ich blieb einige Tage bei ihm; er gab mir Ratschläge und alle möglichen Vorschriften, um in Moskau, woselbst damals der Hof war, mein Glück zu befördern.

Ich sollte versuchen, eine Kompanie bei einem Kürassierregiment zu erhalten. Die Rittmeister derselben hatten damals in der Armee Majorsrang. Niemals riet er mir aber, bei dem sibirischen Tobolsk'-schen Dragonerregiment zu bleiben, wo er mich indessen angestellt hatte.

Gott lohne es diesem wackeren Mann! Sein Name, sein Andenken wird mir allezeit verehrungswürdig und seine Asche heilig sein. Er ruhe in Frieden unter den Geistern der ehrlichen Männer und meiner Wohltäter.

Ich reiste nun nach Riga und von da in Gesellschaft des Ingenieur-Obristlieutenants von Weismann nach Moskau. Bei meiner Ankunft in der Residenz wurde ich nach Aushändigung meiner Empfehlungsschreiben vom Kanzler Graf Bestuchew auf das beste empfangen. Oettinger war sein Hausfreund, dessen Freundschaft ich auf der Reise gewonnen hatte. Dieser trug das seinige bei, und ich bemerkte gleich, daß ich Achtung und Beifall gefunden hatte.

Kaum war ich etliche Tage in Moskau, so begegnete ich dem Grafen Hamilton, der, mit dem Rittmeister von Bernes in Wien mein Freund, und dessen General damals als kaiserlicher Botschafter am russischen Hof akkreditiert war. Eben dieser Graf Bernes war im Jahre 1743 kaiserlicher Gesandter in Berlin, da ich bei dem großen Friedrich in höchster Gnade stand; er hatte mich daselbst schon bei Hofe persönlich gekannt. Hamilton präsentierte mich diesem echten und aufgeklärten Menschenfreunde, der mich nach einigen Unterredungen so liebgewann, daß er mich von den russischen Diensten befreien und mit bester Empfehlung nach Wien schicken, mir auch eine Kompanie bei seinem Regiment geben wollte. Meines Vetters Schicksal hatte mich aber bereits abgeschreckt, und ich wäre damals lieber nach Indien als nach Österreich gereist.

Der Gesandte lud mich zum Essen ein und sein Busenfreund, der englische Gesandte Lord Hyndfordt, war gleichfalls bei der Tafel. Welch ein Glück für mich! Dieser erhabene Staatsmann kannte mich genau aus Berlin und war zugegen, als mich der König mit dem Ausdruck beehrte: C'est un matador de ma jeunesse! – Er wußte, wozu ich taugte und fähig war. Und da er Menschen kannte, so war er auch mein Freund, mein Vater, mein Lehrer. Er nahm mich sogleich auf die Seite und fragte:

Was machen Sie in diesem Lande, Trenck?

Ich suche Brot und Ehre, war meine Antwort, – weil ich in meinem Vaterlande beides verloren habe, ohne ein Verbrechen begangen zu haben.

Er fragte weiter:

Haben Sie Geld?

Nein, mein ganzes Vermögen, das ich gegenwärtig besitze, besteht aus ungefähr 30 Dukaten.

Nun, sagte er, – folgen Sie meinem Rat. Sie haben alle Eigenschaften, um in Rußland ihr großes Glück zu machen. Man verachtet aber hier den Armen und sieht nur auf den äußeren Glanz, ohne Verdienste noch Talente und Fähigkeit zu achten. Sie müssen reich scheinen. Ich werde Sie nebst Bernes hier in die hiesige große Gesellschaft einführen und in allem unterstützen, was Sie brauchen. Schöne Livreen, Handpferde, Brillanten an den Fingern, in Gesellschaften groß mitspielen, stolz, trotzig mit den Ministern sprechen, bei den Damen frei sein und sich Ihrer natürlichen Gaben bedienen, um gefällig zu werden: das sind die Mittel für einen Fremden, um hier alles zu erhalten, was man will. Für alles übrige lassen Sie mich sorgen!

Die Unterredung und Instruktion dauerte lange; Bernes kam dazu. Und, kurz gesagt, beide wirklich großen Männer beschlossen, mich glücklich zu machen.

Wie wenige junge Leser, die fern von ihrem Vaterland in fremden Staaten Brot suchen, können sich eines so günstigen Zufalls rühmen! Vereinigte sich hier nicht alles wunderbar, um mir die bisher erlittenen Drangsale zu vergüten und mich wieder so hoch zu erheben, wie ich tief gefallen war? Zufällig mußten diese beiden Männer in Moskau zusammentreffen, die in Berlin die Gesandtschaftsposten zu eben der Zeit bekleideten, da ich unter die Günstlinge des großen Friedrich gerechnet, daselbst wegen meiner erlernten Wissenschaften schon die Aufmerksamkeit fremder Minister reizte. Beide Männer waren zugleich Busenfreunde unter einander; beide waren Menschenkenner, großmütig und wohltätig, standen zugleich im ersten Kredit bei Hofe, und ihr Urteil entschied über Verdienst; ihre Höfe waren mit dem russischen alliiert, und der Staatskanzler, Graf Bestuchew, lebte mit ihnen in unbegrenzter Vertraulichkeit.

Nun wurde ich sogleich in allen Gesellschaften, nicht als ein fremder Dienstbettler oder Tobolsk'scher Hauptmann, sondern als der künftige Millionenerbe des reichen Trenck in Ungarn, als ein ehemaliger Liebling des Königs in Preußen, zugleich aber auch als ein würdiges Mitglied der ersten Gelehrten präsentiert. Ich verfertigte ein Gedicht auf den Krönungstag der Kaiserin Elisabeth. Hyndfordt wußte es anzubringen, präsentierte mich sodann selbst nebst dem Kanzler bei der Monarchin, die mich ihrer Gnade versicherte und mit einem goldenen Degen, der 1000 Rubel wert war, beschenkte. Gleich wurde die Achtung für mich allgemein, in allen Häusern von der Bestuchew'schen Partei.

Damals waren die Sitten noch so roh in Rußland, daß jeder fremde Gesandte, welcher Ball oder Tafel gab, zum Kanzler Bestuchew schicken mußte, der die Gesellschaft aufschrieb, welche er einladen durfte. Alles wurde nach Familien entschieden, und wo Bestuchew war, durfte sich kein Woronzoff'scher Freund sehen lassen. Ich war Hausfreund bei dem österreichischen und englischen Gesandten, folglich in allen Gesellschaften gesucht und geschätzt.

Bald wurde ich der Liebling der Kanzlerin, wie ich besser unten erzählen werde. Es fehlte mir also nichts mehr, um alles zu erhalten, was ich suchte.

∗

Da ich zugleich in der Ingenieurskunst sehr fein zeichnete und freien Zutritt in des Kanzlers Hause, auch bald im Kabinett mit dem vollkommensten Vertrauen hatte, arbeitete ich mit dem Obristlieutenant Oettinger, welcher damals der erste Architekt in Rußland war. Ich zeichnete den eben neu zu erbauenden Bestuchew'schen Palast in Moskau in verschobener Perspektive so schön, daß ich mir allgemeine Ehre erwarb, und war noch nicht einen Monat in Rußland, als ich bereits mehr Ehre und Achtung genoß, mehr Nationalkenntnisse besaß, mehr Bekanntschaften hatte als viele, die jahrelang in Hauptstädten ihr Kapital verschwenden.

Lord Hyndfordt war mein Vater, mein treuester Führer. Ihm brachte ich an jedem Tage redliche Nachricht von meinen Handlungen und Beschäftigungen. Er gab sich die Mühe, mich zu unterrichten; und da er in Staatsgeschäften grau wurde, und in mir den Keim zur Erweiterung dieser Kenntnisse entdeckte, so habe ich ihm allein das Licht zu danken, wozu er in mir die ersten Funken anfachte. Er kannte die Ränke aller europäischen Höfe, alle Familien und Parteikabalen, die Schwächen der Monarchen und die Triebfeder aller Regierungsformen. Von ihm lernte ich Rußland im Grunde kennen. Des großen Peters Entwürfe für die Zukunft waren ihm bekannt; den schlesischen Frieden im Jahre 1742 hatte er gemacht; er war Friedrichs vertrauter Freund und kannte sein Herz und alle Quellen seiner Größe genau. Sein Verstand war durchdringend, seine Seele erhaben, britisch groß, ohne Nationalstolz; und seine praktische Welterfahrung wußte das Gegenwärtige mit der Zukunft so zu verbinden, daß ich als sein aufmerksamer Schüler seit 36 Jahren fast alle Hauptrevolutionen im europäischen Staatskörper habe vorhersagen können. Und wenn ein Minister an irgend einem Hofe zu Fall gebracht wurde, so konnte ich bestimmen, wer seine Stelle ersteigen werde.

Kurz gesagt, dieser große Mann war mein Führer und Lehrmeister. Fast täglich brachte ich einige Stunden in seinem liebreichen munteren Umgange zu; und den größten Teil der Bildung meines Herzens, der tiefen Einsichten in die Ursprünge der Vorurteile und dessen, was man persönliche Verdienste nennt – all dieses habe ich zumeist dem rechtschaffenen Hyndfordt zu verdanken. Er weissagte mir zwar oft bei Gelegenheit, daß mein Vorwitz, mein brausendes Geniefeuer, mein Haß gegen Eigenmacht und Laster, und besonders die gewiß auf ewig beschlossene Verfolgung des unversöhnlichen Königs Friedrich gegen mich, besonders sein verborgener Einfluß auf die Lenkung der meisten Höfe, der Gebieter und Gebieters-Gehilfen in Europa, mich noch mit mancher zornesschwangeren Wolke bedrohten. Er bedauerte mein grausames Schicksal im voraus, versicherte mich, daß der Monarch, der meine Talente, aber nicht mein Herz kenne, mich überall hindern würde, mein Glück zu machen, damit ich ihm in keinem Falle schaden könne.

Hyndfordt bildete überhaupt mein Herz ganz republikanisch, lehrte mich den Wert erhabener Seelen schätzen, Tyrannen verachten, allen Schicksalen trotzen, nach wahrer Seelengröße streben, großen Gefahren mutig entgegengehen und nur solche Männer verehren, die Mut genug haben, sich dem Strome der Eigenmacht, des Fanatismus oder der Unwissenheit stolz entgegenzustellen.

Graf Bernes war ein Philosoph mit piemontesischer Scharfsicht, mehr zurückhaltend, aber ein nicht weniger ehrlicher Mann als Hyndfordt. Er liebte mich unbegrenzt, und keine Minute wurde versäumt, welche ich in dieser Gesellschaft zubringen konnte. Mein aufgeweckter Geist, meine großen Kenntnisse gefielen; der Stoff zu unseren Unterredungen war dennoch unerschöpflich. Ich lernte in Moskau wirklich mehr praktische Kenntnisse als in der Berliner hohen Schule unter den Voltaire, Maupertuis, Jordan und La Mettrie.

*

Kaum war ich 6 Wochen in Moskau, so ereignete sich eine Begebenheit, die ich hier erzählen kann, weil von den Hauptpersonen dieser gespielten Rolle niemand mehr lebt als ich allein. Liebesintrigen gehören in einen Roman – deshalb verschweige ich alles Abenteuerliche in diesem Buche, das zum Nachdenken, aber nicht zum Lachen reizen soll. Niemand wird glauben, daß ich ein Frauenfeind war oder bin. Trotz meiner feurigen Jugend aber floh ich jede tierische Ausschweifung, suchte mir etwas für mich allein oder wurde gesucht und genoß in allen Ländern, wo ich war, die Freuden der Liebe und Freundschaft zugleich, die ich beide zu erwecken, zu erhalten und zu verdienen wußte. Weder in London, Paris, Rom, Venedig, noch Berlin hat mich gewiß jemand in liederlichen Häusern oder Gesellschaften gesehen.

Die schwersten Eroberungen waren für mich die reizendsten, und die Edelste und Schönste überall die Wahl für meine Gesellschaft. Weiber der ersten Klasse bildeten mich als Jüngling und hielten mich in Ehrfurcht vor Ausschweifungen zurück. Weiber lehrten mich männliche Sitten im verfeinerten Weltgeschmack; Weiber unterstützten mich im Unglück mehr als Männer; meine wenigen erlebten guten Tage habe ich Weibern zu verdanken; Weiberumgang empfehle ich meinen Kindern, um ihre persönlichen Eigenschaften herauszuarbeiten und sich für die wichtigsten Geschäfte zu bilden; Weiber, schöne und muntere Weiber erquicken noch gegenwärtig meine mit Altersschwächen, Weltekel und Schwermut kämpfende Seele ...

Nur allein mein russisches Glück im Labyrinth der Venus muß ich hier erzählen, weil die Bekanntmachung zur Aufklärung und Verbindung meiner Geschichte notwendig ist:

Bei einer großen Tafel in Lord Hyndfordts Palast saß ich neben dem schönsten Mädchen des Landes aus einer der ersten Familien, welche eben einen 60jährigen und an die 300 Pfund wiegenden russischen Minister in ihrem 17ten Lebensjahr heiraten sollte.

Ihr Auge verriet mir, daß ihr Herz mich an die Stelle des feisten Bräutigams wünschte. Ich war kühn, beklagte ihr Schicksal – und erhielt mit Erstaunen die erste Antwort:

O Gott! Können Sie mich aus diesem Unglück erretten? Ich entschließe mich zu allem, was Sie wollen!

Man urteile, wie einem Manne meiner Gattung im 24. Jahre bei einer solchen Erklärung zu Mute war. Der Gegenstand war göttlich schön, die Seele, das Herz noch ganz Unschuld, eine Aristokratin aus den ersten Häusern. Aber das Verlöbnis war bereits bei Hofe geschehen und kein anderes Mittel blieb zu ihrem Besitz als Flucht, Entführung und alle mögliche Gefahr. Der Ort war nicht günstig für eine Unterredung; – genug, unsere Seelen waren schon vereinigt. Ich forderte Gelegenheit zu näherer Erklärung, und schon am folgenden Tage wurde sie mir im Troitzer Garten bestimmt.

Wie unruhig verstrich die wartende Nacht!

Das schlaue Mädchen hatte alles so gut veranstaltet, daß wir mit Hilfe ihrer Kammerjungfer, die eine Georgierin war, über drei Stunden ganz frei und allein mit einander sprechen konnten.

Wie geschwind verflossen diese! Wie viel tausend Trauerstunden im Magdeburger Gefängnis hat mir aber die Erinnerung und Wiederkäuung dieser glücklichen drei Stunden versüßt!

Ein ehrfurchtswürdiges Mädchen, mit schauderndem Haß gegen ihren künftigen Mann erfüllt, die sich mit weinenden Augen, mit feurigem Temperament und mit der ersten unwiderstehlichen Empfindung einer auflodernden Liebe, mit unbegrenztem Vertrauen meiner Leitung, meinen Armen, meiner Willkür überließ – und zwar mit der Bedingung: daß ich sie entführen und vor ihrem verabscheuten Bräutigam retten sollte.

Welche Feder kann eine solche Szene mit der Beredsamkeit schildern, die uns beide damals alles beschließen, und endlich in berauschter Betäubung schweigen machte! Ich ziehe den Vorhang zu, hinter den ich allein sah. – Genug, unser ewiges Bündnis wurde geschlossen, und von diesem glücklichen Tag an hatte ich offene Gelegenheit, durch Beistand ihrer treuen Georgierin und durch Eingang in ihren Garten ganze Nächte in ihrer entzückenden Gesellschaft zuzubringen.

Die Abreise des Hofes von Moskau nach Petersburg war aber erst für das nächste Frühjahr bestimmt, und der Hochzeitstag mit ihrem Ungeheuer schon für den 1. August beschlossen. Von Moskau ist es aber unmöglich, aus dem Reiche zu entfliehen; wenn wir es wagten, war unser Unglück unausweichlich. Die Vernunft und die Lage der Sache zwangen uns zur Geduld. Indessen war fest beschlossen, daß wir in Petersburg keinen Tag verschieben wollten, um uns in einem Lande auf ewig zu vereinigen, wohin keine Nachspähung folgen konnte.

Dem fatalen 1. August konnten wir auf keine mögliche Art, trotz aller Ränke, ausweichen. Die Hochzeit wurde mit Pracht vollzogen, die Braut aber blieb mein, und der Bräutigam lag im Lehnstuhl, denn im Bette konnte der Fettwanst gar nicht liegen ...

Meine Freundin wußte auch die Sache so listig einzurichten, daß mir der Zugang ebenso offen blieb wie im Hause ihrer Mutter. Sie hatte ihr Schlafzimmer so gewählt, daß ich mich demselben in allerlei Gestalten näherte, und zwar selten bei der Tür, wo Portier und Schildwachen standen, wohl aber bei dem Fenster, welches gegen den Garten fast zu ebener Erde war, den Zutritt fand.

So lebten wir gegen 3 Monate im ungestörten Glück, allein mit den Anstalten zu unserer künftigen Flucht beschäftigt. Sie gab mir all ihren Schmuck, auch etliche tausend Rubel, die sie im ledigen Stande besaß, nebst den Hochzeitsgeschenken ihres Gemahls, allgemach in Verwahrung; und wir sehnten uns nur nach der Petersburger Reise, um alles Abgeredete zu vollziehen; welches auch unfehlbar erfolgt wäre, wenn mein widriges Schicksal mir nicht abermals den tödlichsten Streich, der nur zu denken war, zugedacht hätte.

Meine Freundin hatte mit mir zusammen im Hause der Kanzlerin l'Hombre gespielt. Sie klagte sehr über Kopfschmerzen, bestellte mich auf den folgenden Tag in den Troitzer Garten, drückte mir nur beim Einsteigen in den Wagen die Hand außerordentlich stark – und von diesem Augenblick an habe ich sie nur auf der Totenbahre wiedergesehen.

Sie war in derselben Nacht in Phantasien geraten, kam auch nicht mehr zu Verstand; sie starb am 6ten Tage, da eben die Blattern ausbrechen wollten; in ihrer Raserei hatte sie unseren ganzen Liebeshandel entdeckt, nur mich um Rettung und Hilfe vor ihrem Ungeheuer angerufen. Und, kurz gesagt, das edelste Geschöpf der Erde starb. Ich verlor alles, was zu verlieren möglich ist, und mußte nunmehr auch alle meine Entwürfe ändern.

Nur Lord Hyndfordt wußte als einziger das Geheimnis; ihm allein verhehlte ich nichts, und der ehrwürdige Greis bestätigte mich immer in meinem Vorsatz. Er sagte: Für ein solches Mädchen würde er vielleicht als Hyndfordt eben das tun, was ich beschlossen hatte.

Er war bei diesem Vorfall fast ebenso gerührt wie ich; er empfand meinen Schmerz im vollen Gewicht eines Freundes, und ohne seinen Zuspruch hätte ich mir unfehlbar an ihrem Grabe die Kugel vor den Kopf geschossen. Nie war ich so bestürzt wie bei diesem Streiche des gegen mich rasenden Schicksals; und bei keinem Menschen auf der Erde kann man wohl die Tücke, den Wechsel des Glücks gewaltsamer bemerken, auch bewundern lernen, als bei mir. Es erhob mich allezeit schnell bis zum höchsten Gipfel glänzender Hoffnung, um mich wieder desto tiefer fallen zu lassen. Und wenn man meine ganze Geschichte durchgelesen haben wird, dann bleibt es sicher noch unentschieden, ob ich wirklich bei allen meinen erlittenen Widerwärtigkeiten mehr unglücklich als glücklich war. Ich mußte aber durch alle diese Erfahrungen vorbereitet werden, um die folgenden großen Schicksalsschläge mit Standhaftigkeit erdulden zu können. Hätte ich nicht zuvor auch große Freudenstunden genossen, deren Andenken mich in betrübten Tagen angenehm beschäftigte, wenn ich fähig war, meine herumirrenden Gedanken aus dem Labyrinth der Trübsal loszureißen und sie in träumender Berauschung an dieselbe als eine noch zu fühlende Wirklichkeit zu heften; so würde ich gewiß nicht in der Folge 10 Jahre lang hindurch ein Sokrates im Magdeburger Kerker gewesen sein.

Ich sage deshalb in meinen Gedichten:
    Im Übel selbst steckt noch ein Preis,
    Wenn man ihn nur zu finden weiß.

Die Geschichte mit dieser Dame wurde in Moskau ziemlich ruchbar; der dicke Herr Gemahl hat mich aber nichts vom mindesten Unwillen merken lassen. Er war auch zu dumm, um die Ausdrücke in ihrer letzten Phantasie im wahren Verstande zu begreifen. Das, was ich von ihr in Händen hatte und mir mit vollem Rechte zufiel, betrug an Wert gegen 7000 Dukaten. Lord Hyndfordt und Graf Bernes sprachen mir das Eigentumsrecht zu, und ihr Herz hatte mir gewiß noch mehr zugedacht.

*

Nun folgte aus dieser Begebenheit sogleich eine andere, die für mein Glück weit wichtiger war. Die Gräfin Bestuchew war die klügste und geschickteste Dame des damaligen Hofes. Sie entschied viele Staatssachen, und ihr zwar arglistiger und eigennütziger, dabei aber schwacher und kleindenkender Gemahl war nur der Namensträger ihrer unumschränkten Gewalt; weil die mehr als gute Elisabeth vieles unbedenklich ihrem Ministerium überließ. Es war also die Gräfin damals eigentlich die wichtigste Person in der Monarchie, auf welche besonders alle Augen der fremden Minister gerichtet waren.

Übrigens war ihr Ton gebieterisch, ihr Betragen majestätisch, und sie war die einzige verheiratete Dame, welche den Namen führte, daß sie ihrem Manne treu sei. Vielleicht weil sie als eine geborene Deutsche klüger und vorsichtiger als die russischen Damen zu genießen wußte. Wie ich aber in der Folge erfuhr, war ihre Tugend nur eine Folge des Stolzes und der Kenntnis des Nationalcharakters. Der Russe will herrschen, er will seiner Sklavin Geld, Vermögen und demütige Dankbarkeit; findet er Widerstand, so droht er gleich mit Prügel, oder dem Manne das Geheimnis zu entdecken.

Fremde durften unter Elisabeths Szepter gar nicht, ohne vom Kanzler eingeführt, weder bei Hofe noch in Gesellschaft erscheinen. Ich und der Kammerjunker Sievers waren damals die einzigen Deutschen in russischen Diensten, welche die Erlaubnis hatten, überall einzutreten. Meine besondere Protektion, die ich vom englischen und österreichischen Gesandten genoß, gab mir doppelte Vorteile dazu. Der seltsame Vogel wird am meisten gesucht, auch bewundert.

Graf Bestuchew war unter der vorigen Regierung russischer Resident in Hamburg; in dieser kleinen Gestalt hatte er die junge schöne Witwe des Kaufmanns Böttger geheiratet. Unter Elisabeth stieg er bis zur Würde des ersten und mächtigsten Staatsministers; Madame Böttger wurde so die erste Dame in Rußland. Sie war zu der Zeit, da ich sie kannte, im 38ten Jahre, folglich nicht mehr Schönheit, aber ein liebenswürdiges aufgewecktes Weib, die einen durchdringenden Verstand besaß, keinen Russen leiden konnte, die Preußen besonders protegierte, und vor deren Haß damals jedermann zitterte.

Ihr Umgang war so, wie er gegen Russen in ihrer Lage sein mußte, hochmütig, zurückhaltend und mehr satirisch als liebreich. Sie zeigte mir bei allen Gelegenheiten ganz besondere Achtung. Ich war zur Tafel eingeladen, so oft ich wollte; ich hatte auch die vorzügliche Ehre, oft allein mit ihr und dem Obristlieutenant Oettinger den

Kaffee zu trinken, wobei sie mir allezeit zu verstehen gab, daß sie meine Verbindung mit der jungen N... bemerkt habe. Ich leugnete allezeit standhaft, ob mir gleich Geheimnisse vorgehalten wurden, die sie von niemand anderem als von meiner Freundin selbst konnte ausgekundschaftet haben. Meine Verschwiegenheit gefiel, wogegen der Russe gern prahlt und groß spricht, wenn er das Glück hat, einer Dame zu gefallen.

Sie wollte uns glauben machen, daß sie uns nachgespäht, unsere Augensprache verstanden und unser Geheimnis längst erraten hatte. Ich wußte aber nicht, daß die Kammerjungfer meiner Freundin bereits wirklich in ihre Dienste getreten und schon längst eine von ihr bezahlte Kundschafterin war.

Ungefähr 8 Tage nach dem Tode meiner Freundin geschah der Hauptauftritt, wo mich Ihre Exzellenz nach dem Essen in ihr Zimmer zum Kaffee führte. Immer bedauerte sie meinen Schmerz, meinen Verlust, meinen bemitleidenswürdigen Zustand, der mir alle meine gewohnte Lebhaftigkeit entrissen und mein ganzes Wesen verändert habe. Sie äußerte einen so lebhaften Anteil an meinem Schicksal, so viele und so nachdrückliche Wünsche, es zu verbessern und mich glücklich zu sehen, daß ich an dem Eindruck nicht zweifeln konnte, den ich auf ihr Herz gemacht hatte.

Die Gelegenheit ergab sich bald, mich dessen zu versichern; aus ihrem Munde erfuhr ich, was sie für mich empfand. Unsere Vereinigung war in einem Augenblick geschlossen. Bescheidenheit, Treue und Verschwiegenheit waren die Bedingungen; und feuriger bin ich in meinem Leben nicht geliebt worden, als von dieser scharfsichtigen Frau, die mich ganz an sich zu fesseln wußte.

Behutsamkeit war hier die Hauptsache; sie wußte aber schon Gelegenheit zu machen. Der Kanzler schätzte mich und vertraute mir wirklich alles an; er gab mir sogar Arbeit in seinem Kabinett. Ich war den ganzen Tag im Haus, und nunmehr war kein Gedanke mehr, daß ich zum Regiment als Rittmeister gehen sollte. Man bestimmte mich für Staatsarbeit; der erste Schritt sollte die Kammerjunkerstelle bei Hofe sein, was in Rußland eine sehr bedeutende Stellung ist. Kurz gesagt, meine Aussicht in die Zukunft war so glänzend wie möglich. Dem Lord Hyndfordt allein hielt ich nichts verborgen; er gab mir alle Ratschläge, freute sich mit mir, wollte aber von allem, was er mir zur ersten Equipierung beigetragen hatte, auch da ich nun im Wohlstand lebte, nichts zurück nehmen.

Bald wurde man meinen Kredit im Hause des Ersten Ministers gewahr; die auswärtigen Gesandten suchten meine Bekanntschaft und Freundschaft. Herr von Goltz tat wirklich alles Mögliche, um mich zu gewinnen, fand aber einen ehrlichen Mann. Gerade damals fing man an, um die russische Allianz zu buhlen. Preußens Untergang sollte geschmiedet werden. Alle Höfe arbeiteten, und niemand kannte die Ministerial- und Familienparteien an diesem Hofe besser als ich.

Meine Freundin wurde ein Jahr nach unserer Bekanntschaft ebenfalls ins Garn gelockt; zuletzt geriet sie mit ihrem Manne, dem Kanzler, in die Hände des Büttels. Denn sicher ist es, daß Bestuchew im Jahre 1756 auf der Folter mit der Knutpeitsche zum Geständnis gezwungen wurde. Appraxin, der Kriegsminister, hatte gleiches Schicksal; die Gemahlin seines Bruders, der damals Gesandter in Polen war, wurde durch falsche Verräterei eines gewissen Lieutenants Berger, nebst 3 anderen und ersten Damen des Hofes, vom Büttel an einen Pfahl gebunden, gepeitscht und gebrandmarkt; dann wurde ihnen die Zunge aus dem Halse geschnitten.

Dies geschah im Jahre 1741 bei Elisabeths Thronbesteigung, und widerfährt den ersten Männern im Staate. Was hat nun wohl der Fremde zu erwarten, falls er von einem Mächtigen verfolgt wird, und seiner Willkür überlassen ist?

Niemand hatte gewiß in so kurzer Zeit bessere Gelegenheit als ich, alle Geheimnisse eines Staates zu entdecken. Besonders unter der Anleitung eines Hyndfordt und Bernes, unter der Regierung einer guten, aber kurzsichtigen Monarchin, deren erster Minister ein schwacher Kopf war, dessen ganzen Willen seine witzige und herrschsüchtige Frau unumschränkt lenkte; die hingegen aus wirklich rasender Liebe für mich, einen Fremden, welchen sie nur seit einigen Monaten kannte, alle ihre Wohlfahrt geopfert hätte.

Man konnte sie damals mit vollem Recht als die wirkliche Regentin von Rußland betrachten. Friede und Krieg lagen in ihrer Hand; und wenn ich klüger, oder weniger aufrichtig gewesen wäre, dann hätte ich mir in solcher Stellung Schätze sammeln und in Sicherheit bringen können. Die Hälfte aller Geschenke, die sie mir gewaltsam aufdrängte, habe ich gewiß ihrem Sohn geliehen und verloren. Sie war freigiebig wie eine Königin, und obgleich sie innerhalb eines Jahres über hunderttausend Rubel für ihren liederlichen Sohn an seine Schuldner zahlen mußte, wovon der Vater nichts erfuhr, so hätte ich für mich doch mehr auf die Seite legen können. Eigennutz war nie mein Fehler, und je reicher ich war, desto mehr verschwendete ich im Wohltun an Hilfsbedürftige, wurde betrogen und vergaß mich selbst oft so weit, daß ich Mangel litt ...

In diesem Wohlstande, in dieser glänzenden Lage und Aussicht in meinem 24ten Lebensjahre zeigte mir nun das Schicksal abermals seine Tücke. Mein Glück in Rußland mißfiel dem großen Friedrich, der mir jetzt in allen Winkeln der Erde nachspürte und dem mein Betragen in Moskau für sein Interesse verdächtig erschien. Folgender Streich widerfuhr mir, den ich umständlich vortrage, weil er im ganzen Reich und bei allen auswärtigen Ministern öffentlich bekannt wurde, und damals viel Bewegung bei Hofe verursachte.

Lord Hyndfordt bat mich einst, ich möchte ihm den Aufriß von Kronstadt schön zeichnen und in Ordnung bringen. Er gab mir dazu den gestochenen Grundriß und drei andere gezeichnete Ansichten von Kauffahrtei-Kriegsschiffen und abgetakelten, im sogenannten Mittelhafen, mit Benennung eines jeden Schiffes.

Dies geschah ohne jeden Verdacht noch Gefahr, weil der Hafen von Kronstadt kein Geheimnis ist und seine gravierte Zeichnung in allen Läden zu Petersburg öffentlich verkauft wird; auch war England Rußlands genauester Alliierter!

Lord Hyndfordt sitzt eben in Betrachtung meiner Arbeit, da Herr von Funk, der sächsische Gesandte, und sein Hausfreund bei ihm eintritt. Er zeigt ihm meine Zeichnung, Funk ersucht ihn, ihm die Kopierung zu erlauben, die er persönlich ausführen wolle. Hyndfordt gibt ihm meinen Plan, welcher mit meinem Namen gezeichnet war.

Funk trägt ihn nach Hause, und da er etliche Tage nachher mit der Kopierung beschäftigt ist, so kommt Herr von Goltz, der preußische Minister, der unweit von seinem Hause wohnte und öfters freundschaftliche Besuche abstattete, zu ihm. Funk trägt kein Bedenken, zeigt ihm meine Arbeit, und beide bedauern, daß der König an mir einen brauchbaren Mann verloren habe. Endlich bittet Goltz den Funk, er möchte ihm erlauben, diesen Riß für ein paar Tage nach Hause mitzunehmen, um den seinen nach diesem auszubessern. Funk, der in sich selbst der edelste Menschenfreund, der rechtschaffenste Mann war und nichts Böses vermutete, der mich zugleich brüderlich liebte, auch in allen möglichen Fällen meine Gesellschaft suchte, gab ihn ohne Bedenken her.

Kaum hatte ihn Goltz in der Tasche, so fuhr er zum Kanzler, dessen Schwäche er kannte, und gab vor, die Hauptabsicht seines Vortrages sei, ihn zu überzeugen, daß ein Mensch, der einmal seinem Vaterlande, seinem Könige untreu war, welcher ihn mit Wohltaten überhäuft hatte, auch sicher für seinen Eigennutz einen jeden Monarchen betrügen würde, der ihm vertraue. Nun kam er näher auf die Sache zu sprechen; er erwähnte die allgemeine Achtung und den unbegrenzten Zutritt, den ich binnen wenig Monaten im ganzen Reich dadurch erhalten hätte, daß ich als Kind und Hausfreund des Bestuchew'schen Kabinetts angesehen werde.

Endlich, da mich der Kanzler in allem verteidigte, suchte Goltz ihn durch Eifersucht in Empörung zu bringen und erzählte ihm, daß man überall von meinen geheimen Zusammenkünften, sogar im Schloßgarten mit seiner Gemahlin, ungescheut spräche. Das Letztere hatte er ausgekundschaftet, um mir die sichere Falle zu legen.

Er brachte sogar den Herrn von S...n, des Ministers damaligen Haussekretär, in Verdacht des Einverständnisses mit mir – kurz gesagt, der Kanzler geriet in Unruhe und Zorn. Gleich zog Goltz meine Zeichnung von Kronstadt aus der Tasche mit den Worten:

Ew. Exzellenz nähren eine Schlange am Busen. Hier, diesen Plan habe ich gegen Bezahlung von 200 Dukaten vom Trenck aus Dero Kabinett kopiert erhalten!

Der böse Mann wußte, daß ich zuweilen mit dem Obristlieutenant Oettinger im Kabinett arbeitete, welcher den Bau und die Reparatur aller russichen Festungen unter sich hatte. Der Minister sah, erstaunte und geriet in Wut. Gleich rückte Herr von Goltz näher zum Zwecke. Er vermehrte den Verdacht gegen mich dahingehend, daß Graf Bernes, der österreichische Botschafter, mich gewiß nicht ohne Absichten für seinen Hof so besonders protegiere ...

Der Minister sprach sogleich von Prozeß und Knutpeitsche. Goltz erwiderte: Ich hätte zu viele hohe Freunde; man würde mich sicher losbitten, und dann wäre das Übel nur noch ärger.

Es wurde also beschlossen, mich heimlich aufzuheben und mit aller möglichen Vorsicht nach Sibirien zu schicken.

Nun schwebte ein Wetter über meinem unschuldigen Kopf, da ich in der stolzen Ruhe und Zufriedenheit ein glänzendes Glück erwartete. Und nur Gottes gerechte Vorsehung oder ein ebenso glücklicher Zufall rettete mich vom Verderben.

Kaum hatte Goltz siegreich den Palast verlassen, so begab sich der aufgebrachte Kanzler, voller Zorn und Rache gegen mich im erbitterten Herzen, in das Kabinett seiner Frau, warf ihr mit Erbitterung meinen Umgang vor und erzählte ihr, weil sie ihn auszuhorchen wußte, die Goltz'sche Denunzation. Sie besaß mehr Scharfsicht als ihr Mann und merkte gleich, daß ein Betrug dahinterstecke, weil sie mein Herz kannte und besser als irgend jemand wissen konnte, daß ich keiner elenden 200 Dukaten bedurfte. Der Kanzler war aber nicht zu besänftigen, und meine Arrestierung blieb beschlossen.

Sogleich schrieb sie mir ein Billet ungefähr folgenden Inhalts:

»Freund! Es droht Ihnen ein großes Unglück. Schlafen Sie heute nicht zu Hause; bleiben Sie in Sicherheit bei Lord Hyndfordt bis zu näherer Aufklärung!«

Herr von S..., ihr Sekretär und Vertrauter, eben der, welcher unlängst russischer Gesandter in Regensburg war, hatte den Auftrag, mich aufzusuchen. Er fand mich nach dem Mittagessen bei dem englischen Gesandten. Man rief mich hinaus; ich las, erschrak über den Inhalt und zeigte ihn dem Lord Hyndfordt. Mein Herz, mein Betragen war vorwurfsfrei; wir vermuteten also eine Verräterei meines Einverständnisses mit der Kanzlerin, eine Wirkung der Eifersucht. Mylord befahl mir, zu meiner Sicherheit in seinem Hotel zu bleiben, bis sich das Rätsel löse. Wir stellten in der Nacht Kundschafter bei meiner Wohnung auf; nach Mitternacht wurde nach mir gefragt, und der Polizeiminister visitierte wirklich das Haus.

Gegen früh 10 Uhr fuhr Lord Hyndfordt zum Kanzler, um Kundschaft einzuziehen. Kaum war er eingetreten, da ihn derselbe schon mit Vorwürfen überfiel, daß er ihm einen Verräter ins Haus geführt habe. Was hat er getan? war die Frage.

Er hat dem preußischen Minister einen geheimen Plan von Kronstadt aus meiner Kanzlei treulos kopiert und ihm denselben für 200 Dukaten zugesteckt!

Hyndfordt erstaunte, er kannte meine ganze Seele. Er selbst hatte von mir an Geld und Schmuck über 8000 Dukaten Wert in Verwahrung, er wußte, daß ich kein Geld achtete, kannte auch die Quelle, aus welcher ich nach Gefallen schöpfen konnte.

Nun fragte er:

Haben Ew. Exzellenz diese Zeichung des Trenck wirklich gesehen?

Ja, Herr von Goltz hat sie mir vorgezeigt.

Ich möchte sie auch sehen. Ich kenne des Trenck Arbeit. Ich bürge für ihn, daß er kein Schelm sein kann. Hier steckt eine Intrige verborgen. Ich bitte, lassen Sie Herrn von Goltz mit seinem Kronstädter Riß hierher rufen. Der Trenck ist in meinem Hause; ich schütze ihn nicht, wenn er ein Betrüger ist. Gleich soll er hier erscheinen.

Der Kanzler schrieb an Herrn von Goltz ein Billet, er möchte ihn sogleich besuchen und die bewußte Zeichnung mitbringen. Goltz roch den Braten, er wußte als ein schlauer Fuchs vermutlich schon, daß der Polizeiminister mich nicht erhascht hatte und ich in Sicherheit war. Er erschien also nicht und entschuldigte sich. Indessen trat ich in das Zimmer.

Hyndfordt fuhr mich mit britischem Trotz an und fragte:

Trenck! Sind Sie ein Betrüger, so verdienen Sie meinen Schutz nicht. Sie sind hier ein Staatsgefangener. Haben Sie dem Herrn von Goltz den Riß von Kronstadt verkauft?

Man urteile, was ich hierauf antwortete. Hyndfordt begann, alles aufzuklären, nachdem ihm der Kanzler den ganzen Goltz'schen Vortrag mit kaltem Blut erzählt hatte. Man ließ mich abtreten und den Herrn von Funk rufen. Bei seinem Eintritt fragt Hyndfordt:

Freund! Wo haben Sie meinen Riß von Kronstadt, den mir der Trenck kopiert hat?

Funk stammelte:

Ich will ihn gleich holen.

Hyndfordt fragte:

Auf Ehre, ist er bei Ihnen zu Hause?

Nein, Mylord! Ich habe ihn dem Herrn von Goltz auf etliche Tage zur Kopierung geliehen.

Hyndfordt bebte vor Neugierde der Entwicklung entgegen, erkannte sogleich den gespielten Streich, erzählte dem Kanzler den Vorgang, daß nämlich dieser Plan ihm zugehöre und er ihn dem Herrn von Funk geliehen habe. Er verlangte einen Vertrauten aus der Staatskanzlei mit, der Kanzler beauftragte den Ersten Sekretär; mit diesem, mit Herrn von Funk und dem holländischen Gesandten, Herrn von Schwart, der eben zufällig dazukam, um den Kanzler zu sprechen, fuhren sie zum Herrn von Goltz.

Bei Eintritt in dessen Zimmer forderten sie den Riß von Kronstadt zurück. Er brachte ihn hervor und Funk gab ihn dem Lord Hyndfordt zurück.

Nun, sagten der Staatssekretär und Hyndfordt zugleich, – bitten wir, uns auch den Riß von Kronstadt zu zeigen, welchen Ihnen der Trenck verkauft hat!

Hier war seine Bestürzung unbegrenzt. Hyndfordt drang mit britischem Trotz auf kategorische Erklärung für die Ehre des Trenck, den er für einen ordentlichen Mann halte.

Hierauf sagte Herr von Goltz:

Ich habe Befehl von meinem Könige, zu verhindern, daß der Trenck sein Glück in Rußland mache und habe nur die Pflicht des Ministers erfüllen wollen!

Hyndfordt spie vor seine Füße auf die Erde, sagte ihm mehr, als ich hierher zu schreiben wage; und mit dieser Nachricht kamen die vier Herren zum Kanzler zurück. Ich wurde herzugerufen, alle wünschten mir Glück, umarmten mich, deckten mir das Rätsel auf, und der Kanzler selbst versprach mir Belohnung, mit dem schärfsten Befehl, den Gesandten nicht zu beleidigen, weil ich im ersten Feuer des Schmerzes, der gerechten Rache und der öffentlich siegenden Tugend drohte, dem Herrn von Goltz auch vor dem Altar den Hals zu brechen.

Ich wurde besänftigt und speiste zu Mittag beim Kanzler. Mein Blut blieb empört. Er tat alles, mich aufzumuntern. Seine Gemahlin stellte sich gleichgültig, fragte mich aber:

Ob viele Preußen so zu handeln gewohnt wären wie Herr von Goltz? Funk und Schwart waren mit bei der Tafel. Jedermann wünschte mir Glück zum Siege, aber noch kannte niemand den Zufall, welcher mich vor dem Jähzorn und der ungehörten Verdammung des voreiligen Kanzlers gerettet hatte. Diese Richterin saß am Tische und durfte sich nichts anmerken lassen.

Am folgenden Tage schickte mir der Kanzler ein Geschenk von 2000 Rubeln ins Haus mit dem Befehl, mich bei der Monarchin zu bedanken, welche mir dieses Pflaster für die unschuldig erlittene Verfolgung als ein Zeichen ihrer besonderen Gnade schickte.

Das Geld achtete ich zu der Zeit nicht, aber die liebreichste Monarchin der Welt machte mich durch ihre bezaubernde Menschenliebe alles vergessen. Die Geschichte wurde in ganz Moskau bekannt, und Herr von Goltz erschien weder in Gesellschaft noch bei Hofe. Die Kanzlerin beschimpfte ihn persönlich auf eine Art, die ich hier aus Bescheidenheit nicht melden will. Graf Bernes, der schlaue Piemonteser, versicherte mir Rache, ohne daß ich mich darum bekümmern dürfe. Und – was weiter vorgegangen ist, weiß ich nicht. Goltz ist seit dieser Zeit wenig in Gesellschaft erschienen. Nach meiner Entfernung aus Rußland wurde er krank, und starb an der Auszehrung. Requiescat in pace!

Sicher aber ist dieser böse Mann schuld an allen meinen in der Folge noch erlebten Unglücksfällen gewesen. Ich wäre in Rußland einer der ersten Männer im Staatsgebäude geworden; Bestuchew wäre gewiß nicht ins Unglück geraten, welches ihm und seiner Familie einige Jahre nach dieser Begebenheit begegnete. Ich selbst hätte gewiß niemals das dem Trenck'schen Namen so gefährliche, so fatale Wien wiedergesehen. Durch Vermittlung des Petersburger Hofes würde ich auch meine in der Folge ererbten großen slavonischen Güter gewiß nicht verloren haben. Ich hätte angenehme ruhmvolle Tage statt der Wiener Verachtung und Verfolgung durchlebt und gewiß nicht 10 Jahre im Magdeburger Kerker geschmachtet, viel weniger jetzt in Zwerbach für das tägliche Brot auf meinem einzigen vor der Raubsucht geretteten Dorf Gedichte und Lebensgeschichte zu schreiben, ein invalider Major geheißen, noch einen armseligen verachteten Schulmeister für meine 8 Kinder abzugeben brauchen.

Die Folge meiner Erzählung wird dieses aufklären. Sicher aber ist es, daß ich bis zu diesem Vorfalle in Moskau niemals den mindesten Haß gegen mein Vaterland noch den Monarchen empfand, ihn auch bei keiner mir wirklich günstigen Gelegenheit dazu habe wirken lassen.

Wie wenig kannte der große Friedrich mein Herz! Er hatte mich ohne ein Verbrechen von mir unglücklich gemacht, mich zum Kerker nach Glatz, unverschuldet und auf bloßen Argwohn hin, verurteilt. Ich floh von dort nackt und bloß; er konfiszierte nur mein väterliches Erbteil. Nicht zufrieden mit diesen Drangsalen, wollte er mir auch nicht gönnen, daß ich in einem anderen Reiche glücklich werden durfte.

Aufgebracht über den Goltz'schen Streich hätte ich damals mein Vaterland in eine Wüstenei verwandelt, falls sich die Gelegenheit dem Willen gefügt hätte. Ich leugne auch gar nicht, daß ich von diesem Augenblick an in Rußland alles Mögliche tat, um die Absichten des kaiserlichen Gesandten Grafen Bernes zu unterstützen, welcher mein einmal angefachtes Feuer zu nähren und mich zu brauchen wußte.

Kaum fing ich an, laut Unterricht, tiefer in die Geheimnisse hineinzusehen, so entdeckte ich bald alle Tatsachen am Hofe; so, daß Bestuchew und Appraxin schon wirklich im preußischen Solde dienten, um der österreichischen Partei die Waage zu halten. Hieraus allein kann man die Gründe ersehen, welche im Jahr 1762 die Petersburger Auftritte verursachten, hingegen auch im 7jährigen Preußenkriege so verschiedene Befehle, Ränke und Widersprüche in der russischen Hilfsarmee hervorbrachten.

Die Kanzlerin selbst, welche seit dem Goltz'schen Streich weit vorsichtiger mit mir umgehen mußte, durchschaute als schlaues Weib alle Kunstgriffe, in welche ihr Mann verwickelt war. Meine Begebenheit riß sie ganz von der bisherigen Partei los. Sie liebte mich mit Herz und Seele, entdeckte mir alle Geheimnisse ohne Rückhalt noch Mißtrauen und blieb bis zu ihrem Unglück, welches während meines Magdeburger Gefängnisses im Jahre 1758 erfolgte, allezeit meine beste Freundin und Korrespondentin. Hier steckt also der Schlüssel verborgen, wodurch ich alles, was bis zum Jahr 1754 und 56 gegen Preußen geschmiedet wurde, besser wußte, auch wissen konnte, als viele Minister der interessierten Höfe, welche die geplante Ausführung ihrer Entwürfe ganz allein zu wissen glaubten. Wie manches hätte ich damals vorhersagen können!

Die wunderbare Fügung meines Schicksals hat es aber anders gewollt.

Ich hätte Rußland nie verlassen sollen. Dies war der Hauptfehler aller meiner Unternehmungen, den ich noch gegenwärtig bereue. Dort habe ich in einem Jahr mehr gelernt, mehr Freudentage und Ehre genossen, als in meinem ganzen übrigen Leben. Ich habe auch allezeit mehr verrichten können als andere junge Leute, weil ich niemals länger als 4 bis 5 Stunden schlief. Wenn ich mich nun auch einen Teil des Tages meinem Vergnügen und dem Hofleben überließ, so blieb mir noch allezeit viel zur Kopfarbeit, zum Umgang mit gelehrten Männern übrig.

In des Kanzlers Betragen fand ich viel Veränderung seit dem letzten Vorfall. Seine Blicke verrieten Aufmerksamkeit gegen meine Worte und mein ganzes Betragen. Er schien mir mißtrauisch und rachgierig; seine Frau beobachtete das gleiche, und es war Zeit, andere Entwürfe zu machen. Ich begann wirklich, eine künstliche, aber zugleich auch höchst gefährliche Rolle zu spielen, da auf einmal ein ganz neuer Auftritt in meiner Komödie hervorbrach und der Vorhang zu meinem Trauerspiele aufgezogen wurde.

*

Mein Vetter, der bekannte Pandurenkommandant, war den 4. Oktober 1749 in seinem Arrest auf dem Spielberg bei Brünn gestorben und hatte mich unter der Bedingung zum Universalerben eingesetzt, daß ich keinem anderen Herrn als dem Hause Österreich dienen sollte. Graf Bernes erhielt die Urkunde zur Antretung der Erbschaft erst im März 1750. Ich wollte von Wien nichts wissen. Das abscheuliche Beispiel eben dieses Vetters schreckte mich, dessen Prozeßquellen und rechtschaffen geleistete Dienste niemand besser als mir bekannt waren, weil ich Augenzeuge seines Schicksals war. Graf Bernes aber stellte mir vor:

Daß das Vermögen meines Erblassers weit über eine Million betrage; daß die Monarchin mir durch seine Rekommandation und Unterstützung gewiß Gerechtigkeit werde widerfahren lassen und daß ich für meine Person ja keine Feinde in Wien hätte. Besser sei es allezeit, eine Million eigenes Vermögen in Ungarn zu besitzen, als in Rußland die glänzendste Aussicht zu haben, wo ich bereits so viele Glückswechsel gesehen und die Wirkungen der Familienkabalen kennengelernt habe. Kurz gesagt, er schilderte mir Rußland gefährlich und Wien als meinen nunmehr gesicherten Hafen; er versprach mir seinen wirksamsten Beistand, weil sein Gesandtschaftsposten ohnedies in eben dem Jahre zu Ende lief, und fügte hinzu, wenn ich einmal reich wäre, dann könnte ich ja Rußland, Ägypten oder die Schweiz zum Wohnsitz wählen. Überdies könne mich ja auch der König von Preußen nirgends weniger verfolgen als in Österreich. In allen übrigen Ländern werde er sicher Gelegenheit finden, mir Fallgruben zu legen, wie ich es bereits in Rußland erfahren hätte.

Was wäre geschehen, wenn Ihnen die Kanzlerin vom bevorstehenden Unglück keine Nachricht gegeben hätte? Sie wären als der unschuldigste, rechtschaffenste Mann nach Sibirien verschleppt worden. Sie hätten Ihr Recht niemals aufdecken noch verteidigen können, und jedermann hätte Sie in Moskau einen Treulosen, einen Verräter geheißen. Das hat der ehrliche Mann in London nicht zu fürchten. Wollen Sie nun noch in Rußland bleiben?

Hyndfordt stimmte in den gleichen Ton ein, versicherte mich in allen Fällen auf ewig seiner Vaterliebe und schilderte mir London als den sichersten Hafen, falls ich in Wien nicht glücklich sein sollte. Als freier Brite sprach er von der Sklaverei, schilderte mir den gegenwärtigen Hof so, wie ich ihn wirklich schon kannte, und fragte: Was ich wohl in Wahrheit sein, auch vorstellen würde, falls ich das Glück erlangte, dereinst General oder Minister in einem solchen Lande zu werden?

Alles dieses machte mich entschlossen; ich wollte aber, da ich ohnedies Geld im Sack hatte, auf dieser Reise auch Stockholm, Kopenhagen und Holland sehen. Indessen wollte Bernes meine Ankunft in Wien melden und mir einen guten Empfang vorbereiten. Er forderte also meine Entlassung, um meine große Erbschaft anzutreten. Meine Freundin tat alles Mögliche, mich zurückzuhalten, fügte sich aber vernünftig meinen Beweggründen. Ich riß mich sozusagen aus ihren Armen, versprach auf Ehre nach Petersburg als Gast zurückzukehren, sobald ich meine Wiener Geschäfte in Ordnung gebracht hätte. Sie machte schon den Entwurf, daß ich durch ihre Vermittlung bei einer russischen Gesandtschaft Verwendung finden sollte, wo ich meinem Hofe die wirksamsten Dienste leisten könnte. Wir schieden in dieser Hoffnung schwermütig; sie schenkte mir ihr Portrait und eine Tabatiere mit Brillanten besetzt, welch ersteres mir 3 Jahre nachher von dem österreichischen Residenten Abramson bei meiner Arrestierung in Danzig von der Brust gerissen wurde, wie ich im zweiten Teil dieser Geschichte erzählen werde.

Der Kanzler umarmte mich als Freund, als er mich beurlaubte. Sogar Appraxin weinte und hielt mich im Arme fest, da ich Abschied von ihm nahm; er weissagte mir auch nebenbei, es würde mir nirgends mehr so gut gehen wie in Rußland, wo ich so viele und so mächtige Freunde hätte. Ich würde diesen Schritt gewiß bereuen.

Nichts half – obgleich mein Herz Rußland mit Schwermut verließ, obgleich ich alles Wiener Unglück ahnte, so folgte ich doch dem Rate der Hyndfordt und Bernes.

*

Ich reiste von Moskau nach Petersburg. Dort erhielt ich durch den Wechsler Baron Wolf einen Brief von der Kanzlerin, der mich beinahe zurückkehren ließ. Sie schrieb in einem Tone, der mein ganzes Herz erschütterte, suchte mich von Wien abzuschrecken und schloß mir einen Wechsel von 4000 Rubel zur Reise bei, falls ich meinem Eigensinn folgen und mein sicheres Glück mit dem Rücken ansehen wollte.

Ich hatte an Geld und Schmuck gegen 36 000 fl. bei mir; folglich schickte ich ihren Wechsel zurück und bat um ihr Andenken, um ihre Gnade und Hilfe für Fälle, wo ich ihrer etwa noch bedürfen könnte.

Ich hielt mich nur wenige Tage in Petersburg auf und reiste zu Lande nach Stockholm.

Empfehlungsschreiben hatte ich von allen Gesandten bei mir. Ich vergaß nur noch zu melden, daß der sächsische Gesandte, Herr von Funk, mein wahrer Freund, untröstlich war, da eigentlich seine Unvorsichtigkeit, meine Zeichnung dem Herrn von Goltz anzuvertrauen, mein ganzes Glück in Rußland zerstörte und mich beinahe ins äußerste Elend stürzte. Im Jahre 1772, also 22 Jahre nach dieser Geschichte, traf ich diesen rechtschaffenen Mann noch in Dresden wieder. Er betrachtete sich als die wirkliche Ursache aller meiner während dieser Zeit noch erlittenen Drangsale und versicherte mir, daß jede Nachricht von meinen ausgestandenen Martern seine Seele mit Vorwürfen durchbohrt habe. Wir wurden nicht müde, vom Vergangenen zu sprechen; es war mir ein wirkliches Labsal, einen solchen Mann noch in der Welt nach besiegten Stürmen wiederzufinden und alte Freundschaft zu erneuern.

Nun war ich in Stockholm. Dort bedurfte ich keiner Rekommandation; die Königin kannte mich noch als Schwester des großen Friedrich aus Berlin. Ich hatte die Ehre, sie als Braut im Jahre 1743 bis Stettin als Offizier der Garde du Corps zu escortieren. Ich erzählte ihr nun mein preußisches und russisches Schicksal ohne Hinterhalt; sie riet mir von einem Aufenthalt in Stockholm aus politischen Gründen ab und blieb bis zum Tode meine gnädige Frau. Ich aber reiste sogleich weiter nach Kopenhagen, wohin mir Herr von Chaise, dänischer Gesandter in Moskau, Geschäfte anvertraut und eine Empfehlung mitgegeben hatte. Ich blieb etwa 14 Tage daselbst und segelte mit einem holländischen Schiff von Helsingör nach Amsterdam.

In Kopenhagen genoß ich die Freude, meinen alten echten Freund, den Lieutenant von Bach, anzutreffen, welcher meine Flucht aus dem Glatzer Gefängnis beförderte, worüber ich bereits geschrieben habe. Er lebte im Elend und hatte Schulden. Ich verschaffte ihm Protektion durch Erzählung seiner Handlung an mir, schenkte ihm 500 Dukaten; und hierdurch hatte er sein Glück dergestalt befördert, daß er mir noch im Jahre 1776 schriftlich herzlich dankte und 1779 als Obrist eines Husarenregiments in Dänemark gestorben ist.

Kaum war das Schiff, auf dem ich mich befand, um nach Holland zu segeln, auf See, so entstand ein Sturm, welcher uns nach Verlust des Besanmastes und des Bugspriets, auch einiger Segel, zwang, zwischen den Klippen bei Göteborg Anker zu werfen.

Ich wurde etliche Tage seekrank; wir lichteten die Anker und fuhren nach Texel. Hier sahen wir bereits die Einfahrt, auch die

Lotsenschiffe, da sich abermals ein Sturm erhob und unser Schiff bis in den Hafen von Bahus in Norwegen trieb, wo wir unbeschädigt einliefen. Tags darauf eilten wir wieder mit gutem Winde in die See und trafen endlich glücklich in Amsterdam ein.

Hier hielt ich mich wenig auf, hatte aber daselbst sogleich am Tage nach meiner Ankunft einen besonderen Vorfall, in welchem mich mein Vorwitz verwickelte. Ich sah zu, wie die Harpuniere, welche zum Walfischfang ausfahren, sich mit ihren Harpunen oder Wurf-spießen übten. Die meisten waren berauscht; einer unter ihnen, na-mens Hermanus Rogaar, ihr berühmtester Händelmacher und re-nommiert im Messerschneiden, trat höhnisch zu mir, spottete über meinen türkischen Säbel, den ich an der Seite trug, und wollte mir endlich einen Nasenstüber geben. Ich stieß ihn zurück; der Kerl warf mir die Mütze vor die Füße, zog sein Messer und forderte mich zum Zweikampf heraus, hieß mich einen aapen Nöcker und fragte, ob ich ein C, ein Garge oder ein Kruys im Gesicht haben wolle – das ist, ob ich einen geraden, einen krummen oder einen Kreuzschnitt forderte.

Ich war einmal in der edlen Gesellschaft – hier war also kein anderes Mittel als raufen oder davonlaufen. Der baumstarke unge-heure Kerl schimpfte und wurde kühner; ich wandte mich zu den Umstehenden und forderte ein Messer.

Nein, nein, rief mein Aufforderer, nimm du nur dein großes Mes-ser, das du an der Hüfte trägst! Ich wette 12 Dukaten, du sollst dennoch deinen Schnitt in die Backen haben!

Gleich zog ich vom Leder. Er ging mir mit seinem Messer zu Leibe. Mit dem ersten Hieb flog aber sein Messer nebst der Hand auf die Erde, so daß das Blut mir gerade auf den Leib spritzte.

Hier erwartete ich nun mein Ende, und vom Pöbel zerrissen zu werden; ich erstaunte aber, da alles jauchzte, mir Vivat zurief und mich den Held, den Überwinder des unüberwindlichen Hermanus Rogaar hieß! Dieser wegen seiner Stärke und Geschicklichkeit allge-mein gefürchtete Kerl wurde ausgelacht. Ein Handelsjude, der Zu-schauer war, führte mich aus dem Gedränge, und der Pöbel begleitete mich mit Bewunderung bis in meinen Gasthof.

Dieser Zweikampf, welcher mir in Holland Ehre brachte, hätte mich anderswo geschändet. Ein Mann, der einen türkischen Säbel zu führen weiß, wird gewiß an einem Tage hundert Rogaare mit einem Messer in der Faust verstümmeln. Indessen hätte ich auch leicht unglücklich sein und in die Hände des Pöbels geraten können; denn wer sich unter die Treiber mengt, den fressen die Schweine. So hat mir mein Vorwitz öfters Händel zugezogen, denen eine frühzeitige Überlegung hätte ausweichen können. Ich verließ mich allezeit auf mein Glück im Unglück und sah meistens die Gefahr erst dann, wann sie bereits überwunden war.

*

Von Amsterdam reiste ich nach Den Haag. Lord Hyndfordt hatte mich an den britischen Gesandten daselbst, den Lord Holderness, empfohlen; Bernes an den Baron Reischach; Herr von Schwart an den Staats-Gressier Fagel. Vom Kanzler hatte ich ein Schreiben an den Prinzen von Oranien selbst; ich konnte also nicht anders als mit aller möglichen Distinktion empfangen werden. Hätte ich hier nun meine Vorteile genutzt und wäre ich mit meinem Gelde, das ich bei mir hatte, nicht nach Wien, sondern mit meinem offenen Kopfe nach Indien gegangen, wie manche männliche Schwermutstränen hätte ich weniger geweint! Und welch ein sicheres Glück würde ich überall gefunden haben, wo Menschenverstand Geld erwerben und wo Redlichkeit und echte Tugend keine Hofkabalen, keinen Eigensinn eines Despoten zu fürchten hat!

Ich fand aber im Haag schon Briefe vom Grafen Bernes, welcher mir den Himmel in Wien versicherte und zugleich die Hofkriegsrätliche Citation zur Erberklärung dieser wichtigen Hinterlassenschaft beischloß. Er meldete mir auch, der Hof habe ihm auf seine Anfrage und Rekommandation hin versichert, daß mir aller Schutz, alle Gerechtigkeit in Wien widerfahren würde. Er riet mir also, meine Ankunft zu beschleunigen, weil die bisherige Administration der Trenck'schen Güter mir gewiß wenig Nutzen verschaffen würde.

Ich folgte dem Rate, eilte nach Wien – und seit diesem Augenblick hatten alle Freuden meines Lebens ein Ende. Ich geriet in ein Labyrinth von Prozessen, in die Gewalt böser Menschen, und alle möglichen Drangsale schlugen über meinem Kopfe zusammen, welche allein ein Buch erforderten, um sie der Welt zur Schande meiner Verfolger umständlich zu schildern.

Seit meiner Abreise von Wien im Jahre 1748 waren nun ungefähr 2 Jahre verflossen, bis ich 1750 wieder daselbst eintraf. Meine Leser werden aber finden, daß man in so kurzer Zeit unmöglich mehr Schicksalsveränderungen erleben kann als die, welcher ich so kurz wie möglich erzählt habe, wobei ich noch sehr viele minder wichtige gänzlich verschwiegen habe, um Raum für erhebliche zu gewinnen.

Der ehemalige Pandurenchef, Franz Freiherr von der Trenck, starb auf dem Spielberge am 4. Oktober im Arrest. Irrig glaubte man in Wien, daß sein Vermögen bei dem Urteile, welches ihn auf den Spielberg schickte, konfisziert worden sei. Nein, er hatte kein Staatsverbrechen begangen, war auch dessen nicht beschuldigt, noch gar etwas bewiesen. Die Sentenz besagt: Seine Güter und sein Vermögen sollten unter der Administration des von ihm selbst gewählten Hofrats von Kempf und Baron Pevaczewitz, seines Freundes, verbleiben, ihm aber alle Jahre die Rechnung seiner Beamten zugeschickt werden. Er war und blieb also bis zum Tode Herr über sein Vermögen. Dafür zeugt auch, daß er am Ende seines Lebens, da er den Tod erwartete, seinen Advokaten, den Doktor Berger, zu sich nach Brünn aus Wien berief; daß er durch denselben die Monarchin bitten ließ, sie möge befehlen, daß ihm der Spielberger Kommandant alle Zeugen und erforderliche Solemnitäten, um ein gültiges Testament aufzustellen, zulassen solle. Sie erlaubte sogar, daß er nach Gefallen zu besserer Verpflegung in seiner Krankheit sich dürfe zu den Kapuzinern bringen lassen. Dies war schon so gut wie Freiheit, die er aber nicht annahm.

Übrigens liegt das kaiserliche Handbillet noch gegenwärtig bei den Akten des judicii Trenckiani delegati, und es lautet:

»Man soll des Trencks letzten Willen auf das allergenaueste pünktlich vollziehen, die Abhandlung beschleunigen und den Erben in allen seinen Rechten schützen.«

Es war demnach niemals die Rede von Konfiskation noch de facultate testandi.

Der Vater dieses auf dem Spielberge verstorbenen Trenck hatte im Jahre 1743, da er als Kommandant und Obrist zu Leitschau in Ungarn starb, als ungarischer Kavalier und Güterbesitzer ein solemnes Testament aufgesetzt, in welchem er mich, als seines Bruders Sohn, seinem eigenen Sohn substituiert, falls dieser ohne männliche Erben sterben sollte. Dieses Testament war vom Domkapitel zu Zips ausgefertigt, von 7 Kapitularen unterschrieben und vom Palatino Graf Palffy ratifiziert, folglich ohne Widerspruch gültig.

Der alte Trenck starb 1743 zu Leitschau; sein Sohn war damals Pandurenobrist im bayerischen Kriege. Der Trenck übernahm die Erbschaft seines Vaters; er starb im Jahre 1749 wirklich ohne Kinder; sogar in casu confiscationis hätte ich die Güter seines Vaters niemals verlieren können.

Mein Vetter wußte alles nur zu wohl. Er war, wie ich bereits erzählt habe, mein ärgster Feind, der mir sogar nach dem Leben getrachtet hatte. Nun will ich auch das eigentliche Rätsel seines arglistigen Testaments entwickeln.

Dieser in sich selbst böse Mann wollte nicht länger im Gefängnis leben. Er wollte auch nicht um Gnade bitten, wodurch er, wie landkundig ist, sogleich seine Freiheit hätte erhalten können. Er war keineswegs als überführter Übeltäter auf den Spielberg verurteilt; seine mächtigen Feinde fürchteten seine Rache mit Recht; er hatte ihnen schon im Arrest in Wien gedroht. Sie fanden aber Mittel, ihm den Willen zu fesseln, deshalb allein war er das Opfer ihrer Kunstgriffe bei Hofe. Sein Prozeß hatte schon viel gekostet; sein Geiz, seine einmal verlorene Hoffnung, den Schaden zu ersetzen oder noch reicher zu werden, erniedrigte seine raubgierige Seele bis zur Verzweiflung. Seine Ruhmgierde war unbegrenzt – und diese konnte nicht besser befriedigt werden, als wenn der Pandur als ein Heiliger stirbt und nach dem Tode Mirakel macht. Dies war wirklich sein Entwurf; denn er war einer der gefährlichsten Atheisten, glaubte nichts nach dem Tode aus Überzeugung und gestattete sich alles, weil er ein böses Herz im Busen nährte.

Hierzu kam noch dieses:

Er wußte, daß ich sogleich nach seinem Tode die Verlassenschaft seines Vaters fordern und auch sicher erhalten würde. Dieser hatte bereits im Jahre 1723 die Herrschaft Prestowacz und Pleternitz in Slavonien von seinen großen, aus Preußen erhaltenen Familiengeldern gekauft; und noch zu seinen Lebzeiten kaufte der Sohn mit 40000 fl. von des Vaters Kapitalien die Herrschaft Pakratz. Diese drei Herrschaften gingen also direkt auf mich über, worüber er so wenig wie über die restlichen ererbten Gelder, Mobilien und Häuser seines Vaters restieren noch klausulieren konnte. Alles Vermögen, das er selbst erworben hatte, stand in Administration; über 100000 fl. waren schon durch den Prozeß verlorengegangen, und 63 Prozesse und Forderungen waren noch gegen ihn bei Gericht anhängig. Nun wollte er auch gerne für 80000 fl. Legate machen. Wenn ich also nach Wien gekommen wäre und meine Forderungen von seinem Vermögen weggenommen, mich aber seiner 63 Prozesse gegen seine Vermögensmasse nicht angenommen hätte, so sah er wohl ein, daß für seine Legatarien gar nichts übrig bleiben würde.

Er errichtete demnach ein Testament, welches mich noch nach seinem Tode unglücklich machen sollte. Deshalb ernannte er mich allein zum Universalerben, machte gar keine Erwähnung von seines Vaters Testament, welches ihm die Hände gebunden hatte. Er verordnete gegen 80 000 fl. Legata und Stiftungen und suchte sowohl durch die vermäntelte Art seines Todes wie besonders durch folgende Bedingungen die Monarchin zur Protektion seines Testamentes zu bewegen: Daß ich

1. die katholische Religion annehmen,
2. keinem anderen Herrn als diesem Hause Österreich dienen sollte, und
3. machte er seine ganze Hinterlassenschaft, ohne das väterliche Vermögen auszunehmen, zum Fideikommiß.

Eben hieraus erwuchs mein ganzes Unglück, und das war seine wahre Absicht; denn noch kurz vor seinem Tode sagte er dem Kommandanten, Baron Kuttulinsky:

Jetzt sterbe ich mit der Freude, daß ich meinen Vetter noch nach meinem Tode schikanieren und unglücklich machen kann!

Sein in Wien geglaubter mirakulöser Tod erfolgte auf folgende Art, wodurch er besonders viele Kurzsichtige ganz für seine Absichten lenkte, die ihn wirklich heilig glaubten.

Drei Tage vor seinem Tode, da er vollkommen gesund war, ließ er dem Kommandanten sagen, er wolle seinen Beichtvater nach Wien schicken, und der heilige Franziskus habe ihm offenbart, er würde ihn an seinem Namenstage um 12 Uhr in die selige Ewigkeit abholen.

Man schickte ihm den Kapuziner, den er nach Wien abfertigte, und lachte mit den übrigen.

Am Tage nach des Beichtvaters Abreise sagte er:

Gottlob! Nun ist meine Reise auch gewiß; mein Beichtvater ist tot, und mir bereits erschienen.

Dieses bestätigte sich am folgenden Tage wirklich. Der Pfaff war gestorben.

Nun ließ der Trenck die Offiziere der Brünner Garnison zusammenkommen, sich als Kapuziner tonsieren, auch in die Kutte einkleiden, hielt seine öffentliche Beichte und dann eine stundenlange Predigt, worin er alle zum Heiligwerden aufmunterte und den größten aufrichtigen Büßer spielte. Dann umarmte er sie alle, sprach lächelnd von der Nichtigkeit der Erdengüter, nahm Abschied, kniete nieder zum Gebet, schlief ruhig, stand auf, kniete und betete wieder, nahm um 11 Uhr mittags am 4. Oktober die Uhr in die Hand und sagte:

Gottlob! Die letzte Stunde naht.

Jedermann lachte über das Gaukelspiel eines Mannes seiner Art. Man bemerkte aber, daß sein Gesicht auf der linken Seite weiß wurde. Hier setzte er sich nun an den Tisch mit aufgelehntem Arm, betete, blieb ganz still mit geschlossenen Augen. Es schlug 12 Uhr, er bewegte sich nicht; man redete ihn an, und er war wirklich tot.

Nun erscholl das ganze Land vom Mirakel: Der heilige Franziskus hat den Panduren Trenck in den Himmel geholt!

Die Auflösung des Rätsels ist aber eigentlich diese, welche mir allein gründlich bekannt ist:

Er besaß das Geheimnis des sogenannten aqua Toffana und hatte beschlossen, nicht länger zu leben.

Seinem Beichtvater, den er nach Wien schickte, hatte er alle Geheimnisse anvertraut und ihm viel Kleinodien und Wechselbriefe mitgegeben, die er auf die Seite schaffen wollte. Ich weiß positiv, daß er einem gewissen großen Prinzen damals seine Wechsel pro 200 000 fl. zurückgeschickt und kassiert hat, der mir, als rechtmäßigem Erben, keinen Groschen wiedergab. Der Beichtvater aber sollte außerstande gesetzt werden, ihn jemals zu verraten; deshalb nahm er seine Giftdose mit in dem Leibe auf die Reise und wurde bei der Rückkehr tot gefunden. Er selbst hatte eben dieses Gift genommen und wußte die Stunde seines Todes. Nun spielte er seine tragische Rolle als Heiliger, um dereinst dem Florianus oder Chrispinus den Rang streitig zu machen; da er auf Erden nicht mehr der Reichste und Größte werden konnte, wollte er im Grabe angebetet sein. Versichert war er, daß Mirakel bei seinem Grabe erfolgen würden, weil er eine Kapelle erbaut, eine ewige Stiftmesse gegründet und den Kapuzinern 6000 fl. vermacht hatte.

So starb eigentlich dieser ganz besondere Mann im 34. Jahre seines Lebens, welchem die Natur keine Gabe, kein Talent versagt hatte, der die Geissel der Bayern und der Schrecken der Franzosen war, der mit seinen verächtlich geglaubten Panduren sogar 6000 preußische Gefangene gemacht hat. Er lebte als Tyrann und Menschenfeind und starb wie ein heiliger Schurke.

*

So war nun die Lage des Trenck'schen Testaments, als ich im Jahr 1750 nach Wien kam. Ich erschien nicht, wie einige Verleumder unlängst in Gesellschaft gesagt haben, als ein dienst- und brotsuchender Bettler. Nein, ich hatte die russischen Dienste verlassen, wo ich glücklich war; der kaiserliche Gesandte hatte mich überredet, ein sicheres Glück zu verlassen und in Wien mein Unglück zu finden. Ich brachte von meinem russischen Gelde noch gegen 20 000 fl. bar Geld und in Schmuck nach Österreich. Ich habe während der Wiener Prozesse noch gegen 15 000 fl. aus Berlin, Petersburg und von meiner Familie in Wien erhalten und aufgeopfert; folglich vom Trenck nicht nur nichts geerbt, sondern noch über 120 000 fl. von meinem eigenen Gelde und von seines Vaters auf mich übergegangenem Vermögen verloren und zugesetzt.

Nun weiter zur Geschichte.

Bei der ersten Audienz konnte die Monarchin nicht gnädiger sein, als sie zu sein schien. Sie sprach von meinem toten Vetter mit gerührter Achtung, sie versprach mir allen Schutz und Gnade und sagte, daß Graf Bernes mich ihr besonders empfohlen hätte. Sobald ich aber den bestimmten Präsidenten und die Räte kennenlernte, sobald ich 63 wirklich anhängige Prozesse sah, die ich in Wien ausführen sollte, wo ein ehrlicher Mann einer Lebenszeit bedarf, um nur für einen Recht zu finden, beschloß ich sogleich, die ganze Erbschaft abzulehnen, auf das Spielberger Testament zu renuntieren und nur allein meine bona Activa zu fordern. Zu diesem Zwecke begehrte ich copiam vidimatam von dem Leitschauischen alten Trenck'schen Testament; ich erhielt sie. Hiermit erschien ich vor Gericht in Person, erklärte, daß ich vom Franz Trenck nichts verlange, keine Prozesse noch Legata von ihm übernehmen wolle und allein das Vermögen seines Vaters, laut produziertem legalem Testament, von der Masse im Voraus fordere, welches die drei Herrschaften Pakratz, Prestowacz und Plesternitz ohne die Kapitalien und Mobilien betraf. Nichts war billiger, nichts unwidersprechlicher als diese Forderung.

Wie erschrak ich aber, als man mir in entschiedenem Tone im öffentlichen Rate antwortete:

Ihro Majestät, die Kaiserin haben ausdrücklich befohlen:

»Daß, falls Sie nicht alle Bedingungen des Franz Trenck'schen Testaments erfüllen wollen, Sie absolut und entschieden von der ganzen Massa abgewiesen werden und gar nichts zu hoffen haben!«

Was war zu tun? Ich wagte einen Schritt bei Hofe – wurde aber ebenso abgewiesen. Ich war schutz- und hilflos.

Durch ein Geschenk erhielt ich von einem Pfaffen ein Attest, »daß ich mich bekehrt und dem verfluchten Luthertum abgeschworen habe.«

Ich blieb aber, was ich war, und konnte auch für Millionen mich nie entschließen, zu glauben, was der Papst will. Für Geld und Fürstengunst mache ich auch kein Heuchler- noch Gaukelspiel.

Um diese Zeit kam auch der General Bernes von seinem Gesandtschaftsposten aus Petersburg nach Wien zurück. Ich klagte ihm mein bitteres Schicksal; er sprach mit der Monarchin, sie versprach ihm alles. Er hieß mich Geduld haben, indessen alles zu tun, was man wollte, alle Prozesse zu übernehmen. Er mußte eilfertig in Familiendingen nach Turin reisen; bei seiner baldigen Rückkehr würde er meine ganze Sache auf sich nehmen und mich sicher in Österreich glücklich machen. Dieser Mann liebte mich wie sein Kind. Seiner Versicherung gemäß blieb mir viel Hoffnung, von ihm zu erben, da er weder Kinder noch Verwandte hatte. Er reiste fort, umarmte mich noch mit nassen Augen väterlich. Kaum war er 6 Wochen abwesend, so lief die Nachricht ein, daß er in Turin von einem Freunde mit Gift in eine bessere Welt befördert worden sei. –

So spielte das Glück mit mir, so entriß es mir meine Stützen allezeit zu dem Zeitpunkt, wo ich sie am notwendigsten brauchte; welches man in meiner ganzen Lebensgeschichte bei allen Vorfällen bemerken wird.

Auch den Feldmarschall Königseck, Gouverneur von Wien, meinen besten Freund und Protektor, entriß mir der Tod in eben dem Jahr, da er mir helfen wollte. Merkwürdig ist aber dieses gewiß, daß die größten Männer, die Österreich seit dem Jahre 1747 aufzuweisen hat, mich liebten, schätzten und zu fördern suchten; Rechnungsführer, kleine Justizschurken, Fanatiker, Dummköpfe und Pfaffen allein waren und sind noch meine Feinde. Diese allein haben alle meine Hoffnungen vereitelt und mich arm, auch dem Staat untätig gemacht und von allen Geschäften, von Gerechtigkeit und Gnade der Monarchin zu entfernen gewußt. Gnade habe ich zwar nie gesucht, weil ich nie ein Übeltäter noch Betrüger war; Gerechtigkeit hätte ich aber zu verdienen gewußt, wenn sie mir widerfahren wäre. –

Kaum war Bernes von Wien abgereist, so ereignete sich eine Begebenheit, welche mein Unglück vergrößerte. Der preußische Minister zog mich im Hause des pfälzischen Gesandten, Herrn von Beckers, auf die Seite und machte mir den Antrag: Ich solle nach Berlin in mein Vaterland zurückkehren; der König habe alles Vergangene vergessen, ich sei bei ihm gerechtfertigt, er würde mein Glück machen und mir die Trenck'sche Erbschaft und Güter sicher verschaffen, wofür er mir auf Ehrenwort Bürge sein wolle.

Ich antwortete, daß diese Gnade mir nunmehr zu spät widerfahre; ich hätte im Vaterlande zu großes Unrecht erlitten, traue keinem Fürsten auf Erden, dessen Wille alle Rechte der Menschen zunichte machen kann. Mein treues Herz für den König sei zu grob mißhandelt worden, mein Kopf könne in der ganzen Welt das Nötige verdienen, und ich wolle keiner Gefahr eines unverdienten Gefängnisses mehr unterworfen sein.

Er tat alles, um mich zu überreden; da aber nichts fruchtete, sagte er mir:

Mein lieber Trenck! Gott weiß, ich habe es redlich mit Ihnen gemeint. Ich bin Ihnen auch Bürge dafür, daß mein König Sie sicher glücklich machen wird. Sie kennen aber Wien nicht und werden hier nach vielen Prozessen alles verlieren, auch sicher verachtet und verfolgt leben, weil Sie keinen Rosenkranz beten können!

Wieviel tausendmal habe ich in der Folge bedauert, daß ich damals nicht nach Berlin zurückkehrte! Ich wäre dem 10jährigen Magdeburger Gefängnis ausgewichen, hätte die Trenck'sche Erbschaft nicht verloren, meine besten Lebensjahre nicht in Prozessen und Memoralienschreibereien verbraucht und wäre im Vaterlande sicher unter die größten Männer gerechnet worden.

Sicher aber ist es, daß seit diesem Tage, da der preußische Gesandte mit mir sprach, auch nichts in Wien mehr für mich zu hoffen war. Der König weiß die Wege, durch seine Gesandten bei den meisten Höfen Europas zu stürzen oder zu erheben, wen er will. Der Trenck, welcher ihm nicht mehr traute und ihm nicht mehr dienen wollte, sollte auch niemals Gelegenheit finden, gegen ihn zu dienen. Ich bin also durch die dritte Hand bei der Monarchin als ein Erzketzer und zugleich als ein Mensch geschildert worden, welcher dem Hause Österreich nie dienen wolle und nur die große Erbschaft suche, um zum König von Preußen zurückzukehren.

Lesen wird gewiß kein Monarch diese meine wahre Geschichte, folglich auch nie die Wahrheit erkennen noch schützen. Lesen werden mich einige unserer sogenannten Gelehrten und mich in ihren von mir nicht erkauften Rezensionen tadeln, schnarchen und Pasquillen schreiben, aber gewiß meine Galle nicht rege machen, noch meinen bereits erworbenen Ruf weiter als bis Nußdorf, Appoltan und St. Pölten kränken.

Lesen und verfolgen, beschimpfen und bedrohen werden mich aber die gewiß, welche mich plünderten, bei Hofe verleumdeten und für den Staat untätig machten. Ihr Eigennutz, ihre Selbsterhaltung fordert die ewige Unterdrückung aller Tugend und Wahrheit; folglich wird mein Buch sicher zu den gefährlichen gerechnet, vielleicht gar von allen Beichtvätern zu lesen verboten werden.

Lesen wird mich aber das übrige Deutschland; lesen, bewundern und auch bedauern wird mich die Nachwelt, falls meine Geschichte nicht das Unglück hat, unter die unwahrscheinlichsten Romane unserer Zeit deshalb gerechnet zu werden, weil Theresens und Friedrichs Biographieschreiber, aus erheblichen Ursachen, den Trenck'schen Namen nicht einmal genannt haben.

Nun weiter zur Sache.

Ich war nunmehr gezwungen, mich, jedoch allezeit cum reservatione juris mei, niemals als simpliciter, als Erbe zu erklären; und die Arbeit mit 63 Prozessen wurde übernommen. Man weiß, was einer in Wien kostet, und urteile jetzt, wie es mir ging, da ich aus der ganzen Trenck'schen Vermögensmasse binnen 3 Jahren nur 3600 fl., folglich kaum so viel erhielt, wie die Neujahrsgeschenke an Kanzleien und Sollicitatoren forderten. Wieviel Ballen Papier habe ich nicht in Prozeßakten und Memoralien unwirksam verschrieben! Mein aus Rußland mitgebrachtes Geld war also bald geschmolzen. Meine Familie in Preußen unterstützte mich; die Gräfin Bestuchew schickte die 4000 Rubel, die ich in Petersburg nicht annehmen wollte; aus Berlin erhielt ich Hilfe von meiner alten Freundin; und dennoch mußte in Wien bei Wucherern Geld gesucht werden, wobei ich oft nach Wiener Brauch 60 % verlor. Verwebt in einem Irrgarten von Advokaten- und Räuberränken, forderte mein Ehrgeiz, sich durchzuarbeiten. Alles wurde durch meine Herkulesarbeit möglich gemacht, mein eigenes Vermögen aber dabei aufgeopfert, wofür ich am Ende ein elendes Fideikommiß erhielt, welches ich eigentlich nicht erbte, sondern vor der Habsucht rettete. Meine edle Zeit ging dabei verloren, die ich angenehmer durchleben, auch rühmlicher und fruchtbarer hätte genießen können. Niemand aber kann sich vorstellen, was meine Seele dabei empfand, wenn ich bei boshaften, dummen Menschen deshalb, weil sie Minister hießen oder Hofräte und Richter waren, um Justiz betteln mußte; und das bei einer Art von Menschen, die nicht einmal einen Begriff von Tugend und Rechtschaffenheit besitzen, auch alles in die allerhöchste Gnade des Hofes und seiner Kammerdienerinnen, Ofenheizer und Seelsorger zurückleiten.

Meine anhängigen 63 Prozesse wurden nun alle innerhalb von drei Jahren auf eine Art geendet, die nach mir gewiß niemand mehr in Wien, auch nicht in 50 Jahren, bewerkstelligen wird. Wie es aber eigentlich geschehen, dies muß für diese Blätter ein ewiges Geheimnis bleiben. Genug, ich lernte Menschen und Richter so kennen, wie ich sie gern, anderen zum Vorteil, schildern möchte.

Der Kammerdiener des Präsidenten öffnete mir für etliche Dukaten allezeit das Kabinett des Fürsten, wo ich durch eine Öffnung in der Tür alles so gut sah und hörte, als wenn ich selbst im Rate mitgesessen hätte.

Endlich kam es zur Hauptsache, an die ich ewig mit Schauder und Abscheu denken werde.

Das Hauptvermögen des Trenck bestand in den slavonischen Gütern, genannt die Herrschaften Pakratz, Prestowacz und Pleternitz, die er von seinem Vater ererbt hatte; und dann in Velika und Nustak, welche er selbst gekauft hatte, die aber zusammen über 60000 fl. jährliche Einkünfte ihren gegenwärtigen Besitzern eintragen, und außerdem eine Strecke von mehr als 200 Dörfern und Höfen.

Ohne weitere Umstände nahm nun der ungarische Kammerpräsident, Graf Grassalkowitz, im Namen des Fiskus von allen Trenck'schen Gütern Besitz. Der Braten war fett, nicht nur wegen der Güter selbst, als vielmehr wegen der Beute, die dabei zu machen war; denn mein Vetter hatte aus Bayern, Elsaß und Schlesien verschiedene Schiffsladungen mit Kaufmannsgütern, Leinwand, Gold und Silber, in Stangen gegossen, auf seine Güter geschickt. Dabei war die prächtige Gewehrkammer, die Sattelkammer und das große silberne Service Kaiser Karls VII., welches er alles in München fortgeschleppt hatte; auch das große silberne Tafelservice des Königs von Preußen war dabei.

Man sagt wirklich, daß der Trenck'sche Schatz in Slavonien weit mehr im Wert, als die Güter selbst, betragen habe. Einer der ehrwürdigsten Männer in der Armee, ein großer General, hat mir noch unlängst erzählt, daß aus dem Trenck'schen Schatz zu Mihalefze etliche schwere Wagen, mit Silber und Pretiosen beladen, weggeführt wurden. Er kann noch als Augenzeuge sprechen, er kennt die beiden Panduren, welche des Trencks Vertraute und Schatzbewacher waren. Diese nahmen bei der allgemeinen Plünderung ein jeder eine Schachtel mit Perlen, flüchteten damit in das türkische Gebiet und wurden daselbst reiche Kaufleute. Meine prächtigen Gestüte, sogar das Vieh aus den Meierhöfen, wurde fortgetrieben. Die Gewehrkammer bestand allein aus 3000 Stück der seltensten Sammlung. Der Trenck hat selbst gesagt, daß er von Dannhausen und Gersdorf im Glatzischen allein im Werte mehr als für 50000 fl. an Leinwand weggenommen und in Kisten auf seine Güter geschickt hatte.

Kurz gesagt, alles wurde gestohlen, weggeführt und geplündert. Und da Befehl vom Hofe erfolgte, man solle alle Trenck'schen Mobilien nach Wien für den Universalerben liefern, war nichts mehr übrig als Kleinigkeiten, die niemand mehr haben wollte, und zwei alte preußische Kommisgewehre. Ich selbst habe in einem ungarischen Palast einige kostbare Gewehre gesehen, die ich positiv erkannte, daß sie mir gestohlen waren. Ich kaufte auch in Essek wirklich einige silberne Teller mit dem preußischen Wappen, die Herr Hofrat D...m verkauft hatte, welcher zur Besitznehmung der Güter bevollmächtigt war und hierdurch reich wurde. Ich schrie in Wien laut, klagte, erhielt aber Befehl vom Hof: Ich sollte gar nichts von dieser Sache bei allerhöchster Ungnade sprechen, auch nicht mehr nach Slavonien reisen.

Nun wollte ich die Sache wegen der Güter auf Anraten einiger rechtschaffener Ungarn gern zum ordentlichen Prozeß in Ungarn einleiten und forderte in einer Bittschrift mein Recht von der Monarchin demütig, erhielt aber Befehl, absolut auch nicht nach Ungarn zu reisen; und die Sache wurde dem judicio delegato Trenckiano in Wien übergeben.

Man untersuchte mein Recht und der Monarchin wurde die Wahrheit für mein Recht referiert. Auf einmal erschien aber folgender Machtspruch vom Hofe; die Monarchin schrieb eigenhändig:

»Der Kammerpräsident, Graf Grassalkowitz, nimmt es auf sein Gewissen, daß dem Trenck die Güter in Slavonien nicht in natura gebühren. Man soll ihm also die summa in emtitiam und inscriptiam bar herauszahlen und alle erweislichen Meliorationen gut machen; und die Güter bleiben der Kammer!«

Hiermit hatte auf einmal der Prozeß und alle Hoffnung ein Ende. Ich hatte in Wien 63 kleine Prozesse mit Aufopferung meines eigenen Vermögens durchgearbeitet, und verlor die ganze Erbschaftsmasse ohne Prozeß.

Noch eins dieser Art.

Man hatte bei der Arrestierung des Trenck in öffentlicher Zeitung bekanntgegeben, daß alle, die von ihm etwas zu fordern oder gegen ihn zu klagen hätten, sich melden und tägliche Unterhaltsdiäten empfangen sollten. Man kann leicht urteilen, was sich für Leute einfanden und wie ihre Zahl anwuchs. Wirklich sind gegen 15 000 fl. dergleichen Diätgelder ausgezahlt und mir in Rechnung gebracht worden. Da nun im Revisionsprozeß alle diese erkauften Kläger erkannt und schimpflich abgewiesen, auch in Schaden und Kosten verurteilt wurden, hat mir der erste Richter kein illegal angewiesenes Geld zurückbezahlt. Ich verlor mein Geld, und niemand wurde bestraft. Sogar das sogenannte Fräulein Schwerin, die im Trenck'schen Kriminalprozeß als falsche Zeugin vom Richter selbst bestochen war, wie ich bereits erzählt habe, hatte 2000 fl. Diäten empfangen, die aber nie berechnet wurden. So verfuhr man mit Trenck und seinem Gelde.

＊

Mißvergnügt mit meiner Lage, mit meinem ganzen hiesigen Schicksal, verließ ich Wien und reiste nach Ungarn zum Regiment, um daselbst ein besseres abzuwarten.

Die slavonischen Güter blieben aber dennoch verloren, und meine Einkünfte waren nie hinlänglich, die Prozesse in Wien zu bestreiten. Wer jemals in Ketschkemet und an der Theiße oder im karpathischen Gebirge in Quartier gestanden hat, der kann leicht urteilen, wie ein Mann meiner Gattung zufrieden leben konnte, welcher in Berlin und Petersburg mit den größten Männern in der großen Welt zu leben gewohnt war; der nur lebt, um seine Einsichten zu erweitern und in einem Lande, mit dem allgemeinen Haufen vermischt, seine besten Jahre verbrauchen mußte, ohne etwas zu lernen, ohne sogar ein gutes Buch zu finden, wo die Zensur gar keine gestattete. Der Diensteifer reizte mich gleichfalls nicht, um materiell zu arbeiten, weil der ganze Verlust meines Vermögens, mein Wohlstand in Rußland und die verächtliche Begegnungsart in Wien mir stündlich vor dem Auge schwebte.

Im Jahre 1754 starb meine Mutter in Preußen im Monat März. Ich forderte vom Hofkriegsrat Erlaubnis, auf sechs Monate nach Danzig zu reisen, um meine Familienangelegenheiten mit meinen Geschwistern zu regeln, weil in Preußen mein Vermögen, folglich auch alle möglichen Erbschaften, konfisziert waren.

Diese Erlaubnis erfolgte, und ich reiste im Mai nach Danzig, wo der zweite Auftritt meiner Lebensgeschichte anfängt, bei deren Durchlesung jeder fühlende Mensch zurückschaudern, auch sicher einen Mann bedauern wird, welcher seine erlittenen auch rühmlich ausgestandenen Drangsale treu erzählt; der sie trocken deutsch vorzutragen wagen darf, und jetzt bei grauen Haaren zwar die Gelegenheit hat, seine Feinde zu entlarven, zu beschämen, aber bis zum Grabe ohnmächtig bleibt um das, was ihm gewaltsam entrissen wurde, für die Rechte seiner Kinder zurückzufordern.

ZWEITER BAND

Ich reiste nun aus Ungarn, wo ich als Rittmeister in Garnison stand, nach Danzig; ich hatte meine beiden Brüder und meine Schwestern dahin berufen, um nach dem Tode meiner Mutter unsere Familiengeschäfte daselbst in Ordnung zu bringen. Die Hauptsache war aber, eine Reise nach Petersburg zu machen, um daselbst meiner Freunde Rat und Hilfe zu suchen, weil die Wiener Prozesse und Verfolgungen noch immer fortwüteten und meine wenigen Einkünfte, auch sogar meine Rittmeistergage, kaum hinlänglich waren, um Advokaten und Unkosten zu bestreiten.

Besonders merkwürdig ist aber dieses, was mir in der Folge der Herzog Ferdinand von Braunschweig, Gouverneur von Magdeburg, versichert hat: nämlich, daß er wirklich bereits Befehl aus Berlin erhalten hatte, mein Gefängnis zu bereiten, ehe ich aus Ungarn abgereist war. Noch mehr! Man hatte aus Wien nach Berlin berichtet, der König möge auf seiner Hut sein, der Trenck würde sich in der Gegend von Danzig in der Zeit aufhalten, wann er zum Manöver nach Preußen reisen werde.

Kann wohl der ärgste Bösewicht auf Erden solche Bosheit erdichten, um einen redlichen Mann zu beseitigen und unglücklich zu machen, damit man den Raub desto sicherer erhalten könne?

Indessen ist es wirklich geschehen. Meine noch lebenden Zeugen dieser Wahrheit sind des Herzogs Ferdinand zu Braunschweig Durchlaucht und das Berliner Ministerium, aus deren Munde ich die Bekräftigung dieses aus Wien mir damals gespielten Bubenstücks erfahren habe. Es ist die Bestätigung dieser Wahrheit hier umso notwendiger, weil niemand hat begreifen können, warum der große und wirklich großmütige König in der Folge auf eine so grausame Art gegen mich habe verfahren können, welche das Herz aller Rechtschaffenen empört, und warum er bis zum Grabe gegen mich allein wirklich unversöhnlich blieb ...

Wahr ist es demnach unwiderruflich, daß ich durch eigennützige

Menschen in Wien verraten und verkauft wurde, denen daran gelegen war, daß ich ewig schweigen sollte.

*

In Danzig besuchten mich nun sogleich nach meiner Ankunft im Monat Mai meine beiden Brüder, auch meine Schwester. Wir lebten 14 Tage vergnügt zusammen und verglichen uns wegen unseres mütterlichen Erbteils. Meine Schwester rechtfertigte sich vollkommen wegen ihres Betragens, da ich im Jahre 1746 Hilfe bei ihr suchte und aus ihrem Hause fliehen mußte, wovon bereits im ersten Bande Erwähnung geschehen, und wir schieden brüderlich einträchtig von einander.

Inzwischen war unsere einzige Bekanntschaft in Danzig der kaiserliche Resident, Herr Abramson, an welchen ich aus Wien Empfehlungschreiben mitgebracht hatte, und der uns mit Höflichkeit fast verschwenderisch überhäufte.

Dieser Mann war ein geborener Preuße und in seinem ganzen Leben nie in Wien gewesen, hatte aber durch Rekommandation des Grafen Bestuchew unsere kaiserliche Residentenstelle in Danzig erhalten, ohne daß man Bürgschaft für seine Rechtschaffenheit gesucht, noch seine Fähigkeit, sein Herz oder seine Verdienste geprüft hatte.

Kaum waren meine Geschwister nach Hause gereist, so war ich entschlossen, zugleich zur See nach Rußland zu fahren, um daselbst meine alten Freunde zu besuchen. Abramson hingegen wußte mich durch tausend Ränke noch 8 Tage in Danzig aufzuhalten, um die Falle für mich fertig zu machen, in welche ich gestürzt werden sollte, wobei er mit Reimer gemeinschaftlich wirkte. Denn da der König meine Auslieferung von dem Danziger Magistrat forderte, dies aber ohne Beleidigung des kaiserlichen Hofes unmöglich geschehen konnte, weil ich als Rittmeister in seinen Diensten stand, und auch mit hofkriegsrätlichen und Staatskanzlei-Pässen versehen war; so hat vielleicht die eine oder andere Einwendung in der Korrespondenz den Entschluß hinausgezögert. Und eben deshalb wurde Abramson gebraucht, um mich noch einige Tage aufzuhalten, bis die letzte Entscheidung aus Berlin eintraf und der Magistrat in Danzig zu offensichtlicher Verletzung des Völkerrechts und der öffentlichen Sicherheit bewogen war.

Weil ich nun ein solches Verfahren unmöglich vermuten konnte und in stolzer Sicherheit lebte, auch Herrn Abramson für meinen besten Freund hielt, war es umso leichter, mich noch einige Tage in Danzig aufzuhalten. Endlich rückte doch der Tag heran, daß ich mit einem eben segelfertigen schwedischen Schiff nach Riga abreisen wollte.

Mein Schicksal aber hatte es anders beschlossen.

Abramson betrog mich; er schickte seine Leute auf die Reede, um die Zeit der Abfahrt zu erfahren. Ich verließ mich auf seine Antwort, und um 4 Uhr nachmittags sagte er mir, er habe selbst den Schiffer gesprochen, welcher erst am darauffolgenden Tag in See stechen werde; dann werde er mich nach eingenommenem Frühstück in seinem Hause selbst an Bord begleiten.

Ich wollte mein Gepäck dennoch auf das Schiff bringen lassen und auf demselben schlafen, weil ich eine innere Unruhe empfand, die mich von Danzig forttrieb. Er hielt mich aber zurück, riß mich halb gewaltsam mit sich; die Gesellschaft bei ihm war groß und angenehm, ich mußte bei ihm soupieren und gegen 11 Uhr ging ich nach Hause.

Kaum war ich im Bett, mit einem Buch vor mir, in dem ich las, so klopfte man an meine Tür, die nicht verschlossen war, und zwei Kommissare von der Stadt, begleitet von mehr als 20 Grenadieren, traten so geschwind um mein Bett herum, daß ich keine Zeit mehr hatte, nach dem Gewehr zu greifen oder mich zu verteidigen. Meine drei rechtschaffenen Bedienten, die ich bei mir hatte, waren bereits arrestiert, damit sie mir nicht zu Hilfe kommen konnten. Es wurde mir mitgeteilt:

»Der löbliche Magistrat sei genötigt, mich als einen Delinquenten Seiner Majestät des Königs von Preußen auszuliefern.«

Man kann sich vorstellen, wie mir in diesem Augenblick, unter Verrätershänden, zu Mute war. Man führte mich ganz in der Stille in das Gefängnis der Stadt; daselbst blieb ich 24 Stunden. Gegen Mittag kam der kaiserliche Resident Abramson zu mir, stellte sich bestürzt, mitleidig und aufgebracht, und kündigte mir an, er habe bei dem Magistrat gegen meine Auslieferung ernsthaft protestiert, aber zur Antwort erhalten: Man habe im Jahre 1752 gar keine Achtung für zwei Danziger Bürgersöhne namens Rutenberg gehabt, folglich bediene man sich in meinem Falle gerechter Repressalien mit einem kaiserlichen Rittmeister und könne auch dem Könige in Preußen meine mit äußerstem Ernst und Bedrohungen geforderte Auslieferung nicht abschlagen!

Herr Abramson, der im Grunde nichts für mich, noch seine Pflicht getan, gar nicht protestiert hatte, sondern bestochen war und gemeinschaftlich mit dem preußischen Residenten als mein Seelenverkäufer mitwirkte, riet mir nur, ich solle ihm meine Schreibtafel und Pretiosen anvertrauen, weil man mir ohnedies alles abnehmen würde. Er wußte, daß ich von meinen Geschwistern gegen 7000 fl. in Wechselbriefen empfangen hatte; diese übergab ich ihm, behielt aber meine Ringe, die allein bei 4000 fl. wert waren, und ungefähr 60 Louisdors im Beutel.

Er umarmte mich, versprach, noch alles zu tun, ja sogar Anstalten vorzunehmen, daß der Pöbel meine Auslieferung verhindern sollte, welche ohnedem erst binnen 8 Tagen erfolgen könnte, weil der Magistrat noch selbst unentschieden wäre über einen so wichtigen Schritt, und ging, Krokodilstränen weinend, als mein bester Freund davon.

In der folgenden Nacht traten zwei Kommissare von der Stadt nebst dem preußischen Residenten Reimer und einer Häscherschar ins Zimmer. Ein preußischer Offizier nebst etlichen Unteroffizieren war dabei, und ich wurde von der Stadt denselben förmlich übergeben. Hierauf ging sofort das Plündern an. Reimer riß mir die Ringe vom Finger, nahm mir die Uhr und die Tabatiere; man raubte mir alles, was ich besaß. Man gab mir weder einen Rock, noch ein Hemd von meiner Ausstattung mit und führte mich zu einer überall verschlossenen Kutsche, in welche 3 Preußen mit mir zusammen einstiegen. Ein Kommando Danziger Miliz umringte den Wagen, und so führte man mich bis an das Tor. Dieses wurde geöffnet; davor empfingen mich ein Haufen Stadtdragoner, welche den Wagen bis Lauenburg an die pommersche Grenze begleiteten; der Wagen war mit 4 Postpferden bespannt und wurde so schnell als möglich vorwärts getrieben.

Diesen Tag habe ich aus meinem Gedächtnis verloren, obgleich er einer der schrecklichsten meines Lebens ist; es geschah aber Anfang Juni. In Lauenburg empfing mich ein preußisches Husarenkommando von 30 Pferden mit einem Lieutenant; und so wurde ich von Garnison zu Garnison bis Berlin transportiert. Die Danziger Dragoner hatten mich bis Lauenburg begleitet.

Es ist also nicht wahr, was der Danziger Magistrat und der mit ihm einverstandene Resident Abramson nach Wien berichtet hatten; ich sei durch meine Unvorsichtigkeit in der Vorstadt von den Preußen aufgefangen und fortgeschleppt worden.

Noch merkwürdiger aber ist dieses, daß man in Wien – auch noch später, nach meiner zurückerhaltenen Freiheit, als die Danziger Verräterei und Mißhandlung der kaiserlichen Uniform von mir aufgedeckt und klar erwiesen wurde – weder für meine Satisfaktion, noch Vergütung, noch für die Ehre unseres Staates auch nur die geringste Rechenschaft gefordert hat. Herr Abramson war zwar nicht mehr zu bestrafen, denn während meiner Gefangenschaft hatte er die kaiserlichen Dienste verlassen und preußische erhalten. Er war von Stufe zu Stufe so tief gefallen, daß er im Jahre 1764, als ich meine Freiheit erhielt, in Königsberg zur ewigen Gefangenschaft im Zuchthaus verurteilt war; seine einstmals reiche Frau hingegen ging betteln ...

Inzwischen, da man sich überall verwunderte, daß meine Monarchin, in deren Dienst ich von den Danzigern so schändlich mißhandelt wurde, einen so ehrenrührigen Fall so ungeahndet nachsah, hätte man doch wenigstens dafür sorgen sollen, daß mir dieser verräterische Magistrat das bei der Arrestierung geraubte Geld mit allen Effekten und Wechselbriefen im Wert von 11 bis 12000 Gulden zurückzahlte. Ich habe mir dieses Recht zwar noch allezeit vorbehalten, weil ich mich damals auf die Ehre, auf den Schutz des kaiserlichen Dienstes stützend, in einer Reichs-Hansestadt sicher glaubte. Genug hiervon!

Der Transport ging also von einer Garnison zur anderen, immer 2 bis 3 oder höchstens 5 Meilen. In allen Städten, wo ich eintraf, fand ich Mitleid, Menschenliebe und alle mögliche Achtung. Nur zwei Tage dauerte die Husarenbedeckung mit einem Offizier im Wagen und 12 Mann um denselben.

Am 4ten Tage kam ich nach N.N., wo der Herzog von Württemberg, der Vater der gegenwärtigen Großfürstin von Rußland, kommandierte. Dieser Herr ließ sich mit mir in eine Unterredung ein, wurde gerührt, und behielt mich bei der Tafel und den ganzen Tag in seiner Gesellschaft, wo ich gar nicht als ein Arrestant behandelt wurde. Er ließ mich sogar einen Rasttag machen, den ich gleichfalls in seinem Hause verbrachte, wo alles versammelt war und die Herzogin, welche erst vor kurzer Zeit geheiratet hatte, mir alle mögliche Gnade, Mitleid und Achtung bezeigte. Auch den dritten Tag blieb ich noch bei seiner Tafel; erst am Nachmittag stieg ich nebst einem Lieutenant seines Regiments in einen offenen Wagen und wurde ohne alle Bedeckung von ihm allein weitertransportiert.

Ich muß diese Erzählung umständlich vortragen, weil sie den edlen, verehrungswürdigen Charakter dieses Herzogs aufdeckt und zugleich zum Beweis dienen möge, daß der beherzte, kurz entschlossene Mann oft verzagt scheinen, der Scharfsichtige blind und der kluge Mann ein Dummkopf sein kann. Fast sollte ich aus dieser Begebenheit schließen, daß mir mein in Magdeburg zu erwartendes grausames Schicksal von der ewigen Vorsehung bestimmt war, dem ich trotz aller Ahnungen und aller günstigen Gelegenheiten dennoch nicht ausweichen konnte. Man darf nur meine Geschichte im ersten Bande von meinen Unternehmungen in Glatz lesen, so wird man erstaunen müssen, warum ich beim wichtigsten Vorfall meines Lebens so unentschlossen gleichgültig schlummerte und dem Abgrund kaltblütig entgegensah, wo ich so leicht hätte vorbeischlüpfen können.

Kurz gesagt, ich habe erst in der Folge gemerkt, daß der großmütige Herzog von Württemberg mir Gelegenheit zur Flucht bieten wollte und deshalb ganz besondere Befehle an seine Offiziere gegeben haben müsse. Fünf Tage dauerte die Reise durch die Gegenden, wo sein Regiment in Garnison stand, und überall blieb ich in der Nacht in Gesellschaft der Offiziere, die mich mit Freundschaft und Menschenliebe überhäuften. Ich wurde gar nicht bewacht, schlief in ihren Quartieren und fuhr mit ihren Equipagen, ohne jede andere Bedeckung ais dem Offizier selbst im Wagen.

An den meisten Orten geht die Poststraße kaum eine oder drei Meilen von der Landstraße vorbei; nichts wäre leichter für mich gewesen, als mich zu retten und zu fliehen. Ich war aber mit Blindheit geschlagen – und derselbe Trenck, welcher sich in Glatz durch 30 Mann durchschlug, um seine Freiheit zu behaupten, der niemals empfunden hat, was Furcht ist, blieb hier 4 Tage lang unentschieden!

Ich kam in die Garnison eines kleinen Städtchens, wo ein Rittmeister kommandierte; bei diesem logierte ich im Hause ohne Schildwache. Er tat alles, um mich mit Höflichkeit und Freundschaft zu überhäufen; nachmittags ritt er gar mit der Eskadron aus, wie die Preußen gewohnt sind, ohne Sattel auf Decken vor dem Tor spazieren zu reiten.

Ich blieb ganz allein im Hause zurück, ging in den Stall; daselbst standen noch 3 Pferde, die Sättel und Zäume hingen dabei. Im Zimmer waren Pistolen, Degen und Gewehr. Ich durfte nur aufsitzen und zum anderen Tore hinausreiten. Ich machte Betrachtungen, wollte mich entschließen. Aber ein geheimer Zug machte mich unentschlossen ...

Kurz gesagt, der Rittmeister kam nach Hause; er schien verwundert, daß er mich noch da fand.

Tags darauf fuhr er mit mir ganz allein weiter mit seiner eigenen Equipage. Unterwegs hielt er sogar in einem Walde an, sah einige Champinons oder Schwämme, und hieß mich aus dem Wagen steigen, um einige zu suchen und mitzunehmen. Hier entfernte er sich wohl 100 Schritte von mir – er ließ mir offene Gelegenheit zur Flucht. Und dennoch fuhr ich mit ihm weiter und ließ mich wie ein Schaf zur Schlachtbank schleppen.

Weil ich mich so gut behandelt und so unvorsichtig eskortiert sah, machten sich meine Gedanken ein blendendes Gaukelspiel vor. Ich bildete mir ein, da der Transport gerade nach Berlin ging, würde mich der König sprechen wollen, weil ich ihm damals recht viel von dem bevorstehenden Plane des angezettelten siebenjährigen Krieges hätte sagen können; das ganze Geheimnis war ja durch die Bestuchew'sche Korrespondenz vor meinen Augen aufgedeckt. Und daß ich diese Korrespondenz führte, war in Berlin besser bekannt als in Wien. Deshalb glaubte ich nicht, daß ich in Berlin unglücklich sein würde und blieb wirklich wie mit Blindheit geschlagen.

Doch ach, wie verwandelte sich meine Hoffnung, mein Traumgebilde in Schrecken und Verwirrung, da ich am 4ten Tage aus den Standquartieren der württembergischen Dragoner der ersten Infanteriegarnison in Köslin übergeben wurde! Der letzte Offizier von der württembergischen Eskorte verließ mich mit Wehmut; und nun wurde ich, dem buchstäblichen Befehl gemäß, mit starker Bestückung und unter aller möglichen Vorsicht nach Berlin gebracht.

In Berlin erhielt ich ein Zimmer über der Hauptwache auf dem Neumarkt, mit zwei Schildwachen bei mir und einer vor der Tür. Der König war in Potsdam. In diesem Zustand blieb ich 3 Tage; am dritten traten einige Stabsoffiziere herein, setzten sich um meinen Tisch und stellten mir Fragen, deren Ursache ich erst jetzt begreife. Zum Beispiel:

Was ich in Danzig gemacht habe?

Ob ich den Gesandten des Königs, Herrn von Goltz, in Petersburg gekannt habe?

Wer mit mir zusammen im Danziger Komplott gestanden habe? Et cetera. –

Sobald ich merkte, wo man hinaus wollte, gab ich auf keine Frage mehr Antwort. Ich sagte, ich sei im Jahr 1745 ohne Verhör noch Kriegsrecht auf die Festung Glatz verurteilt worden, wo ich mir, dem Naturgesetz gemäß, eigenmächtig meine Freiheit verschafft habe. Ich diente jetzt als Rittmeister der Kaiserin Maria Theresia. Ich bäte nunmehr um ein ordentliches Verhör vom Ursprung meines Unglücks im Vaterlande; dann würde ich auf alle Fragen antworten und mich rechtfertigen. Dies hier aber sei keine Prozedur, wo man mir neue Injurien aufbürden wolle, ohne meine Verteidigung anzuhören. Ich blieb also stumm, weil man mir sagte: Hierzu haben wir keine Ordre!

Man schrieb noch über 2 Stunden, Gott weiß, was. Dann fuhr ein Wagen vor, man visitierte mich am ganzen Leibe, ob ich bewaffnet sei, und nahm mir etwa 13 oder 14 Dukaten ab, die ich noch versteckt hatte. Dann wurde ich unter starker Bedeckung über Spandau nach Magdeburg gebracht. Hier übergab mich der Offizier dem Kapitän von der Hauptwache auf der Zitadelle. Gleich erschien der Platzmajor und führte mich in das mir bestimmte Gefängnis, welches bereits für mich zugerichtet war. Hier nahm man mir meine Uhr ab, sowie ein kleines, in Brillanten gefaßtes Portrait meiner Freundin aus Petersburg, welches ich auf dem bloßen Leibe versteckt hatte, und schloß die Türen hinter mir zu.

*

Das Gefängnis war in einer Kasematte, wovon der vordere Teil, 6 Fuß breit und 10 Fuß lang, durch eine Zwischenmauer abgeteilt war. In der inneren Mauer waren doppelte Türen; zum Eingang in die Kasematte selbst hin befand sich eine dritte Tür. Das Fenster in der 7 Schuh dicken Mauer war oben am Gewölbe dergestalt angebracht, daß ich zwar Licht genug hatte, aber weder den Himmel noch die Erde sehen konnte. Gegenüber erkannte ich allein das Dach des Magazins.

Drinnen am Fenster steckten eiserne Stangen, auswendig ebenfalls, und in der Mitte dieses Mauerfensters war ein ganz enges Drahtgitter angebracht, welches wegen der Mauerschräge um einen Schuh kleiner war als das Fenster selbst; hierdurch blieb es unmöglich, hinaus oder hinein zu sehen. Draußen erhob sich ein hölzernes Palisaden-

Gatterwerk 6 Schuh von der Mauer entfernt, wodurch die Schildwachen nicht an das Fenster herankonnten, mir etwas zuzustecken. Drinnen hatte ich ein Bett mit Matratze, welches aber mit Eisen am Fußboden befestigt und unbeweglich war, damit ich es nicht ans Fenster rücken und hinaufsteigen konnte. Neben der Tür stand ein kleiner eiserner Ofen, und bei demselben ein gleichfalls festgenagelter Leibstuhl. Man legte mir aber keine Eisen an; hingegen bestand meine Kost in $1^1/_2$ Pfund Kommisbrot und einem Kruge Wasser.

Da ich nun in meiner Jugend einen besonderen Freßmagen hatte und mein Brot meistens so verschimmelt war, daß man kaum die Hälfte genießen konnte – welches vom Geiz des damaligen Platzmajors Rieding herrührte, der bei der großen Zahl der unglücklichen Gefangenen noch Gewinn suchte – so ist es mir unmöglich, meinen Lesern die ungeheure Folter zu schildern, welche mir ein elf Monate dauernder unausgesetzter wütender Hunger verursachte.

Ich hätte täglich 6 Pfund Brot begierig verschlungen. Wenn ich nun alle 24 Stunden meine kleine Portion erhielt, so blieb ich nach ihrem Genuß ebenso hungrig, wie ich vorher war, und mußte abermals 24 Stunden auf neue Labung warten.

Wie gern hätte ich einen Wechsel von 1000 Dukaten auf mein Wiener Vermögen assigniert, um mich nur einmal an trockenem Brot sattzuessen! Kaum gestattete mir der wütende Hunger einen ruhigen Schlaf, so träumte ich, daß ich an einer großen Tafel schmauste, wo eben alle Speisen, die ich vorzüglich gern essen mochte, im Überfluß aufgetragen waren. Ich fraß träumend wie ein Nimmersatt, die ganze Gesellschaft erstaunte über meinen Appetit; der Magen fühlte in Wirklichkeit nichts, desto begieriger fraß ich in meinen Gedanken. Ich erwachte, oder vielmehr: der Hunger weckte mich; dann schwebten mir die vollen Schüsseln vor den Augen, und dem leeren Bauche blieb die rasende Sehnsucht. Der Hunger, der Trieb der Natur forderte immer mehr, immer aufreizender; diese Martern hinderten mir den Schlaf, und desto fürchterlicher erschien mein grausames Schicksal der in die Zukunft forschenden Seele.

Gott behüte jeden ehrlichen Mann vor einer Empfindung dieser Art! Man sollte glauben, wenig essen würde zur Gewohnheit; ich habe aber das Gegenteil empfunden. Mein Hunger stieg mit jedem Tage, und eben diese elf Monate waren in meinem ganzen Leben die grausamsten Büttel meiner Standhaftigkeit. Alle Vorstellungen, alle Bitten halfen nichts:

Es ist des Königs ausdrücklicher Wunsch, man darf Ihnen nichts mehr geben!

Der Kommandant, General Borck, ein geborener Menschenfeind, sagte mir sogar:

Sie haben lange genug auf des Königs silbernem Service Pasteten gefressen, welches ihm der Trenck bei der Bataille zu Soor geraubt hat. Nun mag Ihnen auch unser Kommisbrot auf Ihrem s. v. Scheißhause schmecken! Ihre Kaiserin hat Ihnen kein Geld geschickt; Sie sind das Kommisbrot und die Unkosten nicht wert, welche hier auf Sie verwendet werden! Et cetera.

*

Die 3 Türen wurden verschlossen, ich blieb meinem Nachsinnen trostlos überlassen, und alle 24 Stunden brachte man mir mein Brot und Wasser um die Mittagsstunde. Die Schlüssel zu allen Türen waren bei dem Kommandanten. Allein die innerste hatte ein besonderes verschlossenes Mittelfenster, durch welches mir meine Bedürfnisse hereingereicht wurden. Nur alle Mittwoche wurden die Türen geöffnet, und der Kommandant nebst dem Platzmajor kamen herein zum Visitieren, wenn vorher mein Abtritt durch einen geschlossenen Delinquenten gereinigt war.

Nachdem ich dies ein paar Monate hindurch beobachtet hatte und vollständig sicher war, daß in der ganzen Woche sonst niemand in mein Gefängnis kam, fing ich eine Arbeit an, die ich zuvor genau untersucht hatte und wirklich möglich fand.

Auf dem Platze, wo der Ofen und der Abtritt standen, war der Fußboden mit Ziegeln gepflastert; die Wand war der Schwibbogen zwischen meiner und der benachbarten Kasematte, die niemand bewohnte.

Ich hatte eine Schildwache vor dem Fenster, und fand bald ein paar ehrliche Kerle, die trotz des Verbots mit mir sprachen und mir die genaue Lage meines Kerkers schilderten. Dadurch erfuhr ich, daß ich leicht entfliehen könne, wenn es möglich wäre, mich in diese nächste Kasematte hineinzuarbeiten, wo die Tür unverschlossen war. Dann käme es darauf an, wenn ich einen Freund mit einem Nachen an der Elbe bereit hätte, oder wenn ich mich durch Schwimmen retten könnte. Die sächsische Grenze wäre nur eine Meile weit entfernt.

Hierauf wurde nun mein Entwurf gemacht, dessen einzelne Schilderung dieses halbe Buch füllen würde. Doch ich brauche den Raum für Wichtigeres – sage aber dennoch so viel, weil die Unternehmung wirklich kolossalisch und unendlich verwickelt und merkwürdig war.

Ich arbeitete die Eisen los, welche meinen Abtritt am Boden befestigten, und die, bei 18 Zoll lang, am Kasten mit 3 kleinen Nägeln festgehalten wurden. Die letzteren brach ich inwendig ab; von außen her, wo allein visitiert wurde, steckte ich die Köpfe richtig an ihren Ort. Hierdurch erhielt ich Brecheisen, hob die Ziegel vom Boden auf und fand unter denselben sogleich Erde. Ich begann also den ersten Versuch, hinter diesem Kasten ein Loch in den Schwibbogen zu brechen, welcher 7 Schuh dick war. Die ersten Lagen der Mauern waren Ziegel, dann folgten aber sogleich große Bruchsteine. Nun versuchte ich erst, sowohl die Ziegel des Bodens wie die ersten der Wand genau zu numerieren und zu ordnen, um das Loch wieder akkurat zu schließen. Dieses glückte, ich griff also weiter.

Am Tage vor der Visitation wurde alles ganz behutsam zugemacht. Beinahe einen Fuß hoch durchbrach ich die sichtbare Mauer, die Ziegel wurden wieder eingesetzt, der feinste Kalk wohl verwahrt, der übrige von der Mauer abgeschabt, die vorher vielleicht hundertmal überweißt worden war und unmerklich genügend Stoff für meine Bedürfnisse hergab. Von meinen Haaren machte ich einen Pinsel, strich alles gleich, machte dann den feinen Kalk in der Hand naß, überstrich und blieb dann mit bloßem Leibe so lange an der Mauer sitzen, bis alles trocken und der übrigen Mauer gleich war. Dann wurden die Eisen wieder am Abtritt befestigt, und es war unmöglich, das mindeste zu bemerken.

Während der Arbeit lagen Steine und Schutt in meiner Bettstatt. Hätte man nur einmal in der ganzen Zeit den Verstand gehabt, an einem anderen Tage als am Mittwoch zu visitieren, ich wäre sogleich entdeckt worden. Da dieses aber binnen 6 Monaten nicht geschah, so war mir die Ausführung meiner unglaublichen Unternehmung möglich.

Inzwischen mußte ich auf Mittel sinnen, Schutt aus dem Gefängnis zu schaffen, weil es unmöglich ist, aus einer gebrochenen Mauer alles wieder an die frühere Stelle zu bringen. Das löste ich auf folgende Art:

Kalk und Steine waren unmöglich fortzuschaffen. Ich nahm also Erde, streute etwas in mein Zimmer und trat den ganzen Tag darauf herum, bis sie ein feiner Staub wurde. Diesen Staub streute ich auf mein Fenster. Um hinaufzusteigen, benutzte ich den losgemachten Abtritt. Dann machte ich aus Holzsplittern der Bettstelle einen kleinen Stab; der Zwirn von einem alten Strumpf diente zum Zusammenbinden, und vorn bildeten meine Haare ein Büschel. Im mittleren Drahtgitter am Fenster machte ich ein Loch größer, das von unten nicht bemerkt werden konnte. Dann warf ich meinen Staub ganz dick auf die Fenstermauern und schob ihn mit dem Stabe durch das Drahtgitter bis an den äußersten Rand des Fensters. Dann wartete ich, bis windiges Wetter einfiel, und wenn die Windstöße in der Nacht am Fenster vorbeistrichen, stieß ich mit meinem Pinsel den Staub hinaus.

Auf diese Weise habe ich allgemach gewiß mehr als drei Zentner Erde hinausgeschafft und mir für meine weitere Arbeit Luft geschafft.

Da dies aber nicht hinreichte, so half noch Folgendes:

Ich machte Würste von Tonerde, die dem Kot ähnlich sahen, trocknete sie, und wenn man das Schloß der letzten Tür am Mittwoch öffnete, warf ich sie geschwind in den Abtritt. Der Arrestant eilte mit dem Eimer hinweg und schüttete alles aus; auf diese Weise wurden gleichfalls alle Wochen ein paar Pfund hinausgeschafft. Ich machte auch kleine Kügelchen, und blies mit einem Stück Papier, wenn die Schildwache spazierenging, eins nach dem anderen weit zum Fenster hinaus. Auf diese Weise schaffte ich Platz, füllte den leeren Erdraum unter dem Bretterboden mit Kalk und Steinen aus und arbeitete mich glücklich vorwärts.

Unmöglich aber kann ich die Arbeit schildern, nach dem ich ein paar Schuh tiefer in die Bruchsteine kam. Meine Eisen vom Abtritt, zuletzt auch vom Bett, waren die beste Hilfe. Eine redliche Schildwache steckte mir einmal einen alten eisernen Ladestock zu, der mit gute Dienste leistete. Auch erhielt ich so ein Messer, wie es die Soldaten zu kaufen pflegen, welches eine hölzerne Scheide hat, etwa 2 Kreuzer kostet und Knief genannt wird. Dies letztere hat mir in der Folge unglaubliche Dienste geleistet, wie ich besser unten erzählen werde. Damit schnitt ich Stücke von den Brettern des Bettes ab und machte Späne, mit welchen ich allgemach den Kalk zwischen den Steinen herausarbeitete. Unglaublich ist es aber, was mich diese 7 Schuh dicke Mauer für Arbeit kostete. Das Gebäude ist uralt und der Kalk war an einigen Stellen ganz zu Salpeter kristallisiert, so daß ich die ganzen Steine zu Staub zerreiben mußte.

Sechs Monate lang dauerte die Arbeit unausgesetzt, ehe ich an die letzte Lage kam, was ich an den Ziegeln erkennen konnte, womit jedes Kasemattenzimmer inwendig ausgemauert war.

In dieser Zeit hatte ich nun Gelegenheit, mit einigen Schildwachen zu sprechen. Unter ihnen war ein alter Grenadier namens Gefhardt, den ich hier deshalb nenne, weil er in meiner Geschichte als ein Beispiel des großmütigsten Menschen auf Erden erscheinen wird. Von ihm erfuhr ich nun die ganze Lage meines Gefängnisses und alle Umstände, wie ich zu meiner Freiheit gelangen könnte.

Nichts fehlte mir als Geld, um einen Kahn zu kaufen und damit auf der Elbe, gemeinsam mit ihm, nach Sachsen zu fliehen. Durch diesen rechtschaffenen Mann geriet ich in Bekanntschaft mit einem Judenmädchen namens Esther Heymann aus Dessau, deren Vater daselbst auf 10 Jahre Gefängnis saß. Dieses redliche Mädchen, welches ich nie sehen konnte, gewann zwei andere Grenadiere, die ihr Gelegenheit gaben, mit mir zu sprechen, so oft sie bei mir auf Schildwache standen. Ich machte aus meinen Spänen einen langen zusammengebundenen Stock, welcher bis vor die Palisadeneinfassung vor dem Fenster reichte. Hierdurch erhielt ich Papier, auch ein Messer und eine Eisenfeile.

Ich schrieb an meine Schwester – dieselbe, von welcher ich die Geschichte im ersten Bande gemeldet habe. Sie wohnte 14 Meilen von Berlin. Ihr schilderte ich meinen Zustand, gab ihr Instruktion, wie sie für meine Freiheit arbeiten sollte, und bat sie, daß sie diesem Judenmädchen 300 Reichstaler geben sollte, weil ich durch ihre Hilfe Möglichkeit gefunden hätte, aus meinem Kerker zu entfliehen.

Zugleich gab ich der Heymannin einen herzlichen Brief an den kaiserlichen Minister in Berlin, Graf Puebla, mit, und fügte einen Wechsel über 1000 fl. bei, um ihn in Wien einzulösen und die Summe der Heymannin auszuhändigen. Diese 1000 fl. hatte ich ihr als Belohnung für ihre Treue versprochen. Die 300 Reichstaler von meiner Schwester sollte sie mir aber bringen, und dann zusammen mit den Grenadieren meine Anstalten zur sicheren Flucht unterstützen, welche auch unfehlbar – entweder durch mein bereits damals halb fertiges Loch in der Mauer, oder durch Hilfe der Jüdin und der Schildwache, mit Durchschneidung der Türen um die Schlösser herum – geschehen wäre. Die Briefe waren offen, weil ich sie nur um den Stock wickeln und ihr auf diese Art zustecken konnte.

Das arme redliche Mädchen geht also nach Berlin, gerade und glücklich zum Minister Graf Puebla. Er gibt ihr allen Trost, übernimmt Brief und Wechsel und befiehlt ihr, mit seinem Gesandtschaftssekretär, Herrn von Weingarten, zu sprechen und alles zu tun, was dieser ihr befehlen würde. Sie geht zu ihm, wird aufs freundlichste empfangen; er fragt sie alles aus, sie vertraut ihm den ganzen Entwurf zu meiner Flucht mit Hilfe der beiden Grenadiere, auch daß sie Briefe zu meiner Schwester nach Hammer bei Küstrin zu tragen habe. Er fordert diesen Brief, liest ihn, forscht alles aus, befiehlt ihr sogleich zu meiner Schwester zu gehen und gibt ihr zwei Dukaten mit auf die Reise, mit dem Befehl, bei ihrer Rückkehr wieder zu ihm zu kommen. Indessen wolle er die Zahlung des Wechsels von 1000 fl. in Wien besorgen und ihr sodann weitere Instruktionen geben.

Das Mädchen geht freudig nach Hammer; meine Schwester, die Witwe war und ihren Mann nicht mehr wie im Jahre 1746 zu fürchten hatte, entzückt über die Nachricht, daß ich noch lebe, gibt ihr 300 Reichstaler und ermuntert sie, alles Mögliche zu meiner Rettung beizutragen. Hiermit eilt sie nebst einem Briefe an mich nach Berlin zurück und bringt die Nachricht dem Herrn von Weingarten. Dieser liest meiner Schwester Brief, fragt sie alles aus, auch nach den Namen der beiden Grenadiere, sagt ihr, die 1000 fl. wären noch nicht aus Wien angekommen, gibt ihr aber 12 Dukaten mit dem Befehl, nach Magdeburg zu eilen, mir die gute Nachricht zu überbringen, dann aber sogleich nach Berlin zurückzukehren und ihre 1000 fl. bei ihm abzuholen.

Das gute Mädchen fliegt nach Magdeburg, geht auf die Zitadelle, begegnet aber zu ihrem größten Glück vor dem Tore dem Weibe des Grenadiers, welches ihr mit Winseln und Tränen erzählt, daß ihr Mann nebst seinem Kameraden Tags zuvor arrestiert worden seien und jetzt, in Eisen scharf bewacht, festsitzen. Die Jüdin hatte einen gesunden Verstand, roch den Braten, kehrte auf der Stelle um und flüchtete glücklich nach Dessau.

Nun will ich diese Erzählung unterbrechen, und meinen Lesern dieses wichtige und schreckliche Rätsel auflösen, weil ich nach meiner erlangten Freiheit von eben dieser Jüdin die ganze Geschichte schriftlich erhalten habe, die ich noch gegenwärtig besitze.

Herr Legationssekretär von Weingarten war, wie bald hernach weltkundig wurde, ein Verräter, dem Graf Pueblo zu viel vertraut hatte. Er stand wirklich als Kundschafter in preußischem Solde und hatte alle Geheimnisse der kaiserlichen Gesandtschaft – auch den in Wien entworfenen Kriegsplan – an das Berliner Ministerium verraten. Bei dem bald danach ausgebrochenen Kriege blieb er wirklich als ein Treuloser in preußischen Diensten zurück.

Da nun Weingarten das Judenmädchen aufs genaueste ausgekundschaftet, so hat der Schelm, um 1000 fl. zu erobern, mich in das Verderben gestürzt und meiner Schwester Unglück und frühzeitigen Tod verursacht. Und seine Verräterei war die Ursache, daß ein Grenadier gehenkt wurde, der andere hingegen 3 Tage Gassen laufen mußte. Das Judenmädchen allein kam glücklich davon. Nach meiner erlangten Freiheit hat sie mir erst Nachricht und Aufklärung von dem ganzen Vorfall gegeben.

Der Heymännin armer Vater, welcher im Gefängnis saß, empfing mehr als 100 Prügel. Er sollte gestehen, ob ihm die Tochter etwas vom Komplott anvertraut hatte, auch wo sie hingeflüchtet sei. Er starb erbärmlich in Fesseln.

Alle fühlenden Seelen unter meinen Lesern bitte ich aber, bei dieser Erzählung einige Augenblicke innezuhalten und zu urteilen, was meine Seele noch heute empfindet, da ich dieses niederschreibe. Ich selbst geriet durch Weingartens Verräterei in die ungeheuren Fesseln, die mich 9 Jahre folterten. Ein unschuldiger Mensch verlor am Galgen sein Leben. Meine redliche Schwester hingegen mußte mir auf ihre Kosten das neue Gefängnis in der Sternschanze bauen lassen. Der Fiskus strafte sie um eine Summe, deren Höhe ich nie erfahren habe. Ihre Güter wurden bald alle gänzlich ausgeplündert und in eine Wüstenei verwandelt, ihre Kinder gerieten dadurch in bitterste Armut; sie selbst starb im 33sten Lebensjahre, zugrunde gerichtet durch Gram und Verfolgung, durch ihres Bruders Unglück und durch die Verräterei der kaiserlichen Gesandtschaft.

Weingartens Blut konnte meine Faust nicht mehr besudeln. Ich habe ihn gesucht und ich hätte ihn auch am Fuße des Altars gefunden. Er war aber in Sicherheit, und jetzt fault der Bösewicht bereits im Grabe.

Unglückliche Schwester! Gott belohne dich, falls jenseits des Grabes noch Lohn zu erwarten ist. Dein Schicksal blieb mir im Kerker unbewußt. Ich erhielt meine Freiheit, suchte dich, um dankbar zu sein, und fand dich im Grabe. Ich wollte es deinen Kindern lohnen, aber fühllose Monarchen haben mich so arm gemacht, daß es mir unmöglich war, auch diese Pflicht zu erfüllen ...

Genug hiervon. Sogar der rechtschaffene Kaiser Franz vergoß Tränen, da ich ihm diese schreckbare Geschichte in einer Audienz mit Wehmut erzählte. Ich sah sein edles Gefühl, fiel ihm von reinem Dank erschüttert zu Füßen. Der bewegte Monarch riß sich los, verließ mich und schlich in Betäubung zur Tür hinaus.

Vielleicht hätte er mehr getan, als mich bedauert. Er starb aber bald nach diesem Vorfall.

Nun weiter zur Sache.

*

In meinem Kerker erfuhr ich in den ersten Tagen gar nichts; bald aber kam mein ehrlicher Gefhardt wieder auf Schildwache zu mir. Da aber die Posten verdoppelt waren und nunmehr zwei Grenadiere meine Tür bewachten, war das Sprechen ohne Gefahr fast unmöglich. Indessen gab er mir doch Nachricht von den beiden unglücklichen Kameraden.

Der König kam eben nach Magdeburg zur Revue. Er ist selbst in der Sternschanze gewesen und hat in derselben in aller Eile das neue Gefängnis für mich zu bauen befohlen, auch die Ketten angeordnet, in die ich geschmiedet werden sollte. Mein ehrlicher Gefhardt hatte seine Offiziere sprechen gehört, daß dieses neue Gefängnis für mich bestimmt sei. Er gab mir Wind davon; versicherte mir aber, daß es vor Ende des Monats nicht fertig sein könne.

Ich faßte also den Entschluß, eiligst den Ausbruch meines Lochs in der Mauer durchzuführen und ohne auswärtige Hilfe zu entfliehen. Möglich war es; denn von meinem Bett hatte ich einen Strick verfertigt, den ich an eine Kanone binden wollte, um mich daran vom Walle herunterzulassen. Über die Elbe wäre ich geschwommen, und da die sächsische Grenze nur eine Meile entfernt ist, so wäre ich auch sicher glücklich davongekommen.

Am 26ten Mai wollte ich in die Nebenkasematte durchbrechen. Da ich mich aber unter dem Ziegelboden derselben herausarbeiten wollte, fand ich ihn so fest ineinander gefügt, daß ich den Ausbruch auf den folgenden Tag verschieben mußte. Der Tag brach wirklich heran, da ich müde und matt aufhörte; wäre jemand zufällig am folgenden in das Zimmer gekommen, so hätte man das bereits aufgewühlte Loch gefunden. Schreckliches Schicksal, das mich in meinem ganzen Leben verfolgt hat und mich allezeit in den Abgrund stürzte, wenn ich alle Hindernisse überstiegen zu haben glaubte!

Der 27te Mai war ein neuer Unglückstag für mich. Mein Gefängnis in der Sternschanze war geschwinder fertig geworden, als man geglaubt hatte; und gerade da die Nacht anbrach und ich meine Flucht bewerkstelligen wollte, hielt ein Wagen vor meinem Gefängnis. Gott, wie erschrak ich! Du allein weißt, wie mir damals zu Mute war!

Schlösser und Türen wurden geöffnet, in der Geschwindigkeit versteckte ich noch mein Messer zur letzten Nothilfe an einem geheimen Ort auf dem Leibe, und in eben dem Augenblick trat der Platzmajor nebst dem Major du jour und einem Kapitän in mein Gefängnis, mit zwei Laternen in den Händen. Man sprach kein Wort, als: Ziehen Sie sich an!

Dies war gleich geschehen; es war noch meine Kordua'sche kaiserliche Uniform. Hierauf reichte mir jemand ein paar Eisen, mit welchen ich mich selbst über Kreuz an Hand und Fuß schließen mußte. Dann band mir der Platzmajor mit einem Tuch die Augen zu, man griff mir unter die Arme und führte mich in den Wagen.

Aus der Zitadelle muß man durch die ganze Stadt und dann erst zur Sternschanze wieder hinaus fahren. Ich hörte nun nichts als das Geklirr der den Wagen umgebenden Bedeckung, in der Stadt aber einen gewaltigen Zulauf des neugierigen Volkes, weil man ausgesprengt hatte, ich sollte in der Sternschanze enthauptet werden. Sicher ist es auch, daß verschiedene Leute, welche mich damals mit verbundenen Augen durch die Stadt führen sahen, überall erzählt und geschrieben haben, daß am 27ten Mai der Trenck in die Sternschanze geführt und ihm daselbst der Kopf vor die Füße gelegt worden sei. Die Offiziere der Garnison hatten auch Befehl, dieses zu bekräftigen, weil niemand wissen sollte, wo ich geblieben war.

Ich wußte, leider! mein Schicksal, ließ mir aber nichts anmerken, und da mir das Maul nicht zugestopft war, stellte ich mich, als wenn ich den Tod erwarte und redete mit meinen Führern in einem Tone, der sie erschütterte und ihren Monarchen eben nicht von der vorteilhaftesten Seite schilderte, weil er redliche Untertanen durch Machtspruch ungehört verurteilen könnte. Man bewunderte meine Standhaftigkeit in eben dem Augenblick, da ich den Tod durch die Hand des Büttels zu erwarten schien. Niemand antwortete das mindeste, ihr Seufzen ließ mich allein Mitleiden bemerken, und gewiß ist, daß wenige Preußen dergleichen Befehle gern vollziehen.

Endlich hielt der Wagen an, man führte mich in das neue Gefängnis und löste mir beim Schein einiger Lichter das Tuch von den Augen.

Aber, o Gott! Wie regte sich mein Gefühl, da mir zwei schwarze, dem Teufel ähnliche Schmiede, mit einer Glutpfanne und Hammer bewaffnet, in die Augen fielen. Der ganze Boden war mit rasselnden Ketten bedeckt. Man ging sogleich ans Werk. Beide Füße wurden mir mit schweren Ketten an einen eisernen, in der Mauer befestigten Ring festgeschmiedet. Dieser Ring war 3 Schuh über dem Boden, folglich konnte ich links und rechts etwa drei Fuß breit Bewegung ausführen.

Dann wurde mir um den nackten Leib ein handbreiter Ring angeschmiedet, welcher mit einer Kette an einer armdicken Stange zusammenhing, die zwei Schuh lang war und an deren beiden Enden man meine Hände in zwei Schellen befestigte, so wie es auf dem Bilde am Titelblatt dieses Buches zu sehen ist. Das ungeheure Halseisen wurde mir diesmal noch nicht angelegt; es folgte erst im Jahre 1756. Nun sagte kein Mensch Gute Nacht. Alles ging in schrecklicher Stille fort. Ich hörte nur noch vier Türen nach einander mit fürchterlichem Gerassel zuschließen.

So verfahren Menschen mit dem unschuldigsten Menschen, wenn Menschen, die Fürsten heißen, einmal Menschenmißhandlung gebieten. Gott! Du allein weißt es, wie mir in solcher Lage mein von Verbrechen vorwurfsfreies Herz pochte!

Hier saß ich nun mir selbst überlassen, allein, auf dem nassen Fußboden in dicker Finsternis. Die Fesseln schienen mir unausstehlich, ehe ich mich an sie gewöhnte, und ich dankte Gott, daß man mein Messer nicht gefunden hatte, womit ich in diesem Augenblick meinem Leben ein Ende machen wollte. Dies ist noch ein wahrer Trost des unglücklichen ehrlichen Mannes, welcher über die Vorurteile des Pöbels erhaben ist; hiermit kann man dem Schicksal, auch Monarchen, Trotz bieten.

Schildern kann meine Feder dem Leser dieser Geschichte nicht, was in dieser ersten Nacht in meinem Herzen, in meinen Entschließungen kämpfte und mich vor dem letzten Entschluß zurückhielt. Ich sah wohl ein, daß dieses Schicksal mir nicht auf kurze Zeit bestimmt sei, weil mir der demnächst ausbrechende Krieg zwischen Österreich und Preußen bekannt war.

Das Ende aber mit Gelassenheit abzuwarten, erschien mir unmöglich. Dabei hatte ich Ursache, zu bezweifeln, ob man sich in Wien noch für mich interessieren würde, weil ich Wien aus Erfahrung kannte und wußte, daß die, welche meine Güter geteilt hatten, gewiß alles Mögliche tun würden, um mich an der Rückkehr zu hindern.

Mit solchen Gedanken verrann die Nacht; der Tag erschien, aber nicht in seinem Glanze für mich.

Dennoch konnte ich in der Dämmerung meinen Kerker betrachten:

Die Breite betrug 8 und die Länge 10 Schuh. Neben mir stand ein Leibstuhl. In der Ecke waren 4 Ziegel in die Höhe gemauert, worauf ich sitzen und den Kopf an die Mauer lehnen konnte. Dem Ring in der Mauer gegenüber, an die ich angeschmiedet stand, war ein künstliches Fenster in der 6 Schuh dicken Mauer angebracht, in der Form eines halben Zirkels, aber nur einen Schuh hoch und zwei im Durchmesser. Von innen ging die Öffnung aufwärts gemauert bis an die Mitte, wo ein enges Drahtgitter befestigt war. Dann lief die Abdachung gegen die Erde hinaus, wo man dieses Luftloch oder Fenster mit dicht aneinander stehenden Stangen, ebenso wie inwendig, gesichert hatte.

Da nun mein Gefängnis in dem Graben des Hauptwalles gebaut, von hinten an denselben angelehnt, drinnen 8 Schuh breit und die Mauer 6 Schuh dick war, so stieß das Fenster beinahe an die Mauer des zweiten Walles. Folglich konnte von oben her gar kein Tageslicht, von unten aber nur der Widerschein, noch dazu durch ein so enges Loch, eindringen; hinzu kamen noch die dreifachen Eisen und Gitter.

Mit der Zeit gewöhnten sich meine Augen dennoch so an diese Dämmerung, daß ich eine Maus konnte laufen sehen. Im Winter aber, wo die Sonne gar nicht in den Graben schien, war bei mir ewige Nacht. Inwendig war vor dem Gitter ein Fenster, wovon die mittlere Scheibe als Luftloch geöffnet werden konnte. Neben dem hölzernen Leibstuhl, der alle Tage ausgetragen wurde, stand ein Wasserkrug. In der Mauer konnte man meinen Namen TRENCK, von roten Ziegeln ausgemauert, lesen, und unter meinen Füßen lag ein Leichenstein mit dem Totenkopf, unter welchem ich begraben werden sollte; auch er war mit meinem Namen bezeichnet. Mein Kerker hatte doppelte Türen von zwei Zoll dickem Eichenholz; vor denselben war eine Art Vorzimmer mit einem Fenster, und dieses ebenfalls mit zwei Türen verschlossen.

Weil nun der Monarch ausdrücklich befohlen hatte, daß mir aller Umgang, alle Gelegenheit, mit den Wachen zu sprechen, abgeschnitten werden solle, damit ich keinen mehr verleiten könne und der Kerker deshalb undurchdringlich gebaut werden müsse, so war der Hauptgraben, in welchem mein Palast prangte, von beiden Seiten mit zwölf Schuh hohen Palisaden umschlossen. Den Schlüssel zu dieser fünften Tür hatte allein der wachthabende Offizier.

Mir selbst blieb keine andere Bewegung übrig, als auf der Stelle, wo ich angeschmiedet war, zu springen oder den Oberleib so lange zu schütteln, bis mir warm wurde. Mit der Zeit, da ich mich an die schweren Fesseln gewöhnte, konnte ich auch Seitenbewegungen von 4 Schuh machen, wobei aber die Schienbeine litten.

Das Gefängnis war innerhalb von elf Tagen mit Gips und Kalk aufgemauert worden; ich wurde sogleich hineingebracht, wobei jedermann glaubte, daß ich den frischen Mauerdunst in einem völlig abgeschlossenen Loche keine 14 Tage aushalten würde. Wirklich saß ich an die sechs Monate ständig im Wasser, welches von dem ungeheuer dicken Gewölbe eben da, wo ich stehen mußte, beständig auf mich herabträufelte. Ich kann auch meinen Lesern versichern, daß mein Leib in den ersten drei Monaten niemals trocken wurde, und dennoch blieb ich gesund. So oft man zur Visitation kam, und dies geschah täglich nach Ablösung der Wache, mußte man vorher die Türen einige Minuten lang offen lassen, sonst löschte der erstickende Dunst der Mauer die brennenden Lichter der Laterne aus.

In diesem Zustande saß ich nun, von Freund, Hilfe und Trost verlassen, wo Denken meine einzige Beschäftigung blieb und wo sich in den ersten Tagen, ehe sich die Standhaftigkeit einzunisten und mein Herz zu versteinern fähig wurde, nichts als schreckhafte Bilder meinen von Schmerz und Wut betäubten Begriffen vorspiegelten. Die Lage selbst konnte nicht verzweifelter sein, und ich weiß noch heute nicht die Ursache zu schildern, welche meinen Arm zurückhielt, weil ich über alle Vorurteile wirklich erhaben, niemals die mindeste Furcht gegenüber Vorfällen jenseits des Grabes empfunden habe, auch niemals entschlossen war, jemand um Rat zu fragen, wann es Zeit sei, auf eben der Welt Abschied zu nehmen, in der ich auftrat, ohne daß irgend jemand nach meinem Willen fragte.

Mein Vorsatz war nun einmal, dem Unglück zu trotzen und meinen Sieg gegen alle Hindernisse selbst zu erringen. Dieser Ehrgeiz war vielleicht die stärkste Triebkraft zu meinem Entschluß, welcher endlich durch wiederholte Prüfungen bis zu dem Grade echten Heldengeistes heranwuchs, dessen sich Sokrates im grauen Haare in solchem Maße gewiß nicht rühmen konnte. Er war alt, hörte auf zu empfinden und trank den Giftbecher gleichmütig. Ich hingegen war im Feuer der Jahre, und das Ziel schien auf allen Seiten weit entfernt. Die gegenwärtigen Foltern des Leibes und der Seele waren so, daß ich von meinem Gliederbau wahrscheinlich keine Dauer erwarten konnte.

Mit solchen Gedanken rang ich, als mein Käfig zum ersten Male geöffnet wurde. Wehmut und Mitleiden standen auf jeder Stirn meiner Wächter. Niemand sprach ein Wort, nicht einmal Guten Morgen; und ihre Ankunft war fürchterlich, weil sie mit den noch ungewohnten ungeheuren Riegeln und Schlössern fast eine halbe Stunde lang an den Türen rasselten, ehe die letzte geöffnet wurde. Man trug meinen Leibstuhl hinaus, brachte eine hölzerne Bettstatt oder Pritsche herein, nebst einer Matratze und einer guten wollenen Decke, zugleich auch ein ganzes Kommißbrot von 6 Pfund, wobei der Platzmajor sagte:

Damit Sie sich nicht mehr über Hunger zu beklagen haben, wird man Ihnen Brot geben, soviel Sie essen wollen!

Man setzte einen Wasserkrug von ungefähr zwei Maß dazu, schloß die Türen und überließ mich meinem Schicksal.

Gott! Wie kann ich die Wollust schildern, die ich im ersten Augenblick empfand, da ich mich nach elfmonatigem wütenden Hunger zum ersten Male satt essen konnte!

Kein Glück schien mir im ersten Genuß vollkommener als dieses, und keine Mühle zermalmt die harten Körner geschwinder, als damals meine Zähne im Kommißbrot wühlten. Kein feuriger Verliebter, der lange schmachtet, fällt begieriger in die Arme der ihm bereits übergebenen Braut, kein Tiger hitziger über seine Beute her, als ich im ersten Augenblick über meine Mahlzeit. Ich fraß, ich rastete, stellte Betrachtungen an, aß wieder, fand mein Schicksal schon erleichtert, vergoß Tränen, brach ein Stück nach dem anderen ab, und noch ehe es Abend wurde, war mein Brot im Leibe.

Natur! Was für Gefühl ist in alle deine Bedürfnisse verwebt! Welche Wollust könnte der reiche Weltbürger genießen, wenn er nicht eher zur Tafel ging, bis er 24 oder 48 Stunden gefastet hat! Gewiß, man würde wenig Meisterköche, wenig kostbare Leckerbissen, die den Gaumen augenblicklich kitzeln, brauchen, wollte man sich die Wollust im Essen durch Hunger verschaffen. Wie köstlich schmeckte mir oft im Leben ein Stück verschimmeltes Brot! Man mache freiwillig den Versuch, dann wird man mir für Lehren danken, die nur allein geprüfte Erfahrung mit dem wahrhaften probatum est versichern kann.

Meine Freude dauerte aber nicht lange; und gleich lernte ich, daß ein übertriebener Genuß ohne Mäßigung Ekel hervorbringt. Mein Magen war durch so langes Hungern geschwächt, die Verdauung wurde gehemmt, der ganze Leib schwoll auf, der Wasserkrug wurde leer. Krämpfe, Koliken und zuletzt Durst mit unglaublichen Schmerzen folterten mich bis zum anderen Tage, und schon verfluchte ich die, welche ich kurz vorher deshalb verflucht hatte, weil sie mir nicht satt zu essen gegeben hatten. Ohne Bett wäre ich in dieser Nacht gewiß verzweifelt. Meine grausamen Fesseln war ich noch nicht gewohnt; die Kunst, in denselben zu liegen, hatte ich noch nicht so gelernt, wie sie mich endlich Zeit und Gewohnheit lehrten; ich konnte mich aber wenigstens auf trockener Matratze sitzend krümmen.

Diese Nacht war aber dennoch eine der grausamsten, die ich erlebt habe. Am folgenden Tage, da man meinen Kerker öffnete, fand man mich in einem erbärmlichen Zustand, wunderte sich über meinen Appetit, bot mir anderes Brot an. Ich protestierte, weil ich keines mehr zu brauchen glaubte. Dennoch ließ man eins holen, gab mir zu trinken, zuckte die Achseln, wünschte mir Glück, weil ich allem Anschein nach nicht mehr lange leiden würde, und schloß die Türen wieder zu, ohne zu fragen, ob ich anderer Hilfe bedürfe.

Drei Tage verflossen, bis ich wieder den ersten Bissen Brot essen konnte; indessen war die sonst starke standhafte Seele im kranken Leibe kleinmütig, und mein Tod wurde beschlossen.

Meine Fesseln waren mir unerträglich, und ich konnte mir keine Möglichkeit vorstellen, mich an dieselben zu gewöhnen oder sie auf die Dauer zu ertragen, um Rettung abzuwarten. Der bevorstehende Krieg war mir bekannt, und auf den Frieden zu warten, schien mir unmöglich. Der König hatte befohlen, mir ein solches Gefängnis zu bauen, welches keiner Schildwache bedürfe, damit ich niemand verführen könne. Kurz gesagt, alles schien mir in den ersten Tagen der stürmenden Schwermut ebenso unausstehlich wie unüberwindlich. Ich fand tausend Gründe, die mich überzeugten, daß es nunmehr Zeit sei, meinem Leiden ein Ende zu machen. Und da mich niemand gefragt hat, ob ich in die Welt kommen und geboren sein wollte, so glaubte ich auch, daß ich vollkommen berechtigt sei, gleichfalls ohne jemand zu fragen, dieselbe zu verlassen, so bald mein Hiersein unerträglich würde.

Mit solchen Gedanken schien mir wirklich Geduld zur Unzeit eine Torheit, und länger unentschieden zu warten eine niederträchtige

Zaghaftigkeit. Dennoch wollte ich den ersten Regungen eines verzweifelten Schmerzes noch mit aller möglichen Vernunft ausweichen und mir selbst Zeit lassen, alle Gründe und Gegensätze mit kaltem Blut abzuwägen. Deshalb beschloß ich, noch acht Tage zu warten, bestimmte aber den 4ten Juli zu meinem unfehlbaren Sterbetag. Indessen sann ich auf alle möglichen Mittel, mir eigenmächtig zu helfen oder in den Bajonetten meiner Wächter meine Seele auszuhauchen.

Gleich am folgenden Tage wurde ich bei Öffnung meiner vier Türen gewahr, daß sie nur von Holz waren, und es fiel mir der Gedanke ein, mit meinem aus der Zitadelle glücklich herüber gebrachten Messer die Schlösser herauszuschneiden und dann weiter meine Rettung zu suchen. Wäre danach keine Möglichkeit, dann sei es Zeit, den Tod zu wählen. Nun ward sogleich der Versuch gemacht, ob es möglich sei, mich von meinen Eisen zu befreien. Die rechte Hand brachte ich glücklich durch die Schelle, obgleich mir das Blut unter den Nägeln gerann; die linke aber konnte ich nicht herausbringen. Ich wetzte mit einigen Ziegelstücken, die ich von meinem Sitze losschlug, so glücklich an dem nur nachlässig verschmiedeten Stift der Handschelle, daß ich ihn herausziehen und auch diese Faust befreien konnte. An dem Ringe um den Leib war nur ein Haken mit der Kette an der Armstange befestigt. Ich stemmt die Füße gegen die Wand und konnte ihn aufbiegen. Nun blieb mir nur noch die Hauptkette zwischen Mauer und Fuß übrig; ich drehte dieselbe über einander, Kräfte hatte ich von Natur aus, sprengte mit Gewalt von der Mauer weg, und zwei Gelenke zersprangen auf einmal.

Von Fesseln frei, glaubte ich mich schon glücklich, schlich zur Tür, suchte im Dunkeln die Spitzen der durchschlagenen Nägel um das draußen befestigte Schloß und fand, daß ich kein sehr großes Stück Holz herauszuschneiden hatte, um die Tür zu öffnen. Gleich nahm ich mein Messer zur Hand und schnitt unten am Gerüst ein kleines Loch durch, ich fand die eichenen Bretter nur einen Zoll dick. Folglich bestand die Möglichkeit, alle vier Türen an einem Tage zu öffnen.

Hoffnungsvoll eile ich nun zu meinen Eisen, um sie wieder anzulegen. Doch, ach Gott, was waren hier für Schwierigkeiten zu überwinden! Das zersprungene Gelenk fand ich nach langem Herumtappen und warf es in den Abtritt. Mein Glück war, daß man bis dahin gar nicht visitiert hatte, auch bis zum Tage der Unternehmung selbst nichts untersuchte, weil man keine Möglichkeit vermutete. Ich band also mit einem Stück meines Haarbandes die Kette wieder zusammen. Da aber die Hand wieder in die Schelle zurück sollte, war sie vom gewaltsamen Anziehen geschwollen und jeder Versuch unmöglich. Die ganze Nacht wurde auch an diesem Stift gewetzt, der aber so stark verschmiedet war, daß alle Arbeit vergebens blieb.

Der Mittag, die Visitierstunde kam; die Not, die Gefahr war da, der Versuch wurde erneuert, die Hand hineinzuzwingen. Endlich gelang es mit Folterqualen. Beim Hereintreten fand man alles in Ordnung. Inzwischen aber war es unmöglich geworden, die abgeschundene Hand wieder herauszubringen.

Am 4ten Juli aber wurde kaum die Tür nach dem Visitieren geschlossen, so war auch schon die Hand aus der Schelle heraus und jede Fessel abgelegt. Sogleich ergriff ich mein Messer und fing die Herkulesarbeit an den Türen an. In weniger als einer Stunde war die erste offen, weil sie einwärts aufging und die Querstange nebst dem Schlosse draußen hängen blieb.

Aber, o Gott, wie schwer ging es bei der zweiten!

Das Schloß war bald umschnitten. Da aber die Querstange an demselben befestigt war, und die Tür nach außen geöffnet werden mußte, war kein anderes Mittel übrig, als diese über der Stange ganz durchzuschneiden. Auch dieses wurde durch eine unglaubliche Arbeit ermöglicht. Diese fiel mir um so schwerer, als alles im Finstern allein durch Greifen bewerkstelligt werden mußte. Meine Finger waren alle wund, der Schweiß floß auf den Boden, das rohe Fleisch blutete in den Händen.

Nun fand ich Tageslicht; ich kletterte über die halbe Tür. Im Vorgemach war ein offenes Fenster, ich kletterte hinauf und sah, daß mein Kerker im Hauptgraben des ersten Walles gebaut war. Ich sah vor mir den Aufgang zu ihm, sah die Wache etwa 50 Schritte vor mir, auch die hohen Palisaden, die noch im Graben vor meinem Kerker zu übersteigen waren, ehe ich auf den Wall kriechen konnte. Meine Hoffnung wuchs und meine Arbeit verdoppelte sich, da ich zur dritten Tür kam, die wie die erste nach innen aufging, folglich nur die Umschneidung des Schlosses erforderte.

Die Sonne ging unter, da ich auch mit dieser fertig war. Die vierte mußte wie die erste in der Quere durchgeschnitten werden. Meine Kräfte hatten mich aber bereits verlassen, und das rohe Fleisch in beiden Händen machte mir alle Hoffnung zunichte. Nachdem ich

eine Weile gerastet hatte, wurde dennoch auch die letzte Tür ange-
gangen; und wirklich war auch bereits der Schnitt von einem Schuh
Länge fertig, als meine Messerklinge zerbrach und die Klinge hinaus
fiel.

Allsehender Gott! Was war ich in diesem schrecklichen Augenblick!
Fand sich wohl jemals eines Deiner Geschöpfe mehr als ich zur
Verzweiflung berechtigt?
Der Mond schien hell. Ich sah durch das Fenster mit starrem Blick
in den Himmel, fiel auf meine matten Knie, suchte neuen Mut und
Trost und fand keinen, weder in der Religion noch der Weltweisheit.
Ohne der Vorsehung zu fluchen und ohne die mindeste Furcht vor
meiner Vernichtung, noch vor der Gerechtigkeit eines Gottes, der
unseres Schicksals Schöpfer ist und der mir auch nur menschliche
Kräfte verliehen hatte in Vorfällen, welche diese Kräfte weit überstie-
gen, empfahl ich mich dem möglichen Richter der Toten, ergriff das
Stück meines Messers und durchschnitt mir die Adern am linken Arm
und Fuß. Dann setzte ich mich ruhig in den Winkel meines Kerkers
und ließ mein Blut rieseln. Eine Ohnmacht bemächtigte sich meiner
Sinne, und ich weiß nicht, wie lange ich in diesem Zustande sanft
geschlummert habe.
Auf einmal hörte ich meinen Namen rufen. Ich erwachte. Aber-
mals rief es draußen:
Baron Trenck!
Meine Antwort war:
Wer ruft?
Und wer war es –? Mein redlicher Grenadier Gefhardt, der mir auf
der Zitadelle alle Hilfe versprochen hatte. Dieser rechtschaffene
Mann hatte sich über den Wall zu meinem Gefängnis geschlichen, um
mich zu trösten. Er fragte:
Wie geht's?
Ich antwortete, nachdem er sich zu erkennen gegeben:
Ich liege in meinem Blut. Morgen findet ihr mich tot.
Was, sterben? erwiderte er. Hier ist es viel leichter für Sie zu fliehen
als auf der Zitadelle! Sie haben gar keine Schildwache, und ich werde
schon Mittel finden, Ihnen Instrumente zuzustecken. Können Sie
sich nur herausbrechen – für das Übrige lassen Sie mich sorgen. So oft
ich hier auf Wache bin, will ich Gelegenheit suchen, mit Ihnen zu
sprechen. In der ganzen Sternschanze steht nur eine Schildwache vor

163

der Wache und eine am Schlagbaum. Verzweifeln Sie nicht! Gott wird Ihnen noch helfen. Verlassen Sie sich auf mich.

Nach einer kurzen Unterredung wuchs mein Mut. Ich sah noch Möglichkeit zur Rettung. Eine geheime Freude durchwühlte meine Seele. Gleich zerriß ich mein Hemd, verband meine Wunden und erwartete den Tag, der bald danach mit heiterer Sonne anbrach.

*

Ich lasse meine Leser hier urteilen, ob es ein bloßer Zufall oder die Wirkung der Vorsehung war, daß ich in eben dem Augenblick, da ich die Seele aushauchen wollte, noch Trost und Hoffnung erhielt. Wer rief den ehrlichen Gefhardt gerade damals an mein Gefängnis? Ohne ihn hätte ich nach dem Erwachen aus meinem Schlummer unfehlbar alle meine Adern durchschnitten, um meinen Entschluß zu vollziehen.

Nun hatte ich noch Zeit bis Mittag, zu überlegen, was ferner zu tun sei. Was anderes war für mich zu erwarten, als daß ich noch ärger mißhandelt und angeschmiedet werden mußte als bisher, so bald man meine zerschnittenen Türen und gesprengten Fesseln finden würde?

Nach reiflicher Überlegung faßte ich also folgenden Entschluß, der mir glücklich und entgegen jeder Vermutung gelang. Ehe ich aber diesen erzähle, möchte ich noch einige Worte über meinen damaligen Zustand vortragen.

Meine Mattigkeit kann niemand schildern. Das Gefängnis schwamm im Blut, und sicher war nur noch wenig in meinen Adern übrig. Die Wunden schmerzten, die Hände waren von der ungeheuren Arbeit starr und geschwollen, und ich stand ohne Hemd da, weil es zum Verbinden meiner Adern dienen mußte. Der Schlaf überfiel mich, und kaum hatte ich Kräfte übrig, aufrecht zu stehen. Indessen mußte ich wach bleiben, um meinen Entschluß auszuführen.

Mit meiner eisernen Armstange stieß ich nun die Ziegelbank leicht auseinander, weil sie noch ganz neu gemauert war; alle Steine legte ich mitten in mein Gefängnis. Die inwendige Tür war ganz offen; die obere Hälfte der zweiten verband ich an den Angeln und am Schlosse so mit meinen Ketten, daß keiner hinübersteigen konnte.

Da nun der Mittag herankam und man die äußere Tür öffnete, erschrak jedermann, daß die andere offen war. Man betrat mit Erstaunen das Vorgemach. Nun stand ich in der inneren Tür in der fürchterlichsten Gestalt, mit Blut bedeckt, wie ein Verzweifelter, hielt in einer Hand einen Stein und in der anderen das zerbrochene Messer und rief:

Zurück, zurück, Herr Major! Sagen Sie dem Kommandanten, daß ich nicht länger in Ketten leben will. Er soll mich hier totschießen lassen. Herein kommt kein Mensch, ich werfe und schlage 50 Mann tot, ehe einer hereinkommen kann! Und für mich bleibt mir mein Messer. Sterben will ich hier und trotze Ihrer Gewalt!

Der Major erschrak, konnte sich nicht entschließen und ließ den Vorfall dem Kommandanten melden.

Indessen setzte ich mich auf meinen Steinhaufen und erwartete mein Schicksal. Mein geheimer Entschluß zielte aber damals wirklich nicht mehr auf Verzweiflung, sondern nur auf eine gute Kapitulation.

Gleich darauf erschien der Kommandant, General von Borck, nebst dem Platzmajor und einigen anderen Offizieren. Er trat in das Vorgemach, sprang aber gleich darauf zurück, sobald er mich zum Wurf bereit erblickte. Ich wiederholte, was ich dem Major gesagt hatte; nun befahl der General sogleich, die Tür zu stürmen. Das Vorgemach war kaum 6 Schuh breit, und mehr als einer oder zwei konnten meine Verschanzung nicht zugleich angreifen. Sobald ich aber den Arm aufhob, um mein Bombardement mit Steinen anzufangen, sprangen sie wieder zurück. Endlich war eine kurze Stille, nach welcher der alte Platzmajor nebst einem Feldprediger an die Tür trat und mich zu beruhigen suchte. Die Unterredung dauerte lange; wer aber von uns die besten Gründe vorbrachte, das überläßt meine Feder dem ungefähren Urteil des Lesers.

Der Kommandant wurde unwillig und gebot den Angriff. Der erste Grenadier lag gleich auf der Erde, die anderen sprangen vor dem Steinregen zurück und hinaus.

Der Platzmajor trat noch einmal herein, mit den Worten:

Um Himmelswillen, lieber Trenck! Was habe ich an Ihnen verschuldet, daß Sie mich unglücklich machen wollen? Ich allein muß verantworten, daß Sie durch meine Unvorsichtigkeit aus der Zitadelle ein Messer mit herübergebracht haben. Beruhigen Sie sich, ich bitte Sie! Sie sind noch nicht ohne Hoffnung noch Freunde!

Meine Hoffnung war:

Aber man wird mich doch nicht noch ärger mit Fesseln belegen als bisher?

Er ging hinaus, sprach mit dem Kommandanten und versicherte

mir auf Ehrenwort, der ganze Vorfall solle nicht weitergemeldet werden und alles beim alten bleiben. –

Hiermit war nun die Kapitulation geschlossen, und meine Verschanzungen wurden überstiegen. Man sah meinen Zustand wirklich mit Menschenliebe und Mitleiden an, untersuchte die Wunden, ließ einen Feldscher holen, der mich verband, gab mir ein anderes Hemd und ließ Blut und Steine wegräumen. Indessen lag ich wirklich halb entseelt auf dem Bett; mein Durst war grausam, auf des Chirurgus Rat labte man mich mit Wein. Zwei Schildwachen wurden in das Vorgemach gestellt.

So ließ man mich ohne Eisen 4 Tage lang ruhig liegen. Man gab mir auch täglich eine Fleischsuppe zur Labung; wie mich aber diese erquickte, kann meine Feder nicht schildern.

Zwei Tage hindurch lag ich in immerwährendem Schlummer und mußte, sobald ich erwachte, trinken, ohne jemals meinen Durst zu löschen. Füße und Hände waren geschwollen und die Schmerzen im Rücken und in den Gliedern fast unerträglich. Am 5ten Tage waren die Türen fertig, von denen die innere ganz mit Eisen beschlagen wurde. Man schmiedete mich aber so wie vorher in die Eisen; vermutlich hielt man eine grausamere Art nicht für notwendig. Nur die Hauptkette an der Mauer war stärker als die erste. Im übrigen hielt man aber redlich Wort, was in unserer Kapitulation versprochen war, und bedauerte wirklich mit Wehmut, daß man laut königlicher Ordre mein Schicksal nicht lindern dürfe, wünschte mir viel Standhaftigkeit und Geduld und schloß die Tür zu.

Nun muß ich aber auch meinen Lesern die Art meiner Kleidung schildern. Weil die Arme an einer Stange festgeschmiedet waren, und die Füße an der Mauer, so konnte ich weder Hemd noch Hosen ordentlich anziehen. Es wurde mir also das erstere mit offenen Nähten überall zusammengebunden. Dies geschah alle vierzehn Tage. Die Hosen aber waren auf beiden Seiten zum Zuknöpfen. Ein blauer Kittel von blauem Kommistuch, der gleichfalls zusammengebunden werden mußte, bedeckte meinen Leib. Ein paar wollene Kommißstrümpfe und Pantoffeln dienten für die Füße; die Hemden waren aus Musketierleinwand genäht.

Wenn ich mich nun in dieser wirklich schreckbaren Missetäter-Kleidung betrachtete, in welcher ich, in Fesseln an die Mauer geschmiedet, nach Recht und Mitleid vergebens schmachtete; wenn ich in meiner Herzens- und Gewissensprüfung nicht den mindesten Vorwurf fand, wodurch ich jemals dergleichen Mißhandlungen verdient hatte; wenn ich dann zugleich an mein glänzendes Glück in Berlin und Moskau zurückdachte und die ganze Bürde und Schmach meines gegenwärtigen Zustandes eine Art gerechter Schwermut hervorbrütete, welche auch den echtesten Weisen und Helden im Unglück zur Untätigkeit, Verzweiflung oder Raserei bewegen kann: dann empfand ich wirklich das, was nur der denken, aber niemals schildern kann, welcher so wie ich gegen Schicksalsstürme gekämpft hat. Sicher aber ist es, daß allein der Stolz, die Eigenliebe, oder vielmehr das unbegrenzte Vertrauen auf meine gerechte Sache, besonders aber auf meine Entschlossenheit, auf meine Kräfte meines arbeitsamen, erfindungsreichen Kopfes, in der Folge mein Leben erhalten haben. Die schweren Körperarbeiten, der immer unruhige, mit Entwürfen beschäftigte Geist und die Beharrlichkeit, meine Freiheit eigenmächtig zu erringen, erhielten zugleich meine Gesundheit.

Und wer sollte glauben, daß man sich in meinen Fesseln dennoch täglich Bewegung verschaffen könnte? Ich schüttelte nämlich den Oberkörper und sprang mit den Füßen in die Höhe, bis mir der Schweiß über die Ohren lief. Bei meiner Müdigkeit schlief ich ruhig, und oft fiel mir der Gedanke ein: Wie mancher General, der alles Ungemach der Witterung im Felde ausstehen muß, wie mancher von denen, die mich in den Kerker stürzten, würden heute wünschen an meiner Stelle mit ruhigem Gewissen zu schlafen!

Wie viel glücklicher bin ich als der, welchen Gicht und Steinschmerzen jahrelang im Krankenbett foltern!

*

Man wird in der Folge dieser Geschichte lesen, daß ich oft viel Geld in meinem Käfig heimlich eingemauert hatte und gern zuweilen 100 Dukaten für ein Stückchen Brot hergegeben hätte; daß ich wirklich Geld hatte, aber keinen Gebrauch davon machen konnte. War ich in diesem Falle nicht mit einem Geizhalse zu vergleichen, welcher bei seinem Geldkasten schmachtet und keine Freude im Wohltun spürt? Ich konnte ja in meinem Kerker, bei meinem verborgenen Gelde, ebenso stolz, so neidisch, so mürrisch lächeln wie der Mammon, der bei seinen Dukaten ängstlich schwitzt.

In der Tat, ich fand in meinem Zustand viel Ähnlichkeit mit einem Geldnarren. Denn ich hatte öfters 400 Louisdors in meinen Mauern vergraben und konnte doch dafür kein Stück Brot kaufen, um den wütenden Hunger zu stillen.

Wäre jemals der Stolz meine Schwäche gewesen, so brauchte ich mir ja nur vorzustellen, ich sei ein alter Feldmarschall, welcher am Podagra im Bette gefesselt seufzt und zwei Schildwachen vor seiner Tür Wer da? rufen hört. Mir widerfuhr ja noch mehr Ehre, denn ich hatte in dem letzten Jahre gar vier, die mich bewachten. Der Ehrgeiz konnte mich auch kitzeln, wenn ich mir einbildete, daß sehr viel an mir gelegen sein müsse, weil man mich so emsig, so sorgfältig beobachtete und so sicher zu erhalten suchte.

Folterten mich Sehnsucht und Liebe, so empörte sich zuweilen die Leidenschaft bis zur Raserei. Endlich siegte die Vernunft; ich rief mir die ehemals genossenen Freuden ins Gedächtnis zurück, wählte eine der von mir erlebten Szenen in der Einbildungskraft nach Belieben, befriedigte die Natur, schlummerte bei süßen Vorstellungen einer noch zu erhoffenden möglichen Zukunft ein und träumte dann zuweilen ebenso wollüstig im Kerker wie der wachende Türke in seinem Serail von den himmlischen Schönheiten. Gewiß dachte ich auch allezeit in meinen Fesseln edler und größer, gewiß erkannte ich auch den Traum irdischer Glückseligkeit und irdischer Glücksgüter gründlicher als die, welche mich in diese Fesseln stürzten und bewachten. Freier war ich auch in Seele und Gewissen als viele, die bei Hofe niederträchtig Sklavenfesseln tragen und die täglich zittern müssen, das zu verlieren, was sie ohne Verdienst arglistig erschlichen hatten. Auch die Besitzer meiner slavonischen Güter, die sie mir durch Arglist entrissen hatten und noch gewiß mit Schande genießen, haben vielleicht noch nie so ruhig von meinem silbernen Service gegessen, wie ich mein Kommisbrot verzehrte.

Mein Sinnbild im Kerker wie in der Freiheit, war eine Eule in der Nacht, wenn die anderen Vögel schlafen.

Gestern schien's, ich sei geschaffen,
Aller Vögel Spott zu sein;
Jetzt, da meine Feinde schlafen,
Seh' ich meine Torheit ein.
Mensch! Betrachte hier den Neid!
Alles währt nur eine Zeit;
Lerne von verfolgten Eulen,
Rachsucht durch Verachtung heilen.
Endlich kommt auch deine Nacht,

Die Verleumder schweigen macht;
Und in deinen Trauertagen
Laß dir von der Eule sagen,
Wie sie über Toren lacht! –

Aus dem dritten Band meiner Schriften möchte ich hier noch folgende Zeilen einrücken, welche meine Trostgründe im Kerker schildern.

Hier in meiner Trauerhöhle
Hält mir die Vernunft das Licht,
Und mit vorwurfsfreier Seele
Fehlt es mir an Großmut nicht.
Wenn Verleumdung zaumfrei wütet,
Wenn der Trieb zur Welt mich nagt,
Wenn die Ruhmsucht Schwermut brütet,
Bleibt mein Herz doch unverzagt;
Und weil das mich nicht verdammet,
Wird die *Zeit* mein Richter sein.
Urteil, das vom Pöbel stammet,
Macht mich weder schwarz noch rein.
Unglück ist ja kein Verbrechen,
Strafe schimpft nicht, nur die *Tat;*
Die gerechte Welt soll sprechen,
Was der Trenck verdienet hat.
Mancher trägt der Fesseln Last,
Den die reinste Tugend schmücket,
Und der Schelm, dem alles glücket,
Wohnt verehrt im Palast.
Wer im Kerker edel denket
Und im Unglück lachen kann,
Bleibt, wird gleich sein Recht gekränket,
In sich selbst ein großer Mann.
Der Verdienste wahrer Lohn
Stammt nicht von der Fürsten Thron!

*

Mein ehrlicher Grenadier Gefhardt hatte mich mit frischer Hoffnung
beseelt; ich beschäftigte mich demnach mit Nachdenken und neuen
Entwürfen, um mir eigenmächtig zu helfen. Man hatte mir, um mich

näher zu beobachten, eine Schildwache vor die Tür gesetzt; und hierzu wurden allezeit die sogenannten Vertrauten oder verheirateten Landeskinder gewählt, die ich aber, wie die Folge meiner Geschichte erweisen wird, leichter und sicherer zu meinem Beistande überreden konnte als fremde Flüchtlinge. Denn der Pommer ist redlich und dumm, folglich leicht zum Mitleiden zu bewegen und dahin zu locken, wo man ihn haben will.

Indessen begann ich mich an meine anfangs unerträglichen Fesseln allgemach zu gewöhnen. Ich lernte meine langen Haare auskämmen und endlich auch sie mit einer Hand zu binden. Mein Bart, der nie rasiert wurde, hatte mir bereits in so langer Zeit ein fürchterliches Aussehen gegeben; ich fing an, ihn auszurupfen. Die Schmerzen waren empfindlich, besonders um den Mund herum. Aber auch dieses wurde Gewohnheit, und in den folgenden Jahren bewerkstelligte ich es alle 6 Wochen oder 2 Monate, weil die ausgewurzelten Haare wenigstens einen Monat brauchten, ehe sie von neuem hervorkeimen, und eben so lange, bis man sie wieder mit den Nägeln ausreißen kann.

Ungeziefer hat mich nie gequält. Die große Feuchtigkeit von der Mauer muß seiner Entstehung zuwider gewesen sein. Geschwollen war ich auch nie, weil ich mir Bewegung, wie bereits oben gemeldet, zu verschaffen wußte. Nur einzig die immerwährende Dämmerung war mir unerträglich.

Übrigens hatte ich zuvor in der Welt viel gelesen, gelernt, auch bereits gesehen und erfahren. Folglich fand ich allezeit Stoff, meine Gedanken von der Schwermut fern zu halten. Ich durchdachte die sich meinen Ideen ungefähr vormalenden Gegenstände ebenso intensiv, als ob ich sie in einem Buche durchläse oder auf dem Papier niederschreibe. Gewohnheit brachte mich endlich so weit in meiner Denkkraft, daß ich ganze Reden, auch Fabeln, Gedichte und Satiren komponierte, sie laut redend in mir selbst wiederholte und sie zugleich meinem Gedächtnis dergestalt einprägte, daß ich nach erlangter Freiheit imstande war, zwei ganze Bände aus meinem Kopf niederzuschreiben.

So gewöhnt an Kopfarbeit, ohne Feder noch Papier, verflossen mir die Trauertage wie Augenblicke. Und die Folge meiner Erzählung wird zeigen, wie mir diese Arbeit auch im Kerker Achtung und Freunde, und endlich auch die Erlaubnis, auf Papier zu schreiben, Licht – und sogar die Freiheit brachte. All das habe ich meinen in der Jugend durch strengen Fleiß erarbeiteten Wissenschaften zu danken.

Auch Friedrichs Zorn, der ganze Legionen schlug und Kriegsheere vernichtete, konnte mir im Kerker und in Sklavenfesseln weder Ehre noch Seelenruhe noch Großmut und Standhaftigkeit schwächen. Ich trotzte aller Gewalt, stürzte mich auf meine gerechte Sache, fand in mir selbst Waffen zum Widerstand und siegte zuletzt dennoch als ein mißhandelter ehrlicher Mann, welcher Fürsten und Verleumder beschämt.

So kann ich mit überzeugter Gewißheit jedem Leser versichern, daß mir auch im Kerker die Jahre wie Tage verflossen. Nur zuweilen, wenn die Sehnsucht nach dem Genuß der schönen Welt erwachte, wenn die Triebe der Natur sich nach der edlen Freiheit drängten, wenn mein Ehrgeiz bei Betrachtung niederträchtiger Fesseln sich empörte, wenn ich meine Feinde siegreich und meine Güterräuber im Wohlstande betrachtete oder wenn ein Anschlag zur Flucht mißlang: dann empfand ich Augenblicke, die mich zur Raserei und Verzweiflung reizten; dann fühlte ich die ganze Bürde meines Zustandes in vollem Gewicht.

Wenn ich mich aber wehr- und schutzlos fand, wenn ich bedachte, daß mich eben die Monarchin, durch deren Dienst ich allein so tief gefallen war, mich im Unglück gefühllos verließ, daß mich mancher rechtschaffene Mann als Missetäter beurteilen könnte und mir alle Wege zur Rechtfertigung abgeschnitten waren – o Gott, wie pochte dann mein Herz! Rache und Wut rangen dann in meiner Seele gegen Gelassenheit und Geduld. Dann hatte alle Weltweisheit ein Ende, und Sokrates' Giftbecher wäre für mich eine Wohltat gewesen.

Ohne Hoffnung ist der Mensch ein Unding. Wahrscheinlich fand ich bei allen Vernunftbetrachtungen wenig für meine Rettung. Ich verließ mich aber auf mich selbst, meine Kunstgriffe und auf meinen redlichen Grenadier Gefhardt.

Der Hauptgrund zu meiner Erhaltung aber war die Liebe. Ich hatte meinen Gegenstand in Österreich hinterlassen und wollte noch für sie in der Welt leben. Ich wollte meinen Gegenstand weder verlassen noch betrüben. Mein Dasein war ihr und meiner Schwester noch nützlich, die so viel für mich gewagt, gelitten und verloren hatte. Für diese beiden Personen wollte ich also mein Leben erhalten – aber ach, da ich nach 10 Jahren meine Freiheit wirklich erhielt, fand ich beide schon im Grabe . . .

*

Ungefähr 3 Wochen nach meiner letzten Szene, wo ich zu entfliehen suchte, kam mein ehrlicher Gefhardt zum ersten Male zu mir auf die Schildwacht, weil man, um mich näher zu beobachten, einen Grenadierposten vor meine Tür gestellt hatte. Eben hierdurch erreichte ich meinen Zweck, um auswärtige Hilfe zu finden, ohne welche alle Rettung unmöglich war. Die erste Unternehmung hatte zu viel Aufmerksamkeit verursacht, da ich ein Gefängnis, welches mit so viel Vorsicht besonders für mich erbaut war und von jedermann für undurchdringlich gehalten wurde, schon am neunten Tage meiner Gefangenschaft, durch 18stündige Arbeit, zerstört hatte.

Kaum war mein Gefhardt zum ersten Mal bei mir auf dem Posten, so hatten wir freie Gelegenheit zur Unterredung. Denn, wenn ich mit einem Fuß auf der Bettkante stand, reichte mein Kopf bis an das Luftloch im Fenster. Er schilderte mir nun die ganze Lage meines Kerkers: und der erste Entwurf wurde gemacht, mich unter den Fundamenten desselben, deren Bau er gesehen hatte, und die er als nur 2 Schuh tief beschrieb, auszubrechen.

Vor allen Dingen mußte ich Geld haben. Dies wurde auf folgende Art bewerkstelligt: Er steckte mir nach der ersten Ablösung einen Draht zu nebst einem Blatt Papier, welches um denselben gewickelt war; dann ein Stück dünnen Wachsstock, welches alles recht gut durch mein Drahtgitter hindurchging. Schwefellicht und ein Stück brennbarer Schwamm kamen auch glücklich durch, eine Feder ebenfalls. Hier hatte ich nun Licht, stach mir in den Finger, und mein Blut diente als Tinte.

So schrieb ich nach Wien an meinen echten Freund, den damaligen Hauptmann von Ruckhardt, schilderte mit wenig Worten meinen Zustand, assignierte ihm 3000 fl. auf meine Kasse und veranstaltete die Sache auf folgende Art:

Er sollte 1000 fl. zur Reise behalten und am 15. August zuverlässig in Gummern, einem sächsischen Städtchen, nur 2 Meilen von Magdeburg entfernt, eintreffen. Dort sollte er sich an eben diesem Tage um die Mittagsstunde mit einem Briefe in der Hand sehen lassen. Ein Mensch würde ihm daselbst begegnen, welcher eine Rolle Rauchtabak in der Hand tragen würde. Diesem sollte er 2000 fl. in Gold aushändigen und dann wieder nach Wien zurückkehren.

Gefhardt erhielt dieselbe Instruktion und meinen Brief auf die gleiche Art durch das Fenster, wie er mir das Papier zugesteckt hatte, schickte sein Weib mit dem Brief nach Gummern und bestellte ihn glücklich auf der Post.

Nun stieg mein Mut mit jedem Tage. So oft Gefhardt zu mir auf Posten kam, wurden alle möglichen Anschläge gemacht und alle Vorkehrungen zur Flucht getroffen.

Endlich erschien der 15. August. Es verflossen etliche Tage, ehe Gefhardt wieder bei mir Wache stand. Wie hüpfte aber mein Herz, als er mir zurief:

Alles ist glücklich vonstatten gegangen!

Da er nun abends wiederkam, wurde alles verabredet, auf welche Art er mir das Geld zustecken könne. Ich konnte mit meinen zusammengefesselten Händen nicht bis an das Drahtgitter greifen, auch war das Luftloch zu klein. Es wurde also beschlossen, er solle bei nächster Wache Kalfaktordienste verrichten, und dann bei der Füllung meines Wasserkruges mein Geld hineintun und mir zustecken. Dies gelang glücklich. Aber wie erstaunte ich, als ich in dem Kruge statt 1000 fl. die ganze Summe von 2000 fl. fand, von der ich ihm doch erlaubt hatte, die Hälfte zu nehmen! Es fehlten nur 5 Pistolen; mehr wollte er absolut nicht annehmen.

Ehrlicher Mann! Und das tat ein pommerscher Grenadier. Wie seltsam ist dein Beispiel! Nie fand ich in meiner großen Welterfahrung eine so große uneigennützige Seele. In der Folge habe ich ihn dann doch noch, aber mit Mühe, überredet, die 1000 fl. ganz anzunehmen. Meine Geschichte wird aber erzählen, daß er sie nicht genossen hat und daß sein dummes, treuloses Weib sich selbst etliche Jahre nachher unglücklich machte. Er hingegen litt nicht darunter, weil er gerade zu dieser Zeit im Felde stand und ungestraft davonkam.

Nun hatte ich also Geld, um meine Pläne auszuführen. Es wurde der erste Entwurf gemacht, mich unter den Fundamenten des Gefängnisses hindurchzuwühlen. Und das geschah auf folgende Art:

Zuerst mußte ich frei von den Ketten sein. Gefhardt steckte mir ein paar feine Feilen zu. Die Kapsel an der Fußschelle war so weit gemacht, daß ich sie fast $1/4$ Zoll vorwärts ziehen konnte; nun feilte ich inwendig das hineinpassende Eisen aus. Je tiefer ich dieses ausschnitt, desto weiter zog sich die Kapsel herab, bis endlich das ganze inwendige Eisen, wo Kette durchlief, ganz durchschnitten war. Dann zog ich dasselbe samt den Fesseln heraus und war frei, weil die Schelle aufging. Die Kapsel hingegen blieb auswendig ganz; hierdurch kamen die Füße von der Mauer frei, und es war auch bei genauester Visitation unmöglich, den Schnitt zu finden, weil man nur das Äußere beleuchten und untersuchen konnte.

Die Hände aber zwang ich alle Tage durch Zusammendrücken zu größerer Biegsamkeit und brachte auch sie zuletzt glücklich aus den Schellen. Dann umfeilte ich das verschmiedete Gewinde, machte mir aus einem aus dem Boden gezogenen schuhlangen Nagel einen Schlüssel und wand damit nach Belieben die Schrauben auf und zu – so, daß man bei den Visiten nicht das mindeste merken konnte.

Der Ring um den Leib hinderte mich nicht. An der Kette, welche denselben an der Armstange befestigte, wurde in der Mitte eines Gelenks ein Stück herausgeschnitten und das nächst anschließende an einer Stelle dünner geschliffen, so, daß ich es durchstreifen konnte.

Auf diese Art war ich von allen Fesseln frei. Mittags, wenn man visitierte, rieb ich etwas nasses Kommißbrot auf dem rostigen Eisen, um ihm die Farbe desselben zu geben; dann schloß ich das offene Gelenk mit diesem Teig, ließ ihn am warmen Leib über Nacht trocknen, bestrich die Stelle hernach mit Speichel und gab ihm dadurch die Farbe desselben. Durch diese Erfindung war es unmöglich, die durchgeschnittene Stelle zu erkennen, so daß ich mit jedermann wetten will, daß niemand das zerbrochene Gelenk erkennen kann, ohne mit dem Hammer auf jedes einzelne zu schlagen.

Nun konnte ich mich losmachen, wie ich wollte. Das Fenster wurde nie untersucht. Ich machte also die beiden Haken los, mit denen es in der Mauer befestigt war, die aber alle Morgen wieder eingesteckt und wohl mit Kalk verstrichen wurden. Dann ließ ich mir von meinem Freunde Eisendraht zustecken und versuchte, ein neues Drahtgitter zu flechten. Auch das brachte ich zustande. Folglich schnitt ich in der Mitte der Fenstermauer, wo man nie hinsah, das ganze Gitter heraus und lehnte das meinige an diese Stelle. Hierdurch hatte ich freie Verbindung mit den Schildwachen, und ich erhielt frische Luft in meinem Kerker.

Dann ließ ich mir alle erforderlichen Instrumente zustecken, erhielt auch Licht und Feuerzeug, hing inwendig meine Decke vor das Fenster, damit man kein Licht brennen sah, und konnte folglich arbeiten, wie ich wollte.

Endlich, nachdem alles vorbereitet war, ging ich ans Werk.

Der Fußboden meines Kerkers war nicht von Stein, sondern von 3 Zoll dicken eichenen Brettern, von denen man die obere Lage nach der Länge, die andere quer und die untere wieder wie die erste gelegt hatte. Folglich war der Holzboden 9 Zoll dick und mit halbzoll breiten und einen Schuh langen Nägeln in einander befestigt. Wenn ich nun oben um den Kopf herum ein wenig Luft machte, so diente meine dicke eiserne Stange zwischen den Händen am besten, diese Nägel heraus zu heben. Schliff ich nun die Stange auf meinem Leichenstein, so war der beste Meißel fertig, um die Bretter zu durchschneiden.

Dann wagte ich den ersten Schnitt, der aber oben über einen Zoll breit werden mußte, um in der Tiefe arbeiten zu können. So bald dieses geschehen war, zog ich ein Stück Brett, welches gegen 2 Zoll unter die Mauer reichte, heraus, beschnitt es sodann unten so weit, daß es oben genau zusammenpaßte; schmierte die Ritzen mit Brot zu, streute Sand darüber – und fand, daß es unmöglich war, irgend etwas bei den Visiten zu bemerken. Hierauf arbeitete ich unten mit weniger Vorsicht und wurde bald mit diesem dreifachen Boden fertig.

Hier fand ich nun einen feinen weißen Sandgrund, auf welchem die ganze Sternschanze gebaut ist. Die Menge der Holzsplitter wurde sehr mühsam und sorgfältig unter den unteren Brettern verteilt und versteckt.

Ohne Hilfe von draußen aber konnte ich nun nichts weiter anfangen. Denn wenn man einen jahrelang festgelegten Grund durchwühlt, bringt man niemals mehr das in die Öffnung zurück, was hinausgeworfen wird. Mein Grenadier mußte mir also etliche Ellen Leinwand zustecken. Hiervon machte ich mir 6 Schuh lange Würste, welche zwischen den eisernen Stangen durchgezogen werden konnten. Diese füllte ich mit Sand, und so oft in der Nacht Gelegenheit war und mein Gefhardt auf Schildwacht stand, schob ich sie hinaus, worauf er sie vorsichtig leerte und den Inhalt unmerklich ausstreute. So bald ich Luft hatte, ließ ich mir alle erforderlichen Instrumente zustecken, ja sogar Pulver und Blei, auch ein paar Sackpistolen, Messer und ein Bajonett. Alles dies fand sicheren Raum unter dem Fußboden.

Dann fand ich aber, daß die Fundamente meines Kerkers nicht zwei, sondern vier Schuh tief lagen. Um nun so tief hinabzukommen, die Fundamente von unten her zu durchwühlen und auszubrechen, waren Zeit, Arbeit und Vorsicht vonnöten, um nicht gehört zu werden. Alles wurde aber dennoch möglich gemacht.

Das Loch, in das ich steigen mußte, war also 4 Schuh tief und mußte so weit sein, daß ich in demselben knien, arbeiten und mich bücken konnte. Was das für Mühe kostete, oben auf dem Boden zu liegen und dann den Kopf und Leib 4 Schuh tief hinunter zu beugen – das ist unbeschreiblich und erfordert einen Versuch, um sich einen

Begriff davon zu machen. Inzwischen mußte es dennoch täglich, wenn ich arbeitete, geschehen, um bis an die Fundamente zu kommen. Bei der Visitation aber war alles wieder hineingeworfen; und um alles, auch meine Ketten, von außen wieder in Ordnung zu bringen, brauchte ich gewiß etliche Stunden Zeit. Das beste war, daß ich mir einen Vorrat von Lichten und Wachsstöcken angeschafft hatte. Da aber mein Gefhardt oft nur nach 14 Tagen wieder zu mir auf Posten kam, so verzögerte sich meine Arbeit gewaltig. Und da das Sprechen mit mir allen Schildwachen bei Strafe des Galgens verboten war, wollte ich nicht wagen, einen neuen Freund zur Hilfe zu suchen, um nicht verraten zu werden.

Indessen litt ich in diesem Winter ohne Ofen gewaltige Kälte. Mein Herz aber war fröhlich, weil ich Aussicht zur Rettung sah; und jedermann erstaunte über meine Munterkeit. Gefhardt steckte mir auch Mundprovision, meist in Form geräucherter Würste oder Fleisch zu; dieses stärkte meine Kräfte. Und wenn ich nicht in der Mauer arbeitete, so hatte ich Papier und Licht, schrieb, dichtete und machte Satiren. Folglich verfloß die Zeit, und ich war auch im Kerker vergnügt.

*

In dieser schlummernden Zufriedenheit ereignete sich aber ein Vorfall, welcher beinahe alle meine Hoffnung vereitelt hätte und dessen Erzählung fast unglaublich erscheinen wird.

Gefhardt hatte mit mir gearbeitet. Gerade in der Morgenstunde, da er abgelöst wurde und ich mein Fenster wieder einsetzen und befestigen wollte, fiel mir dasselbe aus den Händen; 3 Scheiben zerbrachen. Vor der Ablösung kam er nicht mehr auf den Posten; es war auch nicht mehr Zeit, mit ihm zu sprechen und Entwürfe zu machen. Ich saß also wohl eine Stunde in Verzweiflung und in tausend Erwägungen betäubt da. Denn sicher hätte man sogleich das zerschlagene Fenster gesehen, wohin ich in Fesseln gar nicht reichen konnte, folglich weiter visitiert und das eingesetzte und nur angelehnte Drahtgitter gefunden.

Ich faßte also einen Entschluß, und da eben die Schildwacht sich an meinem Fenster mit Pfeifen beschäftigte, redete ich dieselbe mit folgenden Worten an:

Kamerad! Habt Mitleiden, nicht mit mir, sondern mit Eurem Kameraden, der unfehlbar gehenkt wird, wenn Ihr mir nicht beisteht!

Für einen geringen Dienst will ich Euch gleich 30 Pistolen aus dem Fenster hinauswerfen!

Er schwieg etliche Augenblicke, dann sagte er ganz leise:

Hat Er denn Geld –?

Gleich zählte ich 30 Pistolen und warf sie ihm hinaus.

Nun war die Frage, was zu tun sei. Ich erzählte mein Unglück mit dem Fenster, steckte ihm in Papier das Maß zu, wie groß die Scheiben geschnitten sein müßten. Zum Glück war der Kerl entschlossen, auch witzig, und die Palisadentür im Graben am Tage durch die Gleichgültigkeit des Offiziers nicht verschlossen. Er ließ sich von einem Kameraden auf eine halbe Stunde ablösen, lief in die Stadt, und steckte mir kurz vor der Ablösung die Scheiben glücklich zu, wofür ich ihm noch 10 Pistolen hinaus warf.

Bei der Visitation zu Mittag war nun wieder alles in Ordnung, mein Glaserhandwerk meisterlich vollbracht und mein redlicher Gefhardt gerettet. So vermag Geld alles in der Welt, und gewiß ist dieser Vorfall einer der merkwürdigsten in meiner Geschichte. Den Mann, welcher mir diesen großen Dienst leistete, habe ich nie wieder gesprochen. Wie bange indessen dem Gefhardt war, ist leicht zu erraten. Er kam nach etlichen Tagen wieder auf Posten zu mir und erstaunte über den glücklichen Ausgang noch mehr, da er den Mann, der ihn damals abgelöst, kannte. Dieser hatte fünf Kinder und war der vertrauteste alte Mann in der ganzen Kompanie.

Nun ging die Arbeit vorwärts. Die Fundamente wurden von unten her leicht weggebrochen. Gefhardt war aber durch diesen Vorfall so schüchtern geworden, daß er tausend Schwierigkeiten und Einwendungen fand, je mehr sich mein Loch seinem Ausbruch näherte und ich Anstalten zur Flucht mit ihm besprechen wollte. Er bestand absolut darauf, ich bedürfe äußerer Hilfe, um sicher fortzukommen und nicht zusammen mit ihm unglücklich zu werden.

Es wurde also folgendes beschlossen, was aber gerade meine Pläne und saure achtmonatige Arbeit zunichte machte:

Ich schrieb abermals nach Wien an meinen Freund Ruckhardt, assignierte ihm Geld und bat ihn, er solle abermals in Gummern erscheinen, und dann zu bestimmter Zeit 6 Tage nacheinander mit 2 leeren Reitpferden am Glacis bei Kloster Bergen in der Nacht bereit stehen, um mir weiterzuhelfen. Alles sei zu meiner Flucht fertig.

Binnen dieser 6 Tage hätte nun Gefhardt schon Mittel gefunden, den Posten bei mir zu erhalten oder zu tauschen; folglich lebte ich nunmehr – aber leider! nur 3 Tage lang – in der süßesten und sichersten Hoffnung. Denn, ach, meine Rettung war von der Vorsehung noch nicht beschlossen. –

Gefhardt schickte sein Weib mit dem Brief nach Gummern. Dieses dumme Weib sagt dem Postmeister, ihr Mann habe einen Prozeß in Wien, und er möchte die Güte haben, diesen Brief sicher zu bestellen, wofür sie ihm 10 Reichstaler in die Hand drückte.

Der sächsische Postmeister argwohnt aus dieser Freigiebigkeit natürlich ein Geheimnis, öffnet den Brief, sieht den Inhalt, und statt ihn zu befördern, oder bei möglichem Argwohn an seinen Herrn nach Dresden zu schicken, wird er ein Verräter und bringt ihn dem Gouverneur in Magdeburg. Dieser war damals der Herzog Ferdinand von Braunschweig, und eben gegenwärtig.

Wie erschrak ich aber, als etwa um 3 Uhr nachmittags der Herzog selbst mit einem großen Gefolge in mein Gefängnis trat, mir meinen Brief vorzeigte und mit gebietender Stimme fragte: Wer mir diesen Brief nach Gummern getragen habe?

Meine Antwort war:

Ich kenne ihn nicht.

Gleich wurde die allerschärfste Visitation vorgenommen. Schmiede, Zimmerleute, Maurer traten herein. Und nach einer halben Stunde Arbeit fand man weder mein Loch im Boden, noch das mindeste an den Ketten. Nur am Fenster entdeckte man das falsche vorgesteckte Drahtgitter, welches auch sogleich mit Brettern verschlagen wurde; man ließ in demselben nur ein Luftloch von etwa 6 Zoll Breite.

Nun fing der Herzog an zu drohen. Ich antwortete mit Standhaftigkeit:

Ich habe die Schildwacht nie gesehen, welche mir diesen Dienst geleistet, auch nie nach seinem Namen gefragt, damit ich ihn nie unglücklich machen könne.

Endlich, da alle Vorstellungen bei mir nichts erreichten, fragte der Gouverneur mit liebreichem Ernst:

Trenck! Sie haben immer gesagt, Sie wären nie verhört noch gesetzmäßig gerichtet worden. Ich gebe Ihnen mein Ehrenwort, Sie sollen beides sogleich erhalten, und ich lasse Ihnen sofort alle Eisen abnehmen, so bald Sie mir den Mann nennen, welcher Ihnen diesen Brief bestellt hat!

Hierauf antwortete ich mit männlicher Standhaftigkeit:

Gnädiger Herr! Jedermann weiß, daß ich diese Mißhandlung in

Fesseln in meinem Vaterlande nie verdient habe. Mein Herz ist vorwurfsfrei. Ich suche Rettung, wo und wie ich kann. Dann aber, wenn ich Ihnen den mitleidigen Mann nennen könnte, welcher mir aus Menschenliebe beigestanden hat; dann, wenn ich mein Glück durch fremdes Unglück zu befördern niederträchtig genug dächte; nur dann verdiente ich in diesen Fesseln als ein Schurke zu schmachten. Machen Sie mit mir, was Sie wollen und sollen. Bedenken Sie aber, daß ich noch nicht ganz verlassen bin, noch Rittmeister in der Armee bin und Trenck heiße!

Der Herzog stutzte, drohte, ging hinaus und, wie mir hernach erzählt wurde, hat er draußen gesagt:

Ich beklage ihn und bewundere seine Standhaftigkeit!

Indessen war es für einen so klugen Herrn ein großes Versehen, daß er diese Unterredung, die ziemlich lange dauerte und die ich hier nur kurz berühre, vor der ganzen Wache führte und mithören ließ. Dieses brachte mich in ein solches Vertrauen bei allen gemeinen Soldaten der ganzen Garnison, weil sie sahen, daß ich keinen verriet, daß nunmehr die Bahn bereitet war, in Zukunft bei jedem Achtung und Hilfe zu finden; besonders da der Herzog sagte, er wisse, daß ich Geld versteckt und auch bereits unter die Wachen ausgeteilt habe.

Kaum war er eine Stunde fort, so hörte ich ein großes Geräusch bei meinem Gefängnis. Ich lauschte, und was war es?

Ein Grenadier hatte sich an den Palisaden meines Kerkers mit seinem Haarbande aufgehängt. Der Offizier von der Wache kam noch einmal mit dem Platzmajor herein, um eine Laterne abzuholen, die man vergessen hatte. Beim Hinausgehen sagte er mir heimlich:

Es hat sich schon einer von Ihrem Komplott eben aufgehängt!

Wie erschrak ich, weil ich nichts anderes glaubte, als daß es mein ehrlicher Gefhardt sein müsse!

Nach einer tiefsinnigen, schwermütigen und kurzen Überlegung fiel mir ein, was mir der Herzog versprochen hatte, falls ich ihm den Mann nennen wollte, der meinen Brief bestellt hatte.

Ich klopfte also an die Tür und forderte, den Offizier zu sprechen. Er kam an das Fenster, fragte, was ich wollte, und ich sagte:

Er möchte dem Gouverneur melden, man solle mir Licht, Tinte und Feder herein geben, so würde ich ihm allein mein ganzes Geheimnis schriftlich entdecken. Dies geschah, und gegen Abend wurden meine Türen geöffnet; man brachte mir Tinte, Feder, Papier und Licht, gab mir eine Stunde Zeit, schloß wieder zu und ging davon.

Nun setzte ich mich nieder, schrieb auf meinem Leibstuhl und wollte den Namen Gefhardt nennen, weil ich ihn sicher tot glaubte. Die Hand zitterte mir aber und all mein Blut drang mir beklemmend zum Herzen. Ich stand auf, trat an das Fensterloch und rief:

Mein Gott! Ist denn kein Mensch so redlich, mir den Namen des Mannes zu sagen, welcher sich jetzt erhängt hat, damit ich viele andere vom Unglück erretten kann?

Das Fenster war noch offen und wurde erst am folgenden Tage vernagelt. Zugleich warf ich 5 Pistolen in einem Papier hinaus und sagte:

Freund! Nimm dies Geld und rette deine Kameraden – oder geh hin, verrate mich und lade Blutschuld auf dich! Man hob das Papier auf, eine kurze Stille mit einigen Seufzern folgte, gleich hörte ich aber eine leise Stimme:

Er hieß Schütz, von Ripps Kompanie!

Gleich schrieb ich Schütz statt Gefhardt, obgleich ich den ersten Namen nie nennen gehört hatte und mit ihm in gar keiner Verbindung stand.

Sobald mein Schreiben fertig war, rief ich nach dem Lieutenant. Man kam herein, empfing den Brief, nahm mir Schreibzeug und Licht weg und schloß die Türen zu. Der Herzog hatte aber den Braten gerochen, daß ich mit mehreren in Verbindung stehen müßte. Es blieb also mit mir alles beim alten, und ich erhielt weder Verhör noch Kriegsrecht.

In der Folge habe ich die Umstände näher erfahren, welche dieses fast unwahrscheinliche Rätsel lösen.

Nämlich, als ich noch in der Zitadelle saß, kam einst eine Schildwacht auf den Posten vor meinem Fenster, lästerte, fluchte und sagte laut:

Der Teufel hole den vermaledeiten preußischen Dienst! Wenn nur der Trenck meine Gedanken wüßte, er sollte gewiß nicht lange in seinem verfluchten Loch sitzen!

Gleich ließ ich mich in eine Unterredung ein, und diese ging da hinaus: Wenn ich ihm Geld geben könne, um einen Nachen zu kaufen, mit welchem wir über die Elbe fahren könnten, so wollte er meine Schlösser bald durchfeilen, meine Türen öffnen und mich erretten.

Ich hatte aber kein Geld und gab ihm dafür einen brillantenen Hemdenknopf, der etwa 500 fl. wert war und den man bei mir nicht vermutet noch gefunden hatte. Von diesem Augenblick an hat er sich aber bei mir nicht mehr gemeldet. Oft stand er nach dieser Wache bei mir; ich erkannte ihn an der westfälischen Aussprache und redete ihn an, erhielt aber nie Antwort.

Nun muß dieser Mensch meinen Hemdenknopf verkauft und etwa Geld haben sehen lassen. Wie nun der Herzog von mir wegging, hat der wachthabende Lieutenant diesen Schütz angefahren und zu ihm gesagt:

Du bist gewiß der Spitzbube, der des Trencks Briefe bestellt, denn du hast seit langer Zeit viel Geld verludert und Louisdors sehen lassen. Wo hast du diese hergenommen?

Schütz erschrickt, hat kein gutes Gewissen, argwöhnt, daß ich ihn verraten würde, weil er mich betrogen hatte, kommt eben zur Ablösung auf den Posten zu mir, nimmt in der ersten Betäubung sein Haarband und erdrosselt sich vor meiner Tür an den Palisaden.

Welch wunderbare Fügung des Schicksals in dieser Begebenheit! Es strafte den Betrüger ein ganzes Jahr danach, als er mich hintergangen hatte. Und hierdurch allein wurde der ehrliche Gefhardt gerettet.

*

Man hatte indessen meine Schildwachen verdoppelt, um mir das Hilfesuchen schwerer zu machen. Gefhardt kam zwar wieder zu mir auf Posten, aber er hatte kaum Gelegenheit, etliche Worte ohne Gefahr zu sprechen. Er dankte mir für die Verschwiegenheit, wünschte mir Glück und sagte, daß die Garnison in wenigen Tagen ins Feld marschieren würde. Wie erschrak ich bei dieser Nachricht! Mein ganzer Entwurf zur Rettung war abermals vereitelt. Ich faßte aber bald frischen Mut, weil meine Unterminierung nicht entdeckt war und ich noch an die 500 fl. an Geld, auch Vorrat von Licht und alle Instrumente bei mir versteckt hatte.

Es dauerte auch keine 8 Tage nach dieser Begebenheit, da wirklich der Siebenjährige Krieg losbrach und die Regimenter ins Feld rückten. Der Major von Weyner kam zum letzten Mal herein und übergab mich dem neuen Major von der Landmiliz, namens Bruckhausen, welcher der gröbste Flegel und ärgste Dummkopf auf Erden war. Von diesem Manne werde ich noch öfters Erwähnung tun; seinen Charakter kann man in der Satire im zweiten Bande meiner Schriften unter dem Titel »Das Schicksal des Herrn Majors Kilian von Mops« nachlesen.

Nun verlor ich alle meine alten Majore und Lieutenants, die mir alle ohne Ausnahme mit möglichster Achtung und Menschenliebe begegnet waren und stellte nichts mehr dar als ein alter Gefangener in einer neuen Welt. Indessen wuchs mein Mut deswegen, weil ich wußte, daß sowohl Offiziere als auch Gemeine einer zusammengerafften Landmiliz leichter zu bestechen sind als die regulären Soldaten. Hiervon fand ich als Menschenkenner auch bald die Bestätigung. Es waren nur 4 Lieutenants erwählt, welche sich in der Bewachung der Sternschanze abwechseln sollten; und es dauerte nicht ein Jahr, so war ich mit dreien von ihnen im Einverständnis.

Kaum aber waren die Regimenter ins Feld gerückt, so erschien der neue Kommandant, General von Borck, in meinem Gefängnis, in der Gestalt eines gebieterischen grausamen Tyrannen. Es war ihm vom König ernsthaft aufgetragen worden, mit seinem Kopf für meine Person gut zu stehen; dafür erhielt er Erlaubnis, mit mir zu verfahren, wie er wolle.

Nun war dieser Mann ein wirklicher Dummkopf, ein Mensch mit einem gefühllosen Herzen und ein materieller Sklave seiner Ordre, dabei aber schüchtern, furchtsam und mißtrauisch. Folglich bebte sein Herz, so oft er es für möglich hielt, daß ich aus meinen Fesseln entfliehen könne. Übrigens hielt er mich wirklich für den ärgsten Bösewicht und Vaterlandsverräter, weil sein Monarch mich so grausam verurteilte und so unbegrenzt mißhandeln ließ. Seine Barbarei gegen mich war demnach auf seinen Charakter und auf seine niedrige Seele gestützt.

Er trat also in mein Gefängnis, nicht als ein Offizier zu einem unglücklichen Offizier, sondern als ein Büttel zu einem Missetäter. Gleich erschienen Schmiede und legten mir ein handbreites ungeheures Eisen um den Hals, welches mit einer schweren Kette an der Fußschwelle befestigt wurde. Hinzu kamen noch zwei leichte Nebenketten, die in dem Ringe desselben befestigt wurden, wie es in meinem Bilde am Titelblatt zu sehen ist, wobei ich wie ein Bär an der Kette herumgerissen wurde.

Mein Fenster wurde bis auf ein kleines Loch zugemauert; und endlich nahm er mir sogar mein Bett weg, gab mir kein Stroh, und verließ mich unter tausend Schmähworten auf meine Souveränin, ihre ganze Armee und auf mich selbst; wobei ich ihm aber kein Wort schuldig blieb und ihn bis zur Raserei erbitterte.

Man stelle sich nun meine Lage in den Händen eines solchen

Wüterichs vor! Mein Glück, meine einzige Hoffnung war noch, daß man das in der Fußschelle ausgefeilte Eisen nicht entdeckt hatte. Folglich waren alle Ketten am Fußring unbedeutend und zugleich abgelegt. An Instrumenten, wie an Licht, Feuerzeug und Papier hatte ich auch einen guten Vorrat. Und obgleich es unmöglich war, bei den doppelten Schildwachen in den Graben hinaus durchzubrechen, so blieb mir doch die Aussicht übrig, daß ich noch leicht einen wachthabenden Offizier durch Geld zu weiterer Hilfe gewinnen und einen Erretter wie in Glatz finden könne.

*

Wären die Befehle des Monarchen buchstäblich vollzogen worden, so war mir alles unmöglich. Denn laut denselben sollte mir jede Verbindung mit Menschen abgeschnitten werden. Dazu sollten die 4 Schlüssel von meinen Türen auch in 4 verschiedenen Händen sein: einer bei dem Kommandanten, der andere bei dem Platzmajor, der dritte bei dem Major du jour und der vierte bei dem Lieutenant von der Wache; folglich hätte ich nie Gelegenheit gefunden, mit einem allein zu sprechen.

Am Anfang wurde alles getreu vollzogen, außer daß der Kommandant sich nur alle 8 Tage sehen ließ. Dann kamen so viele Kriegsgefangene in Magdeburg an, daß der Platzmajor seinen Schlüssel dem Major du jour übergeben mußte. Und der Kommandant blieb gar aus, weil die Zitadelle fast eine halbe Stunde von der Sternschanze entfernt war. Nun saß in dieser Sternschanze auch nebst mir der preußische General von Wallrabe gleichfalls seit dem Jahr 1746 in Arrest. Er hatte aber im inneren Polygon sein eigenes Haus und 3000 Reichstaler jährlich zu verzehren. Bei diesem mußte der Major du jour nebst dem wachthabenden Offizier zu Mittag essen und blieb meistens bis gegen Abend bei ihm zur Gesellschaft.

Mit der Zeit wurden diese Herren bequem, oder sie hatten Mitleid mit mir, und gaben dem wachthabenden Lieutenant die Schlüssel, wenn bei mir visitiert werden sollte. Hierdurch erhielt ich allmählich Gelegenheit, allein mit ihnen zu sprechen, die sie selbst zuletzt auch suchten. Eben hieraus entsprangen die Folgen meiner Unternehmungen, die ich noch in möglichster Kürze vorzutragen habe, um den Leser nicht mit Arrestanten-Kunstgriffen zu ermüden.

Es waren nur 3 Majore und 3 Lieutenants, welche abwechselten und die Borck hierzu ausgesucht und instruiert hatte.

Indessen war mein Zustand schrecklich. Mein Halseisen mit den ungeheuren Ketten hinderte mir alle Bewegung; und losmachen durfte ich es noch nicht, bis ich nach etlichen Monaten die Stellen festgestellt hatte, wo man alles sicher glaubte und nie untersuchte.

Das Grausamste war, daß man mir mein Bett genommen hatte. Ich saß also auf dem Boden mit an die feuchte Mauer gelehntem Kopfe und mußte die Fesseln am Halseisen beständig mit einer Hand halten, weil sie mich entweder würgten, oder hinten am Genick die Nerven drückten, folglich Kopfschmerzen verursachten. Weil nun die Stange zwischen beiden Händen allezeit die eine hinunter hielt, wenn die andere auf das Knie gestützt die Halsfesseln erleichterte, so erstarrte mein Blut, und die Arme wurden so schwach, daß man sie wirklich schwinden sah. Man kann sich auch vorstellen, wie wenig ich in solcher Lage schlafen oder ruhen konnte. Endlich überstieg das Ungemach meine Liebes- und Seelenkräfte, und ich verfiel in eine schwere hitzige Krankheit. Der Tyrann Borck blieb unbeweglich und wünschte nur meinen Tod zu beschleunigen, um der Sorge meiner Bewachung enthoben zu sein.

Hier empfand ich erst, was eigentlich ein kranker Gefangener ohne Bett, ohne Erquickung, ohne Trost und ohne Menschenliebe ist. Die größte Seele, alle Vernunftschlüsse unterliegen da, wo der Gliederbau geschwächt wird. Und mein damaliger Zustand empört noch heute mein Blut, wenn ich ihn auf diesen Blättern dem Leser schildern will.

Da ich aber einmal beschlossen hatte, mein Schicksal abzuwarten, männlich zu trotzen, und auch noch immer Hoffnung zur möglichen Flucht vor mir sah, überdem bei erfolgendem Frieden mich nicht ganz verlassen glaubte; so ertrug ich mehr, als ein Weltweiser in meinem Falle dulden sollte, der im Kerker Pistolen bei sich hatte.

Meine Krankheit dauerte an die zwei Monate. Ich wurde so schwach, daß mir kaum Kräfte blieben, meinen Wasserkrug an den Mund zu bringen. Wer kann sich denken, was ein Mensch leidet, der ohne Bett noch Stroh in schweren Fesseln an allen Gliedern zwei Monate lang auf der Erde im feuchten Kerker sitzt; der nichts als trockenes Kommißbrot und keinen Tropfen Suppe als Nahrung erhält; den kein Arzt besucht, kein Freund tröstet, und der ohne Angst noch Menschenhilfe in solchem Zustande gesund werden muß!

Die Krankheit selbst ist Plage genug, um auch den Starken kleinmütig zu machen. Und was litt bei mir zugleich die Seele! Hitze und
Kopfschmerzen, verschwollener Hals im breiten Halseisen brachten
mich fast zur Raserei. Und in solchen Anfällen waren dann noch
Füße, Hände und Leib wund gerissen.

Genug hiervon! Der lebendig Geräderte, welcher ohne Gnaden-
schlag auf dem Rade sterben muß, empfindet gewiß nicht, was ich
zwei lange Monate hindurch fühlen mußte. Endlich erschien ein Tag,
an den ich nur mit Schauder und Schrecken zurückdenken kann. Ich
saß in der größten Hitze und Blutwallung, da die Natur mit ihrer
Zerstörung rang. Und als ich trinken wollte, fiel mein Krug aus der
Hand und zerbrach.

Nun mußte ich 24 Stunden warten, ehe ich zu trinken erhielt. In
dieser schrecklichen Lage hätte ich meinen Vater ermordet, um sein
Blut zu lecken. Gern hätte ich zuletzt meine Pistolen hervorgesucht;
doch die Kräfte fehlten mir, um mein fest verwahrtes Loch aufzubre-
chen. Hauptsächlich aber hielt mich mein Ehrgeiz zurück. Ich wollte
nicht im Kerker sterben und wie jeder Schurke oder wirkliche Missetäter begraben werden.

Da man am folgenden Tage visitierte, glaubte man mich wirklich
tot, weil ich die Zunge aus dem Halse lechzend herausstreckte und in
Ohnmacht dalag. Man labte mich, fand Leben, und, o Gott! mit was
für Begierde verschlang ich das Wasser aus meinem Krug! Man füllte
ihn von neuem, wünschte mir Glück, daß mich der Tod bald von
meiner Qual erlösen möge, und ging wieder davon.

Indessen hatte man in der Stadt so rührend von meinem Zustande
gesprochen, daß sich alle Damen, auch die Stabsoffiziere der Garnison vereinigten und den Tyrannen Borck bewogen, mir mein Bett
wiederzugeben. Wirklich wurde ich von dem Tage an, da ich so
bitteren Durst gelitten und so viel auf einmal getrunken hatte, täglich
stärker und bald wieder, zum Erstaunen aller Menschen, gesund.

*

Das Herz meiner Inspektionsoffiziere hatte ich gewonnen, und nach
6monatigem schwerem Leiden ging die Hoffnungssonne auf einmal
wieder für mich auf. Einer von den Majoren vertraute dem Lieutenant Sonntag die Schlüssel an. Er kam allein zu mir und schüttete mir
sein Herz aus, klagte über Schulden, Mangel und Not. Ich gab ihm 25

Louisdors, und hiermit war unsere Freundschaft, unser ewiges Bündnis geschlossen.

Allmählich wurden alle drei wachthabenden Offiziere meine Freunde. Sie saßen stundenlang bei mir, wenn ein gewisser Major die Inspektion hatte, den ich gleichfalls ganz auf meine Seite zu ziehen wußte.

Endlich kam es so weit, daß er selbst halbe Tage bei mir zubrachte. Er war arm; ich gab ihm einen Wechsel auf 2000 fl., und hiermit war die Bahn frei, um neue Unternehmungen anzufangen. Geld war notwendig. Ich hatte den Offizieren bald alles gegeben; in meiner Kasse waren keine 100 fl. mehr.

Gleich fand sich Gelegenheit, ein gutes Objekt auszuführen. Des Hauptmanns von K . . ., der Majorsdienste tat, Sohn war kassiert und brotlos; sein Vater klagte mir sein Leid. Ich schickte ihn zu meiner Schwester unweit Berlin; diese gab ihm 100 Dukaten. Er kam zurück und brachte mir die Nachricht von ihrer Freude. Er hatte sie auf dem Totenbett angetroffen, und sie schrieb mir in wenigen Zeilen, daß mein Unglück und die Berliner Verräterei im Jahre 1755 ihre Armut und ihre jetzige zweijährige Krankheit verschuldet hätten. Sie wünschte mir Glück zur Rettung und empfahl mir ihre Kinder. Sie ist aber wieder genesen und hat den Obrist von Pape zum zweiten Manne erwählt, starb aber im Jahre 1758. Ihre wahre Geschichte will ich nicht erzählen, weil sie Friedrichs Asche keine Ehre macht und mein eigenes Herz durch neue Erinnerung an das Vergangene unversöhnlich machen könnte.

Nun kam K . . . freudig mit Geld zurück. Alles wurde mit dem Vater verabredet. Ich schrieb an meine große Freundin, die Kanzlerin Gräfin Bestuchew, auch an den Thronfolger Peter nach Petersburg, empfahl den jungen Menschen bestens und bat um mögliche Hilfe für mich. K . . . reiste nach Hamburg, von da nach Petersburg, wurde sogleich Hauptmann, bald darauf Major durch meine Empfehlung, handelte auch so redlich, daß ich wirklich durch einen Hamburger Kaufmann, welchen der alte K . . . kannte und als Korrespondenten gewählt hatte, 2000 Rubel erhielt, welche mir die Kanzlerin schickte. Er selbst aber war in Petersburg für diesen Dienst reichlich beschenkt worden und hat sein Glück gemacht. Dem ehrlichen alten K . . . gab ich 300 Dukaten; er war ein armer Teufel und bis zum Grabe mein dankbarer Freund geblieben. Ebenso viel wurde allmählich unter die Offiziere aufgeteilt. Und Lieutnant Glotin trieb es gar so weit, daß er die Schlüssel dem Major zurück gab, ohne meine Türen zuzuschließen, und halbe Nächte bei mir im Kerker zubrachte. Der Wache gab er von meinem Gelde zu saufen.

So ging eine Zeitlang alles nach Wunsch, und der Tyrann Borck wurde betrogen. Man steckte mir Licht zu, gab mir Bücher und Zeitungen zu lesen. Meine Tage verflossen wie Stunden, und ich schrieb, las und beschäftigte mich so gut, daß ich fast meinen Zustand vergaß. Nur allein wenn der dumme grobe Major Bruckhausen die Inspektion hatte, mußte alles behutsam vorgehen. Der andere Major namens Z. . . wurde allmählich auch mein Freund. Ich gewann ihn, der ein Geizhals war, indem ich ihm versprach, nach erlangter Freiheit seine Tochter zu heiraten, und ihm handschriftlich 10000 fl. vermachte, falls ich im Kerker sterben sollte.

Endlich kam es so weit, daß mir der Lieutenant Sonntag heimlich andere Handschellen machen ließ, welche so bequem waren, daß ich die Hände leicht herausziehen konnte. Dies war möglich, weil nur die Lieutenants und kein anderer meine Eisen visitierten. Die neuen waren alle den alten ähnlich, und Bruckhausen war zu dumm, um etwas zu bemerken. Alle übrigen Fesseln konnte ich nach Belieben ablegen. Wenn ich also meiner Gewohnheit nach Bewegungen machte, so hielt ich die Ketten in der Hand und verursachte mit ihnen das Gerassel, um die aufpassende Schildwache zu betrügen.

Nur allein das Halseisen durfte ich nicht losmachen; es war auch viel zu erkennbar geschmiedet. Es wurde aber das obere Gelenk durchgeschnitten, so daß das nächste durchgezogen werden konnte; auch dieses wurde von mir auf die bereits beschriebene Art mit Brot vorsichtig zugeschmiert. Folglich konnte ich alle meine Fesseln nach Belieben ablegen und ruhig schlafen. Kaltes Fleisch und Würste trug man mir gleichfalls heimlich zu; so war meine Lage ganz erträglich.

*

Nun aber fing ich an, für meine Freiheit zu arbeiten. Unter den drei Offizieren war jedoch leider! keiner, der das Herz hatte, für mich das zu tun, was Schell in Glatz tat, um mit mir von der Wache fortzugehen.

Das benachbarte Sachsen war in preußischer Gewalt, desto größere Gefahr bedeutete die Flucht; und alle möglichen Vernunftschlüsse blieben bei solchen Leuten vergebens, die nichts wagen und ganz sicher gehen wollten. Bei Glotin und Sonntag war der Wille gut; aber der erste war eine feige Memme und der andere ein Skrupulant, der hierdurch seinen Bruder in Berlin unglücklich zu machen glaubte. Ich hatte doppelte Schildwachen: folglich war es unmöglich, durch mein Loch, welches unter den Fundamenten seit zwei Jahren fertig war, vor deren Füßen herauszukriechen; und noch weniger konnte ich die 12 Schuh hohen Palisaden vor den Augen der Wächter übersteigen.

Es wurde demnach folgender Entwurf gemacht, der zwar Herkulesarbeit erforderte, aber sicher auszuführen möglich war:

Der Lieutenant S . . . hatte ausgemessen, daß von der Stelle, wo ich das Loch im Boden fertig hatte, bis zu dem Eingang zur Galerie im Hauptwall 37 Schuh zu durchbrechen waren. Da sich nun mein Gefängnis an denselben stützte, so konnte ich unter den Fundamenten des Walles neben dem Graben bis in diesem fort arbeiten. Und da der Grund aus feinem weißen Sande bestand, war es um so besser möglich. Sobald ich in diese Galerie gelangen konnte, war meine Freiheit sicher. Man unterrichtete mich, wieviel Schritte ich nach rechts und links zu gehen hatte, um in diesem Souterrain die Tür zu finden, welche in den zweiten Wall führt. Dann hätte mir am festgelegten Tage der Offizier diese Türen heimlich geöffnet. Allenfalls hätte ich Licht, Brecheisen und Bohrer bei mir gehabt, um alle Hindernisse zu beheben. Und dann mußten mir Vorsicht und Geduld weiterhelfen.

Die Arbeit wurde also angefangen und dauerte über 6 Monate. Ich habe bereits gesagt, wie schwer es mir fiel, das Loch, wo ich hinunter stieg, mit den Händen auszuschöpfen; denn jedes Werkzeug hätten meine Schildwachen rauschen gehört.

Kaum hatte ich das Fundament hinter mir weggebrochen und das alte Loch damit gefüllt, so fand ich, daß der Hauptwall wirklich kaum einen Fuß tiefe Fundamente hatte, was ein Hauptfehler einer so wichtigen Festung ist. Mir wurde diese Arbeit leichter, weil ich die Grundsteine meines Kerkers höher wegnehmen konnte und nicht so in der Tiefe zu arbeiten hatte.

Im Anfang ging das Werk vortrefflich. Ich konnte in einer Nacht bis 3 Schuh vorwärts kommen, so lange ich Raum hatte, den ausgegrabenen Sand wieder hineinzubringen. Kaum war ich aber 10 Fuß vorwärts, so empfand ich erst die Beschwerden. Denn ehe ich anfing, mußte erst das Loch, wo ich hinunterstieg, mit der Hand ausgeleert werden, was schon etliche Stunden Arbeit erforderte. Dann mußte jede Handvoll Sand aus dem Kanal geholt werden, um auszuräumen und weiter zu minieren. Alles lag auf einem Haufen im Gefängnis und mußte auf dieselbe Art, wie ich es herausgebracht, alle Tage wieder hineingeschafft werden.

Auf diese Art habe ich berechnet, daß ich, da ich mich einmal über 20 Schuh hineingearbeitet hatte, innerhalb von 24 Stunden gegen 1500 bis 2000 Klafter in der Erde auf dem Bauche kriechen mußte, um den Sand heraus und wieder hinein zu bringen. War ich dann hiermit fertig, so mußte erst jede Ritze in meinem Fußboden genau ausgeputzt werden, daß man beim Visitieren den schneeweißen Sand nicht bemerken konnte. Dann erst wurde der aufgebrochene Boden, und zuletzt jede Fessel in Ordnung gebracht. Wenn ich nun auf diese Art einen Tag gearbeitet hatte, war ich so abgemattet, daß ich allezeit drei folgende ruhen mußte.

Um weniger Raum zu benötigen, war mein Kanal so eng angelegt, daß ich ganz eingezwängt kriechen mußte und nicht einmal die Hand über den Kopf bringen konnte. Überdies mußte alles mit nacktem Leibe geschehen, weil man das schmutzige Hemd bemerkt hätte. Der Sand war auch ganz naß, weil man in 4 Schuh Tiefe schon Wasser findet, wo der grobe Kies anfängt.

Endlich verfiel ich auf den Gedanken, mir Sandsäcke zu machen, um alles geschwind heraus und herein zu bringen. Die Offiziere steckten mir zwar Leinwand zu, welche aber nicht ausreichte; überdies hätte sie bei etwaiger Entdeckung zu viel Aufsehen verursacht, woher so viel Leinwand in meinen Kerker gekommen sei. Ich griff also zuletzt mein Bett an, legte mich in dasselbe, wenn Bruckhausen visitierte, als ob ich krank sei, zerschnitt Strohsack und Bettlaken und machte daraus Sandsäcke.

Zuletzt, da ich mich dem Ausbruch näherte, war es fast nicht mehr möglich, mit der ungeheuren Arbeit fertig zu werden. Und oft saß ich in meinem Gefängnis so ermüdet auf meinem Sandhaufen, daß ich es für unmöglich hielt, alles wieder hinein zu schaffen, und wirklich beschloß, die Visitation abzuwarten, ohne mein Loch zuzumachen. Ja ich kann versichern, daß mir in 24 Stunden nicht so viel Zeit übrig blieb, um ein Stück Brot in Ruhe zu essen, wenn ich alles wieder in Ordnung haben wollte. Kaum hatte ich aber eine Weile schwermütig gerastet, so munterte mich der bisher glückliche Fortgang auf, die letzten Kräfte zu wagen. Ich begann von neuem und wurde dennoch fertig, aber oft kaum 5 Minuten vor dem Visitieren.

Als ich nur noch 6 bis 7 Schuh vom Ausbruch entfernt war, ereignete sich eine wunderbare Begebenheit, welche alles vereitelte.

Ich arbeitete, wie gesagt, unter den Fundamenten des Walles neben dem Graben, wo die Schildwachen standen. Alle meine Eisen konnte ich ablegen, nur das um den Hals blieb mit dem daran hängenden Haken fest und war bei der Arbeit, wo ich es festband, losgeworden; folglich hatte eine Schildwache das Klimpern in der Erde, ungefähr 15 Fuß weit von meinem Kerker, gehört. Sie hatte den Offizier herbeigerufen; man legte das Ohr auf die Erde und hörte mich unten die Säcke hin- und herschieben. Am folgenden Tage wurde es gemeldet, und der Major, der gerade mein bester Freund war, trat nebst dem Platzmajor, einem Schmied und einem Maurer herein.

Ich erschrak. Der Lieutenant winkte mir, daß ich verraten sei. Und nun ging die Visitation an.

Kurz gesagt – die Offiziere wollten nichts sehen, der Schmied und der Maurer fanden alles ganz. Hätte man mein Bett untersucht, so wäre der halbe Strohsack von unten und das Bettlaken vermißt worden. Der Platzmajor war dumm und hielt die Sache für unmöglich. Er hatte draußen der Schildwache, die mich belauschte, gesagt:

Du Esel hast einen Maulwurf, aber nicht den Trenck in der Erde gehört! Wie wäre es möglich, daß er so weit von seinem Kerker arbeiten könnte?

Und hiermit ging alles fort.

Aber ich hatte keine Zeit mehr zu versäumen. Wäre man nur einmal abends zur Visitation gekommen, so hätte man mich bei der Arbeit gefunden. So klug war aber niemand in den 10 Jahren. Denn Kommandant, Platzmajor und Bruckhausen waren kurzsichtige, elende Menschen. Die anderen hingegen wünschten mir alle Glück und wollten nichts sehen. Ich hätte schon drei Tage nach diesem Vorfall ausbrechen können. Da ich aber gerade an dem Inspektionstage Bruckhausens, meines einzigen Feindes, entfliehen wollte, um ihm einen Streich zu versetzen, so hatte dieser Schuft mehr Glück als Verstand. Er war etliche Tage krank, und K... mußte seinen Dienst übernehmen.

Endlich erschien Bruckhausen wieder beim Visitieren. Kaum aber war die Tür hinter ihm zu, so griff ich zur letzten Arbeit, weil ich die letzten drei Schuh Sand nicht mehr herausbringen durfte, sondern immer nach vorn zum Ausbruch hin arbeiten und den Sand hinter mir durchwerfen konnte. Man stelle sich vor, wie emsig ich wühlte.

190

Mein Schicksal wollte aber, daß dieselbe Schildwache, die mich vor etlichen Tagen in der Erde gehört hatte, wieder bei mir auf Posten stand. Dieser, vom Ehrgeiz gekitzelt, weil man ihn einen Esel geheißen und er mich doch sicher gehört hatte, legt sich auf den Bauch und hört mich abermals hin- und herkriechen. Er ruft den Kameraden, sie melden es – der Major wird gerufen; der erscheint, hört gleichfalls alles, geht jenseits der Palisaden, hört mich nahe an der Tür wühlen, wo ich eben zur Galerie durchbrechen wollte.

Gleich wird diese Tür geöffnet; man geht mit Laternen hinein und lauert auf den herauskommenden Fuchs ...

Als ich nun von unten her den Sand wegarbeitete, und die erste Öffnung gewann, sah ich Licht – und die Köpfe derer, die auf mich warteten.

Welcher Donnerschlag für mich! Ich war verraten, kroch also mit allergößter Mühe durch den hinter mich gewühlten Sand zurück und erwartete mit Schrecken und Schauder mein Schicksal. Immerhin hatte ich so viel Geistesgegenwart, daß ich meine Pistolen, mein Geld, meine Instrumente, Papier, Licht, auch etwas Geld unter dem Fußboden verbarg, welchen ich allezeit wieder durchschneiden konnte. Mein meistes Geld war aber in verschiedenen in den Boden und ins Türgerüst eingebohrten und wieder zugeschmierten Löchern versteckt, und nichts wurde gefunden. Hin und wieder waren aber auch in den Ritzen des Bodens kleine Feilen, auch Messer verborgen.

Kaum war ich fertig, so rasselten die Türen. Man kam herein – und fand den Kerker bis oben hin mit Sand und Sandsäcken angefüllt. Die Handschellen aber, nebst den Stangen, hatte ich in aller Eile angelegt, um sie glauben zu machen, daß ich mit denselben in der Erde gearbeitet hätte.

Sie waren auch dumm genug, alles zu glauben; und hierdurch gewann ich schon einen Vorteil für die Zukunft. Niemand war dabei geschäftiger als der grobe, dumme Bruckhausen. Er stellte viele Fragen; ich gab ihm aber keine Antwort, außer daß ich ihm versicherte: Ich hätte den Ausbruch schon vor etlichen Tagen vollzogen, wenn sein Glück ihn nicht hätte krank werden lassen. Und allein, weil ich ihm diesen Streich hätte spielen wollen, sei ich gegenwärtig unglücklich!

Das hat ihn auch wirklich so schüchtern gemacht, daß er in der Folge höflicher wurde und mich wirklich zu fürchten anfing.

*

191

Die Nacht war da; es war unmöglich, den Sandhaufen hinauszu-schaffen. Der Lieutenant und die Wache blieben also bei mir. Ich hatte große Gesellschaft; und am Morgen erschien ein Schwarm Arbeiter, welche zuerst das inwendige Loch ausfüllten. Dann wurde dasselbe ausgemauert und die durchschnittene Bohle in des Fußbo-dens Oberfläche neu gemacht. Der Tyrann Borck kam gar nicht, weil er eben krank war; sonst wäre es mir viel ärger gegangen.

Am Abend desselben Tages waren die Schmiede auch schon mit ihrer Arbeit fertig. Alle Fesseln wurden schwerer gemacht als die ersten. Und anstatt der Schelle über die Fußeisen, wurden dieselben mit Schrauben zusammengezogen und verschmiedet. Alles übrige blieb beim alten.

Bis zum folgenden Tage wurde noch am Fußboden gearbeitet. Ich konnte abermals nicht schlafen, so daß ich vor Müdigkeit und Schwermut zu Boden sank. Mein größtes Unglück war, daß man mir abermals das Bett wegnahm, weil ich es zu Sandsäcken zerschnitten hatte.

Ehe man die Türen zuschloß, visitierte mich Bruckhausen und der Platzmajor bis auf den nackten Leib. Sie hatten mich öfters gefragt, wo ich denn alle Instrumente hergenommen hätte? Meine Antwort war:

Meine Herren! Der Teufel ist mein bester Freund. Er bringt mir alles, was ich brauche. Wir spielen auch ganze Nächte Piket mit einander, weil er mir Licht bringt. Und Sie mögen mich bewachen, wie Sie wollen, so wird er mich doch erretten!

Sie erstaunten, die anderen lachten. Endlich, da sie alles aufs genaueste untersucht hatten und die letzte Tür zuschlossen, rief ich:

Meine Herren! Kehren Sie zurück. Sie haben etwas wichtiges vergessen!

Indessen zog ich eine versteckte Feile aus dem Boden heraus und sagte bei dem Eintritt der Herren:

Ich habe Ihnen nur erweisen wollen, daß der Teufel mir alles bringt, was ich brauche!

Man visitierte von neuem und schloß wieder ab. Indessen, während sie an den vier Schlössern arbeiteten, hatte ich ein Messer und 4 Louisdor hervorgesucht, weil ich mein Geld an verschiedenen Orten versteckt hatte. Das meiste lag unter dem Fußboden. Ich rief sie nochmals zurück; sie kamen mit Murren und Fluchen – und nun übergab ich ihnen Geld und Messer.

Ihre Verwirrung war unbegrenzt. Ich hingegen lachte und spottete nur trotz meines Unglücks mit so kurzsichtigen Wächtern. Und bald war ich durch sie in der ganzen Stadt, besonders beim Pöbel, als ein Zauberer und Schwarzkünstler verschrien, dem der Teufel alles zutrage.

Ein gewisser Major Holzkammer, ein höchst eigennütziger Mensch, benutzte diese falschen Gerüchte. Ein vorwitziger dummer Bürger hatte ihm 50 Taler angetragen, wenn er ihm nur erlaube, mich durch die Tür zu sehen, weil er so gern einen Hexenmeister sehen möchte.

Holzkammer vertraute mir das Geheimnis an, und wir verabredeten uns, diesem Bürger recht die Nase zu drehen.

Alles war veranstaltet; er hatte mir eine ganz abscheuliche Larve hereingegeben, mit einer ungeheuren Nase. Sobald ich nun die Schlösser rasseln hörte, steckte ich diese Larve vor das Gesicht und stand in Zwergengestalt da. Der Bürger erschrak und wich zurück. Holzkammer sagte:

Geduld! Wenn wir in einer Viertelstunde zu ihm gehen, so hat er wieder eine andere Gestalt!

Dies geschah; nun hatte ich mein Gesicht ganz weiß angestrichen und stand im Hemde da wie ein ausgezehrtes Gespenst, mit niedergeschlagenen Augen. Gleich zog er ihn wieder zurück und kam zum dritten Mal.

Jetzt hatte ich meine Haare unter der Nase zusammengeknüpft und eine zinnerne Schüssel auf die Brust gebunden. Als die Tür aufging, stand ich vor derselben in schreckbarer drohender Gestalt und schrie mit donnernder Stimme:

Zurück, Schurken! Oder ich drehe euch allen die Hälse um!

Alles lief verabredetermaßen davon, und der vorwitzige, um seine 50 Taler betrogene Bürger als erster.

Soviel ihn nun auch der Major bat, keinem Menschen ein Wort von dieser Begebenheit zu sagen, weil es auf das schärfste befohlen war, niemand in die Sternschanze zu führen, so vergingen doch nur wenige Tage, und man sprach in allen Bierhäusern von meiner Zauberkunst. Sogar der Bürger wurde genannt, der mich in einer Stunde in dreierlei Gestalt gesehen und noch viele andere Abenteuer dazugelogen hatte. Die Sache kam vor das Gouvernement. Er wurde zitiert und gefragt; dabei nannte er den Major, welcher ihm diesen Gefallen erzeigt hatte, erbot sich sogar zu eidlicher Aussage, daß er dieses wirklich gesehen habe, und berief sich auf die Augenzeugen. Holzkammer hatte deswegen Verdruß und mußte etliche Tage in Hausarrest.

Wir aber hatten hernach noch manches Gelächter über diesen lustigen Einfall, welcher viel von mir sprechen machte. Besonders, da bisher niemand begreifen konnte, wie es möglich sei, daß ich trotz aller Aufsicht, Fesseln und Wächter dennoch fast alle Jahre neue Unternehmungen zur Flucht vollziehen und alle, die meinen Kerker visitierten, mit Blindheit schlagen könne.

Hieraus ersieht man, wie der Leichtgläubige betrogen wird und wie leicht Wunder und Gaukelspiele zu erfinden sind, woraus eigentlich alle Kirchen- und Hexengeschichten entspringen.

$$*$$

Nach dieser fehlgeschlagenen Unternehmung, die länger als ein Jahr Zeit erforderte und mich so geschwächt hatte, daß ich wirklich einem lebendigen Gerippe ähnlich sah, hätte die Schwermut sicher alle meine Seelenkräfte besiegt, wenn mir nicht die weitere Hoffnung zur möglichen Flucht, die sich auf meine wachthabenden Offiziere und bereits gewonnenen Freunde stützte, frischen Mut eingeflößt hätte.

Das Ärgste war für mich der Verlust des Bettes. Ich spürte auch bald die Wirkungen davon; abermals verfiel ich in eine schwere hitzige Krankheit, in welcher ich sicher umgekommen wäre, wenn mir nicht die Majore und Offiziere alle mögliche Hilfe und Menschenliebe erzeigt und den Kommandanten betrogen hätten.

Nur Bruckhausen blieb Menschenfeind und ein blinder Sklave seiner erhaltenen Ordre. Am Tage, wenn er die Inspektion hatte, wurden allein die strengsten Befehle beobachtet; und von meinen Eisen durfte ich mich nicht eher losmachen, bis ich einige Wochen lang die Stellen beobachtet hatte, wo er allein in seiner Dummheit visitierte. Dann aber feilte ich die Gelenke durch, wo ich sicher war, und verstrich die Öffnungen wieder mit meinem Brot – ebenso, wie ich es bereits erzählt habe. Die Hände konnte ich allezeit herausziehen – besonders, nachdem mir die schwere Krankheit alles Fleisch vom Leibe gezehrt hatte. Ein halbes Jahr verfloß, ehe ich meine Kräfte wiederfand und zu einer neuen Herkulesarbeit bereit war.

Endlich fand ich auch ein Mittel, den Bruckhausen vom Kettenvisitieren abzuhalten, so, daß er dieses Amt allein dem wachthabenden Offizier überließ. Er hatte eine feine Nase. – –

Wenn ich nun die ersten Schlösser rasseln hörte, so machte ich durch meinen neben mir stehenden Leibstuhl einen solchen Gestank, daß er zurücktrat, endlich gar vor der Tür stehen blieb.

Bei einer Gelegenheit, wo er, von Stolz aufgeblasen, an einem Tage zu mir hereintrat, da soeben ein Kurier mit der Nachricht einer gewonnenen Bataille eingetroffen war, schimpfte und lästerte er grob gegen alle Österreicher, sogar auch gegen die Person meiner Souveränin, daß ich, endlich bis zur Wut aufgebracht, dem neben mir stehenden Lieutenant den Degen von der Seite riß und ihn an die Wand gespießt hätte, wenn er vor dem Stoß nicht durch einen Sprung zur Tür hinaus entwichen wäre.

Von diesem Tage an war der Grobian so furchtsam, daß er sich nicht mehr zum Visitieren an mich heranwagte, sondern allezeit zwei Mann mit kreuzweise gefälltem Gewehr und Bajonetten vor sich treten ließ, hinter welchen er an der Tür stehenblieb. Auch dieser Vorfall war mir nützlich, weil ich niemand als ihn bei der Visitation zu fürchten hatte. Und um zu zeigen, wie seicht sein Verstand war, auch wie verächtlich ich ihm begegnete, will ich unter anderem nur dieses lächerliche Stückchen erzählen.

Ich fand nämlich, da ich in der Erde minierte, eine 24pfündige Kanonenkugel und legte dieselbe mitten in mein Gefängnis. Er kam zur Visitation, und da er sie gewahr wurde, fragte er mit Verwunderung:

Was, Himmelschwerenot, ist das?

Meine Antwort war:

Es ist etwas von der Munition, die mir mein Teufel liefert. Nächstens werden auch die Kanonen ankommen, und dann sollen Sie allein die Schwerenot spüren und erfahren, was der Trenck ist!

Er stand erstaunt da, hat es gemeldet, und war so dumm, daß er nicht einmal urteilen konnte, auf welche natürliche Weise eine solche Kugel in mein Gefängnis kommen konnte.

Ich empfehle meinen Lesern hier meine Satire, die ich auf ihn verfertigte und die im 2ten Bande meiner Schriften unter dem Titel: »Das Schicksal des Major Mops« zu finden ist. Diese Satire habe ich gemacht, da der verstorbene Landgraf von Hessen-Kassel Gouverneur in Magdeburg war und ich bereits Erlaubnis zu schreiben hatte. Der Landgraf, der den Rekel kannte, ließ sie sich durch ihn selbst vorlesen; und seine Kurzsichtigkeit war so groß, daß er selbst mitlachte und den Sinn gar nicht begriff, obgleich alle seine Waidsprüche darin angebracht und ein Teil seiner wirklichen Geschichte und sein ganzer Charakter darin nach dem Original geschildert war.

Der Landgraf, dem sie sehr gefiel, hat mir das mit meinem Blute geschriebene Manuskript nach meiner erlangten Freiheit selbst zurückgegeben, um es unter meinen öffentlichen Schriften bekannt zu machen. Und der Major Mops, den ich im Leben nie fürchtete, sondern nur verachtete, weil er – neben dem Kommandanten Borck – der einzige in meinem Vaterlande war, welcher wirklich Wollust in meinem Leiden empfand, kann auch in seinem Grabe, welches ihn bereits deckt, über meine Federgeburten nicht mehr zürnen.

Im Zusammenhange meiner Geschichte muß ich folgendes nachtragen. Zu eben der Zeit, da mein Anschlag zur Flucht mißlang, kam ein gewisser General von Krusemarck zu mir ins Gefängnis; als Kornett der Garde du Corps hatte ich mit ihm ehemals in vertraulicher Bruderschaft gelebt. Dieser fragte mich in gebieterischem Tone, ohne Freundschaft, Achtung noch Mitleid zu zeigen, unter anderem auch: Wie ich mich beschäftige, auch ob mir die Zeit lang werde?

Meine Antwort war ebenso trotzig und verächtlich wie seine Frage: Daß ich mich auch denkend zu beschäftigen wisse, und, vom Denken müde, vielleicht in meinen Fesseln angenehmer von meiner gerechten Sache träume als die, welche mich mißhandelten!

Er erwiderte:

Wenn Sie rechtzeitig Ihren eigensinnigen Kopf bezwungen und den besten König um Gnade gebeten hätten, so würden Sie vielleicht heute anders leben. Wer ein Verbrechen begangen hat, und noch dazu trotzt und sich eigenmächtig durch Verführung königlicher Soldaten loshelfen will, der verdient kein besseres Schicksal, als das Ihrige ist!

Hierauf geriet ich in gerechten Zorn und erwiderte:

Herr! Sie sind General des Königs, und ich bin noch wirklicher Rittmeister der Kaiserin Theresia, die mich zu schützen, vielleicht auch noch zu retten, wenigstens aber zu rächen wissen wird. Mein Herz ist vorwurfsfrei, und Sie selbst kennen mich, daß ich diese Fesseln nie verdient habe. Ich hoffe also auf die Zeit und meine gerechte Sache als ein ohne Verhör noch legales Verfahren durch Verleumdung verurteilter ehrlicher Mann. Und in dieser Gestalt wird der Philosoph allezeit seinen Tyrannen zu trotzen wissen.

Er ging scheltend und drohend mit den letzten Worten hinaus:

Man wird den Vogel schon anders pfeifen lehren!

Bald darauf erfolgte die Wirkung dieses edlen Besuches. Es kam Befehl, man solle mir den Schlaf hindern und mich alle Viertelstunden durch meine Schildwachen anrufen und wecken lassen, womit man auch sogleich den Anfang machte. Dieses fiel mir unerträglich schwer, bis ich es gewohnt wurde und auch im Schlummer antwortete. Und diese Grausamkeit hat 4 Jahre hindurch gewütet – bis endlich, ein Jahr vor meiner erlangten Freiheit, der großmütige Landgraf von Hessen-Kassel als damaliger Gouverneur der Qual ein Ende machte und mir den ruhigen Schlaf wieder gönnte. In diesem Zustande verfertigte ich das Trauerlied, welches im 2. Bande meiner Schriften zu finden ist und wovon ich hier nur einige Zeilen einrücke:

Weckt mich nur, ihr meine Wächter!
Wann die Viertelstunde schlägt,
Treibt mit mir ein Spottgelächter,
Lauscht nur, ob mein Fuß sich regt!
Um den grausam starren Willen
Eurer Obern zu erfüllen.

Weckt mich, ihr Tyrannenknechte!
Denn ihr tut nur, was ihr müßt.
Aber den, der ohne Rechte,
Meiner Unruh Ursach ist,
Wird sein böses Herz schon wecken,
Und mit Vorwurfslarven schrecken.

Weckt mich alle Viertelstunden,
Ruft nur meinen Namen laut;
Ritzt mir stets die alten Wunden,
Wenn euch vor der Tat nicht graut!
Doch, so oft ihr mich hier störet,
Glaubt, daß Gott eu'r Brüllen höret!

Allen, die in Fesseln liegen,
Wird der Schlaf ja noch erlaubt;
Niemand stört dem sein Vergnügen,
Der sich träumend glücklich glaubt.
Mir allein wird es verhindert,
Daß der Schlaf mein Leiden lindert.

Jeder Ruf, der hier erschallet,
Spricht: Trenck, denk dein Schicksal nach!

197

Und wenn mir das Herzblut wallet,
Regt den Schmerz die große Schmach.
Kaum erquickt der Schlaf die Glieder,
Weckt mich schon die Schildwacht wieder.

Ach, ihr bittre Grausamkeiten,
Laßt nur alle Zügel los!
Martert mich auf allen Seiten,
Denn ich bin vom Schutze bloß,
Aber dennoch nicht verlassen,
Denn ich kann mich selbst noch fassen.

Wer mit großem Geiste denket,
Ist im Unglück niemals klein;
Und der mich so tief versenket,
Wird auch mein Erretter sein.
Wer auf Gott und Tugend stützet,
Bleibt im Kerker auch beschützet.

Weckt mich also! Weckt mich, Freunde!
Denn ich wache stets im Geist;
Und wer weiß, wer meine Feinde
Morgen anders handeln heißt,
Auch, ob die, die mich so strafen,
Noch so ruhig, wie ich schlafen?

Ei, so ruft in Gottes Namen!
Weckt mich, bis der Tag anbricht!
Bis Gott endlich Ja und Amen,
Wann ich zu ihm seufze, spricht.
Denn er hält noch für mein Hoffen,
Kerker, Welt, mir Himmel offen.

*

Wer aber eigentlich diesen Befehl gegeben hatte, dessen Beispiel man
noch in keiner Geschichte gelesen hat, dieses darf ich der Feder nicht
vertrauen. Ein Major, der mein Freund war, und der mir gern meinen
Zustand erleichtern wollte, gab mir aber den Rat: Ich sollte auf das

Zurufen gar nicht antworten; man könne mich dazu auf keine Art zwingen.

Dieser Rat glückte. Ich folgte ihm und schloß hierdurch die Kapitulation, daß man mir endlich mein Bett wiedergab. Und unter dieser Bedingung tat ich, was man wollte und ließ mich wecken.

Gleich nach dieser Anordnung wurde der wirklich gegen mich grausame und aufgebrachte Kommandant, General von Borck, krank, im Gehirne verrückt, folglich von seinem Amt abgesetzt; und Obristlieutenant von Reichmann, ein wahrer Menschenfreund, wurde an seiner Stelle Kommandant.

Um eben diese Zeit flüchtete auch der Hof selbst aus Berlin, und Ihre Majestät die Königin, der Prinz von Preußen, die Prinzeß Amalia, der Markgraf Heinrich wählten Magdeburg zu ihrer Residenz.

Nun wurde auch Major Mops höflicher als zuvor; vermutlich, weil er bei Hofe gehört hatte, daß ich noch nicht ganz hilflos verlassen sei und noch dereinst meine Freiheit erwarten könne. Tyrannen und Dummköpfe sind gewöhnlich auch feige und verzagte Menschen. Vielleicht bewog also die Furcht eines möglichen Vorfalls auch diesen Bruckhausen, mir mit mehr Achtung zu begegnen, welches ich auch bald merkte.

Reichmann, der redliche neue Kommandant, konnte zwar an meinen Fesseln und an meiner wirklich schreckbaren Lage nichts abändern, noch sie erleichtern. Er gab aber Befehl, oder sah vielmehr durch die Finger, daß die Inspektionsoffiziere mir anfänglich nur zuweilen, endlich aber täglich die inneren zwei Türen öffneten, um mir auf einige Stunden frische Luft und Tageslicht zu vergönnen. Mit der Zeit ließen sie mir die Türen gar den ganzen Tag offen und schlossen sie nur, wenn sie des Abends vom Wallrabe in die Stadt gingen.

Bei dieser Gelegenheit fing ich an, auf meinen zinnernen Trinkbecher mit einem ausgezogenen kleinen Brettnagel zu zeichnen, endlich Satiren zu schreiben, zuletzt gar Bilder zu gravieren, und brachte es in dieser Kunst so weit, daß meine gravierten Becher als Meisterstücke der Zeichnung und Erfindung teuer als Seltenheiten verkauft wurden, und der beste gelernte Graveur meine Arbeit schwerlich übertreffen wird.

Der erste Versuch war, wie leicht zu erachten, unbedeutend. Man trug aber meinen Becher in die Stadt, der Kommandant ließ ihn weiter sehen und mir einen neuen geben. Dieser neue geriet besser als der erste. Dann wollte jeder Major, der mich bewachte, einen haben; ich wurde täglich geschickter, und ein Jahr verfloß mir bei dieser Beschäftigung wie ein Monat. Zuletzt erhielt ich sogar wegen dieser Becherarbeit die Erlaubnis, Licht zu brennen; welches auch bis zu meiner endlichen Befreiung unausgesetzt fortdauerte.

Laut Gouvernementsbefehl sollte zwar ein jeder Becher dieser Art dem Gouverneur überbracht werden, weil ich in denselben alles schrieb oder in Bildern hieroglyphisch darstellte, was ich von meinem Schicksal der Welt bekannt machen wollte. Es wurde dieser Befehl aber nicht ausgeführt, und die Offiziere, welche mich bewachten, trieben einen Handel damit, verkauften sie auch zuletzt bis auf 12 Dukaten; und nach meiner erlangten Freiheit ist ihr Wert so hoch gestiegen, daß man sie in verschiedenen Ländern Europas in den Kabinetten der Seltsamkeiten noch gegenwärtig findet.

Einen davon hat der verstorbene Landgraf von Hessen-Kassel vor 12 Jahren meiner Frau zum Andenken geschenkt. Der andere ist in Paris zu finden und auf wunderbare Weise aus den Händen der verwitweten Königin Majestät dahin gekommen. Beide habe ich mit allen darauf befindlichen Sinnbildern und Beischriften treulich kopiert und am Ende des 2ten Bandes meiner Schriften angezeigt. Wer nun diesen gelesen hat, der allein kann urteilen, wie künstlich diese Becher gearbeitet sind.

Einer davon geriet zu Magdeburg in die Hände des Fürsten August Lobkowitz, welcher damals gefangen war. Dieser brachte ihn nach Wien, und Ihro Majestät, der hochselige Kaiser, hatten ihn unter Dero Kabinettstücke verwahrt.

Zufällig fand sich unter anderem ein Bild auf diesem Becher, welches einen Weinberg mit arbeitenden Menschen vorstellte. Unter demselben war folgende Inschrift:

Mein Weinberg war gebaut, ich sah ihn keimen, blühen;
Die Hoffnung reifer Frucht beseelte mein Bemühen!
Doch ach! ich pflanzte nur. Ein Ahab trinkt den Wein,
Und mein Verhängnis will, ich soll ein Nabot sein.

Ma Vigne fleurissolt par mes soins & travaux:
J'esperai des beaux fruits pour le prix de mes maux.
Mais malheur pour Nabot! Jesebel l'a cherie,
Et pour boire mon Vin, me fait perdre la vie.

Dieses auf die biblische Geschichte von Nabot, Ahab und Jesebel und zugleich auf mein Schicksal in Wien anspielende Sinnbild hat bei der scharfsichtigen, großdenkenden Maria Theresia so lebhaften Eindruck gemacht, daß sie Dero Minister sogleich Befehl gab, auf alle mögliche Art für meine Errettung zu sorgen. Vielleicht hätte sie mir auch meine mir entrissenen Güter wiedergegeben, wenn die Besitzer derselben weniger Gewalt und Kredit besessen, oder wenn sie selbst nur noch ein Jahr länger gelebt hätte!

Indessen habe ich doch meiner Becherarbeit zu danken, daß man auch endlich in Wien an mich zu denken anfing und mich nicht schutzlos verließ.

Auf eben diesem Becher stand auch ein Sinnbild, welches einen Vogel im Käfig in einer Türkenhand vorstellte.

Wunderbar ist aber doch die Geschichte mit diesen Bechern. Denn bei Lebensstrafe war verboten, mit mir zu sprechen oder mir Tinte und Feder zu gestatten; und dennoch usurpierte oder erschlich ich allgemach die offene Erlaubnis, alles in Zinn zu schreiben, was ich der Welt von mir sagen wollte, und erschien hierdurch vor den Augen derer, die mich vorher nie kannten, in der Gestalt eines unterdrückten brauchbaren Mannes. Meine Becher erwarben mir Achtung und Freunde; und dieser Erfindung habe ich größtenteils meine endlich erlangte Freiheit zu danken.

Nun muß ich aber noch etwas sagen, um ihren Wert zu heben. Ich arbeitete bei Licht auf glänzendem Zinn und erfand die Kunst, den Bildern durch die Art der Striche Licht und Schatten zu geben. Durch Übung wurden zuletzt die Abteilungen von 32 Bildern so regulär, als ob sie mit dem Zirkel abgemessen wären. Die Schrift war so fein, daß sie nur mit Vergrößerungsgläsern gelesen werden konnte.

Weil aber beide Hände an einer Stange angeschmiedet waren und ich nur eine brauchen konnte, lernte ich den Becher mit den Knien halten. Mein einziges Instrument war ein geschliffener Brettnagel; und dennoch findet man sogar auf dem Rande doppelte Zeilen Schriften.

Übrigens hätte mich diese Arbeit zuletzt zum Narren oder blind gemacht. Jedermann forderte Becher; und ich saß, um gefällig zu sein, gewiß täglich 18 Stunden bei der Gravierung. Das Licht blendete auf dem glänzenden Zinn; und die Erfindung aller Zeichnungen und Stellungen griff zugleich mehr, als man glaubt, die Denkungs- und Einbildungskräfte an, weil ich kein Original vor mir und in meinem

201

Leben nichts von der Zeichenkunst gelernt hatte außer dem, was zur Militär- und Zivil-Architektur erforderlich ist.

Genug hier von diesen zinnernen Bechern, die mir so viel Ehre und Vorteile verschafften und manche Trauerstunde verkürzen halfen!

Das Ärgste dabei war das ungeheure Halseisen, welches nebst seinen schweren Ketten mir die Nerven am Nacken drückte und täglich Kopfschmerzen verursachte. Ich wurde auch wirklich zum dritten Male krank, weil ich zu viel still saß und eine Braunschweiger Wurst, die mir ein Freund heimlich zusteckte, mir eine Indigestion verursachte, an der ich beinahe gestorben wäre. Es erfolgte ein Faulfieber, und binnen 2 Monaten sah ich einem Totengerippe ähnlich, obgleich mir von den wachthabenden Offizieren Arzenei und zuweilen auch warmes Essen gegeben wurde.

*

Nun war es aber auch wieder Zeit, an meine Freiheit zu denken und eine neue Unternehmung zu wagen. Mein Geld, welches ich hin und wieder versteckt hatte, war ausgeteilt, und unter dem Fußboden lagen nur noch 40 Louisdors versteckt, die ich erst ausbrechen mußte.

Der alte Lieutenant Sonntag war lungensüchtig und nahm als Invalide seinen Abschied. Diesem gab ich Reisegeld und schickte ihn nach Wien, mit der besten Rekommandation, ihm so lange jährlich aus meiner Kasse 400 fl. zu geben, bis ich meine Freiheit erhielt oder er leben würde. Sein Auftrag war, bei der Monarchin eine Audienz zu suchen und Mitleiden, auch Beistand für mich anhaltend zu sollizitieren. Dabei gab ich ihm eine Anweisung, 4000 fl. für mich von meinem Gelde zu empfangen und mir dieselbe über Hamburg an den Kapitän Knoblauch zu übermachen, der sie mir heimlich zugesteckt hätte. Ich empfahl ihn an den Hofrat von Kempf, welcher während meines Gefängnisses, nebst dem Hofrat von Hüttner, die Administration eines Vermögens führte.

Doch, ach! Niemand wünschte in Wien meine Rückkunft. Man hatte bereits angefangen, mein Gut zu teilen, worüber man nie Rechnung legen wollte. Der gute Lieutenant Sonntag wurde also als ein Kundschafter oder Spion arrestiert und etliche Wochen hindurch im Gefängnis mißhandelt. Endlich gab man ihm, der nackt und bloß war, 100 elende Gulden und ließ ihn über die Grenze führen. Der redliche Mann, ein schmähliches Opfer seiner Treue und Redlichkeit, hat also die Monarchin nicht sprechen können und ging elend und kümmerlich nach Berlin, wo er sich ein Jahr lang heimlich bei seinem Bruder aufgehalten hat und gestorben ist. Er schrieb sein Schicksal dem ehrlichen Knoblauch, und ich habe ihm noch durch denselben aus meinem Kerker 100 Dukaten geschickt. Man urteile, wie mir solchen Nachrichten aus Wien, von meinem Zufluchtsorte, zu Mute war.

Es ereignete sich aber ein Vorfall, daß ein Freund, den ich ewig nicht nennen werde, mich durch Hilfe eines anderen wachthabenden Lieutenants heimlich besuchte. Durch diesen erhielt ich 600 Dukaten, und dieses ist eben der Freund, welcher durch denselben Kanal noch im Jahre 1763 viertausend Gulden dem kaiserlichen Gesandten in Berlin, Baron Riedt, zur Beföderung meiner Freiheit bar bezahlt hat, wovon ich besser unten Erwähnung tun werde. – Nun hatte ich wieder Geld.

Um eben diese Zeit rückte die französische Armee bis auf 5 Meilen an Magdeburg heran. Diese wichtige Festung, die damalige Seele der ganzen preußischen Macht, welche wenigstens 16 000 Mann zur Besatzung fordert, hatte keine 1500 zur Verteidigung. Die Herren Franzosen hätten demnach ohne alle Gegenwehr hinein marschieren und dem ganzen Krieg ein Ende machen können. Meine Hoffnung wuchs bei ihrer Annäherung, weil mir die Offiziere alle Neuigkeiten hinterbrachten.

Aber, wie groß war meine Bestürzung, da mir ein Major erzählte: Es wären in der Nacht 3 Wagen in die Stadt gekommen, diese hätte man mit Geld beladen zurückgeschickt, und sogleich hätten sich die Feinde von Magdeburg zurückgezogen.

Diese Anmerkung kann ich meinen Lesern auf Ehre, als eine positive Wahrheit, zur Schmach des damals kommandierenden französischen Generals, versichern. Der Major, welcher mir dieses erzählte, war selbst Augenzeuge; und ob es gleich hieß, das Geld sei zur Armee des Königs geschickt worden, so hat doch leicht jedermann hieraus schließen können, wohin es bestimmt war, weil die Wagen ohne Bedeckung zu eben dem Tor hinaus fuhren, wo die Franzosen nicht weit davon standen. – So wurde damals Maria Theresia von ihren getreuen Bundesgenossen betrogen; und man weiß auch in Paris, wer dieses Geld empfangen und geteilt hat. –

Da auch diese Hoffnung für mich fehlschlug, und ich auch von meiner Freundin, der Kanzlerin in Rußland, nichts mehr zu hoffen hatte, von der man mich in Zeitungen lesen ließ, daß sie nebst ihrem

Manne und dem Feldmarschall Appraxin wegen Verräterei und Einvernehmen mit dem Berliner Hof nach Sibirien verschickt und unglücklich geworden sei, so verfiel ich auf ein neues fürchterliches Projekt, um mich zu retten.

Die ganze Magdeburger Garnison bestand damals aus nicht einmal 900 Köpfen Landmiliz, die alle mißvergnügt waren. Ich hatte 2 Majore und 2 Lieutenants auf meiner Seite; und die Wache in der Sternschanze, wo ich saß, bestand nur aus 15 Mann, welche auch meistens bereit waren, meinem Winke zu folgen.

Vor dem Tor der Sternschanze war das Stadttor nur mit 12 Mann und einem Unteroffizier besetzt, und gleich an demselben lag die Kasematte, in welcher 7000 Kroaten als Kriegsgefangene eingesperrt waren.

In unserem Verständnis war noch ein kriegsgefangener Hauptmann, Baron K...h, welcher unter seinen Kameraden ein Komplott gemacht hatte, um zur bestimmten Stunde in einem gewissen Hause unweit des Tores versammelt zu sein, und meine Unternehmung zu unterstützen. Ein anderer Freund wollte seiner Kompanie Gewehr und Patronen unter einem falschen Vorwand in seinem Quartier bereit halten; und überhaupt waren alle Vorkehrungen so getroffen, daß ich auf 400 Gewehre sichere Rechnung machen konnte.

Dann wäre mein wachthabender Offizier zu mir hereingekommen, hätte die uns etwa verdächtigen zwei Mann zu mir auf Wache gestellt und ihnen befohlen, mein Bett hinaus zu tragen. Indessen wäre ich hinausgesprungen und hätte diese Schildwachen eingesperrt. Kleider und Waffen wären für mich bereit gewesen und zuvor in mein Gefängnis getragen worden.

Dann hätten wir uns des Stadttores bemächtigt; ich aber lief in die Kasematte und rief den Kroaten als Trenck zu, das Gewehr zu ergreifen. Meine anderen Freunde brachen indessen auch los; und, kurz gesagt, der ganze Anschlag war so ausgearbeitet, daß er unmöglich fehlschlagen konnte. Magdeburg, das Magazin der Armee, die königliche Schatzkammer, das Zeughaus – alles geriet in meine Gewalt; und 16000 Kriegsgefangene, die damals in der Stadt lagen, waren hinlänglich genug, den Besitz zu behaupten.

Die gründlichsten Geheimnisse zur Ausführung dieses Unternehmens darf ich meiner Feder nicht anvertrauen. Genug gesagt, daß alles mit der größten Vorsicht und Sicherheit eingefädelt war. Nur dieses muß ich hier noch erinnern, daß in den Sommermonaten die

Garnison deswegen so schwach war, weil die Bauern damals wegen Mangel an Arbeitern den Kapitänen einen Gulden täglich für jeden Beurlaubten zahlten und die Beurlaubten selbst dennoch zufriedenstellten. Der Kommandant sah aber bei den Kapitänen durch die Finger.

Nun nahm aber ein gewisser Lieutenant G...e Urlaub, als ob er seine Eltern in Braunschweig besuchen wolle. Ich gab ihm Reisegeld, und er eilte nach Wien. Dort hatte ich ihn an die Hofräte von Kempf und H...r adressiert, ihm nur einen Brief mitgegeben, worin ich 2000 Dukaten von meinem eigenen Gelde forderte und versicherte, daß ich hierdurch bald in Freiheit sein, auch mich der Festung Magdeburg bemächtigen würde. Alles übrige Umständliche sollte dem Überbringer mündlich geglaubt werden.

G...e kommt in Wien glücklich an; man stellt ihm tausend Fragen, besonders verschiedene Male nach seinem Namen. Er gibt sich zum Glück einen anderen, der wirklich auch verraten wurde.

Endlich erteilt man ihm den Rat, sich nicht in so gefährliche Unternehmungen zu mischen und sagt ihm: Es sei so viel Geld nicht in meiner Kasse, und fertigt ihn mit 1000 Gulden ab, anstatt ihm die von mir verlangten 2000 Dukaten zu geben. Hiermit kehrte er zurück, erhielt aber Wind und war so vernünftig, daß er Magdeburg nicht wiedersah.

Denn kaum war er 4 Wochen abwesend, so trat der damalige Gouverneur, Erbprinz von Hessen-Kassel, eben der letztverstorbene regierende Landgraf, in mein Gefängnis, zeigte mir meinen Brief mit dem Projekt, den ich nach Wien geschickt hatte, vor und fragte: Wer diesen Brief bestellt habe, und wer die Leute wären, die mich befreien und Magdeburg verraten wollten?

Ob nun dieser Brief direkt an den König geschickt worden war oder auf geradem Weg in die Hände des Gouverneurs geraten war, dies habe ich nie entdecken können. Genug, ich war verraten und abermals in Wien verraten und verkauft.

Nun kann man sich meine Bestürzung vorstellen, da der Gouverneur mir meinen Brief vorzeigte. Ich behielt aber Geistesgegenwart und leugnete geradeweg meine Handschrift, schien auch selbst über einen so arglistigen Streich ganz erstaunt. Der Landgraf suchte mich zu überzeugen und erzählte mir sogar den Inhalt des mündlichen Auftrags, welchen der Lieutenant Kemnitz in Wien sollte vorgetragen haben, um Magdeburg in die Hand des Feindes zu spielen. –

Hieraus erkannte ich die Verräterei klar. Weil aber kein Lieutenant Kemnitz in der Garnison existierte und sich mein Freund zum Glück nicht ganz in Wien aufgedeckt und diesen falschen Namen gegeben hatte, so blieb alles ein nicht zu entwickelndes Rätsel; um so mehr, da das Ganze unwahrscheinlich schien und niemand glauben konnte noch wollte, daß ein Arrestant meiner Art und in meiner Lage die ganze Garnison gewinnen oder übermannen könne.

Der gute und beste Fürst verließ meinen Kerker und schien mit meiner Ausflucht zufrieden zu sein, besonders, da sein Herz keine Freude am Unglück der Menschen empfand.

Indessen erschien am folgenden Tage eine ganze Kommission in meinem Gefängnis. Es wurde ein Tisch hereingetragen, wobei der Kommandant, Herr von Reichmann, selbst präsidierte. Man klagte mich als einen Landesverräter an. Ich beharrte darauf, meine Handschrift zu leugnen. Beweise und Zeugen zur Konfrontation waren keine da; und auf die Hauptfrage einer beschuldigten Verräterei antwortete ich ad Protocollum:

Ich sei kein Übeltäter, sondern ein redlicher Patriot, welcher durch Verleumdung, ohne Verhör noch Kriegsrecht, noch legale Prozedur in diese Fesseln geraten sei.

Mein Hauptargument war dieses:

War ich in Glatz mit Recht verurteilt, so bin ich ein Bösewicht, der verdiente Fesseln brechen will: Bin ich aber unschuldig verdammt, und ist mir kein Fehltritt, viel weniger ein Verbrechen erwiesen, so sind alle Folgen gerechtfertigt, durch die ich mich aus Gewalt eigenmächtig zu retten suche. Übrigens sei ich dem Könige von Preußen keine Treue, keine Pflicht schuldig, welcher mich ungehört verdammt und mir Ehre, Brot, Vaterland und Freiheit durch einen Machtspruch entrissen habe. –

Hiermit war das Verhör abgeschlossen, nichts wurde erwiesen noch aufgedeckt, und alles blieb beim alten. Weil man aber doch Offiziere im Verdacht hatte, so wurden alle drei, die mich bisher bewachten, umgeändert, wodurch ich meine zwei besten Freunde verlor. Es währte aber nicht lange, so hatte ich schon wieder zwei andere durch Geld gewonnen; was mir leicht fiel, weil ich den Nationalcharakter kenne und zur Landmiliz nur arme oder unzufriedene Offiziere gewählt werden konnten. Alle Vorsicht des Gouverneurs war demnach vergebens. Und im Grunde des Herzens wünschte damals schon jedermann, daß ich Mittel finden möge, meine Freiheit zu behaupten.

Ewig werde ich auch die Großmut und Nachsicht nicht vergessen, welche der edel fühlende Landgraf in diesem kitzligen Falle an mir erwies. Ich habe ihm etliche Jahre danach in Kassel persönlich gedankt und bei dieser Gelegenheit sehr viel von ihm selbst erfahren, was meinen Argwohn auf die Wiener Verräter bestätigte. Ich fand bei ihm viel, recht viel Gnade, Vertrauen und Achtung.

Da ich kurz nach dieser Begebenheit abermals schwer krank wurde, schickte er mir seinen Arzt, das Essen von seinem Tische, ließ mich 2 Monate hindurch nicht von meinen Schildwachen wecken, mir auch das Halseisen abnehmen – worüber er wirklich einen harten Verweis vom Monarchen ertragen hat, wie er mir in der Folge mündlich versicherte, da ich ihn in Freiheit sah.

*

Ich hätte nun noch einen ganzen Band mit Erzählungen von noch zwei anderen Hauptunternehmungen zur Flucht zu schreiben, will aber meine Leser nicht mit Wiederholungen ermüden, sondern bedarf des Raumes für merkwürdige Vorfälle. Indessen muß ich doch beide ganz kurz vortragen.

Sobald ich wieder einen wachthabenden Offizier auf meiner Seite hatte, machte ich den Entwurf, bei eben dem Loche wieder auszubrechen, wo mir der erste Anschlag mißlang. Da es mir nicht an Instrumenten fehlte, so waren Fesseln und Fußboden bald wieder durchschnitten und alles so gut vorbereitet, daß ich keine Visitation zu fürchten hatte. Hier fand ich nun gleich mein verstecktes Geld, Pistolen und alle Bedürfnisse.

Es war aber unmöglich, mich vorwärts zu arbeiten, bevor ich einige Zentner Sand hinausgeschafft hatte. Dies geschah auf folgende Art. Ich machte zwei verschiedene Öffnungen im Fußboden; die eine war der falsche, die andere der wirkliche Angriff. Dann warf ich einen großen Haufen Sand in mein Gefängnis, machte aber das Loch mit aller Vorsicht wieder zu. Hierauf arbeitete ich bei dem anderen so laut, so unvorsichtig, daß man mich draußen unfehlbar in der Erde wühlen hören mußte.

Um Mitternacht wurden plötzlich alle Türen geöffnet, und man fand mich bei der Arbeit, bei welcher ich selbst überfallen zu werden wünschte. Niemand begriff, warum ich unter der Tür ausbrechen wollte, wo dreifache Schildwachen standen. Die Wache blieb bei mir im Kerker. Am Morgen aber kamen etliche Arrestanten, welche den Schutt mit Karren hinausfahren mußten. Das Loch wurde wieder zugemauert und mit neuen Brettern geschlossen; meine Fesseln wurden wieder neu angeschmiedet. Man lachte über meine unmögliche Unternehmung, nahm mir zur Strafe mein Licht und auch mein Bett weg, welches mir aber beides nach 14 Tagen wiedergegeben wurde.

Das rechte Loch wurde niemand gewahr, wo ich die meiste Erde hinausgeworfen hatte. Und da Major und Lieutenant meine Freunde waren, so wollte auch niemand bemerken, daß man dreimal mehr Sand ausführte, als die gefundene Öffnung fassen konnte. Nunmehr glaubte man aber, nach einer so lächerlichen wie unmöglich scheinenden Unternehmung, daß es die letzte sein werde; und sogar Bruckhausen wurde im Visitieren ganz nachlässig.

Nach etlichen Wochen kam der Gouverneur nebst dem Kommandanten zu mir; statt aber wie Borck zu drohen und zu schmähen, sprach der Landgraf ganz gütig zu mir, versicherte mir seine Fürbitte und Protektion nach erfolgtem Frieden und sagte mir auch, ich hätte mehr Freunde, als ich selbst glauben könne; auch daß der Wiener Hof mich nicht verlassen habe.

Mein Vortrag, meine Erklärung erschütterte seine Seele und rührte ihn bis zu Tränen, die er vergebens verbergen wollte. In diesem Augenblick bemächtigte sich die Freude aller meiner Sinne; ich warf mich ihm zu Füßen, redete wie Cicero und fand einen Fürsten, der edel dachte. Er versprach mir alle mögliche Erleichterung; ich hingegen gab ihm mein Ehrenwort, daß ich nichts mehr zur Flucht unternehmen wolle, so lange er Gouverneur in Magdeburg bliebe. Die Art meines Vortrags war für ihn überzeugend; sogleich befahl er, mir das ungeheure Halseisen abzunehmen und ließ mir das zugenagelte Fenster wieder öffnen; befahl, die inwendigen Türen täglich zwei Stunden offen zu lassen; ließ mir einen kleinen eisernen Ofen in den Kerker setzen, den ich selbst von innen heizen konnte; gab mir bessere Hemden, die mir die Haut nicht wund rieben; befahl auch, mir ein Buch weißen Papieres herein zu geben. Auf dieses durfte ich meine Gedanken und Gedichte zum Zeitvertreib niederschreiben. Dann sollte der Platzmajor die Blätter zählen, damit ich keine mißbrauchen könne, und mir wieder andere weiße, gleichfalls gezählte, zurückgegeben.

Tinte wurde mir aber nicht gestattet. Ich stach mir also in den Finger und ließ Blut in einen Scherben laufen; wenn es geronnen war, ließ ich es wieder in der Hand erwärmen, das Flüssige ablaufen und warf die fibrösen Teile weg. Auf diese Art hatte ich nicht nur gute flüssige Tinte zum Schreiben, sondern auch zugleich Farbe zum Malen.

Nun war ich also Tag und Nacht mit Bechergravieren oder Satirenschreiben beschäftigt und hatte offene Gelegenheit, alles vorzutragen, was ich wollte, meine Talente zu entdecken, auch Mitleiden und Achtung zu erwecken; besonders, da ich wußte, daß meine Gedichte, Sinnbilder und Gedanken zuweilen öffentlich bei Hofe vorgelesen wurden und Ihre königliche Hoheit Prinzeß Amalia, auch die großmütige Königin selbst einen Gefallen daran bezeigten.

Bald erhielt ich Aufträge, für gewählte Gegenstände zu arbeiten. Und eben der Mann, welchen der Monarch lebendig begraben wissen wollte, dessen Namen sogar niemand nennen sollte, hat wirklich nie mehr gelebt noch von sich sprechen gemacht, als da er in diesem Grabe seufzte.

Kurz gesagt, man fing an, mich näher zu kennen, meine Schriften rührten und haben mir auch wirklich die Freiheit zuwege gebracht.

Meinen erarbeiteten Wissenschaften, meiner Gegenwart des Geistes in großen Gefahren habe ich demnach alles zu verdanken. Diese konnte mir Friedrichs Macht nicht nehmen, und durch diese allein erhielt ich das, was sein Zorn und Machtspruch mir auf ewig zu entreißen gesonnen war. Ich erhielt, sage ich, meine Freiheit – obgleich der aufgebrachte Monarch bei verschiedenen Fürbitten allezeit geantwortet hatte:

C'est un homme dangereux; durant que j'existe, il ne verra par le jour.

Oder:

Er ist ein gefährlicher Mensch; so lange ich lebe, wird er das Tageslicht nicht wiedersehen!

Und dennoch hab ichs zugleich mit ihm noch 22 Jahre lang gesehen, und mit allgemeinem Beifall im größten Teil Europas, ohne mich anders als durch behauptete Tugend und Rechtschaffenheit an einem Monarchen zu rächen, welcher mich nur mißhandelte, weil er mich nicht kannte, einen übereilten Machtspruch nicht widerrufen und seinem Volke fehlbar scheinen wollte. Auch in allen meinen seitdem an das Licht der Wahrheit gerichteten Schriften habe ich ihn nur zu besänftigen, auch seine Ehre, seine Seelengröße zu rechtfertigen gesucht. Er starb, überzeugt von meiner Rechtschaffenheit, aber dennoch ohne mich zu belohnen; was vielleicht allein deswegen nicht geschah, weil er dieses niemals nach dem Maß der Beleidigung vollwichtig erfüllen zu können glaubte.

Dennoch ruhe seine Asche in Frieden, weil ich meinem Schicksal die erworbenen tiefen Einsichten und den allgemeinen Ruhm zu danken habe, welcher mich gegenwärtig auf allen meinen Schritten begleitet!

Ich kehre nunmehr in meinen Kerker zurück, wo ich nach der letzten Unterredung mit dem Landgrafen ruhiger als mancher Fürst in seinem Palaste mein Schicksal abwartete und mich mit meiner Becherarbeit und der Feder beschäftigte.

Die Hoffnung wuchs mit jedem Tage, und da man mir die Zeitung zu lesen gab, sah ich den Frieden als das Ziel meiner Wünsche näher kommen. So lebte ich fast 18 Monate in stiller Gelassenheit, ohne eine neue Unternehmung zu wagen.

Der regierende Landgraf zu Kassel starb, und Magdeburg verlor seinen großmütigen Gouverneur. Der Kommandant von Reichmann war aber auch ein Menschenfreund und zeigte Mitleid und Achtung für mich. An Büchern fehlte es mir auch nicht; folglich waren alle meine Minuten beschäftigt und die Zeit strich ungefühlt vorbei, da mir Kerker und Fesseln bereits zur Gewohnheit wurden und die sicher zu erhoffende Freiheit sich mir in den angenehmsten Bildern träumend und wachend vorspiegelte.

Ich schrieb in dieser Lage den »Macedonischen Helden« und das Gedicht »Der Traum und die Wirklichkeit«, welche seitdem in meinen öffentlichen Schriften bekannt geworden sind. Ich schrieb auch die Fabeln, welche man im ersten Bande derselben findet und die zumeist mein eigenes Schicksal schildern. Die merkwürdigsten aber sind »Der unglückliche Hund«, »Der Kanarienvogel«, »Die Nachtigall und der Bauer«, »Der unglückliche Zeisig«, »Die rachgierige Fliege«, »Der Esel und der Hirsch« und andere mehr, die man daselbst nachschlagen kann, weil sie eigentlich zu dieser Lebensgeschichte gehören.

Die meisten und besten Schriften aus dieser Zeit sind aber für mich verloren gegangen. Der Geist arbeitete im Kerker mit mehr Empfindung, und die Ausdrücke waren lebhafter, als gewöhnlich ein freier Mensch in seiner bequemen Studierstube schreiben kann. Vielleicht finde ich in Berlin noch etwas wieder, um meine damaligen Gedanken der scharfsichtigen Welt mitzuteilen.

Ich habe aber gewiß acht Bände mit meinem Blute geschrieben, die ich vielleicht nie wieder finden werde.

*

Nun ereignete sich der Vorfall in Rußland. Elisabeth starb, Peter änderte das Verbindungssystem, Katharina stieg auf den Thron und erzwang den Frieden. So bald ich hiervon Nachricht erhalten hatte, wollte ich mich für alle Fälle absichern. In Wien war durch den redlichen Hauptmann K... meine Korrespondenz offen, man versicherte mir Hilfe, gab mir aber zugleich zu verstehen, daß meine Güterbesitzer und Rechnungsführer das Gegenteil bearbeiteten. Ich wagte nun noch einmal einen Offizier zu überreden, daß er mit mir entfliehen sollte.

Umsonst! Ich fand keinen Schell mehr. Der Wille war gut, aber der Mut zur Ausführung fehlte.

Ich öffnete also mein altes Loch, wo ich bereits etwas Raum gemacht hatte; und meine Freunde halfen mir auf allerhand Art, etwas Sand herauszuschaffen. Mein Geld war ziemlich geschmolzen, man versah mich mit allen erforderlichen Instrumenten, mit frischem Pulver, auch einem guten Degen. Alles wurde unter dem Boden versteckt, den niemand mehr visitierte, weil ich so lange ruhig gewesen war.

Mein Vorhaben war dieses:

Ich wollte den Frieden abwarten; falls ich aber durch denselben nicht gerettet würde, dann sollte mein unterirdischer Gang bis zur Galerie im Walle fertig sein, um nur in dieser die Öffnung zu machen und zu entfliehen.

Zur vollkommenen Sicherheit war folgendes verabredet:

Ein alter Lieutenant von der Landmiliz hatte in der Vorstadt von meinem Gelde ein kleines Häuschen gekauft, wo ich mich allenfalls verbergen konnte. Zu Gummern in Sachsen, eine Stunde von Magdeburg, standen zwei gute Pferde nebst einem Freunde bereit, die daselbst ein ganzes Jahr auf mich warten mußten. Die Abrede war, daß sogleich nach erfolgtem Frieden in jedem Monat, am ersten und auch am fünfzehnten, mein Freund an die Glacis von Kloster Bergen reiten und auf ein bestimmtes Signal hin mir zu Hilfe eilen sollte.

Nun kam es nur darauf an, mein Gefängnis zu durchbrechen, um auf alle Fälle bereit zu sein. Ich durchschnitt also einige obere Bretter auf dieselbe Art wie die ersten, nahm allgemach die ganze doppelte untere Lage, die 6 Zoll dick war, weg, zerschnitt sie mit meinem Meißel in Stücke, verbrannte diese im Ofen und füllte den hierdurch gewonnenen leeren Raum mit dem Sande aus meinem unterirdischen Kanal. Hierdurch gewann ich fast den halben Weg. Dann steckten mir meine Freunde einen Vorrat von Leinwand zu, wovon ich Sandsäcke machte, die ich geschwind ein- und ausschieben konnte. Hierdurch kam ich glücklich bis an die Galerie zum Ausbruche. Dann wurde alles geschlossen, fest gemacht und so gut verwahrt, daß ich bei der genauesten Visitation nichts zu befürchten hatte, weil ich vom unteren Holze überall so viel stehen ließ, daß das obere befestigt blieb. Die eben durchschnittenen Bretter waren alle doppelt festgenagelt und verursachten keinen Verdacht, besonders da die neu angekommene Garnison nicht einmal wissen konnte, ob sie ganz oder stückweise gelegt waren.

Während dieser schweren Arbeit, die mich wieder ganz entkräftet hatte, wurde wirklich Friede, und bei Einrückung der alten Feldregimenter verlor ich alle meine Freunde und Nothelfer auf einmal.

Nun muß ich aber, ehe ich weiterschreite, eine schreckliche Begebenheit erzählen, an die ich nicht ohne Schauder denken kann und von der ich ebenso oft fürchterliche Träume hatte, als ich sie irgendwo erzählen mußte.

Da ich unter den Fundamenten des Walles arbeitete und eben im Begriffe war, einen Sandsack herauszuziehen, stemmte ich mich hinter mir mit einem Fuß an einen großen Stein, welcher herunterfiel und mir den Rückweg versperrte. Wie groß war mein Schrecken, da ich lebendig in der Erde begraben lag! Nach kurzem Hin- und Herdenken fing ich an, seitwärts den Sand wegzuarbeiten, um mich umwenden zu können. Zum Glück hatte ich vor mir noch etliche Fuß Raum; diese füllte ich mit dem Sande, den ich unter und neben mir wegwühlte. Es wurde mir aber die Luft so dünn, daß ich mir tausendmal den Tod wünschte und alle Versuche machte, mir die Kehle zuzuhalten.

Endlich war jede weitere Arbeit unmöglich; der Durst raubte mir die Sinne. So oft ich in den Sand biß, fand ich wieder etwas Luft. Die Beängstigung vermag aber keine Feder auszudrücken, und nach meiner Rechnung habe ich gewiß 8 Stunden in diesem schrecklichen

Zustande zugebracht. Welch ein grausamer Tod! Welch eine grauser-
füllte Nacht für mich!

Ich wurde ohmächtig, erholte mich wieder, arbeitete weiter. Nun
stand aber die Erde schon vor mir bis an die Nase aufgefüllt, und ich
hatte keinen Raum mehr übrig, um Platz zur Wendung zu machen. –
Dennoch gelang es; ich krümmte mich zusammen, und mein Loch
war weit genug, um in demselben umzukehren.

Nun kam ich an den herabgestürzten Stein, welcher den ganzen
Kanal ausfüllte. Weil er vorn offen war, fand ich nun etwas mehr
Luft. Ich wühlte vor diesem Steine unten ein tiefes Loch und zog ihn
in dasselbe hinein; hierdurch konnte ich über denselben wegkriechen
und kam glücklich wieder in mein Gefängnis. Es war schon heller
Tag, da ich hinein kam, und meine Kräfte hatten mich so verlassen,
daß ich mich niederlegte und mich außerstande sah, allen Schutt
wieder hinein zu räumen und mein Loch zuzumachen. Kaum aber
hatte ich eine Stunde gerastet, so war meine Standhaftigkeit schon
wieder da. Ich griff zum Werk, vollbrachte es glücklich; und kaum
war ich fertig, so rasselten meine Schlösser zur Visitationsstunde.

Man fand mich totenbleich, ich klagte über Kopfschmerzen, und
etliche Tage lag ich mit Husten und Mattigkeit so krank, daß ich
glaubte, meine Lunge müsse angegriffen sein. Die Gesundheit kam
aber mit den Kräften wieder; diese Nacht war unter allen meinen
erlebten Schreckensstunden die allerabscheulichste.

Lange Zeit träumte ich, daß ich lebendig in der Erde läge; und noch
jetzt, da ich bereits 23 Jahre in Freiheit lebe, schreckt mich zuweilen
eben der Traum von dieser wirklich erlebten Nacht ...

So oft ich nach dieser Begebenheit wieder zu meiner Arbeit in die
Erde kriechen mußte, hing ich mir allezeit ein Messer um den Hals,
um bei solchem abermaligen Vorfall meine Qual zu verkürzen. Wirklich aber waren an dieser Stelle, wo der Stein heruntergestürzt war,
viele andere wackelig, unter denen ich allezeit durchkriechen mußte;
und dennoch geschah es noch viel hundertmal, und nichts hielt mich
zurück, um meinen Zweck zur Freiheit zu erreichen.

Da ich, wie bereits gemeldet, mit meinem unterirdischen Kanal bis
zum Ausbruch fertig war und der Frieden wirklich erfolgte, schrieb
ich alle möglichen Briefe nach Wien an meine Freunde, besonders ein
bewegtes Memorandum an meine Souveränin. Ich nahm von meinen
bisherigen Wächtern rührenden, zärtlichen Abschied, die mir nichts
als Liebe und Gutes erzeigt hatten und mir noch vor der letzten

Ablösung alles zusteckten, wessen ich bedurfte, um mir selbst zu helfen. Und die gewöhnlichen Feldregimenter der Magdeburger Garnison rückten wirklich ein.

Ehe aber dies geschah, verflossen etliche Wochen, und ich erfuhr, daß General von Riedt vom Wiener Hofe als Gesandter in Berlin ernannt worden war. Nun kannte ich die Welt aus geprüfter Erfahrung und wußte, daß dieser Herr allezeit Geld brauchte. Deshalb schrieb ich ihm einen bewegten Brief und bat ihn, mich nicht zu verlassen und mehr für mich zu tun, als vielleicht sein Auftrag von Wien erfordere. Zugleich schloß ich eine Anweisung auf 6000 fl. bei, welche ihm in Wien von meinem Gelde bezahlt werden sollten; 4000 fl. hat er sogleich von einem meiner Verwandten hierzu empfangen, den ich hier nicht nennen darf.

Diesen 10000 fl. habe ich eigentlich meine erst neun Monate nachher erfolgte Freiheit zu danken, denn eine in meinem Besitz befindliche Wiener Rechnung erweist, daß die 6000 fl. schon im April 1763 von meinen Administratoren auf Hofbefehl für Ordre des General Riedt an die Staatskanzlei des Fürsten Kaunitz bar bezahlt wurden. Die anderen 4000 fl. habe ich nach meiner erlangten Freiheit meinem Freunde, der sie vorgeschossen hatte, dankbar zurückgezahlt.

Ich hatte nun, noch ehe die Garnison abzog, bereits Nachricht, daß bei Abschluß des Hubertusburger Friedens nichts für mich geschehen war. Unser damaliger Bevollmächtigter hatte erst nach bereits ratifizierten Artikeln ganz kaltblütig meinetwegen mit dem preußischen Minister, dem gegenwärtigen Grafen von Hertzberg, gesprochen, aber nichts ernsthaft betrieben, noch sollizitiert. Von Berlin gab man mir aber Versicherung, für mich ernsthaft bei dem Könige einzutreten; und auf dieses Versprechen konnte ich mehr bauen als auf die Wiener Protektion, welche mich 10 Jahre hindurch so hilflos, so verächtlich im Unglück verlassen hatte. Deshalb beschloß ich, noch drei Monate zu warten, ob etwas erfolgte, dann aber erst eigenmächtig aus meinem Gefängnis zu entfliehen.

Die Ablösung der Garnison geschah; und nun war alles neu für mich. Die Offiziere von der Wache waren alles Edelleute und schwerer zu gewinnen als die Landmiliz, und die Majore vollzogen ihre Befehle buchstäblich. Ich brauchte zwar keinen mehr für meine Pläne, mein Herz sehnte sich aber doch nach den gewohnten Freunden; und nun hatte ich wieder nichts als mein Kommißbrot als Nahrung, weil mir niemand mehr das mindeste zusteckte. Die Zeit begann mir

214

lang zu werden. Man hatte bei der Übergabe alles genau visitiert und nichts gefunden. Es war aber doch möglich, daß eine klügere Untersuchung alles entdecken und meine Vorbereitungen zunichte machen konnte. Ein blinder Zufall hätte dieses leicht verursachen können, den ich hier als etwas besonderes erzählen muß.

*

Ich hatte seit zwei Jahren eine Maus so zahm gemacht, daß sie den ganzen Tag auf mir herumspielte und mir aus dem Munde fraß. Ich bemerkte auch an diesem kleinen Tier so entschiedene Merkmale einer mehr als mechanischen Seele, daß ich nicht wagen darf, meine Beobachtungen diesen Blättern beizufügen. Die Theologen würden schnarchen, die Mönche grunzen und die Weltweisen, welche der menschlichen Seele allein die denkenden Kräfte, den Tieren aber nichts als den sogenannten Instinkt beimessen, würden mich einen Märchenschreiber heißen oder wohl gar als einen Ketzer aus der gelehrten Zunft verstoßen, verkleinern und anfeinden. Wenn ich lebe, so erscheint ohnedies eine Abhandlung aus meiner Feder, welche diesen Stoff ausarbeiten soll. Und darin soll meine Maus und eine Spinne gewiß in einer merkwürdigen Rolle auftreten.

Diese wirklich kluge Maus hätte mich nun beinahe unglücklich gemacht. Sie hatte in der Nacht an meiner Tür genagt und in meinem Zimmer Kapriolen auf einem hölzernen Teller aufgeführt. Die Schildwachen hörten es und riefen den Offizier; dieser hört auch und meldet weiter, es gehe in meinem Gefängnis nicht mit rechten Dingen zu ...

Auf einmal wurden mit Tagesanbruch meine Türen geöffnet, und Platzmajor, Schlosser und Maurer traten herein. Man fing an, alles aufs genaueste zu durchsuchen. Boden, Mauern, Ketten, auch mein Leib wurden visitiert; man fand aber nichts. Endlich fragte man mich, was ich in der Nacht gearbeitet und gepoltert hätte. Ich hatte die Maus selbst gehört und klagte das arme Tier an. Gleich wurde befohlen, sie abzuschaffen. Ich pfiff, gleich war sie auf meiner Schulter. Nun bat ich für ihr Leben, und der wachthabende Offizier nahm sie mit sich in sein Zimmer, mit dem heiligsten Versprechen, er wolle sie einer Dame schenken, wo es ihr gut gehen sollte.

Er nahm sie mit, ließ sie im Wachtzimmer laufen. Sie war aber für keinen anderen Menschen zahm und hatte sich gleich versteckt. In der Nacht hatte sie aber, wie die Schildwachen am folgenden Morgen gemeldet, an meiner äußeren Tür beständig genagt, und die Merkmale waren sichtbar. Zu Mittag, da man zum Visitieren herein kam und damit beschäftigt war, lief mir auf einmal meine Maus an den Beinen empor, auf die Schulter, und machte allerhand Sprünge, um ihre Freude zu bezeigen.

Hierbei ist dieses zu merken: Sie lief nicht heraus, sondern wurde in einem Schnupftuche tags zuvor bis in das Wachzimmer getragen, welches 100 Schritte von meinem Kerker entfernt war. Wie fand sie nun ihren Herrn wieder? Wie kannte sie die Stunde, wo am Tage visitiert wurde und wo sie offene Türen zu finden wußte? Und dennoch ist es wahrhaftig und wirklich geschehen. Jedermann war erstaunt und wollte diese Maus haben; der Major nahm sie mit für seine Gemahlin. Diese hat ihr einen schönen Käfig machen lassen, in welchem sie aber nichts gefressen hat und nach einigen Tagen tot gefunden wurde.

Ich war wirklich wegen des Verlustes dieses geselligen Tieres einige Tage ganz unruhig. Da ich aber fand, daß sie an einer Stelle im Fußboden, wo ich den Querschnitt mit Brot und Staub verstrichen, dieses Brot so abgenagt hatte, daß meine Wächter wirklich bei der letzten scharfen Visitation mit Blindheit geschlagen waren oder vielleicht nichts sehen wollten, daß das Brett durchschnitten war; so erkannte ich das notwendige Opfer meiner treuen Gesellschafterin, und die Wächter waren beruhigt, auch überzeugt, daß ich nichts mehr für meine eigenmächtige Befreiung unternommen hätte noch wagen dürfe.

Dieser Vorfall mit der Maus beschleunigte aber meinen Entschluß; ich wollte nicht noch 3 Monate warten. Da ich bereits meine Anstalten erzählt habe, laut welchen ich nur in jedem Monat den ersten und den fünfzehnten festgesetzt hatte, wo die Pferde außerhalb der Festung auf mich warteten; so verstrich der erste August allein deshalb, weil ich den redlichen Major von Pfuhl nicht unglücklich machen wollte, welcher mir mehr Menschenliebe als die anderen erzeigte und an eben diesem Tage die Inspektion in der Sternschanze hatte. Es wurde der fünfzehnte August hierfür festgesetzt; länger wollte ich nicht warten.

Mit diesem festen Entschluß vergingen einige Tage in Sehnsucht, den Tag abzuwarten, an welchem ich mich eigenmächtig retten konnte.

Auf einmal ereignete sich ein Vorfall, welcher einer der merkwürdigsten in meiner Lebensgeschichte ist. Der Major du jour, welcher sonst allezeit selbst mein Gefängnis aufzuschließen gewohnt war, mußte eiligst in die Stadt, wo Feueralarm geschlagen wurde, und gab dem Lieutenant die Schlüssel, um bei mir zu visitieren.

Dieser kam herein, sah mich mit Mitleiden an und fragte:

Ach, lieber Trenck, haben Sie denn in sieben Jahren unter den Landmilizoffizieren keinen Erretter, wie in Glatz den Schell, finden können?

Mein Freund! Freunde solcher Art sind selten zu finden. An Willen hat es keinem gefehlt. Jeder wußte, daß er durch mich glücklich werden konnte. Aber keiner hatte Herz genug im Leibe, um eine entschlossene Unternehmung auszuführen. Geld habe ich ihnen genug gegeben, aber wenig Hilfe von ihnen erhalten.

Wo nehmen Sie denn das Geld her?

Von Wien, mein Freund! Durch geheime Korrespondenz, die sie mir beförderten. Und noch gegenwärtig bin ich damit für einen Freund versehen. Kann ich Ihnen damit Dienste leisten? Ich gebe es freudig; und ich fordere nichts von Ihnen!

Gleich zog ich 50 Dukaten aus einem Loch hervor, welches an der Schwelle des Türgerüstes hierzu gebohrt war, und gab sie ihm. Er weigerte sich, nahm sie aber endlich mit Zaghaftigkeit an, versprach sogleich wiederzukommen, ging hinaus, hing die Schlösser nur zum Schein davor und hielt Wort. Nun erklärte er sich offenherzig, daß er ohnedem wegen Schulden desertieren müßte und längst den Vorsatz gefaßt habe; könne er mir also forthelfen, so wäre er zu allem bereit, ich solle ihm nur den Entwurf zur Möglichkeit machen.

Wir blieben zwei Stunden allein zusammen; das Projekt war bald gemacht, approbiert und sicher zur glücklichen Ausführung gefunden; besonders, da ich ihm sagte, daß meine Pferde in Gummern bereitstünden. Gleich war Brüderschaft und ewige Freundschaft geschlossen. Ich gab ihm noch 50 Dukaten, und niemals hatte er so viel Geld in seinem Besitz gehabt; denn seine ganzen Schulden, wegen derer er desertieren wollte, betrugen keine 200 Reichstaler. Da er aber von Hause gar nichts hatte, so war es unmöglich, dieselben von seiner Gage zu bezahlen.

Unsere Abrede war kurz diese:

Er sollte sich vier Schlüssel anschaffen, welche denen von meinen Türen nur im äußeren Anblick ähnlich wären. Diese sollte er am Tage, da wir unser Vorhaben ausführen wollten, verwechseln, weil sie indessen, da der Major mit dem arretierten General Walrabe zu Mittag speiste, in der Wachtstube verwahrt wurden. Dann, so bald der Major in der Stadt wäre, sollte er seine Grenadiere teils für einige Stunden beurlauben oder in allerhand Aufträgen in die Stadt schicken, am Schlagbaum den Posten einziehen, dann aber zu mir hereinkommen und meinen beiden Schildwachen befehlen, mein Bett hinauszutragen. Indem sie hiermit beschäftigt wären, wollte ich aufspringen und diese Leute in meinen Kerker einsperren. Dann setzten wir uns ungehindert auf die zu bestimmter Stunde bereitgehaltenen Pferde und galoppierten nach Gummern. Binnen 8 Tagen bei seiner zweiten Wache sollte alles bewerkstelligt werden.

Kaum hatten wir uns so weit verabredet, als die Schlagbaumschildwacht für den herankommenden Major ins Gewehr rief. Eiligst sprang der Lieutenant hinaus, schloß die Türen, und der Major ging zum Walrabe hinein.

*

Nun war kein Mensch glücklicher als ich in meinem Kerker. Dreifache Hoffnung lag jetzt vor mir, um meine Freiheit unfehlbar zu erhalten: Die mir zugesicherte Vermittlung des kaiserlichen Gesandten in Berlin, mein bereits fertiges unterirdisches Loch und der neue Lieutenant von der Wache.

Berauscht in Freude und Aussicht glücklicher siegreicher Zukunft, bin ich vielleicht gerade in den Augenblicken, da mein Verstand am wirksamsten wählen und entscheiden sollte, meiner Urteilskraft beraubt gewesen; oder die Eigenliebe hat mich betäubt, daß ich einen Entschluß faßte, welcher jedem vernünftigen Leser aber so unüberlegt wie verwegen, dummdreist und bedauernswürdig erscheinen wird!

Ich geriet auf den törichten Gedanken, daß ich die Großmut des großen Friedrich auf die Probe stellen wollte. Fände ich diese nicht und schlüge dieser Anschlag fehl, dann hätte ich auf alle Fälle meinen Lieutenant zum sicheren Erretter.

Diesem tausendfach beweinten Entwurf gemäß, in den ich mich selbst verliebt hatte, und deshalb mit Sehnsucht den Tag erwartete, redete ich den zur Visitation hereintretenden Major zu Mittag auf folgende Art an:

Ich weiß, Herr Major, daß der Gouverneur, der großmütige Herzog Ferdinand von Braunschweig, gegenwärtig in Magdeburg ist. (Dies hatte mir mein Freund gesagt.) Gehen Sie sogleich zu ihm und sagen Sie ihm, er möchte zuvor mein Gefängnis visitieren, die Schildwachen verdoppeln lassen und dann befehlen, zu welcher Stunde am hellen Tage ich mich außerhalb der Werke der Sternschanze auf der Glacis bei Kloster Bergen in vollkommener Freiheit sollte sehen lassen! – Wäre ich dieses zu bewerkstelligen imstande, dann hoffte ich auf die Protektion des Herzogs, welcher diesen Auftritt dem Könige melden sollte, um ihn meines reinen Gewissens und meiner allezeit rechtschaffenen Handlungen zu überzeugen.

Der Major erstaunte, sah den Lieutenant an und glaubte wirklich, ich sei im Gehirne verrückt, weil ihm der Vortrag lächerlich und die Ausführung meines Vorhabens platterdings unmöglich schien. Ich beharrte aber ernsthaft auf meiner Bitte.

Er ritt in die Stadt und kam nebst dem Kommandanten, Herrn von Reichmann, mit dem Platzmajor Riding und dem anderen Inspektionsmajor zu mir zurück, mit der Antwort:

Der Herzog ließe mir sagen, wenn ich dieses, was ich mich anheischig mache, zu bewerkstelligen imstande sei, dann versichere er mich seiner ganzen Protektion, auch der Gnade des Königs, und sogleich wolle er mich von allen Fesseln befreien!

Nun forderte ich allen Ernstes die Bestimmung der Stunde. Noch scherzte man und hielt alles für unmöglich. Endlich hieß es, ich sollte sagen, auf welche Art, ohne es auszuführen; es wäre genug, wenn ich die Möglichkeit nachwiese. Im Weigerungsfall würde sogleich mein ganzer Fußboden aufgebrochen werden und man würde mich Tag und Nacht mit einer Wache im Zimmer beaufsichtigen. Der Gouverneur wolle sich nur von der Möglichkeit überzeugen, aber keinen wirklichen Ausbruch gestatten.

Nach langem Kapitulieren und den heiligsten Versicherungen warf ich ihnen auf einmal alle meine Fesseln vor die Füße, öffnete mein Loch, gab ihnen mein Gewehr und alle meine Instrumente, auch zwei Schlüssel zu Ausfalltüren in den unterirdischen Galerien. Ich ließ sie in die erste 37 Schuh weit von meinem Kerker gehen und mit dem Degen den Durchbruch sondieren, welcher in wenigen Minuten geschehen könnte. Dann sagte ich ihnen jeden Schritt, den ich inwendig zur Tür in jedem Wall zu gehen hatte. Beide waren seit 6 Monaten unverschlossen, zu den anderen gab ich ihnen die Schlüssel. – Und endlich entdeckte ich ihnen auch, daß ich bei Kloster Bergen auf jeden Wink Pferde bereit habe, deren Stall sie aber zu entdecken außerstande wären!

Sie gingen hinaus, sahen sich alles an, kamen wieder herein, machten Einwürfe, stellten Fragen, die ich so gut beantwortete wie ein Ingenieur, der die Sternschanze gebaut hatte. Dann traten sie wieder hinaus, wünschten mir Glück, blieben etwa eine Stunde weg, kamen sodann wieder und sagten zu mir: Der Herzog sei erstaunt über den erhaltenen Bericht. Sie beglückwünschten mich noch einmal und führten mich ohne Fesseln hinaus, in das Zimmer des wachthabenden Offiziers. Am Abend kam der Major zu uns, gab ein herrliches Souper und versicherte mir, nunmehr werde alles gut gehen; der Herzog habe bereits nach Berlin geschrieben.

Am folgenden Tage aber wurde die Wache verstärkt, zwei Grenadiere traten in das Offizierszimmer der Schildwachen, die ganze Wache lud vor meinen Augen scharfe Patronen, und, kurz gesagt, man machte Vorkehrungen, als ob ich eine Unternehmung wie zu Glatz ausführen wolle. Sogar die Ziehbrücken wurden am hellen Tage aufgezogen. Dann sah ich vor meinen Augen sogleich eine Menge Menschen an meinem Kerker arbeiten und viele Wagen mit Quadersteinen hinunterfahren.

Indessen waren aber die wachthabenden Offiziere freundlich und liebreich zu mir, die Tafel war gut, wir aßen zusammen, aber ein Unteroffizier und zwei Mann blieben ständig bei uns im Zimmer; folglich war jede Unterhaltung sehr behutsam geführt.

Dieses dauerte vier oder fünf Tage, bis endlich mein neuer Freund, auf den ich mich ganz verließ, zu mir auf die Wache kam. Er schien der alte zu sein; die Zeugen gestatteten uns wenig Unterhaltung, indessen fanden wir doch zuweilen Gelegenheit. Er war erstaunt über meine zur Unzeit gemachte Entdeckung und sagte mir, der Herzog wüßte überhaupt nichts davon. In der ganzen Garnison hieße es nur: Man habe mich abermals bei einem Ausbruch überrascht.

Hier ging mir schon ein Licht auf – aber, leider! zu spät. Ich versicherte meinem Freund, ich habe alles nur getan, weil ich mich auf sein Wort verließ. Er beteuerte mir dasselbe, versprach alles, und nun war mein Mut unbegrenzt; ebenso war in meinem Herzen aber auch die Rache gegen ein so niederträchtiges Verhalten des Kommandanten beschlossen.

Binnen 8 Tagen war der neue Bau meines Gefängnisses fertig. Der Platzmajor erschien nebst dem Major du jour, und man führte mich wieder in meinen Kerker zurück. Hier wurde ich nur mit einem Fuß an der Mauerkette befestigt, die aber doppelt so schwer war wie die vorherige. Alle übrigen Fesseln wurden mir nicht mehr angelegt. Der Fußboden war nunmehr mit großen Quadersteinen gepflastert; und damit war mein Gefähngnis wirklich undurchdringlich gemacht. Nur mein Geld blieb gerettet, das ich in den Türgerüsten und im Ofenrohr versteckt hatte. Ungefähr 30 Louisdors trug ich am Leibe; diese wurden gefunden und weggenommen.

Da man mich nun wieder anschmiedete, sagte ich dem Kommandanten in erbittertem Tone:

Ist das die Folge des herzoglichen Ehrenworts? Habe ich solche Mißhandlung für meine Großmut verdient? Ich weiß aber schon, daß man falsch berichtet hat! Die Wahrheit wird dennoch offenbar werden und Schurken beschämen. Nunmehr erkläre ich Ihnen aber, daß Sie den Trenck nicht mehr lange in Ihrer Gewalt haben werden. Und bauen Sie mir einen Kerker von Stahl, so werden Sie mich nicht festhalten!

Man lachte über meine Drohungen. Reichmann aber sprach mir Mut zu, hieß mich hoffen und sagte, ich würde vielleicht bald auf eine gute Art meine Freiheit erhalten. Ich pochte hauptsächlich auf die mir allein bekannte Hilfe von meinem wachthabenden neuen Freunde und war viel mehr verwegen und drohend als niedergeschlagen und kleinmütig, was jedermann in Verwunderung setzte.

Ich muß dem Leser aber auch hier das Rätsel erklären, warum man eigentlich so unerwartet mit mir verfuhr. Nach meiner erlangten Freiheit reiste ich nach Braunschweig und erfuhr vom Herzog selbst, daß die damals meinetwegen zu ihm gegangenen Herren Majors nicht die Wahrheit berichtet, sondern, um einen Verweis wegen nachlässigen Visitierens zu vermeiden, ihm gemeldet hatten, sie hätten mich bei der Arbeit ertappt und bei genauer Untersuchung gefunden, daß ich ohne ihre Wachsamkeit entflohen wäre.

Einige Zeit danach aber habe der Herzog die Wahrheit erfahren, dem Könige den Vorfall gemeldet; und von dieser Zeit an habe der Monarch nur auf eine Gelegenheit gewartet, um mir die Freiheit wiederzugeben.

So geht es in unserer Welt, leider! mit den edelsten Handlungen. Sie werden selten im wahren Lichte demjenigen vorgetragen, der über Verdienste entscheidet. Und in diesem getreulich erzählten Falle war ich das wirkliche Opfer eines unzeitigen Ehrgeizes. Die, welche mich bewachten, schämten sich, daß sie so blind visitiert hatten, und, um einen kleinen Verweis zu umgehen, der doch keinem von ihnen we-

sentlich geschadet hätte, wurde der redliche Trenck auf die Schlachtbank geführt!

Nun saß ich also neuerlich in meinem Kerker. Mein Herz empörte
sich gegen den fühllosen Monarchen, noch mehr aber gegen den
grausamen Gouverneur. Und beide waren doch hintergangen und
unschuldig an der Ursache meiner Klagen.

Ich hoffte nun Tag und Nacht auf den Eintritt meines sicheren
Erretters. Wie erschrak ich aber, da am Tage seiner festgesetzten
Wache ein anderer Lieutenant eintrat! Noch schmeichelte ich mir,
daß ihn diesmal nur ein Zufall zurückgehalten hätte. Aber ich wartete
wohl drei Wochen vergebens; er kam gar nicht wieder. Fragen durfte
ich nicht; endlich erfuhr ich, daß er aus den Grenadieren ausgetreten
sei und folglich die Sternschanze nicht mehr zu versehen hätte.

Ob ihn nun etwa sein Entschluß für mich gereut, oder ob er zu
verzagt zur Ausführung war, ob ihn die von mir gegebenen 100
Dukaten auf andere Gedanken gebracht und sein Glück befördert
haben – dies alles ist mir unbekannt geblieben, und ich verlange es
auch auf ewig nicht zu wissen. Liest er jemals im Wohlstande dieses
Buch und hat er mich wirklich hintergangen, so lese er zugleich
hiermit meine herzliche Verzeihung und schätze mich noch deswegen
im Grabe, weil ich ihm nie geschadet habe. Ein anderer, den er so im
Unglück verlassen hätte, nach so teuren Versicherungen und wirklich
empfangenem Handgelde, wäre vielleicht rachgierig gewesen.

Ich bin noch allezeit der Meinung, nachdem er seine Schulden
bezahlen konnte, habe ihn die Unternehmung gereut und darum habe
er seine Sternschanzenwache vertauscht. Unglück genug für mich, er
blieb wirklich aus; und nunmehr hatte alle Hoffnung für mich ein
Ende.

Jetzt fing ich erst an, meinem grausamen Schicksal nachzusinnen und
meine Torheit, meinen unzeitigen Stolz bitter zu bereuen. Die
Schwermut bemächtigte sich aller meiner Seelenkräfte. Ich hatte mir
mein unübersteigliches Schicksal selbst zu verdanken. Fast ein halbes
Jahr lang hätte ich ungehindert und ohne alle Gefahr aus meinem
Kerker entfliehen können; alle möglichen Vorbereitungen waren
getroffen und nichts stand mir entgegen – aber meine eigene Schuld,
mein blindes Vertrauen auf Menschengroßmut, auf Freundeshilfe
vereitelte meine Hoffnung und stürzte mich in einen Zustand, aus
dem mich wirklich nichts mehr retten konnte.

Neun Jahre hindurch fand ich trotz aller Vorkehrungen, meinen

Kerker undurchdringlich zu machen, noch allezeit Mittel durch meine Erfindungskraft. Nun aber hatte ich selbst alle Aussichten für die Zukunft vereitelt und mich allein als die Ursache meines künftigen Leidens zu betrachten. Tausend Vorwürfe nagten jetzt an meiner Seele; und sicher hätte ich zu leben aufgehört, wenn mich nicht noch die Erwartung einer auswärtigen Hilfe aus Wien oder Berlin zurückhielt.

Die Stabsoffiziere merkten bald, daß ich meine ganze Heiterkeit und gewohnte Standhaftigkeit zu verlieren begann. Ich wurde tiefsinnig, mürrisch und schwermütig, arbeitete auch nur noch wenig an meinen Büchern und schrieb nur Klagelieder oder verzweifelte Traueroden.

Ehemals konnte mir niemand einen anderen Trost geben, als diesen: Geduld, mein lieber Trenck! Es kann doch wenigstens nicht mehr ärger werden! Oder man machte mich hoffen, der König könne ja nicht ewig leben. – Trauriger Trost für einen Mann in meiner Lage! Wurde ich krank, so wünschte man mir Glück, weil mein Leben bald ein Ende haben würde. Wurde ich wieder gesund, zu aller Menschen Verwunderung, dann beklagte man mich, weil ich noch nicht gestorben sei und meine Foltern noch länger dulden müsse.

Welcher Mensch auf Erden war wohl jemals so in ein Schicksal verwebt, wie das meine war?

∗

Der Friede war bereits seit 9 Monaten geschlossen, und noch immer erfolgte nichts für mich. Eben aber, da ich mich schon wirklich ohne Rettung verloren glaubte, brach am 24. Dezember mein Erlösungstag heran.

Es war gerade zur Zeit der Wachtparade der königliche Lieutenant von der Garde, Graf Schlieben, als Kurier in Magdeburg eingeritten und brachte den Befehl, daß ich sogleich aus meinem Arrest entlassen werden sollte. Die Freude auf dem Paradeplatz, auch in der ganzen Stadt, war allgemein, weil mich jedermann schätzte, bewunderte oder bedauerte.

Der Kommandant hielt mich für schwächer, als ich war und wollte mir die frohe Botschaft nicht auf einmal beibringen, um durch eine jähe Freude keine Wallung in meinem Blute zu verursachen. Wie wenig kannte er meine Geistesgegenwart in allen Vorfällen, die wirklich durch Gewohnheit des immer mit mir spielenden Glückswechsels

bis zum höchst möglichen Grad einer philosophischen Standhaftigkeit oder wohl gar bis zur Verachtung aller irdischen Vorfälle herangewachsen war!

Man rasselte auf einmal an meiner Tür, und ich sah zuerst den
Kommandanten, dann aber einen Schwarm Menschen hereintreten,
die mich aber alle mit heiterem und lachendem Gesicht anblickten.
Ich war verwundert. Bald aber sagte der erste:

Mein lieber Trenck! Diesmal hab ich die Freude, Ihnen die erste
gute Nachricht zu bringen. Der Herzog Ferdinand hat endlich bei
dem König erwirkt, daß man Ihnen Ihre Fesseln abnehmen soll!

Gleich trat auch der Schmied herbei und fing seine Arbeit an.

Sie werden auch ein besseres Zimmer erhalten, fuhr der Kommandant fort. Hierauf fiel ich ihm in die Rede:

Ich bin also gewiß in Freiheit, und Sie wollen mir die Freude nicht
auf einmal beibringen! Sagen Sie mir trocken weg die Wahrheit. Ich
weiß mich zu mäßigen.

Ja, war die Antwort. – Sie sind frei!

Gleich umarmte er mich zuerst, und die anderen folgten.

Nun fragte man gleich:

Was wollen Sie für ein Kleid?

Meine Uniform, erwiderte ich.

Der Schneider war schon da und nahm das Maß.

Morgen früh, sagte Herr von Reichmann, – muß diese Uniform
fertig sein, Meister!

Er entschuldigte sich mit der Unmöglichkeit wegen des heiligen
Abends und Christfestes.

Gut, hieß es. – Der Herr sitzt morgen nebst seinen Gesellen in
diesem Loche, wenn das Kleid nicht fertig ist!

Gleich war es möglich und heiligst versprochen.

Sobald der Schmied fertig war, führte man mich auf die Wache in
das Offizierszimmer. Hier wünschte mir jedermann von Herzen
Glück, und der Platzmajor ließ mich den üblichen Eid aller Staatsgefangenen schwören:

1. Daß ich mich an niemand rächen,
2. daß ich weder die sächsischen noch preußischen Grenzen betreten,
3. noch von allem, was mir geschehen, schreiben oder sprechen, und
4. daß ich, so lange der König lebe, keinem Herrn weder im Militari
   noch Zivil dienen wolle.

Hierauf gab mir der Graf Schlieben einen Brief von dem kaiserlichen Minister in Berlin, dem General Riedt, ungefähr folgenden Inhalts:

Daß es ihn herzlich freue, Gelegenheit gefunden zu haben, um bei dem Könige meine Freiheit zu erwirken. Nun sollte ich aber auch alles willig und freudig tun, was der Graf Schlieben von mir fordern würde, welcher befehligt sei, mich nach Prag zu begleiten.

Schlieben sagte nun:

Lieber Trenck, ich habe Befehl, Sie heute nacht von hier im verdeckten Wagen über Dresden nach Prag zu führen und nicht zu gestatten, daß Sie auf der Reise mit irgend jemandem sprechen. General Riedt hat mir 300 Dukaten gegeben, um alle Kosten zu bestreiten. Ich will sogleich einen Wagen kaufen. Da aber heute nicht alles fertig sein kann, so ist mit dem Herrn Kommandanten verabredet worden, daß wir erst morgen nacht von hier abreisen werden!

Nachdem ich alles freudigst versprochen, blieb der Graf Schlieben bei mir; die anderen gingen nach einer kurzen Unterredung in die Stadt, und ich speiste zu Mittag nebst dem Major du jour und dem wachthabenden Offizier bei dem General Walrabe in seinem Arrest, wo dieser Greis erst im Jahre 1774, nach 28jährigem, aber sehr erträglichen Gefängnis gestorben ist. Sein Schicksal hatte er aber verdient.

*

Indessen war ich frei, ging überall spazieren in den Werken, um mich an Luft und Licht zu gewöhnen, suchte auch im Kerker mein noch verstecktes Geld zusammen, welches noch gegen 70 Dukaten betrug. Die ganze Wache wurde herrlich bewirtet. Jedem Mann gab ich einen Dukaten, und meinen Schildwachen, die eben auf Posten standen, da ich frei wurde, jedem 3 Dukaten, und der abgelösten Wache 10 Dukaten zum Austeilen.

Dem eben wachthabenden Offizier schickte ich ein Geschenk aus Prag, und den Rest meines Geldes händigte ich dem Weibe meines ehrlichen Grenadiers Gefhardt aus. Dieser war gestorben, und sie hatte während der Zeit, da er im Felde diente, einem jungen Burschen vertraut, daß sie 1000 fl. von mir empfangen hätte. Dieser war mit dem von ihr erhaltenen Gelde unvorsichtig, wurde untersucht und verriet das Weib, welche deshalb zwei Jahre im Zuchthaus zugebracht hatte. Der Mann kam aber ungestraft davon, weil er nicht gegenwärtig war. Hätte er Kinder hinterlassen, so würde ich gewiß noch heute für sie sorgen.

Der Witwe des Mannes, der sich bei meinem Kerker im Jahre 1756 erhängte, gab ich 30 Dukaten, die mir Schlieben auszahlen ließ.

Die ganze Nacht war unruhig und meine Wache fröhlich, bei der ich den größten Teil derselben zubrachte.

Am Morgen des Weihnachtstages hatte ich Besuche von allen Stabsoffizieren der Garnison. In der Stadt durfte ich aber nicht erscheinen. Bis Mittag war ich mit Stiefeln, Uniform und Degen ganz gekleidet; und ich gefiel mir selbst im Spiegel. Mein Kopf war aber von Entwürfen, Freude und Glückwünschen so betäubt, daß ich mich auf die einzelnen Vorfälle dieser ersten Tage gar nicht mehr zu besinnen weiß.

Was für Betrachtungen konnte ich nicht bei diesen Veränderungen anstellen! Ich war, ich blieb ja derselbe Mann, der ich im inneren Wert noch vor 24 Stunden im Kerker war; und welch ein Unterschied im Betragen auch in den Gesichtszügen aller derer, die mich vorher so streng bewachten! Nun, war ich geehrt, geliebt, gesucht, geschmeichelt – und warum? Weil ich nicht mehr die Fesseln trug, die ich doch nie verdient hatte. Welt! Was sind die Menschen in einem despotischen Staate? Was sind echte Verdienste, reine Tugend da, wo Machtsprüche über unseren Wert, über unser Schicksal entscheiden?

Nun rückte der Abend heran; Graf Schlieben erschien mit dem Wagen, der mit 4 Postpferden bespannt war, und wir fuhren nach wirklich zärtlichem Abschied zum Tor hinaus.

Wer hätte mich aber wohl jemals glauben machen können, daß ich bei der Abreise von Magdeburg noch Tränen vergießen würde! Es ist auch ein wunderbares Rätsel, wenn ich sagen kann, daß ich 10 Jahre lang in Magdeburg lebte, ohne jemals diese Stadt gesehen zu haben. Und dennoch ist es wahr.

Mit Einzelheiten der Reise will ich kein Blatt füllen. Mein Gefängnis hatte 9 ganze Jahre, 5 Monate und etliche Tage gedauert. Wenn ich nun hierzu den Arrest in Glatz von 7 Monaten rechne, so habe ich in allem elf Jahre, die beste Zeit im Kern meiner Jahre, im unverdienten Kerker elend zugebracht, die mir kein Monarch auf Erden wiedergeben noch vergüten kann. Dabei ist mein Leib so geschwächt worden, daß ich im gegenwärtigen Alter die Folgen meiner überstandenen Martern erst zu empfinden anfange, wenn das Bett mein Kerker wird.

Jeder Leser wird nunmehr glauben, daß mit dieser Epoche auch meine Drangsale ein Ende haben. Ich versichere aber auf Ehre, daß ich noch lieber auf 10 Jahre nach Magdeburg in mein Gefängnis zurückkehren, als all das noch einmal ertragen wollte, was mir nach meiner erlangten Freiheit in Österreich, besonders in den letzten 6 Jahren, widerfahren ist. Vielleicht komme ich noch in die Lage, wo ich alles getreu, ohne Gefahr noch Rücksicht erzählen darf, was ich seit dieser Freiheit binnen 22 Jahren in Wien erlitten und abgeschüttelt habe . . .

*

Am 2ten Januar kam ich also nebst dem Grafen Schlieben glücklich in Prag an. Dieser übergab mich noch am selben Tage dem damaligen Gouverneur daselbst, dem Herzog von Zweibrücken. Dieser empfing mich liebreich und gnädig; wir speisten zwei Tage nacheinander bei ihm, und ganz Prag war neugierig, mich als einen Mann kennenzulernen, der stark genug war, 10 Jahre lang so viel Ungemach zu ertragen. Ich empfing daselbst 3000 fl. von meinem Gelde und schickte dem General Riedt die 300 Dukaten zurück, die er dem Grafen Schlieben zu meiner Equipierung und eilfertigen Reise gegeben hatte und die er in seinem Briefe von mir begehrte, obgleich er bereits 10 000 Gulden von mir in bar empfangen hatte. Ich zahlte dem Schlieben die Rückreise nebst einem Geschenk und schaffte mir einiges Nötige an.

Nachdem ich etliche Tage in Prag gerastet hatte, brachte eine Estafette von Wien – die ich, nota bene, mit 40 fl. aus meinem Beutel bezahlen mußte – den Befehl an das Gouvernement, daß ich sogleich unter guter Bedeckung als Arrestant von Prag nach Wien gebracht werden sollte!

Mein Degen wurde mir wieder abgefordert, der Hauptmann Graf Wela nebst zwei kommandierten Unteroffizieren setzten sich mit mir in einen Wagen, den ich kaufen mußte, und führten mich gefangen nach Wien. Ich nahm noch 1000 fl. in Prag auf, um diese Kosten zu bestreiten; außerdem mußte ich noch in Wien dem Hauptmann 50 Dukaten für seine Rückreise bezahlen.

Niemand kann sich vorstellen, was mein Herz bei dieser Behandlung empfand. Ich sollte im Triumph, als ein seinem Lohn entgegeneilender Patriot nach Wien reisen, der das Schlachtopfer seiner Treue war – und wurde wie ein Missetäter behandelt!

Man brachte mich als Arrestant in die Kaserne. Daselbst wurde ich in das Zimmer des Lieutenants von Blonket geführt, welcher Befehl hatte, mich an niemanden schreiben, auch mit niemandem sprechen zu lassen als mit dem, welcher von Herrn Hofrat Kempf oder Hüttner ein Erlaubnisbillet aufweisen konnte. Welches leicht zu lösende Rätsel! Denn beide waren während meiner Gefangenschaft die Administratoren meines Vermögens gewesen.

In diesem Zustande lebte ich 6 Wochen. Endlich sprach der damalige Regimentskommandant von Poniatowsky, der gegenwärtige Feldmarschall-Lieutenant, Graf d'Alton, mit mir. Ich überzeugte ihn von meinem begründeten Argwohn, warum ich eigentlich in Wien Arrestant war. Diesem rechtschaffenen Mann allein habe ich es zu danken, daß der gottlose Entwurf meiner Feinde, mich auf ewig als einen im Gehirn verrückten Menschen in die Festung Graz einzusperren, fehlschlug. Hätten diese mich nur einmal von Wien weggebracht, so war ich sicher verloren und mußte im Narrenhause verschmachten.

Die Monarchin hatte man glauben gemacht, ich sei halb rasend und tobe und wüte beständig mit den entsetzlichsten Drohungen gegen den König von Preußen. Da nun eben die römische Königswahl vor sich gehen sollte, so wäre sicher zu befürchten, daß ich in meiner Tollkühnheit und Rachsucht etwa dem preußischen Gesandten einen Affront machen könnte, welches Folgen nach sich ziehen würde. Übrigens habe ja auch der General Riedt in Berlin dem König versprechen müssen, daß ich mich in Wien gar nicht sollte sehen lassen und daß man mich in guter Obacht und Verwahrung halten sollte.

Die großdenkende Maria Theresia aber fühlte Mitleid und fragte, ob mir nicht zu helfen sei.

Die Antwort war, man habe mir bereits verschiedene Male zur Ader gelassen, ich bleibe aber allezeit ein höchst gefährlicher Mensch. Überdem sei ich ein Verschwender, weil ich binnen 6 Tagen in Prag 4000 fl. aufgenommen und durchgebracht habe; man müsse mir demnach Kuratores anordnen und mich vor Ausschweifungen sicher verwahren.

So spricht der Schurke vor dem umnebelten Throne, wenn er rechtschaffene Männer von demselben entfernen und für sich selbst im Trüben fischen will!

Nun sprach der damalige Obrist d'Alton von mir und meinem Schicksale bei Hofe mit der Oberhofmeisterin Gräfin Paar, welche eine ehrwürdige und edeldenkende Frau war. In diesem Augenblick tritt des verstorbenen Kaisers Majestät zur Gräfin in das Zimmer. Man spricht von mir; der Monarch fragt: Ob ich denn ganz verwirrt sei und gar keine lichten Momente habe?

D'Alton sagt:

Euer Majestät, er ist jetzt sieben Wochen in meiner Kaserne und allezeit der vernünftigste, gelassenste Mann gewesen, den ich in meinem Leben gekannt habe. Es müssen große Intriguen hinter dem Geheimnis verborgen liegen, da man ihn als einen Narren behandelt und auch bei Hofe so schildert. Ich bin Bürge dafür, daß er es nicht ist! –

Am folgenden Tage schickte der Kaiser den Grafen von Thurn, Obristhofmeister des Erzherzoges Leopold, zu mir, um mit mir zu sprechen. Hier fand ich nun gleich meinen Mann, einen rechtschaffenen aufgeklärten Weltweisen und redlichen Deutschen. Diesem erzählte ich nun, wie ich während meines Gefängnisses zweimal zu Wien verraten und verkauft worden sei. Wir sprachen wohl zwei Stunden, und sehr viel, weit mehr, als mir die Klugheit in diesen Blättern zu sagen gestattet. Sein Herz, sein ganzes Vertrauen war für mich gewonnen. Und bis zum Grabe ist er mein Freund geblieben. Er ging fort, versprach mir allen Schutz und kam am folgenden Tage wieder, um mich zur Audienz zu Sr. Majestät dem Kaiser zu führen.

Hier sprach ich mir nun alles von der Leber. Die Audienz dauerte über eine Stunde. Endlich wurde der Monarch so gerührt, daß er vom Stuhle aufstand und eiligst in das Nebenzimmer gehen wollte. Hier wurde ich gewahr, daß ihm die Tränen aus den Augen fielen.

Meine Feder ist zu schwach, um Ausdrücke zu finden, die mein dankbares Herz gern mit allem Feuer hervorbringen möchte, um den Kaiser Franz in seiner damaligen Gestalt der Nachwelt verehrungswürdig zu machen. – Ich wurde stumm, mein Auge, meine Tränen sprachen. Der Kaiser riß sich von mir los, und ich schlich mit erschüttertem Gefühl und mit einer Art von Wollust zur Tür hinaus, welche nur der Menschenkenner und wahrhaft ehrliche Mann zu empfinden vermögend ist. Franz war in meinen Augen, durch diesen Auftritt, allezeit größer als Caesar und Friedrich, obgleich ihn die Welt unter die schwachen Fürsten rechnet. Ich bin Bürge dafür, daß er groß dachte. Und hätte ihn mir der Tod nicht zu eben der Zeit entrissen, da er mich wirklich seiner Gnade und Achtung würdig fand, so würde ich meine in Ungarn verlorenen Güter längst zurück erhalten haben.

Ich fuhr im Taumel der Freude in meine Kaserne zurück; schon am nächsten Tage aber kam Befehl, daß ich aus meinem Arrest zu entlassen sei. Ich ging mit dem Grafen d'Alton zur Gräfin Paar, die mich zu sehen verlangte. Und durch ihre Vermittlung erhielt ich die erste Audienz bei meiner Monarchin im Kabinett.

Unbeschreiblich ist die liebreiche Art, mit welcher mich die Kaiserin empfing. Wie wurde ich bedauert, wie gnädig meine Standhaftigkeit und Treue gepriesen! Ich konnte gar nicht zum Vortrage kommen, ihre Huld kam mir zuvor und ließ mir keine Zeit, meine gerechte Klage vorzubringen. Sie sagte, sie wisse alles, was mir in Wien für gottlose Streiche gespielt würden, sie fordere aber von mir: Ich sollte gar nicht vom Vergangenen sprechen, meinen Feinden verzeihen, alle neuen Verdrießlichkeiten fliehen und meine Rechnungsführer trocken weg absolvieren.

Ich wollte sprechen. – Ich bitte Ihn, hieß es, – klag Er mir über nichts. Ich weiß alles. Tue Er nur, was ich von Ihm fordere, ich werde Ihm gewiß alles ersetzen. Er braucht, Er verdient Ruhe!

Was war zu tun?

In das Narrenhaus gehen – oder unterschreiben, was man von mir verlangt?

Gleich erhielt ich den Befehl, mit dem Herrn von Pistrich zum Herrn Hofrat von Ziegler zu gehen. Es geschah, ich wurde auf den anderen Tag bestellt und mußte in beider Gegenwart folgendes unterschreiben:

1. Daß ich das Trenck'sche Testament als gültig anerkennen,
2. daß ich auf die slavonischen Güter renunziieren und mich allein der Gnade der Monarchin überlassen,
3. daß ich meine Kuratoren und Rechnungsführer solennissime absolvieren,
4. und mich nicht in Wien aufhalten wolle.

Ist es wohl möglich, mehr von einem Manne zu fordern, der Lohn verdient hatte? Heißt dies nicht Gewalt, wenn man unterschreiben oder ins Gefängnis kriechen muß –?

Wahr, wirklich wahrhaft hat man auf solche Art mit mir verfahren. Wahr bleibt es ewig, daß die beste Monarchin an mir groß und edel zu handeln gehindert wurde. Wahr ist es auch, daß man mich allein deshalb keiner Achtung würdig glaubte und willkürlich mißhandeln ließ, weil ich keine Messe hören wollte und meine Güterbesitzer unter dem Schutze der Jesuiten sicher waren.

Ich sage hier nicht, was ich damals in meinem empörten Herzen beschloß. Meine Eigenliebe versicherte mir aber, daß ich in allen Ländern Europas mit meinem arbeitsamen Kopfe, mit meinen erlernten Wissenschaften, durch Tugend und getreuliche Erzählung meines Schicksals Brot und Ehre erwerben könnte. Ich hatte damals keine Kinder, folglich war mir aller Verlust und auch das Überbleibsel meines Vermögens gleichgültig.

Ich hatte so viel in der Welt für die Ehre getan und gelitten; nun aber, da ganz Deutschland aufmerksam war, welchen Lohn ich von meiner Monarchin erhalten würde, saß ich in Wien in Arrest und wurde wie ein Wahnsinniger der Kuratel solcher Leute überlassen, die mich ausgeplündert hatten.

Schon stand ich im Begriffe, andere Grenzen zu suchen, da ich in eine tödliche Krankheit verfiel, die mich beinahe ins Grab gerissen hätte. Die Monarchin erfuhr meinen Zustand, empfand Mitleiden und schickte mir ihre Hofärzte, auch sogar einen Barmherzigen Bruder als Krankenwärter, die ich aber zuletzt alle aus meinem eigenen Beutel bezahlen mußte. Mein von mir selbst gewählter Doktor hätte mich gewiß wohlfeiler wiederhergestellt. Das nannte man Gnade und Distinktion.

Dann erhielt ich, ohne es zu begehren, vom Hofkriegsrat das Dekret als Obristwachtmeister, wofür ich aber die Taxen bezahlen mußte. Von der Wirklichkeit blieb ich ausgeschlossen und an dem Titel war mir wenig gelegen, der mir bereits um 10 Jahre früher in anderen Diensten angetragen wurde. Merkwürdig ist aber dieses in meinem Majorspatent, daß in demselben folgender Ausdruck steht:

»Ihro Majestät hätten in Betreff meiner, ungeachtet des langwierigen Gefängnisses, bezeigten rühmlichsten und unverfälschten Treue und meines Diensteifers, dann in Erwägung meiner besonderen Talente und guten Eigenschaften, mir den Charakter eines kaiserlichen Majors zu erteilen gnädigst geruht.«

Sollte man bei solchen Ausdrücken nicht für mich den Generalsrang, oder die Rückgabe meiner slavonischen Güter erwarten? – Und was folgte? Der Titel eines invaliden Majors, nachdem ich bereits vor 15 Jahren als Rittmeister gedient hatte! Meine Schuld war es auch gewiß nicht, daß ich in Danzig von dem kaiserlichen Residenten Abramson, in Berlin von dem kaiserlichen Gesandtschaftssekretär Weingarten und in Wien zweimal von solchen Menschen verraten und verkauft und unglücklich gemacht wurde, denen daran gelegen war, mich arm und für den Staat untätig zu machen. Dieses Patent war also keine Ehre für einen Trenck, besonders, da ich nunmehr seit 23 Jahren kein anderes erhalten habe und noch immer Herr Major geheißen werde.

Vor allem war dieses damals auch keine Belohnung für mich, zu einer Zeit, wo viele junge Offiziere das Majorspatent um etliche 1000 Gulden kaufen konnten. Hätte man vielmehr meine Rechnungsführer gezwungen, mir nur 30 000 fl. von dem mir entrissenen Gelde zurückzuzahlen, so hätte ich mir dafür den Obristentitel kaufen können und unsere großen Generale wären jetzt meine Freunde und Kameraden, und ich würde auch heute noch nicht unter die Invaliden der Monarchie gerechnet werden.

Wer waren also, und wer sind noch meine Verfolger?

Hauptsächlich die Jesuiten und Mönchsfreunde. Dann aber ein eigennütziger Advokat, der gern mein Kurator sein wollte; oder ein Rechnungsführer, der Protektion suchte, um nicht gehängt zu werden; oder eben solche Leute, die noch alle dasselbe Schicksal zu erwarten haben, weil *Joseph* gerecht ist ...

Genug hiervon. Ich wurde wieder gesund, suchte Audienz – fand sie aber nicht mehr.

Ich präsentierte mich bei dem Fürsten Kaunitz. Dieser Herr, der mich nie gekannt, betrachtete mich von seiner Höhe als ein kriechendes Insekt unter dem Schwarm anderer Insekten.

Ich sah nicht rückwärts und ging mit stolz erhobenem Kopfe zur Tür hinaus. Unten am Tor hielt jemand die Hand auf und gratulierte mir zur Audienz.

Ich ging zum Feldmarschall. Dieser redete mich mit den merkwürdigen Worten an:

Mein lieber Trenck, wenn Sie nicht kaufen können, so wird es unmöglich sein, Sie jetzt in Wirklichkeit bei der Armee anzustellen. Sie sind auch zu alt, um unser schweres Exerzitium noch zu lernen!

Wohl gemerkt, ich war damals 37 Jahre alt.

Auch hier ging ich mit Achselzucken zur Tür hinaus.

Nun wandte ich mich an die Monarchin mit einem Memorandum, welches gelesen zu werden verdiente, falls es der Raum hier gestattete.

232

Ich sagte von den slavonischen Gütern gar nichts, bat aber um Rückerstattung der mir geraubten oder vorenthaltenen Gelder aus meinen Kapitalien, und zuletzt eine Vergütung von 12 000 fl., die mir bei meiner Arrestierung in Danzig durch die Verräterei des kaiserlichen Residenten Abramson geraubt wurden. Ingleichen eine öffentliche Genugtuung vom Danziger Magistrat, da mich derselbe zur Schmach des kaiserlichen Dienstes und unter Mißachtung desselben so schändlich an die Preußen mitten aus seiner Stadt auslieferte, et cetera ...

Die Monarchin ließ mir zwar während meiner schweren Krankheit meine Rittmeistergage für die 10 Jahre meiner Gefangenschaft als besondere Gnade auszahlen, welche gegen 8000 fl. betrug. Sie bestätigte mir auch diese Gage als eine ewige Pension.

Ich werde aber in der Folge erweisen, daß ich nunmehr seit 23 Jahren nicht einen Groschen von dieser Pension genossen habe ...

Meiner Schwester Kinder, die meinetwegen unglücklich geworden, habe ich nicht verlassen und ihnen bis dato nicht einmal das zurückzahlen können, was mir ihre Mutter im Unglück bar zugesteckt hatte. Und dennoch nannten mich Schurken in Wien einen Verschwender, einen Mann, der mit nichts zufrieden ist! Und dennoch hieß es überall, Ihro Majestät die Kaiserin hätten mich aus Magdeburg gerettet! Nein, positiv nein. Denn der Friede war schon seit 9 Monaten geschlossen, ohne daß man an mich im Ernste gedacht hätte.

Die wahre Geschichte ist eigentlich diese; so haben sie mir Se. Königliche Hoheit Prinz Heinrich, der Herzog Ferdinand von Braunschweig und hauptsächlich der Staatsminister Graf von Hertzberg mündlich erzählt und versichert, nämlich:

General Riedt hatte bereits seit 6 Monaten 10 000 fl. von mir in der Tasche und dachte vielleicht nicht mehr an mich. An einem Galatage aber, am 21. Dezember, war der König in besonders fröhlicher Gemütsverfassung. Ihre Majestät die Königin, die Prinzeß Amalia und der jetzt regierende Monarch redeten den kaiserlichen Minister an: Jetzt sei es Zeit, für den Trenck zu sprechen!

Sogleich suchte er Gelegenheit, fand sie, und der König sagte Ja.

Dieses Ja verursachte wirklich in der ganzen Gesellschaft eine so allgemeine Freude, die dem Monarchen selbst mißfiel. – Das übrige, welches am meisten hierzu beigetragen hat, mag der Leser aus meiner Geschichte erraten oder sich wichtige Verbindungen vorstellen ...

Ich habe zwar viel gesagt, doch die Bescheidenheit ließ mich das

233

Wesentliche verschweigen. Meine eigenen Kunstgriffe, meine Berliner Freunde und mein bares Geld allein haben mich aus Magdeburg befreit. Und vielleicht hat der König selbst die großen Personen gereizt, um den General Riedt an seine Pflicht zu erinnern. Punktum über diesen Gegenstand, der nicht ewig Rätsel bleiben wird!

Übrigens muß ich hier noch wenige Worte von mir selbst sagen, daß ich nämlich in den ersten Wochen nach erlangter Freiheit mir wirklich selten gegenwärtig und meistens in tiefsinnigen Gedanken zerstreut war. Ich hatte mich im Arrest so an das Denken gewöhnt, daß mir sinnliche Gegenstände nur als Träume erschienen. Öfters blieb ich auf der Straße stehen, besah mich, zweifelte an meinem Dasein und biß mich in die Finger, um mich zu überzeugen, daß ich lebe und wache.

Niemand hat wohl je das Hofgetümmel an Galatagen so lächerlich gefunden wie ich. Tausend Menschen warteten in allerhand buntfarbigen Kleidern und Gestalten auf etwas, was sie sehen wollten. Die Tür öffnete sich – eine alte, ehrwürdige Matrone trat heraus. Sie lächelte – alles lächelte untertänigst mit. Sie sprach etliche Worte, vielleicht von Wind und Wetter, mit einem Manne, der ein rotes Käppel und rote Strümpfe trug, – bald wieder mit einem Äsop, der ganz unbedeutend schien. Alles drängt sich hervor, um eben die Ehre zu genießen; – die Matrone ging in ihr Zimmer zurück, dann war auf einmal ein Gemurmel und Geschrei wie in einer Synagoge. – Und das hieß man Appartement, wo die gelehrten Männer und die besten Patrioten keinen Zutritt haben, weil sie keinen Schlüssel an der Hüfte tragen dürfen!

Hier bemerkte ich, daß ich ein Weltweiser geworden war, der nicht nach Hofe taugt.

Ich ging nach meiner Krankheit in Wien auf dem Wall spazieren. Die Frühlingsluft, der heitere Himmel erfüllten meine Seele mit Empfindung der edlen Freiheit, eine gewisse Art von Freude, die ich niemand schildern kann. Die Lerche trillerte ihr Morgenlied, und mein Herz pochte schneller mit jedem Pulsschlag. Kurz gesagt: In diesem Augenblick empfand ich, daß ich ein Mensch war. Nun begegne mir, was immer noch geschehen kann, dachte ich bei mir selbst, – wenn nur meine Füße, meine Wille, mein Herz nicht gefesselt sind! Wenn ich die Sonne als freier Mensch sehen, oder wie diese Lerche mich willkürlich von der Erde entfernen kann, wo unserer Freiheit Netze gestellt werden! Hier dankte ich Gott mit gerührter

Seele und beschloß, von Wien zu fliehen und mir einen Winkel zu suchen, wo die Tugend keine Fürstenmacht noch Verleumder und Machtsprüche zu fürchten hat.

Kam ich in große Gesellschaft, so betäubte mich alles Geschwätz, und die vielen Lichter wirkten so lebhaft auf meine Augennerven, daß ich mit Kopfschmerzen und Ekel schwermütig nach Hause ging.

Nun ereignete sich zufällig die Gelegenheit, daß ich meinen Zweck erreichen konnte.

Der Feldmarschall Laudon reiste nach Aachen, um daselbst die Bäder zu brauchen. Diesen Mann hatte ich allezeit verehrt und persönlich geliebt, da er noch Pandurenhauptmann von meines Vetters Regiment war. Er nahm aber Abschied von der Obristhofmeisterin Gräfin Paar. Ich kam dazu; gleich darauf trat die Monarchin ins Zimmer, man sprach von Laudons Reise und sie sagte mir:

Trenck! Ihnen wäre das Bad in Aachen auch notwendig, um Ihre Gesundheit herzustellen!

Gleich war ich bereit, folgte ihm in ein paar Tagen nach und begleitete ihn dann bis Aachen, wo wir gegen 3 Monate blieben.

Die Lebensart in Aachen und Spaa gefiel mir, wo Menschen aus allen Ländern auftreten und regierende Fürsten, um nicht allein zu bleiben, mit Menschen von allerhand Ständen und Gattung Umgang suchen zu müssen. Ich fand daselbst in einem Tage mehr Freunde, mehr Achtung, mehr Vergnügen, als ich in meinem ganzen Leben in Wien gefunden habe.

Kaum war ich 4 Wochen daselbst, so ließ mir die Obristhofmeisterin Gräfin Paar, welche bis zum Grabe meine Freundin und Beschützerin war, schreiben: Daß die Kaiserin für mich gesorgt hätten und mich glücklich machen würden, sobald ich nach Wien zurück käme!

Ich forschte durch Kundschafter, worin dieses Glück bestehen sollte, konnte aber nichts entdecken, hoffte also alles von meiner Monarchin, die mein Schicksal kannte.

Indessen starb der Kaiser Franz in Innsbruck. Dies beschleunigte die Rückreise des Generals Laudon, und ich folgte ihm auf dem Fuße nach Wien.

Gleich ging ich zur Gräfin Paar, und durch sie erhielt ich nach wenigen Tagen eine Audienz.

Die Monarchin sah mich mit gnädigen Blicken an und redete mich mit folgenden Worten an:

Trenck, ich will Ihm zeigen, daß ich Wort halte. Ich habe für Sein Glück gesorgt – ich will Ihm eine reiche, sehr vernünftige Frau geben! Ich erschrak. Der liebenswürdige Gegenstand war eine 60jährige alte Betschwester, ein Weib, das ich genau kannte, das vom höchsten Grad des Geizes besessen, dabei dumm und zänkisch war. Ich antwortete also:

Ich muß Euer Majestät die Wahrheit sagen. Diese möchte ich nicht, und wenn sie alle Schätze auf Erden besäße. Ich will nicht unglücklich, sondern glücklich sein. Ich habe in Aachen gewählt, mein Ehrenwort gegeben und will ein ehrlicher Mann bleiben.

Hiermit hatte die Audienz ein Ende. Die erzürnte Monarchin, die es wirklich gut meinte, sagte mir mit einer gewissen Verachtung:

Sein Eigensinn verursacht all sein Unglück. Folge Er Seinem Kopf, ich wünsche Ihm Glück.

Hiermit war ich abgefertigt und sah mein Urteil für ewig gefällt.

Wenn ich jemals durch ein altes Weib mein Glück hätte machen wollen, so konnte dieses schon 1750 in Holland mit drei Millionen geschehen. Es war also dieses Anerbieten ein trauriger Ersatz für meine slavonischen Güter und die anderweitig erlittenen Verluste und Drangsale. Noch weit unmöglicher war ein solcher Entschluß, da ich in Aachen wirklich verliebt war, da mir Vernunft, eigene Wahl, Geschmack, Schönheit und ein edler Charakter dahin winkten, um im Ehestande glücklich zu sein.

Versprochen war ich damals noch nicht mit meiner gegenwärtigen Frau. Es war aber bereits im Herzen versprochen, daß ich nach Aachen zurückkehren und meinen ernsthaften Gegenstand erst näher kennenlernen wollte. Feldmarschall Laudon, der sie kannte, hat viel dazu beigetragen. Er kannte mein Herz und meine feurigen Entschlüsse. Er wußte, daß ich eine heimliche Rache im Busen trug und leicht in neue Verwicklungen geraten könnte. Er riet mir, und Professor Gellert, mein Freund, den ich in Leipzig besuchte und befragte, riet mir auch, daß ich meinen zu großen Unternehmungen fähigen Leidenschaften durch einen vernünftigen Ehestand ein Gebiß anlegen, mir allein Ruhe suchen und mich von allen Geschäften der großen Welt entfernen sollte.

Ich folgte diesem Rat, welcher mit meinen Wünschen übereinstimmte, kehrte im Dezember 1765 nach Aachen zurück und verehelichte mich dort mit der jüngsten Tochter des ehemaligen daselbst regierenden Bürgermeisters de Broe zu Diepenbendt. Er war bereits tot und hatte ehedem von eigenen Mitteln in Brüssel gelebt, wo auch meine Frau geboren und erzogen worden ist. In Aachen wurde er durch die Liebe der Bürgerschaft gezwungen, dieses Ehrenamt anzunehmen. Er entstammte einem alten adligen Geschlecht aus der Grafschaft Artois in Flandern, und seine bei Aachen begüterten Vorfahren hatten, ich weiß nicht aus welchen Ursachen, das reichsritterliche Diplom von Wien erhalten. Die Mutter meiner Frau war eine Schwester des Vizekanzlers in Düsseldorf, Baron Roberte, Herrn zu Roland.

Meine Frau ist mit mir im größten Teil Europas bekannt und hat überall den rühmlichsten Beifall erworben. Sie war dabei jung und schön, tugendsam und redlich. Sie hat mir elf Kinder geboren, von denen noch acht leben, auch alle mit eigenen Brüsten gesäugt und rühmlich erzogen. Gott gebe, daß ich sie versorgen kann, wie sie es verdient und wie ich es verpflichtet bin! Denn durch meine Verfolgungen hat sie während unseres 22jährigen Ehestandes viel mit gelitten.

In meinem letzten kurzen Aufenthalt in Wien wagte ich einen neuen Schritt. Ich suchte eine Audienz bei unserem gegenwärtigen Kaiser Joseph; ich sprach von meinem Schicksal und besonders von den gründlichen Kenntnissen, die ich mir von den Mängeln in seinen Staaten erworben hätte. Ich fand seine Aufmerksamkeit und einen Monarchen, der sich unterrichten wollte, um sein Volk glücklich zu machen. Ich erhielt Befehl, ihm meine Gedanken schriftlich aufzusetzen. Dies geschah in 19 ganzen Bogen trocken Deutsch, worin ich jeden Gegenstand im Zivil-, Militär- und ökonomischen Fache seinen ungeschminkten Namen gab.

Dürfte ich diese Schrift jemals dem öffentlichen Druck übergeben, sie würde mir gewiß Ehre machen und erweisen, daß der Monarch sie nicht unberücksichtigt ließ und viele wichtige Entwürfe aus derselben wirklich in die Tat umgesetzt wurden. Bis ich indessen dieses vielleicht bekannt machen darf, lese man den fünften Band meiner sämtlichen gedruckten Schriften mit Staatseinsicht. Dort habe ich einen Teil meiner damaligen Gedanken verwebt und so vorgetragen, daß man das übrige erraten kann.

Der Monarch nahm diese Schrift gnädig auf. Sie blieb jedoch bisher ohne Wirkung. Ich aber eilte nach Aachen.

✳

237

Im ersten Jahr begegnete mir daselbst nichts besonderes. Ich lebte ruhig, und da mein Haus ein Sammelplatz aller großen und umgangswürdigen Fremden war, welche die Bäder selbst zu brauchen hinreisen, so fing ich an, in der großen Welt bekannter zu werden und machte mir überall Freunde der edelsten und erhabensten Gattung. Ich besuchte auch den Professor Gellert in Leipzig, zeigte ihm meine Manuskripte und fragte ihn um Rat, in welchem Fach ich in der gelehrten Welt mit Beifall aufzutreten wagen dürfe. Er wählte vorzüglich meine Fabeln und Erzählungen, tadelte aber die übertriebene, höchst gefährliche Freimütigkeit in meinen Staatsschriften. Ich bin ihm nicht gefolgt und habe deshalb viele Verdrießlichkeiten erdulden müssen.

Nun gebar mir im Dezember 1766 meine Frau ihren ersten Sohn. Hier nahm ich Gelegenheit, und schrieb folgenden Brief nach Wien an den jungen Monarchen, unseren gegenwärtig mit Ruhm herrschenden Kaiser. Dieser Brief ist im 8ten Bande meiner Schriften unter dem Titel BELISARIUS AN DEN KAISER JUSTINIAN in verdeckter Gestalt zu finden und bereits im zweiten Bande des »Menschenfreundes« gedruckt worden. Der kurze Auszug desselben ist dieser:

»Ich habe hier in Aachen mit Eurer Majestät Vorwissen eine Frau genommen; und heute hat sie mir einen Sohn geboren, dem ich in der Taufe den Namen Joseph gegeben habe. Der hiesige kaiserliche Kämmerer, Baron Rippenda, vertrat Euer Majestät Stelle. .

Ich werde diesen Sohn für Euer Majestät Staaten erziehen, und lieber Gift mit der Muttermilch trinken als die Grundsätze des Vaters entbehren lassen. Gnädigster Kaiser! Er heißt aber dennoch nicht Joseph nach Wiener Brauch; denn so lange ich lebe, bedarf er nichts. Wenn ich aber sterbe, so heißt er Joseph, um seinem Monarchen zu sagen, daß er der Sohn und rechtmäßige Erbe der beiden Trenck sei, deren große Güter in Slavonien durch offenbare Ungerechtigkeit in fremde Hände geraten sind.

Meine Wiener Feinde werden mir zwar täglich gefährlicher; ich stütze mich aber auf Dero Gerechtigkeit, und bin in allen möglichen Vorfällen des Glücks

Euer Kaiserlichen Majestät
alleruntertänigster treuer Patriot Trenck.«

Auf diesen Brief erhielt ich nun folgende Antwort, die ich aus erheblichen Ursachen hier bekannt mache, weil sie eigenhändig geschrieben war und noch in meinen Händen ist.

238

»Lieber Obristwachtmeister Baron Trenck!

Ich nehme in Gnaden auf, daß Sie, obwohl ohne mich vorher darum zu fragen, Ihrem Sohne den Namen Joseph beigelegt, auch den Obrist Rippenda gewählt haben, um bei der Taufe meine Stelle zu vertreten. Zu einem Merkmal meiner Ihnen künftig zuwenden wollenden besten Gesinnung mache ich Ihnen hiermit zu wissen, daß ich Ihre Gage künftig nicht in Wien, sondern in Brüssel zu beziehen, aus erheblichen Gründen angewiesen habe.

Ihre patriotischen und mir wohlgefälligen Schriften können Sie fortsetzen und mir einschicken, weil ich die Wahrheit gern lese. Lieber wird es mir aber sein, wenn ich sie in natürlicher Gestalt, als in satyrischer Einkleidung, lesen kann.

Ich bin Ihr

Joseph.«

Bald hernach erhielt ich Befehl, mit Ihro Majestät Kabinettsekretär, Baron Röder, in Korrespondenz zu bleiben. Was nun seitdem geschehen und geschrieben worden ist, bleibt für diese Blätter ein Geheimnis. Genug hier gesagt! Daß mein bester Wille, dem Staat wirksam und ohne allen Eigennutz zu dienen, bei allen Vorfällen abermals vereitelt wurde, weil aufgeklärte redliche Köpfe meiner Gattung zu hell sehen, zu trocken vortragen, zu stolz auf eigenem inneren Weg bestehen und folglich den Gnadenweg verfehlen ...

Im Jahre 1767 schrieb in den »Macedonischen Helden«, welcher nunmehr in ganz Deutschland ebenso bekannt ist wie der Eulenspiegel. Er brachte meiner Feder Ehre, mir selbst aber neuen Verdruß und neue Verfolgungen; dennoch hat es mich nie gereut, daß er da ist. Ich selbst habe die Befriedigung genossen, dieses merkwürdige Gedicht fünf regierenden Monarchen persönlich auszuhändigen; und keiner hat es verbrennen lassen. Meine Souveränin aber war über den Inhalt sehr aufgebracht, besonders weil ich sogar dem König David die trockene Wahrheit gesagt hatte; und die Jesuiten fingen an, mich öffentlich zu verfolgen.

Meine Kenntnisse erweitern sich indessen täglich; man fing allgemach an, mich als einen Staatskenner zu suchen, und bei dieser Gelegenheit fand ich selbst die beste Aufklärung. Ich unternahm einen Handel mit ungarischen Weinen in England, Frankreich, Holland und im Reiche. Hierdurch hatte ich Gelegenheit, alle Jahre große Reisen zu machen, und da sich meine persönlichen Bekanntschaften täglich durch die Zusammenkünfte in Aachen und Spaa erweiterten, wo ich Gelegenheit hatte, den Fremden in meinem Hause Höflichkeit zu erzeigen, so fand ich auch in allen Ländern, wo ich hin kam, Freunde und Beförderer meiner Absichten.

Meine Wiener Einkünfte blieben daselbst fast gänzlich für Prozesse, Kuratoren und Agenten zurück, das übrige vernichteten die erzwungenen Wiener Reisen, wohin ich dreimal hofkriegsrätlich zu erscheinen gezwungen wurde und niemals das mindeste für mich erwirken konnte.

Man schilderte mich endlich als einen gefährlichen Mißvergnügten, der nicht mehr in den Erblanden leben wollte; und hierdurch hatten meine Feinde offenes Feld, mir zu schaden. Ich blieb aber in allen Fällen und trotz aller Verfolgungen ein ehrlicher Mann, und wo ich hin kam, war jeder begierig, mich zu kennen. In Wien allein blieb ich ungesucht, ungenannt, ungebraucht.

Bei meiner Monarchin war nichts mehr für mich zu hoffen, wo der Beichtvater mich als einen Erzketzer und Verfolger der allein seligmachenden Kirche mit aller möglichen Priesterlist geschildert hatte.

Indessen konnte niemand hindern, daß mir meine Schriften viel Geld eintrugen und in ganz Deutschland mit großem Beifall verbreitet wurden. Die Aachener Zeitung stieg im ersten Jahr so weit, daß für das zweite Jahr gegen 4000 Exemplare bestellt wurden; und für jedes hatte ich einen Dukaten reinen Verdienst. Die Herren Reichspostmeister, die aus ihren Postamtszeitungen einen großen Gewinn ziehen, wurden aber neidisch, da die Aachener alle übrigen verdrängte; und sogleich entstand die verbrüderte Verfolgung . . .

Das Schicksal aller Reformatoren traf mich, die ihren Lohn erst jenseits des Grabes zu erwarten haben, wovon sie nichts mehr empfinden.

Meine Souveränin schrieb an den Reichsobristpostmeister, und bat ihn, daß er die Aachener Zeitung in allen seinen Postämtern verbieten solle. Ich erhielt Wind davon und hörte mit dem neuen Jahr selbst auf. Indessen schrieb ich ein kleines Traktat über die polnische Teilung, das Beifall fand, mir aber auch neue Feinde auf den Hals lud . . .

Vom Jahre 1774 bis 1777 brachte ich meine Zeit meistens mit Reisen in allen englischen und französischen Provinzen zu. Und ich wurde durch meine Schriften so bekannt, daß ich mich in London und Paris hätte für Geld sehen lassen können. Herr Franklin, der amerikanische Minister, wurde mein Busenfreund. Und sowohl er wie der

Kriegsminister, Graf Saint Germain, auch der Staatsminister Vergennes machten mir die vorteilhaftesten Vorschläge, nach Amerika zu reisen. Frau und Kinder hielten mich allein ab; ich hätte aber sicher ihr Glück besser in einem anderen Weltteile als in Europa gemacht.

Auch der Landgraf von Hessen-Kassel, mein besonders gnädiger Herr, eben der, welcher als Erbprinz zur Zeit meiner Gefangenschaft Gouverneur in Magdeburg war und mir so viel Gutes erzeigt hatte, trug mir an, ein Kommando unter seinen Truppen in Amerika anzunehmen. Ich gab aber zur Antwort:
»Gnädiger Herr! Mein Blut wallt nur in meinen Adern für die Freiheit. Nie werde ich helfen, Sklaven zu machen. Ich würde also mit Dero braven Grenadieren sicher die Partei der Amerikaner ergreifen!« ...
Im Jahre 1776 kam der königlich preußische Etatsminister Graf von Hertzberg nach Aachen, um daselbst die Bäder zu gebrauchen. Seiner Seelengröße habe ich zu danken, daß ich gegenwärtig in meinem Vaterlande mit Ehre und Beifall auftreten darf; und meine Kinder werden, so oft sie dieses lesen, an die Grundsätze einer echten Dankbarkeit mit Ehrfurcht denken, die ich ihnen einzuflößen für meine erste Pflicht erkannte ...
Nun war ich müde, in Unruhe zu leben, verließ das undankbare Aachen und reiste nach Wien, um mir in Österreich ein Landgut zu kaufen und daselbst, entfernt von allen Welthändeln, die wahre Ruhe des Weisen zu genießen, meine Talente aber allein der Landwirtschaft zu widmen.
Die bayrischen Händel kamen eben in Gärung. Hierdurch hielt ich es nicht für gut, in Kriegszeit außer Land zu bleiben und kaufte für mein Geld die Herrschaften Zwerbach und Grabeneck, nebst dem Amte Knoking und dem freien Sinzenhofe in der Gegend bei Melk in Österreich für 51 000 fl., welche samt übrigen Kosten der Lehn- und Landmannschaftstaxen auf 60 000 fl. zu stehen kommen. Das ganze Gut war total ruiniert, und mein Fleiß, meine Industrie und mein Geld sollten den Wert erheben.
Um diesen Kauf abzuschließen, mußte ich mit schweren Kosten elf Monate in Wien sollizitieren.

Im Juli starb meine Schwiegermutter in Aachen; Ende September erschien ich in Wien, zum ersten Male mit meiner Frau und allen meinen Kindern. Sie machte der Obristhofmeisterin ihre Aufwartung und erhielt gleich Audienz bei der Monarchin. Nun hatte sie das Glück, deren ganzen Beifall und ihre Gnade zu erhalten; und niemand würde es mir glauben, wenn ich schreiben wollte, was sie ihr in ihrer Audienz gesagt und für Versicherungen ihrer Huld gegeben hat. Sie stellte meine Frau selbst den Erzherzoginnen als ein Muster rechtschaffener Weiber vor und befahl der Obristhofmeisterin, sie überall bekannt zu machen.

Am folgenden Tage schickte die Kaiserin den Herrn von Pistrich zu mir mit einem Dekret, wo sie meiner Frau eine Pension von 400 fl. versicherte und ließ ihr dabei sagen, sie würde schon noch mehr tun.

Meine Frau hatte um eine Audienz für mich gebeten. Gleich war diese bewilligt und gleich erhielt ich sie.

In dieser sagte Ihro Majestät zu mir:

Er hat dreimal bei mir Sein Glück in Händen gehabt – und allezeit hat Er es von sich gestoßen!

Die Audienz dauerte lang. Sie sprach als Mutter und verlangte meine Kinder zu sehen, mit dem Beisatze:

Von einer so rechtschaffenen Mutter müssen gewiß auch gute Kinder erzogen werden!

Nun kam die Rede auf meine Schriften. Hier sagte sie:

Was könnte Er mit Seiner Feder Gutes in meinen Ländern stiften, wenn Er für die Religion schreiben wollte!

Kurz gesagt, ich konnte mir nunmehr für eine glückliche Zukunft alle Hoffnung machen. Ich blieb noch einige Zeit in Wien, wo meiner Frau mehr Ehre und Achtung widerfuhr, als vielleicht noch keiner fremden Dame widerfahren ist.

Wir kehrten nach Zwerbach zurück, auf meine gekaufte Herrschaft, und lebten ruhig. Da wir aber eben noch einmal nach Wien reisen wollten, um bei Hof um einigen Ersatz meines ehemaligen Güterverlustes zu sollizitieren und der Monarchin Gnade in Anspruch zu nehmen, starb die große Maria Theresia, und alle unsere Hoffnungen waren vereitelt.

Auf ihrem Totenbett hatte sie beständig befohlen, man solle ihr die Trenck'schen Schriften vorlesen, und unerachtet der Beichtvater, Prälat der Dorotheer, von allem, was ich verloren hatte, gründlich unterrichtet und überzeugt war, hat er doch in diesen letzten Augenblicken, da es noch die vorteilhafteste Zeit war, für mein Recht zu sprechen, gar nichts getan und niederträchtig geschwiegen, obgleich er mir heiligst geschworen hatte, es bei Gelegenheit zu tun.

Meine Frau hat die Pension, welche die Monarchin allein in Betracht unserer erlittenen Drangsale und wegen unserer zahlreichen Kinder gab, nicht länger als 9 Monate genossen. Der neue Monarch vermischte sie vielleicht mit anderen Unwürdigen, die dem Staat zur Last fielen, und nahm sie ihr weg. Vielleicht hat sie aber mehr zu hoffen, wenn die mir erpreßten Seufzer dereinst sein Landesvaterherz rege machen, oder ihm durch diese Schriften bekannt werden.

Es blieb mir nun nichts übrig, als mich in meinem Zwerbach zu begraben und dort meine Notdurft zu suchen.

Nun war ich kaum bei meiner Landwirtschaft, so zeigte mir das Glück auch hier seine Tücke. Denn binnen 6 Jahren habe ich zweimal totalen Hagelschlag, ein Jahr Mißwuchs und sieben Überschwemmungen, Schafumfall und alle möglichen Widerwärtigkeiten erlitten.

Hierdurch wurde ich arm; besonders, da durch reichshofrätliche Prozedur das Geld meiner Frau in Aachen und Köln verloren ging.

Die unglücklichen Bauern konnten nicht zahlen. Ich habe nebst meinen Söhnen eigenhändig mitgearbeitet. Und meine gute Frau, die in der großen Welt zu leben gewohnt war, behalf sich selbst, nebst acht Kindern, ohne Magd. Kurz gesagt, wir lebten arm und kümmerlich, so daß wir mit eigenen Händen unser täglich Brot verdienen mußten.

Da ich nun für mich nichts mehr von Hagelschlag noch Kuratoren abwarten wollte und in meinem Kopf, in meiner Feder ein sicheres Treibhaus für meine Bedürfnisse besitze, so beschloß ich im vorigen Jahr, meine sämtlichen Gedichte und Schriften in 8 und meine Lebensgeschichte in 2 Bänden öffentlich herauszugeben. Dieser Vorsatz ist binnen 14 Monaten ganz erfüllt worden. Meine Arbeit findet in ganz Deutschland Beifall, erwirbt mir auch Achtung, Ehre und Geld. Ich bin nunmehr fest entschlossen, so zu leben, als ob ich gar kein anderes Eigentum auf Erden als meinen Kopf besäße und allein durch meine Schriften das Nötige zu verdienen.

*

Am 22ten August lief endlich die Nachricht ein, daß der große Friedrich diese Welt verlassen habe; und der gegenwärtig regierende Monarch, der größte unter allen Menschenfreunden, welcher Augenzeuge meines Schicksals im Vaterlande war, schickte mir sogleich einen Kabinettspaß, um mit sicherem Geleite nach Berlin zu reisen. Alle alte Konfiskation ist aufgehoben, und mein Bruder in Preußen hinterläßt sein ansehnliches Vermögen meinen Kindern.

Ich reise demnach nunmehr mit kaiserlicher Erlaubnis in mein Vaterland, aus welchem ich seit 42 Jahren verdrängt und verstoßen war. Ich reise dorthin, nicht als ein begnadigter Übeltäter, sondern als ehrlicher Mann, um den Lohn des Gerechten einzuernten. Dort finde ich meine Freunde, meine Blutsverwandten, auch alle, die mich im Unglück kannten, und umarme sie als ein Märtyrer echter Tugend, der seine verdienten Lorbeeren von allen Menschenkennern zu erwarten hat, und dort einen großmütigen Regenten sicher findet.

Eine neue Epoche für meine Geschichte!

Schon lange hatte ich gegründete Ursachen, jeder aufgehenden Sonne zu fluchen und ihr mit Schrecken und Schauder entgegen zu sehen. Für mich selbst ist der Tod wirkliche Wohltat, weil ich ihn als den sichersten Führer von der Bewegung zur Ruhe erkenne und nach ihm keine schreckenden Träume mehr zu fürchten habe, die aus Erinnerung des Vergangenen entspringen. Meine Kinder aber fühlen noch ihr Jugendglück, und vielleicht will ich dann wirklich zu leben aufhören, wenn ich meine Vaterpflichten erfüllt habe.

Mein Gott, mein ewiger Richter, den ich mir denke, ließ mich Mensch werden, um durch bittere Erfahrung meiner Mitbürger Lehrer zu werden. Mein Nervengebäude war mit solchen Säften befeuchtet, welche starke Leidenschaften rege machen; stark wurde meine Seele, um große Dinge zu durchdenken; stark mein Gedächtnis, durch unausgesetzte Anstrengung; stark mein Gliederbau, um große Bürden des grausamsten Schicksals standhaft zu ertragen.

Meinen Lesern, die durch redliche Aufdeckung meiner Geschichte meine Freunde wurden, empfehle ich nicht mich, weil ich nichts mehr bedarf, sondern meine rechtschaffene Frau und meine guten Kinder.

Und hiermit erkläre ich öffentlich:

Daß ich mich an keinem Feinde anders rächen will als durch Verachtung; daß ich alles Vergangene gern, aber schwer vergesse; daß ich auch von Monarchen keine Ehrenstellen und keine Gnade suche, weil ich kein Verbrechen begangen habe; auch daß ich als ein freier Mensch leben und sterben will – so sterben, sag ich, wie ich gelebt habe.

Geschrieben im Schloß Zwerbach,
den 18. December 1786.   Trenck.

DRITTER BAND

Ich beschloß den zweiten Band meiner Lebensgeschichte mit dem Vorsatz zu meiner Reise nach Berlin, wozu mir der großmütige Friedrich Wilhelm auf mein Ansuchen seinen Kabinettspaß nach Wien schickte. Gleich war ich freudigst bereit, selbige zu unternehmen; mein allezeit widriges Schicksal warf mich aber auf das Krankenlager, wo wenig Hoffnung blieb, mein Vaterland wiederzusehen und eine Epoche zu erleben, woran ich 20 Jahre lang mit aller möglichen Vorsicht und Mühe gearbeitet hatte. Beinahe wäre ich mit dem großen Friedrich zugleich begraben worden und hätte folglich den Sieg nie erfochten, den ich gegenwärtig rühmlich erlebt habe.

Ich reiste den 5ten Januar von Wien und kam nach Prag. Hier fand ich beinahe eben das, was mir in Ungarn widerfuhr. Man hatte meine Schriften fast überall gelesen; der Bürger zeigte mir Vorwitz und Mitleiden, auch Liebe, und die Großen des Landes überhäuften mich mit Achtung, Höflichkeit und Freundschaftsbezeugungen.

Nun setzte ich, mit Wehmut nach Prag zurückblickend, meinen Weg nach Berlin fort, nachdem ich meinen Sohn umarmt hatte, welcher dort Lieutenant bei dem zweiten Carabinier-Regiment mit Ehre und Beifall dient. Er sah seinen grauen Vater nebst seinen beiden Brüdern, die für preußische Dienste bestimmt waren, abreisen. Ich erinnerte ihn an seine Pflicht für den Staat, dem er dient, zugleich aber an mein und seines Oheims Schicksal in Österreich. Er schauderte zurück, und seine mit Ungestüm hervorbrechenden Worte waren:

Vater! Bei Gott, ich werde in allen Fällen zeigen, daß ich unseres Namens würdig bin. Wer Sie beleidigt, der soll durch meine Faust bluten!

Süße Wonne für ein fühlendes Vaterherz, der in seinem Sohne zugleich einen Freund umarmt!

Auf der Reise nach Dresden wurde mein Wagen bei Peterswaldau von einem Berge bei Nacht dergestalt hinunter geworfen, daß der Spannagel los ließ und die Räder nach oben zu stehen kamen. Bald hätte ich mir das Genick gebrochen und Berlin nicht wiedergesehen ... Mein Sohn hingegen beschädigte sich am Arme. In Berlin schlug die Rose dazu; und dieser Zufall hinderte, daß ich ihn erst nach 4 Wochen dem Monarchen vorstellen konnte.

Kaum war ich in Berlin angekommen, so empfing mich der weltbekannte große Staatsmann und Minister, Graf von Hertzberg, dessen Beifall und Achtung ich mir längst bei persönlicher Bekanntschaft in Aachen erworben hatte, mit aller nur möglichen Güte.

Sein Landgut Brietzen bei Berlin ist ein Muster für Patrioten, die Wirtschaft lernen wollen. Er lebt folglich in unausgesetzter Anstrengung seines Fleißes eben nicht beneidenswert und wird auch nicht reich sterben.

Das ist eigentlich der merkwürdige Mann in Preußens Geschichte, welcher unter des großen Friedrichs Szepter so viel Einfluß in den europäischen Kabinetten zu finden wußte und der allein die Ehre und das Vertrauen genoß, bei seinem sterbenden König Zeuge seiner letzten Handlungen und aller seiner Empfindungen zu sein; der aber in seinem ganzen Leben von eben dem König alle Gnade und Achtung, aber niemals das mindeste Geschenk erhalten noch abgebettelt hat.

Beim Gastmahle in seinem Hause war ich in Gesellschaft der gelehrtesten Männer der Akademie, wo ich alle die kennen lernte, welche Wissenschaften in Preußen gemeinnützig und ihrer Bestimmung Ehre machen. Etliche Tage nach meiner Ankunft wurde ich am Courtage durch den Oberkammerherrn, Fürst Sacken, dem Monarchen vorgestellt, weil es in Berlin nicht Brauch ist, daß ein Fremder von dem Minister seines Hofes, dem er dient, präsentiert wird. Ich erschien also in kaiserlicher Uniform als ein geborener preußischer Vasall bei Hofe.

Der Monarch empfing mich mit sichtbarer Huld, und aller Augen waren auf mich gerichtet. Jeder ohne Ausnahme bot mir die Hand, hieß mich willkommen im Vaterlande, und dieser Auftritt war ebenso rührend für mich als merkwürdig für die auswärtigen Minister, welche mit Bewunderung fragten, wer denn wohl der österreichische Offizier sei, den man in Berlin so liebreich empfange. Der gütige Monarch selbst bezeigte mir ein edles Wohlgefallen, da er mich von Glückwünschenden umringt sah. Unter anderen trat auch der königliche Generallieutenant der Kavallerie und Chef der Gens d'armes, Herr von Prittwitz, herbei, umarmte mich und sagte laut:

Das ist der Mann, welcher, um sich selbst zu retten, mich unglücklich machen konnte – und es dennoch *nicht* getan hat!

Bestürzt durch diese öffentliche Erklärung fragte ich um Aufklärung dieses Rätsels und erhielt zur Antwort:

Ich habe Sie, mein lieber Trenck, auf dem unglücklichen Transport von Danzig nach Magdeburg im Jahr 1754 als Lieutenant führen müssen. Unterwegs ließ ich mein Kommando zurück und fuhr mit Ihnen, wider meine Order, ganz allein im offenen Wagen. Ich gab Ihnen sogar Gelegenheit, zu entfliehen. Sie konnten es wirklich tun, und taten es nicht. Ich habe erst später die Gefahr gesehen, in der ich war, falls Sie weniger großmütig dachten. Gewiß aber wäre ich unglücklich geworden, wenn dem König ein solcher Arrestant durch meine Nachlässigkeit entwischt wäre, den er so gefährlich wie strafwürdig glaubte. Ich danke Ihnen also nunmehr öffentlich, daß Sie mich damit verschonten, und bin Ihr verbundener Freund! –

*

So bald ich bei Hofe vorgestellt war, beobachtete ich das gewöhnliche Zeremoniell, und der kaiserliche Gesandte, Fürst Reuss, führte mich bei allen auswärtigen und einheimischen Ministern und in alle Häuser ein, wo man Visite zu machen pflegt.

Ich wurde bei den königlichen Prinzen, bei der regierenden und verwitweten Königinnen Majestäten, in allen Palästen der königlichen Familie mit solcher Gnade und Achtung aufgenommen, die mir ewig unvergeßlich sein wird. Ihro königliche Hoheit der Prinz Heinrich, der weltbekannte große Bruder des großen Friedrich, ließ mich zur Privataudienz rufen und unterhielt sich lange mit mir. Ich genoß die Ehre seines warmen Mitleidens für das Vergangene und die Versicherung seiner Protektion für die Zukunft, wurde zum Privatkonzert eingeladen und soupierte bei Hofe.

Im Palast S.K.H. des Prinzen Ferdinand genoß ich eben diese Begegnung, wurde auch sehr oft zur Tafel und zur Abendgesellschaft ins Schloß Bellevue geladen.

Wohl dem Staate, wo die Fürsten wissen, daß der Staat nicht ihr Eigentum ist, sondern daß sie für denselben da sind!

Meine Freude ward in Berlin am lebhaftesten, wenn ich nach Hofe fuhr. Ganze Haufen der Bürgerschaft waren am Eingang versammelt, und wenn einer von ihnen sagte: Das ist der Trenck! dann rief man mir zu: Willkommen im Vaterlande! Viele reichten mir die Hand, und ihr nasses Auge zeigte mir, daß sie sich mit mir freuten.

Welt, betrogene Welt, von der Wahrscheinlichkeit hintergangen, durch Vorurteile geleitet, was ist dein Lob, dein Tadel?

Bestimmen aber wohl auch unsere Handlungen den Wert eines Mannes –?

Nach einigen Tagen, da ich dem regierenden Monarchen vorgestellt worden war und bei der regierenden Königin soupiert hatte, bat ich um eine Privataudienz und erhielt am 12ten Februar abends folgenden Brief:

»Ihren Brief vom 9ten dieses Monats habe ich erhalten; und es ist mir lieb, Ihnen antworten zu können, daß, wenn Sie morgen nachmittag um 5 Uhr zu mir kommen wollen, ich das Vergnügen haben werde, Sie zu sehen und zu sprechen. Unterdessen behalte Gott Sie in seinem heiligen und würdigen Schutze.

Berlin, am 12. Februar 1787

Friedrich Wilhelm

P.S.

Nachdem ich diesen Brief schon unterzeichnet hatte, finde ich es bequemer für mich, Sie auf morgen früh um 9 Uhr zu mir zu bestellen. Sie dürfen sich also nur um diese bestimmte Stunde in der sogenannten Marmorkammer einfinden.«

Man urteile nun, mit was für Begierde ich diese gewünschte Stunde erwartete. Ich fand diesen wahrhaften Titus ganz allein, und die Unterredung dauerte länger als eine Stunde.

Er hatte bereits meine ganze Lebensgeschichte selbst gelesen. Er war selbst als Prinz von Preußen in Magdeburg Augenzeuge aller meiner Martern und meiner Unternehmungen zur Flucht. Er erinnerte sich mancher Vorfälle und hatte auch die noch lebenden Augenzeugen gesprochen, welche die reine Wahrheit meiner Erzählung und mein unschuldiges Leiden bestätigten. Ewig werde ich an diese glückliche Stunde denken. Sie verfloß aber auch. Mein Auge sah zurück, mein Herz blieb aber in der Marmorkammer bei einem Fürsten, der edler Empfindungen fähig ist, und meine Wünsche für seine Wohlfahrt sind unbegrenzt.

An geschickten Architekten, an Zöglingen für Gesellen und Meister-kenntnisse, an gutem Willen, mitzuarbeiten, an Materialien zum Bau, an Künstlern zum äußeren Schmuck, an Pflanzschulen für Lernende fehlt es in Preußen gewiß nicht. Der wärmste Patriotismus glimmt in allen Adern. Man kennt die Triebfeder des großen klugen Friedrichs in dieser wirklich wunderbaren Kunstmaschine und wird sie vermutlich auch nach eben der Richtung zu erhalten suchen. Geschieht dieses unverrückt, dann ist für Babels Turm keine Spra-chenverwirrung zu fürchten. Noch steht alles so fest wie zu Friedrichs Zeiten; und gegen große Donnerwetter stehen die metallenen Gewit-terableiter überall am rechten Orte.

Im Kabinett arbeitet noch ein Hertzberg, welcher ebenso denkt, schreibt und handelt wie vor etlichen Jahren. Der König will, daß gegen seine Untertanen Gerechtigkeit geübt werde. Die Schatzkam-mer ist gefüllt, die Armee ist noch die alte; und allen Aussichten nach wird Reichtum, Industrie und Bevölkerung nicht fallen, sondern steigen.

Der weise Friedrich, welcher Wissenschaften liebte, auch selbst gelehrt war, hat sie dennoch in seinen Ländern nicht befördert. Der Deutsche hätte unter ihm die deutsche Sprache vergessen können; die französische Literatur schien ihm besser.

Allem Anschein nach wird der jetzige Monarch, der kein Gelehrter ist, die Lehrschulen besser versorgen, damit er keinen Mangel an geschickten Leuten für Feder und Justiz empfinden müsse. Beson-ders, da der Adel ohne Ausnahme in der Armee dienen muß und wenige für die Wissenschaften übrig bleiben, denen es wirklich an Mitteln und Gelegenheit fehlt, ihren Verstand auszubilden.

Übrigens ist dieser König ein vollkommener Menschenfreund. Er wird gewiß keinen Menschen martern, noch in Gefängnissen schmachten oder mißhandeln lassen. Die Knutpeitsche wird nie den preußischen Rücken ins Sklavenjoch biegen. Sogar bei den Soldaten verabscheut er die barbarischen Stockprügel. Seine Offiziere werden nicht kreuzweise geschlossen, die knechtische Subordination ist ver-bannt ...

Nach dieser Audienz ließ er mich noch einmal rufen, sprach sehr viel mit mir und bestärkte die erhabenen Begriffe, welche mir die erste Unterredung von ihm eingeflößt hatte. Ich bin auch überzeugt, daß ich ihn auf allen Seiten ohne Vorurteil kenne.

Am 11. März präsentierte ich ihm abermals in einer Privataudienz meinen Sohn, welchen ich für seinen Dienst bestimmt hatte. Er ernannte ihn sogleich zum Offizier bei dem Posadowsky'schen Dragonerregiment, welches ich mir besonders ausbat.

Ich habe also nunmehr einen Sohn bei dem Zweiten österreichischen Carabinier- und den anderen in Preußen bei dem Ersten Dragonerregiment in wirklichen Diensten angebracht und meine Vaterpflicht erfüllt. Die Zeit wird lehren, in welchem Lande der Trenck'sche Name mehr geachtet, oder welcher von beiden zuerst einen Teil meines verdienten Lohnes erhalten wird. Wo dies geschieht, dahin wird der andere folgen; und den dritten kann meinetwegen der Großsultan nehmen, wenn er weiß, wozu man meine Zöglinge brauchen kann, und ihm Gerechtigkeit widerfahren läßt, die ich an keinem Hofe Europas für mich selbst finden konnte. Übrigens sind alle meine Kinder ganz frei geborene Menschen und keines Monarchen Vasallen. –

∗

Nun habe ich auf speziellen Befehl eines großen Herrn noch etwas in diese Blätter einzurücken, was ich im zweiten Band übergangen hatte, weil ich die Leser nicht durch zu viele Weitläufigkeit in meinen Gefängnisränken ermüden wollte. Es war die vorletzte Unternehmung zur Flucht; die Umstände sind folgende:

Weil es auf keine Art mehr möglich war, Sand und Erde aus meinem Kerker herauszuschaffen, so machte ich, nach abermals durchbrochenem Fußboden und Fundamenten, ein Loch gerade in den Graben hinaus, wo alle drei Schildwachen standen. Sobald ich hinaus gegraben, zog ich allen Sand still herein, nahm einen Pantoffel und warf ihn an die Palisaden hinaus, als ob ich ihn beim Überspringen verloren hätte. Diese Palisaden waren 12 Schuh hoch und quer über den Hauptgraben gesetzt; innerhalb dieser waren meine Schildwachen eingesetzt. In der Ecke aber, wo ich ausbrach, stand kein Schilderhaus.

So bald dies geschehen, kroch ich in mein Gefängnis zurück und machte mir unter dem Fußboden ein anderes Loch, worin ich sitzen und lauern konnte. Hinter mir aber füllte ich den Kanal zu, so daß mich niemand sehen konnte.

Der Tag bricht an; die Schildwachen sehen das Loch. Es wird gemeldet, der Offizier läuft bestürzt herbei, man findet den Pantoffel; folglich war der Trenck glücklich auch über die Palisaden gekommen und nicht mehr da!

Gleich kommt der Kommandant aus der Stadt mit der ganzen Litanei; die Alarmkanonen werden gelöst, die Nachsetzer sprengen im Lande herum, alle Festungswerke und Souterrains werden visitiert. Nichts half; ich war glücklich entwischt. Unmöglich konnte ich dieses ohne Vorwissen der Schildwachen unternommen haben; die ganze Wache, auch der Offizier wurde arrestiert, und das Erstaunen war unbegrenzt.

Ich saß indessen in meinem Loche, hörte jedes Wort, mein Herz pochte vor Freude, und der Ausgang meines Anschlages schien mir schon gewiß. Unfehlbar hätte man in der folgenden Nacht keine Schildwachen mehr vor meinen Käfig gestellt; dann wäre ich im Ernst aus meinem Loche hervorgekrochen und gewiß glücklich nach Sachsen entflohen. Mein Schicksal war aber grausam genug, auch diese Hoffnung zu vereiteln, da bereits alles überstiegen zu sein schien. Alles ging gut und nach Wunsch; die ganze Garnison kam in die Sternschanze; dieses dauerte bis nachmittags gegen 4 Uhr. Endlich kommt ein Fähnrich von der Landmiliz, ein Kind von 15 bis 16 Jahren, der sehr klein und schwächlich war, hingegen mehr Witz als alle anderen besaß. Dieser steigt in das Loch hinunter, betrachtet die Öffnung nach dem Graben hinaus und findet sie zu klein; er versucht hindurch zu kriechen. Es war unmöglich. Gleich entschied er, es könne nicht sein, daß ein starker Mann meiner Gattung durch diese Öffnung herausgekommen sei, und läßt sich ein Licht geben.

Nun hatte ich dergleichen Vorfall nicht vermutet. In meinem Loche wurde mir die Luft zu warm, und ich hatte unter dem Fußboden den zugestopften Kanal geöffnet. Kaum hatte der Fähnrich Licht unten, so erblickte er mein weißes Hemd, sah näher hin, griff zu und erhaschte mich am Arm.

Hier war der Fuchs im Bau gefangen; es entstand ein Gelächter, ein Triumph. Wie mir aber dabei zu Mute war, da ich mich schon wirklich in Freiheit glaubte und jetzt von neuem in meine Fesseln geschmiedet wurde, dieses läßt sich denken, aber nicht in der Empfindung schildern, die meine Seele erschütterte.

*

Nun zum abgebrochenen Zusammenhang.

Ich reiste nach Preußen und traf am 4ten April in Königsberg ein, wo mich mein Bruder mit Sehnsucht erwartete. Von meinen 4 Geschwistern fand ich nur noch diesen, der im Wohlstand auf seinen Gütern lebt, dessen Kinder aber alle im Grabe liegen.

Hier erfuhr ich nun erst gründlich, was während meiner Abwesenheit vorgegangen war. Der Zorn des großen Friedrich hatte sich auf alle meine Geschwister verbreitet. Mein älterer Bruder war nach mir im Jahre 1746, da ich unglücklich wurde, Standartenjunker beim Kiow'schen Kürassierregiment. Er diente 6 Jahre, nahm an 3 Bataillen teil, und weil er Trenck hieß, blieb er im Avancement zurück. Endlich, müde des Wartens, nahm er den Abschied, heiratete und lebte auf seinem Gut Meicken, wo er vor 3 Jahren gestorben ist und zwei Söhne hinterlassen hat, die dem Trenck'schen Namen Ehre machen. Er war mein Bruder, deshalb allein wollte der König nichts von ihm wissen. Mein jüngster Bruder hatte sich auf die Wissenschaften gelegt; er wurde vom Minister zu einer Zivilcharge als ein besonderer Mann vorgeschlagen; der König schrieb aber auf den Bericht: »Es ist kein Trenck zu Etwas nutz.«

Auch auf meine Schwester, die den Sohn des Generallieutenants von Waldow geheiratet hatte und seit 1749 als Witwe lebte, erstreckte sich, wie bereits erwähnt, der Haß des Monarchen.

Sie besaß die schönen Hammer'schen Güter bei Landsberg an der Warthe; dort wurde von den Russen alles in einen Steinhaufen verwandelt. Sie flüchtete mit ihren Effekten nach Küstrin; dort wurde bei der Belagerung alles verbrannt, und die preußische Armee selbst verwüstete die schönen Waldungen.

Nach dem Kriege unterstützte der König alle ruinierten Familien im Brandenburgischen; sie allein erhielt nichts, weil sie meine Schwester war. Sie wandte sich an den König und erhielt zur Antwort: Sie solle sich an ihren lieben Bruder halten!

Sie starb im Kern der Jahre, nachdem sie kurz vorher den jetzigen Obrist von Pape zur zweiten Ehe gewählt hatte.

So litten alle meine Geschwister nur deswegen, weil ich ihr Bruder war.

In allen Fällen ist aber dennoch der Zweck meiner Reise erreicht. Mein Bruder ist mein Freund und Vater meiner Kinder geworden. Mein Sohn dient bereits dem König und ist hier versorgt. Meine Ehre ist im Vaterlande gerechtfertigt und der Sieg über mein Schicksal wenigstens in Preußen entschieden.

Jede Stunde, die ich noch zu leben habe, sei der Menschenliebe gewidmet. Mein Kopf sehnt sich nach Ruhe; und habe ich diese vielleicht auch erst jenseits des Grabes zu hoffen, so will ich doch bis dahin weder murren noch klagen. Ich will still, aber gekannt, dahin schleichen, wohin ich im Jugendfeuer sturmlaufen wollte. Hilf, gütiger Gott, daß ich den heutigen Vorsatz auch bis zu dem Tage, da ich zu sein aufhöre, vollziehen möge! Und dies sei das Ende meiner Lebensgeschichte!

Trencks Abschied von Berlin

Von Ehre satt, so wie Trajan,
Nachdem er Roms Triumph genossen;
Von Ehre satt, so wie ein Mann,
Der da vergißt, was schon verflossen;
Beruhigt über mein Geschick,
Das mich durch Sturm zum Hafen führte,
Seh ich als Weiser nicht zurück
Auf das, was mir mit Recht gebührte:
Genug, ich fand hier in Berlin,
Was mir bisher unmöglich schien.

Wer Friedrichs Grimm wie ich empfand,
Der kann Bedrängte trotzen lehren;
Und wer wie ich am Ruder stand,
Dem kann kein Wahn die Richtung stören.
Stolz seh ich meine Flagge wehn;
Nach Tugend war mein Ziel gerichtet;
Nun ist mir wirklich das geschehn,
Was Neid und Mißgunst nie vernichtet;
Nun deckt mein Recht Medusenschild,
Weil Wilhelm Fürstenpflicht erfüllt.

Berliner Bürger, lebet wohl!
Mein Herz soll dankbar für euch glimmen;
Was ich für euch empfinden soll,
Wird ewig meinen Zweck bestimmen.
Ich sah! o Wonne! ja ich sah
In euren Augen Mitleid funkeln;
Und alles, was mir hier geschah,
Wird Mißgunst mir nicht mehr verdunkeln.
Der Beifall, den Berlin mir gab,
Ist mein Triumph und krönt mein Grab.

Ihr Schönen, die mein Buch gerührt!
Die mein Geschick zum Mitleid regte,
Gönnt mir das Recht, das dem gebührt,
Dem Venus hier die Falle legte.
Mein Erstlingsopfer bracht ich hier,
Hier lernt ich schön und edel lieben;
Und diese Fühlart ist auch mir
Im grauen Kopfe treu geblieben.
Streut Blumen auf dies graue Haar,
Und bildet Schüler wie ich war!

Vor mir blinkt wenig Hoffnungslicht,
Wo scheele Mißgunst auf mich lauert.
Man kennt den Wert des Mannes nicht,
Wo Wissenschaft und Ehre trauert;
Doch reißt mein Schicksal mich dahin.
Geduld! Mein Rennlauf naht dem Ziele!
Weil ich mit Recht bedauert bin,
Der Vorhang fällt: – dann folgt die Ruh,
Wer zusah, klatscht mir Beifall zu.

Franz Freiherrn von der Trenck,

Kaiserl. Königl. Obrists, Parteigängers und ersten
Anführers der sogenannten Panduren,

wahrhafte Lebensgeschichte,

summarisch geschrieben
von
Friedrich Freih. von der Trenck,
als
eine Beilage zu seiner Biographie.

Franz Freiherr von der Trenck wurde im Jahr 1714 zu Calabria in Sizilien geboren, wo damals sein Vater Obristlieutenant und Kommandant war, welcher nachher zu Leitschau in Ungarn als Obrist und Kommandant im Jahr 1743 starb, und die Herrschaften Prestowack, Pleternitz und Pakratz in Slavonien, auch ein ansehnliches Vermögen in Ungarn besaß. Er hieß Johann und war meines Vaters leiblicher Bruder, folglich in Königsberg in Preussen geboren, wo unsere Familie bereits seit den Zeiten der deutschen Ordensritter bekannt und begütert ist.

Seine Mutter war eine von Kettler aus Kurland; es ist mir aber unbekannt, aus welchem Hause sie abstammte. Genug, dieser Trenck, dessen Geschichte ich hier schreibe, war von Vater- und Mutterseite ein stiftsfähiger alter Edelmann, und wir hatten beide einen Großvater in Preussen. Folglich war er nicht, wie seine Feinde in Wien ausgesprengt hatten, eines slavonischen Räubers Sohn. Denn sein Vater, welcher dem Hause Oesterreich 68 Jahre mit Distinktion gedient hatte, starb zu Leitschau als Obrist und nahm vernarbte Wunden als ein rechtschaffener Soldat in das Grab.

Dieser hinterließ nun seinen einzigen Sohn Franz, der zu der Zeit, da er starb, auch schon Obrist war und gegen Theresiens Feinde mit weltbekannter Distinktion diente.

Von seinen Jugendjahren schreibe ich nichts. Seine Lebensgeschichte, die er im Jahr 1747 im Wiener Arrest herausgab, ist mit solchen Kleinigkeiten angefüllt und so elend geschrieben, daß ich hier nur sehr wenig davon sage. Ich trage nur das vor, was ich von glaubwürdigen Zeugen von seinen Feinden selbst gehört oder selbst geprüft und gesehen habe.

Der alte Vater war nur Soldat, in den einzigen Sohn verliebt, und dabei im höchsten Grade geizig. Seine Erziehung wurde folglich versäumt, und alle seine Leidenschaften blieben ungezähmt.

Da ihm nun die Natur wirklich ausserordentliche Talente mitgegeben hatte, da sein Vater für damalige Zeiten reich war und der feurige Jüngling sich ungefesselt fühlte, so mußten auch notwendig grosse Ausschweifungen folgen. Alle Arten von Mässigung blieben ihm unbekannt, und ein entschiedenes Glück folgte ihm in allen Unternehmungen. Diese waren aber unbegrenzt, durch gar keine Grundsätze der Tugend und Menschenliebe geleitet oder eingeschränkt. Geld- und Ehrgeiz bestürmten seine ganze Seele; weil ihm alles gelang, so erlaubte er sich auch alles. Und da seine kriegerische Neigung mit der Unempfindlichkeit eines wirklich bösen Herzens vereinigt war, er auch in einem Zeitpunkt auf die Weltbühne trat, wo allein Blut und Schwert das Schicksal der Völker entschieden, so wurde der Befehlshaber räuberischer Völker durch ganz natürliche Folgen ein gefühlloser Menschenfeind und Wüterich, ein gefährlicher Feind und treuloser Freund.

Sein Temperament war cholerisch-sanguinisch, folglich zur Wollust wie zum Ehrgeiz und zur Tapferkeit geneigt. In grossen Gefahren kurz entschlossen, in allen Fällen geistesgegenwärtig, und da die Cholera herrschte, unempfindlich und bis zur Raserei grausam, unversöhnlich, habsüchtig, arglistig, erfindungsreich, immer mit grossen Aussichten beschäftigt; nur dann aber, wenn das Sanguinische durchschlug und zur Freude reizte, war er eigensinnig, verliebt, liebreich, zärtlich, anhaltend, aber durch Stolz gereizt, sogar kriechend, um seinen tierischen Zweck zu erreichen. Jede Eroberung machte aber eine neue Sklavin seiner unbegrenzten Herrschsucht; und wo er standhaften Widerstand fand, da hörte er sogar auf, geizig zu sein. Eine vernünftige Frau hätte demnach allein diesen besonderen Mann für Tugend, Rechtschaffenheit und Menschenliebe bilden können. Sein Wille war aber schon in zarter Kindheit nie gebändigt worden. Alles, was er unternahm, war geglückt, folglich glaubte er auch nichts unmöglich. Deshalb war er ein verwegener Soldat, der alles zu unternehmen fähig war und aller Gefahr lachend und trotzig entgegen ging. Um desto höher stiegen seine Entwürfe zur Grösse, da Ruhmsucht die Zielscheibe aller seiner Handlungen wurde; umso gefährlicher war er bei jedmöglichem Hindernis, wo alles seinen Absichten weichen mußte, ihm auch jeder Weg, seinen Zweck zu erreichen, gleichgültig schien. Wehe demnach seinem Gegner, der durch Bitten oder Demut sein Mitleiden rege zu machen glaubte!

Er hatte von seinen Kinderjahren an nur rohe, ungesittete Kroaten gekannt, die damals raubbegierig und blutdürstig waren und nur durch Zwang und barbarische Prügel im Zaum gehalten werden konnten. Der beständige Umgang mit solcher Gattung von Menschen bildete demnach aus ihm einen wahrhaften Tyrannen, umso mehr, da er unternahm, sie durch tierische, knechtische Furcht zur militarischen Subordination zu leiten und aus Räubern Soldaten zu bilden.

In seiner körperlichen Gestalt hatte die Natur alle ihre Wohlthaten verschwendet. Seine Grösse war sechs Schuh und drei Zoll, mit wirklich riesenmässiger vollkommner Proportion, sein Wuchs schön, seine Gesichtsbildung angenehm und männlich, seine Stärke fast unglaublich; denn er hieb dem stärksten Ochsen mit seinem Säbel den Kopf ab, hatte es auch in der türkischen Übung so weit gebracht, daß er Menschenköpfe wie Rüben abhieb. Dabei war sein Ansehen in den letzten Lebensjahren fürchterlich, weil er im Bayerischen Kriege bei einem feuerfangenden Pulverfasse halb gebraten und sein Gesicht so verbrannt wurde, daß es voll schwarzer Flecken blieb.

Im gesellschaftlichen Umgang war er der angenehmste Mann in der Welt, sprach sieben Sprachen sehr geläufig, liebte Scherz, besaß eine besondre Gegenwart des Geistes für witzige Einfälle, verstand die Musik, hatte eine angenehme Stimme, sang künstlich, so daß er auf dem Theater hätte sein Brot verdienen können, und wußte einnehmend, auch gefällig zu sein. Hingegen da, wo er gebieten konnte, war er ein Ungeheuer.

Sein Auge entdeckte dem Kenner bald eine arglistige Seele, und sein Zorn war Wut ohne Mässigung. Sein mißtrauischer Charakter wirkte bei allen Vorfällen, weil er andere so beurteilte, wie er selbst für sie dachte. Eigennutz und begierige Habsucht blieben aber immer seine Hauptschwächen; da, wo etwas zur Vermehrung seiner Schätze zu hoffen war, wirkten weder Tugend, Religion, Menschenpflicht noch Ehre. Und im einunddreissigsten Lebensjahre, da er gegen zwei Millionen Vermögen besaß, ging sein Geiz schon so weit, daß er täglich nicht einen Gulden verzehrte und sich selbst die Notdurft abbrach. Da er nun im Krieg allezeit die Avantgarde führte, folglich in feindlichen Ländern überall offene Gelegenheit zum Nehmen war, da er zum Raube geneigte Völker führte: so waren die bekannten Folgen in der Plünderung von Bayern, Schlesien und Elsaß ganz natürlich. Er allein kaufte von allen seinen Leuten den Raub für geringen Wert und schickte beladene Schiffe auf seine Güter. Erhaschte irgendwo einer seiner Offiziere eine gute Beute, dann war er schon sein gewisser Feind und wurde so oft in das feindliche Feuer geschickt, bis er endlich totgeschossen und der Herr Obrist Universalerbe wurde, der sich alles Mögliche selbst zueignete.

In allen militärischen Wissenschaften erkannte ihn jedermann als ersten Meister an. Er war ein grosser Ingenieur, und sein Adlerblick wußte sogleich das Terrain zu durchforschen, auch jede Höhe und Entfernung richtig zu beurteilen. Hieraus erwuchsen seine kriegerischen Vorteile, die ein guter Parteigänger am besten benutzen kann, wenn er die Gegenden genau kennt, abwägt und untersucht, wo der Krieg geführt wird. Überall blieb er der Erste. Sein Leib war abgehärtet, um alle möglichen Beschwerden leicht zu erdulden. Keine Gelegenheit entging seiner Wachsamkeit, alles wurde benutzt, und was Tapferkeit nicht hatte entscheiden können, das wurde durch die schlaueste Arglist bewerkstelligt. Verbindlichkeit gestattete ihm sein Stolz nicht; er war deshalb grundsätzlich undankbar, weil sich alle Triebfedern edler Handlungen auf seinen Eigennutz zurückzogen, er selbst aber der Mittelpunkt für die Absichten der ganzen Schöpfung blieb. Da nun ein entschiedenes Glück zugleich alle seine Unternehmungen begünstigte, so schrieb er notwendig auch all das, was nur von ungefähr geschah, seinen persönlichen Verdiensten zu, wußte keinen Freund zu suchen, zu schützen noch zu erhalten; folglich blieb er auch gleichgültig verlassen, wo er der Hilfe bedurfte.

Indessen war er doch allezeit in seinem Fach ein brauchbarer und vorzüglicher Mann im Staate. Seine Liebe und Ehrfurcht, sein Diensteifer für die grosse Theresia waren unbegrenzt; und allein in dem Falle, wo er den Ruhm ihrer Waffen ausbreiten konnte, war er wirklich imstande, sich selbst und alle seine Lieblingsneigungen aufzuopfern. Dafür kann ich Bürge sein, weil ich ihn genau geprüft habe; wenngleich die wahre Geschichte von Theresiens Kriegen seinen verdienten Ruhm bemänteln wollte. Ein Geschichtschreiber meiner Art hält sich nicht bei unbedeutenden Kleinigkeiten auf. Er schildert zuerst den wahren Charakter seines Gegenstands, seine Tugenden, Fehler und Neigungen ohne Schminke; und dann erzählt er erst die Handlungen, die der Leser erst richtig abwägen kann, wenn er ihre Quellen im Manne selbst zu finden weiß.

So sollten auch die Biographien unserer Helden und Monarchen geschrieben werden, damit ihre Nachfolger aus dem vorgelegten Spiegel sich selbst beurteilen und ihre Fehler verbessern könnten. Schmeichelei, Eigennutz oder Gefahr und Gewalt sind aber die Hindernisse aller lauteren Wahrheit.

11   Trenck-Becher, gewidmet der Königin Elisabeth-Christine.

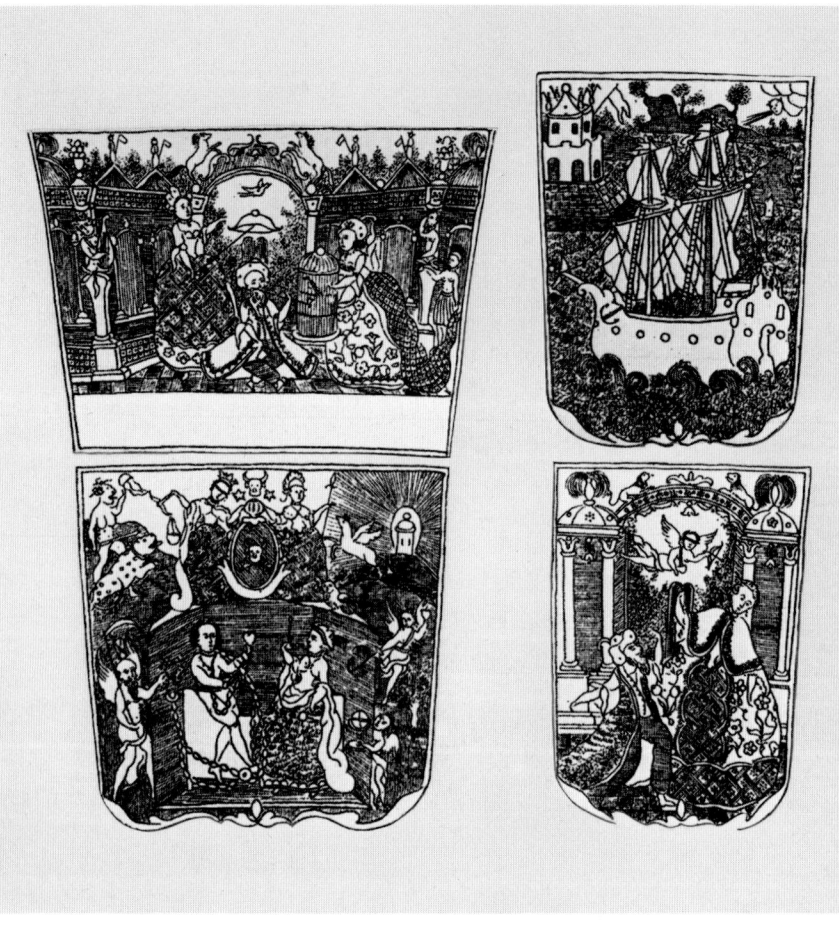

12   Darstellungen auf einem Trenck-Becher.

DOMINUS. DOMINUS. TRENCK.
SUPREM. BELLIDUX. SCLAVONICUS
PANDURORUM.

13   Der Panduren-Oberst Franz von der Trenck.
Zeitgenössischer Kupferstich

Ein Trommelſchläger beÿ den Panduren.
Des Trommelſchlägers Auszug iſt mit Lob auch zu erheben,
Da er ſowohl mit Spiel als Waffen ausgeziert,
Es können reſonanz die weite Hoſen geben,
Wan er zum march und ſtreit ſein friſch die Tromel rührt.

C. P. Maj.

Mart. Engelbrecht excud A. V.

14   Ein Trommelschläger bei den Panduren.
Zeitgenössischer Kupferstich

Ein Obrister beÿ denen Theißern ot. Sauströhmern.
Es fordert unverhofft Zeit und Gelegenheit
Ein unbekantes Volck, in Teutschland zu marchieren.
Der Obrist ruckt voraus, und läst an sich verspühren
Er seÿe auch der Erst an Muth u. Tapfferkeit.

15 Panduren-Anführer.
Zeitgenössischer Kupferstich

Hochgebohrner Reichsgraff.

Hochgeehrter Herr Obrister.

Es wird dem Herrn Brass aus dem briefl, so Ihro Excell: Herr General Feldmarschal Bouss von Kevenhuller ihnen zugeschieben, deshalben Mainung zu gnügen ernogemen haben, daß also gantz unmöglig sind, daß der Herr Brass desanderungen einen Officier zu gedacht seiner Excell: absetzen, sondern könen sie also gleich mit ja oder Nain solches branden schon, wozu dem autorg nien sind deomir zugeben, frowig al. seine proposition unser aufordnen wirde. Womit nach höflichster empfeglun varharren.

Hochgebohrner Reichsgraff.

bey Camb d. 9b 7ber
1742.

Schuldigster Diener
le Baron de la Trenck Obrist Lieut.

17 Franz von der Trenck, jetziger Zustand, im Glassarg auf dem Spielberg in Mähren.

18 Aus der kürzlich aufgetauchten Blutbibel.

19 Aus der kürzlich aufgetauchten Blutbibel.

Die Absichten des Schriftstellers sind auch oft auf Habsucht und Bogenzahl gegründet, um ein dickes Buch teurer zu verkaufen. Man erzählt deshalb Kleinigkeiten weitläufig und weicht vorsätzlich von einem konzentrierten Vortrag ab, wo mit wenig Worten viel gesagt werden kann.

Meine Art, Lebensgeschichte zu schreiben, gleicht keinem Roman und setzt die genaue persönliche Kenntnis dessen voraus, der mein Gegenstand ist. Wie wenige kennen aber den Herrn gründlich, den sie nur nach Zeitungsberichten oder für den Geschmack des grossen Haufens schildern wollen.

Ich schreibe eigentlich vom Trenck aus folgenden Ursachen. Er hat die Ehre genossen, der erste Bilder und Anführer regulärer slavonischer Völker zu werden. Unter seinem Kommando erwarben sie Ruhm und stützten die Macht des österreichischen Staates. Die Kroaten bluteten, er selbst blutete verschiedenemale mit ihnen auf dem Schlachtfelde und diente als ein rechtschaffner Soldat eben so furchtbar als eifrig und redlich.

Durch die Verfolgungen niederträchtiger Feinde in Wien, mit denen er seine Beute nicht teilen wollte, verlor er Ehre, Freiheit, auch nicht nur sein eignes erworbenes Vermögen, sondern sogar auch unser Familienerbteil in Ungarn. Er starb als ein rechtmässig verurteilter Bösewicht wirklich im Kerker; und Schurken hatten sogar ausgesprengt, und Dummköpfe glauben noch wirklich, er habe den König von Preussen gefangen gehabt und ihn gegen Bestechung wieder heimlich freigelassen. Auch Ungarn könnten demnach argwöhnen, daß ein Ungar, ihr Landsmann, wirklich ein Verräter gewesen sei.

Diese rechtschaffene Nation will ich demnach durch meine Feder und gründliche Beweise überzeugen, daß der Trenck Ehre, Mitleiden und Achtung im Vaterlande verdient hat. In den ersten zwei Bänden meiner Geschichte ist dieses bereits geschehen und gutgeheissen worden; weil ich mich erboten habe, die Beweise dessen, was ich gesagt habe, durch Akten und Protokolle legaliter zu erweisen, falls der Monarch gereizt würde, die wahren Umstände dieses jedem ehrlichen Manne verabscheuenswürdigen Vorfalls untersuchen zu lassen und eben so zu verfahren, wie gegenwärtig für meine Ehre und Rechtfertigung in Berlin geschehen ist. Der tote Trenck kann zwar nicht sprechen. Ich aber, der die reine Wahrheit verteidige, lebe noch und bin zum Beweis erbötig.

Trenck schrieb zwar seine Lebensgeschichte selbst, da er während des Prozesses im Arsenal zu Wien im Arrest saß; und hatte in den letzten zwei Bogen trocken weg erzählt, wie man im sogenannten Kriegsrecht unter seinem ärgsten Feinde, dem Grafen Löwenwalde, mit ihm verfahren war. Dieser fand aber zu mächtige Freunde, und diese Blätter wurden in Wien aus dem Buche gerissen und öffentlich durch den Nachrichter verbrannt. Verteidigen konnte er die Wahrheit damals nicht, weil er unter der unbegrenzten Gewalt seiner Gegner seufzte. Ich hingegen habe eben diese Blätter im ersten Bande meiner Geschichte buchstäblich eingerückt; und bin noch gegenwärtig erbötig, aus seinen in meiner Hand befindlichen Prozeßakten und aus den gerichtlichen Protokollen zu zeigen, daß alles, was er hiervon schrieb, wirklich wahr gewesen ist. Er wurde damals auf den Spielberg geschickt, weil man von einem beleidigten Manne viel befürchtete, welcher alles zu unternehmen fähig war. Er starb auch wirklich wehrlos als ein Schlachtopfer ungerechter Richter. Er ist tot und kann seine Ehre nicht mehr verteidigen.

Eben dieses ist meine Pflicht, ob er gleich als mein ärgster persönlicher Feind und Urheber aller meiner erlittenen Drangsale gestorben ist. Ein Mann seiner Gattung verdiente in einem Staate, dem er so grosse Dienste geleistet hatte, ein ganz andres Schicksal. Gegen denselben hatte er kein Verbrechen begangen, und alle seine rechtschaffnen Landsleute sollten ihm Ehrensäulen bauen. Seine Feinde, die ihn stürzten, liegen bereits verächtlich im Grabe. Man hat sie alle kennengelernt, aber zu spät für den unglücklichen Trenck.

Mir blieb vom rechtmäßigen Gute nichts übrig. Aber die Ehre meines Vetters im Grabe zu retten, blieb mir vorbehalten; und dieses Recht allein hat mir alle eure Kabale und Familienprotektion, euer Reichtum und accreditierter Wohlstand bei Hofe nicht verhindern können.

Ich habe frei geschrieben und erwiesen, daß der Trenck von euch geplündert wurde, daß er dem Hause Oesterreich als ein ehrlicher Mann mit Treue und Eifer gedient, und nicht auf dem Paradeplatze, nicht in der Gerichtsstube, sondern mit dem Degen in der Faust für das Vaterland die Soldatenrolle rühmlich gespielt hat; und daß er ebensowenig den König von Preussen, als den Kaiser von Marokko gefangen hatte; folglich nicht als Landesverräter auf den Spielberg verurteilt wurde, sondern ein wirkliches Opfer des Neides und der

Obergewalt solcher Leute war, die man nie bevollmächtigen sollte, über Verdienste und Rechtschaffenheit zu urteilen.

Es ist aber geschehen. Er ist tot ... Wer aber noch auf Erden lebt und mir unter die Augen mit dem Vorwurfe treten darf, daß jemals der ungarische oder preussische Trenck der Verräterei fähig war oder in Wien und Berlin Strafe verdiente, der darf mich nicht lange suchen, um a priori sowohl als a posteriori Beweise zu sehen, daß uns beiden Unrecht geschehen ist. Nach diesem vorläufigen Vorbericht schreite ich erst zum Zusammenhange der entworfnen Geschichte.

Trencks Vater war ein abgelebter geiziger Greis und guter Mann, der Sohn hingegen ein ungebändigter feuriger Jüngling, der Geld brauchte, um nach seinen Lüsten zu leben. Er machte viele lustige Streiche und diente als Fähnrich bei einem mir unbekannten Infanterieregiment.

Hier ging er zu einem Beamten der Güter seines Vaters und forderte Geld. Dieser weigerte sich, und Trenck spaltete ihm den Kopf. Es erwuchs ein Prozeß, er wurde beigelegt; und da im Jahr 1736 der Krieg zwischen Russland und den Türken ausbrach, so warb er mit Erlaubnis des Wiener Hofes eine Esquadron Husaren und trat mit derselben in russische Dienste, so ungern auch der alte Vater seinen einzigen Sohn missen wollte.

In diesem Kriege diente er nun mit ganz besonderem Vorzug und gewann die vollkommne Protektion des Feldmarschalls Münnich; er führte so glückliche wie verwegne Streiche gegen die Tartaren durch, daß er bald in der Armee berühmt und nach dem Feldzuge Major wurde.

Bei einer Gelegenheit, wo die Türken vor der Front herumschwärmten und das Regiment aufmarschiert war, erblickte er einen Vorteil und rief dem Obrist Rumin zu, er sollte mit dem Regimente sogleich einhauen und die sichtbaren Vorteile nutzen.

Der verzagte Obrist gab zur Antwort: .... Ich habe keine Ordre dazu. Trenck bat um Erlaubnis, nur mit seiner Esquadron einzuhauen, und erhielt sie nicht ... Gleich geriet er in Wut, weil er bisher keinen Widerspruch oder Unterwürfigkeit gekannt hatte, und rief dem Regimente zu: Wer ein braver Kerl ist, der folge mir nach! Ungefähr 200 Mann prellten vor, er setzte sich an die Spitze, verursachte ein empfindliches Blutbad, schlug den Feind und kehrte, von Freude trunken, mit Köpfen und Gefangenen siegreich zurück.

Sobald er vor die Front des Regiments kam, sprengte er auf den

Obrist los, hieß ihn einen russischen rc. und prügelte ihn mit der Karbatsche, ohne daß der sich zur Gegenwehr stellte.

Die Sache wurde angeklagt, Trenck arretiert und ihm der Kriminalprozeß gemacht.

Hier wurde er verurteilt, arkebousiert zu werden; sein Todestag war bereits bestimmt. Am Tage vor der Exekution ritt aber der Feldmarschall Münnich zufällig oder vorsätzlich am Zelt vorbei, wo er geschlossen und gefangen saß. Trenck erblickt ihn, drängt sich vor und redet ihn auf folgende Art an:

Erlauben Euer Excellenz doch nicht, daß ein fremder Kavalier hier deshalb schimpflich sterbe, weil er einen feigen Russen geprügelt hat. Gestatten Sie mir, daß ich mein Pferd satteln lasse und den Tod von den Händen bewaffneter Feinde mit dem Säbel in der Faust suchen darf ... (Die Tartaren waren eben im Scharmützel mit den Vorposten beschäftigt.) Der Feldmarschall zuckt die Achseln und schweigt ... Trenck redet ihn nochmals beherzt an, und sagt: Wenn ich allein drei Köpfe zurückbringe, habe ich Pardon, Euer Excellenz? Die Antwort war: Ja ... Gleich ward das Pferd geholt, er sprengt fort und kommt allein mit 4 Köpfen an der Mähne des Pferdes und mit einer leichten Wunde an der Schulter zurück ... Münnich umarmt ihn und versetzt ihn als Major in ein anderes Regiment.

Hier hat er wirklich Wunder der Tapferkeit gezeigt. Unter anderem wurde er einst von einem Tataren durch den Bauch gespiest. Er ergriff den aus dem Leib hervorstehenden Spieß, brach ihn mit seiner gewöhnlichen riesenmäßigen Stärke ab, gab dem Pferde die Sporen und kam glücklich davon, wurde auch bald geheilt, und ich selbst habe die beiden Narben gesehen, folglich kann ich die Wahrheit eines so besondern Vorfalls auch bestätigen. Wie ich denn auch alles dies Rühmliche von seiner ausserordentlichen Verwegenheit und Gegenwart des Geistes im Jahr 1746 von den Offizieren gehört habe, die mit ihm damals dienten und Augenzeugen waren.

Er diente auch in diesem Feldzug mit Ehre, wurde durch einen Pfeil in den Schenkel verwundet und gewann die ganze Liebe des Feldmarschalls, zugleich aber auch den Neid aller National-Russen. Endlich traf ihn ein neues Unglück, kurz vor dem Ende dieses blutigen Krieges. Sein Regiment war aufmarschiert, der Feind schwärmte herum. Er bat seinen Obrist um Gotteswillen, er möchte attackieren. Dieser war wieder ein Russe, weigerte sich, und Trenck gab ihm eine Ohrfeige. Er rief den Leuten zu, ihm zu folgen. Da diese aber keine Ungarn, sondern Russen waren, blieb alles stehen, und er wurde arretiert. Nun verurteilte ihn das Kriegsgericht zum Tode, und alle Hoffnung zur Rettung war verloren. So gern ihn auch der General begnadigt hätte, so war es doch unmöglich, weil er selbst ein Fremder war und durch Parteilichkeit alle bereits murrenden Russen beleidigt hatte.

Der Exekutionstag brach heran. Er wurde zum Totschiessen geführt. Der Feldmarschall hatte es aber so angestellt, daß eben, da der letzte Augenblick herannahte, der Feldmarschall Löwenthal nebst seiner Gemahlin herbeifuhr. Trenck benutzte den Augenblick, redete beherzt und beweglich. Man hielt Einspruch für ihn, und er erhielt Gnade; hingegen wurde er verurteilt, nach Sibirien zur Arbeit geführt zu werden.

Er protestierte gegen dieses Urteil. Der Feldmarschall schrieb nach Petersburg, und der Befehl kam: Er sollte kassiert und aus den russischen Staaten verwiesen werden.

Dies geschah. Man führte ihn über die Grenze, und er reiste zu seinem Vater nach Ungarn.

Hier heiratete er nun die Tochter des Feldmarschall-Lieutenants Baron Tillier, aus den ersten Häusern in der Schweiz.

Ihre Brüder waren die beiden Generallieutenants, wovon der eine im Siebenjährigen Kriege mit Ruhm und in besondern Gnaden der Monarchin starb; der andere war kommandierender General in Kroatien und besitzt noch gegenwärtig ein Infanterieregiment, welches seinen Namen führt.

Mit dieser Frau lebte er nicht lange. Sie war schwanger; er führte sie seinem wilden Temperament gemäss in den Morast auf die Jagd. Sie war dergleichen nicht gewohnt und starb, ohne Erben zu hinterlassen.

Trenck konnte bei seinen kriegerischen Neigungen nicht müssig sein. Die Gelegenheit fehlte im allgemeinen Frieden. Er unternahm also den Entwurf, die Räuber in Slavonien auszurotten. Nun muß man zuvor wissen, was diese eigentlich für Leute waren, die noch niemand vor ihm ernsthaft anzugreifen gewagt hatte, obgleich sie das ganze Land in Kontribution setzten und die grausamsten Handlungen begingen.

Sie hatten ihre Anführer, die man Harumbascha nannte. Diese wurden aus den Stärksten, Klügsten und Verwegensten der Nation gewählt. Ihre Gesetze waren so streng, daß der mindeste Fehler mit dem Strange gestraft wurde. Ward einer von ihnen in einem Dorfe verraten, so hat man kein Beispiel, daß in demselben auch nur ein Kind im Mutterleibe geschont worden wäre. Ihre Rache hatte keine Grenzen; und wenn die ganze Bande verunglückte, so mußte der neue Harumbascha zuerst den Ort vertilgen, wo man seine Vorgänger beleidigt hatte.

Sie waren wirkliche Parteigänger, unterhielten ihre Kundschafter in der Türkei, überfielen daselbst türkische Räuberhaufen und nahmen ihnen die Leute ab, oder mordeten und plünderten die reisenden Kaufleute. Dies alles erregte im ganzen Lande allgemeinen Schrecken. Niemand wagte, ihren Haß zu erwecken, und alle Güterbesitzer zahlten ihnen eine kleine Kontribution, um ihre Herrschaften vor den türkischen Räubern zu schützen. Wo dies geschah, da lebten Herr und Untertan ruhig und vollkommen sicher, weil sie sich in allen Fällen ein Gesetz daraus machten, ihr Wort zu halten. Die Zahl war unter jedem Bascha bestimmt, und wenn einer abging, so suchte jeder starke und geschickte junge Bursche eine erledigte Stelle, weil er bei ihnen nicht arbeiten durfte und in Überfluß zu leben hatte.

Sie gingen folglich im ganzen Lande frei, sogar mit silbernen grossen Ringen und Knöpfen, bewaffnet und erkennbar herum. Kam es auch bei Verfolgungen von der Polizei zum Handgemenge mit regulären Soldaten, so hatten sie meistens die Oberhand und blieben in den grossen Waldungen, wo ihnen allein alle Zugänge bekannt waren, vor Anschlägen sicher, verheerten aber desto mehr die Wohnungen der geplagten Einwohner.

Mit dieser ganz besondern Gattung von Menschen fing nun der Trenck seine militärische Operation an und benutzte hierzu seine eigenen Herrschaftspanduren und Untertanen. Zuletzt wurde er da, wo er es forderte, mit Militärkommandos unterstützt, weil er sich in Wien erboten hatte, dieses Gesindel auszurotten. Nun fing das lebendige Spiessen und Rädern an. Und vielleicht erfordert dieser Krieg mehr Mut, mehr Vorsicht und Klugheit als bei grossen Heeren auf dem Schlachtfelde. Hierzu war er geboren, Tag und Nacht wachsam; schlau erhaschte er dann und wann einen auf Spur- und Kloppjagden. Die Söhne und Väter der Räuber mußten bluten. Er verfuhr mit ihnen mit äusserster Grausamkeit und war dabei keinen Augenblick sicher, nicht in ihre Hände durch Verräterei seiner eignen Leute zu geraten.

Nur zwei Geschichten will ich hier erzählen, die den Charakter dieses Mannes schildern.

Er hatte den Vater eines Harumbascha lebendig spiessen lassen und patroullierte abends am Ufer eines Baches, der die Grenze bildet. An dem anderen begegnet ihm der Räuber selbst mit seinen Leuten. Es war Mondlicht. Dieser ruft ihm zu:

Trenck! ich kenne deine Stimme; du hast meinen Vater gespießt, du verfolgst uns wie ein Schurke, hinterlistig und grausam. Hast du ein Herz im Leibe, so geh über den Steg herüber. Ich schicke meine Leute zurück. Lege du alles Gewehr ab so wie ich, nur deinen Säbel bringe mit, und dann wollen wir sehen, wer den Platz behält!

Nach genommner Abrede schickt er seine Leute zurück, legt sein Gewehr ab, und Trenck geht über den Steg. Beide greifen zum Säbel. Trenck aber erschießt ihn mit einer verborgen gehaltenen Pistole verräterisch und trägt seinen Kopf herüber, den er auf einen Pfahl stecken ließ. Ob diese Handlung gegen einen so edlen Räuber lobenswürdig war, mag der Leser beurteilen. Indessen wurden sie auf allerhand arglistige Art ins Garn gelockt, und mein Vetter wurde der Schrecken und die Geissel dieser schädlichen Leute.

Eines Tages ist er auf der Jagd, hört Musik in einem einzelnen abgelegenen Hause seines Untertanen, ist durstig, geht hinein, und findet Hochzeitsgäste bei Tisch. Sogleich setzt er sich dazu und ißt mit, ohne zu wissen, daß in diesem Hause der Räuber Zusammenkunft war.

Während er gegenüber der Tür an einem langen, schmalen Tisch sitzt, treten zwei riesenhafte Harumbaschen bewaffnet herein. Er erschrickt; seine Flinte stand an der Wand; der Räuber besänftigt ihn aber gleich mit den Worten:

Wir haben dich und deine Untertanen nie beleidigt, Trenck! und du verfolgst uns mit solcher Grausamkeit auf die niederträchtigste Art! Wir denken edler; friß dich ruhig satt mit uns. Wir könnten dich gleich an der Wand ohne Gegenwehr totschießen, fürchte aber nichts. Wenn wir gegessen haben, dann wollen wir mit dem Säbel in der Faust sehen, wer von uns eine gerechte Sache hat und ob du so tapfer, so unüberwindlich bist, wie die Leute sagen.

Hiermit setzten sie sich ihm gegenüber zu Tische und aßen und tranken fröhlich mit. Wie dabei dem Trenck zu Mut war, ist leicht zu erraten, weil er nicht wissen konnte, ob diese handfesten Kerle nicht noch draussen ihre Gehilfen bereit hatten, um ihn zu martern. Er zieht demnach unbemerkt seine Sackpistolen heimlich aus der Tasche hervor, richtet sie beide unter dem Tische auf den Bauch seiner Gegner, drückt sie zugleich los, ergreift den ganzen Tisch, wirft ihn über sie hinweg und springt glücklich zur Tür hinaus. Im Hinausspringen nimmt er noch ein Gewehr des Räubers mit, welches sie an die Tür gestellt hatten. Einer davon wälzt sich im Blute, der andere arbeitet sich hinter dem Tische hervor, läuft ihm wütend nach. Trenck läßt ihn herankommen, schießt ihn mit seiner eignen Flinte tot, haut ihm den Kopf ab und bringt ihn zu seinen Leuten nach Hause.

Hiedurch verloren nun die Räuber ihre besten Anführer und folglich auch den Mut, sodaß sie auf allen Seiten niedergehauen wurden und haufenweise in das türkische Gebiet flüchteten.

Nun brach eben der Krieg im Jahr 1740 aus, wo alle Ungarn zum Gewehr griffen, um ihre Königin, ihre schöne geliebte Gebieterin zu retten. Trenck schrieb nach Wien, erbot sich, ein Panduren-Freikorps aufzurichten, und forderte Generalpardon für alle Räuber, welche dabei Dienste nehmen wollten. Er erhielt, was er suchte, machte diesen Pardon bekannt, und die Werbung nahm den Anfang. Nur wenige schlugen sich dazu. Er warb aber eigene Untertanen an, formierte ein Korps von etwa 500 Mann, ging den Räubern von allen Seiten auf den Leib und trieb sie zwischen der San und Sarsawa in die Enge. Hier entschlossen sie sich nun zur Kapitulation. Diese erfolgte, und gegen 300 Mann nahmen Dienst unter seinen Panduren.

Die meisten dieser Leute waren 6 Fuß groß, geübte verwegene Soldaten und konnten alle schwimmen, auch ganze Meilen weit wie die Rehe im Walde laufen. Dieses mußte ein jeder gelernt haben, bevor er aufgenommen wurde.

Es ist demnach nicht zu verwundern, daß ein kluger Anführer dergleichen Leute im Kriege zu allem brauchen und Wunder der Tapferkeit und Kühnheit mit ihnen bewerkstelligen konnte. So lange auch noch einige von ihnen bei so häufigen Gefechten übrig blieben, waren die Panduren gewiß in allen Vorfällen gefährliche Leute. Unter ihnen aber Disziplin, Ordnung und Subordination einzuführen, das konnte nur ein Trenck zuwege bringen, welcher den Nationalcharakter kannte und sie durch wollüstige Tage und Raubsucht dahin zu lenken wußte, wo er Siege und Vorteile erfechten wollte. Ist der Offizier dieser Völker nicht selbst kühn in grossen Gefahren, steht er nicht an ihrer Spitze und verspricht ihnen Plünderung und Speck genug zum Schmause, dann wird er sie schwerlich vorwärts bringen. Bemerken sie, daß er sich fürchtet, dann tun sie gar nichts, rebellieren und laufen nach Hause. Er mußte demnach, um dergleichen Leute zu brauchen, nicht nur selbst mit ihnen grausam verfahren, sondern ihnen auch wirkliche Grausamkeiten nachsehen. Hierdurch allein erreichte er seine Absicht, machte sich bei Österreichs Feinden furchtbar und leistete seiner Monarchin wichtige Dienste.

Im Jahr 1741, da sein Volk noch ganz roh war, ereignete sich folgender Vorfall: Er exerzierte mit seinem Regiment, als ein ganzer Zug das Feuer auf ihn eröffnete. Sie töteten seinen Läufer, der neben ihm stand, und sein Pferd. Gleich sprang er hervor, ging rasend auf den Zug los, zählte 1. 2. 3. 4., und hieb dem 4ten den Kopf herunter. Dies geschah bei dreien. Hierauf sprang aber ein Harumbascha aus dem Gliede hervor, zog den Säbel, ging ihm auf den Leib und sagte: Ich habe auf dich geschossen, jetzt wehre dich deiner Haut!
Alles stand unbewegt. Trenck griff ihn an und hatte das Glück, ihn niederzuhauen. Nun wollte er die Exekution bei dem 4ten Manne fortsetzen; das ganze Regiment aber griff zum Gewehr und spannte den Hahn. Die Rebellion war wirklich da. Gleich griff er den Säbel und hieb rechts und links ein. Diese Entschlossenheit schreckte, alles rief: halt! fiel auf die Knie und versprach Gehorsam. Er umarmte einige brüderlich und hielt eine kurze Anrede nach dem Nationalgeschmack an sie.
Von dieser Zeit an waren seine Leute überall unüberwindlich, wo er selbst zugegen war.

Man beachte diese Geschichte, und schliesse auf den Mann, welcher in solcher Gefahr so entschlossen zu handeln vermochte. Dennoch wurde er zuletzt das Schlachtopfer solcher Männer, die den Soldaten nicht zu beurteilen wußten, weil sie in ihrer Uniform in Wien grau wurden, ohne sie mit Blut zu bespritzen, und zogen ihn in einen Kriminalprozeß, weil er Grausamkeiten ausgeübt hätte.
Man betrachte aber den Trenck in seiner Lage als Befehlshaber eines Menschenhaufens, der allein vom Raube zu leben gewohnt war und in Feindes Land alles zu nehmen sich berechtigt glaubt. Ein Volk, welches den Tod am Galgen nie fürchtet, das keine Unterwürfigkeit kannte und auf einmal im regulären Soldatenzwange dienen und fechten soll. Für die Ehre tut ein solcher nunmehr privilegierter Räuber gewiß nichts. Sein Anführer muß demnach bloß seine Raub-

273

sucht zu benutzen suchen, um ihn aufs Schlachtfeld zu bringen; denn sieht er keinen Vorteil für sich selbst, so tut er gewiß nichts auf allerhöchsten Befehl oder für den Herrendienst. Hierzu taugt der Türke, aber der schlaue Slavonier gewiß nicht, der aller Gefahr ausweicht, wo er nichts gewinnen kann.

Nun brauchte Trenck Offiziere gleichfalls von besonderer Art. Sie mußten vorzüglich kühn und klug sein, um solchen Leuten zu befehlen. Als Parteigänger mußten sie mehr Ungemach als andere reguläre Soldaten erdulden, auch täglich den Feind aussuchen und ihr Leben wagen. Hierzu fand er wenige geneigt und geschickt, mußte also am Anfang alles annehmen, was ihm vor die Hand kam.

Da er nun überall selbst gegenwärtig war, so erkannte er die feigen Memmen gleich und jagte sie auch ohne weitere Umstände oder Kriegsrecht vom Schlachtfelde weg, wenn sie sich in Graben und Schlupfwinkel versteckten oder nicht an der Spitze seiner Panduren Sturm laufen wollten. Diese Zahl, meistens von schlechten Kerlen, vermehrte sich; sie liefen nach Wien, schrieen und klagten.

*

Dort wachten Trencks Feinde und Neider, weil sein Geiz nicht gestattete, daß er von seiner grossen Beute nach Wiener Brauch etwas mit der dortigen Militärobrigkeit teilte. Eben hieraus entstand eigentlich zuletzt der Prozeß, welcher alle seine Pläne vereitelte und ihn selbst unglücklich machte.

Kaum war er mit seinen slavonischen Völkern in Österreich eingerückt, so fand sich gleich gute Gelegenheit, Lorbeer zu ernten. Die französische Armee wurde bei Linz geschlagen. Trenck war überall an der Spitze, verfuhr grausam mit den Gefangenen und gab auf dem Schlachtfeld keinen Pardon. Schon der äussere fürchterliche Anblick seiner Panduren schreckte, und ihr barbarisches Verfahren, ihr stürmischer Angriff, ihre arglistigen, im Räuberleben gewöhnten Streiche verursachten eine unerwartete Wirkung. Trenck war klug, wachsam, kriegerisch, wußte jeden Vorteil zu nutzen; folglich war er auch gleich auf dem Schauplatze bekannt und berühmt. Er gewann das Vertrauen des Prinzen Karl und die ganz besondere Achtung des kommandierenden Feldmarschalls Graf Khevenhüller, der den Mann zu schätzen und in seinem eigenen Fache zu brauchen wußte; folglich erhielt er mehr Gewalt, als je ein Parteigänger vor ihm gehabt hatte. Er machte der Armee überall Platz und folgte dem fliehenden Feinde nach Bayern, wo alles mit Schwert und Feuer verwüstet wurde. Eben dieses war Wiens wie auch seines Volkes Sache, die für Beute alles unternahmen und unter einem solchen Anführer Wunder der Tapferkeit ausführten.

In Bayern ging vollends das Wüten an. Prinz Karl ließ ihm freien Zügel, und da er den Feinden keinen Pardon gab, so liefen Bayern und Franzosen schon davon, wenn sie nur einen roten Mantel erblickten. Die Herren Panduren plünderten und mordeten, wo sie hinkamen, und ihre Beute kaufte und sammelte der Herr Obrist.

Die größte Grausamkeit wurde in Cham ausgeübt, die Stadt an allen Ecken angesteckt und die Einwohner in die Flammen geworfen. Die fliehenden Weiber und Kinder, die eine Brücke passieren mußten, wurden erst geplündert, dann aber in das Wasser gestürzt. Dieses Verfahren kam auch bei seinem Prozesse vor. Er rechtfertigte sich aber hierdurch.

1. Daß die Bürger in Cham sechs Gefangene von seinen Leuten die Hände abgehauen und sie im Triumph herumgeführt hatten.
2. Daß sich die Bürgerschaft zur Gegenwehr gestellt, und
3. Daß Prinz Karl ihm Befehl gegeben hatte, eben so zu verfahren, wie wirklich geschehen ist.

Das ganze Land schreit noch Ach und Weh gegen die Trenck'sche Barbarei. Deckendorf und Filzhofen erfuhren seine ganze Wut. Im ersteren wurden 600 Franzosen von ihm gefangengenommen, die er bloß mit Strohgarben geschreckt hatte, denen er in der Entfernung Pandurenkleider angezogen und sie als Schildwachen ausstellte, von seinen Leuten noch 4 Meilen entfernt war und nebst einem Adjudanten und etlichen Offizieren allein die Kapitulation unterschrieb.

Was er übrigens im Bayerischen Kriege der Armee für wesentliche Dienste geleistet hat, das ist in der Geschichte Theresiens weltkundig, obgleich man seine Handlungen allezeit von der verhaßten Seite geschildert und das Gute votsätzlich verschwiegen hat, weil er im Unglück starb und die Biographieschreiber nicht mehr bezahlen konnte.

Ganz Bayern wurde von ihm geplündert, wie man damals sagte, und ganze Schiffsladungen mit Waren, Silber und Gold wurden auf die Güter nach Slavonien geschickt. Prinz Karl und Graf Khevenhüller erlaubten ihm alles. Feldmarschall Neuperg kommandierte; dieser hatte andere Grundsätze. Er stand mit dem Hofkriegsrat Baron

Tiebes, dem im damaligen Wien gewaltigen Soldatengebieter, in Verbindung, und war folglich Trencks Feind.

Inzwischen vermehrte Trenck seine Kroaten bis auf 4000 Mann, woraus im Jahr 1743 ein reguläres ungarisches Infanterieregiment errichtet wurde, welches aber noch den Namen Panduren beibehielt. Hierzu kamen noch 600 Mann Husaren und 150 Jäger, die er alle aus seinem eigenen Beutel warb, beritten machte und montierte; wogegen aber bei Reduktion dieses Korps alles zum Vorteil des Aerarii verkauft oder untergesteckt, mir hingegen auch nicht ein Groschen vergütet worden ist.

In Deckendorf oder Filzhofen, (der Ort, wo es geschah, ist meinem Gedächtnis entfallen) erfuhr er durch einen Kundschafter, daß in einer Apotheke ein Fäßchen mit 20000 fl. versteckt worden. Von Geldsucht getrieben, eilt er hinein, mit einem brennenden Licht in der Hand, visitiert überall, und kommt unvorsichtig an etliche Pfund Pulver. Dieses fängt Feuer und wirft ihn halb gebraten zu Boden. Er wurde weggetragen und geheilt. Von dieser Zeit an war sein Gesicht durch die Narben und eingebranntes Pulver um so fürchterlicher.

Der jetzige Feldmarschall Baron Laudon war damals Lieutenant bei seinem Regiment und stand an der Tür, als sich sein Obrist verbrannte. Kaum war er gesund, so wurde ihm von seinen Kundschaftern zugesteckt, daß Laudon viel Geld habe und mit seinen Freunden lustig lebe. Er vermutete demnach, daß er das Fäßchen mit dem Gelde müsse erhascht haben; und von diesem Augenblick an verfolgte er diesen rechtschaffenen Mann auf alle mögliche Art, schickte ihn auch bei allen Vorfällen mit 30 gegen 300 Mann, um ihn totschiessen zu lassen und sein Erbe zu sein. Dieses dauerte so lange, bis Laudon endlich müde wurde, quittierte und sich in Wien zum Haufen seiner Kläger und Feinde schlug und so den Mann, der ihm zum Anfang, da er ihn in sein Regiment aufnahm, alle Freundschaft und Hilfe erzeigt hatte, wirklich durch seine Intrige unglücklich machte. Sicher bleibt es aber, daß dieser wirklich grosse Mann seine Lehre unter Trencks Führung gefunden hat. General Tissier, dessen Soldatenzeit armeekundig ist, stammt gleichfalls aus dieser Pflanzschule entschlossener Soldaten. Und wer taugt gegenwärtig besser, eine ungarische Armee zu kommandieren, als Laudon und Tillier?

Mit diesem nunmehr ansehnlichen Korps konnte er auch grössere Unternehmungen ausführen. Der Feind floh, wo man seinen Namen nannte. Er war überall an der Spitze der Armee, trieb manche Millionen Kontributionen ein, eroberte viele feste Plätze mit dem Degen in der Faust, und hat innerhalb von 5 Jahren seiner Monarchin gegen 7000 Franzosen und Bayern und über 3000 preussische Gefangene geliefert, gewiß aber ebenso viele in die Pfanne gehauen, welches sich noch kein Parteigänger rühmen kann. Dabei ist am merkwürdigsten, daß er niemals geschlagen wurde. Alle Anschläge glückten ihm; und eben hierdurch gewann er Liebe und Vertrauen seiner Leute, und war und bleibt ewig in der Geschichte der erste Mann, welcher aus Kroaten Soldaten für den Staat gebildet hat.

Unmöglich konnte aber all dieses ohne Exzesse und Ausschweifungen bei einem rohen blutgierigen Volk geschehen, welches überall Schrecken verbreiten mußte. Und da er von S.K.H. dem Prinzen Karl ungebundenen Willen hatte und Geld und Fourage überall fehlten, so mußte der feindliche Untertan alles herbeischaffen, was in der Folge von seinen Feinden unter dem Namen »Exzesse« ihm im Prozeß zur Last gelegt wurde; wogegen alles, was Bärenklau, Menzel und die ganze Armee zusammen geplündert haben, niemals zur Sprache gekommen ist.

Alles, was mein Vetter zum Vorteil und zur Ehre der Österreichschen Waffen bewirkte, kann ich hier nicht bemerken, weil ich nicht Augenzeuge war, und das meiste, was er mir von allen seinen Unternehmungen erzählte, meinem Gedächtnis entfallen ist. Genug, sein Ruhm ist weltkundig und wäre gewiß in Theresiens Geschichte bis zum Himmel erhoben worden, wenn er nicht in die Gewalt böser Menschen geraten wäre, die den besten Patrioten als einen Verräter und den tüchtigsten Soldaten als einen Charlatan zu mißhandeln Gelegenheit fanden, sein Vermögen plünderten und ihn selbst im Gefängnis verschmachten liessen.

Merkwürdig aber ists, daß eben der Mann, welcher jede Gelegenheit hatte, sich auf erlaubte Art in Bayern, Schlesien und Elsaß ein grosses Vermögen zu erwerben, der selbst arm und geizig lebte, um viel zu sammeln, dennoch bei seinem Tode nicht einmal die Hälfte von dem Vermögen zurückließ, welches er von seinem Vater ererbt hatte und das mir ganz und mit vollem Recht gehörte, aber gleichfalls gewaltsam entrissen wurde.

Im Jahre 1744 trieb er die Franzosen über den Rhein, eroberte die Rheinschanze bei Philippsburg mit dem Säbel in der Faust, schwamm mit 70 Panduren selbst über den Strom, überfiel die Schanze, hieb den Marquis von Crevecoeur, den unvorsichtigen Kommandanten, eigenhändig nieder, faßte Posto, ging über den andern Arm, überfiel zwei bayerische Kavallerieregimenter in ihrem Lager und ermöglichte wirklich der ganzen Armee den Übergang über den Rhein, was ohne diesen unternehmenden Mann nicht geschehen wäre.

Nun verbreitete er Schrecken und Furcht im ganzen Elsaß, setzte alles in Kontribution und brach überall durch, wo er hinwollte, mitten im Triumph der österreichischen Waffen auf französischem Boden.

Da aber im September 1744 der preussische Krieg in Böhmen von neuem ausbrach, mußte die Kaiserliche Armee eiligst zurückmarschieren, Elsaß verlassen und dem eignen Staat zu Hilfe kommen. So wie er der Armee den Übergang über den Rhein erkämpft hatte, wurde er nun gebraucht, um den Rückzug zu decken; und er hatte Ehre davon.

Was er im Feldzuge dieses Jahres dem Feinde für Abbruch verursachte, dieses ist in Theresiens Geschichtsbüchern bekannt. Unter anderem zeigte er seine Fähigkeit und seinen Diensteifer bei Tabor und Budweis. Er lief daselbst mit 300 Mann Sturm auf eine Stadt, in welcher die beiden preussischen Regimenter Walrabe und Kreuz zur Verteidigung standen. Wer hätte jemals eine so verwegene Unternehmung von Panduren gegen Preussen erwartet?

Das Wasser im Stadtgraben war aber tiefer, als die Kundschafter angegeben hatten, und die Mauerleitern zu kurz. Die meisten Leute ersoffen oder wurden im Wasser erschossen; die wenigen aber, die hinüber kamen, wurden gefangen. Während sein ganzes Korps noch 5 Meilen entfernt war, schloß er dennoch eine Kapitulation, bei welcher sich die ganze Garnison von Tabor, Budweis, nebst dem Schlosse Frauenberg als Kriegsgefangene ergaben.

Am folgenden Tage kam sein Volk an. Lächerlich war es aber anzusehen, da die Panduren ihre Hauben mit den preussischen Füsilier- und Pioniermützen wechselten und sie auch in der Folge beibehielten.

Ob er durch diese gewiß seltsame Unternehmung seiner Monarchin einen wesentlichen Dienst geleistet habe, entscheide die scharfsichtige Welt.

Der ganze Feldzug war für ihn rühmlich, und der Mangel an leichten Truppen bei dem Feinde gab ihm offnes Feld, diesem Abbruch zu tun. Er war überall geschäftig und machte auf allen Seiten

Gefangene, ging bei Pardubitz über die Elbe und eroberte die Magazine. Das wieder war die Ursache des eingerissenen Mangels, der ungeheuren Desertion und des erzwungenen preussischen Rückzuges aus Böhmen.

In Kolin befand sich der König mit dem Hauptquartier. Ich selbst war dabei und Augenzeuge der Verwirrung, da der Trenck die Stadt angriff und gewiß erobert hätte. Es wurde ihm aber beim ersten Angriff durch eine Kanonenkugel der rechte Fuß im Knöchel zerschmettert. Er musste zurückgetragen werden, und die Attacke war hierdurch vereitelt. Diese Wunde war schrecklich. Sogar aus Wien schickte ihm die Monarchin einen Wundarzt. Er erduldete die Scarifikation des ganzes Fusses, verlor den ganzen Knöchel, auch ein Stück vom Schienbein, lag 4 Monate auf dem Rücken, wurde aber geheilt und tobte und wütete, weil er dem Feinde so lange Zeit hindurch keinen Abbruch verursachen konnte, da ohne ihn seine Leute gar nichts waren.

Im Februar 1745 fuhr er nach Wien. Sein Einzug glich einem Triumph. Alles lief herbei, um ihn zu sehen und ihm zuzujauchzen. Diese allgemeine Achtung erbitterte seine Feinde um so mehr. Die Monarchin selbst empfing ihn mit aller möglichen Distinktion. Er erschien bei ihr auf Krücken, mußte sich niedersetzen, und durch die liebreichsten gnädigsten Versicherungen und Behandlungen stieg sein Diensteifer bis zur Raserei, weil Ehrgeiz seine Hauptleidenschaft war.

Wer hätte damals wohl vermuten können, daß der Liebling des Volkes, der treueste, eifrigste Soldat seiner Monarchin, noch in eben dem Jahr in Wien im Stockhause Fesseln tragen und der unbegrenzten Gewalt niederträchtiger Feinde überlassen, seufzen würde, die alle zusammen in ihrem ganzen Leben dem Staat nicht so viel Dienste geleistet hatten, als der Trenck in einem Tage?

Im Taumel seines Vergnügens reiste er nun selbst auf seine Güter, warb neue 800 Mann, um im neuen Feldzuge frische Lorbeeren zu sammeln. Er kam zurück, ging zur Armee, erhielt vom Hof, was er wollte und war den ganzen Sommer hindurch mit immerwährenden unermüdlichen Operationen beschäftigt.

Bei der im September stattfindenden Schlacht bei Soor, plünderte er das preussische Lager, eroberte für sich des Königs Zelt und silbernes Tafelservice, kam aber um eine Stunde zu spät, um wie verabredet dem Feind in den Rücken zu fallen. Der kluge König überließ das ganze Lager gern der Plünderung, wo die eindringenden räuberischen Völker nicht mehr vorwärts zu bringen waren. Indessen schlug er die kaiserliche Armee, stand auch in Ordnung schon zum Empfange da, falls jemand aus dem eroberten Lager zu spät und ohne Unterstützung einen Ausfall hätte wagen wollen. Hier erhielten nun Trencks Feinde offenes Feld, ihn bei Hofe verdächtig zu machen und den Pöbel gegen ihn aufzuhetzen. Man beschuldigte ihn öffentlich, er habe den König von Preussen in seinem Zelt gefangen, verräterisch in Freiheit gesetzt und sich vorsätzlich im Lager mit Plündern aufgehalten, statt den Feind im Rücken anzugreifen und die Bataille zu entscheiden. Er sei also allein schuld an der Niederlage der Armee. Seine Freunde schrieben ihm dergleichen Nachrichten, meldeten auch, daß ein schweres Wetter über seinem Kopf schwebe und alles bereit sei, ihn unglücklich zu machen.

Nach rühmlichst beendetem Feldzuge reiste er dann nach Wien, um seinen falschen Anklägern entgegenzutreten und seine gekränkte Ehre nachdrücklich zu verteidigen.

Hier fand er schon 23 Offiziere, welche er meist wegen Zaghaftigkeit und schlechter Streiche vom Regiment kassiert und fortgejagt hatte. Unter diesen waren freilich auch 3 bis 4, die Ursache zu klagen hatten. Eben diese wenigen ehrliche Leute waren aber arm und ohne Protektion. Unter den schlechten Kerlen fanden sich aber genug, die sich von den Trenck'schen Feinden bestechen und aufwiegeln liessen, um falsches Zeugnis abzulegen. Herr Hofkriegsrat Weber und General Löwenwalde hatten seinen Untergang beschlossen, und eben diese bewirkten seinen Fall, wobei die Hauptabsicht die Sequistration seines Vermögens war, um im Trüben fischen zu können.

Trenck, der sich kein Verbrechen gegen den Staat vorzuwerfen hatte, spottete verächtlich allen Anschuldigungen. Inzwischen wurde eine Kammerfrau bei Hofe gebraucht, um bei allen schicklichen Gelegenheiten der Monarchin Misstrauen gegen ihm einzuflüstern. Was war leichter zu bewerkstelligen? Bald hieß es: der Trenck ist ein Atheist, ein Freigeist, weil er nie den Rosenkranz betet, niemals nach Maria Zell wallfahrtet, nie Ablässe gewinnt. Bald sprach man von seinem Hurenleben, von seinen Notzüchtigungen in Feindesland und von den ungestraften Exzessen seiner Panduren, von Kirchenraub in Bayern, von Grausamkeiten und Plünderungen, von grossen Reichtümern, die er sammele, um vermutlich ein gefährlicher Rebell in Slavonien zu werden.

Die von ihm kassierten Offiziere hingegen erzählten heimlich in allen Bierschenken und Kaffeehäusern, daß der Trenck den König von Preussen gefangen gehabt und laufen lassen. Dies war für den dummen fanatischen Wiener Pöbel genug, um seinen erworbenen Ruf zu vernichten und alles gegen ihn in Harnisch zu bringen. Endlich, von Klägern überlaufen, befahl die Monarchin, besonders, da es Trenck selbst forderte, eine Untersuchung dieser Klagen. Hierzu wurde nun der Feldmarschall Cordua, ein rechtschaffener Mann, erwählt. Dieser untersuchte unparteiisch, erkannte die Wahrheit und entschied in einem dem Hof überreichten Gutachten:

Daß alle angebrachten Klagen von solcher Art wären, daß sie kein Kriegsgericht erforderten. Trenck habe hin und wieder gegen Offiziere gefehlt, indem er sie gar zu eigenmächtigt kassiert hätte. Um diese alle abzufertigen, sollte er 12 000 fl. bezahlen. Alle übrigen Anzeigen hätten den Geruch der Rachsucht und Verleumdung; wären auch nicht wert, daß man einen Mann mit Prozessen in Wien aufhielte, der so notwendig bei der Armee wäre. Man müsse übrigens in Ansehung seiner wichtigen Dienste, bei Kleinigkeiten durch die Finger sehen ...

Trenck, aufgeblasen über diesen Erfolg und von Geiz und Stolz verleitet, wollte auch nicht einen Gulden bezahlen, nahm die Post und fuhr auf seine Güter nach Slavonien. Eben dies war sein Hauptfehler, der sein Unglück beförderte.

Seine Gegenwart war in Wien notwendig, um Vorteile gegen seine Feinde zu bewirken, die er zu sehr verachtete und bereits überwunden glaubte. Diese hingegen benutzten alle Gelegenheit, und durch Dritte wurde sogar der Monarchin beigebracht: er sei ein gefährlicher Mann da, wo er sich beleidigt glaubte, und habe vielleicht nachteilige Absichten in Slavonien, wo ihm alles anhing. Trenck hingegen besorgte keine Falle, warb noch 600 Mann auf seinen Gütern, machte den Feldzug in den Niederlanden rühmlich mit und kam im Oktober 1746 nach Wien. Bekannt ist, daß nach abgeschlossenem preussischen Frieden sein Regiment ganz reguliert wurde und gegen Frankreich dienen mußte.

Kaum war in Wien angelangt, so wurde ihm auf Spezialbefehl der Monarchin Hausarrest angekündigt.

Hier beging er nun den dümmsten Streich in seinem Leben, den jeder vernünftige Mensch mißbilligen wird, der auch zugleich seinen ungestümen, tollkühnen Charakter aufdeckt, seinen Feinden aber

Waffen in die Hände gab und alles bestätigte, was die Mißgunst gegen ihn zu erdichten imstande war.

Er ließ seine schönste Equipage einspannen, verließ eigenmächtig den Hausarrest und fuhr öffentlich, mit Verachtung des kaiserlichen Befehls in die Komödie, wo die Monarchin selbst zugegen war.

Hier wurde er den Hauptmann Graf Gossau und noch einen seiner kassierten Kameraden in einer Loge gewahr, die eigentlich die Hauptanführer seiner Kläger waren. Von Grimm und Rachsucht berauscht, eilt er wie ein Rasender hinauf in diese Loge, ergreift den Grafen Gossau und will ihn im Angesicht der Monarchin auf das Parterre hinunter stürzen. Gossau zieht den Degen in Notwehr und hätte ihn durchbohrt; Trenck greift aber nach demselben und sticht sich durch die Hand. Alles eilt herbei, rettet den Gossau, welcher sich gegen einen so ungeheuren Riesen nicht mit der Faust verteidigen kann, und der von Grimm schnaubende tollkühne Pandurenobrist fährt nach Hause.

Nun konnte Maria Theresia wohl nicht mehr gnädig oder nachsichtig gegen einen so unverschämten Mann sein. Er erhielt also Wache in seinem Hause, und in wenig Tagen benutzten seine Feinde diesen Vorfall so gut, daß ein Kriegsgericht gegen ihn angeordnet wurde.

General Löwenwalde wußte hierbei seine Rolle so listig zu spielen, daß er vom Hofkriegsrat als Präsident des Kriegsgerichts und Verhörs, zugleich aber auch als Sequester des Trenck'schen Vermögens ernannt wurde. So sehr, so bitter nun auch dieser gegen ihn protestierte, so blieb doch eben der Mann sein bevollmächtigter Blutrichter, dem er ein Jahr zuvor bei Hofe, in der Antichambre des Prinzen Karl einen Tritt in den Hintern angetragen und der in seinem ganzen Leben dem Hause Österreich nicht so viel Deinste wie Trenck an einem Tage geleistet hatte.

Nun schliesse ein jeder, wie es bei solchen Richtern zuging. So viel mir bewußt ist und noch gegenwärtig die Akten des Trenck'schen Revisionsprozesses erweisen, so sind mehr als vierzig offenbare falsche Juramente geschworen worden.

Bei der zehnten Inquisitionskommission wurde dem Trenck vorgeworfen, daß durch seine Schuld die Bataille vor Soor verloren gegangen sei. Er rechtfertigte sich aber durch das eigenhändige Zeugnis des Prinzen Karl, laut welchem der Ordonnanz-Offizier, der ihm die Ordre zum Marsch und Angriff bringen sollte, irregeritten war und dieselbe erst kurz vor dem Angriff überbrachte. Hierdurch war er nun vollkommen gerechtfertigt. Graf Löwenwalde geriet aber dabei in solchen Zorn, daß er wirklich ehrenrührige Worte gegen den Prinzen ausstieß. Trenck, der ihn als seinen Wohltäter liebte und verehrte, wurde nun so rasend aufgebracht, daß er auf der Stelle den Präsidenten bei der Brust ergriff, ihn wie der Tiger eine Katze in die Höhe hob, zum Fenster trug, dasselbe aufriß und ihn von der vierten Etage hinauswerfen wollte. Alles eilte zu Hilfe, die Wache drang herein, und sogleich wurde er in das Militärstockhaus gebracht und wie ein Übeltäter kreuzweis geschlossen, und zwar an eben dem Fusse, welcher kurz vorher für seiner Monarchin Dienst zerschmettert wurde und noch nicht ganz geheilt war. Bei Hofe wurde die Wahrheit verschwiegen und folglich dies Urteil bestätigt. Nunmehr mußte der gefesselte Trenck vor seinem ärgsten Feind als ein Missetäter auftreten und sich gegen falsche Anklagen verteidigen, die er nie verursacht hatte. Wie das Protokoll, die Zeugenverhöre bei dieser Inquisition verfälscht worden, wie man ihm sogar alle Verteidigung verhinderte, dies wurde im Revisionsprozesse legaliter erwiesen. Da aber kein Artikel vorkam, welcher kriminaliter behandelt werden konnte, so wurde folgendes Schelmenstück vollzogen, welches ich noch gegenwärtig mit Akten und Urkunden zu erweisen erbötig bin.

Eine öffentliche Hure und Mätresse eines Beisitzers dieses Kriegsgerichts, des Hauptmannes Baron Rippenda, wurde bestochen und beschwor, daß sie die Tochter des preussischen Feldmarschalls Graf Schwerin sei und daß sie bei dem Könige von Preussen im Bette geschlafen, als der Trenck bei Soor das Lager eroberte, welcher den König neben ihr gefangen und wieder in Freiheit gelassen hätte. Sie nannte sogar seinen Adjudanten, den Baron Hilaire, welcher zugegen gewesen sein sollte.

Dieser Hilaire, welcher in der Folge eine Baronesse Tillier heiratete und folglich Trencks Schwager wurde, war eben in Wien; man confrontierte ihn sogar mit dieser Hure, der Betrug zeigte sich offenbar. Nichtsdestoweniger mußte der ehrliche Mann gleichfalls ins Gefängnis wandern. Man bot ihm heimlich Geld an, um ihn zu bestechen; da dieses nun nicht möglich war und man ihn am Sprechen hindern mußte, blieb er etliche Wochen im Gefängnis und erst frei, als der Revisionsprozeß diese Schandtat des Herrn Präsidenten aufdeckte ...

Obgleich ich im ersten Bande meiner Geschichte diesen merkwürdigen Vorfall mit dem schönen Fräulein von Schwerin bereits umständlich erzählt habe, erlaube man mir doch, ihn bei dieser konzentrirten Biographie meines Vetters nochmals zu wiederholen, wohin sie eigentlich gehört. Seine Sache ist hierdurch die meinige geworden, weil die meisten Grossen in Wien, die nur Traditionen zu glauben gewohnt sind, noch immer der irrigen Meinung sind, daß der Trenck wegen Kriminalverbrechen gegen den Staat rechtmässig auf den Spielberg verurteilt wurde und seine Güter legaliter konfisziert wurden.

Der Hauptkunstgriff des Grafen Löwenwalde war eigentlich, daß er ein falsches Protokoll verfaßte, dem Trenck alle Kommunikation mit seinen Freunden abschnitt, um sich nicht rechtfertigen oder den gespielten Betrug aufdecken zu können. Er ließ ihm weder Verteidigung noch Rechtshilfe zu und wählte einen Tag, wo der Kaiser und Prinz Karl nach Holitzsch auf die Jagd fahren wollten ... Sein Kriegsgericht hatte bereits das Todesurteil unterschrieben; sogar die Anstalten für ein eilfertig zu errichtendes Schafott waren bereits getroffen. Dann wollte er zur Monarchin gehen, die Unterschrift des Urteils durch Vorstellungen einer dringenden Gefahr bewirken, falls man einen dem Staate so gefährlichen Mann nicht eilfertigst auf die Seite schaffte, und in der Nacht das Urteil vollziehen, ehe der gerechte Kaiser zurückkäme, welcher den Trenck besser kannte und allezeit sein mächtigster Beschützer war.

Wäre dieser Anschlag gelungen, so starb Trenck als ein Bösewicht, weil er den König von Preussen gefangen gehabt. Das edle Fräulein Schwerin hätte den Adjudanten des Grafen Löwenwalde mit einem Heiratsgut aus der Trenck'schen Kasse von 50 000 Gulden erhalten und sein grosses Vermögen wäre gewiß unter Richter und Kläger verteilt worden.

Der Kammerdiener des Löwenwalde war aber zufällig ein ehrlicher Mann, und mit einer alten Mätresse des Trenck in Verbindung. Dieser vertraute er das Geheimnis an, und gleich eilte dieses redliche Mädchen zum Obrist Baron Lopresti, welcher Trencks Busenfreund und zugleich ein reicher und bei Hof accreditierter Mann war; dieser wurde auch wirklich sein Erretter. Der Kaiser und Prinz Karl wurden benachrichtigt von dem, was man im Schilde führte. Die Jagd nach Holitzsch blieb bestimmt, die Reise geschah, Löwenwalde erschien bei der Monarchin und betrieb die Unterschrift des Urteils; diese war aber bereits unterrichtet. Der Kaiser kam an eben dem Tag unerwartet zurück, und der verfluchte Anschlag wurde vereitelt. Man über-

zeugte die grosse Theresia vollkommen von dem Betrug. Das sogenannte Fräulein Schwerin wurde festgesetzt, Löwenwalde alles, auch
die Sequestration des Trenck'schen Vermögens abgenommen und ein
Supremum Revisorium über das Kriegsrecht und den Trenck'schen
Prozeß verordnet, was bis dahin ein in Wien noch nie erlebter Vorfall
war und der Sache gleich ein anderes Gesicht gab.

Trenck wurde von seinen Fesseln befreit und aus dem Stockhaus
ins Arsenal gebracht, wo er 4 Zimmer, einen Offizier als Wache und
alle Bequemlichkeit erhielt. Man gestattete ihm, einen Advokaten
anzunehmen und seine Sache zu verteidigen. Ich selbst erhielt auch,
auf Veranlassung Seiner Majestät des Kaisers, die Erlaubnis freien
Zutritts und ihm in allem beizustehen.

In dieser Erzählung habe ich vergessen zu sagen, daß ich eben, da der
Trenck in diesen Prozeß verwickelt wurde, aus meinem Glatzer Gefängnis entflohen war, und nach Wien kam.

Zu dem Zeitpunkt nun, da der Revisionsprozeß beschlossen und
dekretiert wurde, war es, daß Graf Löwenwalde mich als einen leicht-
sinnigen gelddurstigen Jüngling ansah und mit Geld gegen meinen
Blutsfreund bestechen wollte, um seine Geheimnisse schändlich zu
verraten.

Sobald sein Revisionsprozeß entschieden war, trug mir Prinz Karl
von Lothringen auf, ich sollte meinem Vetter ernsthaft sagen:

Sein Geiz sei allein an allen Weitläufigkeiten schuld, weil er sich
seinerzeit weigerte, elende 12 000 fl. herzugeben, womit man alle laut
schreienden Kläger leicht hätte abfertigen können. Da aber die Sache
nunmehr so weit gekommen sei, so solle er seine Richter zum Revisorio selbst wählen, kein Geld schonen und seiner ganzen Protektion
versichert sein.

Nun wurde der ehrwürdige Feldmarschall Königseck, Gouverneur
von Wien, zum Präsidenten bestimmt, aber bloß aus dem Grunde,
weil er ein abgelebter Greis war, der an Podagra litt und keiner
Session mehr beiwohnen konnte. Graf S... wurde Vicepräsident.
Diesem Manne, der nie Geld genug hatte und ein schlauer Justitiarius
war, habe ich selbst 3000 Dukaten zugetragen, die ich auf Trencks
Anweisung vom Baron Lopresti erhielt.

Die beiden Hofräte Komerkansky und Zetto empfingen jeder im
Voraus 4000 Rthl. mit Versicherung des Doppelten, wenn Trenck
würde freigesprochen und seine Kläger des Landes verwiesen sein.

Die anderen Beisitzer dieses Revisorii waren unbedeutend und nur Jasager bei allem, was die ersten drei beschliessen würden.

Es wurde auch hierüber ein förmlicher Kontrakt geschlossen, den ein gewisser grosser Herr im Geheimen ratifizierte.

Man kann sich nun leicht vorstellen, daß die Trenck'sche Sache bald eine andere Gestalt gewann. Advokat Gerhauer übernahm den Kriminalprozeß, und Berger die Zivilprozesse.

Der Anfang wurde mit dem sogenannten Fräulein Schwerin gemacht. Da man aber das Kriegsrecht nicht öffentlich beschimpfen wollte, so stellte sie sich närrisch, gab im Verhör verkehrte Antwort, und da Trenck auf scharfe Inquisition drang, hieß es: sie sei über die Grenze gebracht worden.

Sechs Jahre nach dieser Begebenheit, da Trenck bereits tot war, fand ich sie zufällig in Brünn an einen Bedienten verheiratet. Die gestand mir den ganzen Handel, und daß sie vom Kammerdiener des Grafen Löwenwalde bestochen war, diese Rolle zu spielen, und dafür 500 fl. empfangen hatte.

Bei meiner Rückkehr nach Brünn wollte ich sie gerichtlich verhören lassen: ihr Mann hatte aber gestohlen, und beide waren durchgegangen. Es tut mir jetzt leid, daß ich damals so saumselig war, um Trencks Ehre zu retten und die Monarchin zu überzeugen. Löwenwalde war aber auch schon tot, folglich hab ichs leichter verschmerzt.

Merkwürdig bleibt aber dieses Verfahren gewiß ewig, daß man in einer so wichtigen Sache, weder im ersten Kriegsrecht, noch im Revisionsprozeß, auch nicht ein Wort von diesem edlen Fräulein Schwerin vermerkt findet ... Ein so sichtbares Schelmenstück von seiten eines Blutrichters hätte durch einen Herold und öffentlichen Druck in Wien bekannt gemacht und die sogenannte Mätresse des großen Friedrich zur allgemeinen Bewunderung auf der Bühne nebst ihrem Anstifter zusammengekuppelt ausgestellt werden sollen. Der Vorwand, sie sei närrisch geworden, und daß man sie über die Grenze gebracht, rechtfertigt die Herren vom Kriegsrechte nicht. Der Trenck wollte die Heldin vor dem Revisorio sehen, und dieses erhielt er nicht.

Übrigens fordere ich die ganze Ungarische Nation, und die richtig abwiegende Welt als Zeugen auf: ob denn wirklich die Trenck'schen Panduren ein so verächtliches Volk im damaligen Kriege waren, wie man in Wien behaupten will? Seit das Trenck'sche Regiment ein reguläres Ungarisches Infanterieregiment ist, hat es gewiß in 30 Jahren nicht so viele Feinde vernichtet, Städte erobert, Kontributionen eingetrieben oder Gefangene gemacht, als der Trenck in einem Jahre. Trencks Taktik war von der jetzigen himmelweit unterschieden. Es tut weh, wenn unser Monarch anderes glaubt. Ich wünsche ihm im Kriege viele Trencks; und gewiß bleibt es, daß Theresiens Krone auch durch die jetzt so verachteten Panduren tätig unterstützt wurde.

Nun will ich einen anderen Artikel aus diesem sogenannten Kriminalprozeß berühren.

Trenck wurde beschuldigt, er habe einem gewissen Panduren, Paul Diack, tausend Prügel geben lassen, und dieser sei unter den Schlägen tot geblieben. Dies beschworen zwei Offiziere unter den damaligen Klägern, die noch heute grosse Männer in der Österreichischen Armee sind, als Augenzeugen.

Obgleich noch jetzt bei manchem regulären Regiment viele Soldaten tot geprügelt werden und deshalb noch keiner auf den Spielberg verurteilt wurde, so will ich doch hier diesen Vorfall erläutern:

Sobald der Revisionsprozeß begann, schickte mich der Trenck nach Slavonien, woher ich den Paul Diack nicht tot, sondern wirklich lebendig nach Wien brachte.

Er erschien vor Gericht, und es zeigte sich, daß diese beiden Offiziere, welche geschworen hatten, daß sie der Exekution beigewohnt und ihn sterben und begraben sahen, zu eben der Zeit 160 Meilen weit vom Regiment entfernt waren und in Slavonien auf Werbung standen. Paul Diack hatte schon dreimal rebelliert und Komplotte geschmiedet. Trenck hatte ihn begnadigt, weil er ein besonders brauchbarer Soldat und ein alter Räuber war. Endlich hatte er mit 40 Mann abermals komplottiert und stand verurteilt am Galgen. Hier rief er seinem Obristen zu: Vater! wenn ich tausend Prügel aushalte, gibst du mir Pardon? Trenck antwortete Ja. Jener empfing sie wirklich, wurde im Hospital geheilt und überzeugte die falschen Ankläger eines Meineids.

Ich brachte noch vierzehn andere Zeugen aus Slavonien mit, die alle übrigen Anklageartikel, die in sich selbst schon keiner Inquisition gegen einen solchen Mann würdig waren, und der Prozeß gewann nun eine ganz andre Gestalt. Es war auch absolut unmöglich, ihn irgend einer Sache kriminaliter zu beschuldigen; – desto mehr Schande für die, welche ihn aufopfern wollten.

Seine niederträchtigen Feinde sprengten sogar in der Stadt aus, er habe eine gewisse Trödlerin, die in Wien mit Schmuck handelte und die man erwürgt fand, umgebracht und beraubt. Es wurde aber bald darauf diese Mordtat entdeckt und der Mörder gerädert. So weit griff die Verleumdung gegen einen Mann um sich, der dem Staate so wichtige Dienste geleistet hatte. Seine Knochen wurden für diesen Dienst zerschmettert. Er blutete so oft mit Ehre, litt alle möglichen Martern in den Händen der Chirurgen, brach sich alle Vergnügungen ab, ertrug mehr Ungemach des Krieges als irgend jemand in der Armee, war Winter und Sommer mit dem Feinde beschäftigt und der wachsamste unermüdlichste Soldat, wo er nur Gelegenheit finden konnte, Feuer und Kugeln zu suchen. Dieses hat er in tausend Vorfällen erwiesen, selbst viele Vorposten beschlichen und niedergehauen; dennoch sagen jetzt einige Generale: der Trenck sei nur ein Pandur gewesen, und sein Regiment wäre durch die gegenwärtige Taktik erst fähig geworden, Dienste zu leisten. Gott gebe es! aber ich glaube, man hat im Siebenjährigen Kriege den Trenck sehr vermißt, und gewiß, gewiß weniger von den Panduren gehört, als da ihr erster Stifter noch den Patriotensäbel für Österreichs Ruhm führte und mit taktischer Praktik auf dem Blutfelde manövrierte.

Ein Hauptartikel dieses Prozesses war noch: er habe in Schlesien die Tochter eines Müllers genotzüchtigt. Dieses wurde von der Person beschworen, auch im Revisorio nicht gründlich entschuldigt, weil ihm alle Wege zur Verteidigung abgeschnitten wurden. Und eben dieses war unter Theresiens Szepter ein so unverzeihliches Verbrechen, daß er ganz allein wegen dieses einzigen Artikels als ein Übeltäter auf den Spielberg verurteilt wurde, weil man ihm in allem Übrigen nichts zur Last legen konnte. Nachdem er aber bereits zwei Jahre tot war, entdeckte ich auch den wahren Grund dieses ihm gespielten Streichs. Der Major von Manstein, unser Geschwisterkind, dem er nichts als Wohltaten erzeigt und ihn aus der bittersten Armut innerhalb von vier Jahren bei seinem Regiment zum Major erhoben hatte, war niederträchtig genug und hatte in dieser Sache falsches Zeugnis gegeben, um ihn vom Regiment zu entfernen, wo er zusammen mit dem Quartiermeister Friderici 84000 fl. von der Regimentskasse entwendet hatte.

Sobald Trenck tot war, wurde alles auf ihn geschoben. Inzwischen war dieses Müllermädchen schon Mansteins Mätresse, ehe sie Trenck gesehen hatte. Das Schelmenstück gelang aber so gut, daß er bei der tugendsamen Monarchin alle Gnade und alles Mitleid hierdurch auf ewig verlor. 8000 fl. mußte er der Müllerstochter für ihre Ehre und

15000 fl. Strafgelder an die Invalidenkasse bar bezahlen und dazu noch wegen dieses sogenannten Kriminalverbrechens zu ewigem Gefängnis verurteilt werden.

Dreiundsechszig Zivilprozesse und Forderungen von seinen Anklägern blieben mir nach seinem Tod auszumachen übrig. Alle fanden Schimpf, Schmach und Schande, aber kein Geld, welches sie suchten. Ich gewann alle Prozesse, und sie wurden verurteilt, die Gerichtskosten, auch die bereits vom General Löwenwalde empfangenen Diäten und Abschlagsgelder zurückzuzahlen. Sie waren aber alle arm, folglich verlor ich alles.

Hat man je gehört, daß einem Kläger, welcher Forderungen gemacht, schon auf Rechnung dieser Forderung Zahlungen vom Richter angewiesen werden, ehe entschieden ist, ob er etwas legal zu fordern hat? In des Trenck Prozeß in Actis, Protocollo und Rechnungen findet man aber, daß dieses geschehen ist. Dennoch wurde keiner der Richter bestraft und kein Ersatz geboten, nachdem der Betrug wirklich erwiesen war ...

Die meisten Kriminalartikel bestanden darin, daß er rebellische Panduren selbst geköpft, Offiziere ohne Kriegsrecht kassiert, Kelche und Rosenkränze von seinen Leuten gekauft und eingeschmolzen, ein paar Pfaffen geprügelt, keine Messe am Sonntage gehört und Übeltäter aus klösterlichen Freistätten gewaltsam herausgerissen hatte rc. rc.

Dergleichen waren an einem Parteigänger leicht zu rechtfertigen, welcher rohe Völker anführte; und die Offiziere, die er hinter der Front weggeprügelt hatte, weil sie sich vor dem feindlichen Feuer versteckten, schwiegen bald stille, sobald die Trenckschen Augenzeugen ohne Löwenwaldische und Weberische Protektion vor Gericht erscheinen durften. Sie schlichen davon, arbeiteten aber unter mächtigem Schutz nicht weniger unter der Hand, um ihre Intrigen zu fördern, die dennoch durch Hilfe des Hofbeichtvaters gelangen, die Bayerische Mönchswut heimlich ausbrüten halfen und die beste Monarchin endlich unempfindlich für einen Mann gemacht hatten, der ihr so treu, so rechtschaffen mit seinem Blute gedient hatte.

Der gröbste Fehler, den nun Trenck während seines Revisionsprozesses beging, war dieser:

Aufgeblasen über seinen sicher zu erwartenden Sieg und heimlich von seinen Freunden im Revisorio versichert, daß er um Ostern 1748 freigesprochen werden sollte, ließ er seine Lebensgeschichte in Frankfurt drucken, in welcher nicht nur ein großer Teil seiner ersten Richter aufgedeckt, sondern auch Ausdrücke zu bemerken waren, daß seine Freunde im Revisionsprozeß in Gefahr standen, von ihm verraten zu werden, sobald er sie nicht mehr brauchte. Sein Advokat Gerhauer hatte alles in diesem Falle zu befürchten; denn dieser war zu Bestechungen gebraucht worden und forderte seine Zahlung, ehe die Hauptschrift zur gänzlichen Rechtfertigung eingereicht wurde. Dafür begehrte er 2000 Dukaten, und der geizige Trenck, der sich schon frei glaubte, bot ihm 100 Dukaten. Hiedurch wurde der Spruch aufgehalten. Löwenwalde wußte diese Gelegenheit zu benutzen, und Gerhauer entdeckte ihm alle Geheimnisse. Da nun diesem Mann am meisten an Trencks Fall gelegen war, ging er zur Monarchin, entdeckte ihr, daß die Richter im Revisorio bestochen wären, – und drohte, falls er wider das Urteil seines Kriegsgerichts durch Protektion des Kaisers und des Prinzen Karl freigesprochen würde, öffentlich die Ehre seines Gerichts zu verteidigen.

Bei dieser Gelegenheit eben suchte er mich auch zu bestechen, daß ich den Inhalt des Kontrakts aufdecken sollte, den Trenck mit seinen Revisionsrichtern gemacht hatte, was ihm aber nicht gelang. Ich betrachtete ihn als einen schlechten Mann, weil er den Anschlag geschmiedet und wirklich mit dem Polizeidirektor Managerta beschlossen hatte, mich gleich bei meiner Ankunft in Wien arretiren zu lassen, unter dem Vorwande: da der Trenck den König von Preussen gefangen gehabt, so sei ich von ihm geschickt, um ihm zu helfen. Man hatte mich indessen inkognito im Gefängnis schmachten lassen, bis man mit Trencks Verurteilung wäre fertig gewesen. Diesen Kunstgriff entdeckte Lopresti gleich, als der Hauptanschlag durch das feine Fräulein Schwerin ausgeführt werden sollte. Des Kaisers Protektion für die gerechte Sache machte den Strich durch seine Rechnung.

Da nun mein Vetter, wie gesagt, auf einmal allen seinen Freunden mit Undank drohte und ihn alles verließ, er aber mich allein fürchtete, dem er alles zu danken hatte, und mich, laut meiner bereits erzählten Lebensgeschichte, durch bestochene Offiziere in meuchelmörderischer Weise aus der Welt schaffen wollte, um auch mir keinen Dank schuldig zu sein, verließ ich ihn endlich auch. Prinz Karl zog gleichfalls die Hand von ihm zurück.

Hier gewannen nun seine Feinde offnes Feld. Sein Advokat schwieg auch, der Revisionsprozeß wurde abgebrochen, und am 20. August fiel das Urteil:

Daß er auf ewig als Staatsgefangener auf dem Spielberge wohl verwahrt werden sollte.

Sein Vermögen aber blieb sequestriert, jedoch so, daß ihm kein Eigentum genommen wurde und er bis zum Tode seiner Beamten Rechnungen revidiert und Befehle gegeben hat.

Indessen war er das Opfer seines Geizes und bösen Herzens. Die Revisionsrichter hatten ihn um mehr als 50 000 Rthl. geschröpft; und am Ende, da sie Verräterei von ihm selbst zu fürchten hatte, liessen sie ihn fallen und hinderten ihn, daß er nicht mehr laut schreien konnte.

Dieses ist die eigentliche wahre Aufdeckung des Trenck'schen Prozesses, der so viel Lärm in Wien machte. Mancher hat dabei gezittert, mancher einen fetten Braten geschmaust. Ich habe dabei am besten Gelegenheit gehabt, die heiligen Justizverwalter genau kennzulernen; und hätte der leidige Geiz den Trenck nicht gefesselt, er hätte alle seine Feinde gestürzt und wäre zu den höchsten Ehrenstufen im Staate gestiegen. Zur Unzeit wollte er sparen und verlor alles.

Vom Spielberge wollte er entfliehen, es gelang nicht. Hätte er meinem Vorschlage gefolgt, da ich ihm, wie ich bereits im ersten Band erzählt, aus dem Arsenal in Wien den offnen Weg zur Freiheit zeigte, dann wären wir beide glückliche Menschen gewesen. Er wäre nicht im Kerker gestorben und ich hätte das Magdeburger Gefängnis nicht erdulden müssen. So spielt das Schicksal mit uns Menschen; er hatte seiner Monarchin Gnade, Achtung und Lohn, den rechtmässigsten Anspruch durch seine Handlungen, durch seinen Diensteifer und patriotische Treue verdient, und wurde wie ein Übeltäter mißhandelt. An Privatpersonen, die er geplündert, um sich reich zu machen, an unschuldigen Menschen, die ihn nie beleidigten und denen er Leben und Güter raubte, wenn sich seine wilde kriegerisch brausenden Leidenschaften empörten; an manchem ehrlichen Mann, den er unglücklich machte; an seinem eignen 84jährigen Vater; an seiner schönen tugendsamen Frau, denen er wie ein Wüterich begegnete; an mir selbst, an den sittlichen Pflichten der Verbrüderung und Menschenliebe, hatte er Rache, Strafe und Verbannung aus der menschlichen Gesellschaft verdient. Diese hat er auf dem Spielberge gebüßt, und von dieser Seite ist ihm Recht geschehen und sein Nachruf verdunkelt, wenn er aus der Liste der Menschenfreunde und redlichen Männer gestrichen wird und die Spuren seiner verübten Grausamkeiten mit Tränen und Seufzern solcher Elenden überschwemmt sind, denen er keine Barmherzigkeit gezeigt hat. Verflucht sei sein Andenken in Bayern!

Ich selbst fluche der Asche eines Mannes, der wirklich für sich allein und gefühllos für Bedrängte und Wehrlose lebte. Ewiger Fluch sei dem gesprochen, der an Freunden und Feinden so handelt wie Trenck! Fluch ruft ihm im Grabe mein Herz zu, weil er mich zum Erben eingesetzt und eben dadurch allein mein Unglück verursacht hat! Hingegen sollte bei Löwenwalds und seiner Mitschuldigen Grabe eine Schandsäule stehen, an welcher er mit seinem erkauften Fräulein Schwerin zusammengekuppelt prangen sollte, um allen denen, die auf der heiligen Richterbank sitzen, zum Schreckbild und Abscheu zu dienen!

In der österreichischen Monarchie und bei der kroatischen Nation gebührt ihm aber ein ewiges Dank-, Denk- und Ehrenmahl; Lohn, verdienter Lohn vom Staat, für den er arbeitsam, wirksam und nützlich lebte und als Märtyrer des Neides und der schalkhaftesten Verleumdung starb.

Von seinem im Kriege zusammengerafften Gut habe ich nichts geerbt. Er hinterließ mir nicht die Hälfte von dem, was mir bereits von seinem ehrlichen Vater her mit vollem Recht gebührte und hätte gelassen werden sollen, wenngleich sein Sohn ein Staatsverbrechen begangen hätte, was doch nie geschehen ist.

Meinen Kindern bleibt diese meine in Wien und Berlin mit Zensur und Privilegio gedruckte Lebensgeschichte als eine Rechtfertigung für die Ehre unsers Familiennamens und als eine Grundlage, um dereinst noch in vielleicht möglichen Fällen ihre ungarischen Rechte gelten zu machen. Da, wo nicht die Landesgesetze, sondern Gewalt und Machtspruch entscheiden, findet keine Proscription statt. Erlaubt ihnen jemals ein Monarch legale Beweise, dann zahlen sie den Elenden einen vergüteten Kaufschilling an illegale Käufer zurück. Der Hof selbst verliert nichts, die Besitzer behalten 40jährigen Genuß, der etliche Millionen beträgt; und sie werden die rechtmäßigen Herren der Herrschaften Pleternitz, Prestowack, Nustar, Pakratz und Velika nebst mehr als 130 Dörfern.

Auf welche Art nun der Trenck auf dem Spielberg am 4. Oktober 1749 gestorben und wie mir sein und seines Vaters auf mich devolviertes grosses Vermögen gewaltsam entrissen wurde, das will ich in diesen Blättern nicht doppelt wiederholen und verweise die Leser auf den ersten Band meiner Geschichte, wo man zum Mitleiden und Erstaunen wird bewogen werden.

Der Pandurenchef Trenck starb im Gefängnis; seine Seele war zu klein, um dem Schicksal zu trotzen und Sieg abzuwarten. Sein Geiz war mächtiger als die Geduld; und weil er auf Erden nicht der größte Mann werden konnte, so wollte er heilig gesprochen sein. Er nahm Gift und starb in einer verächtlichen Kapuzinerkutte, stiftete eine ewige Messe, bestimmte ein Kapital zu einer Kapelle und ein anderes für neue Kapuzinerkutten. Dies war schon der sichre Weg zur Seligsprechung. Er liegt erst 40 Jahre im Grabe und hat bereits in Brünn Mirakel gemacht, die der Pater Guardian mit Erstaunen erzählt. Sein Leib soll noch unverwest sein; und wenn die österreichischen Staaten auf dem Wege fortschreiten, auf dem sie bisher von ihren Beichtvätern geleitet wurden, so wird der Pandurenführer unfehlbar ebenso heilig werden wie Aloisius und vielleicht dereinst die Stelle des heiligen Kilianus oder Simbertus im Kalender einnehmen. Lange wird es aber noch dauern, ehe die Bayern sich entschliessen werden, in ihren Litaneien zu beten: Sancto Trenck, ora pro nobis!

Hätte nur dieser selige Kapuziner nicht den verfluchten Gedanken ausgebrütet, *mich* arglistig zum Erben seiner Prozesse zu bestimmen! Ich würde noch heute meinen Rock verkaufen, um seine Seligsprechung zu fördern; auch würde ich eine ganz andere Rolle in der Welt gespielt haben, wo mich nichts als die Trenck'sche Erbschaft in Prozesse verwickelt hat, Neider und Verfolger erweckt und in einer Untätigkeit hielt, für die ich nie geboren und erzogen war.

Wenigstens wird mich niemand einer Parteilichkeit beschuldigen und schwerlich werden mich Fürsten zu ihrem Biographen wählen. Ich schreibe nie Leben und Taten von denen, die nichts taten; und die, welche etwas tun wollen, finden Stoff in meinen Schriften, um groß zu handeln und jeden ehrlichen Schriftsteller zu grossen Schilderungen anzuregen.

Hätte der Pandurenchef Trenck eine Krone getragen, er würde vielleicht Cäsars Rolle mit Amurats Säbel gespielt haben. Glück für die Welt, daß nicht alle Tyrannen Fürstenmacht besitzen!

Lebensgeschichte
Alexanders von Schell

welcher

als wachhabender Offizier in Glatz, den 26sten
Dezember 1746 desertiert und mich aus
dem Gefängniß errettete;

als

ein Nachtrag

zum

ersten Bande meiner Biographie.

Vorbericht

Ein grosser Herr in Berlin, dem ich die Begebenheiten dieses Königl. Preussischen Lieutenants von Schell erzählen mußte, befahl mir, sie öffentlich bekannt zu machen; welches hiermit insofern geschieht, als ich mich der Umstände erinnere, die er mir im Jahre 1776 in Aachen selbst erzählte. Seine Briefe an mich und seine Gedichte habe ich verloren. Mir blieb nichts als die drei hier eingerückten und unser polnisches Reisejournal, welches im ersten Bande meiner Biographie zu finden ist.

Ich habe seine Tugenden und Fehler treu geschildert; Originale solcher Art reizen gewiß die Aufmerksamkeit scharfsichtiger Leser, bleiben auch von guten Menschen nicht unbenutzt. Der kaltblütige Menschenfeind hingegen verachtet sie; für diese Letzteren, welche Verdienste und Schwächen mit falscher Waage abwiegen, habe ich nicht geschrieben.

Alexander von Schell, dessen Geschichte mit der meinigen verwoben ist und dessen Schicksal meine Leser zu kennen wünschen, entstammte einer guten Familie aus dem schwäbischen Kreise. Seine Mutter war eine geborne von Löwenstein, sein Vater hatte Hab und Gut durch einen unglücklichen Prozeß verloren und lebte dürftig. Mehr ist mir von demselben nicht bekannt.

Der Sohn, von welchem hier die Rede ist, trat mit dem Württembergischen Regiment, welches der Herzog dem Könige von Preussen überließ, zugleich in dessen Dienste.

Verschiedner Händel oder leichtsinniger Jugendfehler wegen wurde er aber im Jahr 1744 zum Mütschefall'schen Garnisonregiment versetzt ...

Man weiß, wie empfindlich im Preussischen ein Offizier bei dergleichen Veränderungen ist, weil er nicht Soldat wurde, um hinter den Mauern mit Invaliden oder wirklichen Taugenichtsen grau zu werden. Schell, welcher im Grunde kein schlechter Mensch war, konnte folglich mit seinem Zustande nicht anders als unzufrieden sein und suchte nur Gelegenheit, sich loszureissen. Von Hause hatte er nichts, und dennoch brauchte er viel, da er fleissig studierte. Überdies kosteten ihn seine verliebten Abenteuer und sein Leichtsinn manchen Taler.

Konnte nun ein Zustand unglücklicher als der seinige sein, wenn er sich als Lieutenant bei einem Garnisonbataillon mit etlichen elenden Talern behelfen sollte? Er fand weder Trost im Gegenwärtigen, noch hatte er eine günstige Aussicht für die Zukunft.

Er nahm sich demnach vor, jede Gelegenheit, aus Glatz zu entfliehen, zu ergreifen. Hinzu kam noch, daß der Gouverneur dieser Festung, der General Fouqué, ihn auf alle mögliche Art verfolgte und bei jeder in allen Winkeln gesuchten Gelegenheit in Arrest schickte, denn er hatte auf die Liebeshändel seiner Tochter mit dem Platzmajor Doo eine Satire verfertigt, welche überall bekannt wurde. Eben zu der Zeit nun, da er am begierigsten auf Mittel sann und befürchten mußte, daß er Schulden halber arretiert werden würde, ereignete sich der Fall, daß Lieutnant von Bach ihm den Antrag machte, mich aus dem Arrest zu befreien und durch mich sein Glück zu versuchen.

Wer gern tanzt, dem ist leicht gepfiffen; folglich war gerade dieses Wasser auf seine Mühle.

Sein Herz war wohltuend und mitleidig. Mein Schicksal hatte ihn längst gerührt. In der Folge hat er mir aber gestanden, daß er sich hauptsächlich deshalb für mich entschied, um sich durch meine Befreiung zugleich an dem General Fouqué zu rächen.

Jedermann ist freilich erstaunt, in meiner Geschichte zu lesen, daß ein Mensch, der mich nie gekannt, der mir zu nichts verpflichtet war, sich entschloß, am hellen Tage als wachhabender Offizier mit einem Staatsgefangenen zu entfliehen, wo Schimpf und Schande, ja der Galgen sein unfehlbarer Lohn gewesen wäre und auch beinahe augenscheinlich war, weil sich nichts Unüberlegteres und Verwegeneres als diese Unternehmung denken läßt.

Kaum hatten wir die erste Unterredung gehabt; so erwuchs Freundschaft und Mitleiden, die sich zugleich mit Selbstliebe verbanden, indem er durch mich sein Glück zu machen hoffte. Wir wurden verraten; ... ein Freund überraschte ihn mit dieser Nachricht; ... er konnte allein sicher fliehen. In gerade diesem Augenblick betrachtete er sich aber als einen unglücklichen Menschen, welcher weder Geld noch Stützen hatte und in der weiten Welt sein Glück suchen sollte.

Sein Mut, seine Entschlossenheit in den größten Gefahren war unbegrenzt. Überdies hatte er mir versprochen, mir zu meiner Freiheit zu verhelfen.

Der Ehrgeiz reizte ihn also, sein Wort zu halten. Leichtsinnig, überlegte er nie vorher, sondern führte allezeit den ersten Einfall aus, die Folgen aber überließ er dem blinden Ungefähr. Alles dieses zusammengenommen bewirkte den verzweifelten Entschluß, mit mir zu sterben oder seinen einmal gefaßten Vorsatz auszuführen. Er ging der Gefahr unerschrocken entgegen, blieb geistesgegenwärtig und führte mit mir eine Unternehmung aus, die, weil sie zufällig glückte, mehr bewundert als getadelt wurde.

In meiner ganzen Welterfahrung habe ich übrigens keinen Menschen von seiner Gattung angetroffen. Nun weiter zur Geschichte desselben.

Wir kamen auf unsrer Reise nach Warschau, wo wir Ruhetag hielten. Schell ging nachmittags aus und kam erst spät nach Hause, sprach auch kein Wort von seinen Unternehmungen.

Am folgenden Morgen ging unsere Reise nach Krakau; hier war eben Jahrmarkt. Da Schells Pferd lahm war, so suchte ich einen Tauschhandel zu machen und forderte deshalb Geld von ihm, weil ich einige Dukaten herauszahlen mußte. Statt mir zu antworten, erhob er ein lautes Lachen, zog den leeren Beutel aus der Tasche und sagte: all mein Geld ist auf dem Billard in Warschau geblieben. Wenn mein Pferd nicht mehr fort können wird, so werde ich dir schon zu Fusse folgen; ich brauche weder das noch Geld.

Ich erschrak über den Leichtsinn dieses Menschen. Indessen, was wollte ich machen? Ich kaufte das Pferd, und wir ritten nach Wien. Hier hatte er wenige Tage darauf das Unglück, daß sein Pferd, welches er gerade Gelegenheit hatte, für 200 Gulden verkaufen zu können, sich vor der Krippe am Halfter erhing.

Wir waren noch nicht vier volle Wochen in Wien, als es mir gelang, ihn durch Hilfe meines Vetters, welcher ihn dem Prinzen Karl von Lothringen empfahl, bei dem Palavicinischen Regiment als Oberlieutenant unterzubringen. Dieses Regiment stand gerade in Italien und war zur Belagerung von Genua bestimmt. Ich equipirte ihn daher und schickte ihn, hinlänglich mit Geld versehen, ab. Einige Zeit darauf, als ich ihn schon an Ort und Stelle vermutete, schrieb er mir aus Graz ganz lakonisch: sein Schicksal habe ihm abermals einen Streich gespielt, denn er habe Geld, Uhr und Equipage im Spiel verloren. Falls ich ihm ferner nicht beistehen könne, so würde er sein Glück in der weiten Welt suchen. Was war zu tun? Ich hatte eben aus Berlin Geld erhalten, sandte ihm 500 fl. und hiermit gelangte er endlich zu seiner Bestimmung.

Indessen dauerte die Herrlichkeit wieder nur 4 Monate. Er hatte einem Freunde Geld geliehen, wollte spielen, griff Kompaniegelder an, fand keine Rettung, desertierte und nahm einen Fourier mit. Sein Verbrechen, welches er auf diese Weise beging, war um so strafbarer, als er nach Genua zum Feind überging. Er meldete es mir in dem leichtsinnigsten Ton von der Welt, auch daß er die Dienste eines Korporals angenommen habe. Dieser Schritt des Schell hatte für alle preussischen Offiziere, welche nach dieser Zeit in Österreich Dienst suchten, die nachteiligsten Folgen; allein, so etwas vorher zu bedenken, fiel Schell nicht ein.

Zufälligerweise fand ich Gelegenheit, ihn dem Venezianischen Gesandten in Wien zu empfehlen, schickte ihm etwas Geld und brachte es dahin, daß er innerhalb weniger Monate wieder Offizier wurde. Allein noch in demselben Jahr verließ er auch diese Dienste wieder und wurde Musketier in Modena. Er meldete es mir abermals und bat um meine Unterstützung. Ein gewisser Freiherr Lopresti, welchem ich bekannt war, hatte daselbst Freunde; auf solche Weise glückte es mir, ihm wiederum eine Offizierstelle zu verschaffen. Ich equipierte ihn von neuem; indessen mußte er zu seiner Sicherheit den Namen Lesch annehmen.

Unseliges Schicksal, wenn der Mensch schon so tief gefallen ist, daß er seinen Familiennamen verbergen muß, um unter ehrlichen Leuten auftreten zu dürfen! Und das widerfuhr doch einem Menschen, der eigentlich kein Bösewicht war, den aber Spielsucht und Leichtsinn vom Wege der Ehre entfernten und als einen Taugenichts in der Welt herumirren liessen.

Nun war er durch meine Hilfe Lieutenant in Modena, allgemein geliebt, geschätzt, und hatte den festen Vorsatz gefaßt, nicht mehr zu spielen, auch eine bescheidene Aufführung zu wählen. Vielleicht hätte er denselben auch ausgeführt; hier aber mischte sich ein widriges Schicksal in das Spiel und vereitelte alle guten Absichten.

Auf Ansuchen des Herzogs schickte die Kaiserin-Königin etliche Offiziere von ihrer Armee nach Modena, um die Regimenter in neuen Kriegsübungen zu unterrichten. Schells böser Genius brachte zufälligerweise zwei Offiziere vom Palavicinischen Regiment unter diese.

Kaum wurde er Leute gewahr, die ihn unfehlbar kennen und entdecken mußten und von denen er keine Nachsicht zu erwarten hatte
oder nicht zu erbitten glaubte, so desertierte er gleichfalls aus Modena und wurde gemeiner Soldat in sardinischen Diensten bei dem
Schweizerregiment Souter. Diese neue Veränderung hatte er mir
geschrieben. Ich war aber damals schon in dem Magdeburger Gefängnis, wo ich ihm und mir nicht mehr helfen konnte. Im Dezember
1763 erschien ich von neuem aus meiner Gruft auf der Weltbühne,
suchte meinen Freund in Modena und fand keine Nachricht, wohin
er sich gewendet.

Anno 1769 war ich zu Wien in Gesellschaft des sardinischen Gesandten; zufällig war bei ihm der Kapitän Renard vom Souterischen
Schweizerregiment. Man sprach von unglücklichen preussischen Offizieren, und Renard lobte einen gewissen Lesch besonders, der bei
seiner Kompanie als Sekretär oder Fourier gedient hatte. Nach verschiedenen Fragen fand ich, daß dieses mein Freund Schell sein
müsse. Gleich schrieb ich ihm und erhielt auch eine Antwort, die
allgemein bekannt gemacht zu werden verdient. Ich schickte ihm
Geld, er aber sandte es mir zurück und schrieb dabei: Er bedürfe
nichts mehr auf Erden für sich, habe der eitlen Ehre nachzujagen
entsagt, lebe ruhig, verdiene durch seine Charge, durch Unterrichten
in Sprachen, Zeichnen, der Musik und in der Stickerei weit mehr als
seine Notdurft, sei geliebt, gesucht, geschätzt, gesund, habe wirtschaften gelernt und würde seinen gegenwärtigen Zustand mit keinem glänzenden Glück vertauschen, von mir auch in keinem Falle
mehr etwas annehmen. Ich hätte genug für ihn getan und sollte nur
für mich allein sorgen!

Gerührt von dieser seiner nunmehrigen Deckungsart machte ich
ihm in der Folge verschiedene Vorschläge zu einer besseren Versorgung. Er beharrte aber auf seinem Entschluß, blieb in seiner Garnison
in Alexandria standhaft und zufrieden und wünschte, mich nur noch
einmal in seinem Leben zu sehen.

Im Jahr 1772, da ich in der Reichsstadt Aachen lebte, trat er auf
einmal unvermutet in mein Wohnzimmer. Wie willkommen er mir
jetzt war, mag sich der Leser denken, welcher empfinden kann. Er
kam von der äussersten Grenze Europas zu Fuß nach Aachen, um
mich zu sehen; er erzählte mir sein ganzes wunderbares Schicksal,
wovon aber das meiste meinem Gedächtnis entfallen ist, oder vielmehr in einen Roman gehört.

Wollust war gleichsam der Zweck seines Daseins; er hatte sogar die Goldstickerei und alle Weiberarbeiten gelernt, um durch Unterricht näheren Umgang mit schönen Mädchen zu erhalten. Sprachmeister war er auch; und weil er wirklich einer der sinnreichsten feinen Dichter war, so empfahl er sich hierdurch am besten bei dem schönen Geschlecht in Italien, und hatte wirklich die letzten 15 Jahre im Überfluß glücklich zugebracht.

Vier ganze Monate lebte er in meinem Hause, unterrichtete meine Kinder bei aller Gelegenheit auf die angenehmste Art in der Sitten-lehre, gewann die Hochachtung aller Menschen, die ihn kennen lernten, liebte aber die Einsamkeit und war wirklich ein solider brauchbarer Mann geworden. Sein sonst aufgeweckter Geist hatte alle Lebhaftigkeit verloren. Ständig tiefsinnig, verlor er sich mitten im Zusammenhang einer Unterredung, beschäftigte sich bloß mit Lesen oder Auf- und Niedergehen im Zimmer, und Schwermut stand auf seiner Stirn. Ich bemerkte auch bald, daß ihm die Zeit bei mir lang wurde und daß er sich nach Alexandria zurücksehnte.

Er war kaum 4 Wochen in Aachen, als er einst in tiefen Gedanken spazieren ging und in den Stadtgraben fiel. Er verrenkte sich die Schulter und mußte nach Hause getragen werden.

Seine Standhaftigkeit und Geduld war unerhört; er klagte keinen Augenblick. Endlich ward er wieder gesund, schrieb einige Gedichte, die aber denen nicht zu vergleichen sind, welche sein Jugendfeuer ehmals hervorbrachte. Wenn ich alle seine Handlungen und Ge-sichtszüge näher betrachtete, so war es leicht, ihm zu prophezeien, daß er in wenig Jahren ins Narrenhaus wandern werde.

Dies bemerkte er selbst, sprach mit mir davon und versicherte, er sei wider dieses Unglück mit einem Pülverchen versehen, mit wel-chem er allen Schwächen des Alters zuvorkommen und allem Schick-sale Trotz bieten könne.

Übrigens war er in seinen Entschlüssen noch der alte. Hätte ich zu ihm gesagt: Schell, du mußt mich rächen, ein Monarch hat mich beleidigt; so wäre er ohne Bedenken nach Potsdam auf die Parade gegangen und hätte die gräßlichste That begangen. Dazu kam noch, daß er an keine Ewigkeit glaubte und keine Furcht vor dem Tode kannte.

Er zeigte mir in Aachen 16 Narben an seinem Leibe, von welchen er auch einige für mich bekommen hatte. Bei allen Vorfällen hatte er Wunden davon getragen, auch beide Füsse und einen Arm durch

Unglücksfälle gebrochen, weil er beständig in tiefen Gedanken herumging und bei hellem Tag in den Graben fiel. Mit dem Degen war er gleich fertig und lachte, wenn er bluten mußte.

Seine Liebeshändel, die er mir erzählte, würden den schönsten Roman ausmachen, und schade ist es, daß seine physikalischen und moralischen Aufsätze nie in meine Hände geraten und mit ihm begraben sind. Sogar in der Anatomie hatte er es sehr weit gebracht, bloss um sich zu überzeugen, ob etwas Unsterbliches in ihm wohnen könne oder zur Bewegung seiner Maschine und Reizung seiner Leidenschaften notwendig sei.

Übrigens bedurfte er keines Religionszaums, um wirklich tugendhaft zu sein, weil er das beste Herz von der Welt hatte. Und wie er mir versicherte, war er mit seinem Hiersein ganz zufrieden, aber auch nicht unruhig, wenn er an die Zukunft dachte, oder unentschlossen, wenn sein letzter Tag anbrechen würde. Denn sein Vorsatz war, dem Tode, so bald er des Alters Schwächen fühlen würde, entgegenzueilen. Bei solchen Grundsätzen war er eben nicht unglücklich, besonders da er für Ehre und Schande unempfindlich blieb.

Ich glaubte, ihn noch lange in meinem Hause zu erhalten. Sein Urlaub vom Regiment lief aber zu Ende und er wollte in Alexandria sterben. Eines Tages, als ich es am wenigsten erwartete, war er stumm und niedergeschlagen. Morgens fand ich folgenden Brief auf meinem Schreibtisch liegen, Schell war aus Aachen verschwunden.

Freund!
Sie haben viele Kinder, und noch mehr zu erwarten. Sie sind glücklich, weil Sie die edelste Gattin von der Welt besitzen. Ich lebe Ihnen zur Last in Aachen. Sie sind nicht reich genug, um etwas für mich zu entbehren, und ich denke zu gut, um Ihre Freundschaft zu mißbrauchen. Vaterpflicht ist für Sie die heiligste. Ich bin zufrieden, daß ich Sie glücklich gesehen habe und gesund verlasse.

Wahrscheinlich werden wir uns nicht wieder sehen. Bekümmern Sie sich um mich nicht. Ich entbehre nichts und finde alles, was mich glücklich macht, in Alexandria. Ihr Umgang allein fehlt mir, und diesen muß ich entbehren, weil Sie für mich keinen Groschen mehr verschwenden sollen, den Sie für sich selbst bedürfen, weil böse Menschen Ihnen Ihre rechtmäßigen Reichtümer raubten ...

Ich rettete Sie aus Glatz. Vielleicht hätten Sie weniger auf Erden gelitten, wenn ich damals nicht in Glatz gewesen wäre. Ich tat es auch mehr aus Rachsucht gegen den König und Fouqué als für Sie. Meine

Unternehmung war also nicht bloß auf Mitleid und Freundschaft gegründet. Mein Eigennutz wirkte dabei, ich wollte durch Ihre Hilfe glücklich werden, weil mir alle Stützen in der Welt fehlten und ich mich schämte, bei einem Garnisonregiment verächtlich zu leben.

Nichts reut mich von allem, was ich tat; ich ward klüger und besser. Ich glaube, Sie denken wie ich, sind zufrieden im Gegenwärtigen und gleichgültig für die Zukunft.

Ich habe noch die Uhr, welche Sie mir schenkten, und 6 Louisd'ors in der Tasche, die ich dem Schneider für mein Kleid bezahlen sollte. Meine Füße tragen mich noch eben so leicht wie vor 30 Jahren, da wir durch Polen wanderten. Waren wir damals nicht vergnügter als mancher Fürst, der im Staatswagen bequem seine unglücklichen Länder durchfährt?

Ich hinterlasse Ihnen unser Journal von dieser wunderbaren Wanderschaft, welches ich aufbewahrt habe, um sich an Vorfälle zu erinnern, die in Ihrer Lebensgeschichte einen Raum verdienen.

Leben Sie gesund, und entfernen Sie sich so viel möglich vom Hof und von öffentlichen Geschäften, wo Ihnen eine zu sehr gewohnte unerschrockene Wahrheitsliebe von neuem widrige Vorfälle verursachen würde. Fliehen Sie auch Aachen, wenn Sie können! Die Mönche sind wider Sie aufgebracht; fromme Bösewichte, Tugendfeinde finden überall Gelegenheit zu schaden, und werden überall Ihre verdiente und im Alter notwendige Ruhe zu stören wissen. Gott behüte Sie vor der Wirkung ihres Viperngifts. Ich zittre nur deshalb für Sie, weil ich Ihren Mut kenne ...

Eigene Erfahrung kann Sie leicht vom Vergangnen auf die Zukunft schließen lehren. Suchen Sie nichts mehr von undankbaren Fürsten und wagen Sie auch nichts mehr für die Ehre.

Der größte Teil unseres Lebens ist zurückgelegt; wir werden beide bald zu sein aufhören; wir kennen den Tod und werden ihm lachend entgegen gehen.

Mit der heiligsten Versicherung, daß ich bis zum letzten Hauch meines Lebens der Ihrige bin, entfernt sich heute von Ihrem liebreichsten Umgang, gewiß gefühlvoll, aber notwendig

Ihr

Alexander von Schell

Wenige Tage nach dieser Begebenheit mußte ich eine Reise nach Wien machen. Ich kam nach Frankfurt und begegnete zufällig dem ehrlichen Schell auf der Straße, der daselbst Nachricht von seinen

Eltern abgewartet hatte. Wir blieben noch zwei Tage zusammen, und alles Zureden konnte seinen Vorsatz nicht rückgängig machen. Mit vielem Widerstande nahm er endlich 20 Louisd'ors von mir an, um bequemer nach Hause zu reisen. Wir nahmen Abschied, den letzten Abschied, und ein jeder folgte seiner Bestimmung.

Etwa drei Wochen nach diesem Vorfall, erhielt ich in Wien folgenden Brief von ihm.

Freund!

Sie zwangen mich in Frankfurt, 20 Louisd'ors von Ihnen anzunehmen, die ihren Kindern entrissen sind, und Ihnen gewiß neue Sorgen verursachen. Aber, rechtschaffner Mann! könnten Sie doch zum Lohn Ihrer Wohlthat auch Anteil an den Empfindungen haben, welche diese 20 Louisd'ors verursachten! Könnten Sie doch den Segen zugleich im vollen Gewichte genießen, den Ihnen ein 82jähriger hungriger Greis nebst seiner darbenden Familie mit zum Himmel starrenden Augen wünschten, da der verlorne Sohn Schell in einer bemoosten Bauernhütte unerwartet auftrat, unglückliche Eltern zu erquicken.

Liebster Trenck! Schon seit 24 Jahren erhielten meine Eltern gar keine Nachricht von mir. Sie hielten mich für tot. Ich wußte, daß sie durch Reichshofrätliche Prozesse arm gemacht darbten, und wollte sie durch traurige Nachrichten von meinem Hiersein nicht beunruhigen. Mein Vater hatte mich deshalb aus seinem Herzen verbannt, weil ich die preussischen Dienste so leichtsinnig verließ und mein Name in Glatz am Galgen hing. Meine älteste Schwester fand ich zu Hause, vom Schlag gerührt, schon 12 Jahre hindurch im Bette Hunger leidend. Die jüngste hatte den Verstand verloren, und mußte zuweilen gebunden werden. Mein ältester Bruder, der sich bis zum Major in preussischen Diensten empor geschwungen, wurde wegen der Glatzer Überrumpelung kassiert und dient jetzt als Korporal unter einem andern Namen in Dänemark. Mein alter redlicher Vater saß in Lumpen gekleidet, wassersüchtig, auf einem alten Lehnsessel, und meine 70jährige Mutter war Magd, Krankenwärterin und Fürsorgerin des ganzen Hauses. Und in eben dem Augenblick, da sie von ihrem verlorenen Sohn sprachen und sich zur Standhaftigkeit im Leiden aufmunterten, trat ich in die Hütte, gab mich zu erkennen, und brachte Hilfe ...

Nachdem wir uns vom Taumel erholt und ich nur das erzählt hatte, was sie von mir wissen sollten, wurde gekocht und gebraten. Wir saßen zu Tische, und ich genoß die Freude, mit Ihrem Gelde, mein teuerster Freund, meine hungrigen Eltern noch am Rande des Grabes zu laben und ihren früheren Fluch gegen mich in Segen und Liebe zu verwandeln.

Ihnen allein habe ich diesen fröhlichsten Tag meines Lebens zu verdanken; denn ohne Geld wäre ich nicht nach Hause gegangen ... Und von nun an werde ich erst vergnügt zu leben anfangen ...

Ich eile nun nach Alexandria, gewiß mutiger, als Alexander mit seinem siegenden Heere nach Babylon. Nie sind 20 Louisd'ors so heilsam, so fruchtbringend angewendet worden, als die, welche Sie mir in Frankfurt schenkten.

Leben sie gesund, teuerster Freund! Kommen Sie noch dereinst in Ihr Vaterland zurück, aus dem Sie so lange verbannt sind; und dann, wann Sie den Waldowschen Kindern Gutes erweisen können, dann denken Sie an die Worte zurück, die ich Ihnen im Walde bei Hammer auf unsrer Wanderschaft sagte, da Sie sich an einem unempfindlichen, vielleicht auch nur furchtsamen Schwager rächen wollten. Gott lasse Sie diese reine Freude auch noch erleben!

Diesen Brief erhalten Sie aus Ulm. Ich schreibe ihn schon in der Schweiz, und ein Freund wird ihn auf die Post geben. Ihre Tugend beschirme Sie vor allen noch möglichen Widerwärtigkeiten; und Gott, oder die Welt lohne Sie. Ich lebe und sterbe als
Ihr
dankbarer und gewiß treuster Freund,
Alexander von Schell,
Secretaire du Regiment de Souter Suisses
au Service du Roi de Sardaigne
à Alexandrie.

Nach dieser Zuschrift erhielt ich noch ein paar Briefe gleicher Art. Sie sind mir aber verloren gegangen, und würden auch diese Biographie zu weitläufig machen.

Nach 2jährigem Schweigen erhielt ich im Jahr 1780 folgenden Brief:

Der sterbende Schell an seinen Freund Trenck.

Wenn sie diesen Brief erhalten, werde ich nicht mehr sein. Meine Lebensuhr ist abgelaufen. Teuerster Freund! kein Mensch starb und verließ die Welt ruhiger, als ich sie in wenigen Stunden verlassen werde, nachdem ich Ihnen hiermit noch mit ganz gegenwärtigem Geiste das letzte und wärmste Opfer meiner Dankbarkeit bringe. Meine letzten Lebensjahre waren vollkommen glücklich. Mein Familienname Schell war beinahe meinem Gedächtnis entfallen, weil ich vierzig Jahre hindurch Lesch hieß und den Herrn von, nebst vielen noch grösseren Vorurteilen abzulegen und ohne alle Reue zu entbehren imstande war.

Ich habe Sie im Wohlstande gesehen, mein Freund! und lasse Sie als einen echten Weltweisen. Vor zwei Jahren sind meine beide Eltern gestorben, denen ich noch in den letzten Tagen Notdurft, ja Überfluß zu verschaffen das Glück genoß. Meine kranke Schwester starb vor sechs Wochen, und die närrische bedarf nichts; sie lebt im Narrenhaus zufrieden, und glaubt, sie sei die heilige Rebecka.

Meine Freundin, die mein Herz besaß, hat einen jungen Mann geheiratet. Sie wird geliebt; und da ich den Neid verabscheue, bin ich zur Eifersucht unfähig.

Nun aber foltern mich Steinschmerzen und eine Abzehrung, die mich bereits in ein lebendiges Totengerippe verwandelt haben. Die gewissen Zeichen meiner nahen Auflösung hat mein Arzt bemerkt. Ich selbst fühle sie und werde in wenigen Tagen oder Stunden zu leiden aufhören.

Sie wissen, was ich zu dieser Absicht seit vielen Jahren bei mir trage – die sicherste Arznei für den Weltweisen, welcher keinen Arzt sucht, um länger gefoltert zu werden ...

Ich sterbe ungekannt, und mein Name stirbt mit mir. Hüten Sie sich vor Glatzer und Spielberger Schicksalen. Es lebt kein Schell mehr für Sie.

Der Schlaf bemächtigt sich schon aller meiner fühlenden Kräfte. Schließen Sie Ihre Augen so zufrieden wie ich, mein lieber, noch wachender Trenck! Meine Rolle ist gespielt; klatschen Sie mir Beifall zu! Mein letzter Gedanke ist noch Liebe und Dankbarkeit und Wünsche für Ihre Wohlfahrt ... So stirbt
                Alexander, ehemals v. Schell,
                jetzt Lesch in Alexandria.

Dieses war meine letzte Nachricht von diesem ganz besonderen Manne. Ich schrieb an das Regiment und erhielt zur Antwort: man habe ihn am 26sten Mai tot im Bett, und Abschiedsbriefe an seinen Obrist und an seine Freunde gefunden, die ihn alle als einen allgemein geliebten Mann herzlich bedauerten. Sein Hauptmann hatte eine

Sammlung von seinen verliebten Oden und Satiren in italienischer Sprache gemacht, die vielleicht dereinst unter anderm Namen erscheinen und einem Unwissenden die Autorenehre verschaffen werden ...

Vergebens habe ich diese Blätter nicht geschrieben, weil Schells Fehler und sein Schicksal Verwegene abschrecken kann ...

Ich danke ihm im Grabe weniger für die Rettung aus meinem Glatzer Gefängnis als für das, was ich von ihm gelernt habe. Sein Leiden ist überstanden; und ich schliese diese Erzählung mit folgenden Zeilen aus meinen bekannten Sinnbildern:

Die hungrige Fliege wird künstlich betrogen,
Sie hat mit dem Zucker das Gift eingesogen.
Und schmeckt die Wollust auch lieblich und gut;
Dann fühlt man die Wirkung des Giftes mit Wut,
Dann ruft man: Ach Brüder! weicht! flieht von der Schüssel!
Vergebens! ein jeder füllt erst seinen Rüssel.
Die Jugend will fühlen,
Sie fehlet im Spielen.
O lernten wir Fliegen, durch Rat das Gift kennen;
Dann würde sich Mancher den Mund nicht verbrennen.

Abbitte und Ehrenerklärung

an
alle diejenigen sammt und sonders,
welche
ich etwa in allen meinen Schriften beleidigt
haben sollte

Si tacuisses, philosophus mansisses.

Nicht die Furcht, bösartigen Menschen ferner zu mißfallen; nicht die Gefahr, von Spielern, Mönchen oder Pedanten oder von Hofkabalisten und Zwergschurkleins verfolgt zu werden; nicht die Sorge, Wespenstiche zu empfinden, wenn ich ihre Nester zu zerstören suche; noch weit weniger die Aftergeburten der Kritik bekutteter Bucentauren verursachen diese meine öffentliche Abbitte und Ehrenerklärung. Ich habe ernsthaftere Geschäfte vor. Ich will die satirische Feder rasten lassen und in Zufriedenheit einer unabhängigen Ruhe mehr geniessen, als bisher geschehen ist. Ich will die Händel und Prozesse, in welche mich Feinde der Tugend und Wahrheitsliebe verwickelten, rühmlich und mit nunmehr erfochtenem Siege endigen und den Liebhabern meiner Schriften zwar weniger Stoff zum Lachen geben, als für mich selbst angenehmer leben und nicht mehr allein wider alles, oder wider den grossen Haufen sein.

Ich glaube, sowohl für die denkende Welt als für mich selbst bereits genug geschrieben zu haben ...

Ich taumele wirklich schwindelnd zurück, wenn ich den Abgrund betrachte, in welchen mich meine Verwegenheit, oder vielmehr meine unerschrockene Aufrichtigkeit hätte stürzen können. Aller Spieler und Betrüger, aller Tag- und Brotdiebe Degen und Dolche waren wirklich gegen mich gezogen; viele Aachner Mönche waren bereit, meine Ravaillacs, Clements und Malagriden zu sein. Die Modekavaliere, welche sich durch meine Abhandlung vom wahren Adel beleidigt glaubten, aber noch kein reichsritterliches Herz im Adelsbrief erkauft hatte, bestachen Bauern und Jäger, um mich auf der Jagd oder Landstraße zu erschießen. Dem fanatischen Pöbel wurde sogar von allen Aachner Kanzeln der Himmel versprochen, wenn sie Ketzerblut vergössen. (Ketzer nennt man aber gewöhnlich die, welche der Herrsch- und Habsucht böser Priester öffentlich zu widersprechen wagen.) Die alten Matronen beteten schon wirklich für meine arme Seele; sie bedauerten mich als einen Verdammten, und alle Toren und Betrüger schrieen zu gleicher Zeit: Kreuzige!

So bleibt mir noch eine Hauptabbitte übrig, und diese betrifft meine ersten 2 Bände dieser Lebensgeschichte.

Ich habe in derselben viele Gattungen von bösen Menschen grob beleidigt. Der grosse Friedrich, welcher mich durch Machtspruch unglücklich machte und der mir alle Ursache gab, die trockne Wahrheit zu schreiben, würde gewiß in seinem jetzt aufgeklärten Gesichtskreise die gemässigte Art meiner Rechtfertigung mit ganz anderen Augen betrachten, als wenn er sie noch auf Erden mit Herrschereigensinn und umwölktem Vorurteil menschlicher Schwachheit gelesen hätte. Er ist tot und kann mich nicht mehr lohnen und noch weniger den zum Schweigen zwingen, der seine öffentlich beleidigte Ehre auch öffentlich zu verteidigen Gelegenheit hatte, dennoch aber mit Bescheidenheit und Ehrfurcht erzählte . . .

Friedrich ruhe demnach in Frieden. In meinem Herzen bleibt gewiß ewig Friede, welchen kein innrer Vorwurf beunruhigen kann. Die Nachwelt, welche ihm Ehrensäulen aufbaut, setzt gewiß keinen Schandpfahl auf mein Grab, und das ist Ehre genug für den, welchen ein mächtiger König seiner Art verfolgte und als einen Übelthäter unversöhnlich mißhandelte. Er ist nicht mehr . . . seine Gewalt ist vereitelt; ich stehe aber noch auf der Bühne und hoffe, bis zum letzten Auftritte nicht ausgepfiffen zu werden, weil meine ganze Handlung bisher mit Händeklatschen aufgenommen wurde. Beleidigt habe ich diesen Vater der Preussen nie, folglich habe ich auch keine Ursache, etwas zu widerrufen oder abzubitten. Ehre genug, da der gegenwärtige preussische Landesvater mir wirklich ein Privilegium exclusivum gegeben hat, diese Lebensgeschichte nebst allen meinen Schriften drucken und öffentlich verkaufen zu lassen. Kann die Wahrheit wohl ein kräftigeres, ein rühmlicheres Siegel erhalten? Und wer kann nunmehr an der Glaubwürdigkeit meiner erzählten Begebenheiten zweifeln, da alle Augenzeugen noch wirklich leben?

Über das, was mir in Wien geschah, habe ich laut geklagt, kühn geschrieben. Es sind aber Wahrheiten, solche Wahrheiten, die in Akten und Protokollen erwiesen sind; Wahrheiten, welche der großmütige Monarch gegenwärtig öffentlich mit Zensur zu drucken und zu verkaufen erlaubt. Ich erzählte ohne Rückhalt, was mir in Wien und Berlin geschah. In beiden Staaten ist mein Buch privilegiert, folglich als reine Wahrheit anerkannt; und eben diese gnädige Erlaubnis accreditiert meine Feder und macht beiden Monarchen Ehre.

Daß mir übrigens unter dem Zepter der wahrhaft edeldenkenden Maria Theresia Unrecht geschehen ist, war eigentlich nicht ihre Schuld. Die Jesuiten waren meine Verfolger, sie schützten meine Güterräuber und schilderten mich bei Hof als einen Erzketzer und gefährlichen Mann, der ein preussisches Herz im Busen trüge und nur reich zu werden suche, um nebst seinem Vermögen aus Österreichs Grenzen zu fliehen. Die beste Monarchin wurde hintergangen. Ich war zu stolz, zu saumseelig, zu trotzig auf mein Recht, um Seitenwege zu suchen; meine Feinde und Verleumder wachten; ich schlummerte gleichgültig und verlor alles.

Nach dreissigjährigem Leiden und vergeblichem Sollütiren, lernte sie mich näher kennen. Sie stand eben im Begriff, mich zu lohnen, mir und den Meinigen Wohltaten zu erzeigen, hätte mir auch gewiß wenigstens einen Teil meiner slavonischen Güter wiedergegeben ... doch ach! der Tod überraschte sie bei dem besten Willen für meine Wohlfahrt; sie starb, und ich erhielt nichts.

Der neue Beherrscher der österreichischen Staaten hatte mir nichts genommen, folglich war er auch nicht verpflichtet, mir etwas wiederzugeben. Ich klopfte an, es hieß: est res judicata. Irrig hieß es aber judicata; denn nie hab ich den Rechtsweg suchen dürfen. Die Güter gingen durch Machtspruch und nicht nach Landesgesetzen verloren ... Allerhöchste Hofresolution war mir also allein im Wege; und bisher hat der gerechtigkeitsliebende Kaiser es nicht für gut befunden, für mich eine andere gnädigere Hofresolution zu dekretiren.

Daß aber seine Gerichtsstellen mich so grob gemißhandelt haben, war nicht seine Schuld. Ein Monarch muß seinen Referenten glauben, und diese waren Bösewichte und Betrüger.

Ich klagte über sie, noch ehe sie öffentlich gekannt und gezüchtigt wurden; damals hieß es aber: der Trenck ist nie zufrieden und ein unruhiger Kopf. Dieses war die beste Sprache, um mich schweigen zu machen. Sie sind nunmehr im Zuchthause. Was nutzt mir aber ihre Züchtigung, solange ich keine Entschädigung für alle erlittne Drangsale erhalte? Soll ich die Gerichtsstelle verklagen, weil sie sich von einem falschen Referenten hintergehen ließ? Hiervor behüte mich Gott! Die Präsidenten sind alle rechtschaffne Männer, meine Freunde und Gönner. Aber im Rate sitzen noch Leute, die gleiches Schicksal verdienen, falls die Wahrheit vor die Ohren des Fürsten dringt, die aber mehr in Protektionsbündnisse verweht und vorsichtiger und vielleicht noch boshafter sind, als ihre bereits verurteilten Kollegen.

Diese finden tausend Wege, den zu unterdrücken oder schweigen zu machen, der ihnen zu hell in die Karte sieht.

Ich bitte demnach nicht diese Herren um Vergebung, wenn ich sie durch meine Lebensgeschichte fürchten machte, daß ihr Name öffentlich bekannt würde. Ich bitte aber vielmehr das Publikum um Verzeihung, daß ich sie nicht genannt habe. Es geschah nicht aus Furcht, oder Schmeichelei: nein, ich bin der Verfolgung müde, ich suche Ruhe bei grauen Haaren; die Klugheit heißt mich seufzend schweigen ... Ich bitte aber diese lieben Herren hiermit recht inständigst, mich wenigstens in Zukunft ungeschoren zu lassen und verspreche, ihnen vor der Gerichtsstube ein eben so ehrfurchtsvolles Kompliment zu machen, als ich sonst nur vor ehrlichen Männern zu machen gewohnt bin. Gott behüte mich aber, noch jemals vor derselben zu erscheinen!

Auch der Kaiserliche Reichshofrat ist böse auf mich, weil ich seinen Kollegen, den Grafen Grävenitz, genannt habe, und will mir kein Privilegium im heiligen römischen Reiche für meine Schriften geben. Geduld! die zwei grösten Monarchen Europens, Joseph und Friedrich Wilhelm, haben mir dieses Privilegium in ihren Staaten gegeben, und mehr Ehre bedürfen meine Schriften nicht ...

Ich habe im ersten Bande auch den General Fouqué genannt. Ein Mann, der gegenwärtig seine Korrespondenz mit dem grossen Friedrich drucken läßt, hat sich aber dem Vernehmen nach darüber aufgehalten, daß ich nicht mit Ehrfurcht von ihm gesprochen habe.

Sollte dieser Mann bei Bekanntmachung seiner Briefe auch zugleich sein Lobredner sein wollen, so erbiete ich mich, einige Anekdoten beizufügen, die seinen Helden in der wahren Gestalt schildern werden.

Ich kenne selbst 9 rechtschaffene Offiziere, die er unglücklich machte und durch tyrannisches Betragen zur Desertion zwang.

Mir sind Grausamkeiten an Bürgern und Bauern von ihm bekannt, die er henken und verstümmeln ließ, wovor der Menschenfreund zurück schaudert. Die ganze Grafschaft Glatz ist Zeuge seiner Gefühllosigkeit; und obgleich ich nicht widerspreche, daß er seinem Könige gut gedient hat, so wird man mir doch erlauben zu sagen, daß er ein Tyrann war, wo er gebieten konnte, und daß er mich auf die niederträchtigste Art in Glatz behandelt hat.

Überdies wäre die Geschichte seines Betragens in der österreichischen Gefangenschaft, die mir von Augenzeugen erzählt wurde, für seinen Nachruf nicht vorteilhaft, wenn ich sie bekannt machen wollte. Der wehrlose Tote soll aber von mir nicht mehr genannt werden. Ich verachtete ihn, da er lebte, und Menschen, die unedel handeln, verdienen auch Verachtung im Grabe ...

Alle Übrigen, die mein Unglück beförderten, sind bereits im Grabe. Keiner war glücklich unter ihnen. Ich habe sie genannt, weil ihre Namen ohnedies schon bekannt waren. Die noch Lebenden habe ich aber großmütig verschont, und diese werden mir im Herzen danken, wenn ich alle Rache vergesse, die ich vielleicht in Händen hätte.

Meinen slavonischen Güterbesitzern wünsche ich guten Appetit bei meinen Schüsseln. Sie haben das, was sie unrechtmässig von meinem Eigentum besitzen, nicht gestohlen, sondern von ihren Vätern ererbt, die mich arm machten, um reiche Erben mit wenig Ehre zu hinterlassen. Ein Besitzer einer Trenck'schen Herrschaft sitzt schon lange auf dem Spielberg fest. Die anderen sind auch nicht glücklich, und werden dem Staate nie so brauchbar dienen, wie ich es getan hätte und noch tun würde, wenn man mir Gerechtigkeit widerfahren ließ. Vielleicht kommt noch eine Zeit, wo meine Kinder sagen dürfen: Heraus! Du hast lange genug in Trenck'schen Gütern gewohnt, jetzt ist die Reihe an uns! ...

Dem Danziger Magistrat, der mich im Jahr 1754 als pflichtvergeßne und bestochne Räuber verkaufte, habe ich noch viel zu wenig gesagt. Die damaligen Herren sind alle tot, die gegenwärtigen aber werden vielleicht so edel, so gerecht handeln und ihr Betragen mißbilligen, mir auch wenigstens aus der Stadtkasse das bare Geld und die mir räuberisch abgenommenen Pretiosen vergüten, die ich verlor, da mich ihre Kommissarien plünderten.

Ich war damals wirklicher Kaiserlicher Rittmeister. Sie handelten gegen alles Völkerrecht, und noch habe ich meinen Monarchen nicht ersucht, mir die gebührende Satisfaktion zur Ehre seines Dienstes zu verschaffen. Auch der gegenwärtig edel denkende Friedrich Wilhelm wird mich unterstützen, wenn ich für meinen erlittenen Schaden in Danzig Vergütung fordere ...

Der Herr von Weingarten, welcher als geheimer Sekretär bei der Kaiserlichen Gesandtschaft in Berlin so edel diente, daß er für Geld die Staatsgeheimnisse verriet, dieser Bösewicht, der mich in Magdeburg noch unglücklicher machte und meiner redlichen Schwester Tod beförderte, liegt bereits im Grabe. Ich bedaure den Scharfrichter, welcher, durch seinen voreiligen natürlichen Tod, die Sportelgebühr für das Aufknüpfen verloren hat. Ich zweifle auch sehr, daß man mir in Wien den Schaden vergüten wird, den ich durch die schlechte Wahl der Gesandschaftsmitglieder erlitten habe.

Herr von Abramson, Kaiserlicher Resident, der mich in Danzig verkaufte und plünderte, ist ebenso wie Weingarten, für mich nicht mehr auf der Welt, und ich kann mich nicht entschliessen, für ihre arme Seelen einen halben Gulden Meßopfer zu bezahlen, weil ich ihnen ein ewiges Fegfeuer aus christlicher Liebe wünsche. Denn wenn solche schlechte Kerle in eben den Himmel kommen könnten, den der ehrliche Mann zu erwarten hat, würde der allwissende Gott, der das Herz sieht, eben so ungerecht handeln, wie unsre Monarchen unvorsichtig in ihrer Wahl sind.

Jaschinsky, der mich bei der Garde du Corps unglücklich machte, lebt noch in Königsberg, aber allgemein verachtet. Er hat auch nicht erwartet, daß ich ihn bei meinem Aufenthalt daselbst noch um Verzeihung bitten würde, weil sein Name in meiner Geschichte verewigt ist. Ein 76jähriger Greis seiner Art ist unglücklich genug, wenn er des Alters Schwächen fühlt und in seinem Herzen keine Beruhigung findet, daß er in allen Vorfällen als ein ehrlicher Mann gehandelt hat ...

Inzwischen muß ich doch hier auch die sichtbare Strafe schändlicher Handlungen an diesem Manne bekannt machen.

Da ich am 4. April in Königsberg ankam, verlor er den Verstand und wurde wahnsinnig. Die ganze Stadt ist Zeuge dieses merkwürdigen Vorfalls. Vielleicht hat ihn der nagende Vorwurf bei der Nachricht von meiner Ankunft so erschüttert, da man ihm zugleich die Stelle, welche ihn betraf, aus meiner Lebensgeschichte zu lesen gab. Ich habe auch nunmehr gründlich entdeckt, daß eben der Brief, welcher mich im Jahr 1746 unglücklich machte, von ihm selbst verfertigt und untergeschoben wurde. Gewinnsucht war Schuld daran; er war mir 300 Dukaten schuldig. Meine kostbare Equipage hat Se. Excellenz der gegenwärtige Herr General Baron von Posadowsky von ihm selbst zum Teil gekauft, und noch dazu hat er sich von meinem konfiszierten Vermögen eine Summe bezahlen lassen, die ihm der König bewilligte. Jetzt ist er verrückt, kann sich nicht verantworten, und ich zweifle, daß ich von seiner zusammengerafften Verlassenschaft etwas in forma legali zurück erhalten werde.

Ehre genug für mich und meine Geschichte, daß auch durch diesen Zufall die Wahrheit aufgedeckt, und meine Unschuld gerechtfertigt ist. Meinetwegen hätte er nicht so wirksam über meine Gegenwart erschrecken sollen. Ich denke zu edel, um mich an einem ehrlosen Greise zu rächen.

Den seraphischen Vetter Franziskus muß ich auch noch da, wo er jetzt vielleicht noch in der Ewigkeit nur ein Franziskaner ist, reumütig um Verzeihung bitten, weil ich in meinen Schriften seinen heiligen Orden so verächtlich entlarvt habe. Wer diese auf Erden so garstig stinkenden Seraphine im inneren Wert ebenso wie in ihrem körperlichen Sauleben kennt, zugleich aber auch ihre heimtückischen boshaften Handlungen durchforschte und sie bei dem Termintraben, Lukaszettel- und Ablaßnegotio, am Tische, in ihren Klöstern und am Weinfaß, Beichtstuhl oder bei Hofe gesehen und so wie ich geprüft hat, der riecht ihren gifthauchenden Gestank von weitem und flieht sie mehr als die Herren Teufel, die wirklich weniger pestilenzialischen Geruch hinter sich lassen als ein fetter Franziskaner-Guardian in den Hundstagen bei einem schwelgerischen Gastmale.

Gott behüte alle Lebendigen und Toten vor solcher Gesellschaft. Ich wünsche zum Besten meiner Mitbürger, daß ihr heiliger Ordensstifter sie so geschwind als immer möglich ist, aus dieser Welt in seine himmlische Gesellschaft abholen möge und unsere gesunde Polizei endlich anfange, den Staat von diesem verabscheuenswürdigen Unflat zu befreien und sie alle so rein wegzufegen, daß man ihren Namen nach 50 Jahren nur mit Schaudern und Verachtung lese. Des heiligen Franziskus Fürsprache kann ich leicht entbehren. Ich lebe auf der Welt so, daß ich bei dem gerechten Gott keinen Fuchsschwänzer fürchte und keines Protektors für Schandtaten bedarf ... Und wie ekelhaft muß es für unseren Weltvater nicht bis heute gewesen sein, wenn er von so viel hunderttausend dergleichen irdischen Seraphinen nichts anderes als Millionen Ave Maria plappern hörte und alle diese starken Bengel für die Bestimmung seiner edlen Schöpfung nichts anderes taten, als bei schwelgendem Müssiggange gar nichts zu denken, gar nichts zu handeln, als mit Reliquien, heiligen Gaukeleien und Betrug der Blödsichtigen ...

Dieses ist mein Glaube, nach dem ich lebe und sterbe, so lebe, daß ich meinen Nebenmenschen, auch der verbrüderten Gesellschaft, in der ich lebe, alles mögliche Gute erzeige, niemand meinen Glauben aufdringe, noch in seinem Religionsbegriffen irre oder unruhig zu machen suche; und die Erfüllung meiner Pflichten als die notwendigste Tugend erkenne, auch meine Einsichten nach Möglichkeit erweitere, um Blödsichtige zu belehren und mich selbst zu beruhigen, oder von der Wahrheit gründlich zu überzeugen.

Sollte ich mir aber bei grauen Haaren ein ganz neues System nach fremder Normalvorschrift machen, um die Bequemlichkeit des Nichtdenkens zu genießen, das glauben, was ein Anderer für mich denkt ... dann müßte mein Verstand aufhören, den mir Gott gab oder der seine Ausbildung aus der Beschaffenheit meines Nervengebäudes erhielt. Vielleicht geschieht dieses, wann meines Leibes Kräfte gegen ihre Zerstörung kämpfen.

In diesem Fall allein kann vielleicht ein mechanischer Kapuziner mir noch auf dem Sterbebett seine Kutte anziehen und ein unbedeutendes Ja von meiner stammelnden Zunge durch mystische Auslegungen allein hören, welches mich in die Zahl der bekehrten, zum wahren alleinseligmachenden Glauben gelangten armen Sünder versetzt, wenn mir kein Wille zu wählen mehr übrig bleibt.

.Dieses war das Schicksal mancher echten Weltweisen, die der Pöbel Freigeister heißt. Und dann mag mein Schutzengel seine Amtspflicht vollziehen, den höllischen Lustmarodeuren und Parteigängern listig auszuweichen suchen, dem heiligen Petrus den Schlüssel wegkapern und meine Seele in Abrahams Schoß tragen, wo sie um seinen jüdischen Patriarchenbart in Ewigkeit, als eine auf Erden auch im Unglück munter und arbeitsam gewesene Seele wie der Schmetterling um blühende Rosen herumflattern und in demselben Nester für ewig herumkriechende himmliche Raupen anfüllen kann, aus welchen sodann vielleicht junge Franziskanerseelen hervorkriechen und die Erde, auch die himmlischen Wohnungen mit ganzen Schwärmen nichtsdenkender Seelen anfüllen werden.

Falls dieses aber nicht geschehen sollte und die Vorsehung mir eine andere Bestimmung beschlossen hätte, dann ist es eben nicht meine Schuld, wenn ich zum ewigen Nichtsein geboren wurde. Auf Erden war ich allezeit ein wirkendes Etwas, ein immer beschäftigstes Wesen, für welches ein ewiger Müssiggang die härteste Strafe wäre. Gott behüte mich davor auch nach dem Tode!

Indessen da ich alles, was ich je beleidigte, gerne versöhnen wollte und eben deswegen meine reuerfüllte Abbitte in diesen Blättern angebracht, auch, wie ich hoffe, mit allgemeiner Befriedigung buchstäblich vollzogen habe, so bitte ich noch schließlich meinen lieben Schutzengel herzlich um Verzeihung, falls ich ihm so viel vergebliche Arbeit für meine Seele sollte gemacht haben, da er mich in Leibesgefahren so vielmals vom Ersaufen, Erschiessen, Ersticken, Hals- und Beinbrechen und Verhungern so wunderlich errettet hat.

Hätte er diese Mühe für meine Seele angewandt und dagegen den nichtswürdigen Leib vernachlässigt, dann würde ich weniger auf Erden gelitten, auch weniger Ärgernis verursachende Schriften an das Tageslicht gebracht haben und würde vielleicht heute in einer Derwisch-Mandarinen- oder christlichen Mönchskutte herumwandern und Heiden in Indien bekehren.

Nun schreibe, wer da will, de ratione sufficiente. Ich glaube einmal fest und heilig, daß nichts ohne erhebliche Ursache im Himmel, noch auf Erden geschieht, noch das ist, was es zu sein scheint; und dann spotte und tadle jeder Journalist, Rezensent, Theologe, Grammatiker, Schulfuchs und wirklicher Gelehrter meine Schriften, auch dieses mein Glaubensbekenntnis nach Wohlgefallen, oder Schulregeln, wie er immer will! Es kaufe, lese und schätze meine Bücher, wer da will! oder verachte und verbrenne sie nach Belieben! ...

Ruhmsucht war nie meine Schwäche, ich wurde zufällig ein Originalautor. Und gefallen meine Schriften nicht, will mich niemand kopieren, dann ahme er mich in meinen Handlungen, in Standhaftigkeit und moralischen Tugenden nach. So ist er unfehlbar ein guter Christ, ein brauchbarer Mann im Staat und ein redlicher Mensch.

Dieses war der Zweck meines Hierseins! den hab ich erfüllt, und mehr will ich nicht.

Dixi, nunc pondera prudens.

Friedrich und Trenck

Wisst, die Natur hat euch im Erdenleben
dem Wahn, dem Traum, dem Irrtum preisgegeben,
und euer Glück entspricht dem,
was ihr denkt.

Friedrich II. von Preußen

Der König

I

Die Geschichte ist ein Strom, der, auf und ab schwellend, unaufhaltsam durch die Jahrhunderte fließt. Man kann seine Wasser ableiten, eindämmen, stauen; man kann sie nicht gewaltsam zum Versiegen bringen. So können auch Gestalten wie der Preußenkönig Friedrich II. nicht verdrängt werden. Es bleibt die Frage: Wer war Friedrich? *Was* war er für ein Mensch?

War er ein »Genie« – ?

Was ist ein Genie?

Was ist Menschenmaß?

Was ist »Moral«? Was »Politik« – was ein *König?*

Welche Mittel, welche Kraft, welche Grenzen bestimmen den »Despoten« und den »großen« Herrscher?

Warum nannte man diesen Mann »den Großen« – ?

Noch einmal: *Wer* war er?

Der fahnenschwingende Kriegsgott – oder der Eremit von Sanssouci? Der flötenspielende Schöngeist – oder der eiskalte Architekt brutaler Schlachtpläne?

Der sentimentale Freund und Hundeliebhaber – oder der zynische Frauenhasser? Der kühl-ironische Geschichtsschreiber – oder der verschlagene Machtpolitiker; der glorreiche Begründer Preußen-Deutschlands – oder der Rebell, der Zerstörer des Heiligen Römischen Reiches Deutscher Nation; der verbissene Ökonom und geizige Eigenbrödler – oder der elegante, geistsprühende Mittelpunkt der berühmtesten Tafelrunde Europas? Der rücksichtslose Kämpfer gegen Korruption und Unordnung, Instruktor und Quartiermeister, Feldwebel und Feldherr, Landesvater und Finanzminister?

Philosoph oder Menschenverächter, Erster Diener seines Staates – oder der »blutdurstige Tyrann«; Verfechter der Toleranz – oder Unterdrücker der jüdischen oder katholischen Minderheiten? Der »böse Mann« Maria Theresias – oder der aufgeklärte Kosmopolit und Korrespondent mit den glänzendsten Geistern seines Jahrhunderts?

War er der Dichter und Komponist, der Räuber oder der geniale Rächer, Deutscher oder Franzose, Zerstörer oder Gestalter, Asket oder Schauspieler ohne Scham, Nero oder Augustus?

Als all das sahen ihn seine Zeitgenossen, seine Freunde und (viel mehr) Feinde, in seinem und in den folgenden Jahrhunderten. Von Film-»Fridericus«, als Arndt'scher »Franzenaffe« bis zum Bannerträger des pervertierten Nationalismus ging und geht seine Verherrlichung, Verfluchung, Wertung oder Abwertung durch alle Zeiten, Menschen, Parteien, Völker.

Seine Nation – die erst nach ihm zu einer solchen und damit zur Keimzelle der späteren »kleindeutschen« Reichslösung Bismarcks wurde – besteht nicht mehr.

Die Legenden um den »Großen König« vom »Choral von Leuthen« bis zur Romanze mit der Tänzerin Barberina oder dem »Müller von Sanssouci« sind vom Sturm der Zeit verweht wie sein von patriotischer Verzeichnung umgedeuteter Waffenruhm.

Geblieben sind unzählige Publikationen in aller Welt und seine Arbeit im Dienst einer neuen Idee des Monarchen; geblieben sind Städtegründungen, besiedelte Sümpfe, Bauten und das fast unübersehbare Oeuvre seiner historischen, politischen, philosophischen Schriften; Briefwechsel mit den geistvollsten Männern und Frauen seiner Zeit; Flötenkonzerte – und der »Hohenfriedberger«, einer der schönsten Militärmärsche der Welt, der auf seine Komposition zurückgeht.

Geblieben ist der Kampf der Meinungen um den »gekrönten Räuber«, den »Despoten« oder »Musenkönig«.

Die Provinz, die er in einem ein Menschenalter währenden Kampf den Habsburgern entriß, um mit ihrer Hilfe seinen zerfetzten Kleinstaat zur Großmacht im europäischen Kräftespiel zu erheben, ist verloren, ihre deutsche Bevölkerung vertrieben, die Mark Brandenburg, Hausmacht seiner Ahnen, zerrissen und geteilt wie die Hauptstadt, die er zur Mitte auch im geistigen Sinn erhob. Seine eigenste kostbarste Schöpfung, sein »Gelobtes Land« Sanssouci, vor der Toren Berlins, liegt für den Westdeutschen im fernen Ausland. Geblieben ist sein Name »der Große« als überlebtes Beiwort oder als Andeutung eines titanischen Charakters in einer in ständigen Geburtswehen begriffenen europäischen Gemeinschaft.

*

Friedrichs Jugend ist bekannt. Mehr als zu irgendeiner anderen Zeit »wissen« wir heute als Kinder der modernen Psychoanalyse von der Hybris traumatischer Jugenderinnerungen. Ebenso wissen wir aber auch vom harten Gesetz der »Geburt durch Enge«. Die Gestalt Friedrichs von Preußen kann als ein Musterfall für beides gelten – womit zugleich die Problematik des »Herrschers« und der Monarchie überhaupt zur Debatte gestellt werden könnte.

Doch das wäre nicht Sinn unserer Betrachtung.

Der Monarch, um den es hier geht, nannte sich:

König von Preußen [nicht mehr »in« Preußen]; *Markgraf zu Brandenburg; des Heiligen Römischen Reichs Erzkämmerer und Kurfürst; Souveräner und Oberster Herzog von Schlesien; Souveräner Prinz von Oranien, Neufchatel und Vallengin wie auch der Grafschaft Glatz; in Geldern, der Cassuben und Wenden; Herzog zu Mecklenburg und Crossen; Burggraf zu Nürnberg; Fürst zu Halberstadt, Minden, Camin, Wenden, Schwerin, Ratzeburg, Ostfriesland und Meurs, Graf zu Hohenzollern, Ruppin, der Mark, Ravensburg, Hohenstein, Tecklenburg, Schwerin, Lingen, Bühren und Leerdam; Herr zu Ravenstein, der Lande Rostock, Stargard, Lauenburg, Butow, Arlay und Breda etc.*

Für die Welt schuf dieser Mann mehr noch als sein nüchterner Vater den Begriff Preußen mit allen Lichtern und Schatten. Von Geburt ein Sohn der hannoversch-englischen Welfen (und damit der Stuarts) und der ursprünglich süddeutschen Hohenzollern, war der junge Prinz ebenso phantasievoll wie weich, ebenso kritisch wie scheinbar anpassungsfähig, ebenso stolz wie undurchschaubar, ehrgeizig wie selbstbewußt. Später, als König, hob er jede dieser Eigenschaften ins Bestürzende, ganz und gar Un-Gewöhnliche. Auch darum eignete sich Friedrich niemals zum Volkshelden etwa in der Literatur. Der Schwabe Schiller, der sich eine zeitlang mit der Gestalt des Preußenkönigs – wohl auch angeregt durch Goethe – befaßte, erkannte: *Nein, Friedrich ist kein Stoff für mich!*

Für Friedrich gab es nur eine große Kultur. Die leuchtenden Epochen des Perikles, des Augustus, des Lorenzo de Medici und Ludwigs XIV. bildeten für ihn eine Einheit, die er für sein zurückgebliebenes Volk fortzusetzen bestrebt war. Der Begriff nationaler Kultur, vor allem nationaler *Dichtung*, war und blieb ihm fremd.

*

Im Hintergrunde unserer Betrachtung steht zunächst die Gestalt Friedrichs II. von Preußen, der das Bild Europas in seiner Zeit entscheidend prägte und der zum Schicksal des Friedrich von der Trenck wurde. Beide trugen sie – nicht durch Zufall – denselben Namen; beide, körperlich so unansehnlich wie geistig hervorragend, bieten sie in der Tiefe einige Parallelen: in ihrer liebeleeren Jugend – ihrer Charakterstärke – ihrer ungeheuren, fast unmenschlichen Zähigkeit und eigenwilligen Starrheit im Alter – und ihrer literarischen Begabung.

Doch sehr bald trennen sich die Gemeinsamkeiten. Der Weg des einen, der nicht nur als König *geboren* wurde, führte über das Ich hinaus in Höhen, die zu er-schauen heute schwierig ist. Der Weg des anderen schwang sich von Tiefe zu Tiefe ...

Was hier skizziert werden soll, umfaßt auch die ZEIT: den historischen Hintergrund der Schlesischen Kriege, vor dem das schwere Schicksal des ruhelosen Abenteurers seinen Ausgang nahm. Ohne diese Zeit und ohne diesen König wären das Leben und Leid dieses Trenck nicht zu begreifen und zu denken.

Opfer – Held – Verräter –? Gewiß war Trenck jedes davon. Darum verdient er unsere Anteilnahme, mochte seine Handlungsweise oft unbegreiflich, undurchdacht, verzweiflungsvoll oder mehr als fragwürdig sein.

Und diese TATEN fügen sich zu zwei – ganz und gar verschiedenen – Bildern:

Das von Trenck selbst in seiner ergreifenden LEBENSGESCHICHTE gezeichnete – und das des *historischen* Trenck, so weit er in Dokumenten erfaßbar blieb.

Wobei es für uns Heutige weniger um Schuld und Sühne, um Rechthaben oder Irren – weder auf der Seite des Mannes Trenck, noch auf der seines Kriegsherrn, des Preußenkönigs – geht. Unser Gefühl, das sich nur zu gern dem Leidenden zuneigt, mag hier selbst den Dingen folgen, wenn sie den Memoiren Trencks widersprechen: Ungültig machen können sie diesen Roman so wenig wie irgend ein anderes Zeugnis menschlichen Leidens heute wie in scheinbar vergangener Zeit ...

*

Trencks Jugend in Königsberg ist die eines preußischen Aristokraten dieser Zeit: begabt, lernbegierig und ehrgeizig – aber auch unbeherrscht, eitel, empfindlich und egozentrisch. Er ist ein Stück seines Königs.

Friedrichs Jugend ist gezeichnet vom Kampf um die Selbstbehauptung als Persönlichkeit, von der sich unter Demütigung und gespielter Anpassung entwickelnden stählernen Energie dessen, für den vor allem eines gilt: die *eigene* Zukunft – und die Flucht vor dem so ganz anders gearteten, schrecklichen Vater.

Während der Abenteurer Trenck nichts als sein Leben rettete, bewahrte der scheinbar labile, gequälte Kronprinz Friedrich mit eisiger Konsequenz sein Ziel, seine *Idee*.

Für Trenck war das, was nach der zehnjährigen Magdeburger Haft blieb, nur noch ein Rest – der Querulant, der Kohlhaas, der Don Quichote, der sich in seinem letzten Abenteuer auch noch selbst der leiblichen Existenz beraubte; der ewige Märtyrer vor sich selbst. Friedrich wurde nicht zuletzt durch die ihm auferlegte Hölle seiner Jugend und die durch ihn selbst heraufbeschworene seiner Kriege zur säkularen Gestalt.

Um seiner Selbstbehauptung willen flüchtete sich der junge Preußenprinz schon früh in »diplomatische« Undurchsichtigkeit. So heißt es in einem Brief des Sechzehnjährigen an den Leutnant von Borcke, einen seiner ihm zugeteilten Offizierskameraden – den späteren Magdeburger Kommandanten und Trencks so geschmähten Kerkermeister:

Wusterhausen, 3. September 1728

Der König ist beständig schlechter Laune, er brummt gegen jedermann, ist mit niemand, auch mit sich selbst nicht zufrieden, leider Gottes, wie könnte man ihn auch zufriedenstellen? Er ist noch schrecklich aufgebracht gegen mich; es gibt gar keine Möglichkeit einer Aussöhnung ...

Die ergreifendsten Dinge spielen sich hier ab; man lernt endlich durch die Länge der Zeit, sorglos zu werden; ich bin es jetzt trotz allem, was mir passieren kann, ich blase Flöte, ich lese und liebe immer meine Freunde mehr als mich selbst ...

In diesem kurzen Selbstzeugnis finden wir bereits alle wesentlichen Merkmale auch des späteren Menschen Friedrich: Liebesfähigkeit, Sehnsucht nach Freundschaft, humanistische Ideale – wie in Trenck. Und nicht weniger Selbstgefälligkeit und Sucht, zu gefallen; die Flucht in die Musik und Literatur – und in die Verstellung. Später, in der goldenen Rheinsberger Zeit, da der Vater fern und die Regierungsübernahme nahe ist, bleibt für den Prinzen die Verstellung, sofern der Schatten des Vaters die in vollen Zügen genossene Freiheit streift: Ständig liegen reitende Boten auf der Lauer, Alarm zu geben, wenn der Gefährliche sich von Potsdam her nähert. Sonst aber regiert das Reich der Musen, der Geselligkeit und die französische »Aufklärung« eines Voltaire. Aus ihr wieder erwächst, vorerst noch fast als Spielerei und ohne Verpflichtung zur Tat, der moderne Gedanke, daß der Monarch ein Organ der über ihm stehenden Staatspersönlichkeit sei – eine Auffassung, die dem Pflichtgefühl des Kategorischen Imperativs innerlich verwandt ist: Damit bekennt sich Friedrich nicht nur als erster Fürst der Weltgeschichte zu diesem dienenden Prinzip – sein aufgeklärter Absolutismus wird auch zur Vorstufe unseres heutigen Rechts- und Verfassungsstaates.

Keine Erscheinung der deutschen Geschichte macht die Erkenntnis des unversöhnlichen Gegensatzes zwischen Macht und Recht so deutlich wie Friedrich II. Als erster deutscher Machtpolitiker seit dem Mittelalter brach er mit den moralisch-religiösen Traditionen des lutherischen Fürstenbildes. An diese Stelle trat für Friedrich eine humanitäre »Aufklärung« im Sinne westeuropäischer Geistesströmungen, deren hervorragendster Vertreter Voltaire wurde. Das war die eine Komponente in dem jungen Preußenkönig, der als Kronprinz, fast unmittelbar vor seinem Regierungsantritt, ein flammendes Bekenntnis zur Moral in der Politik geschrieben hatte, das allerdings auch schon gewisse Rechtfertigungen für spätere höchst zweifelhafte Unternehmungen enthält.

Machiavelli hatte im Hinblick auf die Zeitverhältnisse der italienischen Renaissance eine Art Gebrauchsanweisung geschrieben, wie sich ein Fürst beim Erwerb neuer Staaten und zur Festigung ihres Besitzes zu verhalten habe. Für den jungen Friedrich war die Schrift des Florentiners ein »Katechismus der Ruchlosigkeit«, dem er nun – nach Voltaires Ermunterung – einen »Katechismus der Tugend« entgegensetzen wollte. Noch gab es für ihn, den Kronprinzen, keinen Gegensatz zwischen Privat- und Staatsmoral. Machiavellis Buch war eine politische Abhandlung – die Schrift des Preußen-Prinzen wurde ein philosophisch-moralisches Traktat im Bannkreis der Aufklärungs- und Humanitätsideale unter dem Einfluß der »Selbstbetrachtungen des Kaisers Marc Aurel«, der »Fürstenspiegel« Fénelons, wie die »Abenteuer des Telemark« genannt wurden und nicht zuletzt von Voltaires »Henriade«.

Friedrichs »Antimachiavell« wurde 1740 vollendet, Voltaire zur Überarbeitung gesandt und anonym im September desselben Jahres in Den Haag veröffentlicht.

Das Vorwort enthält das hohe Pathos des ebenso ehrgeizigen wie um Gerechtigkeit bemühten jungen Fürsten:

Ich wage es, die Verteidigung der Menschlichkeit aufzunehmen wider ein Ungeheuer, das sie verderben will, die Vernunft und die Gerechtigkeit der Sophisterei und dem Verbrechen entgegenzusetzen. Ich habe immer den »Fürsten« [Machiavelli] für eines der gefährlichsten Bücher der Welt angesehen, denn ein ehrgeiziger junger Mensch, der noch zu unreif ist, um Gut und Böse zu unterscheiden, kann nur zu leicht von Grundsätzen in die Irre geführt werden, die seinen Leidenschaften schmeicheln. Das ist schon schlimm genug bei einem einfachen Bürger; es ist weit schlimmer bei regierenden Fürsten, die ihren Untertanen ein Vorbild setzen und durch ihre Seelengüte, ihre Großherzigkeit und Milde lebendige Ebenbilder der Gottheit sein sollten. Die Leidenschaften der Könige sind gefährlicher als Überschwemmungen, Pest und Feuersbrunst, denn ihre Folgen sind von längerer Wirkung ...

Hier fällt auch zum ersten Male das berühmt gewordene Wort, daß die Herrschaft in dem Schutz und der Wohlfahrt der Gemeinschaft ihren Sinn zu sehen habe und daß der Souverän keineswegs der »absolute« Herr, sondern der »erste Diener« – *le premier domestique* – des Volkes zu sein habe. Denn:

Ein zufriedenes Volk wird niemals an Aufruhr denken, denn sein Herrscher ist sein Wohltäter, und der Souverän braucht keine Einschränkung seiner Macht zu befürchten.

Im letzten Kapitel allerdings wird eingeräumt, daß es nicht ohne Kriege geht, die in »gerechte« und »ungerechte« eingeteilt werden, um dann in verräterischem Blitz künftige Unternehmungen erkennbar werden zu lassen und sie von vornherein zu sanktionieren:

Da man das geringere Übel vorziehen muß, tut ein Fürst besser daran, in einen Angriffskrieg einzutreten, solange er noch zwischen Krieg und Frieden wählen kann, als zu warten, bis die Lage verzweifelt ist und eine Kriegserklärung seine Versklavung und seinen Untergang nur noch um Augenblicke hinausschieben kann. Also sind alle Kriege gerecht, die das Ziel haben, einem Usurpator zu widerstehen, verbriefte Rechte aufrecht zu erhalten, die Freiheit der Welt zu bewahren und die Unterdrückung und Gewalttat von Ehrgeizigen abzuwehren. Fürsten, die solche Kriege unternehmen, brauchen sich das Blutvergießen nicht zum Vorwurf zu

*machen. Die Zwangslage nötigt sie zum Handeln, und unter solchen
Umständen ist der Krieg ein geringeres Übel als der Friede ...*

*

Die Thronbesteigung fand einen in jeder Hinsicht bereiten und bis ins
Kleinste vorbereiteten jungen Monarchen vor.

Mit Friedrich II. hielt das zaubervolle Rokoko Einzug ins karge
preußische Revier – zugleich aber übernahm auch Mars das Zepter.
Auf Rheinsberg folgte Mollwitz.

Die politische Lage dieser Zeit war gekennzeichnet durch franzö-
sisch-englische, beziehungsweise englisch-spanische Spannungen.
Friedrich gedachte die Lage zu nutzen. Anlaß bot ein alter Erban-
spruch auf die Herzogtümer Jülich und Berg mit ihrer Hauptstadt
Düsseldorf, die das Haus Habsburg dem Soldatenkönig Friedrich
Wilhelm I. vorenthielt. Noch in die Unterhandlungen in Versailles
und Hannover schlug die Nachricht vom Tode des Kaisers in Wien
am 20. Oktober 1740.

Karl VI. war nicht nur Friedrichs Pate, sondern auch möglicherweise sein Retter, der sich bei der Fluchtaffäre des Kronprinzen einst
gegenüber dem aufgebrachten Soldatenkönig für das Leben des
»Deserteurs« Fritz eingesetzt hatte.

Doch daran dachte Friedrich jetzt am wenigsten. Größeres tat sich
vor dem jungen, ehrsüchtigen König auf. Er erkannte sofort:

*Dies ist der Augenblick der völligen Umwandlung des alten politi-
schen Systems!*

Zwei Tage nach Empfang der Nachricht, am 28. Oktober, schrieb
er:

*Es handelt sich nur um die Ausführung von Entwürfen, die ich seit
langem in meinem Kopfe bewegt habe.*

Die Entwürfe befaßten sich mit Schlesien.

Als im Jahre 1672 der letzte Piastenherzog starb, hätten die schlesischen Fürstentümer Liegnitz-Brieg, Wohlau und Jägerndorf gemäß
eines alten Erbvertrages an Brandenburg fallen sollen, was der Kaiser
jedoch schon dem Großen Kurfürsten verweigert hatte. Ungeachtet
dessen war Schlesien für das riesige Habsburger Reich äußerstes
Grenzland geblieben, dem man kaum besonderes Interesse widmete.
Besonders die Habsburgische Kirchenpolitik nach dem Dreißigjährigen Kriege hatte in dem überwiegend evangelisch gewordenen (und
trotz der Gegenreformation gebliebenen) Lande Bitterkeit erzeugt.

Nun, da Friedrich die verjährten Erbansprüche neu anmeldete, bezeichnete Maria Theresia Schlesien als »die Perle in ihrer Krone« . . .

Dem jungen Preußenkönig ging es dabei vor allem um den eigenen Ruhm und eine Vergeltung für die herablassende Behandlung, die Preußen bisher von seiten Österreichs, auch in der bergischen Frage, erfahren hatte. Die Voraussetzungen waren insofern für Friedrich günstig, als Bayern und Sachsen bereits ihre Erbansprüche gegen die junge Erzherzogin und jetzige Königin von Ungarn in aller Form angemeldet hatten. Ein österreichischer Erbfolgekrieg stand bevor; die österreichische Monarchie schien von einem ähnlichen Schicksal, wie vierzig Jahre zuvor die spanische, bedroht.

Karl VI. – ein sehr gebildeter, geistig und künstlerisch reich interessierter Herr und wenig bedeutender Politiker – hatte am 19. April 1713 die »Pragmatische Sanktion« verkünden lassen – jenes Staats-Grundgesetz, das die Erbfolge und die Einheit der zahllosen Kronländer des Reiches sichern sollte und das für gut 200 Jahre, bis zum Ersten Weltkrieg, das Fundament für die Entwicklung im östlichen Mittel- und Südosteuropa darstellte.

Dieses Gesetz bestimmte bei Fehlen männlicher Erben des Kaisers, daß dessen weibliche Nachkommen die Thronfolge innehaben und diese wieder an ihre möglichen männlichen Nachfolger weitergeben sollten. So gelangte jetzt die älteste Tochter auf den Thron der Habsburger.

Wie das alte Preußen ein im besten Sinne über-nationaler Staat war, der sich aus den verschiedensten Volks- und Glaubensströmungen zusammenfand, allein vom Gesetz der Toleranz her gebunden, von der Arbeit und der Idee des damals modernsten Staates nicht nur Europas, bestehend aus polnischen und böhmischen Gruppen, salzburgischen oder pfälzischen Protestanten und französischen Hugenotten – so stellte auch das Habsburger Reich in noch höherem Maße ein »Klein-Europa« dar von der Nordsee bis zur Adria, von Siebenbürgen und Kroatien bis zum belgischen und italienischen Besitz der deutsch-österreichischen Erbländer.

Die Monarchin, die dieses kaum übersehbare Reich in Weisheit und mütterlicher Fürsorge durch alle Gefahren – nicht zuletzt von seiten ihres preußischen Vetters – zu regieren und zu bewahren wußte, war Maria Theresia.

*

Daß neben der Gunst der Stunde Friedrichs persönlicher Ehrgeiz den Ausschlag gab, bestätigt der berühmte Brief an seinen Freund Jordan vom 3. März 1741:

Meine Jugend, das Feuer der Leidenschaft, das Verlangen nach Ruhm, ja, um offen zu sein, sogar Neugier, endlich ein geheimer Instinkt, haben mich von den Annehmlichkeiten der Ruhe hinweggetrieben. Die Genugtuung, meinen Namen in den Gazetten und später in den Geschichtsbüchern zu lesen, hat mich verführt ...

Dieses verblüffende Geständnis zeigte nur *eine* Facette. Die tiefere Ursache war für den jungen, allzu oft öffentlich gedemütigten Mann: daß er beweisen wollte, wer er war – und darüber hinaus das Bestreben, seinem Staat die Großmachtstellung zu verschaffen, ohne die Preußen früher oder später zwischen Ost und West, Süd und Nord zerrieben zu werden drohte. Hinzu kamen die Vorbilder Ludwigs XIV., Karls XII und Peters des Großen zu den wiederholten Herabsetzungen durch das Haus Habsburg ...

Der moderne englische Biograph Friedrichs, der Historiker G. P. Gooch, rechnet auch unter Berücksichtigung all dieser »mildernden Umstände« den

Raub Schlesiens zusammen mit der Teilung Polens zu den sensationellsten Verbrechen der Geschichte der Neuzeit.

Dem wäre entgegenzuhalten, daß Friedrich, wenn er drei Kriege um Schlesien führte, die in ihren Rechtsgründen weder besser noch schlechter fundiert waren als alle anderen Kriege der Fürsten und Kabinette jener Zeit, dadurch nur bewies, das er ein Sohn seiner Zeit war. Als solcher schuf er seinen Staat in der Überzeugung, daß kämpferische Macht *und* friedliche, rechtsstiftende Dauerordnung keine Gegensätzlichkeit bilden können, sondern zusammengehören.

Für ihn war dieser Staat ein Teil seiner Persönlichkeit – nicht im Sinne des traditionellen Gottesgnadentums, sondern wirklich im Sinne des »premier domestique«, dessen Leben nicht Genuß, sondern Verantwortung war.

Im Reich konnte Friedrich – als erster seines Hauses – nur den Schatten, die Sanktionierung der Anarchie, ein Scheinwesen sehen, das für ihn weder heilig, noch römisch, noch ein Reich war. Im übrigen bewies der Österreichische Erbfolgekrieg, daß sich der Widerstand gegen die führende katholische Macht nicht nur auf protestantische Fürsten erstreckte. Das achtzehnte Jahrhundert war ein Zeitalter dynastischer Kriege: Jeder Fürst, auch jeder deutsche Fürst, kannte nichts als sein eigenes Interesse. Friedrich II. unterschied sich von ihnen nur dadurch, daß er den auffälligsten Erfolg und die außergewöhnlichste Persönlichkeit ins Treffen zu führen wußte.

*

Die Thronbesteigung des jungen Hohenzollern und der Habsburgerin zeigte den ungeheuren Unterschied nicht nur zwischen den beiden Ländern, sondern auch zwischen den Personen des Angreifers und der Angegriffenen:

Das preußische Königreich war noch keine 40 Jahre alt – das Reich bestand seit fast tausend Jahren.

Maria Theresia war in ihrer Stellung offiziell der höchste weltliche Herrscher der Christenheit – Friedrich, der »Emporkömmling«, wurde als Vertreter der jüngsten Monarchie noch immer geringschätzig als »Marquis von Brandenburg« tituliert.

Österreich war und blieb ein buntes Mosaik, ein Staatenkonglomerat aus deutschen und italienischen hochentwickelten und slavisch-balkanischen unterentwickelten Ländern lose zusammengefügt, erfüllt von Spannungen nach innen und außen hin, und darum stets zu kosmopolitischer Über-Nationalitäts-Politik genötigt, ohne die dazugehörigen Kräfte zu besitzen; zugleich aber war es reich und getragen von alter Kultur.

Dagegen Brandenburg-Preußen: Jung und arm, fast noch barbarisch, vorwärtsstrebend und straff zusammengefaßt bei zerfließenden Grenzen vom Niederrhein bis an die Weichsel. Ein »Zwitter« von Staat, dessen Kerngebiete von den Außengebieten geschieden waren durch fremde Territorien; dünn besiedelt, ohne Industrien, ohne Getreide; Sand und Wälder waren der einzige »Reichtum«. Nun strebte dieser »Kolonialstaat« empor ins Licht der Geschichte, gefähr*det* von Ost und West und Nord seit undenkbarer Zeit – und mit einem Male auch gefähr*lich* . . .

Der preußische Angriff auf das Reichsgebiet wurde zum Signal: Frankreich nutzte die Gelegenheit, die Hand nach Belgien auszustrecken. Unter preußischem Druck und mit französischer und englischer Rückendeckung wählten die Kurfürsten den Wittelsbacher Karl VII. zum Schattenkaiser – anstelle von Maria Theresias Gemahl Franz von Lothringen-Toscana. Ohne den englischen Beistand wäre die habsburgische Großmacht schon jetzt endgültig zerstört worden. Der Dualismus im Deutschen Reich, das künftig in zwei Großmächte zerfallen sollte, nahm hier seinen Anfang. Friedrich war es, der Habsburg auf seine »Hausmacht« – vor allem im osteuropäischen Raum – zurückdrängte.

Wäre der Tod Karls VI. ein Jahr früher eingetreten und nicht zur Zeit von Friedrichs Thronbesteigung – – das Geschick Europas hätte eine andere Entwicklung genommen. Doch wo in den Brennpunkten der menschlichen Geschichte gälte nicht dieses »Wenn« – ?

Daß Friedrich es wagte, die Konvention und die reichstreue Politik seiner Vorfahren – der Begriff von der »Moral« nach heutiger Sicht konnte in einem Jahrhundert dynastischer Kriege nicht gelten – über Bord zu werfen, daß er nicht nur den wahnwitzigen Überfall riskierte, sondern auch das Genie besaß, das einmal rasch Gewonnene trotz einer Welt von Feinden zu behaupten, zu bewahren: das blieb einzig das Werk seiner Persönlichkeit. Er bewies die fragwürdige Tatsache, daß das Genie außerhalb der Gesetze »normaler« Entwicklung steht, daß das Genie das Gesetz diktiert jenseits von Beifall oder Ablehnung, Recht oder Unrecht.

Wie später im Siebenjährigen Kriege und als »Alter Fritz«, kannte er schon jetzt, am Beginn seiner Unternehmungen, keine Rücksicht auf die eigene Person. Am 7. März 1741, vor der Schlacht bei Mollwitz, schrieb er an seinen Minister Podewils:

Wenn ich durch einen unglücklichen Zufall gefangen werden sollte, befehle ich Ihnen – und Sie haften mir mit Ihrem Kopf dafür! – daß Sie während meiner Abwesenheit meine Befehle nicht beachten, daß Sie meinen Bruder beraten und daß sich der Staat zu keiner unwürdigen Handlung erniedrigt, um meine Befreiung zu erlangen. Im Gegenteil, für einen solchen Fall ordne ich an, daß noch größere Energie entfaltet werden soll. Ich bin nur König, wenn ich frei bin. [Je ne suis roi que lorque je suis libre.] Werde ich getötet, so ist mein Wille, daß meine Leiche nach römischer Art verbrannt und meine Asche in Rheinsberg in einer Urne aufbewahrt wird und daß Knobelsdorff mir ein Mausoleum errichtet, wie es Horaz in Tusculum hatte . . .

Als am 11. Juni 1742 die Friedens-Präliminarien unterzeichnet wurden, schien Friedrichs Sieg festzustehen. An Podewils schrieb er:

. . . Man muß die Fähigkeit haben, im richtigen Augenblick aufzuhören. Das Glück erzwingen, heißt es verlieren, und immer mehr zu verlangen, heißt niemals glücklich sein.

Im Juli folgte der Friede zu Breslau, der Preußen beinahe ganz Schlesien gab – gegen den Preis von zwei Schlachten.

Friedrich, wie konnte er es anders sein, aber blieb wachsam. Es war die Zeit, da er seine Kavallerie neu einübte und sich bemühte, aus den Erfahrungen des kurzen Krieges bisher zu lernen. Und es war die Zeit, in der er offenbar auf den jungen Trenck aufmerksam wurde. Auch liegt es nahe, an Trencks Unvorsichtigkeit zu denken, wenn Friedrich in diesen Tagen seinem Wiener Gesandten schrieb:

Er muß die wirkliche Einstellung der Königin von Ungarn gegenüber dem König ausfindig machen, ob sie ernstlich entschlossen ist, den Friedensvertrag zu beobachten, oder ob sie nur Zeit zu gewinnen und freie Hand zu behalten wünscht, um eines Tages die verlorenen Provinzen wiederzuerobern, ob der Wiener Hof noch geheime Beziehungen zu Schlesien unterhält, ob Bewohner der abgetrennten Provinzen mit dem Wiener Hof in Verbindung stehen oder diesen mit Nachrichten versorgen; welche Maßnahmen in den an die abgetretenen Territorien grenzenden Provinzen der Königin durchgeführt werden, ob man den Plan hat, Festungen zu bauen, Magazine einzurichten und die Truppen zu verstärken ...

Im Mai 1744 gab der Tod des kinderlosen Herrschers von Ostfriesland Friedrich Gelegenheit, das friedliche Erbe des Fürstentums anzutreten.

Auch benutzte der König die ruhige Zeit zu einer Erneuerung des wichtigen französischen Bündnisses, das die beiden Staaten für die Dauer von zwölf Jahren aneinander binden sollte. Weiter stärkte Friedrich seine Stellung durch die Hochzeit seiner Schwester Luise Ulrike mit dem schwedischen Kronprinzen – und eine andere, in ihrer Bedeutung vorerst noch unabsehbare Verbindung, nämlich die seines Schützlings, der kleinen Prinzessin Friederike von Anhalt-Zerbst (der späteren Katharina II.) mit dem russischen Thronfolger.

Maria Theresia ihrerseits schöpfte neue Hoffnung auf Rückgewinnung des Verlorenen, als England in den Kampf gegen Frankreich eintrat.

Zu Anfang des Jahres 1744 stellte Friedrich in einem Memorandum fest:

... Ich habe gezeigt, daß meine Lage in der Schwebe ist, daß schon Pläne gegen mich geschmiedet, die Batterien gerichtet sind und daß man nur auf den günstigen Augenblick zum Angriff wartet. Diesem Augenblick müssen wir zuvorkommen. Der Krieg, den ich wagen muß, ist notwendig, um die unverhüllten Pläne meiner Gegner abzuwenden ...

*

Im August 1744 begann der Zweite Schlesische Krieg mit dem Einfall in Böhmen und der Einnahme Prags, von der Trenck als Augenzeuge berichtet. Desertion, Hunger, Seuchen und Depressionen durch das trostlose Wetter schwächten die preußischen Truppen. Der österreichische Pandurenchef Nadasdy mit seinem grausamen Obristen Trenck setzten Friedrich gefährlich zu. Während der König den Winter in Berlin verbrachte, geschah ein neues, die Lage grundsätzlich veränderndes Ereignis:

Der Wittelsbacher Marionettenkaiser Karl VII. starb.

Diesmal hatte Maria Theresias Gatte Franz keinen Rivalen. Frankreich lag im tödlichen Kampfe mit England – es vermochte Friedrich kaum zu helfen. Doch er konnte nicht mehr zurück.

Das Jahr 1745 war gekennzeichnet von der Schlacht von Hohenfriedberg, vor der Prinz Karl von Lothringen sagte: »Es müßte kein Gott im Himmel sein, wenn wir diese Schlacht nicht gewönnen!«

Das österreichisch-sächsische Heer zählte 70 000, Friedrich verfügte über 60 000 Mann. Prinz Karl verlor fast 10 000 Soldaten und Offiziere an Toten und Verwundeten und 7 000 an Gefangenen. Diese Schlacht war das erste strategische Meisterstück des Preußenkönigs. Im berühmten Hohenfriedberger Marsch blieb die Erinnerung an diesen blutigen Sieg erhalten.

Dennoch hatte Friedrich nur eine Bataille gewonnen – nicht mehr.

Am 13. September fand in Frankfurt die Kaiserwahl von Maria Theresias Gatten Franz I. statt. Die beiden Kurfüsten, die ihm ihre Stimme versagt hatten, Brandenburg und Pfalz, mußten sich mit einem Protest begnügen.

In dieser Lage sah sich Friedrich in die Schlacht von Soor hineingezwungen. Auf dem Rückmarsch nach Schlesien und durch eigene Unvorsichtigkeit hatte er, wie er seinem Vertrauten Fredersdorf schrieb, »in der Suppe gesessen bis über die Ohren«. Friedrichs gesamte Bagage geriet in die Hände der Österreicher, sein Kabinettssekretär Eichel wurde gefangen genommen.

Trenck schildert in seinen Memoiren den Panduren-Überfall auf das preußische Lager. Er setzt das Datum der Schlacht auf den 14. September an – tatsächlich fand sie am 30. September statt. Man darf wohl daraus schließen, daß er die Schlacht gar nicht mitgemacht haben kann: Ende September befand er sich bereits auf der Festung Glatz als Gefangener.

*

Auch dieser Sieg des Gegners konnte Maria Theresia noch nicht dazu bringen, Frieden zu schließen. Österreich und Sachsen planten jetzt einen Angriff auf die Mark – und zugleich sandte auch noch die Zarin an Friedrich eine Note, in der sie ihm androhte: Ein russisches Heer stünde gegen ihn bereit, falls er Sachsen angreifen sollte!

Elisabeth kannte Friedrich schlecht. Nun gerade beschloß er, so bald wie möglich Sachsen auszuschalten.

Am 15. Dezember schlug der Alte Dessauer das sächsische Heer bei Kesselsdorff. Der österreichisch-sächsische Feldzugsplan war durchkreuzt. Es folgte die Einnahme Dresdens durch die Preußen. Am Weihnachtstage des Jahres 1745 wurde in Dresden der Friede geschlossen. Friedrich behielt Schlesien und erkannte Franz I. als Kaiser an. Die Erschöpfung beider Seiten erzwang gleichsam nur einen Waffenstillstand. Friedrich wußte es so gut wie seine Gegenspielerin, die Kaiserin von Wien.

Der Streit zwischen England und den beiden Bourbonenmächten Frankreich und Spanien blieb ebenso unentschieden. In Nordamerika ging der Kampf zwischen den englischen und französischen Kolonialarmeen weiter.

Der Große Krieg hatte zwischen England und Spanien mit der Durchsuchung von Handelsschiffen auf hoher See seinen letzten Anlaß gefunden. Friedrichs Angriff auf Österreich löste dann den Habsburgischen Erbfolgestreit aus, in den sich nicht nur Frankreich, sondern auch Spanien und Sardinien einmischten. Man kämpfte in Italien wie in Deutschland und in Belgien.

Als endlich der österreichische Erbfolgekrieg 1748 mit dem Vertrag von Aachen endete, wurde Preußen der schlesische Besitz erneut bestätigt.

Friedrich gestand:

Ich bin von dieser Leidenschaft glücklich kuriert. Der Rausch ist vorüber.

Die Arbeit am Staat begann.

Und diese Arbeit war seine andere Seite: sie übertraf die jedes Fürsten nicht nur seiner Zeit. Ihre Vielseitigkeit kannte keine Grenzen.

Zugleich glänzte Voltaire an seiner Seite in der berühmten Tafelrunde zu Sanssouci, regierten die Flöte und die Verse, die Baukunst und die Bildhauer.

Neben der Förderung der Manufaktur wurde der Verkehr im Innern des Staates geregelt. Der Flußlauf der Oder wurde vollständig reguliert und die Swine ausgebaggert, wobei eine neue Hafenstadt entstand: Swinemünde. Zugleich wurde eine neue Wasserverbindung zwischen Elbe und Oder hergestellt. Der Finow-Kanal wurde gebaut, der über Eberswalde Havel und Oder verband; das Werk hing zugleich mit der Entwässerung des Oderbruches zusammen. Das trockengelegte Sumpfgebiet wurde besiedelt, jeder Fleck im Königreich von Friedrich selbst kontrolliert, genutzt. Die Berliner Akademie vereinigte internationale Geister unter dem französischen Präsidenten Maupertuis. Nach Voltaires Worten regierte Sparta am Morgen und Athen am Nachmittag. In Schlesien wuchs in wenigen Jahren der Ertrag um ein Vielfaches. Die Bewohner wurden zu den treuesten Anhängern Preußens.

Am Schluß der Vorrede zu Friedrichs Geschichtswerk von 1746 steht das Wort:

Der Ehrgeiz macht Tyrannen, die Mäßigung macht Weise.

Er glaubte wohl wirklich, am Ende seiner kriegerischen Laufbahn zu stehen. Von nun an sollten sein Leben und seine Arbeit dem Frieden gewidmet sein.

II

Doch Krieg und Frieden lagen nicht mehr in seiner Hand. Er mußte weiter auf der einmal beschrittenen Bahn, wollte er nicht sich und seinen Staat aufgeben. So auch konnten die zehn gesegneten Jahre von 1746 bis 56 nur *scheinbar* ganz dem Frieden gewidmet sein.

Schon jetzt begann sich eine allgemeine Umlagerung der Mächte vorzubereiten, die den kommenden Siebenjährigen Krieg erahnen ließ: Frankreich wurde der Bundesgenosse Österreichs; ihnen gesellte sich Rußland zu.

Friedrich stand auf der Höhe seines Lebens, aber seine ohnedies nicht sehr feste Gesundheit begann zu schwanken. Bereits seit dem Zweiten Schlesischen Krieg litt er an der Gicht. Bald danach – in seinem 35. Lebensjahr – erlitt er einen leichten Schlaganfall. Seine Arbeitskraft blieb unermüdlich. Seine Wille hielt Europa in Atem und führte seinen Staat zu neuer Blüte.

Nach Friedrichs Feststellungen waren Kern und Kraftquelle seiner Staaten die Kurmark, Pommern, Magdeburg, Halberstadt und Schlesien. Ostpreußen, das von Pommern durch polnisches Gebiet getrennt war, grenzte an Polen und Rußland. Cleve und Ostfriesland berührten sich mit Holland. Schlesien stieß an Böhmen, Mähren und Ungarn an. Kurbrandenburg und Magdeburg wurden teilweise von Sachsen umgeben. Pommern grenzte an die schwedischen Besitzungen auf deutschem Boden. Preußen hatte als Nachbarn die größten Herrscher Europas, die insgesamt Feinde oder zum mindesten Neider waren. Auch später, unter Joseph II., blieb Österreich der gefährlichste.

Noch aber regierte die unversöhnliche Maria Theresia: wenn es um Schlesien ging, zum Bruch jedes Vertrages bereit. Friedrich wußte, daß sie alles unternehmen würde, bei jeder Gelegenheit Schlesien zurückzugewinnen. Er bewunderte sie – und er schätzte sie ein wie sich selbst. Er wußte, daß er ebenso handeln würde wie sie. Der Unterschied lag nur darin, daß *sie* ihn nicht nur als Mensch, sondern auch als Verkörperung des »bösen Mannes« haßte – obgleich sie ihn niemals gesehen hat. So zeigten sich auch in den Friedensjahren immer wieder Wolken am politischen Horizont.

Die russische Zarin Elisabeth, Tochter Peters des Großen, trat als erste dem Bunde der beleidigten Damen bei. Ihr folgte der Kurfürst von Sachsen und König von Polen, der sich schon einmal von dem gefährlichen Nachbarn aus seiner üppigen Residenz vertrieben, jetzt auf den Rat seines Premierministers Brühl zu neuem, rachedurstigen Bündnis mit Friedrichs Feinden gefunden hatte. Auch hier entfachte der persönliche Haß zweier Antipoden das Feuer zu gefährlicher Glut.

Die sächsisch-brandenburgische Grenze war nur 50 Kilometer von Berlin entfernt.

Im übrigen hoffte der König auf die Hilfe Frankreichs. Den Ausschlag gab dann wohl die ebenfalls von dem Preußenkönig öffentlich verhöhnte und brüskierte allmächtige Mätresse zu Versailles, Madame Pompadour. Auch Schweden, gerade Schweden, wo Friedrichs so schöne wie ehrgeizige Schwester Ulrike Königin war, von Frankreich durch Hilfsgelder abhängig, schloß sich der bösen Koalition an. Nur England hielt sich – noch – zurück. Es hatte in seinen überseeischen Kolonien eigenen Kummers genug.

Die große Frage der Weltpolitik, wer die erste See- und Kolonialmacht der Zukunft sein sollte, war noch nicht gelöst. Und ebenso wenig war die Frage nach dem Übergewicht in Deutschland – die vom Besitz von Schlesien abhing – entschieden.

Wenzel Anton Graf, bald darauf Fürst Kaunitz-Riedberg, war – neben der frommen Kaiserin – der eigentliche und schicksalhafte Gegenspieler Friedrichs. Ein hagerer, steifer, eher englischer Aristokrat im Sammetrock mit großem Brillantstern, pedantisch, hypochondrisch wie so viele Einzelgänger dieses Jahrhunderts, ein typischer Stubenhocker und Kabinett-Tiger, kannte er im Dienste seiner Monarchin nur einen Leitgedanken: daß Preußen isoliert und *endgültig und wahrhaftig vernichtet werden müsse, wenn das Erzhaus erhalten bleiben solle.* Der Takt und die ausdauernde Zähigkeit, mit der Kaunitz mit seinem Auftreten in Paris schon seit 1751 sein antipreußisches Konzept verfolgte, blieben bewunderungswürdig.

Friedrich, der dieses Spiel mit Interesse verfolgte, hatte bereits zwischen Frankreich und England gewählt. Mitte Januar 1756 wurde die Convention von Westminster geschlossen, in der Preußen und England einander im allgemeinen Frieden und Freundschaft gelobten und sich im besonderen verpflichteten, jeder Macht den Ein- und Durchmarsch von Truppen in Deutschland zu verwehren . . .

Die Antwort aus Paris ließ nicht lange auch sich warten – dank Kaunitz: Am 1. Mai desselben Jahres kam es zu einem »Neutralitäts- und Defensiv-Vertrag« von Versailles, der praktisch bereits eine Blanko-Kriegserklärung für den österreichischen Staatskanzler darstellte.

Zugleich wandte sich die von Friedrich ohnedies beleidigte Zarin Elisabeth von England ab und dem Bündnis Österreich–Frankreich zu.

Der König erfuhr alles.

Wie hatte der König zu de Catt gesagt?

Wenn ich glauben könnte, daß mein Hemd oder meine Haut etwas von dem wissen, was ich tun will, ich würde sie zerreißen . . .

*

Mit der Westminster-Convention glaubte Friedrich, »den russischen Bären an die Kette gelegt zu haben«, die sein englischer Führer in der Hand hielt. Und mit Rußland, meinte er, sei auch Österreich gezwungen, Ruhe zu halten.

In Österreich aber wußte Kaunitz – seit kurzem »Staatskanzler« –

die Empfindlichkeit Frankreichs geschickt zu benutzen und seinen alten Plan zu fördern, im Bunde mit dieser Macht und Rußland den Kampf gegen Preußen durchzuführen. Und dieser Kampf galt ja nicht nur der Wiedergewinnung einer Provinz, sondern die *destruction totale de la Prusse*. Am 20. August 1756 einigte man sich dann sehr präzise.

Urspünglich hatten Kaunitz und seine Kaiserin den großen Angriff schon für diesen Sommer 1755 geplant. Doch die Vorbereitungen liefen zu schleppend, die Marquise de Pompadour mußte Kaunitz' Plan erst ihrem trägen Gebieter Ludwig XV. schmackhaft machen. So beschloß man eine Verschiebung auf das nächste Frühjahr.

Neben Österreich war es hauptsächlich Rußland, das unverblümt und zu jedem Komplott bereit, den Krieg gegen Friedrich, das heißt: die Aneignung Ostpreußens erstrebte. Zusammen mit dem österreichischen und dem englischen Botschafter tat der Staatskanzler Bestuchew alles, den Haß seiner dem Alkohol und herkulischen Dragonern zugeneigten Herrin gegen den Preußenkönig zu nähren.

Abgesehen von der persönlichen Abneigung gegen den zynischen Hohenzollern, der keine Gelegenheit ausließ, die Tochter des Großen Peter zu verhöhnen, gab es noch ein schwerwiegendes politisches Motiv, das für diese Verbindung ausschlaggebend wurde: Seit dem inneren Verfall Polens und dem Niedergang Schwedens blieb Preußen jetzt die einzige Macht, die sich dem russischen Imperialismus auf die Dauer widersetzen konnte.

Friedrich wiederum hatte sein Auge nicht nur auf Sachsen, sondern auch auf das polnische Westpreußen geworfen, das eine entscheidende Verbindung zu dem alten Herzogtum Preußen mit seiner Krönungsstadt Königsberg bedeutete.

Natürlich konnten diese Gedanken dem Gegner nicht unbekannt bleiben. Zudem hatten die Russen allzu demonstrativ gerüstet. Die Nachrichten, die Mitte Juni 1756 in Berlin einliefen, bestätigten Friedrich nur zu deutlich, was in der Luft lag.

Am 18. Juli ging ein Kurier nach Wien ab, mit dem Befehl an den preußischen Gesandten Klinggräffen: Er solle bei der Kaiserin anfragen, ob die neuerlichen allgemeinen Rüstungen in der Absicht geschähen, Preußen anzugreifen?

Maria Theresia, und vor allem ihr Berater Kaunitz, waren keineswegs erschreckt, als Friedrich zugleich mit seiner drohenden Anfrage unmißverständlich mobil machte. Sie hatten es nicht nur erwartet; man hatte es ersehnt.

Die Antwort des Wiener Hofes auf Friedrichs Anfrage lautete entsprechend herablassend-ausweichend. Der Zweck wurde erreicht: Ende August marschierte Friedrich in Sachsen ein. Die Würfel waren gefallen.

Es begann der »Kampf der fünf Millionen gegen die neunzig Millionen«.

✳

Durch Friedrichs Angriff hatte sich auch für Wien eine völlig neue Lage ergeben: Wenn Preußen Österreich niederwarf, waren die Folgen für Europa unabsehbar. Kaunitz konnte darauf hinweisen, daß das Ende ein protestantisches Kaisertum in Deutschland sein werde.

Friedrich richtete sich auf einen längeren Waffengang ein, wobei er von der Voraussetzung ausging, daß ihm dabei die wirtschaftlichen Kräfte Sachsens helfen würden.

Dem preußischen Heer kamen überdies die in den beiden Schlesischen Kriegen gewonnenen Erfahrungen zugute.

Wie Trencks Aufzeichnungen bestätigen, war Friedrich nicht nur sein eigener Kriegsminister, sondern auch der persönliche Lehrer und Erzieher seines Heeres. Friedrichs Revuen und Manöver, die alljährlich in allen Provinzen stattfanden, stellten etwas durchaus Neues dar.

Dennoch gab es keinen Zweifel: Friedrich hatte den Widerstand, den sein Angriff hervorrufen würde, unterschätzt. Wie sollte sich das kleine Preußen gegen die drei großen Kontinentalmächte zusammen, hinter denen noch Frankreichs Finanzkraft stand, behaupten?

Die ersten Herbstkämpfe des Jahres 1756 führten zur Gefangennahme des sächsischen Heeres bei Pirna. Friedrichs Hoffnung, die habsburgische Monarchie entscheidend zu treffen, die sein Sieg bei Prag und die Einschließung des österreichischen Heeres in ihm geweckt hatten, wurde durch die Niederlage bei Kolin begraben. Mit ihr verlor Friedrich nicht nur das bisherige entschiedene Übergewicht im Felde – auch den Nimbus des Unbesiegbaren. Von nun an blieb seine Aufgabe, sich der Übermacht zu erwehren und ruhelos von einem Schauplatz zum anderen zu eilen, um den anstürmenden Feind die Stirn zu bieten.

Das Jahr 1757 brachte dem waghalsigen König zunächst nur schwere Verluste.

344

Die kriegerischen Schweden fanden in Pommern keinen Gegner vor; Berlin lag offen und ungeschützt.

Am 27. September 1757 schrieb der König an seine Schwester Amalie, jetzige Äbtissin von Quedlinburg:

Ich handle so wie Leute, die, von Fliegen belästigt, sie von ihrem Gesicht verscheuchen, aber wenn die eine von der Backe wegfliegt, so setzt sich eine andere auf die Nase, und kaum hat man diese vertrieben, so fliegt eine neue daher und setzt sich auf die Stirn, auf die Augen und überallhin . . .

Die überlegen gewonnene Schlacht bei Roßbach im November verschaffte dem König, wie er es selbst ausdrückte, nur die Freiheit, in Schlesien neue Gefahren aufzusuchen. In dieser seiner Schicksalsprovinz sah er die Schlüsselstellungen in feindlicher Hand, seine eigenen Truppen aufgerieben und die Österreicher unter dem so vorsichtigen wie gefährlichen Marschall Daun und dem Prinzen Karl in überlegener Zahl und in einem unangreifbaren Lager nahe der Stadt Schweidnitz. Glücklicherweise hielt der Gegner das kleine preußische Heer – das Verhältnis stand 3:1 – für ungefährlich, als sich der König am 4. Dezember, mitten im schneidend kalten Winter, entschloß, dieses aus dem engen Lager herauszuführen und am anderen Tage zwischen Nypern und Leuthen den Angriff zu wagen. Gegen mittags um 1 Uhr begann die Schlacht; um fünf war die völlige Niederlage der Österreicher entschieden.

England hatte bisher von einem Landkriege nichts wissen wollen. Das verheerte Hannover und die Taten des Brandenburger Vetters wirkten auch hier: Nach Leuthen war Friedrich II. über Nacht der Abgott der Briten. Das Parlament bot ihm sechshunderttausend Pfund Sterling Hilfsgelder. Man beschloß, englische Truppen herüber zu schicken. William Pitt, der jetzt das Staatsruder in die Hand nahm, aber entschied: Von nun an müsse Amerika in Deutschland erobert werden . . .

*

Für das Jahr 1758 plante Friedrich einen neuen Angriff auf Österreich. Doch wieder wurde er in die Defensive gedrängt.

Und so ging es weiter. Schwache Siege wechselten mit zerstörten Hoffnungen, unermüdliche Versuche, den Feind entscheidend zu treffen, mit Märschen und Rückzügen.

Am 12. August 1759 erfolgte vor den Toren von Frankfurt an der

Oder die Katastrophe von Kunersdorf. Die preußische Armee löste sich fast völlig auf.

Im Herbst des nächsten Jahres verwirklichten Russen und Österreicher ihren alten Plan eines gemeinsamen Marsches auf die preußische Hauptstadt. Doch die Invasion dauerte nur wenige Tage. Es genügte das Gerücht vom Herannahen des Königs, um die Besatzung zur schleunigen Abreise zu veranlassen.

Überhaupt zeigte sich trotz allem Friedrichs Fatum gnädig: Die Franzosen wurden seit drei Jahren durch die Armee des Prinzen Ferdinand von Braunschweig in Schach gehalten, und die Engländer erfochten zur See und in den Kolonien, seit die französische Hauptmacht in Deutschland gebunden war, Sieg auf Sieg. Sie eroberten Kanada und schlugen die Franzosen in Indien.

Obwohl Friedrich, wie es der jüngere Pitt im englischen Parlament ausdrückte, »in Europa für England Amerika eroberte«, hatte der Preußenkönig verzweifelter denn je um das Überleben seines Staates zu kämpfen. Erst jetzt zeigte sich die Gefährlichkeit und Vermessenheit seines Angriffskrieges.

In seinem befestigten Lager bei Bunzelwitz in Anlehnung an die Festung Schweidnitz verharrte Friedrich in Igelstellung – eine Angriffsschlacht konnte er längst nicht mehr wagen.

Körperlich und seelisch zerstört, schrieb er am 29. Oktober 1760 an den Marquis d'Argens:

Nachdem ich die Jugend meinem Vater, die Mannesjahre meinem Vaterlande geopfert habe, glaube ich berechtigt zu sein, über mein Alter zu gebieten ...

Seit der Erschaffung der Erde zählen wir, glaube ich, fünfhunderttausend Jahre; die Angabe scheint mir sehr gering gegen die Dauer des Weltalls zu sein. Brandenburg hat diese ganze Zeit bestanden, ehe ich lebte; ebenso wird es noch bestehen, wenn ich tot bin. Die Staaten erhalten sich durch die Fortpflanzung der Menschen; und solange man sich noch mit Vergnügen vermehren wird, solange werden sich Minister und Regenten finden, die das Volk beherrschen; etwas mehr Torheit, etwas mehr Weisheit, das läuft ziemlich auf eins hinaus; der Unterschied ist so gering, daß es das Volk, im ganzen genommen, kaum bemerkt.

Nicht aus Schwachheit endigt man ein unglückliches Leben, sondern aus überdachter Klugheit, die uns überzeugt, daß der Zustand, in dem uns niemand schaden und nichts unsere Ruhe stören kann, unser größtes Glück ist ...

Bis jetzt hatte ihm England Subsidien gezahlt. Doch gerade in dieser Zeit – am 5. Oktober 1761 – trat der Kanzler William Pitt zurück; sein Nachfolger Lord Bute verweigerte für das kommende Jahr alle Zahlungen. Friedrich vergaß es England niemals. Seine letzte Hoffnung blieben die Türken, die er gegen die Österreicher und Russen zu hetzen hoffte ...

Doch auch die Gegenseite war der Erschöpfung nahe. Die Franzosen zahlten keine Hilfsgelder mehr, und Maria Theresia mußte mitten im Kriege Truppenteile auflösen.

Der Tod der Zarin Elisabeth am 5. Januar 1762 brachte die Wende.

*

Das seitdem oft zitierte »Mirakel des Hauses Brandenburg« bestand weniger im Tode der Zarin und der Thronbesteigung des Friedrich anbetenden Peter III. – als vielmehr in einem unbeugsamen Willen, den kaum ein Staatsmann vor oder nach Friedrich aufzuweisen hatte.

Am 15. Februar 1763 wurde nach sechswöchigen Verhandlungen im sächsischen Jagdschloß Hubertusburg der Friede abgeschlossen. Damit kam es zur endgültigen Bestätigung des territorialen *status quo,* der durch Friedrichs Eroberung Schlesiens im Jahre seines Regierungsantrittes geschaffen worden war.

Sein eigentlicher Sieg lag zuletzt darin, daß er die Stellung Sachsens und Österreichs entscheidend geschwächt hatte. Sachsen erhielt für die Okkupation von 1756 keinerlei Entschädigung und verlor auch bald darauf die polnische Königskrone. Dresden war durch das preußische Bombardement von 1760 gezeichnet; die Regierung hatte nach dem Sturz des Grafen Brühl Komödie und Ballett aufgelöst. Das große Vorbild war jetzt Preußen.

III

In Friedrich sah die damalige Welt keineswegs nur den hemmungslosen Friedensbrecher, sondern ebenso den Vorkämpfer westeuropäischer Aufklärung und den modernsten Fürsten seiner Zeit gegen die reaktionären Mächte Österreich und Frankreich.

Die Eroberung Schlesiens bedeutete in diesem Zeitalter der Kabinettspolitik auch keinen besonderen Verstoß gegen moralische Begriffe, und schon gar nicht eine Dokumentation nationalistischen Räubertums. Zur gleichen Zeit waren die europäischen Großmächte in koloniale Machtkämpfe verstrickt, in denen es nicht um benachbarte Provinzen, sondern um die Eroberung ganzer Erdteile ging. Nach Goethes Ansicht hatte Friedrich

die Ehre eines Teiles der Teutschen gegen eine verbundene Welt gerettet, und es war jedem Gliede der Nation erlaubt, durch Beifall und Verehrung dieses großen Fürsten an seinem Siege teilzunehmen.

Wie der Sieg von Roßbach der jahrhundertealten französischen Einmischung auf deutschem Boden ein Ende setzte, so bedeutete Friedrichs Kampf im Osten die Abwehr der russischen Bedrohung gegen das Herz Europas. In Preußen war ein neuer Schwerpunkt der Sicherheit des Kontinents entstanden.

Im übrigen zog *England* den größten Gewinn aus dem Siebenjährigen Krieg. Es hatte den Franzosen Kanada entrissen und durfte es im Frieden von Paris – 1763 – behalten. So schlug Friedrichs Ruhm auch in England hohe Wogen. Während die britischen Hilfsgelder und die hannoveranische Armee ihn vor dem Untergang retten halfen, gewann er in der Schlacht von Roßbach, in der er die Franzosen schlug, gleichsam das bis dahin französische Kanada für England.

Die preußische Allianz brachte einen Sturm der »Preußen-Begeisterung«, wie ihn kein anderes Land zu irgendeiner Zeit je erlebt hat. Im Parlament und in den Kirchen, in Wirtsstuben und auf der Straße feierte man den »preußischen Helden« als Vorkämpfer der »Freiheit Europas« und als Beschützer des Protestantismus gegen die »papistische Verschwörung«. Man verglich ihn mit Kyros, Alexander und Cäsar.

Preußen wurde für England zum Vorbild auf allen Gebieten. Ebenso erklärte George Bancroft in seiner »Geschichte der Vereinigten Staaten«, daß Friedrich »nicht weniger für die Freiheit der Welt gewirkt hat als Washington und Pitt«.

Bei dem ersehnten und so mühsam errungenen Frieden trat das Reich überhaupt nicht in Erscheinung. Daß Friedrich als Kurfürst seine Stimme bei der Kaiserwahl für Maria Theresias Sohn und Mitregent Joseph II. abgab, war mehr diplomatisches Entgegenkommen als ein politischer Erfolg für den Habsburger.

Der junge, allem Fortschritt aufgeschlossene und ebenso unstete Kaiser gehörte zu Friedrichs größten Bewunderern – obgleich dieser auch ihm mit der Waffe in der Hand entgegentreten mußte, als Joseph Bayern für Österreich erwerben und die Wittelsbacher mit den österreichischen Niederlanden entschädigen wollte. Seitdem mit Preußen verfeindet, schloß er zwei Jahre später mit Katharina II. ein Verteidigungsbündnis. Friedrich seinerseits gründete noch 1785, ein Jahr vor seinem Tode, den »Deutschen Fürstenbund«, der sich verpflichtete, in Deutschland keine Gebiets- und Machtveränderungen zu dulden.

Vielleicht hätte eine Verbindung Josephs und Friedrichs die Katastrophe von 1806 abwehren können – andererseits mag man daran erinnern, daß 1914 der Untergang gerade durch die so oft falsch zitierte »Nibelungentreue« Preußen-Deutschlands zum Habsburger Reich besiegelt wurde ...

*

Aus Friedrich war nach dem großen Kriege der körperlich zerstörte, doch um so verbissener arbeitende und sorgende »Alte Fritz« geworden.

Durch den Hubertusburger Frieden wurde eine der wichtigsten Kraftverlagerungen der neueren Geschichte eingeleitet. Gemessen am Vernichtungswillen seiner Feinde bedeutete dieser Abschluß den Sieg über einen ganzen Erdteil, dem sich gleichbedeutend der sofort folgende Wiederaufbau des zerstörten Landes, der langwierige und nicht weniger unbeirrbare Prozeß der »inneren Kolonisation«, der Neubesiedlung der weithin entvölkerten Ostprovinzen und der Sumpfentwässerungen und Städtegründungen anschloß.

1740 besaß Preußen halb so viele Einwohner wie die einstige Reichshauptstadt Berlin vor dem Zweiten Weltkrieg, also etwa 2,25 Millionen. Mit Schlesien lebten in Preußen im Jahre 1753 rund 4,1 Millionen. Zur gleichen Zeit zählten Großbritannien 9, Österreich 13 und Frankreich 17 Millionen Einwohner. Berlin hatte 100000, Breslau halb so viel.

Die Herzen der Schlesier gewannen die Preußen kaum durch ihre Bürokratie, die Zwangsrekrutierungen und den harten Steuerdruck – sondern vor allen durch die zähe wirtschaftliche Fürsorge für das Land, das sich noch nicht vom Dreißigjährigen Krieg erholt und nun wieder so schwer gelitten hatte. Der Lohn zeigte sich in den Jahren der napoleonischen Kriege, als gerade Schlesien und die 1811 gegründete Breslauer Universität zum Mittelpunkt der Erhebung gegen den Korsen wurden.

Wie die Schlachten von Roßbach und Leuthen, Zorndorf und Prag aus der Geschichte der Strategie nicht wegzudenken sind, so liegt Friedrichs Genius im eigentlichen darin, daß sein Feldherrntum keineswegs – wie etwa bei Cäsar oder Napoleon – den erschöpfenden Ausdruck seiner Gesamtpersönlichkeit darstellte. Noch über alle kulturellen und militärischen Leistungen erhebt sich sein »Allgemeines Landrecht für die Preußischen Staaten« mit der Sicherung von Person und Eigentum und der ersten Fixierung nicht nur der Menschenrechte, sondern auch der Glaubens- und Gewissensfreiheit.

Daß Preußen zum vorbildlichen Rechtsstaat nicht nur für ganz Deutschland wurde, bleibt Friedrichs Werk. Sein Absolutismus bildete – so paradox es klingen mag – den organischen Übergang zur modernen Demokratie. Für ihn war der König nicht nur in der Rangordnung, sondern eben auch in der zeitlichen Reihenfolge der »erste Diener seines Staates«. Der amerikanische Historiker Hajo Holborn schreibt in seiner neuen »History of Modern Germany«:

Der König vergaß niemals, die Regierung bis zum höchsten Grade zu humanisieren, der mit auswärtiger Sicherheit vereinbar war.

Zu Ende seines Lebens stellte Mirabeau fest, daß Preußen nur noch ein Geringes fehle, um sich in einen Verfassungsstaat zu verwandeln.

Nicht zuletzt stammt von dem so oft verketzerten Preußenkönig das Bekenntnis, das er im Jahre 1777 niederschrieb:

Niemand ist geboren, der Sklave eines anderen zu sein.

Und jenes andere an Voltaire im gleichen Jahr:

Mein Handwerk verlangt Arbeit und Tätigkeit. Mein Geist und mein Körper müssen sich nach ihrer Pflicht richten. Es ist nicht notwendig, daß ich lebe, wohl aber, daß ich tätig bin.

IV

Für einen Menschen wie Friedrich konnte Religion kein Ergebnis oder Selbstzweck der Theologie sein. Für ihn ging es um das Wort von den Früchten, an denen man den Erfolg erkennen müsse: *Die Fortschritte der menschlichen Vernunft gehen langsamer vor sich, als man denkt. Die wahre Ursache dafür liegt darin, daß es sich fast jeder an unbestimmten Begriffen genug sein läßt und nur wenige Zeit haben, diese zu prüfen und zu erforschen. Manche, die von Jugend auf an die Kette des Aberglaubens gelegt sind, wollen und können diese nicht zerbrechen. Andere haben, dem Leichtsinn hingegeben, nicht einen logischen Begriff im Kopf und genießen das Leben, ohne ihr Vergnügen auch nur durch einen Augenblick des Nachdenkens zu unterbrechen. Dazu kommen schüchterne Seelen und furchtsame Frauenzimmer, und all das zusammen stellt die menschliche Gesellschaft dar. Findet sich also unter Tausenden ein Denkender, so ist das viel ...*

Friedrich verachtete die Mönche, wie alle Geistlichkeit, die sich anmaßte, sich unmittelbar auf das »Gotteswort« zu beziehen – aber war er nicht selbst ein Mönch im Soldatenrock, in bewußter Ehelosigkeit, Frauenfeind, Menschenfeind – ?

Und wie er selbst sollten seine Soldaten sein: von den 74 Offizieren eines Dragonerregiments waren im Jahre 1778 keiner verheiratet.

Schmähschriften, Satiren, Karikaturen, die sich gegen ihn richteten, trafen ihn nicht. Als Friedrich von einem ihm feindlich gesonnenen Mann erfuhr, fragte er kurz und zynisch:

»Hat er hunderttausend Mann? Wenn nicht, was wollen Sie, das ich mit ihm mache?«

Trenck muß diesen Ausspruch gekannt haben; seufzend stellt er in seinen Memoiren immer wieder fest, daß ihm selbst diese hunderttausend Mann leider auch nicht zur Verfügung stünden, um seinen Forderungen Nachdruck zu verleihen.

*

Wie bei Friedrich Krieg und Kultur, Härte und Schönheit eine fast unbegreiflich kontrastierende Einheit bildeten, wie er, von seinem martialischen Vater als »Querpfeifer und Poet« verachteter »effiminierter« Musenjüngling, seine Regierung mit Krieg begann, finden sich auch in seiner Persönlichkeit die Extreme des Januskopfes in mehr als einer Hinsicht. Mit der gleichen kulturellen Besessenheit als genialer Dilettant, der sein Potsdam zu einem Traum von Architektur und südlichem Formenreichtum zwang, wie er die Musik zu seinem Lebenselement erhob und zugleich ganze Provinzen aus Sumpf und Sand entstehen ließ, machte gerade er seine ererbte Söldnerarmee zu einem modernen Machtinstrument, das die Welt nicht nur aufmerken ließ, sondern auch so faszinierte, daß er für alle Heere der alten und der neuen Welt den absoluten Maßstab in seinem Jahrhundert setzte.

Ein Drittel der preußischen Armee bestand aus »angeworbenen« Ausländern, von denen die meisten heruntergekommene Subjekte waren, die sich an jeden verkauften und nur durch brutale Strafen zur nötigen Disziplin gezwungen werden konnten.

In dem zeitgenössischen, viel beachteten Bericht über »Das Leben und die Abenteuer des Armen Mannes im Toggenburg«, der das Los des zum preußischen Kriegsdienst gepreßten Schweizers namens Ulrich Bräker aufzeigt, heißt es aus dem ersten Jahr des Siebenjährigen Krieges:

Fast alle Wochen hörten wir neue, ängstigende Geschichten von eingebrachten Deserteurs, die, wenn sie auch noch so viele List gebraucht, sich in Schiffer und andre Handwerksleute oder gar in Weibsbilder verkleidet, in Tonnen und Fässer versteckt, dennoch ertappt wurden. Da mußten wir zusehen, wie man sie durch zweihundert Mann achtmal die lange Gasse auf und ab Spießruten laufen ließ, bis sie atemlos hinsanken – wie sie des folgenden Tags aufs neue dran mußten, die Kleider vom zerhackten Rücken heruntergerissen, und wie wieder frisch drauflosgehauen wurde, bis Fetzen geronnenen Blutes ihnen über die Hosen hinabhingen.

Was hiernächst auch auf dem Exerzierplatz vorging, gab uns zu ähnlichen Betrachtungen Anlaß. Auch da war des Fluchens und Karbatschens von prügelsüchtigen Jünkerleins und hinwieder des Lamentierens der Geprügelten kein Ende. Wir selber zwar waren immer von den ersten auf der Stelle und tummelten uns wacker. Aber es tat uns nicht minder in der Seele weh, andre um jeder Kleinigkeit willen so unbarmherzig behandelt und selber jahrein, jahraus so kujoniert zu sehn: oft ganze fünf Stunden lang, in unsrer Montur eingeschnürt, wie geschraubt stehn, in die Kreuz und Quer pfahlgrad marschieren und ununterbrochen blitzschnelle Handgriffe machen zu müssen, und das alles auf Geheiß eines Offiziers, der mit furiosem Gesicht und aufgehobnem Stock vor uns stund und alle Augenblicke wie unter Kabisköpfe dreinzu-

hauen drohte. Bei einem solchen Traktement mußte auch der starkner-
vigste Kerl halb lahm und der geduldigste rasend werden. Kamen wir
dann todmüde ins Quartier, so ging's schon wieder über Hals und Kopf,
unsre Wäsche zurechtzumachen und jedes Fleckchen auszumustern,
denn bis auf den blauen Rock war unsre ganze Uniform weiß. Gewehr,
Patrontasche, Kuppel, jeder Knopf an der Montur, alles mußte spiegel-
blank geputzt sein. Zeigte sich an einem dieser Stücke die geringste
Untat oder stand ein Haar in der Frisur nicht recht, so war, wenn man
auf den Platz kam, die erste Begrüßung eine derbe Tracht Prügel.

Trotz Friedrichs offiziellem Verbot regierte die Folter praktisch
weiter im »Gassenlaufen« der Soldaten und den öffentlichen Auspeit-
schungen. Eine besondere Tortur war dem berühmten »Erfinder« des
preußischen Gleichschritts, dem »Alten Dessauer«, Fürst Leopold I.
von Anhalt-Dessau, zu verdanken, die auch seinen Namen trug.

Dieser »Dessauer Trog« war ein ausgehöhlter Holztrog, in den der
Delinquent mit gebundenen Füßen und durch einen hölzernen »Kragen« befestigtem Kopf gelegt wurde. Die Arme waren außerhalb des
Troges fest angeschlossen, so daß der Delinquent nicht der geringsten
Bewegung fähig war. In diesem Zustande hatte er zu liegen, bis er
geständig war. Allerdings wurde dieser »Dessauer Trog« nach Aufhebung der Folter nur noch ausnahmsweise und mit »Allerhöchster
Genehmigung« – so etwa in den Jahren 1774 und 78 – bei Räubern
und Mordbrennern angewandt ...

Die Mißhandlungen und entehrenden Strafen mußten sich demorali-
sierend auf die ganze Armee auswirken. So kam es während des
Siebenjährigen Krieges in Berlin zu einer Meuterei, über die der
Kammerherr Graf Lehndorff in seinen Tagebüchern berichtet:

Ein wilder Lärm durchtobt Berlin. Über 500 Rekruten, die mit einer
Tageslöhnung von vier Groschen über die Freikompanien oder zu den
Gendarmes ausgehoben worden waren, sollten plötzlich in die Batail-
lone Lange und Lüderitz eingestellt werden. In Verzweiflung darüber
bildeten diese Leute, die sich sowieso nur aus Deserteuren und Tagedie-
ben zusammensetzten, ein Komplott, um die Tore der Stadt zu sprengen
und das Weite zu suchen. Damit ihr Streich noch sicherer gelinge,
wollten sie die Stadt an allen vier Ecken anzünden und die dadurch
entstehende allgemeine Verwirrung zu ihrer Flucht benützen. Zwei
Stunden vor der Ausführung des Planes entdeckte ihn einer der Beteilig-
ten dem Marschall Lehwald. Der Kommandant v. Rochow hatte den
Angeber seiner nobeln Gewohnheit gemäß barsch abgewiesen, Lehwald

aber war vorsichtiger, ließ Nachforschungen anstellen und traf alle
nötigen Vorkehrungen, um die Stadt vor diesem Unglück zu be-
wahren ...
Noch in derselben Nacht wurden die Anführer erschossen. Die
Berliner selbst erfuhren nichts davon.

Sollte es einmal einem Deserteur gelingen, über die Landesgrenzen zu
entkommen, blieb es ein Wunder – ähnlich wie in unseren Tagen die
»Republikflucht« von Ost- nach Westdeutschland. Alle Garnison-
städte stellten sich als befestigte Festungen dar, zum mindesten waren
sie mit Palisaden abgesichert. Auf der inneren Seite dieses Ringes
führten Wege entlang, die von Wachen besetzt waren, die immer
untereinander in Hör- und Sichtweite stehen mußten. Die Wachen,
zwischen denen ein Deserteur entschlüpfte, wurden beide mit Spieß-
rutenlaufen bestraft, wenn der Tatbestand nachweisbar war. Alle
Soldaten mußten jeden Abend dreimal, in Zwischenräumen von einer
Stunde, zum Appell antreten. Wurde einer beim Aufruf vermißt,
wurde sofort nach ihm gesucht. War er beim nächsten Appell noch
nicht zur Stelle, wurde die Lärmkanone abgefeuert. Dieses großkali-
brige Geschütz – auch Trenck erzählt davon – stand an erhöhter
Stelle, so daß der Schuß in allen Dörfern der Umgegend zu vernehmen war. Auf dieses Signal hin hatten sich (unter Androhung schwer-
ster Bestrafung bei etwaiger Hilfeleistung) die Bewohner sofort zu
bewaffnen und sämtliche Wege zu besetzen ...

Nicht weniger schlimm als das Leben der Soldaten war das ihrer
Familien. Sie lebten mit den Armeeangehörigen zusammen in den
Kasernen, die damals erstmalig in großer Zahl gebaut wurden. Der
autobiographische Bericht von Karl Friedrich von Klöden – des
späteren Schöpfers der ersten preußischen Gewerbeschule – befaßt
sich eingehend mit den Zuständen in diesen Quartieren:
Fast waren die verheirateten Frauen in der Kaserne noch schlimmer
als die Männer. Mit ihnen mußten sie nun in einem Hause wohnen, mit
ihnen umgehen! ... Am unangenehmsten aber war folgende Einrich-
tung: jeder verheiratete Unteroffizier erhielt zur Wohnung in der Ka-
serne eine Stube und eine Kammer. In die letztere wurden ihm zwei der
schlimmsten Ausländer, denen man am wenigsten trauen durfte, unter
dem Namen von Schlafburschen gelegt, die er überwachen mußte und
für die er verantwortlich war. Desertierte ein solcher Kerl, so hatte der
Unteroffizier tausend Sorgen und Ängste auszustehen, und hatte er sich

im geringsten nachlässig gezeigt, so wurde er hart bestraft. Er hatte dafür zu sorgen, daß sie des Morgens pünktlich aufstanden und des Abends pünktlich um 9 Uhr im Bett waren, aus dem sie dann nicht herauskonnten, weils sie durch sein Zimmer gehen mußten.

Weiter heißt es in den Aufzeichnungen:

Ich habe schon erwähnt, daß jeder Kompaniechef für seine Kompanie alles Notwendige besorgen mußte. Dazu gehörten auch die Montierungsstücke der Mannschaft, welche er anfertigen ließ und welche ihm nach einer feststehenden Taxe vergütigt wurden. Es lag in der Natur der Sache, daß alles so wohlfeil als möglich hergestellt wurde, und ebenso natürlich folgte daraus, daß alles unglaublich schlecht war. Kommißbrot, Kommißtuch, Kommißarbeit bezeichnete durchgängig das Schlechteste. Das gelieferte Tuch kroch zusammen, sobald es naß wurde, die Ärmel zogen sich zurück, die Arme streckten sich weit heraus, alles wurde zu enge; die Hüte erweichten und der Hutdeckel vertiefte sich; die Nähte der blauen Röcke rieben sich weiß, und nur ein unausgesetztes Putzen, Dehnen und Recken brachte es dahin, daß der Soldat noch ziemlich elegant aussah, auch wenn die Kleider nicht mehr ganz neu waren. Diejenigen Unteroffiziere und Soldaten, welche bemittelt waren, konnten sich auf eigene Kosten Montierungsstücke von besserem Material anschaffen, eine sogenannte feine Montierung, wenn nur der Schnitt beibehalten wurde, und wer auf Eleganz Anspruch machte, ließ sich dazu nicht nötigen. Daß es nun ein Kompaniechef sehr gern sah, wenn es in seiner Kompanie recht viele feine Montierungen gab, ist begreiflich; denn erstens sah dann die Truppe hübscher aus, worauf so viel gegeben wurde, und zweitens sparte der Kompaniechef die Montierungen für solche Leute, die sich selbst bekleideten, und das Geld floß in seine Kasse; drittens waren die fein gekleideten auch meistens die ordentlichsten und zuverlässigsten Soldaten. Daß nun dem Kompaniechef die Unteroffiziere mit feinen Montierungen lieber waren als die mit Kommißröcken, war höchst natürlich, und wenn es auf einen Vorschlag zur Beförderung ankam, so war es nicht zweifelhaft, wen er vorzog, ja man hätte sich wundern müssen, wenn es anders gewesen wäre ...

Unerbittlich bestand der Souverän auf Loyalität, vor allem bei den Offizieren. Seinen fähigsten Festungsingenieur, Walrawe, schicke er wegen seiner »unpreußischen« Lebensführung und Vertrauensbruches – eigentlicher Verrat war Walrave niemals ganz nachzuweisen – auf Lebenszeit in die Magdeburger Festungshaft. Der junge, so begabte wie waghalsige Baron Friedrich von der Trenck wurde durch seine Unüberlegtheit zum wenn nicht tragischsten, so doch berühmtesten Beispiel für die Unerbittlichkeit des königlichen Kriegsherrn.

Besonders hart wirkte sich für die Offiziere die ehefeindliche Einstellung des Königs aus. Schon drei Jahre nach Regierungsantritt erließ Friedrich ein Reglement für seine Dragoner-Regimenter, in denen er bestimmte:

Wenn ein Stabsoffizier oder Kapitain, der eine Escadron hat, heirathen will, so soll er an S. K. M. um Permission schreiben, und S. K. M. wollen, wenn die Parthie seinem Charakter convenable und der Offizier durch eine solche Heirath sich helfen kann, solches zwar nicht abschlagen, jedennoch es S. K. M. lieber sehen werden, wenn ein Offizier unverheirathet bleiben will. Den subalternen Offiziers soll gar nicht erlaubt sein zu heirathen, weshalb auch selbige bei S. K. M. sich nicht melden sollen, es wäre denn, daß ein armer Offizier sein sonderlich Glück durch eine Heirath machen könnte.

Wurde eine Kapitänsstelle frei, sandte der Regimentskommandeur dem König die Namen von fünf Offizieren mit dem nächsten Anspruch auf Beförderung. Eingehende Auskunft über Charakter und Fähigkeiten war hinzugefügt – und ebenso die wichtige Beantwortung der Frage, ob der Bewerber etwa Schulden habe. Lautete die Auskunft ungünstig, war damit das Schicksal des Offiziers besiegelt; er wurde niemals weiter befördert. Der Kapitänsrang, oder zum mindesten die Stellung eines Kompanieführers, blieb nun einmal das einzig lohnende Ziel: damit war ein jährliches Einkommen von viertausend Talern gewährleistet. Gewöhnlich kam die Heirat für einen Offizier also erst dann in Frage, wenn er diese Stufe erreicht hatte.

V

Wie die Wege eines alten Gartens alle zu einem Mittelpunkt führen oder von ihm ausgehen, stand Friedrich II. von Preußen in der Mitte seines Staates, allen sichtbar, jedem erreichbar, alles übersehend, überall persönlich und oft ebenso rücksichtslos eingreifend.

So hat dieser Mann fast ein halbes Jahrhundert lang regiert, reglementiert, unermüdlich kontrolliert, seinen Staat nach seinem Bilde formend.

Der König, der im Grunde – nicht zuletzt auf Grund seiner zerstörten Jugend – die Menschen zu verachten gelernt hatte, war immer geneigt, seine Umgebung mit dem gleichen Maß zu messen wie sich selbst. Darin lag etwas Utopisches – aber auch das Geheimnis für die fast übermenschliche Tatkraft und Ausstrahlung dieses Mannes auf sein Jahrhundert. Wobei es völlig falsch wäre, ihn wieder mit der Elle *heutiger* politischer, sozialer, militärischer Erfahrung oder »Fortschrittlichkeit« messen zu wollen. Friedrich II. bleibt nur aus *seiner* Zeit und im Vergleich mit den Autokraten oder Politikern dieser vorrevolutionären Epoche der »Aufklärung« zu beurteilen. Wie er im Verhältnis zu seinem Vater, dem Soldatenkönig, und seinem Nachfolger, dem frauenhörigen Schwärmer und Schwächling, allein steht, mußte er auch in seinem eigenen Leben ein Einsamer sein.

Es ist ein Unterschied zwischen Alleinsein und Einsamkeit. Viele Menschen leben *allein*, ohne Freunde und ohne Beziehung zur Gemeinschaft. Ihre Seelenlage reicht nicht in die Höhen, wo sie ersehnen, was sie entbehren – und wo sie entbehren, was sie ersehnen müssen.

Wer auf den Höhen der Menschheit wohnt, erlebt besondere Einsamkeit. Kein Genie des Geistes und der Tat bleibt von diesem Schicksal verschont. Das Genie spürt als erstes die Vergänglichkeit jeden, aber auch jeglichen Tuns. Der Einsame hat keine Wahl.

Und dies mag im besonderen Sinne auch für den preußischen Trenck Geltung haben, um den es in diesem Buche geht. Beide von ihnen, König und Kornett, zahlten auf ihre Weise mit ihrem Leben. Keiner konnte mehr geben, als er besaß. Jeder trug seine Ketten durch eigene Schuld. Jeder kämpfte um sein Ich, seine Aufgabe, sein Ziel, wie er es sah: Freiheit, Unabhängigkeit, Bestätigung des kleinen ICH gegenüber dem übermächtigen Fatum des auf sich selbst Zurückgeworfenen.

An d'Alembert schrieb der »Philosoph von Sanssouci« im Jahre 1783:

Der Mensch, so will es mir scheinen, ist eher zum Handeln als zum Erkennen bestimmt; die Erkenntnis des Wesens der Dinge liegt jenseits seiner Fähigkeiten. Wir verbringen die Hälfte unseres Lebens damit, die Irrtümer unserer Väter abzulegen, aber gleichzeitig lassen wir die Wahrheit am Grunde des Brunnens liegen, von dem die Nachwelt sie auch nicht heraufholen wird trotz aller unserer Anstrengungen. So wollen wir weise die kleinen Vorteile genießen, die uns zufallen, und uns

*daran erinnern, daß erkennen lernen oft soviel heißt wie: zweifeln
lernen* ...

Und in seinem letzten Brief, sechs Tage vor seinem Verlöschen, an
seine Schwester, die Königin Ulrike von Schweden:

*Die Alten müssen den Jungen Platz machen, damit jede Generation
ihren Platz findet; und wenn man recht erwägt, was eigentlich das
Leben ist, so besteht es darin, seine Mitbürger sterben und geboren
werden zu sehen.*

Fürsten pflegen keine Sorgen um ihre Nachfolger zu haben, je
durchschnittlicher sie sind. Die Außergewöhnlichen von ihnen, die
Seltenen, haben keine Nachfolger. So auch Friedrich II. von Preußen.

Einer der klügsten, unvoreingenommensten seiner zeitgenössischen Kritiker war der spätere Volkstribun der französischen Revolution, Graf Mirabeau. In seinem Geheimbericht über den Zustand
Preußens in diesen Tagen finden wir ein Bild des Königs, wie es sich
dem damaligen Europäer bot:

*Berlin ist die Zufluchtstätte vieler Verfolgten und die Heimat vieler
Wahrheiten geworden. Dank der Gedankenfreiheit gibt es kein Land,
das mehr Gebildete in allen Bevölkerungsschichten aufweist als der
Staat des Königs von Preußen. Industrie und Handel haben sich die
Vorteile der Bildung zunutze gemacht, um die gewaltige, ihnen aufge-
bürdete Last zu tragen. Die Hälfte des deutschen Buchhandels geht auf
Rechnung des preußischen Staates. Der gesunde Verstand und alle
Wissenschaften haben dort im Laufe von zwanzig Jahren überraschende
Fortschritte gemacht. Was man früher nur mit Zittern und unter dem
Siegel tiefster Verschwiegenheit gesagt hätte, ist nicht nur in aller
Munde, sondern wird allgemein anerkannt, selbst von Theologen* ...

*Und so haben denn zwei Geistliche in Stettin nach dem Tode Fried-
richs II. von der Kanzel herab verkündet, er sei »zum Teufel gefahren«.
Damit haben sie seinen Trophäen einen neuen Kranz hinzugefügt; denn
was wäre ein stärkerer Beweis für die in seinem Staat eingeführte
Toleranz!*

*Dieses so große Gut, die Toleranz, hat sich nicht auf die preußischen
Lande beschränkt; es hat sich über das protestantische Deutschland
verbreitet, ja in gewisser Weise auch über das katholische. Man schämt
sich dort, Menschen wegen ihrer Anschauungen zu verfolgen. Göttin-
gen, selbst Leipzig läßt in seiner alten Orthodoxie nach. Kurz, aus
Berlin, aus dem Staate Friedrichs II. ist jene Lichtflut hervorgegangen,
die den ganzen Horizont erleuchtet hat.*

Großer König! Du verbanntest aus halb Europa den Aberglauben, die Frömmelei, die Unwissenheit, die Knechtschaft, in der das Denken lag. Du riefest das Licht nach Deutschland, und seine Wirkung wird von Dauer sein, dank jener anderen heiligen Gabe, die der Genius dem Menschen bescherte, als er die Buchdruckerkunst erfand ...

Derart war Friedrich, für immer erlaucht unter den Menschenkindern. Die Natur schien ihm den außerordentlichen Ruhm vorbehalten zu haben, auf dem Throne geboren und der Erste seines Volkes und seines Zeitalters zu sein. Er war gleich hervorragend durch die Kühnheit seines Denkens, den Scharfsinn seines Geistes, die Kraft seiner Klugheit und die Festigkeit seines Charakters, und man weiß nicht, was man am meisten an ihm bewundern soll: die Mannigfaltigkeit seiner Talente, die Tiefe seines Urteils oder die Größe seiner Seele. Glänzend durch alle körperlichen und geistigen Vorzüge, stark wie sein Wille, schön wie der Genius, tätig bis zum Wunderbaren, vervollkommnete und vervollständigte er alle seine Vorzüge und war in nicht weniger hervorragendem Maße sein eigenes Werk wie das der Natur. Leichtsinnig von Geburt, erzog er sich zur Strenge. Selbstherrlich bis zur furchtbarsten Ungeduld, wurde er duldsam bis zur Langmütigkeit. Lebhaft, leidenschaftlich und ungestüm, erzog er sich zur Mäßigung, zur Ruhe, zur Besonnenheit. Sein Schicksal beschied ihm, daß die Ereignisse sich oft, weil er das Richtige tat, bisweilen trotz seiner Fehler, zu seinem Vorteil wandten, und alles, bis zu dem Tribut des Irrtums, den er der menschlichen Schwachheit zahlte, trug den Stempel seiner Größe, seiner Eigenart, seines unbeugsamen Charakters. Nie war ein Sterblicher so zum Befehlen geboren wie er. Er wußte es. Er schien sich als Weltseele zu fühlen und gestand den übrigen Menschen nur irgend eine sensitive Seele, einen mehr oder minder schlauen animalischen Instinkt zu. Daher verachtete er sie, und doch arbeitete er nach Maßgabe seiner Einsicht unermüdlich an ihrem Glück. So trug seine außerordentliche Urteilskraft mehr dazu bei, ihn gerecht und wohltätig zu machen, als es die zweideutige Güte empfindsamer Herzen vermocht hätte. Er kannte nur eine Leidenschaft, den Ruhm, und war doch ein Feind der Lobreden. Er hatte nur eine Neigung, die für sich selbst, doch sein ganzes Leben war den anderen gewidmet. Er hatte nur eine Beschäftigung, seinen Königsberuf. Ihm unterwarf er sich mit unnachahmlicher Ausdauer sechsundvierzig Jahre lang ununterbrochen, bis zu dem Tage, der seinem philosophischen und schlichten Tode voranging, nach achtzehn Monaten voller Schmerzen *und Ängste, die ihm nicht eine Klage entlockt hatten. Friedrich hörte am 17. August auf zu leben, zu regieren indessen erst am Tage vorher.*

Aber es ist die Aufgabe der Geschichte, Friedrich den Großen zu schildern. Es ist ihres Amtes, seine Großtaten, seine blendenden Erfolge, seine unbegreiflichen Hilfsmittel, die Größe seiner Herrschaft, die Schlichtheit seines Lebens und seines Todes zu buchen. Es liegt an ihr, zu sagen, was er für die Hebung seines Volkes, für die Aufklärung der Menschheit getan hat. Ich, der ihn sah und hörte, ich, der bis zum Grabe den Stolz hegen wird, ihn gefesselt zu haben, ich bebe noch, und meine Seele entrüstet sich über das unwürdige Schauspiel, das Berlin meinen erstaunten Augen am Todestage des Helden bot, der die Welt vor Staunen schweigen oder vor Bewunderung reden hieß. Alles war düster, niemand traurig; alles war geschäftig, niemand betrübt. Kein Bedauern, kein Seufzen, kein Wort des Lobes.

Warum diese wilde Undankbarkeit? Weil Friedrich mehr Liebe für die hegte, denen er sich verpflichtet fühlte, als für die, die sich ihm verpflichtet fühlten? Nur die letzteren umgaben sein Grab.

Ja, aber wagen wir es zu sagen: Güte allein, auch das höchste Maß der Güte wird nie etwas ausrichten, was für ein Volk wahrhaft nützlich ist. Um es emporzureißen, es groß zu machen, zu erziehen, ja selbst, um es glücklich zu machen, kommt es mehr darauf an, Gehorsam als Liebe bei ihm zu finden. Gewiß haßt der Mensch die Bedrückung, aber er will beherrscht sein. Gerechtigkeit ist ihm nötiger als Güte, die in den höheren Ständen zumeist die Gerechtigkeit verletzt, und ein Fürst, der nach dem Beifall des Volkes zu seinen Lebzeiten geizt, wird nie die Bewunderung der Nachwelt erringen.

Der Gefangene

I

Unter den schillernden Abenteurern des achtzehnten Jahrhunderts, deren Namen weniger durch ihr Wirken als durch ihre Memoiren die Nachwelt faszinierten, ragt neben dem legendären Sieger auf dem Felde der Liebe, Giacomo Casanova, die tragische Gestalt des Friedrich Freiherrn von der Trenck aus der Fülle der schreibfreudigen Zeitgenossen hervor.

Kam der venezianische Komödiantensproß aus der Tiefe des Volkes, so entstammte der preußische Kornett und spätere Rittmeister der Kaiserinnen zu Wien und Petersburg einem alten preußischen Adelsgeschlecht. Fand der eine Triumph und Ruhm als potenter Beglücker der Frauen in allen Metropolen von Süd und Nord, Ost und West und daneben als Spieler und Scharlatan in einer internationalen Salonwelt, die Schwindel und Gaukeleien zu ihrem Lebenselixier erhoben hatte, so verfing sich der geltungssüchtige »Adjutant« des großen Preußenkönigs in den gefährlichen Netzen der Politik zwischen den Fronten des Krieges um Bestehen oder Nichtbestehen seines Landes.

Erlosch der strahlende »Chevalier« von eigenen Gnaden als bösartig verhutzeltes Relikt seiner selbst in Einsamkeit und Vergessenheit im finstersten Winkel Böhmens, so fand der stolze preußische Adlige sein ihm gemäßes Ende auf dem Schafott – doch nicht in Berlin oder Magdeburg, wo er es möglicherseise zu erwarten gehabt hätte. Die grausame Ironie seines Schicksals – will heißen: der ganz und gar instinktlose Trieb des Abenteurers – hetzte ihn nach Paris in die Fänge des Revolutionstribunals ...

In einem allerdings finden sich Parallelen zwischen dem liebesstarken Venezianer und dem ostelbischen Offiziersjüngling: Beide vermochten es, aus der späteren Rückschau noch einmal ihr Leben so zu sehen und romanhaft überhöhend zu gestalten, daß es – jenseits jeder objektiven »Wahrheit« – den Leser aller nachfolgenden Generationen immer wieder in seinen Bann riß. Beide flüchteten sie aus dem wesenlosen Rest dessen, was von ihrer Glorie geblieben war, in den wunderbaren Traum: des überwältigenden Erfolges in allen Alkoven Europas der eine – und der andere als ewig unschuldiges Opfer seiner geheimnisumwitterten Beziehung zur Lieblingsschwester des berühmtesten Monarchen ihrer Zeit und dessen darob auf dem Fuße folgender grausamer Rache ...

Beide, Casanova und Trenck, erwiesen sich als ebenso talentierte wie erfolgreiche Romanciers. Wurde der eine zum zeitlosen Begriff des vollkommenen Erotomanen, so der andere zum Synonym für Leid, Verfolgung, unerschütterliches Heldentum im Schatten eines despotischen Autokraten.

Als mehr oder weniger privater »Staatsgefangener«, angeschmiedet am eigenen Leichenstein in den Verliesen der Magdeburger Sternschanze, galt der preußische Trenck als willkommener Kronzeuge gegen den zwielichtig-zynischen »Philosophen von Sanssouci«. Wobei Schicksal und Ende des anderen Trenck, des österreichischen Pandurenobersten, in seinen unheimlichen Verflechtungen kaum weniger tragisch erscheinen.

Die beiden Trenck-Vettern, echte Kinder ihrer von Schlachtenlärm und Heldenruhm erfüllten Zeit, umneidet im Glanze ihres Glückes und der Gnade der Monarchen, denen sie zu dienen vorgaben – Abenteurernaturen beide wie aus dem Märchenbuch, stürzten sie in selbst verschuldete, dunkelste Abgründe. Während sich der brutale Pandur, verlassen von seiner frommen Kaiserin, einen makabergloriosen Abgang als »Heiliger« auf dem Spielberg in Mähren erlistete, endete der preußische Vetter und Kämpfer gegen die Allmacht des absolutistischen Staates als vermeintlicher Verräter der Großen Revolution auf der Guillotine.

Welcher Weg!

*

Das Schicksal der beiden Trenck, und besonders unseres Memoiren-Helden, ist wohl nur vor dem Hintergrunde der für Österreich wie für Friedrich II. und sein Land entscheidenden Schlesischen Kriege zu denken. Nur in Verbindung mit den Geschehnissen dieser Zeit vor und hinter den Kulissen, auch in Wien und St. Petersburg, mit den dortigen Herrscherinnen und Höflingen ist auch die »Gefährlichkeit« der selbstverschuldeten Irrwege des preußischen Trenck zu verstehen.

Doch reißt mein Schicksal mich dahin . . .

Keine Stelle in Trencks umfangreichen Schriften kennzeichnet so sehr Wesen und Tragik dieses Mannes, dessen Fähigkeiten ihm unter anderen Verhältnissen Ehren und Erfolge nicht nur an der Seite des ruhmreichen Preußenkönigs erworben hätten.

Jenes eigenwillige und seltsam furcht-, aber auch instinktlose Abenteurerblut war es wohl auch, das den preußischen Trenck mit seinem sechzehn Jahre älteren österreichischen Vetter, dem ruhe- und rücksichtslosen Pandurenobersten, verwandt erscheinen läßt – trotz aller Unterschiede und der Bluts-Feindschaft, die zwischen ihnen herrschen mußte.

Wie Franz war auch der Jüngere ausgestattet mit allen Vorzügen des Geistes und des Körpers. Und wie der in *Kalabrien* geborene, evangelisch getaufte und von *Jesuiten* erzogene »Slavonier« später als atheistischer Räuberhauptmann den Schutz der gläubigen Maria Theresia verlor, so riß die nicht weniger hoffnungsvoll in Berlin begonnene Lebensbahn auch den jungen Friedrich von der Trenck immer wieder in Affären und Abgründe, Gefahr und Verfolgung – bis zum wohl unverschuldeten und darum um so schrecklicheren Ende.

Waren es bei dem Kaiserlichen Pandurenobersten vor allem Habsucht und hemmungslose Grausamkeit, die ihn zuletzt zum Opfer seiner Feinde werden ließen, so standen bei dem Königlich Preußischen Kornett der berühmten Garde du Corps jugendliche Maßlosigkeit, Unbedachtheit, Trotz und – der beharrlichen Legende nach – die Liebe am Beginn seiner tragischen Entwicklung.

Aber es ist nicht nur die abenteuerliche Geschichte eines offensichtlichen Glückskindes und Abbildes aller menschlichen Möglichkeiten bis zum nach allen Stürmen endlich scheinbar geborgenen und gereiften Greise, was die Aufzeichnungen des Barons Friedrich von der Trenck noch heute weit über alle noch so geschickt konstruierten historischen Romane und »Tatsachenberichte« erhebt. Hinter allem ragt die Gestalt des Preußenkönigs, in deren Schatten dieses so reich gedachte und begonnene Leben seine Höhen und Tiefen fand.

Als eigentliche Schlüsselfigur aber gilt die reizende jüngste Schwester des Königs, deren Romanze mit dem »Adjutanten« und Garde-Offizier Trenck ihrer beider Unglück und Trencks festen Platz in der preußischen Historie begründet haben soll und die in diesen Memoiren – wenn auch niemals direkt genannt – immer wieder geheimnisvoll aufschimmert.

Die Familie Trenck stammte ursprünglich aus Franken, von wo sich im dreizehnten und den darauffolgenden Jahrhunderten einige Angehörige nach Preußen aufmachten, um dort an der großen Kolonisation des Deutschen Ordens Anteil zu haben. Unter Herzog Albrecht – dem ersten protestantischen Ordensmeister – erhielten sie Besitzungen in Scharlack bei Labiau, weiterhin das Gut Schettnienen und unter dem Großen Kurfürsten Goldbach bei Wehlau sowie Fischhausen nahe dem ehemaligen Ordensschloß Lochstädt.

Von den Söhnen des brandenburgischen Rittmeisters Christian Albrecht von der Trenck blieb der ältere, Christoff Ehrenreich, in preußischen Diensten. Als Oberstleutnant eines Kürassierregiments stand er in Neuhaldensleben in Garnison, wo (wie erst vor einigen Jahrzehnten ermittelt), am 16. Februar 1727 sein Sohn Friedrich von der Trenck geboren wurde. 1729 als Regimentskommandeur nach Königsberg versetzt, starb Christoff Ehrenreich dort als Generalmajor. Die Mutter des jungen Friedrich, Charlotte von Derschau, ebenfalls ostpreußischem Geschlecht entstammend, hatte 1724 als Sechzehnjährige den damals 47jährigen Christoff Ehrenreich geheiratet. Nach seinem Tode ehelichte sie schon im Jahre danach den Major Graf Lostange, woran es wohl liegen mag, daß der junge Friedrich kaum auf eine geborgene oder liebevolle Erziehung zurückblicken durfte. Vormund der Kinder wurde der Großvater, Hofgerichtsrat von Derschau, der im Jahre 1743 starb.

Friedrich von der Trenck verzeichnete von sich selbst:
Das gewöhnliche Jugend- oder Kinderglück habe ich nie genossen.

Man braucht kein moderner Psychologe zu sein, um hier die Quellen für die – neben seinen geistigen Anlagen bei äußerer Unansehnlichkeit – auffallenden Merkmale des späteren Abenteurers zu suchen: Geltungsdrang, Selbstüberschätzung, Rauflust, Eitelkeit und die Sucht, sich in allzu großen Träumen und Taten zu bestätigen. Mit ständigem Lernenmüssen gequält, entwickelte der eher kleine und wenig anziehende Knabe früh zusammen mit körperlicher und geistiger Überlegenheit unbesonnenes Draufgängertum und kühle Gewalttätigkeit.

Nach Trencks Angaben soll die Königsberger Universität den gerade Dreizehnjährigen (er selbst machte sich ein Jahr älter) *als einen der geschicktesten Zöglinge* dem jungen König anläßlich seines Besuches im Juli 1740 vorgestellt haben, während die Immatrikulation in Wahrheit am 1. Juni erfolgte. So wird der junge Trenck wohl erst nach dem Tode des Großvaters im September 1743 den Entschluß gefaßt haben, Offizier zu werden. Mit dem Generaladjutanten Wilich von Lottum (der erst 1742 nach Königsberg kam) will er nach Berlin gereist und dort von Friedrich II. sofort als Kadett in die Garde du Corps aufgenommen, kaum sechs Wochen später – nach persönlicher Allerhöchster Prüfung – zum Kornett befördert und im August 1743 mit besonderer militärischer Mission beauftragt worden sein.

Tatsächlich wurde Trenck auf Grund einer »Offizier-Abgangsliste« erst am 2. August 1744 Kornett; sein Eintritt erfolgte am 1. Juli 1744.

»Adjutant« des Königs war Trenck niemals. Voltaire, Maupertuis und La Mettrie kann er nicht gesehen haben, da letztere erst später nach Potsdam kamen. Voltaire war zu dieser Zeit nicht in Potsdam und erschien erst 1750 wieder als Gast bei Friedrich ...

So fügen sich für den Nachprüfenden die Unglaubwürdigkeiten bald zu einem anderen Bilde.

*

Am 17. Juli 1744 – also gerade zwei Wochen nach Trencks Ernennung zum Kornett – feierte man im Berliner Schloß die Vermählung der Prinzessin Ulrike mit dem schwedischen Thronfolger. Trenck verlegte sie wiederum in den Winter 1743, wo er vermutlich noch gar nicht in Berlin, jedenfalls aber nicht Offizier war.

Oder meinte er vielleicht die Verlobung im Jahre zuvor, die allerdings in anderem Rahmen stattfand? Da diese Festlichkeit immerhin der Ausgangspunkt seiner dramatischen Geschichte gewesen sein soll, wundert man sich überdies, daß er das Datum (und die Jahreszeit!) nicht in besserer Erinnerung behielt. In dem riesigen Schlüterpalast war der Winter qualvoll in den zugigen, mühsam von rauchenden Kaminen erwärmten Räumen und endlosen Galerien; er forderte auch im Kostüm einen grundsätzlichen Unterschied zu den Hochsommertagen ...

Jedenfalls will Trenck bei diesem feierlichen Ereignis, wo er angeblich Wachdienst hatte, von dem auch der Baron Bielfeld in seinen »Briefen« so ausgiebig wie gefühlvoll berichtet, jener hohen Gönnerin zum ersten Male begegnet sein, mit der ihn dann das gefährlichromantische Verhältnis verband,
einer Dame, die ich nur mit Ehrfurcht betrachten konnte.

Und:

Es war beiderseits unsere erste Liebe.

In der Folge war es nun diese ungenannte Dame oder »Berliner Freundin«, die solch eine bedeutsame Rolle als geheimnisvolle Beschützerin mit erheblichen Geldzuwendungen spielen sollte. Wobei der Name der hohen, geliebten Gönnerin erst in dem nach Trencks Tode erschienenen Abschluß seiner Lebensgeschichte (in einer Spottschrift) und in den Erinnerungen des Franzosen Dieudonné Thiébault, des Generals von der Marwitz wie auch in den (vom Herausgeber später retuschierten) Tagebüchern der Oberhofmeisterin Gräfin Voss zum ersten Male aufschien: nämlich der der (damals bereits verstorbenen) Prinzessin Amalie.

Was uns hier wesentlich erscheint, ist nichts anderes als der Unterschied, will sagen: die historische »Wahrheit« mit den persönlichen Aufzeichnungen zu vergleichen – und damit die Frage:

Bleibt dieser Trenck, auch wenn er tatsächlich alles andere als ein Opfer persönlicher Rache eines ebenso mächtigen wie bösartigen Despoten und seiner Liebe zu dessen unerreichbarer Lieblingsschwester war – bliebe Trenck nicht auch dann noch eine faszinierende und einmalige »Schlüsselfigur« seiner Zeit, seines Königs und menschlicher Leidensfähigkeit überhaupt?

Auch wenn alle geheimnisvollen Bezüge zwischen Trenck und Amalie wie zwischen König und »Adjutanten« als reine Legende erwiesen würden, wäre das Schicksal und die von ihm selbst aufgezeichneten Lebens- und Leidensgeschichte noch immer ein historisches Dokument von kaum vergleichbarem Wert. Neben den (ebenfalls später rekonstruierten) »Gesprächen« de Catts aus dem Siebenjährigen Kriege und den Memoiren Lehndorffs, Thiébaults, Pöllnitz' oder der Markgräfin Wilhelmine sind sie die am spannungsvollsten komponierte, erschütterndste und dennoch *authentische* Selbstdarstellung aus dem Bannkreis des Preußenkönigs – mit dem kaum faßbaren Widerspruch zwischen besten Möglichkeiten und Absichten, Fähigkeiten und Beziehungen und einer alles in Frage stellenden Eigenliebe, Ehrsüchtelei und Instinktlosigkeit, die ihn im falschen Moment immer gerade das Falscheste tun ließen – ein grellfarbiges Menschenbild, wie es kaum ein genialer Romancier in derart konzentrierter und konsequenter Grausamkeit erfinden könnte. (Das keineswegs glücklichere Hofintrigenspiel um die mütterliche Maria Theresia taucht dabei nur am Rande auf.)

Wie mag nun die Gestalt Trencks, sein Schicksal, seine Geschichte und die dieser wunderbaren Liebe zur Lieblingsschwester des bedeutendsten Monarchen seiner Zeit im kühlen Lichte der historischen Untersuchung erscheinen?

Um es vorwegzunehmen: Kundige Historiker, vor allem Gustav Berthold Volz, haben in unendlicher Sorgfalt den »Beweis« erbracht, daß weder Trenck derjenige ist, als der er sich in seinen Memoiren ausgibt, nämlich der romantische Held und Opfer seiner Liebe – noch, daß die Romanze mit Amalie auch nur in einem Körnchen Wahrheit ist: Daß, gerade heraus gesagt, der große Liebesroman mit allen seinen diskret angedeuteten oder verschwiegenen Zusammenhängen mehr oder weniger nachträglich erfundene und in die Memoiren wirkungsvoll hineinkomponierte »Erfindung« bleibt. So bezeichnete schon eine im Jahre 1787 – also nach Friedrichs und Amalies Tod – erschienene Gegenschrift zu Trencks Lebensgeschichte seine Erzählungen von der »hohen Freundin in Berlin« als eine »Rotomontade oder Lüge« ...

Sind dadurch Trencks Aufzeichnungen also wertlos, ein »Roman« und damit jedenfalls »historisch« belanglos wie tausend andere Abenteurergeschichten aus dem »galanten Jahrhundert«?

Was bleibt, wenn die »Schlüsselfigur« Amalies fortfällt, wenn diese erschütternden Schilderungen selbst in Zusammenhängen und vielerlei Einzelheiten bewußt oder unbewußt, wie Punkt um Punkt nachzuweisen ist, einfach »nicht stimmen« –?

Lohnt es sich angesichts dessen überhaupt noch, Trencks Memoiren über die einzigartige romanhafte »Spannung« hinaus irgend welchen historischen Wert zuzuerkennen?

Wir meinen: Ja.

Wäre nicht sogar die Ansicht vertretbar, daß es über die gründliche und unerläßliche Fleißarbeit des »sachlichen« Historikers hinaus etwas wie eine »höhere Wahrheit« geben könnte, die trotz aller Gegenbeweise zuletzt doch noch die Fragwürdigkeiten und allzu romantisch erdachten Hintergründe, wenn nicht durchaus bestätigt, so doch zum mindesten nicht ganz unmöglich erscheinen läßt?

∗

Was nun Trencks Memoiren angeht, so wurden von Gustav Berthold Volz im 38. Bande der »Forschungen zur Brandenburgischen und

Preußischen Geschichte« dieser romanartigen Ausschmückung erstmalig die bisher in den Archiven ruhenden Akten gegenübergestellt. Dabei ergab sich, daß auch zwischen den verschiedenen Fassungen seiner »Lebensgeschichte« wesentliche Unterschiede bestehen; daß die erste Ausgabe von 1786 wichtige Angaben enthält, die in den späteren Fassungen abgeschwächt, verändert oder ganz gestrichen sind und der Handlung dadurch andere Motivationen unterlegen.

Bei aller naiven Selbstüberschätzung war dieser Trenck ein seelisch und künstlerisch reich veranlagter Mensch, dessen Gedichte oder Kampfschriften, und nicht zuletzt die berühmten Magdeburger Becher Zeugnis seiner Gaben sind.

So hat dieser Mann das eigene, durch unzählige Fluchtversuche, Kameradenbestechungen und Korrespondenzen mit dem feindlichen Ausland, Querelen und Intrigen immer auswegloser gewordene Dasein in allen trüben und trostlosen Einzelheiten – wenn auch keineswegs in objektiver »Wahrheit« – aufgeschrieben. Erstaunlich bleibt dabei nicht nur das Namensgedächtnis des Autors über immerhin 40 Lebensjahre hinweg, sondern fast mehr noch – trotz der immer wieder nachdrücklich betonten Großzügigkeit in Gelddingen – das verblüffende *Zahlen*gedächtnis, wenn es sich um Schulden der Gegner, Vermögenswerte, finanzielle Verluste und Abrechnungen, Prozeßkosten oder Bestechungsgelder, Betrug oder Unterschlagungen der anderen Seite, gleich ob in Florint oder Reichstalern, Gulden oder Dukaten handelt ... Gegenüber der oft hervorgehobenen unversöhnlichen Grausamkeit und Härte des Königs erweisen gerade Trencks eigene Aufzeichnungen, daß ihn tatsächlich seine persönlichen Unternehmungen, Mißhelligkeiten und nicht zuletzt seine unfaßliche Instinktlosigkeit in politisch gefährlichster Zeit als Deserteur und Hochverräter erscheinen lassen mußten, der in jedem anderen Lande dafür mit dem Tode gebüßt hätte.

Wer war dieser Mann nun wirklich? Ein Opfer – ein Held – oder ein Verräter?

War Trenck *alles* in einer Person – oder *nichts* davon?

Tatsache bleibt, daß dem jungen König gerade in dieser Zeit die ersten Rechnungen für seinen vermessenen Jugendehrgeiz präsentiert wurden – daß nicht nur Friedrichs persönliche, sondern die Existenz des Staates Brandenburg-Preußen auf dem Spiel stand; daß er gerade aus dem Bewußtsein seines eigenen Vabanque-Spiels und seiner eigenen Gefährlichkeit und Gefährdung mißtrauisch, eiskalt und rücksichtslos nur das eine ungeheure Risiko – und das heißt: sein einziges großes Ziel – kannte: den Krieg zu *gewinnen*. Er wußte auch, was für ein Gegner der *Pandur* Trenck war, welche Kraft dieser Unmensch bis in sein, Friedrichs, Heer hinein strahlte.

Und dieses Wissen setzte der König ebenso bei seinen Generälen voraus wie beim jüngsten Kornett. Sein eigener Ordonnanzoffizier mit dem verräterischen Namen hatte mit dem Feinde drüben korrespondiert. Das genügte. Einzelheiten spielten hier keine Rolle: Das Kriegsgericht sollte untersuchen und urteilen. Diese Untersuchung wie das Urteil erfolgten. Für Sentiments, die der Roman braucht und kultiviert, war hier kein Raum. Hier galt nur die Staatsraison – und Er, der König.

Diese Prämisse war im achtzehnten Jahrhundert keine preußische Erfindung. Das Genie bediente sich ihrer nur mit härterer Konsequenz. So gesehen, war Trenck allerdings ein Opfer, wenn auch kein unschuldiges. Er mußte für sein Abenteuer bezahlen.

Gewiß mag also sein Schicksal als beispielhaft gelten – keinesfalls aber für die gern zitierte »bösartige Hintergründigkeit« des Preußenkönigs. Wer eine solche in Trencks Schicksal suchen wollte, käme nicht auf seine Kosten.

II

Was also steht in Trencks Memoiren – was nicht? Wo »irrt« er sich nur – was hat er offenbar in die spätere Veröffentlichung hinein retuschiert?

Die vorliegenden Memoiren sind die von Trenck nach seiner Befreiung aus der Erinnerung neu aufgezeichneten Zusammenfassungen, bewußt romanhaft ausgeschmückt und geschrieben im Hinblick auf ihre spätere Veröffentlichung als großartige Rechtfertigung – nicht zuletzt um der Rückgewinnung seiner in Österreich und Preußen konfiszierten Vermögenswerte willen; wobei sich auch in den verschiedenen Originalausgaben unterschiedliche Schilderungen finden.

Vor allem aber hatte er schon während seiner Magdeburger Gefangenschaft in mehreren, ihm überlassenen Bibeln neben religiösen, philosophischen und satirischen Aufzeichnungen (übrigens ganz entsprechend der aufgeklärten Denkweise seines Meisters Friedrich) in Versen und Prosa auch tagebuchartige Eintragungen über sein Schicksal gemacht. Nach seinen Memoiren sollen es acht bis zehn – nach anderen Angaben insgesamt nur drei – solcher Bibeln gewesen sein, die der Gefangene während seiner neunjährigen Einkerkerung mit den verschiedensten Texten, vor allem autobiographischen Inhalts, beschrieben hat. Die Bibeln, die man offensichtlich während der Haft konfiszierte, gelangten an den Landgrafen von Hessen-Kassel, von dem sie Trenck nach seiner Entlassung im Jahre 1763 zurückerhielt.

Die eine dieser »Blutbibeln« befand sich bis 1945 im sächsischen Schlosse Moritzburg, wo sie bei der russischen Plünderung verlorenging. Die letzte tauchte in den sechziger Jahren nach Neu-Erscheinen dieser Ausgabe der Trenck-Memoiren in Berlin auf. Ihre Geschichte stellt ein Abenteurer-Schicksal für sich dar:

Anläßlich der Versteigerung des ostpreußischen Gutes Schakaulack im Jahre 1935 wurde der Folioband zusammen mit Zinngeschirr aus dem Trenckschen Familienbesitz vom Vater des jetzigen Besitzers erworben, bei der großen Flucht 1945 aus Ostpreußen mitgenommen und dann bei Wittenberg vergraben. Dennoch fand man die Kiste, brach sie auf und plünderte ihren Inhalt. Die Bibel ließ man zurück. Der Sohn brachte sie später in die Bundesrepublik, wo sie zunächst dem Herausgeber und Autor dieses Kommentars angeboten und endlich im Jahre 1976 an das Geheime Staatsarchiv in Berlin-Dahlem als Depositum übergeben wurde.

Diese letzte Bibel – 22 cm hoch, 13 cm breit und 8 cm dick – trägt auf zahlreichen durchschossenen Seiten (beim Binden für Notizen eingelegte Leerseiten) dichte Zeilen einer zierlichen Schrift in bräunlichem Farbton.

Die verschiedensten Texte enthalten vor allem Rechtfertigungen, Bittschriften, Schilderungen der Lebensgeschichte des Gefangenen, Mitteilungen an Verwandte und überdies – im zweiten Teil – über *fünfhundert* zum Teil mehrsprachige Gedichte mit ernstem wie auch scherzhaftem Inhalt und vorangestellten, briefmarkengroßen Miniaturen; dazu ein halbseitiges »Gemälde«, aus dem bereits früher kleine Teile herausgeschnitten worden sind. Dazu finden sich Hinweise darauf, daß der Gefangene zum Schreiben Blut und angespitzte Hölzchen oder Zähne seines Kammes verwendet habe, so zum Beispiel: *ich beschwöre dich demnach mit diesem Blute, womit ich schreibe …*

Oder:

Die Feder heißt mein Zahn, wie mich des Schicksals Rachen, zur Dinte kann ich Blut, Verlust zu Vortheyl machen ...

Oder:

Die Mahlerey verstehe ich nicht, und wenn ich sie verstünde so wäre mein Blut keine Farbe, und ein Stückchen Holz kein Pinsel um schön zu mahlen ...

Und schließlich nach seiner Unterschrift:

sanguine proprio

Mit eigenem Blut

Abgesehen von der Tatsache, daß derart umfangreiche Niederschriften mit Menschenblut, wie sie in der Trenckschen Bibel vorliegen, bisher nicht bekannt wurden, hat sich auch der Zustand der Spuren, das heißt: der Farbton, überraschend erhalten. Während Blutspuren üblicherweise nach dem Austrocknen unter Lichteinwirkung ihre Farbe rasch von Rotbraun zu Grau hin verändern, bewahrten sie hier die braunrote Tönung. Offenbar konnte das Blut nach dem Aufbringen rasch antrocknen, wie es im zugeschlagenen Buch unter Lichtabschluß trocken aufbewahrt blieb. So bedeuten diese Trenckschen »Blutbibeln« nicht nur Dokumente von erschütternder Unmittelbarkeit, sondern auch von historischer Zuverlässigkeit.

*

Wie nun verhält es sich mit zeitgenössischen Bestätigungen und Zeugnissen von anderer Hand für Trencks Geschichte – und besonders für die ergreifende Liebesromanze mit der schönen Schwester seines so ruhmreichen wie eigenwilligen Souveräns und Kriegsherrn?

Tatsächlich könnten sich – von Trenck durchaus beabsichtigt – in den Memoiren zahlreiche Passagen auf die Prinzessin Amalie und ihre geheimnisvolle Hilfe, vor allem auch in finanzieller Hinsicht, beziehen. Der Kavalier Trenck selbst hütet sich allerdings, den Namen in anderen als offiziellen Anlässen zu nennen und erwähnt immer nur seine »hohe Freundin in Berlin«, manchmal auch nur einen »Freund«.

Was wir an direkten Hinweisen finden, stammt bei näherer Betrachtung aus späterer Zeit – also aus dem Zeitraum nach Friedrichs Tod und der Veröffentlichung von Trencks Memoiren; bei deren damals beträchtlicher Verbreitung wäre also eine gewisse Rückwirkung auf die Zeitgenossen durchaus möglich. Im Gegensatz zu allen anderen Aufzeichnungen aus dem Kreise um Amalie enthalten als einzigen Beitrag einer Person des Berliner Hofes lediglich die Tagebücher der Gräfin Voss eine konkrete Bemerkung. Natürlich kannte sie die Prinzessin Amalie aus nächster Nähe. Wir finden in ihren Aufzeichnungen über die einst so reizende Lieblingsschwester des Königs die wörtliche Eintragung:

Die arme Prinzessin, welche für die Befreiung des schönen, tollkühnen Abenteurers so große Treue und Aufopferung bewies, schien ihre ganze Liebesfähigkeit in dieser einzigen Neigung erschöpft zu haben. Von Kummer und frühzeitiger Kränklichkeit verdüstert, war sie nach und nach so schroff und bitter geworden, daß sie nach einem Epigramm ihres Bruders Heinrich nur noch »la fée malfaisante« hieß und durch ihre Torheiten und ihr argwöhnisches Mißtrauen bald der Schrecken des ganzen Berliner Hofes war ...

Doch hat hier, wie gesagt, der Herausgeber um die Mitte des neunzehnten Jahrhunderts die allzu populäre Mär in die Handschrift der alten Gräfin hineinkolportiert. Das Original weiß nichts davon.

∗

Zurück zu den Tatsachen. Im Winter 1743, der von Trenck angegebenen Zeit der großen Begegnung mit der Dame, war Trenck also vermutlich noch nicht in Berlin, und keinesfalls Offizier. Danach will er die schöne Freundin oft in Berlin besucht und in reichem Maße Geld von ihr erhalten haben. Und der König soll gelächelt haben, wenn unser Kornett zu spät zum Dienst erschien ...

Am 15. August 1744 zog Trencks Regiment in den (Zweiten Schlesischen) Krieg. Es wären also kaum drei Wochen geblieben, in denen sich der gerade erst zwei Wochen vorher ernannte Kornett mit seiner Prinzessin der so großen wie geheimen Liebe hingegeben hätte.

Nach Disziplinlosigkeiten und Duellen, bei denen der König, Trenck zufolge, immer großzügig ein Auge zugedrückt hatte, ereilte den jungen Offizier nach der Schlacht von Hohenfriedberg, an der er teilnahm, das Geschick: Trenck geriet durch abgefangene Briefe in den Verdacht, nicht nur mit seinem Vetter, dem auf der feindlichen Seite kämpfenden Pandurenoberst, zu konspirieren, sondern auch die Desertion zu planen.

Wobei auch hier bei Trencks Darstellungen Widersprüche erkennbar werden. Bei dem – vom König so böse mißverstandenen – Briefwechsel mit dem Panduren sei er zum Opfer des neidischen Chefs, des Rittmeisters Jaschinsky, geworden. Hier spricht der Autor auch von dem angeblichen Testament des Panduren, das zum eigentlichen Ausgangspunkt allen Unheils geworden sei. Der Pandur, so Trenck in seinen Memoiren, sei im Jahre 1743 in Bayern »schwer blessiert« worden und habe daraufhin sein Testament gemacht ...

Dazu die Tatsachen: Der Pandurenoberst wurde nachweislich erst im November des Jahres 1744 bei Neu-Kolin verwundet, und sein Testament setzte er erst vor seinem Tode, im September 1749 auf.

Allerdings gab es auch noch ein Testament von dem Vater des Panduren, Johann Heinrich, also dem Onkel des preußischen Trenck, vom 11. Februar 1743, in welchem er seinem Sohn, dem Panduren, den preußischen Friedrich von der Trenck *substituierte* (vorschlug), »falls der Pandur ohne männliche Erben sterben sollte«. In den Memoiren taucht das Testament des Onkels erst im Zusammenhang mit den Streitigkeiten auf, in die der preußische Trenck in Wien um das Pandurenerbe hineingeriet ...

Wie auch immer: Die Korrespondenz mit dem Pandurenvetter während des Krieges mußte den Kornett Trenck in Verdacht geraten lassen.

Am 26. Juni 1745 übermittelte der König an den Glatzer Festungskommandanten General Fouqué die Ordre:

Verwahrt sehr streng diesen Schelm; er hat bei seinem Onkel Pandur werden wollen.

Friedrich verwechselte dabei Onkel und Vetter.

Diese Ordre ist das einzige Dokument über Trencks Arrestierung. Demgegenüber bleibt Trencks Angabe, daß er noch an der Schlacht bei Soor am 30. September teilgenommen habe – die er außerdem ganz falsch beschreibt – dichterische Erfindung. Als Grund des Arrestes gibt auch Trenck den Briefwechsel mit dem Panduren an. Ein kriegsgerichtliches Verfahren fand in Glatz wohl nicht statt; doch ließ der Tatbestand einer – gleich wie gearteten – Korrespondenz mit dem Feinde die Festungshaft als begründet erscheinen. Wäre dem nicht so gewesen, hätte Trenck sich nicht zu bemühen brauchen, diesen Kontakt als harmlos oder sogar als teilweise Fälschung hinzustellen.

Abgesehen von ungenauen Angaben der Testamente des Panduren-Vetters durch den preußischen Trenck soll nach Darstellung eines seiner Verwandten (des Bruders seines Schwagers), eine direkte Aufforderung von seiten des Panduren vorgelegen haben, Trenck möge in österreichische Dienste treten. Der Kornett soll zwar diesen Brief dem Könige gezeigt, dafür aber andere unterschlagen haben und deshalb festgenommen worden sein.

Es war die Zeit, da der Pandur Friedrich die gefährlichsten Verluste beibrachte. Das naive Verhalten seines blutjungen Kornetts konnte in den Augen des königlichen Oberbefehlshabers nichts anderes als einen unverzeihlichen Vertrauensbruch, wenn nicht Schlimmeres bedeuten. Die Glatzer Festungshaft sollte den allzu Unvorsichtigen zur Einsicht bringen. Daß Trenck dort unter schärfster Beobachtung stand, daß der dem König persönlich befreundete Fouqué den hitzköpfigen »Verräter« nicht mit Samthandschuhen anzufassen gesonnen war, versteht sich von selbst.

Ein und ein halbes Jahr blieb Trenck in der Glatzer Haft. Zweimal mißrieten seine Fluchtversuche; beim dritten Mal gelang es ihm – gemeinsam mit einem Leutnant Schell – auf abenteuerliche Weise nach Böhmen zu entkommen.

Seiner Lebensgeschichte zufolge will Trenck auch in Glatz mit dem »Gegenstand seines Herzens« in Verbindung geblieben sein. Diese hohe Person soll den Argwohn des Königs mißbilligt und dem unschuldig Eingekerkerten 1000 Dukaten übersandt haben; die Korrespondenz sei im übrigen durch niemanden behindert worden ...

Daß ein solcher Briefwechsel und unter solchen Umständen in dieser Zeit mit einer Berliner Dame – oder gar einer Schwester des Königs, obendrein durch Vermittlung von Boten, ebenso wie die unbemerkte Zustellung einer solchen Geldsumme – möglich war, scheint wenig glaubhaft. Außerdem zitiert Trenck noch einen Brief der Dame, von dem sich niemals eine Spur unter seinen beschlagnahmten Papieren fand. Hätte er wirklich eine so hohe Gönnerin gehabt – wäre es dann nicht sinnvoller gewesen, weiterhin in Glatz auszuharren und sich mit ihrer Hilfe um die Gnade des Königs zu bemühen – anstatt diese durch die irreparable Desertion für immer zu verwirken und zudem seine Freundin zu komprimittieren?

Im übrigen ist die Schilderung Trencks gerade dieser Ausbruchversuche und der endlich gelungenen Flucht »am Weihnachtsabend« eine der großartigsten und spannendsten Abenteurererzählungen überhaupt, und sicher hat es sich im eigentlichen so zugetragen.

Aber hier stutzen wir schon, wenn wir erfahren, daß der Historiker nachweist:

Diese berühmte Flucht aus Glatz ist in Wahrheit nicht am Weihnachtsabend, sondern am 26. *November* 1746 erfolgt. Kann man sich
als Autor bei einem solchen Ereignis so irren –?

Nun, das Abenteuer blieb, was es war.

Mit dieser Flucht aus der Festung Glatz war jedenfalls für den
preußischen Offizier der Tatbestand der Desertion erfüllt: Er war ja
nicht nur der Gefangenschaft entkommen, sondern er floh ins *feindliche* Ausland. Am 8. Dezember 1746 befahl Friedrich gegen Trenck
und Schell nach Kriegsrecht zu verfahren, nach dem beide in Abwesenheit dem Galgen überantwortet und ihre Vermögen konfisziert
wurden. (Im Jahre 1752 gab der König dann das beschlagnahmte Gut
an Trencks Bruder zurück.)

Nach abenteuerlicher Flucht durch Polen, die Neumark, wo Trenck
seine Schwester aufsuchte und von ihr, beziehungsweise deren Gatten
aus Furcht vor dem König in die eisige Winternacht hinausgetrieben
wurde, dann nach Westpreußen, von da nach Wien, wo eine bemerkenswerte Begegnung mit seinem Pandurenvetter stattfand, entschloß er sich im Herbst 1748 in Nürnberg, in russische Kriegsdienste
zu treten.

So kam Trenck nach Rußland, wo er, eigenen Angaben nach, am
Hofe der Zarin Elisabeth nicht nur eine eindrucksvolle Rolle in der
hohen Politik – als exakter Kenner der Umgebung und Armee Friedrichs – sondern auch in den Armen adliger Damen spielte.

Der Tod seines Pandurenvetters im Oktober 1749 führte ihn wieder
über Schweden, Dänemark und Holland ins Wien der mütterlichen
Maria Theresia, wo ihn das Erbe des Panduren erwartete – unter der
Bedingung, daß er katholisch werden und in Österreich bleiben
müsse. In Stockholm traf Trenck angeblich die schöne Königin
Ulrike wieder, deren Hochzeit der Ausgangspunkt seines Glückes
und seiner Leiden gewesen sein sollte . . .

III

Es erscheint angebracht, hier – über die in den Memoiren des preußischen Vetters enthaltene Pandurengeschichte hinaus – auch einiges aus nicht ganz so persönlicher Sicht über den österreichischen Trenck, der ja gleichsam als zweite Bezugsperson für das Schicksal des jungen friderizianischen Kornetts gelten darf, einzufügen.

Wir erinnern uns an den Großvater unseres Trenck, den brandenburgischen Rittmeister Christian Albrecht, dessen Sohn der Vater des friderizianischen Helden war.

Dessen jüngerer Bruder, also der Onkel unseres Trenck, der an den Türkenkämpfen um Wien 1683 teilgenommen hatte, wechselte zur österreichischen Seite über, und damit zum anderen Glauben. Anfangs Platzkommandant in Süditalien, kämpfte er bei Peterwardein und ließ sich als Kommandant der Festung Brod an der Save nieder, nachdem diese 1691 den Türken abgenommen worden war.

Hier nun wuchsen auch die Söhne des Kommandanten auf, dessen dritter, Franz Seraph von der Trenck, am 1. Januar 1711 in Reggio di Calabria geboren worden war. Als dieser, achtzehnjährig, als Fähnrich ins österreichische Heer eintrat, war es für Eltern und Umwelt wie eine Erlösung: Der spätere Räuberhauptmann zeigte bald seine Qualitäten. Ähnlich dem preußischen Vetter Friedrich übte sich der draufgängerische Fähnrich früh in Duellen und standesgemäßen Ungebärdigkeiten gemäß seiner eigenen Auffassung vom Herrentum.

1731 erbte Franz die Herrschaft Prestowacz nahe Brod an der Save; bald darauf heiratete er eine Tochter des Festungskommandanten von Peterwardein, eine Baronesse von Tillier.

Die junge Gattin samt vier der Ehe entsprossene Kinder segneten in kurzer Frist das Zeitliche – so hielt den abenteuerlustigen Offizier nichts, wieder in den ihm so vertauten Kriegsdienst zurückzukehren. Da im österreichischen Heer sein Ansehen nicht das beste war, fand er bei den Russen Aufnahme. Dort handelte er sich in Kürze infolge eines Ohrfeigenduells mit seinem Obristen das Todesurteil wegen Rebellion ein, was im Jahre 1740 geschah. Im letzten Augenblick begnadigt, degradiert und zugleich auf Lebenszeit aus dem Zarenreich verbannt, zog er sich zu seinem Vater nach Leutschau im Zipser Land zurück.

Als der junge Draufgänger dort eine Räuberschar, die das väterliche Gut überfiel, so nachdrücklich auf die Finger klopfte, daß er wieder einmal den Kadi im Genick spürte, begab er sich schleunigst nach Wien, um seine Dienste der gerade zu dieser Zeit arg bedrängten Kaiserin anzubieten, die solcher Rabauken in ihrem Kampf gegen Bayern, Sachsen, Spanien und Sardinien bedurfte, die auf das Erbe ihres Vaters Karl VI. Ansprüche anmeldeten – was, mit wesentlich greifbarerem Erfolg, auch der junge preußische Friedrich sogleich in die Tat umsetzte, indem er kurzerhand in Schleisen einfiel ...

Der mutige Freiherr Franz von der Trenck unternahm es nun, auf eigene Kosten aus zum Teil pardonnierten Räubern eine Truppe von tausend »Panduren« – genannt nach dem Dorfe Pandur – auszurüsten, die er jetzt als stolzer Major von Slavonien nach Wien führte.

Allein die Berichte über das Exterieur dieser verwegenen Elitetruppe reichen hin, den Betrachter in gelinden Schrecken zu versetzen. War schon die Zusammensetzung aus Panduren, Kroaten, Dalmatinern, Warasdinern und ehemaligen echten Räubern buntscheckig genug, so galt dies in noch unheimlicherem Maße für ihr Aussehen. Während sie sich an Wildheit und Grausamkeit durch bemerkenswerte Einmütigkeit auszeichneten, verriet ihr äußerer Aufzug um so individuellere Note: Einige trugen rote, schwarze oder braune Kappen, andere hohe schwarze Hauben mit links herabhängenden Seitenflügeln. Unter roten, schwarzen oder braunen Mänteln präsentierten sich nackte Füße mit Riemensandalen. Bei anderen wieder bedeckte über blauen, grauen oder braunen Hosen ein zerrissenes Leibchen oder ein ungarischer Dolman ihre ansonsten nackte Heldenbrust.

Das einem Henkersschwert ähnliche Schlachtmesser an der Linken, dazu Patronentasche und langes Schießgewehr bildeten die kriegerische Wehr. Während sie ihren männlichen Stolz, nämlich die schwarzen zottigen Brusthaare, in Zöpfen geflochten zur Schau trugen, war das Haupthaar bis auf einen kleinen Türkenzopf am Hinterkopf völlig geschoren. Mitunter hingen auch zwei dieser Zöpfe rechts und links über die Ohren, wozu der furchterregende Schnauzbart gleichsam als letzte Abrundung des modischen Bildes das seinige hinzu bot ...

Inmitten solch volksnaher Gefolgschaft schuf sich nun der Pandur Trenck den eigenen Ruhm, der den Bewohnern der lebensfrohen Kaiserstadt an der Donau mehr oder weniger wohlige Schauer über den Rücken jagte. Und ähnlich, wenn auch auf weniger wohlige Art, geschah es überall, wo die schreckliche Bande auf dem Kampfplatz erschien.

Bald brachte es die Beutegier und Brutalität des Anführers dahin, daß man ihn – da sich kein Vorgesetzter mit solcher Truppe einzulassen gewillt war – auf der Festung Glatz zu Schanzarbeiten einsetzte. Das geschah wenige Jahre, bevor sein preußischer Vetter Friedrich von ebendort als Gefangener die abenteuerliche Flucht bewerkstelligen sollte ...

Für die Pandurenmeute fand man dann ein passenderes Betätigungsfeld: Maria Theresia benötigte sie im Kampf gegen ihre preußischen und mit diesen verbündeten bayerischen und französischen Gegner. So geschah es, daß

seit den Schrecken des Dreißigjährigen Krieges besonders in den Städten Traunstein, Lenggries, Zwiesel und Regen im Bayerischen Wald kein solches Unheil mehr geschehen war,

wie es nun mit dem Pandurenhaufen des jetzigen Oberstleutnants Franz von der Trenck über die unglücklichen Bewohner dieser friedlichen Landstriche hereinbrach.

Als Trenck erfuhr, daß man im Städtchen Cham die löbliche Absicht erwog, ihm mitsamt seinen Anführern anläßlich eines Festmahles blutigen Garaus zu machen, gab der Herr Obrist »die Stadt frei«. Was das zur Folge hatte, erzählte man sich schaudernd noch hundert Jahre später ...

In der folgenden Zeit nahm es der Pandur mit der vielfachen Übermacht regulärer preußischer Truppen auf; im übrigen fing er französische Generäle und eroberte Festungen, brandschatzte, mordete, plünderte und vergewaltigte mit seinen Horden nach Herzenslust – bis er im böhmischen Dorfe Soor am 30. September 1745 dem Preußenkönig mit dessen Truppen gegenüberstand, vereint mit den Österreichern und Sachsen unter Prinz Karl von Lothringen. Die Trenckschen Panduren nutzten die Gelegenheit, sich auf das – leider höchst sorglos angelegte – preußische Lager zu stürzen. Dabei ergatterten sie unter der ergiebigen Beute für ihren Anführer Trenck als besonderes Souvenir das silberne Tafelservice des damals noch eleganten Schönheitsanbeters Friedrich; was für den Anführer später wieder zur Anklage von seiten seiner – stets in ausreichender Zahl paraten – Feinde in den eigenen Reihen führte: Er habe, vom Glanz der allerhöchsten Kostbarkeiten geblendet, fahrlässigerweise den hier so leicht zu fangenden Preußenkönig entlaufen oder sogar, gegen entsprechendes Lösegeld, absichtlich entkommen lassen ...

Friedrich selbst ertrug den Verlust seines Lagers mit Fassung. Seine Antwort auf den Überfall:

»Tant mieux, tant mieux, laßt sich die Freunde damit amüsieren, so hindern sie mich wenigstens nicht an der Hauptsache!«

Dafür gelang es den eifersüchtigen Kumpanen des Panduren, ihren Anführer auf die Anklagebank zu bringen; er mußte eine Geldbuße berappen und sich auf seine Güter zurückziehen.

Doch ein Trenck blieb ein Trenck, gleich auf welcher Seite – und so tauchte der wilde Mann nach dem Friedensschluß von 1745 wieder in Wien auf, wo er alsbald durch seine Gepflogenheiten von neuem die Gemüter erhitzte. Als er dann – ausgerechnet im Theater und in Anwesenheit der mütterlichen Landesherrin – einen seiner Widersacher ungemein wirksam traktierte, war der neuerliche Prozeß fast notwendigerweise schon verloren, zumal der Herr Obrist jetzt auch den Gerichtsvorsitzenden tätlich anfiel und partout aus dem Fenster werfen wollte ...

Das Tribunal endete wieder einmal mit dem Todesurteil. Die Anklagepunkte ergaben ein buntes Potpourri: Betrug, Notzucht, Kirchenraub, Atheisterei, Grausamkeit und Ungerechtigkeit (aber nur gegenüber seinen Offizieren!); weiterhin Bestechungsversuche, Eigenmächtigkeiten und Insubordinationen ... Und wieder einmal milderte man das Urteil zu lebenslänglicher Haft.

So wurde die berüchtigte Festung Spielberg bei Brünn in Mähren zur unfreiwilligen letzten Residenz des Panduren, der es jedenfalls verstand, seiner frommen Monarchin wenigstens noch einige Hafterleichterungen abzuhandeln: Er durfte seine ungeheuren Güter und Besitztümer behalten, ein »standesgemäßes« Leben führen, Geldmittel besitzen und seine tatenlosen Tage recht komfortabel verbringen ...

Aber was konnte ein solch komfortables Dasein einem *Panduren*häuptling an Reizen bieten – ? Ganz ohne Kampf, ohne Raub, ohne alle Gewalttaten – ? In dieser Zeit (1749) entschloß er sich, den preußischen Vetter, den er niemals gesehen hatte, zum Erben einzusetzen. Von der eigenen Familie lebte ohnedies niemand mehr, oder der, wenn er noch lebte, etwas von ihm wissen wollte. *Freunde* kannten ohnedies weder der preußische, noch der österreichische Trenck. Ahnte der Pandur, welche Büchse der Pandora er damit dem teuren Verwandten und friderizianischen Kornett übereignete?

Jedenfalls blieb, trotz aller Prozeßkosten und Schmiergelder in Höhe von 200 000 Dukaten für die höchst einnehmenden Wiener Advokatengauner noch immer ein ansehnlicher Rest, von dem der mehr oder weniger glückliche Erbe seinerseits für unzählige Bestechungen oder Bestechungsversuche, Grundkäufe und weit fragwürdigere Unternehmungen noch mancherlei vertun konnte.

Der geheimnisumwitterte Tod des Räuberhauptmannes, diese offenbar glänzend inszenierte Tragikomödie, erwies sich für den preußischen Vetter wieder als Ursache neuer Risiken und Gefahren, in die dieser wegen des so ersehnten wie ansehnlichen Erbes ahnungslos hineingeriet. Seine unermüdlichen Kämpfe darum wie die so peniblen wie penetranten Nach-Rechnungen bezüglich des ihm angeblich Entgangenen, oder besser: Geraubten bilden in ihrer stereotypen Wiederholung nicht weniger als die Betonung eigenen Edelmutes eines der Grundmotive seiner endlosen Klagelieder und Appelle, die – trotz angebrachter Kürzungen in unserer Wiedergabe – vor allem auch die den Memoiren angefügte Lebensbeschreibung des schillernden Bilderbuch-Banditen als Leitmotiv beharrlich durchziehen.

Was den verstorbenen Panduren angeht, so wurde dieser dank seines frommen Dahinganges – die zeitgenaue Wirkung des Giftes hatte er zuvor sorgsam an einem ihm die Beichte abnehmenden Pater ausprobiert – zunächst in der Kapuzinerkirche der mährischen Hauptstadt Brünn beigesetzt. Im neunzehnten Jahrhundert ließ einer seiner Nachfahren in Wien einen sieben Zentner schweren Metallsarg anfertigen. Er umschloß einen zweiten, gläsernen, der jetzt in einem Gewölbe der Festung Spielberg noch immer die eindrucksvolle Mumie des berühmtberüchtigten Helden birgt.

Den Deckel des reich ausgestatteten äußeren Sarkophages ziert eine Tafel mit dem Familienwappen und der Innschrift:

Franz Freiherr von der Trenck k. k. Oberst und Commandant des Pandurencorps, geboren in Reggio zu Calabrien am 1. Jänner 1711, gestorben zu Brünn am 4. October 1749. Seinem Vorfahren gewidmet vom Grossneffen und seinem Descendenten in Österreich Heinrich Freiherrn von der Trenck, k. k. Major ausser Dienst 1872.

Nach dem letzten Willen des Toten wird in der Kapuzinerkirche in Brünn noch heute an jedem Freitag für den zu ewigem Frieden Eingekehrten eine Messe gelesen, während in der oberpfälzischen Stadt Waldmünchen die Nachkommen der einstigen Opfer an historischer Stätte in liebevoll inszenierten Festspielen den Geist des romantisch überhöhten Panduren Trenck alljährlich auf versöhnlich-heldische Weise beschwören ...

Wurde unser preußischer Trenck – wohl kaum zufolge seiner Person, als vielmehr seiner bemerkenswerten Gaben als Romancier – gewissermaßen zur historischen Figur, so scheint der grausame Hordenhäuptling Trenck als geborener Soldat und »Anführer« noch immer der eindeutigere, sicherlich stärkere Charakter gewesen zu sein. Er brauchte keine hochgestellten Amouren zu kolportieren und den Weihrauch engelsreiner Unschuld über das eigene grundsätzlich durch eifersüchtige Monarchen oder böswillige Neider verpfuschte Leben zu verbreiten. Der schreckliche Mannskerl Franz Seraph blieb von Anfang bis zum hochstilisierten Ende eine runde, schlimme Person – eben »Trenck, der Pandur«.

IV

Die schlesische, jetzt also preußische Festung Glatz, wo die fruchtbare Oder-Ebene von den böhmischen Bergen begrenzt wird und wohin zuvor die Panduren samt ihrem Hauptmann Franz Seraph zum Schanzen abgeschoben worden waren, wurde für den friderizianischen Kornett zum Scheitelpunkt seines Lebens: War er bisher ein rauflustiger, unbedachter Kornett, dessen Streiche und Ungeschicklichkeiten durch die nicht außergewöhnliche Festungshaft gesühnt werden sollten und konnten, so wurde er nun zum Deserteur und Landes-, wenn nicht Hochverräter und hatte im Grunde sein Leben, jedenfalls seine Zukunft als Offizier für alle Zeit verwirkt. Das »Glück« des gelungenen Entkommens – dieses mit aller dichterischen Freiheit glänzend geschriebene Kapitel einer Abenteurer-Karriere, die nicht umsonst Casanova zum Vorbild seiner Flucht aus den berüchtigten venezianischen Bleikammern diente, wie er sich auch in seinem eigenen Bericht später als »Der zweite Trenck« bezeichnete – diese gelungene Befreiung, auf die sich Trencks Berühmtheit gründete, war ebenso der Weg ins große Abenteuer, aus dem es zuletzt keinen Ausweg mehr gab.

In Wien erwuchsen dem Heimatlosen nun aus dem Panduren-Erbe, wie wir sahen, unerwartete Schwierigkeiten. Obwohl Trenck die ursprünglichen Bedingungen des Testaments erfüllte – Übertritt zur katholischen Kirche und Seßhaftigkeit in Österreich – behandelte der österreichische Fiskus die Güter des Franz von der Trenck als Besitz der ungarischen Krone. Der ihm zum Schluß zugesprochene restliche Erlös reichte dann gerade hin, für den Betrag von 56 000 Gulden die niederösterreichische Herrschaft Zwerbach bei Melk an der Donau zu erwerben ...

Noch während der von Trenck selbst so dramatisch beschriebenen Intrigen und verwirrenden Kämpfe mit dem korrupten österreichischen Fiskus um das Panduren-Erbe will unser Held von dem preußischen Gesandten Podewils (einem Neffen von Friedrichs Minister) ein Angebot erhalten haben, er könne straffrei nach Berlin zurückkehren.

Nach den Akten Podewils' hingegen stammt die Bitte um Gnade von Trenck selbst. Der Brief des Gesandten an den König vom Jahre 1750, Trencks Anfrage betreffend, lautet:

Er hat mich ersucht, ihn mit der demütigen Bitte um Begnadigung zu Ew. Majestät Füßen zu legen; er rechne, mit ihrer Hilfe über 60 000 Taler aus der Erbschaft seines hier verstorbenen Onkels zu erhalten, und sei entschlossen, sich mit diesem Gelde in Ew. Majestät Lande zu begeben, so bald er seinen Pardon erhalten habe.

Als Entschuldigung fügte Trenck hinzu, man habe ihm die Glatzer Festungshaft als »lebenslänglich« hingestellt.

Der König erklärte sich zum Pardon bereit – unter der Bedingung, daß Trenck in völliger Zurückgezogenheit in Ostpreußen Wohnsitz nehmen und sich nie wieder um Eintritt ins Heer bemühen werde. Nach dem Bericht von Podewils sagte Trenck zu, und Podewils kündigte am 9. Januar 1751 dessen Abreise an.

Sie erfolgte nicht. War es, weil sich Trenck zuletzt in Österreich im Besitz des fürstlichen Pandurenerbes, das ja auch riesige Ländereien umfaßte, doch mehr versprach als in Preußen, wo offenbar die hohe Freundin keine solche Rolle mehr spielte – ?

Jedenfalls bewarb sich Trenck zwei Jahre später, als der Erbschaftstraum trister Realität gewichen war, bei Maria Theresia um eine Rittmeisterstelle: Er erhielt sie in einem ungarischen Regiment.

Das wieder schuf auch für Friedrich eine neue Rechtslage.

Und nicht nur das: Der König mußte erfahren, daß sich derselbe Trenck nach Rußland, an den Hof seiner, Friedrichs, ärgsten Feindin, der Zarin Elisabeth, begeben habe, die gerade jetzt mit allen Mitteln den Krieg gegen ihn vorbereitete. Nach Friedrichs Informationen mußte Trenck durch sein intimes Verhältnis mit der Kanzlerin Bestuchew dort zweifellos auch die Möglichkeit wahrnehmen, vom Deserteur zum Staatsverräter abzusinken. Aus welchen Gründen sonst hätte er diese Reise angetreten?

Als im März 1754 Trencks Mutter in Ostpreußen starb, beschloß er, seine Erbansprüche geltend zu machen. Da er seit der Glatzer Flucht und seinem Eintritt in die österreichische Armee zu Recht die Heimat nicht mehr aufzusuchen wagte, begab er sich auf die kaum weniger riskante Reise nach dem – damals der polnischen Krone unterstehenden – Danzig, um sich dort mit seinen vier jüngeren Geschwistern zu treffen und die Erbangelegenheiten zu regeln.

Am 12. Juni desselben Jahres meldete der sehr einflußreiche preußische Resident Reimer nach Berlin: Trenck sei in Danzig aufgetaucht und halte sich bei dem Kaiserlichen Residenten Abramson auf. Wegen einer unbezahlten Schuld war Trenck bei dem Residenten angezeigt worden. Das Auswärtige Department in Berlin trug wegen der Verhaftung eines – jetzt – österreichischen Offiziers Bedenken. Die Zeichen zwischen den Großmächten und Preußen standen bereits auf Sturm. Dennoch verfügte der König nach Vorlage des kriegsgerichtlichen Urteils aus dem Jahre 1747 an den Minister von Finckenstein die Arretierung. Darauf erging am 2. Juli 1754 an die Stadt Danzig die offizielle Aufforderung, daß der *ruchlose Mensch zur wohlverdienten Strafe für verschiedene enorme Verbrechen* an den Residenten »auszuliefern« sei.

Zu der überspitzten Anklage-Formulierung wäre zu bemerken, daß sich Trenck gerade in dieser Zeit nicht nur in Wien, sondern gerade auch in St. Petersburg mit seinen prahlerischen Aktivitäten (vor allem als angeblicher Liebhaber der Gattin von Friedrichs Todfeind, des russischen Kanzlers Bestuchew) allzu naiv gebrüstet hatte. In solcher Gewitteratmosphäre mußte Friedrich diesen Mann als politische Gefahr ansehen. Die verschiedenen Wiener, Petersburger, Danziger Geheimberichte – und nicht zuletzt die Darstellungen Fouqués von der raffiniert vorbereiteten Glatzer Flucht – taten das ihrige. Im übrigen galten nach preußischem Gesetz Fahnenflüchtige auch in den Nachbarstaaten für vogelfrei.

In seinen späteren Memoiren behauptete Trenck, daß seine Verhaftung schon vor seiner Abreise aus Ungarn – mitsamt dem bereits angefertigten Leichenstein in der Magdeburger Zitadelle – vorbereitet gewesen sei. In Wahrheit ergab erst die Anfrage des Danziger Residenten den Anlaß zu der Unternehmung, gegenüber der sich Trenck mit dunklen Andeutungen als durchaus unschuldiges Opfer der königlichen Privatrache wegen seiner Beziehung zu der Schwester Friedrichs erweisen wollte – was die spätere Legende nur zu bereitwillig bestätigte. Außerdem hätte ihn der König dieserhalb keineswegs derart bestrafen können und dürfen – so absoluter Willkür wäre Friedrich weder willens noch imstande gewesen. Schon Thomas Carlyle, der sich sehr wohl mit der Sache, als sie ihm zu Ohren kam, befaßte, erkannte diese Darstellung als *fibbing,* also Flunkerei ...

*

In der Nacht vom 5. zum 6. Juli wurde Trenck in Danzig aufgehoben; am 22. traf er in Berlin, und kurz darauf in Magdeburg ein.

Am 24. Juli 1754 erging folgende Ordre des Königs an den Magdeburger Kommandanten, den Generalmajor von Borcke:

Ich befehle hierdurch, daß, wenn Euch ein gewisser Arrestant namens Trenck, mit dieser meiner Ordre abgeliefert werden wird, Ihr solchen zum Festungsarrest auf der Citadelle sogleich annehmen und im übrigen es seinetwegen dergestalt halten sollet, wie Euch meine Willensmeinung deshalb schon bekannt gemacht worden ist.

Die vorherige Ordre, auf die der König anspielt, ist nicht bekannt; jedenfalls nimmt auch der am 25. Juli erfolgte Bericht des Kommandanten Borcke an den König auf sie Bezug:

Ew. Kgl. Maj. haben mir allergnädigst bekannt gemachet, welchergestalt ein gewisser v. Trenck zum Arrest auf hiesiger Citadelle anhero geschickt werden würde, und dabei allergnädigste Vorschrift zu ertheilen geruhet, wie es mit ihm und seiner Verwahrung in einem festen und besonderen Behältnis gehalten werden soll. Wie nun diesem Ew. Kgl. Maj. hohen Befehl zu allerunterthänigster Folge ich sofort, jedoch in möglichster Stille und ohne allen bruit, ein Behältnis auf hiesiger Citadelle aptiren lassen, welches allerhöchst Dero Vorschrift gemäss und von der Beschaffenheit ist, dass menschlichem Ansehen nach, aus solchem zu entkommen, keine Möglichkeit vorhanden, sothanes Behältnis auch nunmehro völlig fertig ist; als habe solches hierdurch allerunterthänigst melden sollen.

Tatsächlich war Friedrich jetzt rücksichtslos; nach den Glatzer Erfahrungen mußte jede Möglichkeit einer Wiederholung der damaligen Fluchtversuche von vornherein mit allen Mitteln unterbunden werden. Hatte er schon gleich nach Trencks Auslieferung persönlich an Borcke genaue Angaben über die Beschaffenheit des vorzubereitenden Kerkers geschickt, so antwortete er jetzt umgehend, 5 Tage später, noch einmal mit präzisen Einzelheiten, die Haft betreffend:

Ich habe Euer Schreiben vom 25. dieses erhalten. Da nunmehro der Trenck Euch bereits abgeliefert sein wird, so wiederhole ich hierdurch alle diejenigen Précautions, so ich Euch seinetwegen in meinem vorigen Schreiben bekannt gemachet habe, und will, dass Ihr zugleich dessen Arrest auf dortiger Citadelle so geheim als möglich halten, alle bruits deshalb supprimiren und es so dirigieren sollet, dass Niemand eigentlich wissen können ob dieser Arrestant noch dort sei oder wo er eigentlich weiter geblieben. Was es sonsten vor ein arglistiger Mensch und wie derselbe imstande sei, auch sonst gute Leute zu debauchiren, davon wird Euch die anliegende Abschrift der ehemals wider ihn erkannten Sentenz völlig überzeugen; welche Ihr ihm auch, wenn Ihr ihn einmal in seinem Behältnis selbst sehen werdet, vorlesen sollet, damit er erkennen müsse, wie man garnicht zur Ungebühr mit ihm procediret habe.

Sonsten sollet Ihr sorgfältig verhüten, damit er nicht mit jemandem weiter spreche, insonderheit durchaus nicht correspondire noch heimliche Briefe oder Zettel empfangen oder durchpracticiren könne. Kein Messer oder auch nur einiges Eisen, womit er bohren oder brechen könne, muss ihm zugelassen werden, worauf Ihr wohl zu vigiliren habet, auch deshalb ihn und sein Behältnis durch einen sehr vernünftigen und verschwiegenen Capitän visitiren lassen sollet, um versichert zu sein, dass es an seinem Behältnis noch alles fest und richtig sei.

Aus diesem wie anderen Papieren geht hervor, wie sehr der König über die Person und Tüchtigkeit des Gefangenen orientiert war; er sieht förmlich die kaum vorstellbaren Aktivitäten dieses von übermenschlich zähem Überlebenswillen erfüllten Gefangenen voraus ...

Am 24. Juli hatte Trenck einen Hilferuf an den befreundeten Wiener Hauptmann Kayser abgeschickt. Natürlich wurde das Papier abgefangen und dem Könige zugeleitet:

Liebster Alter! Das Verhängnis hat mir den letzten Stoß gegeben, und ohne meiner Freunde Hilfe bin ich verloren. Mein Weg geht nach Spandau. Schicken Sie Courier und Estafette auf meine Kosten. Der

Fürst Trautson, mein Vater, mein Feldmarschall (Graf Cordova), Mylord Keith (derzeit englischer Gesandter in Wien, späterer enger Freund Friedrichs und Bruder des preußischen Marschalls) können mir leicht helfen und werden mich nicht verlassen. Meyerenz (Trencks Schwager) hat mich in dieses Unglück gebracht . . . Helft geschwind, liebster Freund! Unser Gesandter in Berlin muss besonders von mir informiert werden. Mylord Keith kann auch viel. Nur eilig, eilig! Bis dato bin ich im Transport sehr honorable begegnet, doch nicht überall. Ich bin ohne jedes Geld. Adieu verlassener Greis, wenn ich nicht bald los bin!

Auf den besagten Schwager Meyerenz werden wir noch zurückkommen. In den späteren *Memoiren* Trencks taucht die Figur nicht auf; sie paßte nicht mehr ins neue Konzept des Autors.

Der kaiserliche Resident Abramson in Danzig erfuhr erst nachher durch Trencks Diener von dessen Inhaftierung und erhob sofort mündlich und schriftlich Einspruch; er bestand darauf, daß die Auslieferung nur vorgenommen werden dürfe, wenn der preußische Hof mit Wien darüber verhandelt habe.

Trencks Hinweis auf den »Wiener Verrat« in Verbindung mit Friedrichs angeblicher ostpreußischer Reise ist um so fragwürdiger, als der König in diesem Jahr die dortige Revue gar nicht besuchte.

Auf die Mitteilung von Trencks Danziger Arrestierung und den Bericht des betreffenden Generalauditeurs über das konfiszierte und beim Danziger Magistrat verwahrte Eigentum Trencks antwortete der so penible wie korrekte König:

Potsdam, 5. August 1754

Nachdem ich Eurem Bericht vom 3. dieses ersehen habe, was Ihr darin von dem Vorfall, da dem arretirten Trenck von seinen Verwandten in Preußen 500 Thaler Geldes von Königsberg aus auf Danzig zugesandt, solches Geld aber auf Vorstellung meines Residenten zu Danzig wiederum dem Postamt zu Königsberg retour geschicket werden soll, gemeldet habt, so habe ich zuvörderst nach Anzeige der abschriftlichen Anlage dem Postamte zu Königsberg aufgegeben, diese Gelder sogleich nach Berlin zu überschicken und die dazugehörigen Briefe an Euch zu couvertiren. Ich approbiere auch, dass Ihr nach erhaltenen solchen Geldern dem Residenten Reimer die bei Arretirung, Auslieferung und Wegschaffung des Trenck ausgelegte 82 Thaler 16 Groschen, desgleichen dem Wirte zu Danzig, in dessen Gasthofe derselbe logiret hat, die 139 Thaler 16 Groschen, so der Trenck ihm schuldig geblieben, daferne

letzterer sonsten noch nicht befriedigt ist, auszahlen lassen möget; den
von solchen Geldern sodann noch bleibenden Überrest aber sollet Ihr
noch in disposito an Euch halten, bis ich wegen der Auszahlung solches
an die Invaliden-Casse weiter befehlen werde.
   Im übrigen aber ist es allerdings recht und nothwendig, dass diejeni-
gen Verwandten des Trenck in Preussen, welche letzterem wider das
expressive Verbot und wider den Einhalt der Edikte dennoch heimlich
Geld übermachen und zusenden wollen, davor ernstlich angesehen und
ihnen der Process deshalb gemachet werde. Welches alles ich Euch
weiter zu besorgen überlasse.

Sofort nach Trencks Einlieferung in Magdeburg hatte dann der öster-
reichische Gesandte in Berlin, Graf Puebla, offizielle Beschwerde
wegen der Behandlung des Gefangenen erhoben und dessen Freilas-
sung gefordert.
   Friedrichs Antwort: Er habe nicht annehmen können, daß
ein durch infames Betragen aller Ehre und Würde verlustig gewordener
Mensch so effronté sein würde, sich unter respectablen und ehrliebenden
Truppen wieder engagieren zu lassen.
   Der König berief sich auf Trencks bereits im Jahre 1747 erfolgte
Verurteilung und ließ dem Gesandten eine Abschrift des Wortlautes
überreichen. Graf Puebla korrespondierte in dieser Zeit mit dem als
Doppelagent in Berlin tätigen österreichischen Legationssekretär
Maximilian von Weingarten. Friedrich wurde über alles unterrichtet:
Zum Teil lieferte der von ihm bestochene Weingarten seinem Ver-
trauten Fredersdorf die Abschriften, zum Teil wurden die Briefe auf
der Berliner Post geöffnet und dechiffriert. Die Entzifferung führten
die Kabinettssekretäre Coeper und Eichel auf Befehl des Königs
durch.
   Erst im Frühjahr 1756 entdeckte man das Doppelspiel des Diplo-
maten; Weingarten mußte flüchten ...

Ebenso wurde Trencks Korrespondenz mit seiner Schwester, Frau
von Waldow, abgefangen und überwacht. Ein Brief von ihrer Hand
an den Gefangenen ist erhalten:

                      Hammer bei Landsberg a.W.,
                          Ende September 1754
   Mein herzallerliebster Bruder! Seind wir beide denn zum Ungelück
in der Welt geboren? wird Gott unserem Kummer kein Ende machen?
Ich vergehe in Betrübnis wegen Deinen halben, ich bringe Tag und

Nacht mit Weinen und Jammer zu. Gott wird ja mein Gebet und Thränen erhören.

Die Commission, so Du mir giebst, Dir und dem Grenadier Geld zu schicken, wollte von Grund der Seelen gern tun; es ist uns aber bei Festungsstrafe verboten, Dir nicht mit einem Dreier zu helfen. Gott weiss, wie es mir noch gehen wird! So gerne, wie Dir auch nun helfen wollte, so darf es mir nun auf frischer That nicht unterstehn, indem zu viel Feinde habe, und überdem ist die Frau so einfältig gewesen, und gesagt, dass sie von Magdeburg wäre, und hierum ist bekannt, dass Du da sitzest, und werden sie also gleich urtheilen, dass der Bote von Dir ist.

Bitte Gott nur um etwas Geduld, Dein Unglück zu ertragen und glaube, dass ich die andere Commission, so Du mir gegeben [Fürbitte beim König um gelinderen Arrest] *mit meinem äussersten Vermögen und Kräften verrichten werde und so keine Ruhe haben will, bis Dir geholfen weiss. Ich werde diese Woche nach Berlin reisen. Wenn ich es erst nur soweit gebracht habe, dass Dein Arrest gelinder ist, alsdann Gott auch weiter helfen wird. Es ist mir nur lieb, dass etwas Licht habe, worin Dir helfen kann. Du kannst gewiss glauben, dass es geschehen soll. Bis so lange versichere Dir, dass mit aufrichtiger Liebe sein werde Deine aufrichtig liebende Schwester.*

Den Boten habe ich mit 10 Thaler bezahlt.

*

Am 11. November 1754 hatte General von Bonin dem König berichtet, daß der Gefangene erkrankt sei und die letzten Bestimmungen über sein Vermögen zu treffen gedenke; auch wolle dieser Seiner Majestät etwas anzeigen, was Seiner Majestät angenehm sein würde. Der König antwortete, Trenck habe über nichts zu testieren; sonstiges könne er dem General mitteilen.

Auch das gibt zu erkennen, daß es für Friedrich keinerlei »persönliche« Angelegenheiten gab.

Ebensowenig hatte es der König auf Trencks »Vernichtung« abgesehen. Da allerdings auch eine Auslieferung nicht in Frage kam, richtete Friedrich am 1. November 1754 eine Anfrage an den Gesandten des ihm – noch – verbündeten französischen Hofes, den Chavalier de La Touche:

Wie sehr Sie geneigt sind, mir einen Gefallen zu erweisen, weiss ich so genau, dass ich nicht zu zögern brauche, Ihnen die Gelegenheit dazu in einer an sich nicht allzu bedeutenden Angelegenheit zu bieten. Es würde

mir jedoch zur Befriedigung gereichen, wenn Sie sich ihrer in meinem
Sinne annähmen, unter Wahrung völliger Geheimhaltung.

Es handelt sich um einen noch jungen Mann aus guter Familie und
Angehörigen meines Staates, der sich jedoch mir gegenüber so übel
verhalten hat, dass ich allen Anlass habe, ihn an einen Ort verwiesen zu
sehen, wo er weder meinen Interessen schaden noch seiner Familie
Kummer verursachen kann. Da ich den Wunsch habe, eine günstige
Gelegenheit zu finden, um diesen jungen Mann ohne Aufsehen nach
Indien verbringen zu lassen, wäre ich entzückt, wenn Sie diesbezüglich
nach Frankreich schreiben würden um dort, oder wo immer angebracht,
zu sondieren, ob man sich seiner anzunehmen gewillt ist, um ihn ent-
weder zum Sieur Dupleix [Gouverneur der dortigen französischen
Kolonien] *nach Ostindien oder nach den französischen Besitzungen in*
Amerika zu verschicken, wenn ich ihn zu einem geeigneten Hafen
befördern lasse. Er wird für Ihr Land in den Kolonien nicht ohne Nutzen
sein, da er den Degen zu führen weiss und es ihm weder an Geist noch an
Mut fehlt.

Ich hoffe, Sie werden mir diesen Gefallen erweisen und mir zu gegebe-
ner Zeit über die Antwort berichten, die Sie erhalten haben. Ich darf
meine Bitte um strenge Geheimhaltung wiederholen.

Am 27. November folgte die Antwort des Chavaliers de La Touche:
Sire, die Schnelligkeit, mit der mein Hof den Brief beantwortet hat,
den ich ihm in Ausführung der Weisungen E. M. vom 1. d. M. schrieb, ist
ein unzweideutiger Beweis für das Verlangen des Königs, meines Herrn
[Ludwig XV.], *sich Euch selbst in geringfügigen Dingen gefällig zu*
zeigen. Er hat M. de Rouvillé [den französischen Staatssekretär des
Auswärtigen] *angewiesen, mich zu beauftragen, E. M. wissen zu lassen,*
daß Sie die Person, die Sie zu bestrafen und zu entfernen wünschen, auf
dem Wasserwege zum Hafen von Lorient befördern können, an die
Adresse des dortigen Direktors der Companie; dieser wird Anweisung
erhalten, ihn in Empfang zu nehmen und mit dem nächsten Schiff nach
Mauritius oder Pondichéry weiterbefördern zu lassen. Da die Schiffe
des Königs gewöhnlich im Januar und Februar ablegen, ist es erforder-
lich, Sire, dass Sie die Güte haben, mich vom Namen des Schiffes und
dessen Kapitän in Kenntnis zu setzen, wie auch vom Datum der Abreise,
damit ich meinen Hof darüber informieren kann; wenn E. M. noch
besondere Instruktionen zu dieser Angelegenheit zu geben haben,
mögen Sie mir diese zukommen lassen, damit ich sie nach Versailles
weitergebe. Überdies möge E. M. überzeugt sein, dass strengste Ge-

heimhaltung gewahrt werden wird. Man hat es vorgezogen, Sire, die in Frage stehende Person lieber nach Ostindien zu schicken als in die Kolonien des Königs in Amerika, weil sich in letzteren infolge des regeren Schiffsverkehrs häufigere Gelegenheit zur Flucht bietet.

Am 30. November antwortete Friedrich dem Gesandten:
Gerührt habe ich dem Brief, den Sie mir am 27. d. M. zu schreiben geruhten, entnommen, mit welcher Promptheit Ihr Hof auf meinen Wunsch bezüglich des Transportes eines gewissen üblen Subjekts nach den französischen Niederlassungen in Ostindien eingegangen ist, und ich bitte Sie, Ihrem Hof all meine Dankbarkeit zu übermitteln.

Ich hätte nicht versäumt, die Bereitwilligkeit umgehend zu nutzen und die erforderlichen Anweisungen zu erteilen, damit das besagte Subjekt zum Hafen von Lorient befördert werde, wenn nicht der verfrühte Winter, der so ungestüm hereinbrach, jegliches Schiff daran hindern würde, aus meinen pommerschen Häfen auszulaufen. Ich bin daher gezwungen, den Transport der besagten Person bis zum nächsten Frühjahr zu verschieben, oder sogar bis Schiffe wieder von Lorient auslaufen, und ich zweifle nicht, dass Ihr Hof bei seinem Anerbieten bleibt.

Ich bin Ihnen im besonderen sehr verbunden für alle Mühe, die Sie sich in dieser Angelegenheit gemacht haben und ich werde darauf bedacht sein, Sie zu gegebener Zeit über meine diesbezüglichen Wünsche in Kenntnis zu setzen.

Da der König durch seinen Berliner »Kujon«, den österreichischen Legationssekretär Weingarten, Nachricht erhalten hatte, daß der Wiener Hof weitere Schritte plane, die Auslieferung des jetzigen K. und K. Rittmeisters Trenck durchzusetzen, hätte eine solche Verschiffung zu fernen Ufern nicht die schlechteste Lösung bedeutet. Jedenfalls wäre dies aber in dem Fall, daß es sich tatsächlich um ein königliches »Privatgeheimnis« gehandelt hätte, keineswegs der entsprechende Weg gewesen ...

*

Am 9. Dezember meldete der Generalleutnant von Bonin wieder dem König:
Ew. Kgl. Maj. berichte allerunterthänigst, dass der auf hiesiger Citadelle gesendete v. Trenck den 8. septembris, da ich mit Urlaub in Pommern gewesen, den Grenadier Georg Ludwig Fuss beredet, von ihm

3 mit Blut und einem spitzen Holze geschriebene kleine Zettel, welche er aus einer mit Stroh und Zwirn zusammengebundenen Machine durch die Traillen und das Gitter practiciret, an Arestati Schwester, die Wittwe v. Waldow, nach Hammer bei Landsberg an der Warthe zu senden. Fuss hat davor 20 Reichsthaler Botenlohn bekommen und mit dem Grenadier Lindner ein Verständnis errichtet, um ermeldetem Arrestanten das Antwortschreiben der v. Waldow und ein von dem Grenadier verfertigstes Schreiben nebst Papier, Licht, Schwamm und Schwefel zuzustecken. Weil ich aber die Grenadiers derer hier in Garnison liegenden Regimenter vor Arrestaten zur Schildwacht gesetzet, hat deren Vorhaben nicht ausgeführet werden können. Ich habe über Inquisiten ein melirt Kriegsgericht halten lassen, und darin ist Fuss zu 30mal Gassenführen und 2 Jahre Festungsbau, Lindner zu 24mal Gassenführen und 6 Monat Festungsbau, des Fuss Eheweib aber 6 Monat zum Spinnhause condemniret. Ew. Kgl. Maj. überreiche demnach die kriegsrechtliche Sentenz, nebst dem Extract der Acten und dem Originalschreiben der Wittwe von Waldow an Arrestanten, und habe nunmehr solche Anstalten gemachet, dass ich hoffe, es werde Arrestanten ferner unmöglich sein, die geringste Correspondance zu überkommen.

Beigefügt war das Protokoll über die Verhöre von Fuss und Lindner, in dem präzise beschreiben war, wie Trenck seine Botschaften über die Grenadiere hinausbrachte:

Es hätte Arestat sich einer federdicken, sehr langen machine aus Stroh, mit Zwirn zusammen gebunden, bedienet, am Ende derselben die billets befestigt und damit solche über das enge, eiserne Gitter, die doppelte traillen, bis über das Staquet, zu Inquisiten gebracht. Die Zettul wären aus einem Buche gerissen, indem auf einer Seite etwas gedrucktes gestanden. Der Inhalt des billets sei gewesen: »dass die Wittwe v. Waldow bei Sr. Kgl. Maj. vor Arrestaten um einen leidlicheren Arrest intercediren, dem Boten 100 Gulden geben möchte und Arrestat die nach Danzig verlangte 500 Gulden nicht bekommen«.

Ausser diesem hätten die Zettul noch viele lateinische Wörter in sich gehalten, welche aber Inquisit weder lesen noch verstehen können. Mit diesen Zettuls, welche in einem schwarzen Lappen eingewickelt gewesen, habe Inquisit seine Ehefrau bei Hammern bei Landsberg an der Warthe an die Wittwe v. Waldow gesendet, von solcher 20 Rchsthlr. Botenlohn und ein Antwortschreiben an Arrestaten empfangen ...

Fuss und Lindner kommen überein, dass noch ein Schreiben an Arrestaten verfertiget gewesen, des Inhalts: Fuss hätte seine Commission vollbracht und von der Wittwe v. Waldow Antwort erhalten;

Arrestat möchte mehr Geld anschaffen, um davor 2 Pferde zu kaufen und zu dessen Flucht vor hiesigen Thoren bereit halten zu können. In dem Kriegsrecht ist nach Massgebung des 40. Kriegsarticuls und, wie in sententia geschehen, erkannt worden.

Der besagte Kriegsartikel »vor die Unterofficiers und gemeinen Soldaten« vom Jahre 1749 lautete:
Welcher Unterofficier und Soldat einen Arrestanten wissentlich echappiren lässt, soll mit 20 bis 30mal Gassenlaufen und, wenn es eine Capitalsache gewesen, noch mit einige Jahre Festungsarrest bestrafet werden.

Die grausame Buße der geständigen Grenadiere war also wieder nach dem geltenden Kriegsrecht und durchaus nicht auf Grund besonderer königlicher Rache zustandegekommen – was ihre Härte freilich keineswegs mildert.

Friedrich, der laufend Bericht aus Magdeburg erhielt und über alle Fluchtversuche Trencks unterrichtet war, schickte am 29. April 1755 an den Generalleutnant von Bonin noch einmal genaue Anweisungen:
Da ich gewiss weiss, dass der zu Magdeburg auf der Festung arretierte Trenck ohnerachtet aller genauen Aufsicht, so auf ihn gehalten wird, dennoch nicht unterlässet [und] beständighin allerhand Mittel intriguiret, Briefe aus seinem Gefängnis zu practiciren und correspondances zu unterhalten, auch darauf zu arbeiten, um aus dem Arrest zu echappiren, so habe ich vor nöthig gefunden, Euch nicht nur davon zu avertiren, sondern auch zugleich anzubefehlen, dass Ihr sofort dem Obristen v. Asseburg Eures unterhabenden Regiments von meinetwegen auftragen sollet, mit der behörigen Wacht, so aber aus recht zuverlässigen und verschwiegenen Leuten bestehen muss, nach dem jetzigen Behältnis des Trenck zu gehen und solches durch und durch bis auf den geringsten Winkel, auch dessen Lager desgleichen, insonderheit den Fussboden auch sonst überall sehr genau zu visitiren, ob sich bei solchen Spuren oder Merkmale von Löchern oder ohnvermerkt losgemachten Steinen befinden, wo etwa der Trenck Versuche gethan habe, sich durch- oder untenweg auszubrechen. Wie dann auch er sowohl als sein Lager und ganzes Behältnis sehr genau durchsuchet und visitiret werden muss, ob sich darin Feilen oder sonst eiserne Instrumente, wenn es auch nur Nägel oder dergleichen wären, finden, deren er sich zum ohnvermerkten Ausbrechen bedienen könne.

Um aber mit diesem hauptmalicieusen und gefährlichen Menschen noch bessere mesures als bisher zu nehmen und sich seiner gewiss zu versichern, so wird es das beste sein, dass Ihr dessen prison verändert und solchen nach dem Fort Bergen wo der Walrave sitzet, in ein besonderes, durch und durch sehr wohl verwahrtes Gefängnis, so ganz abgelegen und wohin keine oder sehr wenige passage ist, bringen lasset, damit er dergestalt aus aller bisherigen, etwaigen connexion komme und diejenigen, so mit ihm briguiret haben, nicht wissen, wo er eigentlich geblieben sei. Allda er dann mit Ketten an Hand und Fuss an eine Mauer fest und wohlverwahret angeschlossen werden soll, dass er gar nicht an das Fenster noch an einige Thüren kommen, mithin neue practiques machen könne; wie er dann demnächst auch zum öfteren visitiret und wohl nachgesehen werden muss, ob demohnerachtet er nicht auf neue machinationes, um sich loszuhelfen, gearbeitet hat.

Alles übrige, was ich vorhin wegen der mit ihm zu nehmenden sicheren précautions befohlen habe, muss auf das genaueste observiret werden, und ist übrigens mein Wille, dass bei Eurer jetzigen Krankheit Ihr gedachten Obristen v. Asseburg die besondere Aufsicht auf diesen malicieusen Arrestanten committiren sollet, damit er auf das genaueste und mit denen grössesten précautons verwahrt und von aller communication abgeschnitten werde und nicht Gelegenheit finden möge, durch ein ohnvermuthetes Ausbrechen oder andere leichtfertigen Intriguen dem dortigen Gouvernement einen grossen affront zuzufügen und selbiges zugleich zur schweren Verantwortung zu exponiren.

Der König, immer mehr von der tiefen Schuld des Gefangenen überzeugt, zeigte erbarmungslose Härte: Trenck solle also in ein abgelegenes Gelaß verbracht und dort mit Ketten an Händen und Füßen an die Mauer geschlossen werden.

Obgleich man bei der neuerlichen Visitation keine Spuren von Ausbruchversuchen fand, wurde der Delinquent in das vorbereitete Verlies in der Sternschanze gebracht und in der befohlenen Weise angeschlossen.

Trencks erschütternder Bericht dieser Einkerkerung gipfelt in der Schilderung des von giftigen Kalkdämpfen und Nässe erfüllten Verlieses – und jenes niemals bewiesenen, noch irgendwo bestätigten Leichensteines, an dem unter einem eingemeißelten Totenkopf der Name des Delinquenten zu lesen gewesen sein sollte ...

Als Zeugen führt Trenck den Gouverneur von Magdeburg, Prinz Ferdinand von Braunschweig, an. In Wahrheit wurde der Prinz erst im Juni 1755, also fast ein Jahr *nach* Trencks Festnahme in Danzig, Gouverneur von Magdeburg. Ebenso erfolgten die Befehle des Königs erst *nach* Trencks Danziger Auslieferung.

Mag die unheimliche Beschreibung des angeblichen Leichensteines auch der späteren Erfindung des so geprüften wie begabten Autors zuzuschreiben sein – das Vorhandensein eines solchen makabren Requisits wurde in einer 1787 in Lausanne erschienenen »Wahrhaften Beleuchtung« ausdrücklich als Lüge hingestellt – auch ohne diese makabre Zutat bleibt Trencks Leiden furchtbar, grausam, kaum nachvollziehbar.

Und wieder und trotzdem gelang es dem Unermüdlichen, den Fluchtplan weiter zu betreiben und sich täglich seiner Ketten zu entledigen, um bei den regelmäßigen Visitationen unentdeckt zu bleiben. Es gelang ihm jetzt nicht nur, wie wir sahen, neuerliche Nachricht nach Wien auf den Weg zu schicken, sondern auch Pferde in das nahegelegene Dorf Gommern zu bestellen, die ihn nach der baldigen Erlösung dort erwarten sollten ...

Auch von außerhalb des undurchdringlich scheinenden Kerkers gingen die Befreiungsunternehmungen unablässig weiter. So fing man wieder ein vom 23. Mai 1755 datiertes Schreiben des österreichischen Doppelagenten in Berlin, Maximilian von Weingarten, ab, in dem es im Hinblick auf seine offenbar umfangreiche chiffrierte Korrespondenz mit dem Wiener Ministerium hieß:

... Hochdieselbe werden des mehreren daraus ersehen, dass wegen der Passage des Trenck alles mit dem sächsischen Hof auf solche Art concertiret worden, dass, sobald er sich an der Grenze melden würde, er ohn Anfrage passirt, ja ihm sogar zur geschwinden Durchreise alles facilitirt werden sollte. Bis anhero hat Gr(af) Pu(ebla) meines Wissens noch keine Nachricht von ihm weder directe noch indirecte erhalten. Gleichwohl hat er schon nach Wien geschrieben, dass sein Agent die deswegen parat liegende 1000 Gulden erheben solle ...

Sogar die berühmte Sängerin Giovanna Astrua, der Star von Friedrichs Berliner Oper, schien mit dem Fall Trenck befaßt, wie aus einem anderen Schreiben Weingartens vom 24. Juni 1755 hervorgeht:

... Dem mit der Astrua allhier [in Berlin] gewesenen Piemontesischen Savant, namens Imberti, hat Gr. Pu[ebla] auf Vorbitte der Astrua ein Recommandations-Schreiben an den Gr[afen] Esterhazy (österreichischer Gesandter in Petersburg) in Rußland mitgegeben, mit dem

Bedeuten, dass er diesen Menschen, welcher eine Tour im Norden machen und solche mit der Reise nach Rußland anfangen wollte, mit Passeports von dar weiter nach Schweden und Dänemark versehen möchte. Mir kommt dieses Menschen Absicht paradox vor … Ich möchte wohl gerne sehen, dass nachgeforscht würde, welchen Weg er von hier bei seiner Abreise genommen habe, indem er vielleicht chargirt hat werden können, eine détour zu machen und nach Magdeburg zu gehen, umb allda von der Jüdin Heumannin oder aber auf andere Art von dem Sort des Trenck Nachricht einzuziehen …

Diese in den Memoiren Esther Heymann genannte Jüdin schickte Trenck nach eigener Darstellung an seine Schwester, Frau von Waldow; die aufgefundenen Briefe des österreichischen Gesandten, Grafen Puebla, erweisen demgegenüber, daß dieser sie nur benutzte, um Nachrichten über den Gefangenen zu erhalten.

Am 2. September meldete Weingarten dann an den Grafen Puebla:

Wegen des Trenck hat nunmehro, seitdem die Jüdin dem Gr(afen) hinterbracht hat, dass derselbe nach der Sternschanz transportirt und an seine Bettstelle angeschmiedet worden, Gr[af] Pu[ebla] alle Hoffnung fahren lassen und sie mit Bezahlung ihrer Unkosten dimittirt.

Zugleich war Puebla wieder bemüht, preußische Soldaten zu kaufen, die Trenck bei seiner Befreiung zur Seite stehen sollten. Darauf bezog sich ein anderer Brief Weingartens vom 16. November 1755:

Der Mensch … namens Weiss, soll unter dem Lestwitzschen Regiment als Musketier sich befinden, und Gr Pu hat Befehl erhalten, mit denen Trenckischen Geldern, so er in der Hand hat, ihn loszumachen, jedoch ohne eine Ministerial-Affaire darauf zu machen …

Am 1. November des Jahres hatte der König dem Prinzen Ferdinand von Braunschweig, der am 7. Juni als Nachfolger des verstorbenen Generals von Bonin zum Gouverneur von Magdeburg ernannt worden war, eine eigenständige Instruktion zukommen lassen:

Weil in Magdeburg verschiedene Staatsgefangene sind, so müssen des Prinzen Liebden darauf halten, dass solche sorgfältig bewahret bleiben, und dass sonderlich der Trenck nicht von der Kette kommet. Weil auch die Österreicher durch Abgeschickte schon einmal tentiret haben, den Walrave zu salviren, so ist es nöthig, dass auf suspekte Leute, so nach Magdeburg kommen, ein wachsames Auge gehalten wird, besonders aber, dass die Wache sich niemals in der Vigilance bei denselben relachire.

Am 23. Juli 1756 ließ Prinz Ferdinand dem König einen eingehenden Bericht über Trencks Korrespondenzen und Fluchtvorbereitungen zukommen, denen er einen Auszug aus den mittlerweile sich anhäufenden Akten beifügte:

Extract aus denen Acten
die geführte Correspondance und intendirte Flucht des im Stern sitzenden zweiten Arrestanten betreffend.

Die Vorsicht und Sorgfalt, so nur immer auf Gefangene gehabt werden kann, ist zeithero in Ansehung des allhier in der Sternschanze sitzenden zweiten Arrestanten doppelt angewendet worden.

Nichtsdestoweniger wurden am 14. Mai zwei nach Wien an den Doctor Berger [der berühmte Advokat Dr. Perger war der Verteidiger des Panduren-Obersten Trenck gewesen] *und an den kaiserlichen Türhüter Simon Bachet adressirte Briefe dadurch entdeckt und aufgefangen, dass dieselben einen ungewöhnlichen Postcurs über Zerbst nach Wien gehen sollten: aus welchen man ersahe, dass gedachter Arrestant mit der Flucht umgehe und zu solchem Ende verlange, dass ein gewisser Ruckhard* [in der Bibelniederschrift nennt ihn Trenck Gebhard] *den 24. Juni sich in dem benachbarten chursächsischen Orte Gommern* [zwei Meilen von Magdeburg entfernt] *einfinde, Pferde und Knechte in Bereitschaft halten und allda von einem ungenannten Freunde weitere Vorschrift gewärtigen sollte . . .*

Während der Zeit, dass man diese Kundschaft zu Gommern einzog, wurde allhier wegen des Gefangenen alle mögliche précaution mit der äussersten Vigilanz genommen, wodurch es denn geschahe, dass am 28. Juni gegen Abend man in des Arrestanten Gefängnis arbeiten hörete. Er wurde dabei sogleich und dergestalt unvermuthet überrumpelt, dass man ihn nicht nur von seiner Kette losgemacht fand, sondern auch sein sämtliches Werkzeug, welches in 3 Messern und einem Meissel bestand, und womit er bereits ein Stück Bohle aus dem Fussboden losgearbeitet hatte, in der nachhero eingestandenen Absicht, sich alsdenn in der Erde unter dem Fundament der Mauer und denen dahinter stehenden Pallisaden durchzuwühlen, antraf und überdem noch einen in Versen an die Kaiserin-Königin concipirten Brief, worinnen er mit Bezeichnung des Orts seines Aufenthalts um ihre protection bittet, nebst zwei poetischen Fabeln und einen mit Blut geschriebenen Zettel fand, welchen den Titel von einer Final-Instriction vor den Ruckhard führet, und worinnen er den gedachten Ruckhard ersucht, den 11. Juli mit 4 Reitpferden sich von Leipzig nach Gommern zu verfügen und von

*da an denjenigen Ort sich zu begeben, welcher ihm von einem unge-
nannten Freunde und dessen Frauen bezeichnet werden würde ...*

*Sofort wurde alle menschenmögliche Vorsicht angewendet, um der
Sache auf den Grund zu kommen, und deshalb gleich in des Arrestanten
ersten Bestürzung derselbe summarisch vernommen, wobei er gestand,
dass dieser Grenadier, nachdem er von mehrgedachtem Ruckhard,
einem angeblich österreichischen Rittmeister, zu Gommern im April
1000 Reichsthlr. erhalten, ihme durch eine im Drahtgitter gemachte
und am Tage verdeckte Öffnung und das dahinter befindliche Luftloch
die sämtlichen Messer und den Meissel, ingleichen die Schreibmateria-
lien zugesteckt habe ...*

*Ob nun zwar die Inquisition durch alle ersinnliche Mittel fortgesetzt
worden und in solcher der Arrestant zwar schlechterdings dabei verblie-
ben, dass er des Grenadiers Namen nicht wisse noch erfahren habe, so
sind dennoch solche Anstalten vorgekehrt, dass nicht zu zweifeln, es
werde diejenige treulose Schildwacht annoch entdeckt werden, welche
es wagen können, aller Vigilanz ohngeacht, sich in dergleichen Durch-
stechereien einzulassen.*

V

Und wieder schlug das Schicksal, oder der unnachsichtige König, zu.

Wie berichtet, wurden im Sommer 1756 Trencks Unternehmungen
in all ihrer unheimlichen Perfektion – nämlich der bereits bis unter die
Wälle vorangetriebene Stollen – entdeckt. Es war die Zeit unmittelbar vor Ausbruch des Großen Krieges, als die Kuriere aus den
feindlichen Lagern – vor allem aus dem nahegelegenen Sachsen –
täglich mit drohenderen Nachrichten aufwarteten.

Es bleibt dem Leser überlassen, wie weit für ihn der Nachweis
einzelner Unrichtigkeiten in Trencks Darstellungen seiner Magdeburger Qualen – die menschlich eben doch »wahr« sind – wichtig ist.
Der Historiker mißt mit anderem Maß.

Trenck versäumt nicht, immer wieder darauf hinzuweisen, daß er
»ohne Urteil«, also unschuldig und ungerecht, gleichsam als persönliches Opfer des Königs, gefangengehalten worden sei. In Wahrheit
befahl Friedrich aufgrund seiner Fluchtversuche, Bestechungen und
Verbindungen mit Wien am 29. Juli 1756 noch einmal den Zusam-
mentritt eines Kriegsgerichts, das am 4. August entschied:

*... weil Inquisit Friedrich Wilhelm Trenck bereits durch das vorige
Urteil aller seiner Ehren und Würden entsetzt, sein Vermögen konfis-
zirt und er hiernächst zum Festungsarrest condemiret worden, derselbe
nunmehro in Eisen zu schmieden und in solchen auf seine ganze Lebenszeit Festungsarrest halten solle.*

*

Neun lange und schreckliche Jahre verbrachte Trenck im Magdeburger Kerker. Doch wäre er nicht er selbst gewesen, hätte er nicht trotz
allem das Seine getan, nicht nur zu überleben.

Und wieder gelang es dem Unermüdlichen, sich seiner Ketten zu
entledigen; wieder wühlte er sich einen neuen Stollen. Im September
1757, ein Jahr später also, in diesem für Friedrich so verhängnisvollen
zweiten Kriegsjahr, wurde Trencks Tun von neuem entdeckt, Haft
und Kontrolle noch gnadenloser verschärft ... Während er in den
fast drei Jahrzehnten später erschienenen Memoiren von seinen nur
durch »schreckliche Krankheiten« unterbrochenen unermüdlichen
»Herkulesarbeiten« spricht, bezeugt er in der ersten Bibelniederschrift:

*Ich habe mein gegebenes Wort von diesem 1. September 1757 an bis
auf diese Stunde, folglich gegenwärtig zwanzig Monate lang gehalten.*

Es ist anzunehmen, daß dieses Worthalten mehr der Not als dem
eigenen Triebe gehorchend zustande kam. Trencks Mut, seine Wider-
standskraft waren offenbar gebrochen. Es blieb ihm nichts mehr als
die Hoffnung auf Gnade.

Die Enttäuschung und Entmutigung dieser letzten, alle seelischen
und körperlichen Kräfte fordernden Anstrengungen scheinen den
Gefangenen nach vierjähriger Isolation des Grabes endlich zur Resignation gezwungen zu haben. Unter der Last der Beweise zusammen-
brechend, versprach er, von nun an nichts mehr zu seiner Befreiung
zu unternehmen.

Es sei hier noch einmal auf die eigentliche, authentische Urfassung
der Trenckschen Aufzeichnungen hingewiesen, denen wesentlich
mehr Wahrheitsgehalt zugrunde liegt als den im Nachhinein kompo-
nierten Memoiren: nämlich die – bis auf eine heute verlorenen –
pergamentgebundenen Gefängnisbibeln, auf deren Rändern und
Leerseiten der Gefangene, als er die Hände frei hatte, mit dem eige-

nen Blut seine Gedanken und Hilferufe, Dichtungen und Merksprüche samt unzähligen Zeichnungen anbrachte.

Im Gegensatz zu der von Trenck später, nach Verlust der ersten Aufzeichnungen, aus dem Gedächtnis neu entworfenen Lebensgeschichte finden wir in diesen ersten originalen Darstellungen des Vorhergeschehenen und der Haft in Glatz und Magdeburg, der Abenteuer in Wien, St. Petersburg und Danzig weder etwas von einer geheimnisvollen Liebesbeziehung, noch von der seltsamen Eifersucht und jähen Ungnade Friedrichs in jener romantisch-pikanten Legendenform, die Trencks Geschichte in ganz Europa bekannt machte. In der Bibel ist es nur der (bagatellisierte) Versuch einer Kontaktaufnahme mit dem österreichischen Pandurenvetter, der gerade zu dieser Zeit des Zweiten Schlesischen Krieges dem Preußenkönig gefährliche Verluste zufügte. Der preußische Trenck denkt nicht daran, seinem Könige Schuld anzulasten; er sieht sich nur als Opfer von Intrigen aus Friedrichs Umgebung, dem er lediglich vorwirft, ihm, dem »Adjutanten« (der Trenck in Wahrheit niemals gewesen ist) keine Gelegenheit zu persönlicher Rechtfertigung gegeben zu haben.

Noch wichtiger für die bisher Friedrich persönlich vorgeworfene zweite Gefangennahme in Danzig ist Trencks Zeugnis in der Gefängnisbibel, das den Aussagen der späteren Memoiren durchaus entgegengesetzt ist. Hier widmet der Autor ein umfangreiches Kapitel jenem bereits erwähnten Schwager Meyerenz, dessen Bruder mit Trencks Schwester verheiratet war und in dem unser Held einen Gewissenlosen und den einzig Schuldigen an seinem Unglück sieht. Dieser Meyerenz war in Trencks glücklicheren Wiener Tagen ebenfalls als preußischer Deserteur an der Donau aufgetaucht.

Weil ich nun gewöhnt bin, allen Notleidenden, soviel mir möglich, unter die Arme zu greifen, so nahm ich ihn desto freundlicher in seinem armen, entblössten Zustande auf, weil er ein Bruder meines Schwagers [von Waldow] *war ...*

Der rotschopfige wie in jeder Hinsicht abstoßende Theaterschurke Meyerenz ließ es sich also in Wien auf Trencks Kosten mit Pferd und Wagen wohl ergehen, trieb sich als Falschspieler und Säufer in den besten Kreisen herum und untergrub so die durch seine preußische Herkunft und Verwandtschaft mit dem angefeindeten Pandurenobersten ohnehin gefährdete Stellung unseres preußischen Trenck am Hofe der tugendeifrigen Maria Theresia.

Meyerenz erpreßte den wieder einmal in eine heikle Liebesintrige verwickelten Schwager (es gab keinen Ort, an dem der strahlende Held *nicht* in derlei Kabalen verflochten war), was obendrein noch zum Verrat der Sache und zu einem Duell mit dem so eifersüchtigen wie hochgestellten Ehegatten der betreffenden Dame führte.

Zum Schluß raubte Meyerenz dem vorübergehend Verreisten noch das Haus aus und ermordete nebenbei den einzigen Belastungszeugen, Trencks zuverlässigen Diener, dessen Leiche bald danach, mit Blei beschwert, aus der Donau gefischt wurde. Woraufhin es Trenck doch noch gelang, den schwägerlichen Schurken beim Falschspiel zu überführen und nach Polen abschieben zu lassen ...

Doch der Meyerenz-Roman ging weiter. Als sich Trenck später über Warschau nach Danzig begab, um seine kranke Mutter wiederzusehen (die inzwischen verstorben war), fand er dort bei einem Trödler neben einem Teil seiner gestohlenen Kostbarkeiten auch die Spur des soeben eiligst abgereisten Schwagers wieder. In Danzig traf Trenck seine Geschwister zur Regelung des Erbes – und wiederum die Spuren des Schwipp-Schwagers, der hier die Zeit genutzt hatte, ihm bei dem preußischen Residenten Reimer neue Fallstricke zu legen.

Trencks Charakterisierung des damaligen Vertreters Friedrichs klingt nicht weniger schmeichelhaft:

Dieser Reimer erwarb sein Brot durch Menschenfangen. Er lockte die großen Polacken, auch gar Danziger Bürger in sein Haus, ließ sie binden, knebeln und verkaufte sie dann an die [preußischen] *Regimenter. Was war nun von diesem glücklicher zu hoffen, als wenn ihm Meyerenz sagte, falls man meine Arrestierung und Auslieferung zu Wege bringen könnte, so würde meine schöne Equipage, die bei 11 000 Dukaten wert war, sein Eigentum. War ein solcher armer, niederträchtiger Mensch hierdurch nicht leicht zu bewegen, seinen König zu belügen und alles zu schreiben, was ihm Meyerenz in die Feder diktierte?*

Nach der Gefängnisbibel – nicht in den Memoiren – war dieser edle Schwager auch bei der nächtlichen Festnahme am 3. Juli 1754 mit Reimer zugegen, wobei sich beide Herren noch persönlich durch Plünderung des Gefangenen bereicherten. Meyerenz entriß ihm den goldenen Kavaliersdegen im Werte von 800 Dukaten (solch präzise Wertangaben sind Trenck immer wichtig) samt Uhr, Tabatiere und was sonst noch übrig war. Dazu vermerkte Trenck, er sei überzeugt, der emsige Schurke Meyerenz habe anschließend auch noch seine (Trencks) gleich *vier* treuen Bedienten ermordet – *denn sonst wäre seine Schandtat nie verschwiegen geblieben* ... Trencks Geschwister aber habe man in der Festung Pillau gefangengesetzt, bis sie von russischen Freunden gerettet wurden.

Außerdem hätte Reimer, dem Trenck vertraute, dessen Rechtfertigungsbrief an den König unterschlagen. Trenck war überzeugt, dieser Brief hätte unzweifelhaft bewirkt, daß er *Magdeburg nie gesehen, sondern des Königs höchste Gnade erlangt haben würde.* Der Deserteur Meyerenz aber habe durch seine Judastat Friedrichs Gnade zurückgewonnen und sei zum Obristen und Kommandanten befördert worden. Dabei habe er durch seine neuerlichen Schurkereien den unglücklichen Trenck obendrein vor jeder Aussöhnung mit dem Könige fernzuhalten verstanden. Meyerenz soll es auch gewesen sein, der den Magdeburger Kommandanten Borcke gegen Trenck aufhetzte . . .

Von all dem, besonders von dem kupfrigen und schweinsäugigen Schwager, ist in den späteren, sonst mit sehr vielen und präzisen Einzelheiten geschmückten Memoiren durchaus nicht mehr die Rede. Bei Trencks Verhaftung in Danzig seien *zwei Kommissare der Stadt nebst dem preußischen Residenten und eine Häscherschar,* aber auch *ein preußischer Offizier nebst etlichen Unteroffizieren* beteiligt gewesen. War dieser preußische Offizier der edle Schwager? Das aber konnte nicht der Fall sein, denn Meyerenz war ja Deserteur und längst nicht mehr – oder noch nicht wieder – Offizier seines Königs. Zum Schluß dieses Abschnitts heißt es in den Bibel-Aufzeichnungen:

Kurz, ein menschlich denkender Leser sieht aus dem Zusammenhange dieser Erzählung sichtbar genug, aus welcher Quelle mein barbarisches Leiden stammet und jedermann wird mit nassen Augen mein Schicksal bedauern und erkennen, dass noch kein Mensch auf Erden mit einer so reinen und vorwurfsfreien Seele so viel, so lange, so schrecklich gelitten hat, als ich unglückseliger von Übeltätern misshandelter redlicher Mann . . .

Also war es keineswegs der despotische König, den Trenck für sein Unglück, wie er es später tat, verantwortlich macht. Dafür stellt der weitere Text der Blutbibel im wesentlichen eine leidenschaftliche Apologie gegen den Vorwurf des Hochverrates und der Desertion dar – immer geschrieben in der verzweifelten Hoffnung, das Dokument würde in die Hände des Königs gelangen und seine Befreiung erwirken. Eine Sammlung von Argumenten und Beteuerungen von subjektiver Überzeugungskraft, hingejagt in der vom gebräunten Blut unsicheren Schrift des Angeketteten, die wieder mit der vagen Hoffnung schließt, die – neben seiner eisernen Konstitution – den Gefangenen allein am Leben erhielt:

Ich denke edel und vielleicht erwecket diese Schrift auch einen edel denkenden Leser, welcher Wege suchet und findet, durch Hülfe anderer edeln Seelen dem bedrängten, unterdrückten, gerechten Trenck sein Recht zu erzwingen.

Dixi   *Trenck*
                Rittmeister
           sanguine proprio
   (mit dem eigenen Blute geschrieben)

*

1755 mißglückte Trencks erster Fluchtversuch. Im Jahre 1757 folgten die gefährlichen Verabredungen mit Ruckhard und die List mit dem doppelten Loch zum Fortschaffen des Sandes. Der »unterirdische Gang« wurde in Wahrheit bereits 1757 entdeckt; am Rande der Bibel schildert der Eingekerkerte die Lebensgefahr, in die er durch den Einsturz des so mühsam gewühlten Stollens geriet. In den Memoiren soll das aber erst im Jahre 1763 geschehen sein ...

Zu Beginn des Jahres 1759 trat der neue Vizegouverneur, der Erbprinz Friedrich von Hessen-Kassel sein Amt an. Sein Erscheinen förderte wohl Trencks Einsicht, durch den Beweis guten Willens den ersehnten Lohn zu erringen.

*

Einziger Trost des Gefangenen blieben von nun an die dichterischen und zeichnerischen Versuche mit dem eigenen Blut auf den Bibelrändern und Leerseiten. Der Fleiß und die Einbildungskraft in Verbindung mit seiner wirklichen Begabung, ganz abgesehen von dem unbändigen Lebenswillen und seiner schöpferischen Energie, hätten für Friedenszeiten große Erfolge erhoffen lassen. So auch heißt es in einem der – von Trenck später aus der Erinnerung in die Memoiren übernommenen – Gedicht aus diesen dunklen Tagen:

Hier in meiner Trauer-Höhlen
Hält mir die Vernunft das Licht,
Und mit vorwurfsfreier Seelen
Fehlt es mir an Grossmut nicht.
Wenn Verleumdung zaumfrei wütet,

Wenn der Trieb zur Welt mich nagt,
Wenn Cupido Schwermut brütet,
Bleibt mein Herz doch unverzagt.
Und weil das mich nicht verdammet,
Wird die Zeit mein Rächer sein . . .

Dies erscheint überhaupt als Trencks Grundmotiv, das auch die späteren Memoiren wie seine ganze schriftstellerische Tätigkeit durchzieht: Selbstmitleid und das Bewußtsein, immer und überall nur ein Opfer des Neides und der Verleumdung, und niemals eigener Fehlhaltung, Eitelkeit und Überlegtheit zu sein. Dabei besaß Trenck als Meister der Befreiungsintrigen während seiner »ewigen« Gefangenschaft, mit seiner künstlerischen Begabung als Graveur auf den Magdeburger Zinnbechern, als Verseschmied und Dichter allegorischer Fabeln auch erstaunliche epische Gewandtheit. Nicht nur seine Memoiren bleiben als literarische Leistung wie als Zeitdokument einer geschundenen, immer sich wehrenden, gegen ihr »Schicksal« ankämpfenden Kreatur zuletzt von bestürzender *innerer* Wahrheit.

In die Zeit der großen – tatsächlichen – Resignation fällt die Herstellung jener berühmten »Trenck-Becher«, die er in seinem Verlies mit Hilfe eines Nagels gravierte. Sie waren für einen Dilettanten in der Tat kleine Kunstwerke. Die oft wiederholten Motive schien er aus der Gefängnisbibel abzuwandeln, so weit sie nicht sein eigenes Schicksal darstellen; hinzu kommen noch Verse und moralisierende Sinnsprüche wie »ridendo doceo« (lachend belehre ich).

Unter den Persönlichkeiten, denen Trenck seine Gefängnisbecher widmete, stehen an erster Stelle die Königin und Prinzessin Amalie, von denen er wußte, daß sie sich zu dieser Zeit in Magdeburg aufhielten.

Die Widmung des Bechers aus dem Jahre 1761 begann:
Glücklich ist der Sklav im Leiden, der zu Fürsten fliehen kann.
Wirklich glücklich! hört der Szepter seine Klagen gnädig an.

Und weiter:
Wer acht Jahre Foltern fühlt und so viel als ich ertragen,
Wie kann dem der Preussen Held Gnade und Gehör versagen?
Beides fehlt mir. Ach, Monarchin, brich mir doch zu ihm die
[Bahn! . . .
Siehe diesen Becher an und betrachte meine Ketten!

Schliess von dem, was du erblickest, auch auf meinen innern
[Schmerz,
Der mir Leib und Geist durchwühlet, und dann frag dein Menschen-
[herz!
O, so lässt du nimmermehr den im Sklavenjoch verderben.

Oder auf einem Becher für die Prinzessin Amalie:
Bahne mir die rechte Strasse,
Die zu Friedrichs Grossmut führt!
Nimmer soll dir das gereuen,
Was dein Vorwort für mich spricht.
Und so nimm mein Glück und Herz
Mit dem Becher in die Hände!
Sorge, wache für den Trenck
Und mach seiner Qual ein Ende!

Eine andere Widmung an sie schließt:
Fürstin, hilf zu rechter Zeit,
Eh' ich in die Grube steige!

12 bis 14 solcher Becher hat Trenck – nach seinen Angaben –
bearbeitet. Er selbst beschreibt eines dieser Stücke:
Der Verfertiger dieses Bechers, in seinen 68pfündigen Fesseln, die er
hier fünf Jahre lang getragen und darin sieben schwere, hitzige Krank-
heiten überstanden hat, zeigt sein Herz mit emporgehobener Hand – mit
den Worten: »sans reproche!« Die vor demselben stehende Vernunft
(eine Dame) beleuchtet es und sagt: »il ne cache rien de lâche«.
Darüber das Wappen des Verfassers; unter demselben sein Wahl-
spruch: »toujours le même« (semper idem). Der Neid hetzt einen
ergrimmten Tiger auf ihn, die Verleumdung andeutend, und sagt: »mor-
dons le juste!« Ein kleiner Genius zeigt ihm die Erdkugel von weitem,
mit den Worten: »viens jouir!« Der vor ihm fliehende Cupido zeigt ihm
ein Herz und den Hoffnungsanker und sagt: »espérez!« Die Zeit, in
Gestalt einer geflügelten, über ihm schwebenden Figur, in der linken
Hand eine Sense, bringt ihm den Lorbeerkranz mit den Worten: »le
prix de travaux!« Der Parnass oder Berg der Musen, mit dem geflügel-
ten Pegasus, präsentieren sich im Prospekt, seine Neigung zu den
Wissenschaften andeutend, mit der Überschrift: »C'est ici que Trenck
fleurit!«
Darunter ritzte er das auch in den Memoiren zitierte Gedicht ein:

Hier in meiner Trauer-Höhlen
Hält mir die Vernunft das Licht,
Und mit vorwurfsfreier Seelen
Fehlt es mir an Grossmut nicht ...
Es ist derselbe Märtyrer-Ton wie in den Memoiren. Aber warum
sollte sich der Verfasser nicht treu bleiben? War dieses übersteigerte
Selbstmitleid vielleicht nicht überhaupt das Einzige, was ihn diese
Zeit zuletzt überleben ließ?

Trenck klagt über sein vertanes, unnützes Dasein, indem er sich mit
einem aufs Land getriebenen Schiff vergleicht:
Wer wird mich in das Weltmeer reissen,
Wo ich ein brauchbar Schiff kann heissen?
Ach, grosser Friedrich, Held der Preussen!
Wenn Du verdammest, was sind wir?
Der Gefangene sieht die Jugend verblühen. Er zeichnet ein »alt-
verfallenes Gemäuer« und setzt die Verse darunter:
Man kann noch aus dem Schutte schliessen,
Wie gross, wie schön der Palast war,
Und erst in unserm grauen Haar
Verblühter Jugend Wert recht wissen.
Tatsächlich war der in dieser Zeit erst Dreißigjährige bereits voll-
kommen ergraut ...

Kein Wunder, daß Trenck auch in seiner künstlerischen Arbeit den
Mann nicht vergessen konnte, dem nach seiner Ansicht die größte
Schuld an seinem Leid zukam: der Magdeburger Kommandant,
Generalmajor von Borcke. Während die Memoiren das Kriegs-
gericht und seinen Spruch mit keinem Wort erwähnen, erscheint es
noch, wenn auch in einseitiger Sicht, in der ersten Bibelniederschrift.
Jedenfalls präsentiert sich der Kommandant von Borcke in Trencks
Darstellung als »gebieterischer, grausamer Tyrann« und »Wüterich«,
dessen »barbarischer Willkür« der Gefangene allein nicht nur den
Aufenthalt in der Sternschanze und die Ketten, sondern vor allem
auch das schreckliche Halseisen zu verdanken hatte. So zeichnete der
Gefangene etwa unter der Überschrift:
MUNDUS PERVERSUS
Verkehrte Welt
einen Mann, der einen Sack zur Mühle trägt und der von einem hinter

ihm gehenden Esel mit der Peitsche geschlagen wird – mit der Hinzu-
fügung:

*Dieses satirische Bild machte ich, da Borcke Kommandant in Magde-
burg war.*

Weiterhin stellte Trenck einen Hund dar, »um den die Mäuse
herumspringen«; dazu schrieb er den Vers:

*Der Katzen Feind, der Hund, ist da –
Itzt, Mäuse tanzt ihr auf dem Rücken!*

Und die Unterschrift:

*Ich ziele in dieser Inscription auf die niederträchtigen Katzen,
welche mich in diese Fesseln geschmiedet und den grossmütig gerechten
Friedrich durch Verleumdung zur Grausamkeit bewogen haben, die
aber gewiss wie Katzen zittern werden, wenn der Monarch die Wahrheit
erfahren könnte.*

Auf einem anderen Bild ist Borcke ein auf einem Pferd reitender
Affe, der das arme Pferd plagt und sich dabei als »Held« fühlt. Oder
auf wieder einem, wo dargestellt wird, wie sich der verhaßte Kommandant malen läßt. Dazu die Erläuterung:

*Ein Satyr tritt herein und zeigt dem Maler einen Saukopf auf der
Schüssel.*

Und der Vers:

*Thor, wenn du ihn nicht treffen kannst,
Mal' diesen Kopf auf seinen Wanst!*

Immer wieder allerdings kommt bei Trenck auch in seinen mit dem
eigenen Blut aufgezeichneten Betrachtungen, Reimen und Darstellungen auf den Bibelrändern ein Hauch von stoischem Humor in
eigener Mischung von Kasino-Jargon und humanistischer Bildung
zum Vorschein. So bei dem auf den durchschossenen Bibelblättern
von ihm noch angefügten Register, das die sechsundzwanzig dort
niedergeschriebenen Dichtungen zusammenfaßt, mit denen er sich in
seiner Grabesstille die Zeit vertrieb:

1. *Dedication dieser Bibel*
2. *Vorrede*
3. *Brief an Ihro Königliche Hoheit die Prinzessin Amalia*
4. *Zuneigungs Schrift auf einem Becher geschrieben, den ich Ihro
   Majestät der Königin zu Füssen legte*
5. *Auf dem Becher an Ihro Königl. Hoheit die Prinzessin Amalia*
6. *Trauer Gedicht bey dem Grabe eines Wohlthäters*
7. *Das unschuldige Weibchen, ein Scherz Gedicht*

Natürlicherweise hat auch die Erotik in Trencks Zeichnungen und Gedichten ihren Anteil, wobei sich die Motive zum Teil wiederholen: Die Göttin Venus im Triumphwagen, das Paradies mit Adam und Eva, eine Schäferin, eine Dame, die Herzen angelt, oder *ein vor seiner spröden Schönen bittender Verliebter.* Die Verse zu diesem Bilde sind, wenn nicht von Poesie, so doch von Philosophie gezeichnet:

Wie seufzen nicht verliebte Seelen
Wenn Widerstand die Glut vermehrt:
Durch Zwang und Mühe, Furcht und Quälen
Wird nur der Trieb zum Zweck genährt.
So geht's in allen unsern Sachen.
Man lernt durch Mangel den Genuss,
Durch Not die Lust im Überfluss,
Durch Schmerz und Weinen edler Lachen.

Wie seine grundsätzlich immer nur der Verteidigung und Befreiung dienenden Aufzeichnungen und Poetereien in den Bibeln und später auch in ihm eigens dafür überlassenen Leerbüchern füllte die mühsame Arbeit an den Zinnbechern die düsteren Kerkertage für lange Stunden. Sie schenkten seiner sich immer wieder aufbäumenden Seele einen Hauch von Harmonie und ließen ihn das Unabsehbare des eigenen Schicksals zeitweise vergessen, indem er seiner Hoffnung einen Aus-Weg zu den Menschen nach draußen hin bahnte. Wer wollte ihm verdenken, daß er sich auch hier nicht nur als der unschuldig Verfolgte, sondern als verhinderter Meister auf jeglichem Gebiet fühlte?

Wie seine geradezu genial konzipierte Lebensgeschichte in eigener Sicht bleiben die Magdeburger Becher in ihrer Art nicht weniger erschütternde Dokumente eines ungewöhnlich grausamen Schicksals und eines zur Fruchtlosigkeit verurteilten ungewöhnlichen Menschen.

*

Eine kleine pikante Abschweifung sei noch erlaubt – sie gibt einer bei Trenck sehr am Rande erwähnten »Dame« den Hintergrund und wirft zugleich auch ein Licht auf die Gesellschaft dieses »galanten« Jahrhunderts, die – trotz des frauenfeindlichen Königs und seiner hausbackenen Gemahlin, trotz Sanssouci und trotz Schönhausen – auch in Berlin und Magdeburg die *chronique scandaleuse* bestimmte.

Es handelt sich um Friedrichs angebliche »Mätresse«, die beim Überfall auf sein Lager bei Soor »erbeutet« worden und ausgerechnet eine Tochter des Generals Schwerin gewesen sein soll.

Da das Privatleben des preußischen Monarchen – in seiner vom damals gängigen Bild fürstlichen Kavaliertums durchaus abweichenden asketischen Strenge – bekannt gewesen sein dürfte, ist es interessant, nachzuforschen, wie es zu einer solchen Saga – vor allem noch in Verbindung mit dem Namen eines seiner berühmtesten Generäle – kommen konnte?

Tatsächlich besaß der General Schwerin eine höchst reizvolle Tochter, die als Frau von Troussel, frühere Frau von Kleist und ehemaliges Ehrenfräulein der Königin-Mutter Sophie-Dorothea eine der schönsten, geistvollsten und galantesten Erscheinungen des Berliner Hofes war. So sollte diese reizende Hofdame bereits in ihrem vierzehnten Lebensjahre ein »Verhältnis« gehabt haben; später hieß es von ihr, daß ihr der Kastrat Porporino, der damals an der Berliner Oper sang, außerordentlich nahestünde. Eine alte Hofdame habe das Fräulein von Schwerin gewissermaßen eigenäugig überführt ... Die Geschichte verursachte erheblichen Lärm, und die junge Dame verließ für einige Zeit den Hof.

Bald darauf wußte man eine Affäre mit Friedrichs Günstling, dem durchaus zwielichtigen Breslauer Bischof Graf Schaffgotsch, zu berichten. Danach ehelichte sie den jungen und reichen Domherrn von Kleist in Brandenburg, der sich seiner unternehmungslustigen Gattin wegen in Schulden stürzte, während sie sich mit dem Kavalleriekapitän von Troussel einließ, was ihren Ehemann veranlaßte, sich zurückzuziehen.

Daraufhin heiratete die Dame nach behördlich konzessionierter Scheidung Herrn von Troussel, nahm ihre drei Kinder zu sich – und erkor sich zugleich den Kabinettsrat Galster zum Liebhaber. In dieser neuen Position erteilte sie öffentliche Audienzen. Ihr Wagen mußte oft die ganze Nacht vor Galsters Tür halten – um zu zeigen, wie eng sie mit dem einflußreichen Manne verbunden sei. Allerdings half es Herrn Galster wenig – bald darauf landete er mit Hilfe sorgsamer Intrigen als Gast in der Festung Spandau.

Herr von Troussel indessen lebte hierauf noch zwei oder drei Jahre mit seiner Frau und stieg bis zum Artilleriechef beim Prinzen Heinrich auf. Endlich, bei Ausbruch des Bayerischen Krieges 1778, erschoß er sich, als er ins Feld sollte – wie man sagte, aus Kummer über seine reizende Gattin, weil sie sich mit zwei sehr jungen Leuten allzu eng befreundet hatte und der König ihm die Scheidung abschlug.

Die Dame selbst aber begab sich in die Kur zu einem berühmten Abenteurer namens St. Germain, der sie auch heilte. Als Beweis dessen zeigte sie ihrer Umgebung einen Stein in Größe eines Hühnereis, von dem sie der Meister befreit hatte. Böse Zungen behaupteten allerdings, der wohltätige Mann habe sie lediglich von einem Ergebnis ihrer Liebe zu dem Bischof von Breslau geheilt ...

Neben dem historischen war dies gleichsam der »private« Hintergrund des Berliner Hofes und Kontrapunkt zu der anderen Welt des königlichen Feldherrn und Philosophen von Sanssouci.

Zur Historie wäre noch zu vermerken, daß die amtlichen Akten im August 1756 – also etwa mit Beginn des Siebenjährigen Krieges – abbrechen. Die einzige zeitlich nahe Quelle bleibt damit die von Trenck im Gefängnis aufgezeichnete Darstellung der Vorgänge bis zum letzten verunglückten Anschlag, der die demütige Ergebung in den folgenden zwanzig Monaten schildert.

In ihr wieder findet sich keine Spur von der in die spätere Lebens-geschichte eingewebte Figur der »Berliner Freundin«, von der der Autor sogar noch nach seiner Entlassung in Wien Geld erhalten haben will. Dafür erzählt er im Bericht der Blutbibel von einer Ungarin, in die er sich verliebt hatte und die er heiraten wollte; sie starb vor seiner Entlassung. Überhaupt trat die Prinzessin Amalie wohl erst in diesen letzten Jahren der Gefangenschaft infolge des Magdeburger Exils der Hofgesellschaft in den Gedankenkreis des Gefangenen. Hätte sie ihm schon früher nahegestanden, so mußten sich doch auch in diesen intimen Blut-Notizen alle Hoffnungen an eine solche Beziehung klammern ...

Im übrigen dürften gegen das »Verhältnis« Trenck-Amalie auch seine durchaus nicht ohne Stolz berichteten Liebesabenteuer in Moskau und Österreich sprechen – und nicht zuletzt seine Heirat mit der Bürgermeisterstochter von Aachen.

Die königliche Familie hielt sich – mit Unterbrechungen – in den Jahren 1758 bis 62 in Magdeburg auf: die Königin Elisabeth Christine, ihr Hof und die Prinzessin Amalie als einzige der Schwestern Friedrichs.

Seltsamerweise finden wir in den erhaltenen Aufzeichnungen der in Magdeburg Anwesenden *dieser Tage* – des sonst so gesprächigen wie bestens orientierten Grafen Lehndorff oder der Oberhofmeisterin Gräfin Voss – kein authentisches Wort über einen besonderen Gefan-genen in der dortigen Festung, noch gar den Namen Trenck.

Dennoch beginnen, wie wir sahen, in dieser Zeit die Versuche des Eingekerkerten, mit Hilfe der Prinzessin eine Besserung seiner Lage zu erreichen – was sich daraus erklärt, daß er eben jetzt Kenntnis von ihrer Anwesenheit hatte.

Es ist bekannt, daß die Damen des Hofes in jenen Jahren das Magdeburger Gefängnis besuchten. Einen solchen absonderlichen Delinquenten ließ man sich gewißlich nicht entgehen, und es ist durchaus anzunehmen, daß Amalie Trenck gesehen und mit ihm auch in tröstender Weise gesprochen haben kann. Demnach sind auch die gerade jetzt einsetzenden Versuche Trencks zu erklären, durch flehentliche Bittschriften und Widmungen seiner Zinnbecher Hilfe aus höchster Hand zu erhalten. So trägt einer der Becher für die Königin die Inschrift:

Deiner Macht ist alles möglich, willst Du, so bin ich befreit,
Aber denk, dass ich schon sinke, und hilf mir zur rechten Zeit ...

Größere Unterstützung noch durfte Trenck von Amalie erwarten, da sie immerhin (was allgemein bekannt war) mehr Kontakt zu ihrem königlichen Bruder besaß als die Königin. So trägt auch ein Amalie gewidmetes Gedicht die Überschrift:

5ter Brief an Ihre Kgl. Hoheit die Prinzessin Amalia, Äbtissin von Quedlinburg, meine grossmütige Beschützerin.

Es lautet:

Hält Dein Arm mir noch den Schild, bist Du noch um mich
[bekümmert?
Oder hat Dir Friedrichs Zorn Deiner Grossmut Bau zertrümmert?
Aber hast Du nichts getan und bisher für mich geschwiegen,
O! so greif das Werk doch an und hilf mir im Sinken siegen!

Und endlich:

Dir fehlt weder Macht noch Wille, Du suchst Schutz in dieser Stadt,
Folglich schütze, die das Schicksal hier vom Schutz verlassen hat.

All die auch an andere Fürsten und hohen Frauen gerichteten Bittbriefe – falls sie überhaupt in ihre Hände gelangten – enthalten nichts als das verständliche Flehen um Fürsprache und den Appell an ihre Herzensgüte. Glaubhaft wäre demnach auch Trencks Feststellung von Amalie:

Sie hatte mir die Freiheit, Licht zu brennen, erwirkt.

Mehr hat er jedenfalls nicht erreicht.

Im Vorbericht aus dem Jahre 1767 fügt Trenck hinzu, daß er außer den Bibeln neun Bände von ihm überlassenen Büchern mit weißem Papier mit Dichtungen und Aufzeichnungen anfüllte, die in die Hände des Gouvernements und der Prinzessin gefallen seien; zwei davon habe er wiedererlangt. Wo diese Bücher (im Gegensatz zu den Bibeln, die wohl bis auf eine im letzten Krieg verloren gingen) geblieben sind, weiß niemand; auch im – sehr umfangreichen – Nachlaß Amalies fand sich nichts davon.

Zwei Dinge jedenfalls sind aus den Zeugnissen dieser Zeit mit Sicherheit *nicht* erkennbar:

1. irgendein Hinweis auf eine Bekanntschaft mit Amalie von vorher, und schon gar nicht auf eine besondere Beziehung, die ja Trencks furchtbares Schicksal ausgelöst haben sollte.

2. eine Andeutung, daß die Prinzessin (wie er es darstellte) zuletzt seine Freilassung erwirkt haben könnte.

Wie an andere hochgestellte und wichtige Personen wandte sich Trenck auch an die Schwester des Königs, weil er von ihr am ehesten *direkte* Fürsprache erwarten durfte. Da es sich hier um einen Fall handelte, der sich der Möglichkeit persönlicher Hilfe ganz gewiß entzog, bleibt es auch unwesentlich, zu fragen, ob eine Fürsprache Amalies jemals erfolgte und ob sie überhaupt angehört wurde.

*

Andererseits: Daß sich in den *zeitgenössischen* Mitteilungen, vor allem der königlichen Familie und Lehndorffs, Trencks Name *nirgends* findet, nicht einmal während des Aufenthaltes in Magdeburg, muß auch nicht unbedingt *gegen* eine Beziehung Trencks zu der Prinzessin sprechen. Ebenso, daß seine ihr gewidmeten Gedichte und Briefe wie der Text auf dem berühmten Zinnbecher aus dem Kerker nur sehr konventionellen Charakters sind – noch, daß Amalie mit seiner Entlassung durchaus nichts zu tun hatte, da sie obendrein ab Juni 1763 in Aachen zur Kur war, von wo sie erst im September 1764 nach Berlin zurückkehrte.

Im Gegensatz zu der aus den Darstellungen auf den Bibelrändern erkennbaren demütigen Ergebenheit in den zwanzig folgenden Monaten seiner Gefangenschaft bereichern Trencks spätere Memoiren diese Zeit phantasievoll mit angeblichen weiteren Befreiungsanschlägen.

Als dann nach dem Tode der Zarin Elisabeth der Friede kam, will Trenck wieder die Wühlarbeit an dem bereits 1757 entdeckten unterirdischen Stollen aufgenommen haben. Dabei soll sich ein Offizier sogar bereit erklärt haben, mit dem Gefangenen zu fliehen. Diesmal jedoch habe Trenck beschlossen, *die Grossmut des grossen Friedrich auf die Probe zu setzen,* indem er dem revidierenden Offizier das Maulwurfswerk gezeigt und alle Geheimnisse preisgegeben habe. Auch hier erweist sich einmal mehr die dramatische Phantasie des begabten Romanciers ...

412

VII

Wie aber steht es mit den erreichbaren Original-Aufzeichnungen aus den Tagen des Siebenjährigen Krieges, da der Hof in Magdeburg Zuflucht suchte?

Einer der – in *diesem* Falle gewiß – zuverlässigsten Kronzeugen ist der genannte Kammerherr Graf Lehndorff, der nicht nur die allzu bescheidene Magdeburger Alltags-Langeweile der hohen Herrschaften, sondern auch Leben, Launen und Beziehungen der Prinzessin Amalie sehr genau gekannt und beschrieben hat. Überdies müßte sich Lehndorff gerade für Trenck, der wie er selbst aus Ostpreußen stammte und im großen Kriege dort wie die Familie des Gefangenen alles in Trümmer sinken sah, besonders interessiert haben. Es kann kein Zweifel daran bestehen, daß Lehndorff bei aller gebotenen Diskretion nicht nur auf den Eingekerkerten, sondern auch auf diese unerhörte Beziehung gerade während des Magdeburger Aufenthaltes unbedingt in irgend einer Weise angespielt hätte.

Eine einzige Bemerkung des Kammerherrn in seinen Aufzeichnungen von der Flucht des Hofes anläßlich eines kurzen Aufenthaltes in der Spandauer Zitadelle würde man allerdings in ihrem geheimnisvollen Dunkel nur zu gern auf Trenck beziehen:

Spandau
Man hat hier unter der großen Zahl von Unglücklichen auch einen Unbekannten im Gewahrsam, der niemand sehen noch sprechen darf. Der Kommandant allein kennt ihn. Er hat weder Stuhl noch Bett; man glaubt, daß es ein Mann von Bedeutung ist.

Vielleicht führte diese Eintragung dazu, daß noch in unseren Tagen im Juliusturm von Spandau ein dunkles Verlies gezeigt wird, von dem es heißt, daß hier der Baron Trenck als Gefangener geschmachtet habe.

Erwiesenermaßen aber war dieser niemals in Spandau eingekerkert. Aus Trencks Memoiren geht zwar hervor, daß er nach seiner Verschleppung aus Danzig im Mai 1754 »unter starker Bedeckung über Spandau nach Magdeburg gebracht« wurde. Von einem *Aufenthalt* in Spandau schreibt Trenck, der sich sonst erstaunlich klar an Einzelheiten erinnert, kein Wort.

Hinzu kommt, daß sich die geheimnisvolle Andeutung im Tagebuch des Grafen Lehndorff in der Eintragung vom 24. August 1753 findet – also fast ein ganzes Jahr *vor* Trencks Festnahme in Danzig.

Hingegen *könnte* alles, was Lehndorff über Amalie vermerkt, zwischen den Zeilen auf eine tragische Bindung, oder zum mindesten auf eine entsprechende Stimmung der Prinzessin hindeuten. Überhaupt stellen diese Tagebücher ein aufschlußreiches persönliches Zeugnis über die Atmosphäre des Berliner Hofes, die Gestalten des Königs und der Königin und deren Beziehungen untereinander dar. Hier einige dieser Eintragungen:

29. Januar 1753
Geburtstag der Prinzessin von Preußen. Der König gibt aus dieser Veranlassung ein grosses Mittagessen, bei dem alles grossartig und höchst langweilig ist. Es ist einzig in der Wirkung, die die Anwesenheit des Königs verursacht. Die vierzig Personen, die im Vorzimmer bei schönster Laune waren, erstarrten, so bald der König eintrat, zu vierzig Bildsäulen ...
Warum flößt die Macht mehr Furcht als Liebe ein? Kommt es daher, weil sich die Grossen ihrer mehr bedienen, um sich Achtung, als um sich Liebe zu verschaffen?

20. Mai 1753
Der König bezahlt die Schulden der Prinzessin Amalie. Sie ist eine Prinzessin, die wohl alles Glück der Welt verdient. Sie ist eine Freundin ihrer Freunde, und an Seelengrösse steht sie niemandem nach; sie hat das Herz einer Römerin im Leibe einer Deutschen.

16. Sept. 1753
Man klagt allgemein über die Prinzessin Amalie, dass sie niemand ansieht und dass sie von aller Welt übel redet.

10.–23. Juli 1755
Die Äbtissin von Quedlinburg stirbt. Sie war eine Tante des Königs von Schweden und sehr alt geworden. Die Prinzessin Amalie ist ihre Nachfolgerin, worüber grosse Freude in der ganzen Stadt herrscht, da diese Prinzessin verabscheut wird. Sie wird aber nicht eher in Quedlinburg Wohnung nehmen, als bis sie ihre Schulden im Betrage von 30 000 Talern, die der König vorgestreckt hat, bezahlt hat.

5./6. April 1756
Die Prinzessin Amalie reist nach Quedlinburg, um dort eingeführt zu werden und angesichts der Kirche ihren himmlischen Gemahl zu emp-

fangen, den sie, glaube ich, recht gern gegen einen Gemahl von dieser
Welt vertauschen würde ...

13. Juli 1756
   Der Kriegslärm ist stärker als je. Man sagt, dass die Franzosen schon
über den Rhein gekommen sind, um in Hannover einzufallen. Dann
könnten wir wohl diesem Lande zu Hilfe eilen müssen, während uns
gerade die Österreicher in Schlesien angreifen würden.

17. Juli 1756
   Abends in Schönhausen. – Unsere Kriegsvorbereitungen dauern fort,
während der französische und der österreichische Gesandte schwören,
dass ihre Höfe nicht die mindeste Absicht hätten, in Deutschland Krieg
zu führen und dass unsererseits das Versprechen gegeben worden sei,
niemals angreifen zu wollen.

29. bis 31. Juli 1756
   Wir warten immer auf grosse Ereignisse und müssen uns vorläufig
mit falschen Nachrichten ohne Zahl begnügen.

25. August 1756
   Ich begrüsse den Prinzen von Preussen [August Wilhelm], *der im*
Begriffe steht, mit seinem Regiment Berlin zu verlassen. Er ist aber in
nichts eingeweiht, da der König alles allein erledigt, ohne jemand zu
Rate zu ziehen. Selbst die Minister wissen von nichts; alles wird zwi-
schen dem englischen Gesandten und dem König abgemacht. Die Leute
behaupten, daß wir noch einen Kurier vom Wiener Hofe abwarten, von
dem unsere letzten Massregeln abhängen.

26. August 1756
   Der kritische Kurier ist da; seine Antwort ist nicht befriedigend, und
nun ist der Krieg entschieden.

27. August 1756
   Wir leben wie in einer belagerten Stadt; alle Tore sind geschlossen,
und niemand erhält die Erlaubnis, sie zu verlassen. Das geht so weit,
dass man den Küchenwagen der Königin nicht hineinlassen will, so dass
diese in Schönhausen in Gefahr steht, hungern zu müssen ...
   Endlich, nach vielen Vorstellungen bei dem neuen Kommandanten,
einem Herrn von Rochow, dass alle Befehle der Welt gewisse Aus-

nahmen zulassen müssten, willigt er ein, dass ihre Majestät zu essen erhält ...

11. Januar 1757

Ihre Majestät die Königin-Mutter ist sehr unwohl ... Man sagt, dass viel Schuld an ihrem Kummer die Prinzessin Amalie trägt, die oft in der Nacht den Zufall verwünscht, dass sie als Prinzessin geboren wurde, und am Tage ihre ganze Umgebung durch ihren Hochmut und ihre Launen fühlen lässt, dass sie eine königliche Prinzessin ist ... Die Wogen des Meeres sind nicht aufgeregter als ihr Gebaren. Gut und böse, Philosophin, Weltkind und Betschwester, alles das ist sie nach einander; zehnmal ist sie in der Woche zufrieden und unzufrieden. Dieses wetterwendische Wesen ist für ihre Umgebung natürlich eine schreckliche Pein. Am wohlsten ist ihr, wenn alles drunter und drüber geht.

14. Oktober 1757

Neuer Alarm! In der ganzen Stadt ist die Nachricht verbreitet, dass ein österreichisches Korps direkt auf Berlin zukomme und dem Fürsten Moritz von Anhalt zwei Tagemärsche abgewonnen habe. Ich soupiere bei der Prinzessin von Preussen, wo man sich zuflüstert, der Feind habe schon Wusterhausen und mehrere Ämter des Prinzen geplündert. Der Staatsminister Graf Finck, der auch da ist, erhält fortwährend Stafetten, welche die unangenehmen Nachrichten bestätigen. Nach Tisch hat er lange Konferenzen mit der Prinzessin Amalie, die alle das Ergebnis haben, dass der königliche Hof, falls der Feind bis Berlin kommt, die Stadt verlassen muss.

16. Oktober 1757

Der bewegteste und traurigste Tag meines Lebens! Kaum bin ich aufgestanden, da heisst es: Der Feind ist vor den Toren. Man sieht von allen Seiten halbnackte Menschen herbeiströmen, die sich aus der Umgebung hierher geflüchtet haben. Um 8 Uhr lässt mich die Königin rufen. Ich finde diese würdige Fürstin in Tränen. Sie beauftragt mich, alle Prinzessinnen zu benachrichtigen, dass sie um 11 Uhr abreisen werden; sie möchten sich ihr anschließen. Ich begebe mich zunächst zur Prinzessin Amalie, die ich mitten unter ihren Koffern finde. Sie erklärt mir, dass sie durchaus nicht bedaure, die gewohnten Bequemlichkeiten verlassen zu müssen; ihr tue nur die Dienerschaft leid, da sie diese, seit ihr nach der Besetzung Quedlinburgs durch die Franzosen die Einnahmen als Äbtissin fehlen, nicht habe besolden können ...

Da langt ein Trompeter vom Feinde an, mit der Forderung an den Magistrat, sofort 300 000 Taler zu bezahlen, widrigenfalls die Stadt der Plünderung verfalle. Gleich danach verbreitet sich das Gerücht, dass der Feind schon durch das Kottbuser Tor in die Stadt gedrungen sei und die paar Soldaten, die der törichte Kommandant vor den Toren aufgestellt hatte, niedergemacht oder gefangengenommen habe. Nun herrscht die äußerste Verzweiflung ... Die Gepäckkarren stehen im Schlosshof, und eine unendliche Menschenmenge, die sich dahin geflüchtet hat, schreit und stöhnt. Der Kommandant lässt um das Schloss Soldaten aufstellen und an den Zugängen Kanonen auffahren, da wir überzeugt sind, dass uns eine Belagerung droht ...

Endlich erscheint der Perückenmacher Rossin mit der Botschaft des Kommandanten, dass wir abfahren sollten. In diesem Augenblick kommt der Markgraf von Schwedt und versichert uns, dass wir unterwegs ohne Frage massakriert werden würden, da in der Jungfernheide, die wir passieren müssten, die Panduren umherschwärmten. Die Königin aber erklärt, dass sie getrost dem Befehle des Königs nachkommen werde und fährt ab ...

Wie traurig der Gedanke, das königliche Haus fliehen zu sehen, das kurz vorher das Haus Österreich beinahe so weit gebracht hat! Hatte doch die Kaiserin am Tage von Kolin schon ihre Wagen anspannen lassen, um bei ungünstigem Ausgange nach Pressburg zu eilen.

Ergänzend möchten wir hier aus den später folgenden Aufzeichnungen des Franzosen Thiébault eine Bemerkung herausgreifen, die Amalies seltsame Haltung im Strudel des plötzlichen Aufbruches betrifft:

Als im Kriege der Hof Befehl erhielt, nach Magdeburg zu fliehen, kam Frau de Troussel, deren Mutter im Sterben lag, ins Schloss, um der Königin und den Prinzessinnen Lebewohl zu wünschen. Sie traf Prinzessin Amalie im höchsten Staat, mit allen ihren Diamanten geschmückt und freudestrahlend. Sie amüsierte sich über die vielen Wagen, die den ganzen Schloßhof anfüllten und mit den Paketen beladen wurden, die man der größeren Schnelligkeit wegen einfach aus den Fenstern warf ...

Nun aber wieder zum Grafen Lehndorff:
28. Oktober 1757
Unterwegs treffen wir schon mehrere Personen und eine Eskorte aus Magdeburg. Vor dem Tor empfängt uns der Kommandant, General

Borck, mit einer Ansprache, so dumm, wie er selbst es ist. Alle Bürger empfangen uns beim Einzug in die Stadt. Alle Fenster sind mit Menschen besetzt . . .

29. Oktober 1757
Die Königin führt in Magdeburg ungefähr dieselbe Lebensweise wie in Berlin, nur erscheinen die Damen immer in runden Roben, und die grossen Toiletten sind für diesen Aufenthalt ganz ausgeschlossen. Man stellt der Königin nacheinander die Damen Magdeburgs vor; es gibt darunter so komische Exemplare, dass man ihnen in einer gut regierten Republik verbieten würde, öffentlich zu erscheinen . . . Die ersten Tage fühlen wir uns nicht ganz behaglich, da die französischen Streifscharen bis an die Tore der Festung kommen, und alle Morgen hört man vom Raube von Lebensmitteln und Vieh.

6. November 1757
Unsere Besorgnis hat ein Ende, als wir von der glücklichen Schlacht bei Rossbach hören. Von allen, die der König geliefert hat, ist es diejenige, welche die wenigsten Menschen gekostet hat. Wir haben bei Rossbach keine 300 Mann verloren. Unser grosser König geht nach Schlesien, um der Armee des Prinzen von Bevern und der Stadt Breslau zu Hilfe zu kommen.

Dezember 1757
Der König dringt nach und nach in Schlesien weiter vor. Plötzlich hören wir, dass der König bei Leuthen eine herrliche Schlacht gewonnen hat; mit 38 000 Mann hat er 70 000 geschlagen. Es ist einer der vollständigsten Siege, die je errungen worden sind. In kurzer Zeit ist in Schlesien alles wieder gewonnen, was verloren war. Das hindert aber nicht, dass die Klarsehenden den dringenden Wunsch haben, der König möge Frieden schliessen. Die grosse Zahl unserer Feinde wird uns schliesslich erdrücken, und dieses Russland wird uns wohl noch manchen bösen Streich spielen . . . Endlich trifft der Befehl des Königs ein, dass wir nach Berlin zurückkehren sollen.

Anfang Januar 1758
Die Prinzessin Amalie geht nach Breslau, wo der König sie mit grosser Auszeichnung behandelt. Sie diniert täglich bei ihm, und jeder, der durch Breslau kommt, muss ihr huldigen. Alle schlesischen Damen haben Befehl, ihr den Hof zu machen, als ob sie die Königin wäre . . .

Vom exzentrischen Wesen der Prinzessin möchte ich an dieser Stelle noch etwas berichten: Ich habe sie manchmal an ihrem Schreibtisch sitzen sehen inmitten von Büchern über Physik und Mathematik, und vor ihr menschliche Gliedmassen, die sie seziert hatte, während sie über Politik schrieb; alles nur darum, um behaupten zu können, dass sie alles verstünde und nichts unversucht gelassen hätte. Auch sagte man von ihr, dass sie Untersuchungen über gewisse Unterschiede zwischen Negern und Weissen angestellt habe. Sie war ein nach allen Richtungen aussergewöhnliches Wesen. An einem Tage war sie die Pracht, der Luxus selbst, am anderen bereitete sie sich ihr Essen selbst in ihrem Kamin und kleidete sich wie ein Mädchen auf der Gasse. Sie wohnte entweder in prachtvoll ausgestatteten Räumen oder in einem kleinen weissgetünchten Zimmer mit einem hölzernen Stuhl und Tisch. Ihre eigene Schwester, die Königin von Schweden, fragte mich eines Tages, ob es wahr sei, dass sie ein Kind geboren und dieses zerstückelt und im Kamin verbrannt habe. Was diesen Punkt betrifft, so bin ich gewiss, dass es Verleumdung ist; sie liebte Kinder viel zu sehr, um sie zu verbrennen. Sie las sich solche auf den Strassen auf, um sie erziehen zu lassen, sie hatte immer Kinder um sich und behandelte sie so zärtlich, dass die Leute behaupteten, es seien ihre eigenen. So weiss ich dies von kleinen Juden, kleinen Negern und Bauernkindern.

30. Januar 1757
Bei allem Ruhm, den unser erhabener Herrscher erworben hat, leiden seine Staaten schrecklich. Mein armes Heimatland ist in der Gewalt der Russen [Ostpreussen], die Hauptstadt von ihren Truppen besetzt. Der ganze Adel ist geflohen, meine alte, bis dahin so glückliche Mutter, die seit dreissig Jahren aus ihrem schönen, reizenden Landsitz nicht herausgekommen ist, hat in der schrecklichen Kälte alles im Stich lassen müssen und ist jetzt mit meiner Schwester in Danzig. Trotz dieses Elends, und obwohl man nur »Papiergeld« erhält, und man vor dem zittert, was in zwei Monaten und im Sommer geschehen kann, ist ganz Berlin mit dem Maskenfest beim Grafen Eickstedt beschäftigt ...

31. Juli 1759
Welch schrecklicher Tag! Schon gestern hiess es, die Russen kämen nach Berlin, und nun trifft plötzlich die Nachricht ein, dass Frankfurt von ihnen besetzt und die Garnison kriegsgefangen ist. Alles sucht jetzt sich und seine Sachen zu retten. Die Königin kommt schleunigst von Schönhausen herüber, und das Königliche Haus rüstet sich, um in einer

Stunde abzufahren. Die Prinzen schickt man schon fort. Wenn der König nicht eine Schlacht gewinnt, haben wir den Feind morgen abend hier. Es nimmt mit uns kein gutes Ende. Der grosse Mann hat zu viele Feinde; wir müssen ja überwältigt werden.

13. August 1759

Die Königin lässt uns zum Diner bitten. Als wir uns eben zu Tisch setzen wollen, kommt ein Leibjäger, dessen Anblick allein schon Unheil verkündet. Die Königin lässt ihn heraufkommen, um allein mit ihm zu sprechen . . . Als wir mitten im Diner stehen, wird Hertzberg gemeldet, und die Königin erhebt sich, um ihn zu sprechen. Einen Augenblick darauf tritt Fräulein von Tettau herein, mehr tot als lebendig, und sagt: »Der König befindet sich wohl, die Schlacht ist verloren, der Hof soll augenblicklich abreisen.«

Mehr als hundert Kutschen und Gepäckwagen stehen um das Schloss herum, und gegen 9 Uhr fahren wir alle ab. Das Volk ist empört und ruft uns Schimpfworte nach, aber unsere Bestürzung und besonders die Angst um den König machen uns gegen dergleichen unempfindlich . . .

17. August 1759

Magdeburg.

Jeder fängt an, sich hier einzurichten. Die Königin, die im Hause des Gouverneurs wohnt, hat ihren Fenstern gegenüber die schönste Promenade, auch empfängt sie die ganze Gesellschaft auf dem Wall. Die Prinzessinnen leben hier wie in Berlin. Man geht in den Gärten und der Umgebung von Magdeburg spazieren, besonders aber besichtigen wir viel die Festung, die gegenwärtig in einem grossartigen Zustand ist. Herr v. Balbi und der Prinz von Hessen zeigen uns alles. Wir verbringen ganze Tage in den gedeckten Gängen und den Batterien. So vergeht der Monat August. Die Russen ziehen sich, nachdem sie die Frankfurter Gegend ruiniert und ausgesogen haben, nach der Lausitz zurück, und Berlin ist gerettet. Der General Wunsch nimmt Torgau, Wittenberg und Leipzig wieder. Die Reichsarmee läuft überall vor der unseren davon.

6. Oktober 1759

Gegenwärtig haben wir hier 8000 Gefangene und 600 Offiziere. Die Garnison ist höchstens 4000 Mann stark und besteht aus den schlechtesten Truppen. Trotzdem herrscht hier grosse Ordnung. Man kann sich keine grössere Mühe darum geben als der Erbprinz von Hessen.

10. November 1759
Wir hören, dass der Hof nach Berlin zurückkehren soll. Die meisten
verlassen Magdeburg mit Bedauern, indem sie voraussehen, dass der
Aufenthalt in der Hauptstadt nicht von Dauer und eine Übersiedlung
hierher während des Krieges noch öfter nötig sein wird ...

14. November 1759
Vom König kommt die Nachricht, dass er unpässlich war, als er sich
von Schlesien nach Sachsen begab. Da er das Rütteln im Wagen oder
auf dem Pferde nicht vertragen konnte, so liess er sich in einer Sänfte
tragen, und man hatte dieserhalb alle Viertelmeilen 30 Soldaten aufge-
stellt, die einander ablösen sollten. Aber die ersten 30 wollten durchaus
die Sänfte nicht abgeben und haben Se. Majestät bis nach Sachsen
getragen. So wird er in seiner Armee angebetet. Der grosse Mann setzt
sich schrecklichen Strapazen aus.

12. August 1760
Gestern machte ich ein sonderbares Souper bei der Frau Prinzessin
Heinrich mit der Prinzessin Amalie und drei schwedischen Offizieren
mit. Einer von ihnen, ein Hauptmann Roeck, glaubt sich auf Chiro-
mantie zu verstehen. Er sieht den Prinzessinnen und uns anderen in die
Hände und prophezeit uns unsere Zukunft. Der Prinzessin Heinrich
sagt er, sie werde sehr alt, die älteste von allen Prinzessinnen Deutsch-
lands werden, Frau Prinzessin Amalie werde noch vielen Kummer und
sonderbare Erlebnisse haben. Von der Prinzessin von Württemberg, der
ältesten Tochter des Markgrafen von Schwedt, teilt er mir ganz im
geheimen mit, sie werde kein Jahr mehr leben. Ich will mein Urteil über
die Kunst des Herrn von Roeck so lange verschieben ...

In dieser Zeit spielte auch Trencks angeblicher genialer Überrum-
pelungsplan, nach dem sich der Verfasser der Memoiren allein durch
seine eigene Unternehmung in den Besitz der Festung Magdeburg zu
bringen gedachte.

Tatsächlich hat man eine ähnliche Unternehmung im Schilde geführt, von der der Gefangene gewiß auf seine Weise erfahren hatte.
Nach Lehndorff spielte sich die Verschwörung allerdings anders ab:

4. September 1760
Man redet viel von den schlechten Zeiten. Es wäre uns jetzt beinahe
sehr schlimm ergangen. Die österreichischen Herren Offiziere waren
immer über alle Kriegsereignisse besser unterrichtet als wir. Das ver-

anlasste eine Untersuchung über die Herkunft dieser Nachrichten. Graf Gotter beschloss, sämtliche Briefe der Kaufleute öffnen zu lassen. Man fand denn auch in einem Brief des Kaufmanns Stevesandt einen zweiten von einem österreichischen Leutnant, der darin seiner Frau scheinbar ganz gleichgültige Dinge schrieb. Es lag aber noch ein weisses Stück Papier in Form einer Fahne dabei. Als man dieses Papier auf Kohle legte, stellte sich heraus, dass es mit Milch beschrieben war und Mitteilungen über sämtliche Einzelheiten in der Festung enthielt. Auch wurde darin versprochen, man wolle, wenn der Feind vor die Stadt käme, an den am wenigsten bewachten Punkten Raketen aufsteigen lassen. Man schickte nun sofort zu diesem Offizier und fand eine Menge geladene Gewehre und auch Raketen bei ihm vor. Die Sache hat grossen Lärm verursacht, besonders in Berlin, von wo man mir schreibt, es habe dort geheissen, dass es sich um ein Komplott in aller Form handele und dass beabsichtigt gewesen sei, den ganzen Hof aufzuheben und nach Wien zu bringen.

Hätte Trenck auch hier die große Rolle gespielt, wäre es dem kenntnisreichen Kammerherrn gewiß nicht verborgen geblieben.

Trenck später in seinen Memoiren: Er sei leider verraten worden, und nur die »Großmut und Nachsicht« des hessischen Erbprinzen Friedrich habe ihn vor den schlimmsten Folgen bewahrt ... Auch hier ist die Realität ein wenig anders: denn der menschenfreundliche Erbprinz hatte Magdeburg bereits Anfang *Februar* 1760 verlassen; nach dem am 31. Januar erfolgten Tode seines Vaters Wilhelm VIII. war er nun Landgraf und regierte in Kassel.

*

Weit ergiebiger – wenn auch wesentlich fragwürdiger in ihrer historischen Gültigkeit – als Lehndorffs Tagebücher sind die Erinnerungen des Franzosen Dieudonné Thiébault, eines französischen Gelehrten, der erst nach dem Siebenjährigen Kriege nach Berlin kam. Empfohlen von d'Alembert, übernahm Thiébault hier den Unterricht in französischer Literatur an der von Friedrich neu gegründeten Militärakademie. Zugleich wurde Thiébault Mitglied der Akademie der Wissenschaften. Bald entwickelte sich ein Vertrauensverhältnis zwischen dem Franzosen und dem immer mehr vereinsamenden König, der ihm seine eigenen Arbeiten zur Durchsicht und Berichtigung anvertraute. Seine Stellung in Berlin und sein nobler Charakter führten dazu, daß Thiébault auch bei den Prinzen und Prinzessinnen des königlichen Hauses wie mit vielen angesehenen Persönlichkeiten der preußischen Hauptstadt verkehrte.

Thiébault hat seine Erlebnisse und Beobachtungen in einem Werk hinterlassen, das unter dem Titel *Mes souvenirs de vingt ans de séjour à Berlin ou Frédéric le Grand, sa Famille, sa cour, son Gouvernement, son Académie, ses Ecoles et ses Amis litterateurs et philosophes* zum ersten Male im Jahre 1804 in Paris erschienen ist. Darin beschäftigt sich der Autor auch eingehend mit der Prinzessin Amalie, von der er sagt, daß sie in ihrer Jugend geradezu angebetet worden sei, nicht nur wegen ihrer Schönheit und Klugheit, sondern noch mehr wegen ihrer Sanftmut und Herzensgüte. Übrigens wurden ihre Begabungen, vor allem für die Musik, noch zu einer Zeit bewundert, da man durchaus nicht mehr zu ihren Gunsten eingenommen war. Die spätere auffallende Auszeichnung der Prinzessin vor allen anderen, auch vor der Königin, hatte zur Folge, daß man sie bei Hofe und in Berlin allgemein als Friedrichs »Hauptspionin« ansah und sie nicht nur wegen ihrer Launen allgemein fürchtete.

Thiébault kommt in seinen rückschauenden Betrachtungen auch auf Trenck zu sprechen, dessen damals schon berühmte Memoiren er kannte und von denen er eindeutig beeinflußt war – obgleich er zu der Feststellung gelangte, daß Trenck darin Friedrich mehrfach Unrecht tat. Dann fügte er hinzu:

Allerdings kann ich auf diese Einzelheiten nicht eingehen, ohne die Verhältnisse einer hohen Dame zu berühren, deren Andenken mir sehr teuer ist. Aber diese Dame lebt nicht mehr und hat keine Nachkommen hinterlassen, sie gehört also der Geschichte an. Ich meine die Prinzessin Amalie von Preussen, deren Liebe für den Baron Trenck die Quelle alles Unglücks wurde ...

Hierin liegt der Schlüssel zu Friedrichs vielen Leuten rätselhaft erschienenem Verhalten gegen Trenck. Ich habe dem Baron diese Auffassung selbst mitgeteilt, und er hat ihre Richtigkeit zugegeben. Wir hatten nämlich in Paris eine lange Unterredung mit einander, wenige Jahre bevor er als eines der vielen unschuldigen Opfer der blutdürstigen Revolutions-Wüteriche das Schafott bestieg ...

In dieser Pariser Begegnung des Gelehrten mit dem Abenteurer liegt aber auch der Schlüssel für Thiébaults Umgang mit der ihm nur aus zweiter Hand zugängigen Wahrheit. Hier lebt und webt bereits die Trenck'sche Roman-Phantasie in aller Üppigkeit.

Nach Thiébault macht Friedrich den jungen Freiherrn von der Trenck zum Leutnant im Garderegiment und »kurze Zeit darauf zu seinem Adjutanten«. Die erste Begegnung mit Amalie im Berliner Schloß habe nicht anläßlich der Hochzeit, sondern der *Verlobung* der Prinzessin Ulrike mit dem schwedischen Thronfolger stattgefunden. Darüber Thiébault:

Es traf sich, daß die hohe Dame an diesem Tage Trost – und vielleicht Rache sehr nötig hatte. Das ging so zu: Der Stockholmer Hof hatte ursprünglich sein Augenmerk für die beabsichtigte Heirat besonders auf Prinzessin Amalie gerichtet, die im vollen Glanze von Jugend, Schönheit und Geist stand und deren Liebenswürdigkeit allgemein gerühmt wurde, während ihre ältere Schwester Ulrike schon damals wegen ihrer scharfen Zunge und ihres zuweilen hochfahrenden Wesens gefürchtet wurde.

Aber Prinzessin Amalie war in ihrer Jugend streng in ihrem calvinistischen Bekenntnis, dass sie die für die schwedische Heirat notwendige Entsagung und Übernahme des lutherischen Bekenntnisses für unmöglich hielt. In ihrer Unruhe wandte sie sich an Ulrike um Rat, und die Schwester schlug ihr vor, sie möge sich dem schwedischen Abgesandten gegenüber so unleidlich benehmen, dass diese von selbst ihre Werbung aufgeben würden. Da der Stockholmer Gesandte aber noch keinen bestimmten Auftrag hatte, um welche der beiden Schwestern er anhalten sollte, riet er seinem Hof dringend zur Wahl der soviel sanftmütigeren Ulrike. Daraufhin erfolgte der offizielle Antrag; der König und Ulrike nahmen an. Jetzt erst schienen Amalie die Augen aufzugehen. Ihre Ratlosigkeit wurde zum Zorn gegen die soviel unbeschwertere Schwester, der diese religiösen Skrupel fremd waren.

In dieser Gemütsverfassung begegnete Amalie bei dem Fest in den Prunkzimmern des ersten Königs in Preußen dem achtzehnjährigen Trenck. Amalie war drei Jahre älter. Thiébault schreibt:

Trenck war der Held des Abends, infolge einer kleinen Begebenheit, die ihn betraf: In dem Gedränge der von Gästen und Neugierigen überfüllten Säle waren ihm die Fransen seiner Offiziersschärpe abgeschnitten worden. Der König hatte ihn in seiner ihm eigenen Weise damit aufgezogen. Die ganze Hofgesellschaft betrachtete neugierig den blutjungen Offizier, von dem man bisher viel gehört hatte, den aber nur wenige persönlich kannten.

Ich weiss nicht, inwiefern eine mehrfach erwähnte trost- und rachebedürftige hohe Dame sich von Trencks Beistand versprach – genug, nach Aufhebung der Tafel näherte sie sich ihm und flüsterte ihm ins

Ohr: »*Kommen Sie um die und die Stunde zu mir. Ich werde Ihnen für Ihre Schärpe Ersatz geben.*«
Und Trenck ging.

Ein erster Besuch zieht unter solchen Verhältnissen eine unendliche Menge anderer nach sich. Der erste ist frei, aber allen folgenden kann man sich nicht entziehen ...
Bis zum Zweiten Schlesischen Krieg ging alles gut. Trenck zog mit ins Feld und war fast beständig an der Seite des Königs, der von seinem Mut und seiner Begabung eine hohe Meinung fasste. Aber nach dem Friedensschluss nahm Trenck seine Besuche bei der Prinzessin wieder auf, und trotz aller Vorsicht der Liebenden wurde der König davon in Kenntnis gesetzt.
Friedrich befand sich in einer schwierigen Lage: Er wusste bescheid, und durfte doch nicht offen einschreiten. Die Politik verlangte gebieterisch, dass er sich die Möglichkeit offenhielt, wenn jemand ein Wort davon zu sagen wagte, kategorisch zu antworten: »Das ist nicht wahr!« Dem König blieb also nichts anderes übrig, als Trenck empfindlich fühlen zu lassen, was er ihm nicht sagen durfte. Nach jedem heimlichen Besuch wurde also der Jüngling unter irgend einem anderen Vorwand in Arrest geschickt; er bekam nur noch unfreundliche Blicke zu sehen und harte Worte zu hören. Die Arreststrafen wurden jedesmal länger. Trotzdem besserte sich Trenck nicht; er stellte sich, als ahne er die wirkliche Ursache seiner Ungnade nicht, und suchte vielleicht sogar etwas darin, seiner edlen Dame zu zeigen, wie sehr er um ihrer Liebe willen leiden musste.
Der König ging zu grösseren Mitteln über und beschloss, es mit dem Einfluss einer längeren Abwesenheit zu versuchen. Trenck war zum zwanzigsten Male im Arrest und sass schon seit vier Wochen, als man ihm den Befehl überbrachte, augenblicklich nach Wien abzureisen, um dort einen ihm genau vorgeschriebenen Auftrag auszuführen ...

Nach prompter Erledigung und seiner Rückkehr nach Berlin soll Trenck wieder wie zuvor seine Besuche aufgenommen haben; der König aber hätte nun seine Geduld verloren und den Unbelehrbaren nach der vermeintlichen Kontaktaufnahme mit seinem österreichischen Vetter nach Glatz bringen lassen.
Nach der Flucht aus Glatz habe sich Trenck in Wien, in Moskau und in Petersburg sehr unvorsichtig verhalten, indem er überall das Portrait seiner erlauchten Dame zeigte. Bei einem Diner im Hause

des russischen Kanzlers ließ er sogar das Bild bei allen Gästen an der Tafel herumgehen. Friedrich, durch die Affäre und den geschändeten Ruf seiner Lieblingsschwester aufs äußerste verbittert, habe nur noch an Rache gedacht, bis man ihn in Danzig gefangennahm. Über Trencks erneute Haft und den Fortgang seiner Romanze sagt Thiébault:

Die raffinierte Grausamkeit, womit der unglückliche Mann behandelt wurde, war nicht Friedrichs Werk. Sie ist den Magdeburger Offizieren zuzuschreiben, die ihn zu bewachen hatten und die ihn schon von der Zeit her, als er noch in Potsdam Günstling war, hassten. Trenck hat mir selbst erzählt, er habe später ganz genau erfahren, dass der König nicht daran gedacht habe, ihn so furchtbar quälen zu lassen ...

Als ich in Berlin ankam, erzählte man mir wohl, jedoch in geheimnisvollster Weise, von einem Staatsgefangenen, der unter den Magdeburger Festungswällen verborgen gehalten würde. Aber von den näheren Umständen dieses Mannes wusste man nichts oder wagte jedenfalls nicht davon zu sprechen; und jedermann glaubte, er sässe noch in seinem Kerker, als er schon lange wieder frei war.

Die Art, wie Trenck frei kam, gehört jedenfalls zu dem Merkwürdigsten seiner merkwürdigen Geschichte; zugleich ist sie der unbekannteste Teil derselben, denn er selbst spricht in seinen Memoiren nur in ganz unbestimmten Ausdrücken davon. Die hohe Dame, der er seine Liebe geweiht, sie hatte ihn in Glatz unterstützt, sie hatte ihm sogar seine unverzeihliche Indiskretionen verziehen, und als er in der Zeit zwischen seiner ersten und zweiten Haft in fremden Ländern umherirrte, hatte er hauptsächlich von ihren Geschenken gelebt. Aber als er in der Magdeburger Zitadelle sozusagen lebendig begraben lag, hörte für die Prinzessin jede Möglichkeit auf, dem Geliebten zu helfen. Sie konnte nur noch sein und ihr Unglück beweinen.

Diesem tiefen Kummer ist die frühe Gebrechlichkeit zuzuschreiben, die ihren Körper befiel; in wenigen Jahren verlor sie alle ihre Reize: ihre Stimme erlosch, ihre schönen Augen traten aus den Höhlen, und es fehlte wenig, so wäre sie gänzlich erblindet. Ihre Hände und Arme versagten fast gänzlich den Dienst.

Von dem glühenden Wunsch beseelt, ihrem Geliebten zu helfen, setzte sie ihre letzte Hoffnung auf eine Fürsprache bei der Kaiserin Maria Theresia. Die grosse Schwierigkeit war nur, diese für den Gefangenen zu interessieren. Ein Unterhändler, den die Prinzessin in Wien hielt, entdeckte ihr schließlich die geeignete Persönlichkeit – einen Mann niedrigsten Standes, der als Parkettbohner in der Hofburg be-

dienstet war und jeden Morgen um sechs im Schlafgemach der Kaiserin das Kaminfeuer anzuzünden hatte, wobei Maria Theresia zuweilen mit dem Manne, einem geborenen Savoyarden, einige Worte wechselte. Der Agent der Prinzessin suchte ihn auf, versprach ihm eine Belohnung von zehntausend Dukaten und zahlte sofort eine Summe von zweitausend Dukaten an.

Es gelang dem Bediensteten, in geschickter Weise die Gedanken der Kaiserin mit dem Gefangenen in Magdeburg zu beschäftigen; sie schritt zu seinen Gunsten ein, und Friedrich mochte ihr wohl die Bitte, die erste nach dem Abschluss des Hubertusburger Friedens, nicht abschlagen. Trenck hat später diesen sonderbaren diplomatischen Auftrag eines Kaminheizers von seiner Prinzessin selbst in allen Einzelheiten erfahren, und ich hörte sie von ihm aus seinem eigenen Munde ...

Über das Wiedersehen nach Trencks Entlassung schreibt Thiébault:

In Berlin war sein erster Gang zu der hohen Dame, die so verhängnisvoll in sein Schicksal eingegriffen hatte.

Welch ein Wiedersehen! Die Unterredung dauerte mehrere Stunden, die ganz unter Tränen verbracht wurden. Ein Mann mit weissem Haar, den Rücken gekrümmt von den sechzig Pfund schweren Eisenketten, die zehn Jahre lang seine Glieder belastet hatten – war das der prächtige Jüngling, dessen Bild die vielen Jahre her im Herzen der Prinzessin Amalie gelebt hatte? Und sie selbst noch mehr entstellt, sie, die einst in der Blüte der Jugend von zauberischer Schönheit gewesen war.

Aber Prinzessin Amalie hatte einen starken Geist; sie gewann es über sich, ihren früheren Geliebten nach seinen Verhältnissen zu befragen, sich zu erkundigen, wie viele Kinder er hätte, wie alt und wie sie erzogen wären; sie versprach ihm, für diese Kinder zu tun, was in ihren Kräften stünde und das älteste Mädchen als Gesellschafterin zu sich zu nehmen. Hierauf nahmen sie Abschied von einander, um sich niemals wiederzusehen. Als er nach Berlin zurückkam, hatte die Dame, deren letzte Kräfte dieses Wiedersehen erschöpft hatte, inzwischen ihr trauriges Dasein abgeschlossen ...

Wie wir sehen, ist bei Thiébault der berühmte Trenckroman bereits vollständig.

*

Was der französische Autor über Amalies Leben und ihre Eigenheiten zu berichten weiß, ist nicht weniger farbig, dafür selbst beobachtet

427

– also authentischer: Ihr seltsamer Aberglaube, der sie veranlaßte, auch das Schicksal ihres großen Bruders mit Hilfe von allerlei Scharlatanen und Kartenlegern erforschen zu wollen, ihre Einsamkeit – und vor allem ihre Gebrechlichkeit und die furchtbaren Schmerzen, an denen sie schon früh zu leiden begann; wobei er hinzufügt, daß Amalie sich diese Leiden zum großen Teil in einer Art Selbstzerstörung bewußt beigebracht habe:

Ich kann dafür zum Beweis eine wohlverbürgte, mir von ihrem Arzt selbst mitgeteilte Tatsache anführen:

Dieser Arzt, Herr Meckel, verordnete ihr gegen eine Augenentzündung, an der sie einmal litt, eine Flüssigkeit, die erhitzt werden musste, um in ihren Dämpfen die Augen zu baden, doch musste die Medizin selbst in einer Entfernung von sieben bis acht Zoll gehalten werden. Der Arzt legte ihr dringend ans Herz, ja nicht mit dem Gesicht näher heranzukommen und vor allen Dingen nicht die Augen mit der Flüssigkeit selbst zu benetzen, weil sie sonst Gefahr liefe, die Sehfähigkeit ganz zu verlieren. Kaum hatte sie die Medizin empfangen, so wusch sie sich kräftig die Augen damit! Die Wirkung war, wie der Arzt vorausgesagt hatte, so unheilvoll, dass sie beinahe blind geworden wäre; ihre Augen, die bis dahin sehr schön gewesen waren, traten zur Hälfte aus ihren Höhlen hervor und wurde abschreckend hässlich ...

Dass die Prinzessin ihre Stimme fast gänzlich verlor, war, wie man versichert, ebenfalls ihre eigene Schuld. Sie konnte nur mit grosser Mühe sprechen und es war für andere sehr schwer, sie zu verstehen. Sie brachte nur einen heiseren, dumpfen Ton hervor, der wie aus einem Grabgewölbe hervorschallte oder der Stimme eines halberdrosselten Menschen glich.

Ihr Kopf wackelte hin und her und konnte kaum auf dem dünnen Halse aufrecht getragen werden. Für ihre Beine war selbst dieser arme, abgezehrte Körper fast schon eine zu schwere Last; ihre Arme und Hände waren mehr als zur Hälfte gelähmt. Man fragte sich unwillkürlich: Welche Philosophie gab ihr die Kraft, solche Leiden zu ertragen? Was für eine Willensstärke muss in dieser Seele gelebt haben! Sicherlich ist die Prinzessin Amalie für den Beobachter eine ausserordentliche und der grössten Aufmerksamkeit würdige Erscheinung.

Sie starb, oder vielmehr, sie erlosch kurz nach König Friedrichs Tod ...

Thiébaults Aufzeichnungen enthalten eine Fülle Anekdoten über den König und seine Zeitgenossen, und zweifellos »stimmen« – abgesehen von manchem Hofklatsch – viele Einzelheiten und Zeitangaben durchaus *nicht*. Immerhin war Thiébault ein Franzose, der niemals die deutsche Sprache lernte. Der König hatte ihm bei seiner Anstellung das Ehrenwort abgenommen, um der Reinhaltung seiner eigenen Unterrichtssprache niemals die des Gastlandes zu erlernen. Seine Haltung, seine Bildung und sein Charakter scheinen Thiébault aber als im Grunde durchaus seriösen Berichterstatter zu bestätigen, der vor allem nicht in blinder Verehrung den König auf überhohen Sockel hob, aber offensichtlich Trencks eigener (später) Apologie wohl nur zu sehr vertraute.

Zwei Jahre vor Friedrichs Tod kehrte Thiébault nach Paris zurück, entrann während der Revolution mit knapper Not der Guillotine und konnte noch erleben, wie sein Sohn, der General Thiébault, als ein Verehrer des großen Friedrich und einer der hervorragendsten Offiziere Napoleons – auch in seinem Verständnis für Deutschland – sein Erbe antrat.

Thiébaults friderizianische Erinnerungen waren seit ihrem Erscheinen in Berlin harter Kritik ausgesetzt. Der bedeutende englische Historiker Carlyle, von dem eine der ersten und berühmtesten Friedrich-Biographien stammt, tat sie als »stupid« ab (was in der eigentlichen Übersetzung mehr »idiotisch« heißt), und Gustav Berthold Volz bezeichnete den Franzosen als »Nachbeter Trenck'scher Aufschneidereien«. Was nicht hinderte, daß Thiébault von späteren Autoren fleißig als Quelle benutzt wurde – und gewiß auch von Bruno Frank für seinen wundervollen Trenck-Roman wie für Eckard von Nasos »Preußischer Legende«.

∗

Wie so vieles andere fügte sich auch die endliche Befreiung nach dem Hubertusburger Frieden in Wahrheit sehr anders als in Trencks Aufzeichnungen. Amalie hatte damit durchaus nichts zu tun.

In dem Friedensschluß zwischen Österreich und Preußen war durch einen besonderen Artikel eine allgemeine gegenseitige Amnestie festgesetzt worden, die nun auf Veranlassung der Wiener Regierung auch auf Trenck Anwendung finden sollte. Der König lehnte dies zunächst ab. Erst nachdem der österreichische Gesandte, Freiherr von Ried, nach Berlin kam, erreichte er über den Kabinettsminister Finckenstein für Trenck gewisse Hafterleichterungen.

Ebenso fest steht, daß von einer »Bestechung« Rieds, die Trenck mit 10 000 Gulden angibt, nicht die Rede sein kann.

Am 30. November 1763 berichtete der österreichische Gesandte an den Staatskanzler Kaunitz nach Wien:

Wegen des Trenck ist alles so verabredet, wie ich dem Herrn Grafen v. Dietrichstein [der bisherige österreichische Gesandte in Kopenhagen] während seinem hieisigen Aufenthalt mündlich eröffnet und Ew. Exzellenz den Bericht davon abzustatten gebeten habe, dass es nur darauf ankommt, den König in einem favorablen Augenblick zu finden, um ihm den Vorschlag machen zu können. Bis dato habe ich nichts anderes effektuiret, als dass ihm sein Arrest erträglicher gemacht und mir connivendo erlaubt worden ist, ihm von Zeit zu Zeit zu seinem besseren Unterhalt durch die dritte Hand einiges Geld übermachen zu dürfen. Dieses Menschen Conduite ist so übel beschaffen, dass man sich seiner nicht öffentlich annehmen kann, denn sobald er nur die mündeste Hoffnung einer zu gewarten habenden Hülfe siehet, verfallet er auf Ausschweifungen. Dessen ohngeachtet hoffe ich dennoch, ganz gewiss ihn loszubringen; denn denjenigen, welche vor ihm arbeiten sollen, lieget die Sache ebensoviel als mir selbsten an.

Am 18. Dezember 1763 brachte Ried in Berlin bei der ersten Unterredung zusammen mit der Amnestiefrage der Kriegsgefangenen auch Trencks Schicksal zur Sprache. Friedrich verwies den Gesandten an Finckenstein; zugleich berief sich der König ausdrücklich auf die Fürsprache der Kaiserin und ordnete mit dieser Begründung die Entlassung an. Auch hier ist also alles andere als ein romantischer Hintergrund im Spiele – und schon gar nicht ein etwaiges »Schuldgefühl« von seiten des Königs. Für ihn war der »Fall Trenck« nun abgeschlossen.

Am 20. Dezember gab der König Ordre an das Gouvernement zu Magdeburg:

Es geschieht aus besonderen mich hierzu bewegenden Ursachen, wenn ich resoviret habe, dass der bis jetzo auf der dortigen Festung im engen Arrest befindliche Trenck nunmehr seines bisherigen Festungsarrests, jedoch dergestalt, entlassen werden soll, dass, wenn derselbige zuvörderst den gewöhnlichen Eid von Urfehde abgeschworen haben wird, derselbe, ohne sich zu Magdeburg im geringsten weiter aufhalten zu dürfen, sogleich darauf über meine Grenzen gebracht und nach geschehener Verwarnung, sich niemalen über solche und in meinen Landen betreten zu lassen, alsdann in Freiheit gesetzt werden soll ...

Am 30. Dezember folgte die Meldung des Magdeburger Vize-kommandanten v. Reichmann an den König:

Ew. Kgl. Maj. allerhöchsten Ordre zur submissesten Folge ist der Lieutenant Graf Schlieben mit dem v. Trenck nach abgeschworenem Urfehde-Eid gestern als den 29. von hier nach Prag abgereist.

Als denselben seiner Banden entledigen lassen, ist er von einigen Ohnmachten überfallen worden, weshalb ihn bei dem wachthabenden Officier in der Stube bis zu seiner Abreise gelassen, da ihme ein Medicus nach vorheriger Aderlass und einigen gegebenen Medicamenten ausser Gefahr zu sein declariret.

Am 7. Januar 1764 schrieb der österreichische Hofrat v. Kempf, Mitglied der das Vermögen Trencks verwaltenden Hofkammer, an den österreichischen Gesandten Ried:

Alles jenes, was Ew. Exzellenz bei und mit bei Gelegenheit der Arrest-Entlassung des Baron v. Trenck vorzukehren und wessen sich bei Sr. des Königs in Preussen Majestät verbindlich zu machen erforderet hatten, ist Ihro Maj. unser allergnädigster Frauen [Maria Theresia] allergehorsamst vorgetragen und hierüber sogleich der allerschärfste Befehl erteilt worden, ihme, vermutlich bereits auf der Reise befindl. Baron v. Trenck, bei seiner Anherokunft sogleich, nicht zwar in Arrest, doch aber in ein Stift oder Kloster ad custodiam zu bringen und demselben bei sonst auf sich bürdend. schwerister Bestrafung und höchster Ungnade ernstlich zu bedeuten, dass er wider Höchstbemeldete Sr. Königs in Preussen Majestät weder mit ausstossenden Worten, weder mit Schriften nur in dem mindesten sich erkecken solle; wessentwegen dann auch zur Abschneidung aller Gelegenheit, in dergl. sträfliche Ausschweifungen zu verfallen ihme, Baron v. Trenck, sein künftiges Domicilum bis auf weiter Allerhöchsten Befehl oder in Krain oder in Kärnthen bereits bestimmet ist; mithin der Aufenthalt desselben allhier von keiner langen Dauer und vielleicht von sehr kurzen Tagen sein wird, um demselben seithero seiner ausgestandenen Arrestzeit über seinen Vermögensstand die Berechnung vorlegen und das weiter nöthige zu seinem künftigen Aufenthalt disponiren zu können. Welche Verrechnung sodann ihre Richtigkeit erlangen wird, wenn Ew. Exzellenz bei retour des Herrn Lieutenant Graf Schlieben auch die letzter Hand vor die Trencksche Reisespesen bestrittene Ausgaben anhero zu senden gefällig sein möchte.

Damit hatte der Gefangene nach allem Leid nun die Freiheit wieder.

Der Zerstörte

I

Den jetzt dreiunddreißigjährigen ehemaligen preußischen Kornett und österreichischen sowie russischen Rittmeister Friedrich von der Trenck brachte man also im Einvernehmen zwischen den jetzt wieder durch Gesandte verbundenen Regierungen von Preußen und Österreich nach Prag, wo er für eine geraume Zeit im Auftrag der Kaiserin Maria Theresia in Verwahrung genommen wurde. Zu der ursprünglich vorgesehenen Betreuung in einem Kloster oder Stift kam es nicht.

Seinen Anlagen und seinem hoffnungsvollen Beginn in der Nähe des jungen Monarchen nach hätte der keineswegs unbemittelte Baron Trenck auch jetzt noch diese beiden Welten im glücklichsten Sinn verbinden können. Wir spüren es aus jeder Zeile seiner Memoiren – und hierin dürfen wir ihm wohl glauben.

Wie nun gestaltete er sein Leben nach der unvermittelten Befreiung?

Seltsam: Wie er die übliche Kleidung nur noch mit Mühe ertrug, weil sie ihn beengte, so schien es auch, als könne es für ihn, den ewigen Gefangenen, überhaupt keine Freiheit mehr geben.

Erstaunlicherweise hatte er die Zeit äußerlich, wenn auch früh gealtert, ohne offensichtliche Schäden überstanden. Im Gegensatz zu den eigenen Schilderungen von sich selbst charakterisierte ihn das »Staatenjournal« im Jahre 1788 – also fast zwei Jahrzehnte später – so:

Ein sehr kleiner, aber jedoch sehr merkwürdiger Mann, ohne die geringste Seelengrösse, die aber eine Seelenstärke ganz ohne ihresgleichen hat.

Und diese Beschreibung entspricht auch den – wenigen – überlieferten Porträts des preußischen Freiherrn von der Trenck: ein wenig bedeutendes, schon gar nicht durch- oder vergeistigtes Bürgergesicht. Dennoch war es wohl auch wieder fast folgerichtig, wenn Trenck sich selbst eben anders, das heißt: als den strahlenden, hünenhaften, alles besiegenden Beau sah. Er mußte sich selbst zum Ideal des eigenen Ich emporsteigern oder »kompensieren« – gerade weil er sich der tristen und alles andere als strahlenden Realität nur gar zu bewußt war. Daher auch seine ständige Rolle des unverstandenen, von Neid und Niedertracht niemals erreichten Märtyrers.

Zu solcher Selbstverherrlichung paßt bei Trenck das – offenbar in seinem Auftrag entstandene – Mansfeldsche Titelkupfer der späteren Memoiren, das den idealisierten Heros samt Leichenstein und den berühmten »68pfündigen Fesseln« im Magdeburger Verlies darstellt.

Zwei Jahre nach seiner Entlassung feierte Trenck in Aachen Hochzeit mit einer Tochter des dortigen Bürgermeisters de Broe; von den elf Kindern dieser Ehe blieben acht am Leben. Was keineswegs bedeutete, daß die Ehe darüber hinaus mit Glück gesegnet war ...

Im übrigen blieb unser Held bei aller Seelenstärke auch nur ein Sterblicher, der diese furchtbaren neun Jahre keineswegs ohne schwere Persönlichkeitsschäden überstehen konnte. War er zuvor geltungs- und raufsüchtig, unstet und unkontrolliert in Wesen und Wandel, so kamen nun Altersstarrheit, überstiegene Eigenliebe, Empfindlichkeit und eine larmoyante Aggressivität hinzu, die den mittlerweile so bekannten wie interessanten »Fall« nicht nur zum unschuldig verurteilten, vom Schicksal zu Besonderem auserkorenen Opfer, sondern auch zum unwiderstehlichen Liebeshelden à la Casanova emporhoben. Immer darauf bedacht, Anerkennung und nachträgliche Belohnung für alles ihm bis dahin mit oder ohne Gewalt Vorenthaltene zu erwarten und zu fordern, gelang es dem rastlosen Querulanten nicht, Ruhe oder Freunde zu finden. Er war nicht der Mensch, der die eigenen weisen Erkenntnisse aus allem Leid selbst zu leben vermochte. Alle späteren Handlungen Trencks waren, jenseits moralischer Wertung, wenn er jemals einen Weg angestrebt hatte, jedenfalls die eines ganz und gar aus der Bahn Geworfenen.

Und das galt für den gesamten Rest seines Lebens – jene drei Jahrzehnte, in denen er inneren und äußeren Frieden an der Seite seiner Frau und als Vater seiner vielen Kinder hätte finden können. Auch Österreich bot dem in der Tiefe Heimatlosen nicht die ersehnte Geborgenheit; aus der Erbschaft des Pandurenvetters blieb ihm dank der erschreckenden Korruption der Wiener Administration und seiner eigenen Ungeschicklichkeit kaum etwas – so wenig, wie er jemals zu wirtschaften gelernt hatte. Immer erwartete er von irgendwoher Geschenke, Unterstützungen, »Wiedergutmachungen«, Gaben, Anerkennungen, Almosen, obgleich ihm die Kaiserin Maria Theresia die Bezüge eines Rittmeisters, nachträglich für 10 Jahre ausgezahlt, in Verbindung mit der Stellung eines K. K. Obrist-Wachtmeisters, also Majors, gewährte.

Sein Dasein gedachte der »Weltkundige« von nun an als Schriftsteller zu verbringen:

Jetzt bin ich Philosoph, habe eine Frau nach meiner Denkungsart erwählt, wohne in Aachen, betrachte die Welthändel mit dem Sehrohr der Weisen, bin über die Vorurteile des glänzenden Ehrgeizes erhaben und lebe ruhig, folglich glücklich.

Es war eben das, was er vielleicht im Traum ersehnte. Die Realität entsprach dem Gegenteil.

Obwohl sich Trenck immer wieder selbst als der »Weltweise« rühmt, zog er sich in Wien, Aachen, Spa und Mannheim, wo immer er Wohnung nahm, durch seine der »Aufklärung« eigener Art gewidmeten Donquichotterien, nicht zuletzt auch durch seine unbedachten Kampfschriften ständig neue Verluste und Verfolgungen zu. Als Lyriker präsentierte er sich in seiner 1767 und 1769 erschienenen »Sammlung vermischter Gedichte«, der 1774 »Verliebte Gedichte eines Gefangenen« folgten.

Von 1774 bis 1777 bereiste er England und Frankreich als Kaufmann und übernahm offenbar auch für die Regierung Maria Theresias einige geheime Aufträge.

In der von ihm 1772 begründeten Wochenschrift DER MENSCHEN-FREUND machte er seinem erbitterten Haß auf die ständische Ordnung und die katholische Kirche Luft. Schon im Jahr zuvor hatte er in einem Lehrgedicht »Der mazedonische Held in wahrer Gestalt« Alexander den Großen als Vorbild des absoluten Fürsten, sprich: blutsaugenden Tyrannen zu entlarven versucht. Die unumschränkten Potentaten seien nichts anderes als gekrönte Räuber, die aufs Rad geflochten werden sollten. Das Poem endet mit den Worten:

Kann man der Menschen Recht wie Eselshaut verschenken?
Ja, leider, nur darum, weil wir wie Esel denken!

In seinen »Politischen Anmerkungen über die Zeitungen und Vorfälle für das 1775« zeigte der Autor leidenschaftlich sein »Jakobinertum« und starkes soziales Mitgefühl. Er forderte eine »proportionierte Abwägung der Bedürfnisse aller Stände« und die Beseitigung der Macht des Adels. In Joseph II. glaubte Trenck das Ideal des aufgeklärten Fürsten zu erblicken, der diese Forderungen erfüllen könne.

435

Nichtsdestoweniger nannte ihn der Kaiser später – vor allem im Hinblick auf Trencks Eintreten für die ungarische Adels-Opposition – einen »politischen Hanswurst«.

Bei Ausbruch des Bayerischen Erbfolgekrieges 1778 suchte Trenck darum nach, ein eigenes Freikorps aufzubauen, um gegen Preußen zu kämpfen. Man schlug es ihm ab, wohl auch, um die Gefahr einer dritten Gefangennahme zu vermeiden.

Kurz vor dem Tode der Kaiserin Maria Theresia im Jahre 1780 siedelte Trenck mit seiner Familie nach der kleinen niederösterreichischen Herrschaft Zwerbach und Grabeneck über, die er 1754 aus dem Erbe seines Pandurenvetters erworben hatte. Da er durchaus nicht zu wirtschaften verstand, geriet er bald in Schulden und mußte den Besitz wieder verkaufen. Seine Frau konnte nicht einmal eine Magd halten.

Im selben Jahr ließ Trenck acht Bände seiner gesammelten Gedichte und Prosaschriften in Wien erscheinen. Darin betonte er, trotz seiner gut österreichischen Gesinnung dem preußischen Vaterlande niemals untreu geworden zu sein. Preußens Sieg 1763 habe ein Glück für die Aufklärung bedeutet, denn sonst würde *das spanische Inquisitionsgericht auch bei uns seine Fahnen ausgestecket haben und das Mönchsgeziefer bis zum verheerenden Haufen angewachsen sein.*

Obwohl sich Trenck der Hochschätzung der Kaiserin rühmte – sie ließ sich angeblich noch auf dem Totenbett aus seinen Schriften vorlesen – spielte er mit dem Gedanken, nach Preußen zurückzukehren, als der ihm so ungnädig gesinnte Philosoph von Sanssouci endlich die Augen schloß. Der neue, »menschenfreundliche« König war offenbar nicht abgeneigt, dem ehemaligen Deserteur zu seinem früheren Besitz zu verhelfen. Bereits in Aachen angeknüpfte Verbindungen zu dem Minister Graf Hertzberg bestärkten Trenck in seiner Hoffnung.

In Trencks Gesammelten Schriften findet sich auch eine »Trauerrede bei dem Grabe Friedrichs des Grossen«:

Nun ist er noch ohnmächtiger als der Trenck war, da er im Magdeburger Kerker nach Gerechtigkeit schmachtete ... Friedrich war der Wissenschaften Schutzgott, die Freude seiner Untertanen, er kannte, brauchte und belohnte echte Verdienste. Rom zitterte bei Friedrichs Siege, die Mönche grunzten in ihren Verschanzungen, die aufgedeckte Arglist verkroch sich hinter ihrem Vorhange ... Friede sei auch jenseits des Grabes zwischen meinem und deinem Schatten! Die Wunden, die du mir schlugst, hast du mir zwar nie geheilet; sie bluten noch, und ihr krebsartiger Eiter triefelt auf deine Urne . . .

Daß Trencks von ihm selbst fast bis zum Überdruß betonter »Mannesmut vor Fürstenthronen« und alle Bereitschaft zum großmütigen »Verzicht« ebenso literarische Arabeske blieb wie seine vielgerühmte »Philosophie« verrät nicht nur sein ewiges Antichambrieren in Wien, sondern die (in unserer Ausgabe sehr gekürzte) allzu gezielte und nicht weniger pompöse Lobpreisung auf Friedrichs Nachfolger, den ebenso (mitunter) gutmütigen wie denkbar schwachen Friedrich Wilhelm II.

*

Im Frühjahr 1787 – also ein halbes Jahr nach Friedrichs Tod – kam der nun allseits bekannte Trenck nach Berlin, wo er vom neuen König und vom Prinzen Heinrich empfangen wurde. Am Abend vor seiner Abreise will er zwei Stunden bei der Prinzessin Amalie verbracht haben. Wenn damit auch keineswegs angedeutet wurde, daß sie mit der früher erwähnten »Berliner Freundin« identisch war, so schloß man dies wohl nur zu gern draus. Bei jener Audienz – wenn sie tatsächlich stattfand – handelte es sich vermutlich um die Versorgung von Trencks Töchtern. Seinem Bericht fügte Trenck hinzu:

Diese wirklich große Frau, welche wegen ihrer Scharfsicht allein die Ehre genoss, Friedrichs ganze Liebe und sein unbegrenztes Vertrauen zu besitzen, die mich in allen Drangsalen meines Lebens schützte und mich mit Wohltaten überhäufte, die auch im Grunde das meiste zu meiner Befreiung beigetragen hatte und mich während meines jetzigen Aufenthaltes nicht als einen fremden Offizier, sondern als alten Patrioten und Freund aufnahm und distinguierte . . .

Bereits vorher hatte Trenck der Prinzessin die Patenschaft für seine zweite Tochter angetragen – eine in damaliger Zeit nicht unübliche Verpflichtung hoher Persönlichkeiten, die im allgemeinen akzeptiert wurde. So war auch die Zusage in Form eines kurzen Kabinettschreibens mit der Unterschrift erfolgt:

votre affectionné Amélie.

Da die Prinzessin von ihren Aachener Aufenthalten her die Familie von Trencks Gattin gekannt haben wird, könnte die Erklärung hierin liegen – jedenfalls darf man wohl auch aus dieser Patenschaft Trencks literarisches »Motiv« seiner großen Liebe mit Amalie ableiten. Von einer besonderen Anteilnahme der Prinzessin an Trenck, seiner Familie oder ihres Patenkindes ist nichts bekannt.

Trenck berichtet nun: Die Prinzessin habe ihm die Obhut über seine Frau und seine Töchter zugesagt, sei aber unmittelbar danach vom Tod überrascht worden.
Abgesehen davon, daß die schon lange hinfällige alte Dame in dieser Zeit kaum noch in der Lage gewesen sein dürfte, derlei Besuche zu empfangen, geht aus keinerlei Aufzeichnung – wir sagten es – schon gar nicht Amalies, hervor, daß *sie* die berühmte »Berliner Dame« war. Zudem fand sich auch in ihrem reichen Nachlaß mit seinen vielerlei Legaten keine Andeutung einer Berücksichtigung des angeblichen früheren Geliebten.
Jedenfalls: Als dann in den Memoiren die geheimnisvolle Beziehung »aufgedeckt« wurde, konnten sich weder König noch Prinzessin dagegen zur Wehr setzen: Es war ja alles – eben *Geheimnis* gewesen; und beide lebten nicht mehr ...
Daß sich die mitfühlende Nachwelt odendrein noch mit einem angeblichen Liebespfand der Prinzessin befaßte, das als Fräulein *Amalie Schönhausen* in Ostfriesland lebte, welche eine Tochter Trencks gewesen sein soll, brauchen wir nur am Rande zu erwähnen. Diese junge Dame hatte tatsächlich außer ihrem Vornamen durchaus nichts mit der ergreifenden Mär zu tun.

Im selben Jahr 1787, in dem Trenck den Nachfolger Friedrichs besuchte, erschien in Berlin die veränderte Neuauflage seiner im Jahr zuvor herausgekommenen, bereits populären »Lebensgeschichte« mit der jetzigen, dem verstorbenen Könige huldigenden Widmung als *treuer, aber nie kriechender Untertan Trenck.*
In seiner Einführung bekennt der Autor:
Die Welt ist begierig, Romane zu lesen, und ich brauche Geld für meine Arbeit.
So verhielt es sich in der Tat. Nur sollte dieses entwaffnende Motto bei der wirksamen Gestaltung der Memoiren nicht allzu wohlwollend übersehen werden, wie es sicherlich auch Goethe erging, den diese Lektüre zu »Reflexionen« veranlaßte, oder Bismarck, der noch in seinen »Gedanken und Erinnerungen« von einer »Mißhandlung Trencks« sprach ...
In einer bereits gärenden Zeit erregten die in Wien, Berlin und – nach von Trenck selbst verfaßter französischer Übertragung – in Paris

erschienenen Memoiren nur zu sehr die verdiente allgemeine Anteilnahme. Außerdem wurden »Trencks sämtliche Schriften und Gedichte« – abgesehen von verschiedenen damals üblichen Raubdrucken – in nicht weniger als 8 Bänden in Leipzig und Wien herausgegeben.

Was dem Leser nach der Lektüre von Trencks Lebens- oder besser: *Leidens*geschichte vielleicht am stärksten anrührt, ist die scheinbar so völlig unbegreifbare, weil an das persönliche Geheimnis des Preußenkönigs rührende Widmung, die der Autor – trotz eingehender Darstellung aller auf dessen Befehl zurückgehenden eisernen Fesseln im Magdeburger Kerker – seinem Buch vorangestellt hat:

An den Geist
Friedrich des Einzigen,
Königs in Preussen,
in den elysäischen Gefilden.

Wobei wir uns zuletzt doch fragen müssen: War hier wirklich nur und nichts anderes im Spiel als geschäftliche Spekulation eines begabten Autors –?

II

Obgleich Trenck nach allen Stürmen und Erfahrungen den Lebensabend im Kreise seiner großen Familie friedlich und sorglos hätte genießen können, trieb es den mittlerweile Sechzigjährigen ruhelos umher. Nicht nur, daß er sich überall neue Feinde machte und durch Streitschriften echte und vermeintliche Gegner immer wieder bekämpfen zu müssen glaubte, versuchte er sich auch noch an einem der wenigen wirklichen Gönner, dem noblen früheren Minister des großen Friedrich, dem Grafen Hertzberg, als schäbiger Erpresser und anonymer Bedroher.

Entsprechend verworren und kaum durchschaubar erscheint Trencks letzter Lebensabschnitt, der im Grunde aus nichts als Drohungen, Schmeichelbriefen, Intrigen und Aufrechnungen – stets im Hinblick auf seine ewigen Schulden und ihm angeblich noch immer vorenthaltenen Vermögenswerte – bestand.

Nach seinem in Königsberg (bei seinem Bruder) verfaßten dritten Memoirenband, den er mit dem stolzen und wohl auch auf künftige Wohltaten von seiten des Preußenkönigs Friedrich Wilhelm II. spekulierenden »Abschied von Berlin« beendete, kehrte Trenck wieder nach Österreich zurück. Vorher will er in Berlin noch eine »historische« Tat vollbracht haben: Er selbst sei es gewesen, der zwischen dem Wiener Gesandten und dem greisen preußischen Minister Graf Hertzberg durch seine Vermittlung ein politisches Einvernehmen zwischen den beiden Mächten, auch im Hinblick auf Absatzgebiete für die preußische Industrie, geschaffen habe, und ebenso die Grundlage für einen offenen Handel zwischen Böhmen und Schlesien. Allerdings sei das von Berlin geförderte Projekt zuletzt an der Überheblichkeit Kaiser Josephs II. gescheitert ...

Nachdem Trenck im November 1788 noch einmal dem Könige in Berlin und »dem geliebten Vaterlande« in pompöser Form seine »wesentlichen« Dienste ebenso erfolglos angetragen hatte, trat er 1789 eine Reise nach Paris an. Seiner Darstellung nach glich diese einem Triumphzug. Zu Beginn des Jahres waren dort die aufsehenerregenden Geheimberichte Mirabeaus aus dem letzten Lebensabschnitt Friedrichs des Großen erschienen. Jetzt spielte Trenck die wohlberechnete Rolle eines Verteidigers der Ehre Preußens. Er veröffentlichte sogleich eine geharnischte Gegenschrift gegen Mirabeau, in der er die Angriffe gegen den toten wie den jetzigen Preußenkönig, die Prinzen Heinrich und Ferdinand wie auch gegen die Minister Hertzberg und Bischofswerder eifrig widerlegte.

Diese Ausführungen verrieten auffallende Vertrautheit mit den Personen und Vorgängen am preußischen Hofe – wobei gewiß die Tatsache eine Rolle spielt, daß sich zur selben Zeit Prinz Heinrich, der frankophone und ehrgeizige Bruder Friedrichs II., in Paris aufhielt, der in Mirabeaus *Histoire secrète* einigermaßen mitbetroffen war.

Bemerkenswert bleibt, daß Trenck während dieses aufregenden Sommers des Jahres 1789 in der französischen Hauptstadt Muße fand, das immerhin 400 Seiten umfassende Werk zu verfassen, in dem sich der Autor erneut als preußischer Patriot und Verteidiger des großen Friedrich gab. Da er an anderer Stelle gegen den »verderblichen Einfluß des österreichischen und französischen Hofes in Deutschland« zu Felde zog wie gegen Kaiser Joseph II., dem er »die gewaltsame Aufhebung der Privilegien der unglücklichen und braven Einwohner Ungarns« vorwarf, setzte er sich wieder einmal zwischen alle Stühle. Nicht minder hingebend widmete sich der so egozentrische wie ruhmrednerische Freiheitsheld, der sich selbst als »allgemein gesuchter grauer Liebling der (französischen) Nation und der Erobe-

440

rungsgegenstand der Schönen« wie »in den Kreisen dieser Zauberinnen als ein geliebter Mentor« bezeichnete, seinen Mätressen, Hochstapeleien, Betteleien und revolutionären Jakobiner-Parolen in – allzu – bunter Mischung.

✳

Von Paris begab sich Trenck noch einmal nach Wien. Im Februar 1790 starb Kaiser Joseph II., von dessen Nachfolger Leopold II. er sich wieder höhere Gunst und Vorteile erhoffte. Folgerichtig schrieb sich Trenck auch prompt einen Hauptverdienst an dem Vertrag von Reichenbach zu, der im Juli 1790 abgeschlossen wurde. Dieses Abkommen war durchaus gegen die alte friderizianische Überzeugung Hertzbergs (bezüglich des gefährlichen österreichischen Übergewichts im deutschen Raum) zustandegekommen; Hertzberg erklärte daraufhin seinen Rücktritt.

Der Entschluß dazu sollte durch eine Äußerung Leopolds II. ausgelöst worden sein, von der sich Trenck rühmte, selbst den Kaiser zu ihr bewogen zu haben ...

Nichtsdestoweniger gelang es unserem Helden auch diesmal nicht, trotz der angeblichen Gnadensonne Leopolds II., das ersehnte Glück in Österreich oder Ungarn zu finden. Dorthin begab sich unser Abenteurer nicht nur aus politischem Idealismus, obgleich sich das Land gegen die habsburgische Herrschaft wegen der aufklärerischen Reformen Josephs II. in Aufruhr befand: Trenck gedachte seine alten Erbrechte wahrzunehmen, um vielleicht doch noch etwas von den Reichtümern des seligen Pandurenvetters zu ergattern. Entsprechend seiner Pariser Gepflogenheit biederte er sich auch in Ungarn bei Freund und Feind des Wiener Hofes zugleich an, indem er *Mißvergnügte aufsuchte, in deren Schosse er seine am Berliner Hofe aufgehaschten Geheimnisse ausschüttete.*

Zugleich verteilte er in deutscher, ungarischer und lateinischer Sprache gedruckte antiklerale Traktätchen, in denen er die Behauptung aufstellte, daß

20000 Tataren und Kalmücken ein Land nicht so verheeren und zugrunderichten als 10000 herrschende Priester und Mönche.

Natürlich blieb auch hier die entsprechende Antwort für den »entlarvten Trenck« und

Schurken, der mit dem Spadon seiner in schwarze Höllengalle eingetauchter Feder über den ganzen hohen Adel und die Geistlichkeit

schimpfte, nicht aus. Unnötig zu sagen, daß ebenso sein Kampf gegen die ungarische Hofkammer wegen des Erbes, um das man ihn so schnöde betrogen habe, ein entsprechend enttäuschendes Ende fand. Was blieb ihm anderes übrig, als sich für ein kurzes Intermezzo nach der Herrschaft Zwerbach zurückzuziehen?

Im Frühjahr 1791 erging wieder ein Brief Trencks an den preußischen König. Friedrich Wilhelm II. hatte ihm immerhin auf sieben Jahre im voraus (bis 1794) eine Pension gezahlt, die aber durchaus nicht hinreiche und ihm obendrein »in Wien nur Mißtrauen einbringe ...«

Trenck sehne sich »bei grauen Haaren nach Ruhe« – was bedeutete: er erbat weitere Unterstützung:

E.K.M. sind mir zwar keine weitere Wohltat schuldig, aber meine Geschichte ist weltkundig, wo meine Feder bereits dero Ruhm verbreitet hat, ich aber noch immer über die Härte des grossen Friedrich zu seufzen, auch laut zu schreien Ursach habe ... Ich habe mich der Welt in meiner wahren Gestalt gezeigt. Und der allgemeine Ruf sagt: der Trenck ist der Gnade des Grossen Wilhelm würdig. Dieses sei mein Lohn mein Ruhm ...

Da der »Große Wilhelm« beharrlich schwieg, erfolgte neun Monate später ein neues langes Bittschreiben – als letzter Versuch, den König Friedrich Wilhelm II. zur Zahlung von 10000 Reichstalern als »ewige Abfindung« zu veranlassen:

Gnädigster Monarch!

Ich reiste im Mai nach Berlin, wo meine Jugendfeinde mir den Zutritt hinderten. Ich verliess Berlin seufzend und floh nach Hamburg, weil ich Wien auf ewig nicht mehr sehen will, wo Undank mein Lohn war und jetzo rachsüchtige Priester herrschen. Ich bin überzeugt, dass ich nach Dero Tode (!) auch die Pension, die ich aus Gnaden erhielt, verlieren werde. In Wien habe ich Weib und Kinder wegen Verfolgungen verlassen müssen und bin nicht imstande, meinen Sohn zu equipieren, den Höchstdieselben im Mai a.c. zum Fähnrich beim Werderschen Dragoner-Regiment ernannt haben. Ich arbeite hier mit der Feder, um seine und meine Notdurft zu befriedigen. Frankreich, wo ich Volksliebe erwarb, bietet mir das Zukunftstor und eine Generalstelle an. Ich bin aber ein alter greiser Vater von acht Kindern ...

Mit der »Abfertigung« könne er seine restlichen Lebenstage *in der Schweiz verhausen, ohne mich ferner in Geschäften und Vorfälle zu mischen.*

Weiterhin erbat Trenck einen weiteren Urlaub von drei Monaten für seinen Sohn, um diesen auszustatten. Der Brief endet: *Bin ich aber verworfen, dann muss ich meinem Schicksal folgen.* Der König gewährte endlich weitere Zahlungen. Das hingegen veranlaßte die von ihrem Gatten immer wieder betrogene Frau von der Trenck, den Grafen Hertzberg anzuflehen, ihr einen Teil der Pension ihres Gatten zukommen zu lassen, da sie es sei, die für ihre vielen Kinder aufzukommen habe.

Der Graf erwiderte freundlich, daß dieses leider nicht in seiner Macht stehe, da er ja nicht mehr im Amt sei. Auch möge er (vor allem im Hinblick auf die politischen Kabalen ihres Gatten) mit Trenck durchaus nichts mehr zu tun haben, dem er übrigens seine preußische Pension für Jahre im Voraus verschafft habe ...

Dieses Schreiben geriet in Trencks Hände, woraufhin Hertzberg einen anonymen Brief mit verstellter Handschrift erhielt: Zu den Mitteilungen des Grafen gäbe es gewisse Feststellungen und Aussagen, die sich hervorragend zur diplomatischen Auswertung anböten – besonders die Bemerkungen über den Vertrag von Reichenbach – vorzüglich geeignet, alsbald gedruckt und veröffentlicht zu werden ... Vor allem sei die Sache für den preußischen König, den jetzt verantwortlichen Minister Bischofswerder sowie für den Kaiser in Wien zweifellos von Interesse. Allerdings könne die Angelegenheit unter bestimmten (aufgeführten, vor allem finanziellen) Voraussetzungen noch geregelt werden ...

Im Juni 1791 machte sich Trenck noch einmal auf den Weg nach Ungarn und erreichte über einen Agenten (besser: Spion) des Kaiserhofes namens Gabelhofer, bei dem es ihm gelang, sich glaubhaft als echten österreichischen Patrioten hinzustellen, daß ihm der Kaiser Leopold die bisherige Rente von 900 Gulden jährlich auf 1500 Gulden erhöhte. Dafür mußte der Autor einen Revers unterschreiben, allen

Schriftstellereien, welche auf öffentliche Angelegenheiten Bezug nehmen, oder von einem ärgerlichen Inhalte sind, inner und ausser Landes ganz und gar zu entsagen,
und sich nicht mehr in die habsburgische Politik einzumischen. Da der mittlerweile fünfundsechzigjährige ewige Querulant dennoch keine Ruhe hielt, erhielt er auf Anweisung des Wiener Hofkriegsrates für drei Wochen Hausarrest. Er kam unter der Bedingung wieder frei,

seinen Dienst als Reserveoffizier zu quittieren und auf die österreichische Jahresrente zugunsten seiner Frau zu verzichten. Zudem »erlaubte« man ihm, Österreich zu verlassen.

Wie schon gesagt, hätte Trenck mit seiner Familie in Ruhe leben können. Doch das lag nicht in seinem Sinn. Das Vermögen seiner Frau hatte er durchgebracht, Offizier war er nicht mehr, Landwirt niemals geworden. Zudem war auch der Besitz auf seine Frau überschrieben worden, mit der er sich wegen seiner Mätressenaffären entzweit hatte. Seinen nunmehrigen Entschluß, von der »Erlaubnis« Gebrauch zu machen und Österreich endgültig den Rücken zu kehren, versah er mit dem Kommentar in einem von der Polizei abgefangenen Brief, gerichtet an einen ungarischen Bekannten:

Es tut mir nur leid, dass ich soviel für eine undankbare niederträchtige Nation tat, die im priesterlichen Königreich zu kriechen verdient und bei der jeder Adel des Herzens erloschen ist.

Trencks nächstes Ziel findet sich in einem »Gedicht bei der Übersicht seines Schicksals«:

Wohin soll nun der Weltmann flüchten,
Der einen sichern Hafen sucht?
Für Menschen- und für Bürgerpflichten
Scheint Deutschland mir wohl gar verflucht ...
In Hamburg möcht' ich gerne wohnen;
Hier find ich deutsche Redlichkeit:
Hier kann der Beifall mich belohnen,
Hier blüht noch deutsche goldene Zeit.

In der Stadt Altona, die damals wie ganz Holstein zur Dänischen Krone gehörte und wo sich eine Auswahl »jakobinischer« Aufklärer und Radikaler zusammenfand, erschien bereits drei Monate später der vierte Teil von Trencks Lebensgeschichte, der vor allem seine ungarischen Abenteuer zum Inhalt hatte. Der mutige Vorspruch in Latein:

Wenn ich die Mächtigen nicht zu beeinflussen vermag, werde ich die Geister der Hölle in Bewegung setzen!

Durch seine persönlichen Erfahrungen – sprich: ständigen Mißerfolge – war der Poet und Weltverbesserer selbst zum Radikalen geworden. Da auch der inzwischen eingetretene Tod des Kaisers Leopold II. seine Lage in Wien keineswegs hoffnungsvoller erscheinen ließ, blieb Trenck als einzige Geldquelle nur noch die Schriftstellerei – sprich: schriftstellerische Aggression. In einer in Altona neu herausgegebenen Monatsschrift setzte der Autor Trenck eine Kampagne gegen den Grafen Hertzberg in Gang, in deren Verlauf alsbald abermals ein anonymer Brief bei dem alten Grafen einging – alles in allem eine neuerliche, nur diesmal wesentlich massivere Erpressung, die der Exminister des Großen Friedrich in ihrer ganzen Niedertracht wohl nicht mehr zu durchschauen vermochte. So ließ er sich zu ellenlangen Verteidigungsbriefen und flehentlichen Bitten herab, ihn nicht neuerlich in politische Intrigen hineinzuziehen. Vor allem aber möge Trenck (den er zu Recht als Autor der anonymen Gemeinheit voraussetzte) ihn nicht in die brisante Angelegenheit der polnischen Teilung sowie des Schicksals von Danzig und Thorn verwickeln. Hertzbergs letzter Brief, verfaßt auf seinem Gut Britz vor den Toren Berlins, schließt mit den beschwörenden Worten:

Sie sagen, Sie müssten von Ihrer Feder leben? Die sollten Sie aber doch nicht auf meine Kosten gebrauchen. Ich hoffe annoch das Beste von Ihrer Rechtschaffenheit und ehemaligen Freundschaft und werde dagegen auch meines Ortes jederzeit dasjenige ausüben, was Sie mit Recht *von mir erwarten können.*

Die schlimme Auseinandersetzung ging indessen weiter. Trenck spielte nun gerade die Karte von Hertzbergs Anti-Rolle bei dem preußisch-österreichischen Abkommen von Reichenbach weiter. Der hilflose Hertzberg rettete sich durch großzügigen Erlaß von alten Schulden Trencks, wobei er sich – wie durch seine viel zu ausführlichen Entschuldigungen – neuerlich in den Netzen seines Widersachers verfing. Für den heutigen Leser gereichen die Briefe von beiden Seiten ebenso der Harmlosigkeit eines unbescholtenen, ehrenhaften Greises zur Ehre, wie sie den *un*ehrenhaften Charakter seines Kontrahenten offenbaren.

Im Mai 1792 erschien Trenck erneut – diesmal mit seinem jüngsten Sohn – in Berlin, wo ihm jetzt sämtliche Türen verschlossen blieben. Dennoch gelang es ihm, auch diesen Sohn als Fähnrich unterzubringen und ihn zugleich für die Begleitung des Vaters auf ein halbes Jahr zu beurlauben. Eben jene Forderung war unter anderem in Trencks Erpressungsbrief an Hertzberg enthalten.

Übrigens wurde später einer dieser preußischen Trencksöhne österreichischer General und nahm als solcher an den Feldzügen der Jahre 1814 und 1815 gegen Napoleon teil, wo er beim Einzug der

Sieger auf der Place de la Révolution kampierte und fälschlicherweise annahm, daß auf diesem Platz sein Vater guillotiniert worden sei . . .

Aber wieder zurück zu dem heimatlosen »Jakobiner« Trenck, für den es jetzt nur noch darum ging, eine neue Lebensgrundlage zu finden – und diesmal weniger als Darsteller seiner Leiden und moralischer Rufer in der Wüste, denn als handfester Kämpfer auf dem Felde der revolutionären Politik.

So feierte er jetzt den Sturz des französischen Königtums vom August 1792 in seiner Monatsschrift:

Die Schlachten bei Kolin, Prag, Zorndorf waren weit blutiger als die Eroberung der Tuilerien am 10. August. In Wahrheit ist der Verlust von 3000 Menschen in der Masse einer Nation von 24 Millionen eben kein wichtiger Vorfall bei einem so wichtigen Gegenstande, das ehemalige Joch abzuschütteln.

Oder:

Wozu bedürfen wir denn Könige, von deren Eigensinn und Leidenschaften das Wohl und Wehe so vieler Millionen abhängt?

Dem nunmehr radikalen Republikaner, der eine »Generalrevolution« herbeisehnte, die dem Deutschen Reich eine »ganz andre Gestalt« geben würde, waren auch die blutigen Massaker vom September 1792 Anlaß zur Zustimmung:

Wenn ein Monarch sich die verabscheuungswürdige Grille von einer Universalmonarchie in den Kopf setzt, . . . einen ungerechten Krieg anfängt, und in diesem Krieg 100 Millionen Schulden macht, auch 200 000 streitbare Männer verliert: so schweigt alles mit Bewunderung und Ehrfurcht, und niemand wagt es, den Eroberer einen Tyrannen zu heissen. Aber wenn bei einer Revolution, durch welche sich ein niedergedrücktes Volk wieder in Freiheit zu setzen und sich seine geraubten Rechte wiederzuschaffen sucht, einige Despoten, Schurken oder Volksbüttel bluten, oder auch einige Unschuldige das Leben verlieren, dann schreit man über Grausamkeit und Gewalttätigkeit aus vollem Halse.

Auch die bevorstehende Zweite Teilung Polens wurde in der Monatsschrift scharf verurteilt, besonders Katharina II. und deren mit nun begrenzter Wut wütende Sklavenpeitsche einer unumschränkten Autokratin« als Bedrohung Europas. Für den König von Polen dichtete Trenck eine Trauer- und Trost-Ode

Wenn einst der Strom uns überschwemmet,
Dann kommt die Reue viel zu spät.

Hätt' man in Polen vorgedämmet,
Eh die Gefahr sich vorwärts dreht!
Doch fremdes Schicksal rührt uns nicht,
Bis auch der deutsche Damm zerbricht ...
Der Franken Anarchie zu wehren,
Vereinigt sich des Fürsten Macht.
In Polen will man Zwietracht nähren;
Dort will man Tag, hier aber Nacht ...

In seinem »Neujahrswunsch« für das Jahr 1793 schwang sich der
Freiheitsmärtyrer auf zum Vorkämpfer für die Große Revolution
auch im eigenen Lande:

... Schämt euch! Jetzt ist der Franke frei.
Er reicht euch seinen Arm! Folgt, wo ihr Beispiel winket,
Eh Ihr Despotengift aus vollen Bechern trinket.
Wenn kleiner Fürsten Schwarm, Durchlauchtigstes Geschmeiss
Euch in das Kirchenjoch durch List zu zwingen weiss:
Verscheucht den Pfaffenschwarm, verschmäht den Hierarchen,
Flieht vor der Eigenmacht, und fesselt die Monarchen.
Den Franken wünsch ich Lohn für ihren Heldenmut,
Der für die Freiheit ringt, der Völker höchstes Gut.
Ihr Vorbild sei benutzt. Europa jauchz' und lache!
Und Eintracht sei der Lohn für die gerechte Sache.

Was Wunder, daß in den meisten deutschen Staaten Trencks
»Monatsschrift« bereits nach der ersten Erscheinung verboten wurde?
In Preußen erfolgte das Verdikt am 31. Dezember 1792:

Der Inhalt der Trenckischen Monatsschrift ist unstreitig ebenso
anstössig als gefährlich und ist mit solchem Aufruhr und Empörungs-
grundsätzen, mit solchen majestätsschänderischen, ja sogar den Kö-
nigsmord entschuldigenden und selbst billigenden Urteilen und Raison-
nements angefüllt, daß uns das Verbot derselben in den sämtlichen
Königlichen Landen unumgänglich notwendig geschienen.

Trenck gedachte die Verbote dadurch zu umgehen, daß er seine
Schriften direkt an ihm bekannte Interessenten sandte, doch konnte
dies kaum von Erfolg begleitet sein.

Ebenso mußte er erkennen, daß er selbst für seine toleranten
dänisch-holsteinischen Gastgeber nicht länger tragbar sein würde.
Nachdem nun Mainz in französischer Hand war und der dortige
Jakobinerklub rege Tätigkeit entfaltete, gedachte Trenck dahin über-

zusiedeln. Am Neujahrstag 1793 verriet er weitere Pläne in einem Brief an seine Frau:

Ich fliege nach Paris, mein Vertrag mit der Nation ist abgeschlossen.

Dennoch harrte er vorerst weiterhin in Altona aus und benannte seine brisante »Monatsschrift« um in »Proserpina«. Der Nimbus dieser griechischen Göttin entsprach etwa dem des indischen Gottes Shiva: sie vernichtete Überlebtes und schuf dafür Neues ...

Je unhaltbarer Trencks Aufenthalt sich – trotz dänischer Pressefreiheit und Großzügigkeit – gestalten mußte, um so fanatischer tönte seine revolutionäre Stimme:

Wenn alle diese gnädigen Herren an verschwenderischen Tafeln die hochadelichen Kinnbacken in Bewegung bringen, und all dieses Ungezifer sich vom Schweiss des deutschen Bauern mästet, der seines Lehnsherren oder Gutsbesitzers Lasttier ist, so scheint es wirklich dem, welcher unser Vaterland kennet, unglaublich, dass die arbeitenden Stände bisher diesen Druck, diese Schändungen mit Gelassenheit haben erdulden können.

Dabei half es zuletzt wenig, daß Trenck seine außer in Dänemark überall verbotene »Proserpina« bei aller Verfolgung und allen Absatzschwierigkeiten jetzt unter dem falschen Druckort »Mainz und Altona« präsentierte, obgleich sie in Wahrheit bei dem revolutionären Drucker Joh. Peter Treder in Hamburg hergestellt wurde.

Als am 21. Januar 1793 die Hinrichtung des französischen Königs erfolgte, ließ Trenck eine

Trauerrede bei dem Blutgerüste Ludwigs des Sechzehnten an alle Deutschen, die noch die Wahrheit lesen dürfen

erscheinen, in der er einen Appell an die deutschen Fürsten richtete, im Sinne einer gemäßigten Aufklärung ihrer Pflichten als konstitutionelle Monarchen bewußt zu werden:

Ludwigs Tod wird alle unsere Fürsten zur Fürstenpflicht wecken, um ihren Erbprinzen edlere Grundsätze der Menschenliebe und Menschenrechte einzuflössen ... Tretet herbei, ihr Könige Europens, betrachtet den zerstümmelten Rumpf, und seht, was Könige da sind, sobald das Volk seine Rechte, seine Obergewalt kennt! ... Seht, wie tief Monarchen, Weltbezwinger fallen können, wenn sie ihre Pflichten versäumen! ... Deutsche Fürsten! Es ist hohe Zeit! ... Ludwig winkt und ruft euch aus seinem Grab: Vergesst meine Geschichte nicht! Sie sei eure Lehr-

schule ... besänftigt die brausenden Nationen, die wirklich beleidigt sind!

Wobei allerdings einige Inkonsequenz erkennbar wird: Bisher hatte ja Trenck als glühender Republikaner zur Befreiung vom »Fürstenjoch« aufgerufen ...

Während er so eifrig wie erfolglos weiterhin durch eine neue Flugschrift »Kriegsgebet der Franken« (als Erwiderung auf das in Berlin herausgekommene Wöllnersche »Preussische Kriegsgebet«) gegen die monarchischen »Tyrannen mit Höllenherrschaftssucht besudelt« zu Felde zog, mußte er immer deutlicher erkennen, daß er in Deutschland keine Lebensgrundlage mehr besaß.

Am 26. Februar 1793 traf Trencks Schriften auch in Dänemark das Verdikt. Noch einmal versuchte er, seine Existenz mit Hilfe von Flugblättern gegen monarchische »Blendung, Unterjochung und Menschenfeinde« zu sichern:

Ich arm gemachter Mann darf also meine Mitbürger bitten, ohne zu erröten, dass sie mir einige Hilfe einschicken, um meine Feinde mit der Feder zu schlagen, weil ich kein Kriegsheer gewaltsam werben noch besolden kann.

III

Bereits am 2. September des Vorjahres hatte Trenck Verbindung mit der französischen Nationalversammlung aufgenommen; auch war er einmal mit dem französischen Gesandten in Hamburg, Lehoc, zusammengetroffen. Als der Diplomat auf Veranlassung der preußischen Regierung im Februar 1793 ausgewiesen wurde, setzte er sich dann beim französischen Außenminister Lebrun für eine Übersiedlung Trencks nach Frankreich ein. Zusammen mit dem Schweden Kibbing, der in das Mordkomplott in der Stockholmer Oper gegen den Neffen des Großen Friedrich, den Schwedenkönig Gustav III. verwickelt war, trat Trenck daraufhin die – nach seiner dramatischen Schilderung so seltsam-abenteuerliche – Überfahrt nach Le Havre an, wobei er in Wahrheit wohl nur mit Hilfe eines erfundenen Piratenüberfalles seine allzu armselige Ankunft im ersehnten »Hort der Freiheit« Paris plausibel machen wollte ...

Vier Jahre zuvor war der Gefeierte zuletzt in Paris gewesen; damals hatte ein populäres Theaterstück mit dem Titel

LE BARON TRENCK OU LE PRISONNIER PRUSSIEN
Baron Trenck oder der Preussische Gefangene
samt dem überall veröffentlichten Bildnis des Helden hier Furore
gemacht.
Diesmal sah es anders aus. Der Wind hatte sich gedreht. Anfang
April 1793 war der berüchtigte »Wohlfahrtsausschuß« gegründet
worden, der im Namen der Revolution mit fast unbeschränkten
Vollmachten über Leben und Tod von Bürgern und Adel entschied.
Am 10. März hatte das Revolutionstribunal seine Arbeit aufgenommen und gerade in diesen Tagen, da Trenck in Paris ankam, beschlossen, wegen der Krise, in der sich die Revolution befand, alle weltbür-
gerlichen Ideen über den Haufen zu werfen und angesichts der hun-
gernden Sanskulotten im Rahmen des nationalfranzösischen Befrei-
ungskampfes alle Fremden (einschließlich der vordem ruhmge-
schmückten Opfer despotischer Monarchen) grundsätzlich als Agenten und mehr oder weniger geheime Spione zu verdächtigen.

Seinem Wesen gemäß vermochte der so exzentrische wie egozentrische Emigrant die schwerwiegenden Veränderungen des politischen
Klimas weder zu erkennen noch abzuwägen. Dem ihm von Hamburg
her bekannten ehemaligen Gesandten Lehoc offerierte der keineswegs mehr jugendliche einstige preußische und österreichische Offizier den Plan für eine revolutionäre Freischar, an deren Spitze sich
Trenck selbst zu stellen gedachte. Neben mit seinem letzten Gelde
gedruckten Handzetteln, durch die er auf sich aufmerksam machen
wollte, plante er auch wieder die Herausgabe eines Journals, um sich
eine neue materielle Grundlage zu schaffen ...
Aus allem wurde nichts. Jetzt machte sich der Unermüdliche auf
die Suche nach Deutschen, die wie er selbst in Paris Zuflucht gesucht
hatten. Zugleich begann er einen Bettel-Feldzug, um, auf welchem
Wege immer, zu Geld zu kommen.
Auf seiner Suche nach möglichen Helfern geriet der abgekämpfte
Held an den Kreis um den Grafen Schlabrendorf, wo er auch dem
kauzigen Weltumsegler und Gelehrten Georg Forster begegnete, der
sich wie der Sohn des schlesischen Ministers des Alten Fritz brüsk
von dem geschwätzigen »Strudelkopf« abwandte.

Im Juni dieses Jahres 1793 stellte Trenck ein formelles Aufnahme-
gesuch beim Pariser Jakobinerklub, in dem er sich als hinlänglich
bekanntes Opfer preußischer und österreichischer Despotenwillkür

hinstellte. Bevor er die Augen schließe, wolle er, ohne sich der vorgeschriebenen strengen Untersuchung ausliefern zu müssen, seine Gesinnung in einem neuen Journal dartun, worin er die konterrevolutio-
nären Machenschaften des Berliner und des Wiener Hofes rücksichtslos aufzudecken gedenke . . .

Während einige der Klubmitglieder Trencks Aufnahme befürwor-
teten, zeigten die anderen Bedenken: Dieser großsprecherische Ausländer könne, wenn seine Begeisterung für die Revolution erlösche,
wieder die möglicherweise für ihn vorteilhaftere Beziehung zu dem
preußischen Despoten aufnehmen; zudem dienten zwei von Trencks
Söhnen in der preußischen Armee. Diesen Argumenten schloß sich
die Mehrheit der Mitglieder an. Es dauerte nicht lange, bis aus dem
Mißtrauen der Jakobiner direkter Verdacht wurde, nicht zuletzt darum, weil Trenck sowohl von Preußen wie von Österreich Pensionen
bezogen hatte und damit »im Sold der feindlichen Mächte stehe« . . .

Doch reisst mein Schicksal mich dahin . . .
Kein klassischer Dramatiker hätte das Ende eines zerstörten Lebens
in erbarmungsloserer Folgerichtigkeit erfinden können: Wieder einmal spielte der ewig Verfolgte seine Rolle mit verfehltem Einsatz.
Sein »Journal de Trenck« wie noch eine andere von ihm herausge-
gebene Zeitschrift – mit dem bezeichnenden Namen »Raisonneur« –
wurden zum vollkommenen Fiasko. Was blieb, waren nur neue
Schulden von 4000 Livres. Schwerer wog: die wenigen Exemplare
seiner Streitschriften kosteten ihn auch den schwachen Kredit, den er
bisher noch bei einigen der Jakobiner besessen hatte.

Letzte Gefährtin des Heruntergekommenen, der noch Uhr und
Kleider für den Lebensunterhalt versetzt hatte, wurde – auch dies eine
makabre Variante seines mit solchen Ansprüchen hochstilisierten
Lebensromanes – eine schwangere Straßendirne, die sich seiner
annahm und dank gewisser Verbindungen bereit war, seine Bettel-
briefe an den Konvent und den Sicherheitsausschuß weiterzuleiten;
was freilich nicht bedeudete, daß man ihn irgendeiner Antwort wür-
digte.

Drei Monate nach seiner Ankunft in der Seine-Metropole war
Trenck am Ende – in jeder Beziehung: seine Energie wie alle Hilfs-
quellen des Siebenundsechzigjährigen waren erschöpft. Hunger und
Verzweiflung, Gichtanfälle und sein hitzig-aggressives Wesen, das
sich wie immer in einer seltsamen Mischung aus Idealismus, Naivität

und Instinktlosigkeit – wenn nicht Charakterlosigkeit – äußerte, ließen ihn noch ein letztes Mal zum schmierigen Denunzianten werden.

Und diesmal handelte er sich damit das Schlimmste ein.

Im Jahre 1790 hatte Trenck in Wien zwei Brüder kennen gelernt, von denen einer, Franz Thomas Edler von Schönfeld, Mitdirektor der Bibliothek der Theresianischen Militärakademie war. Die beiden Brüder, ursprünglich orthodoxe Juden aus Brünn mit Namen Moses und David Dobruschka, die zusammen mit ihrer Schwester Esterle zu einer christlichen Sekte konvertierten, waren außerdem begeisterte Freimaurer und standen mit den deutschen Aufklärern in Verbindung. Zugleich unterstützten sie die Reformpolitik Josephs II. und betätigten sich als Schriftsteller und Dichter neben verschiedenen Geschäften, die ihren Wohlstand sicherten.

Anläßlich ihrer Begegnung in Wien erweckte Trenck einen wenig günstigen Eindruck bei den welterfahrenen Herren. Vor allem waren es seine ungarischen Aktivitäten, hinter denen sie nicht zu Unrecht eher ziemlich ungeschickte Manöver in Sachen seiner eigenen materiellen Interessen als wahren Dienst an den nationalen Zielen der Magyaren zu erkennen glaubten. Trenck wiederum neigte dazu, in ihnen Spione der kirchlichen Widersacher des Kaisers zu sehen.

Im März 1792 hielten es die Geschwister Schönfeld für angebracht, sich nach dem französischen Straßburg abzusetzen und als verfolgte Demokraten im dortigen Jakobinerklub Aufnahme zu beantragen, die ihnen auch dank ihrer Beziehungen gewährt wurde. Bei dieser Gelegenheit änderten sie wiederum ihren Namen in Fey. Der ältere Bruder, als der Unternehmungslustigste, hieß nun mit Vornamen Siegmund Gottlieb; später machte er daraus dann einen heroischen Junius Brutus ...

Bald eröffneten die tüchtigen Brüder in Paris ein elegantes Palais in großem Stil und betätigten sich als überzeugte Revolutionäre. Nachdem sie am Sturm auf die Tuilerien teilgenommen und auch in der Hauptstadt Aufnahme in den Jakobinerklub erreicht hatten, erwarben sie nationalisierte Güter und gaben sich so einträglichen wie zwielichtigen Geschäften hin. Die französische Staatsbürgerschaft suchten sie durch Adoption eines verwaisten Säuglings und einer Greisin zu erringen ...

Dergestalt im brodelnden Paris zu Ehren und Ansehen gekommen, hielten sie enge Verbindung zu den jakobinischen Abgeordneten – und von diesen besonders mit dem ehemaligen Kapuzinermönch und jetzigen Konvents- und Sicherheitsausschuß-Mitglied Chabot, der auch die jetzt in Leopoldine umbenannte wohlausgestattete Schwester Esterle ehelichte.

Als der heruntergekommene Trenck von der Anwesenheit der Brüder Fey in Paris erfuhr, begab er sich eiligst in ihr nobles Palais, um dort ein Almosen auf Pump in Höhe von nicht weniger als 1000 Livres zu erbitten. Seine augenblickliche Notlage begründete er mit der Bosheit eines Unbekannten, der allein seine Aufnahme in den Jakobinerklub vereitelt habe. Worauf Junius Fey kühl zurückgab, dieser durchaus *nicht* Unbekannte sei er selbst, Junius Brutus Fey, der Trencks ungarische Intrigen mitangesehen und daraufhin die Jakobiner vor ihm zu warnen für seine Pflicht gehalten hätte. Nichtsdestoweniger gewährte Fey dem Bittsteller aus Erbarmen 400 Livres ohne Schuldschein; woraufhin Trenck nicht zögerte, ihm wegen der angeblichen Verdächtigungen seine Rache anzudrohen – mit dem Hinweis, daß es ihm im Augenblick nur seine Gicht unmöglich mache, ihn niederzustechen. Dabei hinderte ihn der dramatische Abgang keineswegs, das Geldgeschenk stillschweigend mitzunehmen . . .

Während die vornehmen Spekulanten im Kreise ihrer jakobinischen Freunde feierten und praßten, erfuhr der von aller Welt verlassene und verzweifelte Trenck von einem neuen Dekret des Konvents, das ausländischen Bankiers alle Geldgeschäfte strengstens untersagte. Seiner Rachegefühle eingedenk erzählte er einem ihm zufällig begegnenden Bekannten von der österreichischen Vergangenheit seiner Gönner, die es aus guten Gründen verhindert hätten, daß er, der wahre Patriot und Idealist, in den Jakobinerklub aufgenommen wurde. Der charakterlose Junius Brutus Fey sei nämlich in Wahrheit ein österreichischer Spion mit falschem Namen und dubioser Vergangenheit. Die Sache kam bis zu dem so außerordentlich »verläßlichen« Jakobiner Chabot, der seinerseits in allerlei Korruptionsaffären verwickelt und zudem ein ebenso treuer Freund wie der Schwager der Feys war. Um sich vor dem geschwätzigen Trenck abzusichern, veranlaßte er zuerst dessen, dann seiner freizügigen Freundin Verhaftung; die Frau erlitt im Kerker eine Fehlgeburt..

Die Haftbedingungen waren grausam. Bei dem nahenden Winter bedeutete für den Gichtkranken das Schlafen auf eisigen Steinfliesen – Trenck konnte sich eine gemietete Wolldecke so wenig leisten wie zusätzlich zu bezahlende Nahrungsmittel – neue Qualen. Er war genötigt, sein Leben von den Resten der Mahlzeiten wohlhabenderer Mitgefangener zu fristen.

Während der mehr als sechzehnmonatigen Haft wurde Trenck nicht einmal verhört; seine unzähligen Bittschriften und Unschuldsbeteuerungen an den Konvent wie den Sicherheits- und Wohlstandsausschuß blieben unbeantwortet. Der ehemalige französische Gesandte in Hamburg, Lehoc, setzte sich auch jetzt noch für den harmlosen »Schwätzer« Trenck ein und riet, man solle ihn in die Schweiz abschieben – ebenfalls ohne Erfolg ...

Da flog zu Ende 1793 eine üble Korruptionsaffäre mit der Indischen Handelskompanie auf, in die sowohl die Brüder Fey wie auch ihr Schwager Chabot hoffnungslos verwickelt waren. Bei den darauffolgenden Zeugenanhörungen sah Trenck die Stunde der Rache gekommen.

Um sich selbst vom Verdacht einer Verbindung mit den Brüdern Fey reinzuwaschen, leitete er am 29. November dem Sicherheitsausschuß ein Schreiben zu, betitelt:

Note sur la source de mon Arrestation

Ich kannte einen Juden namens Dobruschka, der aus Nikolsburg in Mähren stammte. Er kam nach Wien, um seine beiden sehr hübschen Schwestern zu verkuppeln, die die jungen Kavaliere ansteckten und ruinierten, und deshalb aus der Stadt und den österreichischen Ländern ausgewiesen wurden.

Kaiser Joseph verwendete diesen Juden, der in Wien den Titel von Schönfeld kaufte, als Spion während des ungarischen Reichstags, wo ihn jedermann als Adeligen respektierte. Ich kannte ihn gut und weiß, daß er oft bei Kaiser Leopold war.

Vor vier Monaten schrieb mir meine Frau, in Paris vorsichtig zu sein, weil der gerissene Jude Schönfeld hier sei und zweifellos Anweisungen vom Kaiser erhalten habe, mir Böses anzutun. Ein Günstling des Herrschers habe ihr diesen Rat gegeben. Ich suchte Schönfeld ... Hier trug er den Namen Fey ...

Ich traf diesen Juden Dobruschka, den kaiserlichen Spion, der mir sogar gestand, er sei es gewesen, der durch einen seiner Freunde meine Aufnahme in den Jakobinerklub verhindert habe. Infolge dieser Intrige wurde ich verhaftet. Es ist ein österreichischer Jude, der, Trenck, den ersten Republikaner, verhaften liess. Überprüft mein Verhalten in dieser Sache! Ich will nichts als Gerechtigkeit, um Euer Vertrauen zu verdienen; lasst mich doch nicht in Eurem Kerker schmachten! Ich war

das Opfer meines Schicksals, des Zorns und der Verfolgungen der
Könige und Priester, in allen Ländern, wo ich Zuflucht gesucht habe.
Lest dieses Blatt in Eurem Tribunal, damit Ihr eine Vorstellung meiner
grausamen Leiden habt und die Rolle kennt, die ich auf dem großen
Welttheater gespielt habe. Ich erbitte von der Nation, der ich mich
geopfert habe, Gerechtigkeit und Menschlichkeit.
Trenck, der deutsche Belisar in Frankreich ...

Im Verlauf des Prozesses mußte der gichtkranke Trenck auf einer
Trage zur Zeugenaussage in den Gerichtssaal gebracht werden. Dabei glaubte er sich interessanter zu machen, indem er stolz beteuerte,
er gedächte noch andere Verräter zu entlarven. Woraufhin es der
öffentliche Ankläger Fouquier-Tinville vorzog, auf Trencks weitere
Zeugenvernehmung zu verzichten ...

Als der erneut Eingekerkerte Nachricht von der Guillotinierung
Chabots und der Brüder Fey erfuhr, ließ ihn der scheinbare Triumph
neue Hoffnung schöpfen. Im Januar 1794 verlegte man ihn in das
Gefängnis Saint Lazare, wo die vornehmen Gefangenen, besonders
hohe Adlige und Offiziere der königlichen Armee, untergebracht
waren. Einer der aristokratischen Mithäftlinge unterstützte den mit-
tellosen Trenck, damit sich dieser ein Bett und Nahrung leisten
konnte.

Mehr hatte Fortuna für den »siebzigjährigen deutschen Belisar«,
wie er seine letzten – nach eigenen Angaben nicht weniger als drei-
undzwanzig auf Freilassung ausgerichteten – Bittschriften unter-
zeichnete, nicht mehr parat. Auch konnten seine fast krankhaften
Übertreibungen, etwa daß der Kaiser Leopold ihm 20000 ungarische
Soldaten anvertraut und er, Trenck, das Sechsfache von seiner tatsächlichen Pension erhalten habe, wie daß seine revolutionäre Hamburger Monatsschrift über achtzehn Monate hinweg (anstatt der
wahren acht) erschienen sei, seine Richter keineswegs rühren.

Das Konventsdekret vom 22. Juli 1794 ermöglichte dem Terror des
Revolutionstribunals jetzt nur noch zwei Urteile: Freispruch oder
Tod.

Am 25. Juli wurde der »deutsche Belisar« vorgeführt. Die Anklage
stellte in ihrem ersten Teil lakonisch fest:

Trenck, ein Fremder, bekannt durch seine angeblichen Verfolgungen,
die er in Berlin und Wien erlitt, war unter der Maske des Patriotismus
nichts anderes als ein Geheimagent von Franz und Wilhelm, den Tyran-

nen Österreichs und Preußens. Sein Journal war trotz des republikanischen Anstrichs, den er ihm zu geben suchte, ein Organ des Föderalismus, der Tyrannei und des Despotismus. Es ist offenbar, daß er nur der Soldschreiber versteckter Gegenrevolutionäre war, die sich seiner Feder zur Vergiftung der öffentlichen Meinung bedienten.

Der zweite Punkt entsprach der pauschalen Anklage gegen alle anderen Schicksalsgenossen des Nobelgefängnisses: Beteiligung bei einem Ausbruchskomplott.

Den ersten Vorwurf wußte Trenck, Augenzeugen zufolge, zu entkräften: Er hob beide Arme hoch und wies auf die sichtbaren Kettenspuren an seinen Handgelenken, die er noch seit jenen Magdeburger Kerkertagen trug.

Beim zweiten Anklagepunkt verrechnete er sich. Auf die richterliche Frage, ob er zugebe, sich am Ausbruchsversuch beteiligt zu haben, hielt er offenbar wieder die theatralische Pose für angebracht, indem er ausrief: Vorbereitung zur Flucht sei das natürliche Recht eines jeden Gefangenen!

Er mußte zu spät erkennen, was dieses mutige Bekenntnis hier und jetzt zu bedeuten hatte ...

Auch in seinem letzten (falsch datierten) Schreiben, dem französisch abgefaßten und nicht unangezweifelten – Abschiedsbrief an die längst verlassene Gattin, mußte der unverbesserliche Schwadroneur noch eine Unwahrheit einflechten: nämlich, daß dem ahnungslosen österreichischen Feldherrn von Coburg Mitschuld an seinem Ende anzulasten sei:

Der Überbringer dieses Schreibens ist der Gefährte meines Gefängnisses. Ich gehe zum Tode mit dem einzigen Vorwurf, Euch verlassen zu haben. Sorgt für diesen guten Alten; er verdient es. Ehrt meine Asche! Gott sei Euer Vater, meine lieben Kinder, meine würdige und geliebte Gattin! Rächt meinen Tod gegen die Schurken, die mich trotz meiner völligen Unschuld aufopfern. Es ist Coburg, der mich gezwungen hat, mich nach Frankreich zu begeben. Vielleicht wird man Euch nach meinem Tode Gerechtigkeit widerfahren lassen. Meine Henker eilen. Lebe wohl auf immer, geliebtes Weib! Sei Mutter meiner Kinder ohne Unterschied. Ich sterbe als gerechter und entschlossener Mann. Lebe wohl auf immer!
Paris, im Gefängnis St. Lazare, 26. Juli 1794.
Friedrich Freiherr von der Trenck
P.S. Ich umarme Euch alle, liebe Frau und geliebte Kinder und erteile

Euch meinen Segen aus vollem Herzen ... Lebt wohl, lebt wohl! Der Überbringer hat meine letzte Handschrift. Macht sie zu meiner Rechtfertigung und zu Eurer Ehre bekannt.

Am 25. Juli 1794 fiel um sechs Uhr abends an der Barrière du Trône der Kopf des preußischen Trenck, der Magdeburg überlebte, unter der pausenlos arbeitenden Hinrichtungsmaschine des Dr. Guillotin.

Kaum drei Tage danach wurde der Hauptankläger Robespierre selbst zum Opfer der eigenen Justiz ...

Thiébaults späterer, den fragwürdigen Märtyrer allzu verklärender Bericht:

Auf seinem Todeswege sagte er zu der gaffenden Menge, die seinen Karren umdrängte: »Was habt ihr zu gucken, Leute? S'ist doch nur eine Komödie à la Robespierre!«

So ging mit dem Gleichmut einer starken Seele und mit der Ruhe, die das Bewußtsein der Unschuld verleiht, dieser außerordentliche Mann in den Tod ...

∗

Die Zeit stürzt Throne und Helden.

Es bleibt der sich gegen sein Schicksal aufbäumende, seinem Fatum ausgelieferte Mensch.

Zu der vorliegenden Ausgabe

Es handelt sich hier um eine nur im Notwendigsten sprachlich geglättete und gestraffte Wiedergabe einer deutschen (wahrscheinlich als Raubdruck erschienenen) Originalausgabe von 1787. An der Substanz der Handlung wurde nichts verändert. Die Kürzungen betreffen lediglich eine Reihe von Betrachtungen und Abschweifungen vor allem im dritten Bande, ebenso umfangreiche Aufzählungen und Abrechnungen der Geldsummen und Werte in den Prozeßbeschreibungen des zweiten Bandes; weiterhin einige der eingestreuten Gedichte.

Nicht aufgenommen wurden ferner im dritten Bande allzu breite Folgen von Reflexionen, Lebensweisheiten, Kampfaufrufen und Untersuchungen gegen kirchliche Widersacher des Autors, eingehende Inhaltsangaben und Hinweise auf seine weiteren Arbeiten, verschiedene Zuschriften an den Autor und deren Beantwortungen.

Unberücksichtigt blieben der vierte und der (erst nach Trencks Tod 1796 in Altona erschienene) sogenannte »Fünfte, letzte und allermerkwürdigste Band« von Trencks Lebensgeschichte, erschienen unter dem Titel

Der Geniestreich aller Geniestreiche; nebst einer Fabel aus Schlaraffenland. Als Vermächtnis hinterlassen allen denkenden Männern, jugendlichen Brauseköpfen, rechtschaffenen Eltern und tückischen Höflingen.

Beide Bände, die für uns keine neuen Betrachtungen bieten, stellen lediglich dem Broterwerb dienende, reichlich verworrene Kampf- und Rechtfertigungsschriften dar.

Die Einzelheiten über das »jakobinische« Ende Trencks sind mit eingehenden Erläuterungen in dem fundierten Werk von Walter Grab »Friedrich von der Trenck, Hochstapler und Freiheitsmärtyrer und andere Studien zur Revolutions- und Literaturgeschichte« enthalten.

Literatur

Die beiden ersten Bände von Trencks »Lebensgeschichte« erschienen zuerst 1786 (ohne Ort), dann zusammen mit dem III. Band auch in Wien, Leipzig und Berlin.

1787 kam in Berlin (bei Fr. Vieweg d. Ä.) eine »neue, mit Zusätzen vermehrte und verbesserte Auflage« von Band I. und II. heraus, die auch unserer Ausgabe zugrunde liegt. Sie weist beträchtliche Unterschiede gegenüber der ersten Ausgabe auf.

G. Gugitz und M. v. Portheim: Friedrich Freiherr von der Trenck. Ein bibliographischer und iconographischer Versuch. Wien 1912.

Gustav Berthold Volz: Trencks Denkwürdigkeiten. Forschungen zur Brandenburgischen und Preußischen Geschichte, 38. Bd. München und Berlin 1926.

Gustav Berthold Volz: Friedrich der Große und Trenck. Berlin.

Wadzek: Wahrhafte Beleuchtung der Lebensgeschichte des Freiherrn von der Trenck wider die Beschuldigungen gegen Friedrich den Großen von einem Brandenburgischen Patrioten. Lausanne 1787 und 1788.

Dieudonné Thiébault: Friedrich der Große und sein Hof. Paris 1804, Stuttgart.

Graf E. A. Heinrich von Lehndorff: 30 Jahre am Hofe Friedrichs des Großen. Gotha 1907.

Honoré Gabriel de Riquetti, Graf von Mirabeau: De la Monarchie Prussienne sous Frédéric le Grand. London 1788, Deutsch 1790/91.

Prof. Johannes Schultze: Fr. Freiherr v. d. Tr. u. Prinzessin Amalie. Vortrag im Verein für die Geschichte der Mark Brandenburg 1973.

Georg O. Gooch: Friedrich der Große. Frankfurt und Hamburg 1964.

Walter Grab: Friedrich von der Trenck – Hochstapler und Freiheits-
märtyrer und andere Studien zur Revolutions- und Literaturge-
schichte. Kronberg/Ts. 1977.
Eckart von Naso: Preußische Legende. Berlin 1939.
Bruno Frank: Trenck, Roman eines Günstlings. Frankfurt 1952.
Maike Smerling: Über die Blutspurenuntersuchungen an einer von
Freih. v. d. Trenck überlieferten Bibel. Beitr. z. Gerichtl. Medizin
Bd. 36, Berlin 1978.
F. Wencker: Der Gefangene Friedrichs des Großen. Dresden 1921.
W. Vogel: Veröfftl. a. d. Geh. Staatsarch. Stiftung Preuß. Kulturbes.
Berlin, Bd. IV, Neue Forschungen zur Brandenb. und Preuß.
Gesch.
Franz von der Trenck, Pandurenobrist – von einem Unparthei-
ischen, Stuttgart 1788 / däv-Reprint 1979.

Zeittafel

1711	1. 1.	Franz v. d. Trenck geb.
1712	24. 1.	Friedrich II. geb.
1723		Prinzessin Amalie geb.
1727	16. 2.	Friedrich v. d. Trenck geb.
1740	31. 5.	Friedrich Wilhelm I. gest.
		Regierungsantritt Friedrichs II.
	20. 10.	Regierungsantritt Maria Theresias
1740–42		Erster Schlesischer Krieg
1741	3. 1.	Friedrichs Einzug in Breslau
		Breslauer Bündnis Frankreich–Preußen
		Österreichischer Erbfolgekrieg
	6. 12.	Regierungsantritt der Zarin Elisabeth
1742	24. 1.	Karl Albrecht von Bayern wird Kaiser Karl VII.
1743		Karl VII. aus Bayern vertrieben
1744	11. 7.	Trencks Eintritt in die Garde du Corps
	17. 7.	Vermählung der Prinzessin Ulrike
	August	Friedrich marschiert in Böhmen ein – Zweiter Schlesischer Krieg bis 1745
	16. 9.	Einnahme von Prag
		Ende November Rückzug nach Schlesien
1745	4. 6.	Schlacht bei Hohenfriedberg
	28. 6.	Festungshaft Trencks in Glatz
	30. 9.	Schlacht bei Soor
	25. 12.	Friede zu Dresden
		Beginn des englisch-französischen Krieges in Südindien
1746	März	Fluchtversuch Trencks
	26. 11.	Trencks Flucht aus der Festung Glatz
1747	12. 4.	Kriegsgericht
	1. 5.	Einweihung Schloß Sanssouci bei Potsdam
1747–49		Trencks Aufenthalt in Wien
1748	11. 4.	Friede zu Aachen

1761	5. 10.	William Pitt d. Ä. gestürzt
	3. 11.	Schlacht bei Torgau
1762	5. 1.	Tod der Zarin Elisabeth
		Zar Peter III.
	9. 7.	Entthronung Peters III.
		Katharina II.
		England erklärt Spanien den Krieg und erobert Kuba und Manila (Philippinen)
1763	15. 2.	Friede zu Hubertusburg
	10. 2.	Friede Frankreich–Spanien mit England und Portugal zu Paris
	29. 12.	Entlassung Trencks aus Magdeburg
1764		Joseph II. wird in Frankfurt zum Römischen König gewählt
1765	18. 8.	Kaiser Franz I. stirbt
		Joseph II. wird Mitkaiser neben Maria Theresia
1769	25. 8.	Treffen Friedrichs II. und Josephs II. in Neiße
1770	3.–7. 9.	Treffen Friedrichs II. und Josephs II. in Mährisch-Neustadt
1772		Erste Teilung Polens
1774	10. 5.	Tod Ludwigs XV.
		König Ludwig XVI.
1776	4. 7.	Amerikanische Unabhängigkeitserklärung
1778–79		Bayerischer Erbfolgekrieg Preußen–Österreich
1780	29. 10.	Tod Maria Theresias
		Geheimbündnis Österreich–Rußland
		Reformen Josephs II.
1785		Friedrich gründet den Deutschen Fürstenbund
1786	17. 8.	Tod Friedrichs II.
		König Friedrich Wilhelm II.
		Trencks Rückkehr nach Berlin
1787	März	(angebl.) Besuch Trencks bei Amalie
		Tod der Prinzessin Amalie
1789		Beginn der Französischen Revolution
1790	20. 2.	Tod Josephs II.
		Kaiser Leopold II.
1792		Tod Leopolds II.
		Kaiser Franz II.
1793		Zweite Teilung Polens
1794	25. 7.	Hinrichtung Trencks in Paris

Personenregister

Abramson, Kaiserl. Resident in Danzig 121, 140–143, 232–233, 316, 386

Amalie, jüngste Schwester Friedrichs II. 199, 209, 233, 345, 363, 366–367, 371–372, 384, 403–404, 406–407, 410–414, 416–419, 421, 423–429, 437–438

Appraxin, russ. Kriegsminister 112, 118, 121, 204

August Wilhelm, preuß. Thronfolger, Bruder Friedrichs II. 415

Bach, Leutnant von 55–57, 122, 298

Bernes, Francois Graf, französ. Gesandter in Berlin 102–103, 106, 109, 112, 114, 117–118, 120–121, 124, 129–130

Bestuchew, Graf Alexei Petrowitsch, russ. Kanzler 100, 102, 104, 110–112, 114–119, 121, 124, 140, 204, 343, 383

Borcke, Georg Heinrich Graf von, General, später Kommandant in Magdeburg 35, 148, 165, 182, 184–185, 186–187, 190, 192, 196, 199, 208, 329, 384–385, 401, 405–406

Broe zu Diepenbrendt, de, ehemals Bürgermeister in Aachen, Trencks Schwiegervater 236, 435

Brodowsky, poln. Hauptmann 85

Bruckhausen, preuß. Major 181, 187, 189–192, 194, 199, 208

Chabot, Francois, Mitglied des franz. Konvents und Sicherheitsausschusses 452–455

Coburg, Josias von, österreich. Feldherr 456

Daun, Leopold Joseph Graf von, österreich. Generalfeldmarschall 345

Derschau, von, preuß. Hofgerichtspräsident 18, 24, 364

Dobruschka, alias Edler von Schönfeld, alias Fey 452–453

Doo, Platzmajor in Glatz 51, 66, 298

Eichel, August, geh. Kabinettsrat Friedrichs II. 387

Elisabeth, Kaiserin von Rußland, Tochter Peters d. Gr. 104, 110, 112, 117, 211, 339,

467

469

Bildquellen:

Die Illustrationen 1–16 und 18–20 stammen aus dem Archiv des Autors. Bild 17 ist ein Foto von Herbert Wolf/Cham aus dem Privatarchiv von Karlheinz Schröpfer.